STEINER
Exquisa
Stich Feinkäserei
Schmalzlerfranzl
Dengel
riedmair

Diesen Bildband überreicht Ihnen

Gabriela und Peter Weilacher
Fotos: Peter Weilacher und Ralf Gamböck

CULINARIA BAVARICA

Das große Handbuch bayerischer Spezialitäten

*Extra Bavariam non est vita,
et si est vita, non est ita!*

KIR ROYAL
GENIESSER VERLAG

Spezial
Rauchbier
Brauerei Spezial
Bamberg

INHALT

WARUM DIESES BUCH?

„Dass ich erkenne, was die Welt
im Innersten zusammenhält…“
(Goethe)

Bei meinen Reisen durch Bayern und den Gesprächen mit den 140 Unternehmern, die wir in diesem Buch porträtieren, ging es gern und oft um Tradition und Vision. Geboren in Weimar, in der Zeit, als Deutschland zwei unterschiedliche Wege seiner politischen und wirtschaftlichen Entwicklung eingeschlagen hatte, wuchs ich in dem vorher noch nie erprobten Modell einer Planwirtschaft auf. Als 1989 die Mauer fiel, verschwand dieses Modell so schnell, dass ein ganzes Land für einen Moment in einem gefühlten Vakuum schwebte. Alles, was jemals von Bedeutung gewesen war, fiel wie ein Kartenhaus zusammen, durfte mit kritischen Augen angeschaut und neu bewertet werden. Kurz zuvor hatte ich mein Verwaltungsstudium abgeschlossen und in meiner Abschlussarbeit eine Analyse des Handwerks und seiner Altersstruktur für meinen Landkreis erstellt. Diese beinhaltete auch einen Ausblick auf die kommenden Jahre. Das Fazit dieser Arbeit war düster: Die Anzahl der Gewerke ging dramatisch zurück, die Gewerbetreibenden waren überaltert, deren Kinder in staatlich geführten Betrieben verplant. Die Familien-, Produktions-, Erfahrungs- und Unternehmenskette war durch die Enteignungen in der Vergangenheit und durch das Ausbleiben der nächsten Generation weder vorgesehen noch vorhanden. Das Handwerk starb – staatlich geplant – aus. So durchtrennte das System der Planwirtschaft mit der Abschaffung der stabilsten Wirtschaftsgrundlage, dem Klein- und Mittelstand, seine wichtigste Lebensader.

Als ich mich 1998 erst in einen Bayern und später in Bayern verliebte, entstand der aufrichtige Wunsch, den Teil Deutschlands kennenzulernen, für den ich mich nun zu leben entschieden hatte und in den ich auch meine Kinder mitnahm. Mit den Erfahrungen, die ich während der Arbeit an diesem Buch machte, verdichtet sich für mich die Erkenntnis, dass für ein gesundes wirtschaftliches System Menschen nötig sind, die langfristig und verantwortungsvoll etwas unternehmen – um bei den Themen unseres Buches zu bleiben: im weitesten Sinne sich, die Familie und die Infrastruktur einer Region ernähren, sie gestalten und bewahren. Das bedingt naturgemäß für die Unternehmer, über die Zeit einer Wahlperiode hinaus zu denken und zu handeln, ihre tägliche Planung auf die Gaben ihrer Eltern, ihr Können von Heute und auf das Morgen ihrer Kinder und Enkel abzustimmen. Dabei ist der Zusammenhalt in der Familie und der Respekt für die gegebenen Ressourcen der entscheidende Schlüssel für ein gesundes Miteinander der Menschen.

Welche Bedeutung Tradition und Vision dabei haben, beschreibt sehr schön der Vergleich mit einem Baum: Wenn seine Wurzeln tief in den Boden reichen, können seine Zweige weit in den Himmel ragen. Das ermöglicht ihm und vielen Anderen ein erfülltes Leben – und wenn ein großer Baum doch eines Tages fällt, bekommen die Licht, die indes unter seiner Krone herangewachsen sind.

Ich danke allen Beteiligten in diesem Buch für den Einblick in ihre Welt, … die Bayern im Innersten zusammenhält!

Ihre Gabriela Weilacher

RUCK MA WIEDER Z`SAMM!

Dieses Buch ist eine Liebeserklärung an meine bayerische Heimat, ihre Menschen und Traditionen. Bayern liegt nicht nur im Bauch Europas, Bayern ist auch sein Bauch – und Liebe geht bekanntlich durch den Magen.

„A g'miatlichs Wirtshaisl direkt neba da Kirch – wo net nur die sitz'n, die owei do sitz'n. Unter Kastanien a guads boarisch Bier, Weißwiarscht und a resche Brezn. Z'Mittog an knusprigen Schweinsbrodn mit Kraut oder Kaspotzn mit Bergkas. Auf d'Nacht an Frankenwein zum frischen Holzofenbuddabrot oder a G'selchts mit Kren und Radi. Dazua an guadn Schnaps vom Obstbaam, unter dem ma sitzt."

Das ist mein Himmel – bayerische Lebensart, wie ich sie schon von Kindheit an lieben lernte und wegen der uns Menschen aller Kontinente besuchen. Doch manche Wolke verhängt den weiß-blauen Himmel. Viele traditionelle Wirtschaften sind verschlossen, die Orte haben keinen Treffpunkt mehr. Einige sind noch zu erahnen, andere noch an einer verblassten Malerei hinter dem „Da Tschilling" als ehemaliges bayerisches Wirtshaus, als Treffpunkt – als „Ting" – zu erkennen. Doch wenn das alte „Ting", der Dorfplatz mit Kirche, Baum und Wirtshaus verloren ist, hat auch der Ort sein Herz verloren. Oder wie es ein französischer Pfarrer einst ausdrückte: „Das Gotteshaus ist die Kirche, das Wirtshaus ist – das Paradies." Und so wie das Wirtshaus das Herz eines Dorfes sein kann, so ist die Küche die Seele eines Landes. Mit dem Verlust der heimischen Küche gingen auch viele Erzeuger verloren, Landwirte, Metzger und Bäcker. Statt regionaler Spezialitäten erleben Pizza, Burger oder Sushi ihre hohe Zeit auf unseren Speiseplänen.

Mit diesem Buch möchte ich dazu beitragen, das Wissen um die bayerischen Spezialitäten und Produzenten wieder stärker in unser Bewusstsein zu rücken, denn Wissen schafft Vertrauen. Die Begeisterung für unsere eigene Ess- und Trinkkultur ist zugleich auch die Begeisterung für das Naheliegende, Unspektakulär-Vertraute, Bewährte und Ehrliche. Ich verbinde damit den Wunsch, dass wieder mehr althergebrachte Rezepte auf den Tisch kommen, mehr Wein aus Bayern gekauft wird und wir nicht nur stolz auf unsere Lederhosen sind. Entscheiden dürfen wir alle selbst. In kaum einem Lebensbereich sind wir als Verbraucher so gefragt wie hier. Wir bestimmen mit unserem Einkauf über Sein oder Nichtsein von regionalen Erzeugern und nicht zuletzt auch über viele unserer Arbeitsplätze vor Ort. Hier heißt Nähe auch – kurze Wege, vertraute Quellen, z´sammhalten und z´sammsitzen.

In diesem Sinne: Auf geht`s – ruck ma wieder z`samm!

Ihr Peter Weilacher

GRUSSWORT

Im Jahr 2011 gab es einen großartigen Wettbewerb: „Deutschland sucht das Nationalgericht". Die Bewerber sprachen für sich – und für ihre Region: Rheinischer Sauerbraten, Pommerscher Gänsebraten und der Sieger – ohne dass ich Einfluss genommen hätte – Bayerischer Schweinsbraten! Das zeigt einmal mehr: Kulinarisch hat Bayern viel zu bieten. Und zwar nicht nur Schweinsbraten: von deftig bis süß, von leicht bis gehaltvoll, von Fisch bis Fleisch – für jeden Geschmack ist etwas dabei. Und die schönsten Gerichte werden in dem vorliegenden Band noch einmal verführerisch vorgestellt.

Zurzeit erleben wir in Deutschland eine Renaissance des Regionalen. Heimat und Regionalität liegen im Trend – gerade im Lebensmittelbereich. Die Region verleiht dem Lebensmittel Charakter. Und Regionen haben sich zu echten Marken entwickelt. Schließlich bietet der Kauf von Regionalprodukten viele Vorteile: Arbeitsplätze und Lebensqualität werden in der Heimat gesichert, durch kurze Transportwege und hohe Standards im Produktionsverfahren wird die Umwelt geschont. Das Gute aus der Heimat verdient Aufmerksamkeit und Wertschätzung!

Regionale Produkte sind ein Zukunftsmarkt. Um den bisherigen Erfolg weiter auszubauen, ist das Vertrauen der Verbraucher ausschlaggebend. Vertrauen erreicht man vor allem mit Transparenz: Was kommt aus der Region? Was ist die Region? Und wer prüft es? Eine verlässliche Kennzeichnung ist im Interesse der Verbraucher, denn sie schafft Klarheit über die tatsächliche Herkunft regionaler Produkte. Zugleich stärkt sie regionale Wirtschaftsstrukturen. Ich mache mich dafür stark. Es ist ein lohnenswertes Angebot an Wirtschaft und Verbraucher.

Regionale und saisonale Ernährung ist vielfältig und lecker. Daher freue ich mich, die regionaltypischen Spezialitäten meiner Heimat auf so köstliche Weise präsentiert zu bekommen. Das macht Lust auf mehr!

Ilse Aigner

Bundesministerin für Ernährung,
Landwirtschaft und Verbraucherschutz

TEIL 01

Das Einfache ist nicht immer das Beste.
Aber das Beste ist immer einfach.

Heinrich Tessenow

Bayerische

SPEZIALITÄTEN

Spezialitäten haben ihre Wurzeln in den landwirtschaftlichen und kulturellen Gegebenheiten einer Region. Seit Jahrhunderten verfügbar und in vielen Abwandlungen weitergegeben, versinnbildlichen sie regionale Lebensart. Wasser, Getreide und Gemüse sind traditionell die Grundnahrungsmittel für Mensch und Tier. Geachtet und sorgsam verarbeitet, bleiben sie „Mittel zum Leben" – von Generationen geliebt, wahre Spezialitäten.

Bayerische SPEZIALITÄTEN

Süße Backwaren (S. 18)

Allerseelenzopf
Apfelkiacherl
Augsburger Zwetschgendatschi
Auszogne
Bamberger Hörnla
Bavesen/Zwetschgenpavesen
Blasiusbrote
Blöcher
Braada Kung
Chamer Kampl
Coburger Schmätzchen
Dettelbacher Muskazine
Dinkelsbühler Schneckennudel
Eierweck
Fränkische Küchle
Fränkischer Hutkrapfen
Geschnittene Hasn
Hasenöhrl
Hollerküachl
Käsmatteblaaz
Kletzenbrot
Krätzaweckla
Lindauer Butschelle
Mehlkuchen
Memminger Mau
Münchner Apfelstrudel
Nonnenfürzchen
Nürnberger Eierzucker
Nürnberger Lebkuchen
Prinzregententorte
Rahmblaaz
Rieser Bauerntorte
Rohrnudeln
Schneeballen
Schuchsen
Schwäbische Seelen
Straubinger Agnes-Bernauer-Torte
Urrädla
Wachsstöcke
Zwetschgenschmie

Herzhafte Backwaren (S. 22)

Bayerische Backerbsen
Bayerische Brezn
Blootz
Eingenetztes Brot
Fränkisches Holzofenbrot
Fränkischer Zwiebelkuchen
Münchner Mundsemmel
Riemisches Weckerl

Bier (S. 24)

Bamberger Rauchbier
Bayerische Fastenstarkbiere
Bayerisches Bier
Braunbier
Dinkelbier
Eisbock
Hofer Bier
Hofer Schlappenbier
Kulmbacher Bier
Mainfranken-Bier
Münchner Bier
Münchner Oktoberfestbier
Radler
Reuther Bier
Rieser Weizenbier
Russ
Ungespundetes Kellerbier
Weißbier oder Weizenbier
Zoigl-Bier
Zwickelbier

Fisch (S. 28)

Aischgründer Karpfen
Chiemsee-Fischwürst
Dinkelsbühler Karpfen
Donauzander
Franken-Karpfen
Kretzer

Lechtalforelle
Meefischli
Oberpfälzer Karpfen
Renke
Rhönforelle
Saibling
Steckerlfisch

Fleisch & Wurstwaren (S. 30)

Altmühltaler Lamm
Balzheimer
Bamberger Blaue Zipfel
Bayerische Bierwurst
Bayerische Gelbwurst
Bayerischer Leberkäs
Bayerischer Schweinsbraten
Bayerische Schweinshaxe
Bayerischer Wurstsalat
Bayerisches Rindfleisch
Böfflamot
Coburger Bratwurst
Coburger Kernschinken
Fränkische Bratwurst
Fränkischer Sauerbraten
Fränkischer Zwetschgenbaames
Fränkisches Schäufele
Griebenschmalz
Hofer Rindfleischwurst
Hofer Wärscht
Juralamm
Krautwurst
Mainfränkische Meterbratwurst
Milzwurst
Münchner Kronfleisch
Münchner Weißwurst
Murnau-Werdenfelser Rind
Niederbayerisches Schwarz-geräuchertes
Nürnberger Rostbratwürste
Oberpfälzer Bauernseufzer
Ostheimer Leberkäs
Paartaler Bauernschinken
Regensburger
Rhönschaf
Rieweskuche
Saure Kutteln
Saures Lüngerl
(Schweinfurter) Schlachtschüssel
Schwäbisch-Hällisches Qualitäts-schwein
Stabenwürste
Surhaxe
Tellersülze
Weißer Presssack
Wellwurst/Semmelbratwurst
Wollwurst

Gemüse, Früchte & Gewürze (S. 36)

Abensberger Spargel
Bamberger birnenförmige Zwiebel
Bamberger Hörnla
Bayerische Gewürzgurken
Bayerische Kartoffel
Bayerische Pfifferlinge
Bayerische Rübe
Bayerische Steinpilze
Bayerischer Meerrettich
Bayerischer Radi
Bayerischer süßer Senf
Bayerisches Streuobst
Bayrisch Kraut
Bodenseeäpfel
Erlanger Morgentauspargel
Fränkische Süßkirschen
Fränkischer Spargel
Fränkisches Hiffenmark
Gartenmelde
Hopfen
Hallertauer Hopfen
Hersbrucker Hopfen
Hopfensprossen
Jakob Fischer
Lallinger Obst
Rottaler Apfel
Salz aus Bad Reichenhall
Saures Kartoffelgemüse
Schneiders späte Knorpel
Schrobenhausener Spargel
Spalter Hopfen
Süßholz

Kartoffelprodukte (S. 42)

Adöpfeldätscher
Bauchstecherl
Bröselhafer
Erdäpfel-Kas

Milch & Käse (S. 44)

Allgäuer Bergkäse
Allgäuer Emmentaler
Allgäuer Sennalpkäse
Bayerischer Blauschimmelkäse
Bayerischer Edelpilzkäse
Bayerischer Limburger
Bayerischer Romadur
Bayerischer Topfen
Kochkäs
Obazda
Quärkla
Schichtkäse
Steinbuscher
Weißlacker
Ziebeles-Käs

Suppen & Eintöpfe (S. 50)

Altbayerische Kartoffelsuppe
Bayerische Biersuppe
Brotsuppe
Hochzeitssuppe
Leberknödelsuppe
Metzelsuppe
Pichelsteiner
Riebelesuppe
Rumfordsuppe

Spirituosen, Wein & Getränke (S. 52)

Altbayerische Obstbrände
Bärwurz
Bayerische Obstsäfte
Bayerischer Gebirgsenzian
Bayerischer Heidelbeerwein
Bayerischer Kräuterlikör
Benediktbeurer Klosterlikör
Bissinger Auerquelle
Blutwurz
Chiemseer Klosterlikör
Ettaler Klosterlikör
Fränkischer Obstler
Fränkisches Kirschwasser
Fränkisches Zwetschgenwasser
Frankenwein
Hallertauer Hopfengold
Höllensprudel
Lindauer Obstbrandweine
Most
Nürnberger Glühwein
Rhöner Fruchtwein
Schlaraffenburger Apfelsaft
Siegsdorfer Petrusquelle
Silvaner
Tauberschwarz

Süßwaren (S. 58)

Alt-Passauer Goldhauben
Bayerischer Honig
Bayrisch Blockmalz
Bayrisch Creme
Scheiterhaufen

Teigwaren & Knödel (S. 60)

Allgäuer Kässpätzle
Coburger Kloß
Dampfnudel
Deggendorfer Knödel
Fränkische rohe Klöße
Fränkischer Grünkern
G´wichste
Hallertauer Teigknödel
Holzerschmaus
Hutzelklöß
Leberknödel
Leberspätzle
Rupfhauben
Schupfnudeln
Schwäbische Krautkrapfen
Schwäbische Maultaschen
Semmelknödel
Schwäbische Spätzle

Damit ein Schmankerl in die Datenbank bayerischer Spezialitäten aufgenommen werden kann, muss es seit mindestens 50 Jahren in der Region hergestellt bzw. angebaut werden. Des Weiteren muss es über eine Geschichte verfügen, die eine enge Bindung des Produktes an die Erzeugungs- oder Verarbeitungsregion belegt. Der Verbraucher muss das Produkt zudem als typisch bayerisch bzw. typisch für eine Region innerhalb Bayerns wahrnehmen.

Mehr als 200 regionaltypische bayerische Spezialitäten wurden bis heute in der Datenbank des Bayerischen Staatsministerium für Ernährung, Landwirtschaft und Forsten zusammengetragen. Erarbeitet wurde die Sammlung ab Mitte der 1990er-Jahre im Rahmen von Forschungsprojekten am Lehrstuhl für Marktlehre der Agrar- und Ernährungswirtschaft (Leitung: Professor Dr. Michael Besch) der Technischen Universität München/Weihenstephan. Mitarbeiter der bayerischen Landwirtschaftsämter, Heimatpfleger und weitere interessierte Fachleute und Laien steuerten viele wertvolle Hinweise und Anregungen bei. Diese Sammlung bildet die Grundlage für das Buch. Sie erhebt keinen Anspruch auf Vollständigkeit, sondern soll sich ständig weiter entwickeln. Anregungen dazu bitte an die Redaktion dieses Buchs senden oder direkt unter www.spezialitaetenland-bayern.de eintragen.

SPEZIALITÄTENLAND BAYERN
GENUSS MIT KULTUR UND TRADITION

Brauchtum ist in Bayern ein lebendiges Gut mit langer Tradition. Gutes Essen und Trinken gehören zu jedem Fest. Die Brotzeit ist ein Kulturgut, das nichts mit Fast Food zu tun hat, sondern vielmehr in der Regel auf eine ganz besondere Weise zelebriert wird. Die oft einfachen und bodenständigen Schmankerl aus Mutters Küche haben schon dem Uropa geschmeckt. Viele davon sind deshalb in bestimmten Regionen zuhause, weil dort seit jeher die geeigneten Böden vorhanden sind und ein optimales Klima herrscht. So wurden sie zur Lebensgrundlage für Landwirte und Bevölkerung. Andere wiederum, wie zum Beispiel der Lebkuchen, entstanden bereits im frühen Mittelalter in Handelsstädten oder Märkten und sind bis heute fest mit diesen Orten verknüpft.

Nürnberger Rostbratwürste

Viele der Spezialitäten sind mittlerweile in ganz Bayern, manche auf der ganzen Welt beliebt. Fast immer ist die Ursprungsregion, manchmal sogar der Ursprungsort noch bekannt – und häufig existieren alte Geschichten dazu. Gute Beispiele hierfür sind der Augsburger Zwetschgendatschi oder die Münchner Weißwurst. Manche Schmankerl, die man heute das ganze Jahr über genießen kann, sind den zumeist dem Kirchenkalender folgenden Festtagsbräuchen entlehnt, andere wiederum sind aus Not oder Verlegenheit entstanden. Doch auch in der heutigen Zeit sind fast alle Spezialitäten noch immer mit bestimmten Traditionen verbunden. So wird ein echter Münchner trotz moderner Kühltechnik seine Weißwürst vor dem Zwölf-Uhr-Läuten verspeisen. Und die Oberpfälzer hängen nach wie vor den sechszackigen Zoigl-Stern an die Haustür, um anzuzeigen, das man in der Wohnstube das Zoigl-Bier der Hausbrauer genießen kann.

Weltgenusserbe – Bayern

Im Rahmen von Forschungsprojekten am Lehrstuhl für Marktlehre der Agrar- und Ernährungswirtschaft der Technischen Universität München / Weihenstephan entstand ab Mitte der 1990er-Jahre unter Leitung von Professor Dr. Michael Besch eine umfangreiche Datenbank zu regionaltypischen bayerischen Spezialitäten. Mitarbeiter der bayerischen Landwirtschaftsämter, Heimatpfleger und weitere interessierte Fachleute und Laien steuerten bislang mehr als 240 Einträge und viele wertvolle Hinweise sowie Anregungen bei. Die Sammlung der Spezialitäten wurde mit den Jahren weiter ausgebaut, erhebt aber natürlich keinen Anspruch auf Vollständigkeit. Da sich das Verzeichnis ständig weiterentwickeln soll, sind Vorschläge und Hinweise jederzeit willkommen.

Dabei gilt es jedoch zu beachten, dass es Grundvoraussetzung für eine Aufnahme in dieses Verzeichnis ist, dass die Spezialität seit mindestens 50 Jahren in der Region hergestellt bzw. angebaut wird (Tradition). Außerdem muss sie über eine (Entstehungs-)Geschichte verfügen, die ihre enge Bindung an die Erzeugungs- bzw. Verarbeitungsregion belegt (historischer Orts- und Sachbezug). Darüber hinaus sollte der Verbraucher das Produkt als typisch bayerisch bzw. typisch für eine Region innerhalb Bayerns wahrnehmen (Verbrauchererwartung).

EU-weiter Schutz für regionale Originale

Seit 1992 schützt die Verordnung (EG) 510/2006 die Herkunftsbezeichnungen von Lebensmitteln und Agrarprodukten, wie z. B. „Nürnberger Lebkuchen“ oder „Bayerisches Bier“, EU-weit vor deren missbräuchlicher Nutzung. Dies bringt sowohl für Verbraucher als auch für die Produzenten Sicherheit und Transparenz. Wenn ein Verbraucher in der Vergangenheit seinen Feierabend mit „Bayerischem Bier“ und „Nürnberger Rostbratwürsten“ genießen wollte, konnte es passieren, dass das Bier aus Holland und die „Echten Nürnberger Rostbratwürste“ aus Norddeutschland stammten. Viele Menschen wurden damit in die Irre geführt und der gute Ruf der bayerischen Lebensmittel ausgebeutet. Für das von dieser Verordnung nunmehr geschützte „Bayerische Bier“ bedeutet dies: Nur die Brauer in Bayern, die die festgeschriebenen Bedingungen einhalten (welche auch kontrolliert werden), dürfen ihr Bier in Europa unter dieser Bezeichnung verkaufen. Allen anderen Herstellern außerhalb des Freistaates ist die Nutzung des Begriffes „Bayerisches Bier“ strikt verboten. Auch wörtliche und bildliche Anlehnungen, wie „Bavarian Beer“, Bier „nach bayerischer Art“ oder die Verwendung von weiß-blauen Rauten auf dem Etikett sind untersagt. Auswärtige Hersteller können somit nicht mehr vom weltweit hohen Ansehen dieses Erzeugnisses profitieren. Insgesamt gibt es heute in Bayern 21 Produkte, die den EU-weiten Schutz nach dieser Verordnung erlangt haben (Stand: August 2012). Mehr als 20 befinden sich bereits im Antragsverfahren und für weitere Produkte ist der Schutz in Planung. Daher werden zukünftig auch zu den etwa 100 bayerischen Unternehmen, die bereits den beschriebenen EU-weiten Herkunftsschutz nutzen, noch viele weitere hinzukommen. Ein aktuelles Verzeichnis von Produkten mit geschützten Herkunftsbezeichnungen sowie deren Hersteller findet man unter www.spezialitaetenland-bayern.de im Bereich „Herkunftsschutz“.

Was ist eine g.U. bzw. eine g.g.A.?

Geschützte Ursprungsbezeichnung (g.U.)

Für die Eintragung eines Produkts mit „geschützter Ursprungsbezeichnung" (g.U.) ist es Voraussetzung, dass seine Güte bzw. Eigenschaften in erheblichem Maße oder ausschließlich durch das geografische Gebiet, aus dem es stammt, bestimmt wird. Ein Produkt, dass das gelb-rote „g.U."-Logo trägt, muss also in vollem Umfang – von der Rohware bis zum Endprodukt – in der angegebenen Region erzeugt worden sein. Erzeugung, Verarbeitung und Herstellung müssen nach einem anerkannten und festgelegten Verfahren erfolgen, welches auch kontrolliert wird.
Für Bayern sind derzeit die unten aufgeführten Herkunftsbezeichnungen gemäß der Verordnung (EG) 510/2006 geschützt und in das EU-Register eingetragen. Hersteller von Lebensmitteln und Agrarerzeugnissen dürfen somit ihre Produkte nur dann mit diesen Bezeichnungen vermarkten, wenn die jeweilige Produktspezifikation eingehalten und regelmäßig kontrolliert wird.

- Allgäuer Bergkäse
- Allgäuer Emmentaler
- Bissinger Auerquelle
- Siegsdorfer Petrusquelle
- Spalter Hopfen

Geschützte geografische Angabe (g.g.A.)

Für das Label „geschützte geografische Angabe" (g.g.A.) ist es Voraussetzung, dass sich eine bestimmte Qualität, das Ansehen eines Produkts oder eine andere seiner Eigenschaften durch das jeweilige geografische Gebiet ergibt. Bedingung ist daher, dass mindestens einer der folgenden Faktoren zutreffend ist: Das Produkt wird in der begrenzten Region erzeugt, verarbeitet oder hergestellt.

- Abensberger Spargel
- Bayerisches Bier
- Bayerischer Meerrettich / Bayerischer Kren
- Bayerisches Rindfleisch
- Franken-Karpfen
- Hofer Bier
- Hofer Rindfleischwurst
- Hopfen aus der Hallertau
- Kulmbacher Bier
- Mainfranken Bier
- Münchener Bier
- Nürnberger Bratwürste / Nürnberger Rostbratwürste
- Nürnberger Lebkuchen
- Oberpfälzer Karpfen
- Reuther Bier
- Schrobenhausener Spargel
- Schwäbische Maultaschen
- Schwäbische Spätzle
- Schwäbisch-Hällisches Qualitätsfleisch

www.spezialitaetenland-bayern.de

Spezialitäten

KATEGORIE

SÜSSE BACKWAREN

Kletzenbrot

Süße Backwaren

Von Auszognen bis Zwetschgendatschi reicht das Spektrum der süßen Backspezialitäten, die Bayern in seinen Regionen zu bieten hat. Oftmals geprägt durch die Stadtgeschichte und ihr Wappen, wie beim Chamer Kampl oder dem Augsburger Zwetschgendatschi, sind sie nur dort zu bekommen. Einige haben die Welt erobert. Manche gibt es nur zu bestimmten Anlässen, andere erfreuen das ganze Jahr die Geniesser. Einige werden als Festgebäck zu Hochzeiten, Kirchweih oder Weihnachten gereicht, andere bereichern täglich die Kuchentheke. Eines ist ihnen jedoch gemein: Mehl, Eier und Zucker oder Honig machen sie zu einem wertvollen Energiespender. Oft ergänzt mit Nüssen, Obst und Butter, waren und sind sie gerade in den Wintermonaten eine reichhaltige Nahrung und sollten deshalb mit Bedacht gegessen werden. Alle Spezereien zu erfassen, die von Konditoreien und Confiserien in ihren regional geprägten Zauberküchen liebevoll produziert werden, ist kaum möglich. Daher lohnt es sich immer, den ortsansässigen Bäcker oder Konditor zu besuchen und nach seiner Spezialität zu fragen.

Allerseelenzopf

(auch Seelenwecken, Totenbrot, Seelenspitzen)
Ober- und Niederbayern, Oberpfalz
Allerseelenzöpfe sind etwa 30 cm lange Zöpfe aus feinem, süßlichem Hefeteig. Die Teigstränge sind nur an den Enden geflochten, in der Mitte laufen sie parallel. Der Allerseelenzopf ist hauptsächlich in den Regierungsbezirken Oberpfalz und Niederbayern bekannt und beliebt. In Oberbayern kennt vor allem im Münchner Raum jeder den Allerseelenzopf.

Apfelkiacherl

Regensburg und Oberbayern
Apfelkiacherl sind ein süßes Dessert aus knusprig-goldbraunem, mit Apfelscheiben gefülltem Gebäck, das mit Zimt und Zucker bestreut wird. Sie werden meist warm serviert, schmecken aber auch kalt. Dazu reicht man wahlweise Vanilleeis, frisch geschlagene Sahne oder Früchte.

Augsburger Zwetschgendatschi

Bayerisch-Schwaben
Augsburger Zwetschgendatschi ist ein typischer süddeutscher Blechkuchen, der sehr dicht mit geviertelten Zwetschgen belegt ist. Zur Herstellung verwendet man möglichst spät gereifte Zwetschgen, die keinen Saft mehr ziehen.

Auszogne

(Kirchweihnudeln, Kirtanudeln)
Bayern
Rundes Schmalzgebäck mit Rand und einem dünnen Häutchen. Die Auszognen haben einen Durchmesser von 12 bis15 cm sowie einen etwa 3 cm hohen und breiten Rand und sind innen hauchdünn.

Bamberger Hörnla

Oberfranken
Buttergebäck, eine Art Croissant. Die Bamberger Hörnla schmecken sehr gut zu einer Tasse Kaffee. Der Sage nach kommt das „Hörnla" aus Wien als Symbol für den besiegten Halbmond nach der Belagerung durch die Türken 1683. In Bamberg aber war schon 300 Jahre früher ein Hörnchenbäcker namens Pfister Hornlein (=Hörnlein) in der Königstraße 9 zu Hause.

Bavesen/Zwetschgenpavesen

Ober- und Niederbayern
Bavesen sind zwei in Milch getränkte und panierte Weißbrotscheiben mit einer Zwischenschicht aus Zwetschgenkompott. Sie werden in Schmalz ausgebacken und mit Zimt und Zucker bestreut.

Blasiusbrote

Schwaben
Blasiusbrote sind runde, nur circa 15 mm kleine, weiße Plätzchen. Sie sind eine Art Heilbrot mit getrockneten Früchten.

Bamberger Hörnla

Augsburger Zwetschgendatschi

Blöcher

Frankenwald
Zylinderförmiges Schmalzgebäck, das innen hohl ist. Das goldbraune Gebäck hat einen süßen, würzigen Geschmack.

Braada Kung

Oberfranken
Braada Kung ist meist ein großer runder Blechkuchen mit einem Durchmesser von circa 80 bis 100 cm.

Chamer Kampl

Oberpfalz
Honiglebkuchen in Form des Chamer Stadtwappens, eines fünfzackigen Kamms.

Coburger Schmätzchen

Oberfranken
Die Coburger Schmätzchen sind Honigplätzchen mit einer speziellen Gewürzmischung. Diese werden hauptsächlich zur Weihnachtszeit gegessen.

Dettelbacher Muskazine

Unterfranken
Ein kleines Honigfeingebäck, das aussieht, als wenn zwei kleine Muscheln zu einer Acht zusammengesetzt wurden. Den Namen erhielt es durch die Beigabe von Muskat.

Auszogne

Dinkelsbühler Schneckennudel
Mittelfranken
Die Dinkelsbühler Schneckennudel ist ein traditionelles Festgebäck. Der Teig wird so zusammengerollt, dass die Nudel von oben wie ein Schneckenhaus aussieht.

Eierweck
Unterfranken
Gebäck in Form eines Hörnchens oder Ringes, das entgegen seinem Namen ohne Eier hergestellt wird. Es ist deshalb sehr kalorienarm.

Fränkische Küchle
Franken
Fränkische Kirchweihküchle sind von rechteckiger oder quadratischer Form. Der Boden ist flach, die Oberseite besteht aus einer großen Blase mit einer hellen Umrandung. Die Küchle sind knuspriger als anderes ähnliches Fettgebäck, wie beispielsweise der Berliner Pfannkuchen. Die Küchle werden gern als Dessert zur Kirchweih und auf Volksfesten gegessen.

Fränkischer Hutkrapfen
Franken
Der Fränkische Hutkrapfen ist ein – schwimmend in Fett gebackenes – rundes Küchla in Hutform. Man unterscheidet den großen (katholischen) und den kleineren (evangelischen) Hutkrapfen. Als süßes Schmalzgebäck werden sie als Nachspeise oder zum Kaffee gegessen. Besonders gut schmecken sie auch zu allen Arten von Früchtekompott.

Geschnittene Hasn
Franken
Feines Gebäck für besondere Anlässe, wie Kirchweih, Hochzeiten, runde Geburtstage oder Kommunion. Die Hasn werden in Zucker mit etwas Zimt und Vanillezucker gewendet. Lagerung macht sie erst richtig mürbe und noch leckerer.

Hasenöhrl
Niederbayern
Hasenöhrl sind ein rautenförmiges oder dreieckiges, etwa 8 cm langes und 3 cm breites, flaches goldbraunes Schmalzgebäck. Durch den Einschnitt an einer der Ecken wölbt sich der Teig beim Backen auf, sodass das Gebäck an die Form langer, dünner Hasenohren erinnert.

Hollerküachl
Bayern
Zur Herstellung der Hollerküachl verwendet man die frisch aufgeblühten Dolden des Holunderstrauchs. Sie werden in Backteig getaucht und in heißem Fett ausgebacken. Das goldbraune, knusprige Gebäck wird mit Zimt und Zucker bestreut.

Käsmatteblaaz
Unterfranken
Käseblechkuchen aus Hefeteig aus dem Spessart.

Kletzenbrot
Bayern
Das Kletzenbrot ist ein würzig-süßes Brot, bei dem Trockenfrüchte und Gewürze mit dem Brotteig vermischt werden. Es ist ein typisches Weihnachtsgebäck und lange haltbar.

Krätzaweckla
Mittelfranken
Krätzaweckla sind handgroße, flache Milchbrötchen, die man durch zwei parallele Einschnitte mit einem scharfen Messer dreiteilt.

Lindauer Butschelle
Schwaben
Runde, auf der Oberfläche rautenförmig eingeschnittene, 250 g schwere Butter-Hefegebäckstücke mit Rosinen.

Mehlkuchen
Oberfranken
Auflauf aus Mehl, Milch, Eigelb und Salz, gebacken in zerlassenem Fett in rechteckiger, eisener oder emaillierter Pfanne. Dazu isst man Apfelmus, Eingemachtes oder Dörrobst.

Memminger Mau
Schwaben
Ein runder Kuchen, meist aus Guglhupfteig, mit Mondgesicht auf der Oberseite.

Münchner Apfelstrudel
Oberbayern
Fruchtiger Strudel mit frisch geschälten Äpfeln, Rahm, Butter und edlen Gewürzen im gezogenen Strudelteig. Das Original gibt es nur in München.

Nonnenfürzchen
Schwaben
Kleine frittierte Teigklöße, also ein Schmalzgebäck, das noch warm in Zucker gewendet wird. Traditionelles schwäbisches Weihnachtsgebäck.

Prinzregententorte

Nürnberger Lebkuchen

Schneeballen
Bayern
Ein kugelförmiges Schmalzgebäck aus ineinander verschlungenen Teigstreifen.

Schuchsen
Ober- und Niederbayern
Schmalzgebäck aus Roggenmehl mit Quark oder Kartoffeln.

Schwäbische Seelen
Schwaben
Längliche Gebäckstücke aus hellem, weichem Brötchenteig mit knuspriger Kruste und großporiger, sehr feuchter und aromatischer Krume.

Straubinger Agnes-Bernauer-Torte
Niederbayern
Die Torte besteht aus Mandel-Nuss-Baiser-Masse, Mokka-Buttercreme, gerösteten Mandeln und Nüssen.

Urrädla
Franken
Rundes, gekräuseltes Schmalzgebäck aus Eigelb, Sauerrahm und Mehl, das in Butterschmalz ausgebacken wird.

Wachsstöcke
Bayern
Hefegebäck in Form von Wachsstöcken. Das Gebäck wird zu Mariä Lichtmess gebacken und als Nachtisch verzehrt.

Zwetschgenschmie
Oberpfalz
Hefeblechkuchen mit Belag. Je nach Gegend wird statt der Zwetschgenschmie(re) auch Grieß-, Kokos-, Quark-, Mohn-, Sirup-, Butter- oder Nussschmiere verwendet.

Nürnberger Eierzucker
(Springerle, Reiterle, Anisbrot, Bayerisches Bauernmarzipan, Würzburger Eier-Marzipan, Bamberger Marz)
Franken
Unter „Nürnberger Eierzucker" ist ein weißes, zartes Eiergebäck zu verstehen, das seine Form durch holzgeschnitzte Modeln erhält.

Nürnberger Lebkuchen
Franken
Süßes Weihnachtsgebäck mit würzigen Aromen und leichtem Nussgeschmack. Rund oder rechteckig mit einem Durchmesser von 8 bis 10 cm und einer Höhe von 1 bis 1,5 cm.

Prinzregententorte
Oberbayern
Die Prinzregententorte ist eine Biskuittorte mit einer Füllung aus Schokoladencreme und einem Überzug aus Schokoladenguss. Im Inneren der Torte verbergen sich abwechselnd Teig- und Cremeschichten von ½ cm.

Rahmblaaz
Unterfranken
Ein Blechkuchen aus Hefeteig aus dem Spessart.

Rieser Bauerntorte
Schwaben
Die Rieser Bauerntorte ist ein kreisrunder, flacher, gedeckter Apfelmuskuchen mit einem Durchmesser von 40 bis 60 cm, der maximal 2 bis 3 cm hoch ist.

Rohrnudeln
Bayern
Rohrnudeln sind ein leicht süßes, quaderförmiges Hefegebäck mit einer Kantenlänge von 7 bis 10 cm, die zusammen in einem Reindl goldbraun gebacken werden.

Spezialitäten

KATEGORIE

HERZHAFTE BACKWAREN

Bayerische Brezn

Herzhafte Backwaren

Ein wohlschmeckendes Brot ist ein Qualitätsprodukt, dessen Herstellung ohne ein umfassendes Know-how nicht möglich ist. Ausgewogenes Brotaroma entsteht in erster Linie durch die Teigführung und speziell durch die Wahl der Fermentationsmittel: Hefe oder Sauerteig und die richtige Kombination von beiden. In Bayern als traditionellem „Roggen-Land" dominieren Sauerteigbrote. Mit Sauerteigen kann das typische, unverwechselbare und sonst wenig zu beeinflussende, intensive Brotaroma erzeugt werden. Historische „Quelle" war die Notwendigkeit, Roggenteige zu versäuern, um eine Lockerung der Krume zu erreichen. Beim Brotaroma sind Roggenbäcker unschlagbar: Kein anderes Getreide bietet die Möglichkeit, mit Sauerteigen so vielfältige Aromastoffe zu erzeugen. Neben der Teigführung haben aber auch die Gebäckformung und das Backverfahren großen Einfluss auf den Geschmack.

Bayern ist das Bundesland mit der größten Gebäckvielfalt. Das kommt nicht von ungefähr: Seit Generationen überlieferte Rezepturen, heimische Rohstoffe, traditionelle Herstellungsverfahren und die unvergleichliche bayerische Kultur haben zu einem wahren Reichtum in gebackener Form geführt. Dahinter steht eine stattliche Branche, die mit rund 3.100 backenden Betrieben, ca. 2,3 Mrd. Euro Jahresumsatz, 8.000 Verkaufsstellen und über 49.000 Beschäftigten zu einer der größten Handwerksbranchen im Freistaat zählt. 20,7 % aller bundesdeutschen Handwerksbäckereien und 17 % aller Bäckerei-Beschäftigten finden sich hier. Insgesamt stellt Bayern 20,5 % aller Ausbildungsplätze im bundesdeutschen Bäckerhandwerk. Das sind beeindruckende Zahlen!

Die Frage, wie viele der bundesweit etwa 300 Brotsorten regional speziell in Bayern auftreten, kann man getrost den Statistikern überlassen. Für den Verbraucher zählt vor allem eines: Der Geschmack. Die bayerischen Brotesser bevorzugen dabei vor allem kräftige Brotsorten – insbesondere Mischbrote mit einem hohen Roggenanteil und verschiedensten Gewürzen. In diesem Bereich bietet der bayerische Brotkorb eine sehr große Anzahl von regionaltypischen und unterschiedlichen Sortenausprägungen.

Die Erzeugung von dauerhafter Spitzenqualität ist demnach für jeden Bäckermeister eine Herausforderung, die immer wieder neu angegangen werden muss.

Fränkisches Holzofenbrot

Bayerische Backerbsen
Bayern
Backerbsen sind gebackene Brotperlen, die vorzüglich in klaren und gebundenen Suppen schmecken. Sie werden aus hochwertigen Rohstoffen hergestellt und sind traditionell aus Hefetropfteig in reinstem Pflanzenöl schonend, goldgelb und knusprig gebacken.

Bayerische Brezn
Bayern
Ein Laugengebäck in verschiedenen Varianten und Größen, meist mit grobem Salz bestreut. Fester Bestandteil bayerischer Brotzeitkultur.

Blootz
Franken
Der Blootz ist eine fränkische Spezialität und wird als herzhafte und süße Variante zubereitet. Der pikante Blootz ist in etwa mit einer Pizza vergleichbar, jedoch drei- oder viereckig und meist als Zwiebelblootz bekannt. Als süße Variante gibt es ihn als Zwetschgenblootz, mit Streuseln und Sahne, oder als Apfelblootz.

Eingenetztes Brot
Schwaben
Helles Weizenmischbrot aus Schwaben mit unruhiger Porung und unregelmäßiger Form. Der Name „Eingenetztes Brot" kommt vom Herstellungsverfahren, bei dem mit nassen, also „eingenetzten" Händen gearbeitet wird.

Fränkisches Holzofenbrot
Franken
Roggenbrot mit besonders kräftiger Kruste und langer Haltbarkeit. Das Gewicht des großporigen Laibs beträgt circa 2.000-5.000 g. Fränkisches Holzofenbrot ist außerordentlich aromatisch und wird noch in vielen Gasthäusern und Bäckereien im eigenen Ofen gebacken.

Fränkischer Zwiebelkuchen
Franken
Hefekuchen, der mit reichlich Zwiebeln in Sauerrahm und leckeren Gewürzen belegt ist. Auch „Zwiebelplootz" genannt, wird warm gegessen, besonders gern zu „Most" (einjährigem Wein) oder „Bremser" (Federweißer).

Münchner Mundsemmel
Oberbayern
Großvolumiges Hefegebäck mit hohem Krustenanteil und sternförmiger Oberfläche.

Riemisches Weckerl
(Römer, Remische, Muckerl)
Bayern
Mit Kümmel gewürzte Roggenbrötchen mit kräftig-würzigem Geschmack.

***Wussten Sie schon,** dass man altbackene Riemische sehr gut für eine würzige Panade oder herzhafte Knödel verwenden kann?*

Riemische Weckerl

Spezialitäten

KATEGORIE
BIER

Bayerisches Bier

Bier

Das Bier spielt in der bayerischen Geschichte eine große Rolle. Bereits seit der Antike im Mittelmeerraum bekannt, wurde es zu Zeiten der Agilolfinger (555-1070 n. Chr.) vornehmlich zu Hause oder in Bäckereien gebraut. Allmählich löste das Bier den Wein als Haustrunk ab, der seit der römischen Besetzung hauptsächlich angebaut wurde. Ab dem frühen Mittelalter pflegten besonders die Klöster das Handwerk des Bierbrauens. Die heutige Bayerische Staatsbrauerei Weihenstephan wurde bereits 1040 gegründet. In jenem Jahr erwarb der Abt Arnold aus dem Benediktinerkloster Weihenstephan das Brau- und Schankrecht von der Stadt Freising. Damit ist Weihenstephan die älteste noch bestehende Braustätte der Welt und das älteste noch aktive Unternehmen in Deutschland. An der Tatsache, dass von den 50 ältesten bis heute tätigen Unternehmen Deutschlands mehr als 80 Prozent Brauereien sind, erkennt man den Stellenwert dieser Produktionsstätten. Die erste Brauerei der bayerischen Herrscherfamilie wurde bereits 1260 von Herzog Ludwig dem Strengen in München gegründet. Im Laufe der Jahrhunderte entstanden auch insgesamt 70 Brauereien der Wittelsbacher. Den wohl wichtigsten Beitrag leistete Herzog Wilhelm IV. im Jahre 1516 mit dem Erlass des berühmten Bayerischen Reinheitsgebots. Bei der Sanierung des desolaten Finanzstatus des Herzogtums Bayern bewährte sich dann das von Kurfürst Maximilian I. erlassene Weißbiermonopol, das von 1602 bis 1798 Bestand hatte. Das Monopol nahm unter seinen zahlreichen Projekten zur Optimierung des Staatshaushalts einen besonderen Stellenwert ein. Damit war das Bier in Bayern zu einem wichtigen Bestandteil der Politik geworden. So gehören auch heute noch der Hofbräu in München und die Brauerei Weihenstephan dem Freistaat Bayern. Durch den seit Jahren rückläufigen Bierkonsum kann allerdings der Staatshaushalt längst nicht mehr durch Bier allein saniert werden.

Bamberger Rauchbier
Oberfranken
Untergäriges Märzenbier oder Starkbier unter Verwendung von Rauchmalz.

Bayerische Fastenstarkbiere
Bayern
Werden während der frühjährlichen Starkbierzeit bzw. Fastenzeit im März getrunken. Ihr Alkoholgehalt liegt über 7 %.

Bayerisches Bier
Bayern
Im Juni 2001 hat der Ministerrat der Europäischen Union dem Antrag des Bayerischen Brauerbundes stattgegeben, die Bezeichnung „Bayerisches Bier" als geschützte geografische Angabe in der Europäischen Union unter Schutz zu stellen. Damit darf sie nur für Bier verwendet werden, das aus bayerischen Sudkesseln stammt und somit auch nach dem Bayerischen Reinheitsgebot gebraut ist.

Braunbier
Oberfranken
Ein kräftig gehopftes, bernsteinfarbenes Vollbier, das im ältesten Haus Bayreuths – dem Nankenreuther Burggut – ohne Zapfanlage direkt vom Fass gezapft wird.

Dinkelbier
Niederbayern
Ein mit Dinkelmalz und einem Gerstenmalzanteil von maximal 50 % gebrautes hefetrübes Vollbier.

Eisbock
Franken
Hoch konzentriertes, fränkisches Starkbier. Mit einer Stammwürze von 25 % und 8 bis 9 % Alkoholgehalt. Kommt aus der Gegend um Kulmbach

Hofer Bier
Oberfranken
Wird ausschließlich im Gebiet um die Stadt Hof gebraut. Die Herkunftsbezeichnung Hofer Bier ist EU-weit als sogenannte „geschützte geografische Angabe (g.g.A)" eingetragen. Das heißt, dass ein Bier mit der Bezeichnung „Hofer Bier" ausschließlich in Hof gebraut werden darf.

Hofer Bier

Hofer Schlappenbier
Oberfranken
Das Hofer Schlappenbier ist ein malziges Bier, das nur einmal im Jahr gebraut wird und der Stimmungsmacher beim alljährlichen Hofer Bierfest ist.

Kulmbacher Bier
Oberfranken
Kulmbacher Biere waren früher hauptsächlich Typen dunklen Bieres aus stark abgedarrtem Malz und wenig Hopfen, süßlich-malzig, extraktreich und mit niedrigem Alkoholgehalt.

Mainfranken-Bier
Unterfranken
Unterschiedlichste Biere aus dem Regierungsbezirk Unterfranken, der landläufig als „Mainfranken" bezeichnet wird.

Münchner Bier
Oberbayern
Der Begriff „Münchner Bier" umfasst alle Weizen-, Bock-, Märzen- und Pilsbiere, die in München gebraut werden. Während einige Münchner Brauereien eher den bayerischen Markt beliefern, verkaufen andere Brauereien Münchner Bier weltweit und tragen so zu seinem guten Ruf bei.

Bier – Vielfalt mit Geschichte

Ein Meilenstein für die Braukunst in Bayern war die Säkularisation der Klöster und des Kirchenbesitzes zu Beginn des 19. Jahrhunderts. Damals wurden zahlreiche Klosterbrauereien aufgelöst, verstaatlicht oder von privaten Unternehmern erworben. Zu dieser Zeit gab es in Augsburg sage und schreibe 98 Braubetriebe und in Tölz 22. Selbst im kleinen Aibling mit seinen etwa 1.000 Einwohnern gab es fünf Brauhäuser. Mit einer Brauerei pro etwa 20.000 Einwohner hat Bayern bis heute die höchste Brauereidichte der Welt. Oberfranken mit rund 200 Brauereien – das ist eine Brauerei pro 5.300 Einwohner – hält dabei den Weltrekord. In fast jeder Ortschaft findet man hier ein Brauhaus, das typisch und regional seinen Gerstensaft braut.

Drei plus eins ist viertausend

Drei Grundzutaten – Wasser, Hopfen, Malz – erlaubt das Bayerische Reinheitsgebot von 1516. Von der Wirkung und Wichtigkeit der Hefe wusste man damals noch nichts. Aus diesen vier Zutaten entwickelte sich in Bayern eine ebenso erstaunliche wie köstliche Biervielfalt. Heute werden hier von kreativen Braumeistern in über 600 Braustätten mehr als 4.000 verschiedene Bierspezialitäten gebraut. Diese können in 40 Sorten eingeteilt werden. Da gibt es neben Stark-, Leicht-, Schank- und Zwicklbieren, Mai- oder Eisbock, Biere aus den verschiedensten Getreidemalzen. Auch die einzelnen Sorten unterscheiden sich, je nach Brauerei, dem verwendeten Wasser sowie Hopfen und Hefe, ganz erheblich. Eine Vielzahl von regionalen Festbieren, allen voran das Münchner Oktoberfestbier, haben dem bayerischen Bier zu Kultstatus und Weltruhm verholfen. Ob goldgelb, bernsteinfarben, blutrot, dunkelbraun oder tiefschwarz, Biere sind wie die Regionen, der Wechsel der Tages- oder der Jahreszeiten – jedes hat seinen ganz eigenen Charakter, seine Zeit und seinen Liebhaber.

Tradition, Können, Leidenschaft und regionale Grundzutaten ergeben individuellen Biergeschmack

Die Vielfalt der Biere ist ein Ergebnis aus Tradition, Innovation und Können wie auch der Verwendung von besten heimischen Zutaten. Vom legendären Hollertauer Hopfen über hochwertige Braugerste bis hin zum reinen Quellwasser ermöglichen regionale Zutaten den feinen Biergeschmack. Wen wundert es da, dass die Biere rund ums Jahr auch sehr eng mit der bayerischen Küche verbunden sind. Ganz gleich, ob als erfrischendes Getränk oder als raffinierte Zutat, ist Bier für Genießer und Köche Inspiration für kulinarische Kombinationen. Bier ist das einzige alkoholische Getränk der Welt, das Hopfen enthält und hat auch viele Bitterstoffe, die den Geschmack schnell dominieren können. Dadurch ist das Kochen mit Bier anspruchsvoller als mit Wein. Zu süßen Speisen und Zutaten bilden vor allem die Bitterstoffe einen feinen Kontrast. Daher eignet sich beim Kochen das Bier besonders dazu, die Aromen der einzelnen Zutaten hervorzuheben. Es unterstreicht den Geschmack, verleiht Charakter und gibt den Gerichten eine außergewöhnliche Note. Und wer hat nicht schon mal Apfelkücherl im Bierteig genossen, oder einen Schweinsbraten mit Dunkelbiersoße – zusammen mit einem gepflegten Bier.

So verwundert es nicht, dass Bier einen Facettenreichtum bietet, der sich durch über 400 (vierhundert!) verschiedene Geschmacksstoffe bemerkbar macht und damit jedem Bier seinen eigenen, unverwechselbaren Charakter gibt. Dem Laien fehlen in der Regel die Worte, um die Vielfalt treffend auszudrücken. Der Sensoriker oder Biersommelier verwendet dafür eine positive, eindeutige Bildersprache, um die spezifischen Sinneseindrücke definieren zu können. Auch um Qualitätsprobleme eindeutig beschreiben zu können, wurde bereits vor über 20 Jahren von Brauwissenschaftlern das „Bier-Flavour-Rad" entwickelt. Die darin nach Referenzsubstanzen festgelegten Begriffe sind heute weltweit akzeptiert. So gibt es Begriffe wie „malzig, nussig oder hefig", die jedem Biertrinker geläufig sind, aber auch Formulierungen wie „papierartig" oder gar „katzenartig" finden hier Verwendung. Diese Geschmacksnoten muss der Bier-Sommelier kennen und schmecken, um dem Gast eine Empfehlung geben zu können. Ein kräftiges Essen braucht ein körperreiches, eine feine Speise hingegen ein schlankes und mildes Bier. Schlecht temperiertes Bier, ungepflegte Zapfanlagen oder unpassende oder gar mit falschen Spülmitteln behandelte Gläser stempeln jeden Wirt zum Bierbanausen und dürfen einfach nicht sein. So wie beim Wein die Glasauswahl das Bouquet beeinflusst, ist auch beim Bier die Form des Glases entscheidend. Ein bauchiges Glas bringt einen anderen Ausdruck als ein schlanker Pokal, ein Steinkrug ein anderes Aroma zur Wirkung als ein Glaskrug. Steinkrüge halten zudem lange kühl und sind besonders für dunkle und starke Biere geeignet. Tulpen bilden einen stabilen Schaum, das typische Weißbierglas erleichtert das Einschenken des spritzigen Schmankerls. Dabei ist die Vielfalt an Behältnissen fast genauso groß wie die ihres Inhalts. Als Faustregel gilt: Ein schlankes Bier braucht ein schlankes Glas, ein körperreiches, kräftiges Bier passt in einen bauchigen Humpen.

In der gehobenen Gastronomie sollten deshalb analog zum Weinkellner bzw. Sommelier spezielle Kenntnisse zur Beratung der Gäste bei der Auswahl von Bieren selbstverständlich sein. Dabei ist unter anderem die Abstimmung mit dem Essen zu beachten. Zum Beispiel passt zu einem kräftigen Schweinefleischgericht neben einem bayerischen Weißbier auch ein altbayrisches Dunkel oder ein kräftiges Bockbier, jedoch kaum ein Kölsch.

Münchner Oktoberfestbier

München

Beim Münchner Oktoberfestbier handelt es sich um ein Märzenbier, das von den Münchner Brauereien extra für das Oktoberfest gebraut wird. Es ist ein kräftiges Märzenbier, das durch die höhere Stammwürze von 13,5 % nicht nur einen etwas höheren Alkoholgehalt hat, sondern auch sehr vollmundig ist. Durch die geringe Hopfengabe hat das Münchner Oktoberfestbier eine leichte Hopfenbittere und schmeckt leicht süßlich mit malziger Note.

Radler

Bayern

Radler ist ein frisches, leicht süßes Bier-Zitronenlimonade-Mischgetränk. Durch die Zugabe der klaren Limonade ist das Radler wesentlich heller als das entsprechende Vollbier.

Reuther Bier

Oberpfalz

Spezialität der nördlichen Oberpfalz in den Sorten Lagerbier, Schloss-Pils, Weißbier und Spezial. Der Alkoholgehalt variiert je nach Sorte zwischen 4,8 und 5,6 Vol.-%.

Rieser Weizenbier

Mittelfranken

Rieser Weizenbier ist ein obergäriges, hefetrübes, ungefiltertes und bernsteinfarbenes Weizenbier. Die Basis für den einzigartigen und unverwechselbaren Geschmack bilden solche hochwertigen Rohstoffe wie das Rieser Quellwasser sowie Weizen und Gerste, die ebenfalls aus dem Nördlinger Ries stammen.

Ungespundetes Kellerbier

Bamberger Rauchbier

Russ

Bayern

Der Russ ist ein frisches, säuerlich-süßess Biermischgetränk, das durch Heferückstände leicht trüb ist. Durch die Mischung von trübem Hefe-Weizenbier und klarer, farbloser Zitronenlimonade entsteht ein Getränk, das deutlich heller als Hefeweizen ist. Der Russ hat einen Alkoholgehalt von 2,5 Vol.-%.

Ungespundetes Kellerbier

Bayern

Bei dem ungespundeten Kellerbier handelt es sich um ein leicht dunkles Märzenbier mit sehr wenig Kohlensäure. Kellerbier wird ohne Zapfanlage unter atmosphärischem Druck in Steinkrüge gezapft.

Weißbier oder Weizenbier

Bayern

Ein obergäriges Bier, das mindestens zur Hälfte aus Weizenmalz hergestellt sein muss. Es gibt verschiedene Sorten, wie Kristallweizen oder dunkle Weißbiere. Der Alkoholgehalt geht von alkoholfrei bis Doppel- oder Eisbock.

Zoigl-Bier

Oberfranken

Zoigl ist ein naturtrübes, dunkles Bier, das nicht gefiltert wird und deshalb noch alle Nähr- und Inhaltsstoffe besitzt. Es ist ein sehr verträgliches, würziges und süffiges Bier. Die Filtration ist nicht nötig, da Zoigl-Bier nicht über längere Zeiträume hinweg gelagert wird.

Zwickelbier

Bayern

Zwickelbier ist ein naturtrübes Bier, das nicht gefiltert wird. Eine Filtration ist nicht notwendig, da das Zwickelbier nicht lange gelagert wird, sondern meist nach dem Nachgärungsprozess frisch in Gastwirtschaften angeboten wird.

Spezialitäten

KATEGORIE
FISCH

Karpfen

Fisch

Ob Fluss- und Seefischerei, Forellen- oder Karpfenteichwirtschaft – der Fisch spielt in einem so wasserreichen Land wie Bayern eine große Rolle. Das erkennt man daran, dass es in Bayern etwa 8.500 Karpfen- und 3.300 Forellenbetriebe gibt, die etwa 50 Prozent der Karpfen- und 40 Prozent der Forellen-Produktion in Deutschland stellen. Meefischli, Chiemseerenke, Fränkischer Karpfen, Lechtal- oder Rhönforelle, ob Saibling, Aal, Waller oder Flusskrebs – die Artenvielfalt der heimischen Gewässer ist groß und die Auswahl für den Genießer auch. Es ist somit ein Leichtes, Empfehlung der Ernährungswissenschaftler nachzukommen, einmal pro Woche Fisch zu essen. Und wenn man dann zu frischem einheimischen Fisch greift – umso besser. Ein Steckerlfisch, frisch vom Holzkohlegrill ist ebenfalls eine gute und köstliche Alternative zur einfachen Fischsemmel mit Hering.

Aischgründer Karpfen

Mittelfranken

Der Aischgründer Karpfen wird im Aischgrund in Mittelfranken gefischt, einem der bekanntesten Teichgebiete in Deutschland. Die etwa 4.000 Teiche werden von 1.200 Teichwirten betreut.

Chiemsee-Fischwürst

Oberbayern

Fischbrätmasse aus Weißfischfilet, Zwiebeln, Eiern, Milch, Butter, Petersilie, Salz und Pfeffer, die in Wurstform gekocht wird.

Dinkelsbühler Karpfen

Mittelfranken

Eine besondere Karpfenzüchtung, die vom Aussehen her an dem – im Vergleich zum Aischgründer Karpfen – weniger stark ausgeprägten Buckel zu erkennen ist.

Donauzander

Niederbayern

Dieser Süßwasserfisch ist ein besonders großes Mitglied der Barschfamilie. Zander (Stizostedion lucioperca) werden normalerweise bis zu 70 cm lang, Donauzander sogar mehr als einen Meter. Sie haben einen langen, hechtähnlichen Körper und einen schmalen Kopf mit spitzem Maul. Rücken und die Seiten sind silbergrau bis dunkelgrün, der Bauch silbrig weiß. Der Zander hat sehr aromatisches Fleisch und kaum Gräten.

Franken-Karpfen

Franken

Franken-Karpfen wird auch heute noch besonders gern als Fastenspeise gegessen. Der Karpfen hat ein sehr wohlschmeckendes, für alle Zubereitungsarten geeignetes Fleisch. Das Karpfenfleisch kann als Filet, im Ganzen oder als Teilstück zum Dünsten für Aufläufe, Suppen usw. verwendet werden.

Kretzer

Schwaben

Der Kretzer ist ein in fließenden und stehenden Gewässern beheimateter Barsch mit auffallend hohem Rücken.

Lechtalforelle

Oberbayern

Die Lechtalforelle wird heute in frischer Qualität, aus gesicherter Herkunft und natürlicher Aufzucht als Regionalmarke angeboten.

Meefischli

Unterfranken

Frittierte Kleinfische, die im Ganzen gegessen werden. Während früher die Fischrasse Schneider überwog, sind es heute eher Lauben und Rotaugen. Nach alter Regel dürfen Meefischli nicht größer sein als der kleine Finger des St. Kilian auf der Würzburger Mainbrücke. Meefischli werden fangfrisch verarbeitet und sofort zubereitet.

Oberpfälzer Karpfen

Oberpfalz

Im Gegensatz zum Schuppenkarpfen, der ganz beschuppt ist, hat der Oberpfälzer Spiegelkarpfen nur einzelne Schuppenpartien auf dem Rücken. Entgegen einem weit verbreiteten Vorurteil ist der Spiegelkarpfen mit nur vier Prozent Fettanteil besonders fettarm.

Renke

Schwaben, Oberbayern

Renken sind nicht nur ihres Fleisches wegen hoch geschätzt – auch Rogen und Leber stellen eine ausgesprochene Delikatesse dar. Die Renken gehören zu den feinsten und teuersten Tafelfischen. Sie werden meist frisch gegessen.

Rhönforelle

Unterfranken

Diese Regenbogenforelle lebt in Oberläufen sauberer, klarer Bäche und ernährt sich räuberisch von Bachflohkrebsen, Insekten und Kleinfischen. Lauernd stehen die territorialen Fische in der Strömung, um blitzschnell nach driftenden, schwimmenden oder auf der Wasseroberfläche treibenden Beutetieren zu schnappen.

Saibling

Bayern

Forellenartiger Fisch mit weißen Punkten, die vom Kopf bis zur Schwanzflosse reichen. Der Bachsaibling (Salvelinus fontinalis) ist jedoch kleiner als eine gleichaltrige Forelle. Er hat einen olivgrünen bis braunen Rücken mit weißen Flecken.

Steckerlfisch

Bayern

Steckerlfisch ist ein aufgespießter, stark gewürzter Fisch (Forelle, Lachsforelle oder Renke), den es frisch gegrillt in Biergärten in Ober- und Niederbayern sowie auf Volksfesten gibt. Steckerlfische werden entweder aus dem Papier gegessen, in das sie nach dem Grillen eingewickelt werden, oder auf einem Teller serviert. Dazu isst man eine Brezn oder eine Semmel.

Steckerlfisch

KATEGORIE

FLEISCH & WURSTWAREN

Griebenschmalz

Fleisch & Wurstwaren

42.150 Menschen waren Ende 2004 im bayerischen Fleischerhandwerk beschäftigt und erwirtschafteten einen Umsatz von fast drei Milliarden Euro. Die Metzgereien bilden zudem unvermindert ihren Berufsnachwuchs selbst aus und sichern damit ihre Zukunft. Derzeit befinden sich in den Betrieben des bayerischen Fleischerhandwerks fast 6.000 Lehrlinge zur Ausbildung. Damit bietet das bayerische Metzgerhandwerk vielen Menschen in den Regionen Arbeit und Zukunft. Uns Kunden ermöglicht dieser sensible Dienstleistungszweig frische und qualitätvolle Produkte, gute Beratung und hohen Komfort.
Was steckt eigentlich hinter der sprichwörtlichen „Metzgerqualität", die Sie beim „Metzger Ihres Vertrauens" täglich bekommen? Wesentliches Merkmal der Metzgerqualität ist, bei eigener Schlachtung, die Verwendung ausgesuchter Schlachttiere von Bauern in nächster Umgebung. Oft bestehen die Verbindungen zwischen Bauern und Metzgern schon seit Jahrzehnten, man kennt und vertraut sich. Vorteil für den Kunden: Durch die traditionelle handwerkliche Arbeitsweise mit Mitarbeitern aus der Region bleibt auch die Wertschöpfung in der Region, und der Metzger produziert zudem individuelle Produkte oder regionale bzw. örtliche Spezialitäten.

Altmühltaler Lamm

Oberbayern

Nur die besten und kräftigsten Lämmer werden von den Altmühltaler Schäfern für die Weiterzucht ausgesucht. Sie ernähren sich vorwiegend von Muttermilch und von den frischen Kräutern der Magerwiesen des Naturparks. Das Fleisch von den 4 bis 6 Monate alten Altmühltaler Lämmern ist zart, bekömmlich und leicht – und damit ideal geeignet für eine kalorienarme und eiweißreiche Ernährung.

Balzheimer

Schwaben

Grobe, würzige oder, wie man in Bayern sagt, eine „räse" Wurst. Knorrig, hart und scharf sind sie roh kaum zu beißen und auch die gesottene Balzheimer, auch Lutherische genannt, bedarf kräftiger Zähne. Die gekochten Würste werden meist mit Sauerkraut, deftigem Bauernbrot und Bier serviert.

Bamberger Blaue Zipfel

Franken

Rohe Bamberger Schweinswurst, die sich im Sud aus Essigwasser mit etwas Salz und Zucker, Öl und ein paar Tropfen Suppenwürze, Lorbeerblättern, 1 bis 2 Nelken, Wacholderbeeren und reichlich Zwiebelringen blau färbt. Am besten schmecken Blaue Zipfel mit frischen Brezn und Bamberger Rauchbier.

Bayerische Bierwurst

Bayern

Diese Wurst hat eine charakteristische Kugel- oder Blasenform, ist von Senfkörnern durchsetzt und mit Knoblauch gewürzt. Sie wird kalt, in dicke Scheiben geschnitten, zusammen mit allen Brotsorten verzehrt. Am besten schmeckt dazu – wie der Name schon sagt – Bier.

Bayerische Gelbwurst

Bayern

Auch Hirnwurst, Kalbskäs, Weißer Fleischkäs genannt, ist eine feine Brühwurst mit zartem Biss und mildem Aroma. Die Gelbwurst hat nach dem Brühen eine strahlend weiße Anschnittfläche. Der Name Gelbwurst kam ursprünglich durch eine mit Safran eingefärbte Hülle. In der Urfassung wurde ihr auch Hirn begegeben.

Bayerischer Leberkäs

Bayern

Die Grundmasse von Bayerischem Leberkäs besteht aus grob entsehntem Rindfleisch, fettgewebsreichem Schweinefleisch, Fettgewebe, Wasser und Salz. Im Bayerischen Leberkäs befindet sich keine Leber, während dies außerhalb Bayerns in der Regel der Fall ist. Leberkäs wird in einer Kastenform gebacken, hat dann im Inneren eine rosa Farbe und äußerlich eine dunkle Kruste. Leberkäs wird in Bayern seit gut 200 Jahren hergestellt und gilt längst als Klassiker der bayerischen Küche.

Bayerischer Schweinsbraten

Bayern

Der Schweinsbraten zählt zu den traditionellen Gerichten der bayerischen Küche. Er wird meist aus der Schulter (möglichst mit Schwarte), dem Nacken oder dem Schinken zubereitet, mit Salz, Pfeffer, Kümmel und je nach Rezept auch mit Knoblauch gewürzt und im Backofen gebraten, bis die Schwarte knusprig ist. Ob als Niederbayerischer Krustenbraten mit Bayrisch Kraut und Semmelknödeln oder auch als Oberbayerisches Schmankerl zu Dunkelbiersoße, Kartoffelknödeln und Blaukraut oder mit Kartoffelsalat angerichtet – die traditionelle bayerische Fleischspeise sollte möglichst frisch serviert werden.

Bayerischer Wurstsalat

Bayerische Schweinshaxe

Bayern

Die Schweinshaxe ist der Teil des Beins vom Schwein, der sich zwischen Knie- oder Ellenbogengelenk und den Fußwurzelgelenken befindet. Er ist von einer Fettschicht, der sogenannten Schwarte umgeben. Das Fleisch ist sehr zart und aromatisch und sollte sich nach längerer Garzeit sehr leicht vom Knochen lösen lassen. Im Gegensatz zur Surhaxe wird die Schweinshaxe nicht gepökelt. Stattdessen wird sie im Ofen gebraten oder gegrillt und erhält dadurch eine rösche Kruste.

Bayerischer Wurstsalat

Bayern

Der Bayerische Wurstsalat besteht aus Regensburger Wurst, die in dünnen Scheiben mit Zwiebelringen, Öl und Essig angerichtet und mit Salz und Pfeffer sowie gelegentlich mit frischen Kräutern gewürzt wird.

***Wussten Sie schon,** dass Fleisch vom Schweinsbraten und der Haxn auch hervorragend als kalter Braten oder in einem Bauerngröstl mit Kartoffeln und Ei schmeckt?*

Bayerisches Rindfleisch

Bayern

Bayerisches Rindfleisch stammt zu 80 % vom bayerischen Fleckvieh, gefolgt von der Rasse Allgäuer Braunvieh mit knapp 10 % und dem Fränkischen Gelbvieh, das weniger als 1 % ausmacht. Rindfleisch kam in Bayern früher vor allem an hohen Festtagen – Ostern, Pfingsten, Kirchweih und Weihnachten – gekocht auf den Tisch. In der Regel werden zum Rindfleisch Kartoffeln verzehrt.

Böfflamot

Bayern

Böfflamot ist in Rotwein gebeiztes Rind- oder Schweinefleisch. Für das wahre Böfflamot verwendet man Rind- und nicht Schweinefleisch. Napoleon soll das Gericht nach Bayern gebracht haben. „Französisch" kam in Mode und aus dem Bürgersteig wurde ein Trottoir, aus dem Pfannkuchen ein Omelett und aus dem Sauerbraten eben ein „Boeuf à la mode".

Coburger Bratwurst

Coburger Bratwurst

Franken

Die Coburger Bratwurst besteht aus fettreichem Schweinefleisch und mindestens 15 % Rindfleisch. Sie hat eine grobe Körnung und eine Länge von circa 25 cm. Das Unverwechselbare an der Coburger Bratwurst ist der Darm, der sogenannte „Schleiß" oder „Bändel", in dem die Wurst steckt. Das ist der, von seiner Fettschicht nicht befreite, Dünndarm vom Schwein. So lässt sich die Wurst über einem offenen Feuer braten, ohne auszutrocknen. Man kann sie aber auch als Brühwurst verwenden. Aus dem ältesten Speisezettel des Coburger Georgenspitals aus dem Jahr 1498 geht hervor, dass von den letzten Schweinen, die für Fastnacht geschlachtet wurden, jedem Coburger Kind und jedem Armen im Spital je zwei Bratwürste gegeben wurden.

Coburger Kernschinken

Franken

Dieser geschützte Rohschinken wird – aus dem Kernstück geschnitten – von Schweineschinken aus fränkischer Aufzucht hergestellt. Die gepökelte, geräucherte oder gekochte Keule ist nicht nur das teuerste Stück vom Schwein – der Schinken ist auch eine Delikatesse mit jahrtausendealter Tradition. Für Coburger Kernschinken ist beim Deutschen Institut für Gütesicherung und Kennzeichnung (RAL) ein „geografisches Herkunftsgewährzeichen" eingetragen.

Fränkische Bratwurst

Franken

Die fränkische Bratwurst – einzigartig in ganz Deutschland und die Spezialität in Franken. Es gibt sie aus der Pfanne, als Blaue Zipfel (siehe oben) oder geräuchert. Sie ist circa 15 cm lang und besteht aus Schweineschulter, reichlich Majoran, schwarzem Pfeffer, Salz und einer winzigen Prise Muskat. Zur Fränkischen Bratwurst gehören traditionell Sauerkraut und Kartoffelsalat. Ebenso schmackhaft ist die fränkische Bratwurst mit kernigem Bauernbrot, frisch zubereitetem Meerrettich, einem süffigen Bier oder einem guten Schoppen Frankenwein.

Fränkischer Sauerbraten

Franken

Der Sauerbraten ist ein beliebtes Sonntagsgericht und wird auch gerne an Feiertagen und sonstigen Festtagen verzehrt. Passende Beilagen zum Fränkischen Sauerbraten sind Blaukraut und rohe Kartoffelklöße. Im Gegensatz zum Rheinischen Sauerbraten wird er aus Rindfleisch, ohne Rosinen und nicht aus Pferdefleisch hergestellt.

Fränkischer Zwetschgenbaames

Fränkische Schweiz

Bei Zwetschgenbaames handelt es sich um eine trocken gesalzene Rolle vom Rind mit leichter Knoblauchnote und arttypischem Geschmack. Seinen Namen hat der Fränkische Zwetschgenbaames vom Zwetschgenbaum. Wenn der Schinken aus dem Rauch kommt, ist die Färbung des angeschnittenen Fleisches wie der Stamm des umgesägten Zwetschgenbaumes – außen dunkel, innen hell.

Fränkisches Schäufele
Franken
Knusprig braun gebratenes, saftiges Schulterstück vom Schwein, serviert mit flaumigen, rohen Kartoffelklößen und einer würzigen Natursoße. Der Name Schäufele kommt von der Form des Knochens, der nach dem Verzehr des Fleisches übrigbleibt. Das Fränkische Schäufele ist ein klassischer Sonntagsbraten, Kartoffelklöße sind die wichtigste Beilage. Als Getränk zu diesem besonderen Essen ist ein fränkisches Bier und zur besseren Verdauung ein fränkischer Obstbrand geeignet.

Griebenschmalz
Bayern
Gelbliches bis bräunliches Schweineschmalz, das mit Grieben annähernd gleichmäßig durchsetzt ist, eventuell mit Äpfeln und Zwiebeln angereichert. Wird zum Kochen oder als Brotaufstrich verwendet.

Hofer Rindfleischwurst
Hofer Land
Die Hofer Rindfleischwurst ist eine streichfähige Rohwurst aus Rindfleisch mit fein würzigem Eigengeschmack und leichter Pfeffernote. Durch die Kalträucherung über Buchenholz erhält die sehr magere Wurst ein angenehmes Räucheraroma. Man isst sie am besten zur Brotzeit zusammen mit Fränkischem Holzofenbrot und garniert sie mit Zwiebel- und Radieschenscheiben.

Hofer Wärscht
Oberfranken/Hof
Hofer Wärscht sind verschiedene Würste, die im Dampf erhitzt und vom „Wärschtla-Moo" oder der „Wärschtla-Fraa" als Imbiss auf der Straße verzehrt werden. Die Hofer Wärscht gibt es nur in Hof in Oberfranken.

Fränkischer Zwetschgenbaames

Juralamm
Franken
Das Juralamm stammt von Merinoschafen oder Coburger Fuchsschafen. In manchen Fällen werden auf der Vaterseite Böcke wie Suffolk oder das schwarzköpfige Fleischschaf eingekreuzt. Das Lammfleisch kann zu vielfältigen Gerichten zubereitet werden. Neben den klassischen Lammgerichten wie Kotelett oder Keule schätzen Kenner auch Rollbraten, Nierenbraten, Hackfleischgerichte und verschiedene Wurstarten.

Krautwurst
Franken/Steigerwald
Diese grobe Bauernleberwurst wird mit Sauerkraut, zum Teil auch mit gekochtem Weißkraut angereichert, in der Pfanne gebraten und mit Kartoffeln und Salat als Hauptmahlzeit serviert.

Mainfränkische Meterbratwurst
Franken/Sulzfeld
Die Mainfränkische Meterbratwurst ist etwa 10 bis 15 mm dick, aber sehr lang und nicht so kraftig gewurzt wie die anderen Bratwürste. Lorenz Stark, der 1949 seine Meisterprüfung als Metzger abgelegt hatte und als Wirt auch eine Gaststätte führte, erfand 1953 die Meterware, die mittlerweile Kultstatus erlangt hat.

Milzwurst
Bayern
In Bayern gibt es drei verschiedene Varianten der Milzwurst, in die Milzstücke, aber auch Bries oder Rindermilz eingearbeitet werden. Die Scheiben der Milzwurst können in der Pfanne angebräunt und warm verzehrt werden. Auch ohne Fett, in einem Bräter im Rohr circa 2 Stunden bei 180° C gebraten und zwischendurch mehrmals mit Brühe oder Kalbsfond aufgegossen, ist sie eine deftige Hauptspeise.

Murnau-Werdenfelser Rind

Münchner Kronfleisch
München
Münchner Kronfleisch wird als Schmankerl – als Vorspeise, Hauptgericht oder gerne als zweites Frühstück – mit Senf oder Meerrettich, mit Essiggurke oder Roter Rübe sowie grobem Salz und Schnittlauch serviert.

Münchner Weißwurst
München
Die Weißwurst ist eine Münchner Spezialität mit langer Geschichte. Die Tradition, die Weißwürste vormittags zu essen, hat sich trotz moderner Kühltechnik bis heute erhalten. Am besten schmeckt dazu ein süßer Senf, Brezn und ein Bayerisches Bier.

Murnau-Werdenfelser Rind
Oberbayern
Es ist nicht nur die einzige deutsche Rinderrasse, die an Moor- und Sumpflandschaften gut angepasst ist, sondern bewährt sich auch im steilen Gelände. Die Rinderrasse zählt heute zur Kategorie I auf der Roten Liste, die die Gesellschaft zur Erhaltung alter und gefährdeter Haustierrassen (GEH) herausgibt. Sie gehört damit zu den in ihrer Existenz extrem gefährdeten Nutztierrassen. Um das Jahr 1870 waren im Landkreis Garmisch noch 62.000 Rinder heimisch – heute sind es gerade einmal 350 Tiere.

Niederbayerisches Schwarzgeräuchertes

Niederbayern

Das „G`selchte" ist ein gepökeltes und auf Kienholz und ein wenig Tannenreisig geräuchertes Schweinefleisch, das bevorzugt mit Kraut und Kren gegessen wird.

Nürnberger Rostbratwürste

Nürnberg

Die Nürnberger Rostbratwürste wurden 1313 erstmals urkundlich erwähnt und sind bis heute neben den Lebkuchen der Favorit der Nürnberger Spezialitäten. Am besten schmecken Nürnberger Bratwürste frisch vom Holzkohlegrill, mit Kraut, einem frischen Weckla oder deftigem Bauerbrot.

Oberpfälzer Bauernseufzer

Oberpfalz

Auch Schlotengerl, geräucherte Bratwurst oder Bauernbratwurst genannt wird die dunkel geräucherte, haltbare Schweinsbratwurst mit 15 bis 20 cm Länge und ca. 3 cm Durchmesser. Gut passen frisches dunkles Bauernbrot und Sauerkraut dazu. Am besten schmecken die Bratwürste aber, wenn sie direkt aus dem Rauch genommen und roh mit frisch geriebenem Meerrettich verspeist werden.

Ostheimer Leberkäs

Franken/Rhön

Der Ostheimer Leberkäs ist eine gebackene Fleischterrine mit Schweinefleisch aus regionaler, bäuerlicher Tierhaltung. Der Geschmack des Ostheimer Leberkäs ist kräftig, aber nicht derb, mit einer feinen und delikaten Lebernote.

Hofer Rindfleischwurst

Regensburger

Am besten schmeckt er, wenn er nicht zu kalt serviert wird. Ostheimer Leberkäs wird nur noch in drei Metzgereien der gleichnamigen Stadt Ostheim vor der Rhön hergestellt und ist ein „Passagier" der „Arche des Geschmacks" von Slowfood.

Paartaler Bauernschinken

Oberbayern

Der Paartaler Schinken ist ein Schinken aus Schweinefleisch, der geräuchert oder luftgetrocknet und mit Salz, Pfeffer und Wacholder verfeinert wird. Ein besonderes Schmankerl ist Schrobenhausener Spargel, der zusammen mit luftgetrocknetem Paartaler Bauernschinken angerichtet wird.

Regensburger

Oberpfalz/Regensburg

Wegen des Knackens beim Hineinbeißen wird die Regensburger auch Knacker oder Knackwurst genannt. Sie ist eine Wurst, die als Original nur von Metzgern in Regensburg produziert werden darf. In feine Scheiben geschnitten, bildet sie die Basis für einen echten bayerischen Wurstsalat.

Rhönschaf

Franken/Rhön

Das eher großwüchsige Rhönschaf ist eine der ältesten deutschen Schafrassen und mindestens seit dem 16. Jahrhundert in der Rhön verbreitet. Das Fleisch der Rhönschafe ist außerordentlich wohlschmeckend. In den 50er- und 60er-Jahren des 20. Jahrhunderts war das Rhönschaf vom Aussterben bedroht. Nachdem es 1975 zu einer „gefährdeten Haustierrasse" erklärt worden war und finanzielle Förderung erfolgte, stabilisierten sich die Bestände wieder. Auch das Rhönschaf ist ein „Passagier" der „Arche des Geschmacks" von Slowfood.

Rieweskuche

Franken/Rhön

Fleischküchle oder pfannengroßer Hackbraten vom Schwein wird in Franken auch Leberkuacha oder Netzknopf genannt. Aus Leber- und Bratwurst-Hack wird unter Hinzugabe von Eiern, etwas Zucker, eingeweichtem Weißbrot („Zelta"), Semmelbröseln, vielen Sultaninen und einer Messerspitze Zimt bzw. Muskat ein Laiberl zubereitet und mit einem Schweinenetz eingewickelt. Anschließend wird alles bei mittlerer Hitze im Rohr gebacken. Die Rieweskuche werden traditionell nur im Winterhalbjahr hergestellt.

Saure Kutteln

Schwaben

Unter dem Sammelbegriff Kutteln sind die vier Mägen (Labmagen, Netzmagen, Blättermagen und Pansen) sowie Teile der Därme von Rindern und anderen Wiederkäuern zu verstehen. Gekocht, fein geschnitten und in säuerlicher Soße zubereitet, stellen sie eine Delikatesse dar.

Saures Lüngerl

Bayern

Saures Züngerl ist, zusammen mit Semmelknödeln serviert, ein vollständiges Mittagessen. Verfeinert wird das Lüngerl durch etwas sauren Rahm und feingehackte Petersilie. Viele Wirtshäuser in ganz Bayern haben das Saure Lüngerl auf der Speisekarte, in Metzgereien bekommt man es als Wurst oder in der Dose.

(Schweinfurter) Schlachtschüssel

Franken

Die „Schweinfurter Schlachtschüssel" ist ein etwas derber, aber zweifelsohne schöner und allgemein beliebter Brauch, denn es geht um die Art und Weise, wie das Essen zelebriert wird. Die Schlachtschüssel wird meistens für Gruppen, geschlossene Gesellschaften und Vereine zu Festen und Jubiläen angeboten. Die Fleischstücke vom gekochten Schwein liegen auf großen Holzbrettern, die die gesamte Tischplatte bedecken. Es werden keine Teller verwendet. Als Beilage gibt es Brotstücke,

Tellersülze

Meerrettich und heißes Sauerkraut. Schweinfurter Schlachtschüssel ist ein typisches Gericht aus Franken, aber auch im restlichen Bayern sehr beliebt.

Schwäbisch-Hällisches Qualitätsfleisch

Schwaben

Bei diesem Schwein handelt es sich um eine alte Schweinerasse mit Schlappohren, schwarzem Kopf und Hals, hellrosa Körper und einer Schwarzfärbung an der Hinterseite der Oberschenkel. Beide Farben trennt ein grauer Säumungsstreifen. Der Körperbau ist großrahmig und tiefrumpfig. Sein Fleisch ist hochwertig, schmackhaft, fest, etwas dunkler und verfügt dank artgerechter Tierhaltung und Fütterung über ein typisches, kräftiges Aroma. Die gesunde Zellstruktur und der naturbelassene Fettgehalt garantieren bei jeder Art der Zubereitung ein saftiges Gericht. Das Schwäbisch-Hällische Qualitätsschweinefleisch darf nur in den Landkreisen Ansbach (Bayern) und Schwäbisch-Hall, Hohenlohekreis, Ostalbkreis, Tauberbischofsheim, Rems-Murr-Kreis (BW) erzeugt werden.

Stabenwürste

Schwaben

Stabenwürste sind weiße, ungerötete Würste im rohen Zustand und kommen ursprünglich aus Nördlingen im Landkreis Donau-Ries. Der Ursprung der Stabenwürste findet sich beim traditionellen Stabenfest, ein jährliches Kinderfest im Mai, das sich bis ins 15. Jahrhundert nachweisen lässt. Sie bestehen aus entfettetem Schweinefleisch, entsehntem Jungrindfleisch, Schweinebacken, Speck, Kochsalz, diversen Gewürzen und etwas Zitrone. Gefüllt in Schafsaitlinge, sind sie circa 2 cm dick und etwa 25 cm lang und schmecken am besten vom Holzkohlegrill.

Surhaxe

Bayern

Die Surhaxe ist eine gepökelte Schweinshaxe, die in Salz eingelegt (gesurt) wird und so auch nach dem Garen ihre rosarote Farbe behält. Traditionellerweise wird sie in Bayern mit Sauerkraut serviert. Sowohl die fleischige Vorder- als auch die kleinere Hinterhaxe werden meist gepökelt in den Metzgereien angeboten.

Tellersülze

Bayern

Aspik, gekocht aus gespaltenen Schweinsfüßen und einigen Kalbsknochen, darin eingelegt Abschnitte aus der Keule oder ein mageres Bugstück vom Schwein, dazu Pfefferkörner, Salz, Wasser, Karotte, Zwiebel, Lorbeerblatt, Nelken, Eiweiß, Weinessig und ein hart gekochtes Ei. Die Tellersülze ist eine beliebte Brotzeit. Sie wird vor allem in der warmen Jahreszeit hergestellt, es gibt jedoch auch Metzgereien, die die Tellersülze das ganze Jahr über produzieren.

Weißer Presssack

Bayern

Der bisweilen auch Schwartenmagen, Blunzen, Schweinskopfsülze oder Saumagen genannte Pressack wird in nahezu jeder Metzgerei in Bayern hergestellt. Er besteht aus Schweinefleisch ohne Fett und Sehnen sowie einem geringen Anteil Fleisch mit Sehnen und gesalzenen und gekochten Schwarten. Zur Brotzeit isst man den Presssack, in dicke Scheiben geschnitten, auf Brot. Er kann aber auch mit Essig, Öl und Zwiebelringen oder mit Bratkatoffeln angerichtet werden.

Wellwurst/Semmelbratwurst

Bayern

Die Wellwurst wurde ursprünglich in Schlesien an den Schlachttagen frisch bei jedem Fleischer angeboten und erfreute sich regen Zuspruchs. Nach dem Zweiten Weltkrieg verbreitete sie sich mit den Metzgern, die mit vielen ihrer Landsleute aus Schlesien flüchteten, in ganz Bayern und wurde hier gut angenommen.

Wollwurst

Bayern

Wollwürste sind weiße, hautlose und ungerötete Würste aus Kalbs- oder Jungrindfleisch mit schwellenden Konturen und geringer Haltbarkeit. Wegen ihres Aussehens werden sie auch Nackerte, Geschlagene oder Geschwollene genannt. Sie besteht aus grob entsehntem Kalbs- und Jungrindfleisch, entfettetem Schweinefleisch, Schweinebacken und Speck, Kochsalz, Pfeffer, Ingwer, Macis (Muskatblüte), Kardamom und Zitrone. Am besten brät man sie, nachdem man sie kurz in Milch getaucht hat, bei großer Hitze kurz, bis sie goldgelb sind.

KATEGORIE

GEMÜSE, FRÜCHTE & GEWÜRZE

Abensberger Spargel

Gemüse, Früchte & Gewürze

Mehr als 13.000 ha Anbaufläche und 445.000 t Erntemenge, das ist die stolze Bilanz der bayerischen Gemüseerzeuger. Damit steht Bayern nach Nordrhein-Westfalen und Baden-Württemberg an dritter Stelle der Gemüseerzeugung in Deutschland. Circa 15 Prozent der gesamtdeutschen Gemüseernte kommt damit aus Bayern. Mit rund zwei Millionen Tonnen Kartoffeln pro Jahr ist Bayern zudem der zweitwichtigste Kartoffelproduzent in Deutschland. Das Klima, guter Boden und viel Wasser stellen die günstigen Voraussetzungen für die Gemüse- und Obstproduktion dar. Durch die unterschiedlichen Gegebenheiten in Spessart, am Bodensee, in Rottal und in Karwendel ist der Anbau eher regional ausgeprägt. Bayerischer Meerrettich, Rottaler Obst, Gurken aus Straubing und Spitzenprodukte aus den verschiedenen Spargelanbaugebieten haben Weltruf. Zudem ist Bayern ein bedeutender Getreideerzeuger und wird EU-weit als Lieferant von Qualitätsweizen geschätzt. Bayerischer Qualitätshopfen ist nicht nur für die hiesigen Braumeister von größter Bedeutung, sondern wird rund um den Globus als qualitativ hochwertiger Rohstoff eingesetzt. Salate, Nüsse, Kräuter, Rüben und vieles mehr hat die bayerische Landwirtschaft zu bieten. Als Verbraucher kann man die Angebote direkt vor Ort auf den Märkten nutzen. Zahlreiche Direktvermarkter bieten ein breites Warenangebot oder liefern sogar ins Haus. Die Nutzung der jahreszeitlichen Ernten bringt nicht nur Frische auf den Tisch. Sie sichert auch heimische Arbeitsplätze und schont durch kurze Lieferwege die Umwelt.

Abensberger Spargel

Niederbayern

Biologisch gesehen ist Spargel ein Stängelspross der Spargelpflanze, einer mehrjährigen Staude, bei der nur der etwa 35 cm tief unter der Erdoberfläche liegende Wurzelstock (Rhizom) überwintert. Nur auf den Böden des Landkreises Kelheim, welche durch ihre Beschaffenheit optimal für den Anbau von Spargel geeignet sind, darf Abensberger Spargel bzw. Abensberger Qualitätsspargel erzeugt und im Sinne dieser Spezifikation vermarktet werden. Die Spargelsaison, in der diese Spezialität geerntet wird, beginnt witterungsbedingt ab Mitte März und endet in der Regel am 24. Juni (Johannitag).

Bamberger birnenförmige Zwiebel

Oberfranken

Die Bamberger birnenförmige Zwiebel ist eine milde, feste Gemüsezwiebel, die sich leicht in Ringe ziehen lässt. Sie zeichnet sich durch einen würzigen Geschmack und einen besonders hohen Gehalt an ätherischen Senfölen aus, rundet den Geschmack vieler Salate und anderer kalter und warmer Speisen aromatisch ab und wird für viele traditionelle Bamberger Rezepte verwendet.

Bamberger Hörnla

Franken

Hörnchenförmige, vorwiegend fest kochende Frühkartoffel mit delikat nussigem Geschmack. Auf der Zunge ist das Bamberger Hörnla zartweich und saftig und doch bissfest ohne jede Annäherung an klebrigen Brei oder mehlige Brösel. Diese „speckige" Konsistenz und die feinen, intensiven Aromen machen Bamberger Hörnla einzigartig. Die Kartoffel gibt es nicht nur in Bamberg, sondern auch in Nürnberg, Schweinfurt und Umgebung. Das Bamberger Hörnla ist ein „Passagier" der „Arche des Geschmacks" von Slowfood.

Bayerische Gewürzgurken

Bayern

Bayerische Gewürzgurken erfreuen sich großer Beliebtheit als „die" traditionelle Zutat bei allen Arten von Brotzeiten und Zwischendurch-Mahlzeiten. Mit etwa 1.500 ha Anbaufläche existiert in Niederbayern das größte zusammenhängende Gurkenanbaugebiet der EU.

Bayerische Kartoffel

Bayern

Die Bayerische Kartoffel wird bereits seit dem 17. Jahrhundert in Bayern angebaut und bietet die Grundlage für eine große Anzahl von köstlichen Rezepten, allen voran Kartoffelsalat oder Kartoffelknödel. Aber auch als Beilage oder in Folie gebacken ist die bayerische Kartoffel sehr beliebt.

Bayerische Pfifferlinge

Bayern

Diese Pilze werden in Bayern auch Reherl, Rehgeißerl oder Eierschwamm genannt. Sie sind wegen ihrer dotter- oder blassgelben Farbe leicht erkennbar. Der Hut ist 2 bis 10 cm breit, die Hutunterseite läuft am Stiel herab und ist durch Lamellen charakterisiert. Sie passen als klassische Zutat zu Fleisch, Omeletts, Suppen und Soßen, zu Nudeln sowie Reis und Hirse. Die Pfifferlinge brauchen beim Schmoren oder Anbraten nur 2 bis 5 Minuten. Der Schwammerl (Pilz) kommt von Juni bis Oktober in Laub- und Nadelwäldern vor.

Bayerische Gewürzgurken

Bayerische Rübe

Bayern

Die Bayerische Rübe ist eine gut haltbare Speiserübe mit weißem Fleisch, nicht zerkochend und sehr würzig. Sie war traditionell Bestandteil von Fastenspeisen und kam als „Essen der armen Leute" jeden Samstag auf den Tisch. Aufgrund der heutigen geringen Anbaumengen und der damit geringen Verbreitung wird die Bayerische Rübe nur noch in der Region des Dachauer Lands verzehrt.

Bayerische Pfifferlinge

Bayerischer Meerrettich

Bayerische Steinpilze

Bayern

Oft auch Herrenpilz genannt, wirkt dieser Pilz etwas gedrungen und hat anfangs einen kugeligen Hut, der später 8 bis 25 cm im Durchmesser erreicht und dann halb-kugelig und flach gewölbt ist. Der Steinpilz ist für viele Zwecke verwendbar. Er kann geschmort oder gebraten werden. Größere Exemplare eignen sich sogar, in Scheiben geschnitten und mit Öl bestrichen, zum Grillen. Ideal sind Steinpilze mit ihrem nussigen Aroma als Beilage zu Wild oder Wildgeflügel. Sie lassen sich auch vorzüglich in Olivenöl konservieren. Exzessives Abernten durch gewerbliche Sammler veranlassten die Behörden dazu, den Steinpilz unter Naturschutz zu stellen. Nur noch das Sammeln geringer Mengen für den privaten Bedarf ist erlaubt. Bayerische Steinpilze sind durch das nationale RAL-Herkunftsgewährzeichen geschützt. Das bedeutet, dass Bayerische Steinpilze ausschließlich aus Bayern kommen dürfen.

Bayerischer Meerrettich

Bayern

Meerrettich wird im bayerischen Sprachraum auch Kren oder Kreen genannt. Der verarbeitete, mit Essig, Öl und Gewürzen versetzte Bayerische Meerrettich wird nach traditionellen Rezepten insbesondere in den Landkreisen Erlangen-Höchstadt, Neustadt an der Aisch/Bad Windsheim und Forchheim hergestellt. Er ist eine würzige Beilage zu Fisch und Fleisch und unverzichtbar vor allem zu Tafelspitz. Der Bayerische Meerrettich ist EU-weit als „geschützte geografische Angabe“ (g.g.A.) unter Schutz gestellt. Das bedeutet, dass der Bayerische Meerrettich ausschließlich in Bayern angebaut und hergestellt werden darf.

Bayerischer Radi

Bayern

Rettich (Raphanus sativus), eine Gattung kreuzblütiger, schotentragender Pflanzen, wird auf Bayerisch kurz „Radi“ genannt. Er wird gern roh mit etwas Salz gegessen und fördert, mäßig genossen, die Verdauung. Mit Salz und Pfeffer ist er gerade im Sommer ein köstlich erfrischendes – und vitaminreiches – Schmankerl. Dabei ist es eine besondere Kunst, ihn fächer- oder spiralförmig aufzuschneiden.

Bayerischer süßer Senf

Bayern

Eine verzehrfertige Zubereitung, die auf Grundlage von Senfkörnern hergestellt wird und zum Würzen von Speisen, insbesondere der Münchner Weißwurst und dem Bayerischen Leberkäs, verwendet wird. Deshalb wird er oft auch als „Weißwurstsenf“ bezeichnet. Erfunden wurde er im 19. Jahrhundert in München von Johann Conrad Develey. Heutzutage werden jährlich 1.400 Tonnen des Bayerischen süßen Senfs von zahlreichen industriellen und handwerklichen Herstellern im Freistaat hergestellt.

Bayerisches Streuobst

Bayern

Unter Streuobst versteht man Bäume verschiedener Obstarten, Sorten und Altersstufen, die in Gärten, an Ortsrändern, auf Feldern, Wiesen und Weiden gewissermaßen „gestreut“ stehen. Da in der Regel auf den Einsatz chemischer Pflanzenschutz- oder Düngemittel verzichtet wird, gibt es für Streuobst viele Verwertungsmöglichkeiten. Es kann als knackiges Obst verzehrt oder als süffiger Most, Saft oder deftiger Obstbrand und vieles mehr verarbeitet werden.

Bayrisch Kraut

Bayern

Weißkraut, das als Sauerkraut, süßes Kraut oder roh als „Vitaminspritze“ verzehrt wird. Als Beilage schmeckt es sehr gut zu bayerischem

Bayrisch Kraut

Bayerische Äpfel

Schweinsbraten oder Bratwürsten. Es ist roh, wie gekocht eine Delikatesse besonderer Art und kann bei entsprechender Bearbeitung monatelang gelagert werden

Bodenseeäpfel
Schwaben
Der Bodensee sorgt als Wärmespeicher für einen langen Herbst mit milden Temperaturen. Davon profitiert der Bodenseeapfel. Er wird meist roh, knackig und frisch verzehrt, aber auch zum Kochen und Backen ist er bestens geeignet und in ganz Deutschland beliebt. In den bayerischen Gemeinden. die an den Bodensee angrenzen, wird auf 578 Hektar Obst angebaut und von September bis Oktober werden über 200.000 Tonnen Äpfel geerntet.

Erlanger Morgentauspargel
Unterfranken
Spargel aus den Anbaugebieten rund um Erlangen. Nur in der Region Erlangen-Höchstadt, Nürnberg und Neustadt/Aisch erhältlich.

Fränkische Süßkirschen
Franken
Aus der Fränkischen Schweiz, dem größten geschlossenen Süßkirschen-Anbaugebiet in Deutschland kommend, sind diese qualitativ hochwertigen Kirschen vor allem für Frischverzehr geeignet. Aber auch regionale Brennereien greifen vermehrt auf fränkische Brennkirschen zurück und destillieren daraus vielseitige, edle Obstschnäpse. In genossenschaftlichen und privaten Mostereien werden daraus auch hochwertiger Most und Säfte hergestellt.

Fränkischer Spargel
Oberfranken
Ein Schneider, der weit in der Welt umhergereist war, brachte den Spargel bereits 1670 mit nach Franken. Schon im 18. Jahrhundert wurde der herausragende Geschmack und die einzigartige Qualität des Spargels aus dieser Region gefeiert. Diese begründen sich im Klima sowie im Anbau in den typischen fränkischen Tonkeupergebieten, den sandigen Böden des Jura, des Nordbayerischen Hügellandes, der fränkischen Platten, des Spessarts und der Rhön.

Fränkisches Hiffenmark
Franken
Hagebuttenkonfitüre wird aus den Früchten der Hecken- oder Hundsrose gewonnen und heißt auf fränkisch Hiffenmark. Von Natur aus reich an Vitamin C, wird fränkisches Hiffenmark gerne als gesunder Frühstücksaufstrich verzehrt. Es ist Deutschlands beliebteste Hagebuttenkonfitüre.

Gartenmelde
Oberfranken
Die Gartenmelde ist eine äußerst seltene und weitgehend unbekannte Gemüsepflanze der bäuerlichen Gärten um Bamberg und Geisfeld. Sie wird auch „Bonne Dame“ genannt. Es handelt sich dabei um eine Pflanzenart, die ohne weitere Pflege, einmal ausgesät, bei alljährlicher Wiederkehr nur noch geerntet zu werden braucht. Die Gartenmelde wird im Frühjahr wie Spinat gegessen.

Hopfen
Bayern
Der Hopfen gehört zur Familie der Hanfgewächse und dient fast ausschließlich der Bierherstellung. Obwohl nur 150 bis 400 Gramm pro Hektoliter Bier verwendet werden, gilt er als geschmacksgebende „Seele des Bieres“. Ohne ihn wäre der ebenso charakteristische wie erfrischende Bitterton des Bieres undenkbar. Die Kultur des Hopfens ist seit rund 1.200 Jahren in der Hallertau urkundlich nachweisbar und eng verbunden mit der Entwicklung des Bier-

Fränkisches Hiffenmark

brauens in Bayern. Im Jahre 2009 bauten 1.197 landwirtschaftliche Betriebe auf 15.500 ha in der Hallertau Hopfen an.

Hallertauer Hopfen

Oberbayern und Niederbayern

Der Hopfen gehört zur Familie der Hanfgewächse (Cannabinaceae) sowie zur Ordnung der Nesselgewächse (Urticeae) und dient fast ausschließlich zur Bierherstellung. Nach der Bayerischen Verordnung zur Durchführung des Hopfengesetzes (BayHopfDV) umfasst das Anbaugebiet Hallertau die folgenden Siegelbezirke: Abensberg, Altmannstein, Au in der Hallertau, Geisenfeld, Hersbruck, Hohenwart, Langquaid, Mainburg, Nandlstadt, Neustadt an der Donau, Pfaffenhofen an der Ilm, Pfeffenhausen, Rottenburg an der Laaber, Siegenburg, Wolnzach. Im Jahr 2010 wurde der Begriff „Hopfen aus der Hallertau" darüber hinaus EU-weit unter Schutz gestellt. Heute wird nahezu ein Drittel der Welt-Hopfenproduktion in der Hallertau erzeugt. Rund 70 Prozent des Hopfens aus der Hallertau wird in über 100 Länder weltweit exportiert.

Hersbrucker Hopfen

Mittelfranken

Neben Spalt und Neustadt an der Aisch war die Region im Umkreis der Stadt Hersbruck im vergangenen Jahrhundert eines der wichtigsten mittelfränkischen, wenn nicht sogar der bayerischen Hopfenanbaugebiete. Diese Vormachtstellung verlor Hersbruck allmählich um die Wende zum 20. Jahrhundert, als sich die Hallertau zum größten deutschen Hopfenproduktionsgebiet entwickelte. Heute bewirtschaften die Hersbrucker Hopfenanbauer eine Anbaufläche von 105 ha.

Hopfensprossen

Bayerische Hopfengebiete

Die Wurzeltriebe des Hopfens, auch Hopfenspargel genannt, werden seit jeher in der regionalen Küche roh als Salat oder gekocht mit verschiedenen Soßen zubereitet. Es dauert etwa eine Stunde, bis ein Kilogramm Hopfenspargel geerntet ist. Da die hergestellten Mengen äußerst gering sind und nur etwa vier Wochen im Frühjahr zu haben sind, ist der Hopfensprossenanbau eine Nische für einige Anbieter.

Salz aus Bad Reichenhall

Jakob Fischer

Schwaben

Jakob Fischer ist ein großer, farbenprächtiger Apfel mit süßlich-fruchtigem bis feinsäuerlichem Geschmack. Er wird hauptsächlich am Bodensee angebaut.

Lallinger Obst

Niederbayern

Als Lallinger Obst werden viele verschiedene Obstsorten, vor allem alte Apfelsorten, bezeichnet. Das Tal rund um Lalling und Hunding ist vom Klima begünstigt, weil es von allen Seiten die rauen Winde und Regen abhält und sich nur nach Süden weitet. Auf den Streuobstwiesen im Lallinger Winkel werden allein 25 verschiedene Apfelsorten angebaut. Lalling bietet zusammen mit der Gemeinde Hunding sogar einen „Streuobsterlebnispfad" an und informiert in einem Sortengarten über die angebauten Sorten.

Rottaler Apfel

Niederbayern

Das Obst in Rottal-Inn wächst nicht in intensiv genutzten Plantagen, sondern an Hochstämmen auf Streuobstwiesen – ungespritzt und frei von jeglicher chemischer Behandlung. Diese Streuobstwiesen tragen wesentlich zum Charme der Landschaft bei und damit auch zum Erfolg, den diese Region bei Erholungsurlaubern verzeichnen kann. Seinen einzigartig würzigen Geschmack erhält der Rottaler Apfel durch das raue, wechselhafte Klima in der Region. In der Rottaler Fruchtsaft eG, einer regionalen Genossenschaft, haben sich bis heute etwa 2.500 Obstbauern zusammengeschlossen.

Salz aus Bad Reichenhall

Oberbayern

Salz aus Bad Reichenhall wird aus natürlicher Alpenquellsole gewonnen, die vor Jahrtausenden entstand. So wuchsen in Jahrmillionen bis zu 800 Meter dicke Salzschichten, die durch die Auffaltung der Alpen unter mächtigen Gesteinsschichten begraben wurden. Die Salzlösung, mit einem höchstmöglichen Salzgehalt von 26,5 %,

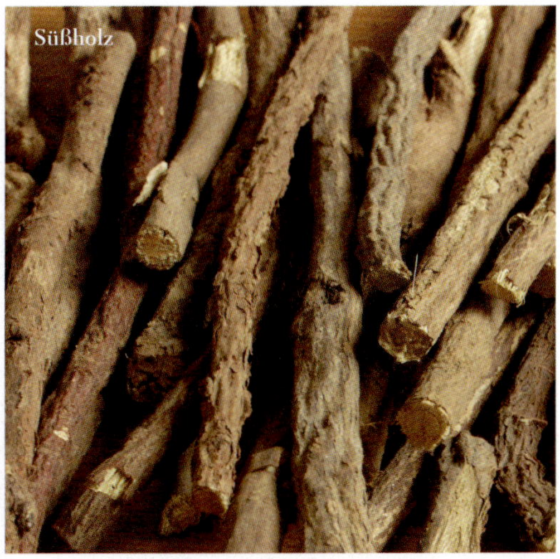
Süßholz

hat sich als natürliche Alpenquellsole ohne künstliches Eingreifen des Menschen im Hohlraum des Bad Reichenhaller Beckens gesammelt.

Saures Kartoffelgemüse

Oberbayern

Saures Kartoffelgemüse ist ein breiartiges Kartoffelgericht, das hauptsächlich aus Kartoffeln und gedünsteten Zwiebeln besteht. Es kann als warme Hauptmahlzeit oder als Beilage zu Fleischpflanzerl, Wurst oder Braten aller Art serviert werden.

Schneiders späte Knorpel

Bayern

In Bayern gibt es viele Namen für diese Kirschsorte: Höfchenkirsche, Kaukasische, Germersdorfer, Nürtinger Riesenkirsche, Zeppelin, Haumüller oder Nordwunder. Diese Süßkirschen sind sehr groß, breit bis stumpf herzförmig, haben eine flache Rückenfurche und eine dunkle Bauchnaht. Ihre zähe und glänzende Haut ist dunkelbraunrot und mit zahlreichen, sehr kleinen Punkten übersät. Das Fruchtfleisch ist sehr fest, mäßig saftig und hat einen angenehm süßen und milden Geschmack. Die Kirsche entstammt einem Sämling, der um 1850 im Anbaugebiet von Guben, Mitteldeutschland, entstanden ist. Die Sorte ist nach dem Besitzer des Grundstücks benannt, auf dem dieser Sämling gefunden wurde.

Schrobenhausener Spargel

Oberbayern

Das Schrobenhausener Spargelanbaugebiet liegt im Städtedreieck München – Augsburg – Ingolstadt. Es besteht die sogenannte Kollektivmarke „Schrobenhausener Spargel", die für einen hochwertigen und wohlschmeckenden Spargel steht. Der Name der Stadt Schrobenhausen ist bereits seit dem 19. Jahrhundert untrennbar mit seinem berühmtesten Produkt, dem „Schrobenhausener Spargel" verknüpft.

Spalter Hopfen

Mittelfranken

Die Spalter Hopfenpflanzer, in der Region um die Stadt Spalt, erzeugen seit über 1.000 Jahren hervorragende Rohstoffe für die Brauwirtschaft. So trägt der Hopfen aus der Stadt Spalt auch älteste Gütesiegel der Welt. Die feinen Hocharomasorten des Spalter Anbaugebietes eignen sich hervorragend zur Herstellung von Spitzenbieren. Das Anbaugebiet Spalt zählt somit zu den kleinen, aber feinsten und traditionsreichsten Hopfenanbaugebieten.

Süßholz

Oberfranken

Das Süßholz hat seit jeher einen hohen Stellenwert als Zier-, Heil- und Nutzpflanze. Die Heilkraft der Pflanze, ganz besonders aber ihrer Wurzeln, bei Husten und Magenbeschwerden sowie eine durststillende Wirkung ist Naturkundigen und Ärzten seit der Antike bekannt. Früher zum Süßen von Speisen und Getränken, heute als geschmacksverbessernder Zusatz zu Arzneien und Tees und für die Herstellung von Lakritze verwendet, wird es in der Region Bamberg angebaut.

***Wussten Sie schon,** dass man aus Hopfendolden auch einen Tee zubereiten kann? Dazu gießt man etwa 5 Gramm mit einem Liter kochendem Wasser auf. Der Tee wirkt beruhigend und wird in der traditionellen Medizin als Mittel gegen Stress und Schlafstörungen eingesetzt. Da er recht bitter schmeckt, empfiehlt sich jedoch eine Mischung mit Melisse oder Minze.*

Bamberger Hörnla

Spezialitäten

KATEGORIE

KARTOFFELPRODUKTE

Bauchstecherl

Kartoffelprodukte

Manche sagen Erdapfel, Erpfä, Adöpfe oder Grumbära und alle meinen doch das Gleiche – die Kartoffel.
Doch Kartoffel ist nicht gleich Kartoffel, denn von der tollen Knolle gibt es mehr als 5.000 Sorten. Aus rund 200 Kartoffelsorten, von festkochend bis mehlig, kann der Verbraucher in Bayern heute wählen. Auch wenn der Verbrauch der Kartoffeln von 220 kg im Jahre 1950 auf 70 kg im Jahre 2000 zurückgegangen ist, bildet die bayerische Kartoffel die Grundlage für verschiedenste Zubereitungen. Ob Kartoffelsalat, Bauchstecherl, Klöß, Reiberdatschi oder einfach „nur so", ist sie fester Bestandteil der bayerischen Küche.
Bereits vor mehr als 8.000 Jahren vor allem bei den Indios in Südamerika angebaut, wurde die Kartoffel in Deutschland erstmals 1647 in Pilgramsreuth (Oberfranken) vom Bauern Hans Rogler angepflanzt. Um 1690 begann dann auch der Kartoffelanbau in der Oberpfalz. Bald aß der Bayer – angeblich – bis zu fünfmal am Tag Erdäpfel. Anfang des 19. Jahrhunderts führten Hungersnöte noch einmal zu einem verstärkten Anbau der Kartoffel in Bayern. In einem Anschreibbuch in Mittelfranken steht: „Weil aber daß Getreyd 1817te Jahr so wenig gewachsen ist und die Erdbirn wohl gerathen sind so sind die Erdbirn häufig in das Mehl gemenget worden und wurde Gutes Brod davon gebacken".

Quelle: www.kartoffel.de

Erdäpfel-Käs

Adöpfeldätscher

Unterfranken

Adöpfel- oder auch Kartoffeldätscher sind Blechkuchen, die aus Kartoffelteig hergestellt werden. Je nach Jahreszeit werden sie mit Kümmel, Petersilie, Mohn, Schnittlauch oder Zwetschgen belegt und als Mittagessen oder am Nachmittag kalt zum Kaffee verzehrt. Sie werden hauptsächlich in den Sommermonaten von privaten Haushalten oder bei Dorffesten im Landkreis Rhön-Grabfeld hergestellt.

„Luther erschütterte Deutschland – aber Francis Drake beruhigte es wieder: Er gab uns die Kartoffel."

Heinrich Heine

Bauchstecherl

Bayern

In manchen Regionen auch Fingernudeln, Kartoffelnudeln, Fingerl, Buambitzerl oder Hummelschwanzerl genannt. Die kleinfingerlangen Nudeln, die aus gekochten Kartoffeln gefertigt werden, haben eine goldgelbe Farbe, werden in Fett gebacken und gerne als Hauptspeise mit Kraut gegessen. Auch als Beilage oder süße Variante mit gebräunten Semmelbröseln, Zimt und Zucker sind sie sehr beliebt.

Bröselhafer

Oberbayern

Bröselhafer ähnelt den schwäbischen Spätzle, besteht aber nicht aus Mehl, sondern aus Kartoffelteig und ist eine Spezialität im Landkreis Bad Tölz/Wolfratshausen. Er wird zum Mittag- oder Abendessen zusammen mit Sauerkraut, gelegentlich Würsten, Speck oder Apfelmus serviert.

Erdäpfel-Kas

Niederbayern

Streichfähiger, dicker Kartoffelaufstrich, der zur bayerischen Brotzeit mit Butter und Bauernbrot, Bier oder Most im Rotttal zu bekommen ist.

***Wussten Sie schon,** dass der Kartoffelanbau in Bayern mit einem Produktionswert von rund 400 Millionen € pro Jahr bei den pflanzlichen Erzeugnissen an dritter Stelle hinter Futterpflanzen und Getreide, aber vor Zuckerrüben, Obst, Gemüse und Wein liegt?*

Spezialitäten

KATEGORIE

MILCH & KÄSE

Obazda

Milch & Käse

Über sieben Milliarden Liter Milch von Kühen aus Bayern wurden 2009 von 79 milchwirtschaftlichen Unternehmen verarbeitet. Dabei hat die Direktvermarktung in jüngster Zeit wieder an Bedeutung gewonnen. In den über 40.000 Höfen werden durchschnittlich 31 Kühe gehalten und dabei gilt ein besonderes Augenmerk der artgerechten Tierhaltung. Die Milchkühe werden jeden Morgen und Abend gemolken, wobei auf höchste Sauberkeit und Hygiene geachtet wird. Trotz der hohen Qualitätsanforderung bei der Güteuntersuchung der Milch erreichen etwa 98 % der bayerischen Milcherzeuger die Güteklasse 1. Deshalb haben bayerische Milchprodukte viele Freunde im Land und werden wegen ihres hervorragenden Geschmacks und ihrer hohen Qualität auch über die Landesgrenzen hinaus geschätzt. So betrug der Wert des Milch- und Käseexports mehr als zwei Milliarden Euro. Neben dem Brot zählt die Milch zu den wichtigsten Grundnahrungsmitteln. Daher wird das Paradies oft als das Land bezeichnet, in dem „Milch und Honig fließt". In Bayern gehört selbstverständlich auch das Bier dazu …

Allgäuer Bergkäse

Bayerisch-Schwaben

Aus roher Kuhmilch gefertigter, aromatischer Hartkäse mit langer Tradition. Der rindengereifte Rundlaib ist etwa 8 bis 10 cm hoch, wiegt 15 bis 50 kg und hat einen Durchmesser von 40 bis 90 cm. Je nach Alter hat der Allgäuer Bergkäse einen milden bis vollaromatischen Geschmack. Allgäuer Bergkäse wird bevorzugt als Aufschnitt zur Brotzeit gegessen. Er eignet sich darüber hinaus auch sehr gut zu Salaten oder zur Zubereitung von Kässpätzle. „Allgäuer Bergkäse" ist eine EU-weit geschützte Ursprungsbezeichnung (g.U.).

***Wussten Sie schon,** dass im Milchland Bayern 400 verschiedene Käsesorten hergestellt werden?*

Zu den Klassikern gehören: Camembert und Brie, Emmentaler, Bergkäse, Bayerischer Edelpilzkäse und Bayerischer Rotschmierkäse.

Allgäuer Emmentaler

Bayerisch-Schwaben

Ein Hartkäse aus roher Kuhmilch mit einer Lochung in Kirschgröße, die bei der Gärung entsteht. Er ist mattgelb mit einer goldgelben, glatten Rinde und hat einen unverkennbaren nussigen Geschmack. Er ist ein beliebter Brotzeitkäse. „Allgäuer Emmentaler" ist eine EU-weit geschützte Ursprungsbezeichnung (g.U.).

Allgäuer Sennalpkäse

Bayerisch-Schwaben

Beim Allgäuer Sennalpkäse handelt es sich um einen Käse mit pikantem bis kräftigem, würzig-nussartigem und teilweise auch leicht rauchigem Geschmack. Der Hartkäse wird aus Rohmilch von Braunkühen auf anerkannten Sennalpen hergestellt.

Bayerischer Blauschimmelkäse

Bayern

Unter Blauschimmelkäse versteht man Weichkäse, die mit dem Edelschimmelpilz „Penicillium roqueforti" gereift werden. Dabei befindet sich der Edelschimmel nicht auf der Oberfläche, sondern im Inneren des Käses. Den Grundstein für die heutige Beliebtheit des Bayerischen Blauschimmelkäses legte Basil Weixler im Jahre 1902 mit seiner kleinen Dorfkäserei. Diesen würzigen Käse genießt man am besten zu einem ausgiebigen Frühstück oder einer deftigen Brotzeit. Er eignet sich aber auch hervorragend für die Zubereitung von warmen Gerichten wie Gratins oder zur Verfeinerung von Soßen.

Bayerischer Edelpilzkäse

Bayern

Der Bayerische Edelpilzkäse ist ein Naturkäse aus Kuhmilch mit Innenschimmel und kleinen unregelmäßigen Löchern. Die runden Laibe haben einen Schimmelbelag und sind im Geschmack mild und säuerlich. Besonders gut schmeckt der Käse zu Rotwein oder Portwein, eignet sich aber auch hervorragend zur Verwendung in der warmen Küche, zum Verfeinern von Soßen und Dressings oder zum Überbacken.

Allgäuer Emmentaler

Bayerischer Limburger

Bayern

Ein Weichkäse mit Rotschmiere, der in Stangen- oder Rechteckform hergestellt wird und bis zu 1.000 g Gewicht haben kann. Er schmeckt mit Bier und trockenem Wein zu allen Brotsorten. Delikat ist er auch in Essig sauer angemacht und mit Zwiebeln belegt oder als würzig-pikante Spezialität auf einer Käseplatte.

Bayerischer Romadur

Bayern

Ebenfalls ein Weichkäse mit Rotschmiere. Nach der Deutschen Käseverordnung darf er aber nur ein Gewicht zwischen 80 und 180 g Gewicht haben. Er besteht aus Kuhmilch und wird in verschiedenen Fettstufen hergestellt.

Bayerischer Topfen

Bayern

Topfen ist trockener als Quark und für manche Mehlspeisen oder Backwaren deshalb geeigneter. Damit ist Topfen ein wichtiges Ausgangsprodukt für regionaltypische Spezialitäten wie Mehlspeisen und Backwaren, z. B. Topfennockerl, Käsekuchen etc. Wie alle Frischkäse ist Topfen unmittelbar nach der Herstellung genussfertig und bedarf keines weiteren Reifeprozesses.

Allgäuer Bergkäse

Steinbuscher

Schwaben

Halbfester Schnittkäse mit gelb-brauner bis rötlicher Rinde und wenig Schmiere. Sein Inneres ist blassgelb, von geschmeidiger Beschaffenheit und mildem, mit zunehmendem Alter pikant-würzigem Geschmack. Da nur ein Unternehmen den original Steinbuscher herstellt, kommen lediglich kleine Mengen auf den Markt. Die Jahresproduktion liegt bei nur 1.200 kg.

Weißlacker

Bayerisch-Schwaben/Allgäu

Dieser würzige, rasse Käse hat seinen Namen von der weißlichen, lackartigen Schmiere. Er war und ist der Liebling der Wirte, da er den Bierkonsum gewaltig steigert. Klassisch isst man den Weißlacker in kleinen Stücken auf Butterbrot, ergänzt mit frischen Radieschen und etwas Pfeffer oder mit milden Zwiebeln, Salatgurke, Essig und Öl.

Ziebeles-Käs

Oberfranken

Eine Art körniger Frischkäsequark, mit Zwiebeln, Schnittlauch und Rahm angemacht. Er wird traditionell im Bamberger Raum zur Brotzeit serviert.

Kochkäs

Oberfranken

Das mild schmeckende, hellgelbe Frischkäseerzeugnis aus trockenem Quark mit Kümmel ist eine beliebte Beilage zu einer oberfränkischen Brotzeit. Der Kochkäs wird auf einem nicht zu dünnen Stück röschen Bauernbrotes mit Butter, Zwiebelringen, Pfeffer und Salz serviert.

Obazda

Bayern

Um stark gereiften Camembert bzw. Brie noch verzehren zu können, wurde in Bayern der Obazda erfunden. Er besteht zu 30 bis 60 % aus Camembert und/oder Brie, wahlweise zusätzlich Romadur und/oder Limburger, Frischkäse, Butter, Gewürze und Gewürzextrakte, Zwiebeln und Salz. Darüber hinaus dürfen auch Rahm und Molkeneiweiß zum Obazden zugegeben werden. Der Obazda gehört in jeden Biergarten. Man isst ihn aufs Brot gestrichen oder mit einer Breze. In Franken wird der Obazda „Gerupfter" genannt.

Quärkla

Oberfranken

Der Quärkla ist ein fettarmer, eiweißreicher Sauermilchkäse, der nach der Reifung glasiggelb wird und sich durch seinen deftigen Geschmack auszeichnet. Er wird im Fichtelgebirge und im Frankenwald, also im Nordosten von Bayern von Hauskäsereien hergestellt und auf Bauernmärkten oder im Hofladen verkauft.

Schichtkäse

Bayern

Frischkäse mit verschiedenen Schichten, die jeweils unterschiedliche Fettstufen aufweisen. Er sollte außen milchig weiß bis rahmgelb sein und innen deutliche Schichten aufweisen. Traditionell wird er zum Backen von Käsekuchen verwendet. Man kann ihn aber auch zum Bereiten von Pikantem, Süßspeisen oder Nachtisch aller Art verwenden.

Bayerischer Topfen

Perfekte Kombination: Käse, Wein und Bier aus Bayern

Bayern ist das Land delikater Käsespezialitäten, erfrischender Biere und guter Weine. Über 400 Käse- und rund 40 Biersorten sowie eine Vielzahl verschiedener Weine werden im Freistaat hergestellt. Als Solisten sorgen sie für Genuss, in Kombination werden sie zu perfekten Begleitern und adeln sich gegenseitig.

Was passt wozu am besten? Bei der Kombination von Käse und Bier gibt es klassische Favoriten; gleichwohl sollte man einige Grundsätze beachten. Entweder achtet man auf Ähnlichkeiten bei Geschmack und Aroma – oder aber man erzeugt durch bewusst gewählte Kontraste ganz neue, vielleicht auch mal überraschende Geschmacksmomente.

Die Wahl des richtigen Weines zum Käse ist nicht ganz so leicht, wie die Kombination mit Bier. Grundsätzlich sollte man jedoch seinem individuellen Geschmack vertrauen und nach eigenem Gusto mit Käse und Wein experimentieren. An dieser Stelle jedoch einige Empfehlungen, die eine Auswahl einfacher machen. So sind sehr reife Käse sowie die, die zu den „Stinkern" gehören, keine guten Partner für Weine. Diese sollten am besten mit einem süffigen, frischen Bier kombiniert werden. Auch Rotweine, die in Holzfässern (Barriques) ausgebaut werden, sind keine idealen Partner für Käse. Hier verlieren Wein und Käse gleichermaßen. Das liegt daran, dass die mehr oder weniger stark nach Holz schmeckende Gerbsäure (Tannin) sich mit den Bitterstoffen beißt, die besonders in der Rinde von durchgereiftem Weichkäse enthalten sind. Nicht gut zu kombinieren ist auch der Rotwein mit Blauschimmelkäse.

Unproblematisch für eine Verbindung mit Käse hingegen sind alkoholreiche Weißweine mit etwas Restsüße. Sie sind stark genug, um sich auch gegen aromatische Käse durchzusetzen. Wichtig ist dabei jedoch, dass die milden Weinaromen nicht durch den Geschmack des Käses überdeckt werden.

Bier und Käse

Zu mildem Käse ein leichtes Bier
Bayerische Butterkäse, Frischkäse, Kräuterquark und junger Camembert verfügen über milde Aromen, sind rahmig, fein oder leicht säuerlich. Ideal ist darum die Kombination mit einem erfrischenden Russ oder einem Radler.

Lakenkäse „lieben" Weißbier
Weichkäse in Lake, wie zum Beispiel der Mozzarella, stammen ursprünglich aus dem Mittelmeerraum, werden aber schon lange und sehr erfolgreich von bayerischen Käsereien hergestellt. Der Geschmack dieser milden Käsesorten entfaltet sich ausgezeichnet, wenn dazu ein hefetrübes, leicht fruchtiges Weißbier getrunken wird. Ihr mild-säuerlicher Charakter bildet die Geschmacksbrücke zur säuerlich-fruchtigen Note des Weißbieres. Die Harmonie wird durch dieses verbindende Geschmackselement besonders unterstützt.

Biergartenkäse und ein Helles
Typisch bayerischer Obazda darf im Biergarten auf keiner Karte fehlen. Seine Basis ist Camembert, der oft mit einem Schuss Bier verfeinert wird. Er harmoniert mit einem feinwürzigen Hellen. Dieses untergärig gebraute Bier überzeugt durch seine ausgewogene Abstimmung von Malzsüße und Hopfenbittere. Dadurch verträgt das Helle auch etwas kräftigere, würzige Käsesorten. Es ist auch die beste Empfehlung zum Allgäuer Emmentaler, bei dem die nussigen Aromen im Vordergrund stehen.

Würziger Käse und kräftiges Märzen
Die Verbindung von pikanten und süßen Aromen ist immer ein Höhepunkt für den Gaumen. Ein malzbetontes Märzen mit seiner leichten Süße geht mit dem pikanten bayerischen Romadur oder mit Almkäse eine ausgesprochen „befruchtende" Verbindung ein. Auch der bayerische Weiß-Blau-Käse lässt sich ausgezeichnet mit einem Märzen kombinieren.

„Dunkle" Geheimnisse unter sich
Bei Weißlacker – ein Geheimtipp unter den bayerischen Käsesorten – und bayerischem Bergkäse hat die Reifezeit großen Einfluss auf den Geschmack: Je länger diese ist, desto intensiver die Aromen. Zu beiden Käsesorten sind das kräftige, malzaromatische Dunkle oder die stärker eingebrauten Biere, wie Bock oder Doppelbock, die besten Empfehlungen. Die ausgewogene Ausprägung der Malzsüße des Doppelbocks einerseits und der kräftigen Käsearomen andererseits sind die Garanten für ein außergewöhnlich harmonisches Geschmackserlebnis.

Wein und Käse

Hüttenkäse, Schichtkäse und Frischkäse ohne Gewürze und Kräuter
Zu den milden Aromen dieser Käse passen am besten feinherbe Weißweine, die nicht zu säurereich sind, wie zum Beispiel Müller-Thurgau, Weißburgunder Kabinett oder Bacchus. Auch leichte Rot- oder Roséweine wie Portugieser, Rotling oder Weißherbst sind gute Begleiter.

Frischkäsezubereitungen mit Gewürzen
Bei kräftigen Kräutermischungen oder Knoblauch ist Bier meist die bessere Wahl. Zu frischen Frühlingskräutermischungen kann ein fruchtiger Wein wie ein guter Rotling oder ein Regent köstlich sein.

Sauermilchkäse wie Handkäse oder Harzer
Diese Käsesorten harmonieren am besten mit säurebetonten Rebsorten, die viel Alkohol enthalten, wie Riesling oder eine trockene Kerner Spätlese.

Milde Weichkäse wie Camembert, Brie oder Bonifaz
Alkoholreiche, säurearme Weißweine mit Restsüße konvenieren gut mit diesen Weichkäsesorten. Silvaner, Grau- oder Weißburgunder sowie füllige Rotweine ohne Barrique-Ausbau passen gut dazu.

Aromatische Weichkäse wie Limburger, Romadur, Ofen- oder Weinkäse
Hierzu kann man alkoholreiche, säurearme Weißweine mit Restsüße reichen, wie beispielsweise Grau- oder Weißburgunder. Wegen des intensiven Geschmacks und dem oft hohen Fettanteil dürfte ein frisches Bier aber meistens die bessere Wahl sein.

Weichkäse mit Blauschimmel oder Edelpilzkäse
Zu diesen salzigen Käsesorten passen am besten Weißweine mit hoher natürlicher Restsüße, wie Beerenauslese von Scheurebe, Riesling, Müller-Thurgau oder ein Traminer. Aber auch ein extrem trockener Wein kann hier eine gelungene Kombination sein.

Schnittkäse wie Frankendammer, Tilsiter, Tölzer Butterkäse oder Allgäuländer
Frisch-fruchtige, trockene, aber nicht zu alkoholreiche Weißweine wie Müller-Thurgau, Bacchus oder Scheurebe sind die besten Begleiter dieser Käse. Leichte, fruchtige Rotweine wie Portugieser oder Rotling sind dabei gute Alternativen.

Hartkäse wie Allgäuer Bergkäse oder Emmentaler
Dies sind die einzigen Käse, die auch einen reifen oder gerbstoffreichen Rotwein kaum „umbringen". Kräftige Rotweine, auch aus Barrique-Ausbau, etwa ein Spätburgunder, Dornfelder, Domina oder Regent, können also dazu getrunken werden. Alkoholreiche Weißweine wie eine Spätlese von Silvaner, ein Grau- oder Weißburgunder werden jedoch oft die bessere Wahl sein.

Für mehr Informationen siehe auch www.milchland-bayern.de.

Bayerischer Romadur

Spezialitäten

KATEGORIE

SUPPEN & EINTÖPFE

Leberknödelsuppe

Suppen & Eintöpfe

Der Pichelsteiner ist wohl der bekannteste bayerische Eintopf. Er wird in der Stadt Regen seit über 100 Jahren zur Kirchweih mit dem „Pichelsteinerfest" gefeiert. Die Leberknödelsuppe hat auch die Speisekarten in ganz Bayern erobert, fertig werden die Knödel von vielen Metzgereien angeboten. Leberspätzle-, Griesnockerl-, Markklößchen- oder Flädlesuppen sind beliebte Vorspeisen und die ursprünglich ungarische Gulaschsuppe wurde erfolgreich eingemeindet. Darüber hinaus erlebt die einfache Brotsuppe eine Renaissance, wird in vielerlei Variationen angeboten und ist auch zu Hause mehr als nur eine Verwertung trockener Brotreste. Früher oftmals als „Arme-Leute-Essen" ersonnen, haben die Suppenklassiker heute einen festen Platz auf den Speisekarten der bayerischen Gastronomie.

Hochzeitssuppe

Altbayerische Kartoffelsuppe

Bayern

Die Altbayerische Kartoffelsuppe ist eine sehr schmackhafte Suppe mit vielen Kartoffelstückchen und anderen deftigen Zutaten wie z. B. Suppengrün, Knoblauch, Zwiebeln, Kümmel und Majoran.

Bayerische Biersuppe

Bayern

Hauptbestandteil der kräftigen, würzigen Biersuppe ist – selbstredend – Bier. Sie kann mit verschiedensten Biersorten hergestellt werden, traditionell jedoch mit dunklem Bockbier. Die Suppe wird warm in Tassen serviert.

Brotsuppe

Bayern

Aus altbackenem Brot mit Butter, Schmalz, Zwiebeln und Fleischbrühe hergestellte Suppe. Früher wie heute reicht man Kartoffeln oder gebratene Blut- und Leberwurst dazu oder verfeinerte die Suppe mit verschiedenen Kräutern und Gewürzen oder Käse.

Schon an der Suppe erkennt man die Hausfrau.

Deutsches Sprichwort

Hochzeitssuppe

Franken, Bayerisch-Schwaben

Die Hochzeitssuppe ist eine klare doppelte Kraftbrühe mit verschiedenen Einlagen: Biskuitrauten, Grießnockerln, Eierstich, Markklößchen, Leberklößchen oder Flädle. Franken und Bayerisch-Schwaben sind die traditionellen Regionen, in denen man Hochzeitssuppe kocht.

Leberknödelsuppe

Bayern

Auf keiner bayrischen Speisekarte fehlt die Leberknödelsuppe, Zeichen für die Schwäche der Bayern für Innereien. Fein verarbeitete Leber wird mit Speck, Semmelwürfeln und speziellen Gewürzen nach Art des Hauses vermischt und zu graubraunen Knödeln geformt. In einer schönen Terrine, mit Petersilie bestreut und frischen Brezn serviert, sind sie ein wahres Festmahl.

Metzelsuppe

Franken

Eine deftige Suppe, bei der streng genommen nur Würste verwendet werden, die beim Kochen zerplatzt sind und daher anderweitig verwertet werden müssen.

Pichelsteiner

Niederbayern

Dieses einfache Gericht, ein Gemüseeintopf mit Fleischeinlage, gehört vermutlich zu den berühmtesten Rezepten der Welt. Die Stadt Regen im Bayerischen Wald feiert seit über 100 Jahren das „Pichelsteinerfest" zur Kirchweih.

Riebelesuppe

Bayerisch-Schwaben

Das nützlichste „Nebenprodukt" des Schlachtens ist die kräftige Fleischbrühe, die beim Kochen der leicht verderblichen Produkte in großer Menge anfällt. Sie kann für die unterschiedlichsten Suppen weiterverwendet werden, zum Beispiel für die schwäbische Riebelesuppe, eine Brühe mit einer Art frischer Nudeleinlage.

Rumfordsuppe

Bayern

Um in seinem „Militärischen Arbeitshaus" in der Münchner Au festgenommene Bettler und Obdachlose effektiv mit Nahrhaftem zu versorgen, kreierte der in München ansässige Graf Rumford Ende des 18. Jahrhunderts die berühmte Rumfordsuppe. Diese Suppe bestand ursprünglich aus Erbsen, Kartoffeln, Graupen, Weizenbrot und saurem Bier. Nahrhaft dürfte dieses Massenessen durchaus gewesen sein, über den Geschmack des Originalrezepts mag man besser schweigen, denn es sieht außer Salz keine Gewürze vor. Diese kamen erst in späteren Adaptionen des Rezepts hinzu.

Spezialitäten

KATEGORIE

SPIRITUOSEN, WEIN & GETRÄNKE

Schlaraffenburger Apfelsaft

Spirituosen, Wein & Getränke

Das größte Weinanbaugebiet Bayerns liegt in Franken zwischen Aschaffenburg und Schweinfurt, an den südwärts gerichteten Talhängen des Mains und seiner Nebenflüsse. Schon in früherer Zeit hat das überwiegend kontinentale Klima mit seinen trockenen, warmen Sommern hier zum Weinanbau verlockt. Dieses Klima bescherte dem Frankenland bis etwa 1500 eine etwas höhere Jahresdurchschnittstemperatur als heute. Deshalb war zur Hochblüte des Weinbaus die Anbaufläche siebenmal größer als aktuell. Heute werden auf über 6.000 Hektar Ertragsfläche von etwa 7.000 Winzern 470.000 bis 560.000 Hektoliter jährlich erwirtschaftet. Das sind etwa sechs Prozent des Ertrags aller 13 deutschen Weinanbaugebiete. 93,3 Prozent der Gesamtfläche werden für Weißweine und nur 6,7 Prozent für rote Traubensorten verwendet. Das Urgestein und der Buntsandstein im Mainviereck in Unterfranken und im Spessart, Lehm-, Löß- und Muschelkalkböden im Maindreieck bei Wertheim und Miltenberg sowie Keuperböden im Bereich Steigerwald geben dem Wein das besondere Terroir. Infolge der Bodenbeschaffenheit und des milden Klimas entstehen hier sehr mineralstoffhaltige Weine mit würzigem Geschmack.

Altbayerische Obstbrände

Ober- und Niederbayern

Brände sind die edelsten und häufigsten Produkte der altbayerischen Brenner. Sie werden ausschließlich aus Obst und nur mit Hilfe natürlicher Umsetzungsprozesse hergestellt. Von Kennern werden sie wegen ihres feinen und entsprechend den Obstsorten äußerst vielfältigen Aromas besonders geschätzt. Der bekannteste und verbreitetste ist der aus Äpfeln und Birnen gebrannte Obstler.

Bärwurz

Bayerischer Wald

Bärwurz ist ein auf Trinkstärke herabgesetztes farbloses Destillat aus der Wurzel der Bärwurzpflanze. Sein typisches Aroma erinnert an Wald und Moos. Die Bärwurzpflanze wächst im Bayerischen Wald in Lagen von 350 bis über 1.000 Meter. Die wild wachsenden Pflanzen werden von Hand gesammelt. Ihre heilende Wirkung ist bereits seit über 200 Jahren bekannt und wurde schon 1764 in einem „Oeconomischen Lexikon" beschrieben. Die wohltuende Wirkung des Bärwurz mildert das Völlegefühl nach einem reichhaltigen Essen, weshalb er gerne als Magenschnaps getrunken wird.

Bayerische Obstsäfte

Bayern

Säfte heimischer Obstsorten, welche vorwiegend von Streuobstwiesen stammen, sind zu jeder Gelegenheit ein angenehm erfrischendes und gesundes Getränk. Die Obstsäfte werden meist von regionalen Erzeugergemeinschaften hergestellt, darüber hinaus gibt es aber auch einige größere Produzenten.

Bayerischer Gebirgsenzian

Oberbayern

Bayerischer Gebirgsenzian darf laut Verordnung nur im Freistaat Bayern aus Enzianwurzeln hergestellt werden, die in den bayerischen Alpen oder im Alpenvorland angebaut werden. Der klare Schnaps mit einem Alkoholgehalt von 40 Vol.-% fördert durch seine Bitterstoffe nach einem reichhaltigen Essen oder einer Brotzeit die Verdauung.

Bayerischer Heidelbeerwein

Bayern

Heidelbeerwein hat die volle Süße der schönsten Sommertage und weckt, gleich ob kalt oder heiß getrunken, die Erinnerung daran. Der durchschnittliche Alkoholgehalt liegt bei 12,5 Vol-%. Der Heidelbeerwein zeichnet sich durch einen hohen Fruchtgehalt sowie ein harmonisches Süße/Säure-Verhältnis aus. In Analogie zum Wein aus Trauben verwendet man also beim Heidelbeerwein Heidelbeersaft an Stelle von Traubensaft.

Bayerischer Kräuterlikör

Bayern

Es gibt eine Vielzahl von Rezepten für die Herstellung von Kräuterlikören. Diese wurden früher hauptsächlich von den kräuterkundigen Klosterbrüdern und -schwestern angesetzt. Auch heute noch gibt es neben zahlreichen populären Kräuterschnäpsen sehr berühmte Klosterliköre.

Bayerischer Gebirgsenzian

Benediktbeurer Klosterlikör

Oberbayern

Die Bezeichnung Benediktbeurer Klosterlikör ist durch die EU-Verordnung (EWG) 1576/89 geschützt. Zusätzlich wird das Herstellungsgebiet genau nach der deutschen Verordnung für Spirituosen 1998 spezifiziert. Diese besagt, dass Benediktbeurer Klosterlikör nur in Benediktbeuern nach Maßgabe der dortigen Praxis hergestellt werden darf.

Bissinger Auerquelle

Bayerisch-Schwaben

Die Bissinger Auerquelle ist ein über 10.000 Jahre altes, qualitativ hochwertiges Mineralwasser. Es wird aus 342 Metern Tiefe gefördert und ist frei von schädlichen Umwelteinflüssen. Das Wasser der Bissinger Auerquelle hilft besonders gegen Rheuma-, Ischias- und Gichtleiden. „Bissinger Auerquelle" ist eine EU-weit geschützte Ursprungsbezeichnung (g.U.). Ein Mineralwasser mit dieser Bezeichnung darf also nur in Bissingen gefördert und abgefüllt werden.

Blutwurz

Niederbayern, Oberpfalz

Herb-bitterer Likör, der aus der Wurzel der Blutwurz gewonnen wird, welche besonders viele natürliche Bitterstoffe besitzt. Schon seit Jahrhunderten wird sie in der Volksmedizin gegen vielerlei Krankheiten eingesetzt.

„Das Leben ist zu kurz, um schlechten Wein zu trinken."
Johann Wolfgang von Goethe

Ettaler Klosterlikör

Chiemseer Klosterlikör

Oberbayern

Ein typischer Klosterkräuterlikör, der seit dem 15. Jahrhundert auf der Fraueninsel im Chiemsee hergestellt wird. Ein Teil der Kräuter wird auch heute noch im Klostergarten angebaut. Die Bezeichnung Chiemseer Klosterlikör ist eine geschützte Herkunftsangabe gemäß der Verordnung (EWG) 1576/89. Das heißt, dass der Klosterlikör nur auf der kleinen Insel im Chiemsee hergestellt werden darf.

Ettaler Klosterlikör

Oberbayern

Ettaler Klosterliköre sind ohne künstliche Zusatzstoffe aus 40 Kräutern hergestellt und nach der EU-Verordnung (EWG) 1576/89 geschützt. Er darf nach der deutschen Verordnung für Spirituosen von 1998 nur in Ettal nach Maßgabe der dortigen Praxis hergestellt werden.

Fränkischer Obstler

Franken

Der Fränkische Obstler ist eine Spirituose aus fränkischen Äpfeln und Birnen mit einem reinen, fruchttypischen Aroma. Der Fränkische Obstler ist eine geschützte Herkunftsangabe gemäß der Verordnung (EWG) 1576/89, d. h., dass eine Spirituose, welche diese Bezeichnung trägt, aus Franken stammen muss. Gleiches gilt für die zum Brennen verwendeten Äpfel und Birnen. Auch diese müssen von hier stammen.

Fränkisches Kirschwasser

Franken

Klare sortenreine Destillate der namensgebenden Frucht aus Franken. Das Kirschwasser ist eine Spirituose mit einem reinen, fruchttypischen Aroma. Die Bezeichnung „Fränkisches Kirschwasser" ist eine geschützte Herkunftsangabe gemäß der Verordnung (EWG) 1576/89. Das heißt, die verarbeiteten Früchte müssen in Franken gewachsen, geerntet, gemaischt und destilliert sein.

Fränkisches Zwetschgenwasser

Franken

Das Zwetschgenwasser ist eine Edelspirituose der Kategorie Obstbrand aus vergorenen Zwetschgen. Franken hat für das Fränkische Zwetschgenwasser europäischen Sortenschutz erhalten. Das heißt, die Früchte müssen in Franken gewachsen, geerntet, gemaischt und destilliert sein.

Frankenwein

Franken

Vermutlich wurde in der Frankenregion bereits zur Zeit der Römer Wein angebaut. Historisch eindeutig belegt sind das Wirken der heiligen Thekla (erste Äbtissin des Benediktinerinnenklosters Kleinochsenfurth) und Kitzingens erster Äbtissin St. Adelheid, die als Begründerinnen des Weinbaus in Franken gelten (ca. 800 n. Chr.). Die Gesamtmenge an Frankenwein liegt derzeit bei rund 470.000 bis 560.000 Hektolitern jährlich; das sind 6 % des Ertrages aller 13 deutschen Weinanbaugebiete. Frankenweine werden vorwiegend aus den folgenden Rebsorten hergestellt: Müller-Thurgau, Silvaner, Bacchus, Kerner, Riesling, Blauer Spätburgunder.

Hallertauer Hopfengold

Oberbayern

Klarer, goldgelber Kräuterlikör mit echtem Hallertauer Aromahopfen. Die Farbe erinnert an das Lupolin in den Hopfendolden. Es ist ein starker Tropfen mit 56 Vol.-%, der aber dennoch angenehm mild zu trinken ist. Es ist zu betonen, dass dem Likör keine Konservierungs- und Farbstoffe beigegeben werden. Seit 1789 wird Hallertauer Hopfengold nach dem über 200 Jahre alten und streng gehüteten Familienrezept gemäß der überlieferten Rezeptur mit 56 oder 28 Vol.-% bis heute im Familienbetrieb hergestellt. Aufgrund seiner vielen Kräuter und des Hopfens ist Hallertauer Hopfengold äußerst wohl bekömmlich und hervorragend geeignet zur Abrundung eines schönen Essens.

Höllensprudel

Oberfranken

Höllensprudel ist ein natürliches Mineralwasser aus einer der ältesten und tiefsten Heilquellen Bayerns. Die Quelle tritt im Frankenwald zu Tage und ist reich an wertvollen Mineralstoffen, wie Calcium und Magnesium, dabei natriumarm und fast kochsalzfrei. „Höllensprudel" ist eine EU-weit geschützte Ursprungsbezeichnung (g.U.). Ein Mineralwasser mit dieser Bezeichnung darf nur in Hölle im Frankenwald gefördert und abgefüllt werden.

Lindauer Obstbranntweine

Bayerisch-Schwaben

Die obstreiche Region am Bodensee gibt diesen klaren und sortenreinen Destillaten ihren Namen. Das Obst kommt meist aus den eigenen Streuobstwiesen oder Obstgärten, das nach der Vergärung in meist traditionellen Brennanlagen zu einem hochwertigen Destillat aus Obstmaische und Wasser verarbeitet wird. Dessen Alkoholgehalt liegt bei 38 Vol.-%. Es folgt eine Lagerung, die je nach Qualität bis zu drei Jahre dauert.

Most

Bayern

Als Most wird in Bayern ein vergorener Fruchtsaft bezeichnet, der je nach Geschmack und Vorliebe aus roh gepresstem Apfelsaft oder alternativ aus einer Mischung aus roh gepresstem Apfel- und Birnensaft hergestellt wird. Er

Hallertauer Hopfengold

wird oft verdünnt mit Zitronenlimonade oder Mineralwasser in Biergärten, Gaststätten und Hofläden angeboten. Auch in Getränkemärkten sind Most und Mostschorlen in der Flasche erhältlich.

Silvaner

Nürnberger Glühwein

Mittelfranken

Dieser gewürzte Wein wird hauptsächlich in der Weihnachtszeit getrunken. Wer sich richtig verwöhnen will, isst dazu Nürnberger Lebkuchen. Seit vielen Jahrzehnten ist der Begriff „Glühwein" weinrechtlich geschützt: Dieses Erzeugnis darf nur aus Wein (Rot- oder Weißwein), Zucker und Gewürzen hergestellt sein. Wenn Glühwein aus Beerenweinen hergestellt ist, muss der Zusatz „Frucht-Glühwein" geführt werden. Für „Nürnberger Glühwein" gilt die Verordnung EWG 1601/91 für aromatisierte, weinhaltige Getränke. Das heißt, dass Nürnberger Glühwein nur innerhalb der Stadtgrenzen Nürnbergs hergestellt werden darf.

Rhöner Fruchtwein

Unterfranken

Schon in der zweiten Hälfte des 19. Jahrhunderts war der Beerenreichtum des Rhöngebirges bekannt und wurde von vielen Menschen privat genutzt. In den Wäldern dieses Mittelgebirges wurden Heidelbeeren gesammelt, die hauptsächlich für den Eigenbedarf zu Likör und Wein weiterverarbeitet wurden. 1859 wurde die erste Fruchtsaft- und Obstweinkelterei in Sondheim gegründet. Heute produzieren mehrere große und kleine Keltereien etwa 10.000 Hektoliter Fruchtwein pro Jahr.

Schlaraffenburger Apfelsaft

Unterfranken

Der naturtrübe Direktsaft wird ohne Beigabe jeglicher Zusatzstoffe aus den Äpfeln der Aschaffenburger Streuobstwiesen, die nach den Bioland-Richtlinien bewirtschaftet werden, hergestellt.

Siegsdorfer Petrusquelle

Oberbayern

Die Siegsdorfer Petrusquelle ist ein natürliches, wohlschmeckendes Mineralwasser, das am Fuße des Hochfelln im Schutz der bayerischen Alpen zutage tritt. Bereits um 1864 wird von der ersten öffentlichen Verwendung des Quellwassers zu Bade- und Trinkkuren berichtet. „Siegsdorfer Petrusquelle" ist eine EU-weit geschützte Ursprungsbezeichnung (g.U.). Ein Mineralwasser mit dieser Bezeichnung darf nur in Siegsdorf gefördert und abgefüllt werden.

Silvaner

Unterfranken

Die Traditionssorte Frankens ist der Silvaner. Sein Name ist für viele Weinkenner geradezu gleichbedeutend mit dem Frankenwein schlechthin. Diese Weißwein-Rebsorte liefert im Geschmack weitgehend neutrale Weine, die auch von säureempfindlichen Menschen gut vertragen werden. Von Muschelkalk und Keuperböden können bei ausreichender Feuchtigkeit fruchtige Silvanerweine gewonnen werden. Auf schweren Böden präsentieren sich die Silvanerweine wuchtig. In sehr guten Jahren werden Silvanerweine auch alkoholreich und schwer, sodass sie – wie man sagt – „den Mund tapezieren".

Tauberschwarz

Unterfranken

Die Rebe Tauberschwarz ist die Urrebe des Taubertals. Nachweislich ist die Rebe im Tauber- und Vorbachtal seit dem 16. Jahrhundert heimisch. 1959 war der Tauberschwarz jedoch beinahe in Vergessenheit geraten und galt sogar als ausgestorben. Im Jahre 1996 pflanzte in Bayern erstmals wieder ein Weingut in Röttingen den Tauberschwarz an. Heute sind in Tauberfranken wieder 12 ha mit Tauberschwarz bestockt – weniger als 1 % der Bestockung dieses Weinbaugebiets. Die Rebe bringt leichte, fruchtige Rotweine mit etwas lichter Farbe hervor. In guten Jahren fallen diese auch granatrot aus, bei gleichzeitig würzigem Geschmack. Die Weine sind geschmacklich mit dem Spätburgunder verwandt. Sie zeichnen sich durch feinen Duft und Aromen von roten Früchten, Kirsche und Unterholz sowie einen zartbitteren Abgang aus.

Wasser, Wein und gute Geister

Weine aus Bayern sind seit 2012 europaweit geschützt. Sämtliche Qualitäts-, Prädikats- und Landweine wurden in das europäische Register geschützter Ursprungsbezeichnungen bzw. geografischer Angaben aufgenommen. Ein bayerischer Qualitäts- oder Prädikatswein ist damit an der geschützten Ursprungsbezeichnung (g.U.) zu erkennen, ein Landwein an der geschützten geografischen Angabe (g.g.A.).
Damit dürfen nur Weine aus den jeweiligen Anbauregionen entsprechend bezeichnet werden – davon gibt es in Bayern drei: Franken, das Bodenseeufer sowie ein kleines Anbaugebiet bei Regensburg. Die herkunftsgeschützten Weine müssen zudem bestimmte Qualitätskriterien erfüllen; ein Wein mit geschützter Ursprungsbezeichnung beispielsweise mindestens die Kriterien für den bisherigen Qualitätswein.

52 Rebsorten sind für Franken insgesamt nachgewiesen. Nahezu bei allen Frankenweinen ist der Inhalt einer Weinflasche jedoch im Wesentlichen einer einzigen Sorte zugehörig, während ausländische Weine zumeist Verschnittweine aus mehreren Traubensorten sind. Unangefochtener Favorit ist der Müller-Thurgau mit über 43 Prozent Anteil, gefolgt von Silvaner mit 20,5 Prozent, Bacchus, Kerner, Riesling und Blauer Spätburgunder. Der Anteil der fränkischen trockenen Weine liegt bei 40 Prozent. Fast die Hälfte der gesamten Weinmenge wird im Bocksbeutel vermarktet. Dieser ist seit 1989 in der EU geschützt und darf mit wenigen Ausnahmen nur noch für fränkische Weine verwendet werden.

Neben Franken gehören Rebflächen um Lindau, die jedoch dem Anbaugebiet Württemberg angegliedert sind sowie Restflächen an der Donau zu den bayerischen Weinanbaugebieten. Die Flächen um Regensburg stellen ein eigenständiges Tafelweinbaugebiet (Regensburger Landwein) dar und sind das Überbleibsel eines ehemals ausgedehnten Weinbaues, der im Mittelalter an der Donau betrieben wurde. Der Wein wird regional als Baierwein bezeichnet; in Bach an der Donau gibt es sogar ein Baierwein-Museum. Auch am Chiemsee gibt es einen ambitionierten Winzer, der die geschützte Lage am Alpenrand und den Wärmespeicher See zum Weinanbau nutzt. Da dies jedoch kein genehmigtes Anbaugebiet ist, darf dieser Wein nur auf der Fraueninsel verkauft werden.

Zu erwähnen sind in diesem Zusammenhang die Vielzahl von Beerenweinen, auch unter den Begriffen Fruchtwein oder Obstwein bekannt, die in Bayern gekeltert werden. Dabei handelt es sich um vergorenen Saft aus den namengebenden Beeren mit einem Alkoholgehalt von 12,5 Vol.-%. Lebensmittelrechtlich gehören Fruchtweine in die Kategorie „weinähnliche Getränke". Sie sind durch das nationale RAL-Herkunftsgewährzeichen geschützt.

Auch der Honigwein, bekannter als Met, ist ein alkoholisches Getränk aus Honig und Wasser. Teilweise werden ihm verschiedene Gewürze, Früchte und Fruchtsäfte zugegeben oder anstelle des Wassers benutzt. Dieser Honigwein wird auf vielen Märkten, vor allem zur Weihnachtszeit, von Imkern angeboten und kann bis zu 16 Prozent Alkohol enthalten.

Traditionell gibt es auf diesen Märkten und gerade auch auf dem Nürnberger Christkindlesmarkt die heiße Variante des Weines: den Glühwein. Der Begriff „Glühwein" ist bereits seit vielen Jahrzehnten weinrechtlich geschützt. Er darf nur aus Rot- oder Weißwein, Zucker und Gewürzen hergestellt sein. Wenn Glühwein aus Beerenweinen hergestellt ist, muss der Zusatz „Frucht-Glühwein" geführt werden. Für Nürnberger Glühwein gilt zudem die Verordnung EWG 1601/91, die besagt, dass dieser nur innerhalb der Stadtgrenzen Nürnbergs hergestellt werden darf. Der Begriff Nürnberger Glühwein entstand ebenfalls bereits in den 50er-Jahren des vorigen Jahrhunderts. Durch seine Würzung mit Heidelbeeren erlangte er eine besondere Qualitätsstellung und hob sich von allen anderen bis dahin hergestellten Glühweinen deutlich ab.

Spirituosen und Brennereien

Ob Weizen, Kartoffeln oder Obst – alles was gärt, kann auch gebrannt, das heißt destilliert werden. Die erste schriftlich überlieferte Erwähnung der Destillation stammt aus dem 12. Jahrhundert von einem Arzt namens Salemus. Für ihn war destillierter Alkohol, damals auch als „Aqua ardens" (gebranntes Wasser) bekannt, eine besonders wertvolle Medizin. Das „Aqua vitae" (Wasser des Lebens) galt unter anderem als Heilmittel gegen die Pest. Gerade die Klöster, die sich schon sehr früh mit der Heilkunde beschäftigten, waren Pioniere in der Erschaffung feiner und edler Brände und Liköre. Aber auch der Bauernstand hat von dieser Möglichkeit, Medizin herzustellen, schon seit vielen Jahrhunderten reichlich Gebrauch gemacht. Sogar Whiskey wird seit mehr als 25 Jahren in Bayern (Franken) hergestellt.

Mineralwasser und Heilquellen

Neben dem Wein gibt es in Bayern auch eine Vielzahl von Quellen und Heilquellen. Letztere förderten in erheblichem Maße auch die Entwicklung des Kur- und Tourismuswesens. Schon die Römer schätzten Bayerns sprudelnde Quellen. In versiegelten Tonkrügen karrten sie das Mineralwasser bis nach Rom.

Altbayerische Obstbrände

Spezialitäten

KATEGORIE

SÜSSWAREN

Bayerischer Honig

Süßwaren

Rund 28.000 bayerische Imker produzieren mit etwa 330.000 Bienenvölkern (das ist ein Drittel des deutschen Gesamtbestandes) pro Jahr 8.000 Tonnen Honig. Das schon bei den alten Ägyptern bekannte Verfahren der Honiggewinnung wird in Bayern nachweislich seit 959 n. Chr. betrieben. Da im Mittelalter Honig die einzige Süßigkeit war, die in größeren Mengen vorhanden war, wurden daraus viele Spezialitäten entwickelt, die bis heute den Gaumen erfreuen – allen voran der Nürnberger Lebkuchen.
Neben der Gewinnung von Honig ist auch die Gewinnung von Bienenwachs für die Kerzen- und Salbenherstellung von großer Bedeutung. Jeder Honig, der in Bayern gekauft werden kann, muss den Richtlinien der Deutschen Honigverordnung genügen, die besagt, dass weder Stoffe zugesetzt noch honigeigene Bestandteile entzogen werden dürfen. Bis heute ist der Bienenhonig daher eines der wenigen noch unverfälschten Lebensmittel.

Alt-Passauer Goldhauben

Alt-Passauer Goldhauben

Niederbayern

Die edle Praline wird seit über 200 Jahren aus Schokolade, frisch gerösteten Nüssen, Trüffelmasse, Nussbrand, Mandelsplittern, Marillen sowie Marillenlikör in mehreren Arbeitsgängen hergestellt. Mit ihrem Schweif aus fein gehackten, karamellisierten Mandelsplittern in heller und dunkler Schokolade mit 23-karätiger Blattgoldauflage sind die Alt-Passauer Goldhauben den Goldhauben der Passauer Bürgerfrauen nachempfunden.

Bayerischer Honig

Bayern

Die Wälder Bayerns, mit ihrem hohen Fichtenanteil und teils guten Tannenbeständen, bieten ein gutes Angebot an Nektar, Pollen und Honigtau. Darüber hinaus ist das Land auch reich an Wiesen, Hecken, Obstkulturen, Raps- und Sonnenblumenfeldern und blühenden Gärten, welche eine schier unerschöpfliche Quelle für die Honigvölker bieten. Diesem Reichtum an Natur ist es zu verdanken, dass der Freistaat der größte Honigproduzent in Deutschland ist. In den drei bayerischen Imker-Landesverbänden sind rund 28.000 Imker organisiert, welche rund 330.000 Bienenvölker halten, die pro Jahr etwa 8.000 Tonnen Honig produzieren. In Bayern steht somit ein Drittel des deutschen Gesamtbestandes an Bienenvölkern.

Bayrisch Blockmalz

Bayern

Bayrisch Blockmalz ist ein Hartbonbon, das seinen charakteristischen malzigen Süßgeschmack durch die Zugabe von Malzextrakt erhält. Die dunkelbraunen, meist gefüllten Bonbons (6 bis 9 g) haben oft eine grob gestanzte Blockform („vom Block"). In Bayern werden von drei Herstellern jährlich circa 200 t Bayrisch Blockmalz hergestellt.

Bayrisch Creme

Bayern

Das Rezept soll angeblich von Isabeau de Bavière, einer Tochter des Bayernherzogs Stephan, Ende des 14. Jahrhunderts erfunden worden sein. Es ist jedoch nicht geklärt, ob sie das Rezept tatsächlich selbst erfand oder aus ihrer Heimat Frankreich mitbrachte. Jedenfalls wird dafür bis heute feine, aufgeschlagene Vanille-Eiercreme mit Gelatine gebunden und mit viel Schlagsahne vermischt. Nach dem Erstarren wird die Masse gestürzt und mit Früchten oder Schokolade garniert serviert.

Scheiterhaufen

Bayern

Der Scheiterhaufen ist eine Mehlspeise, bei der Semmeln und Apfelschnitze wie ein Holzhaufen aufgerichtet werden. Das Gericht eignet sich sowohl als Hauptspeise wie auch als Nachspeise.

Spezialitäten

KATEGORIE

TEIGWAREN & KNÖDEL

Schwäbische Maultaschen

Teigwaren & Knödel

Ob als Semmel-, Spinat-, Servietten- oder Leberknödel oder aber als Kartoffel-, Speck-, Mehl- oder Hefekloß – sie gehören einfach immer dazu. Nahe Verwandte wie das Nockerl oder die Spätzle sind ebenfalls eine unersetzliche Beilage zu vielen Gerichten. Auch die bayerisch-böhmische Mehlspeisenküche ist weltweit berühmt – in der heimischen Gastronomie leider jedoch nicht mehr sehr verbreitet. Spätzle sind ebenso wie die Schupfnudeln nicht nur in Schwaben zu Hause, sondern werden allerorts gerne serviert. Bei Ausflügen in die Regionen sollte man jedoch auf die echten regionalen Spezialitäten achten. Hausgemacht und frisch zubereitet, sind sie regionale Delikatessen.

Coburger Kloß

Allgäuer Kässpätzle

Bayerisch-Schwaben

Das „Heimatland" der Spätzle ist Schwaben. Die Allgäuer verfeinerten das Gericht mit Käse zu einer regionalen Variation. Zunächst wird der zähflüssige Teig über dem Spätzlebrett in einen Topf mit kochendem Wasser gerieben, einige Minuten gekocht und abgegossen. Für Allgäuer Kässpätzle werden anschließend geriebener Käse und gedünstete Zwiebeln zugegeben. Die jährliche industrielle Spätzleproduktion in Deutschland liegt bei etwa 40.000 Tonnen. Und in diese Zahl sind die vielen selbstgemachten Spätzle in Gaststätten und zu Hause noch nicht einmal enthalten.

Coburger Kloß

Oberfranken

Auch Neustadter Rutscher, Grüner Kloß, Breileskloß genannt, ist er eine typische Spezialität der Region um Coburg, Kronach und Lichtenfels. Der ausschließlich aus Kartoffelmasse bestehende Kloß hat eine lange Tradition. Auch heute noch fehlt er beim Sonntagsbraten auf keiner Speisekarte der Gasthäuser im Coburger Land. Den Coburger Kloß isst man zu jedem Braten, aber auch ohne Fleisch zu verschiedenen Gemüsen wie Wirsing oder Kohlrabi. Bleibt ein Kloß übrig, schneidet man ihn in Scheiben und brät ihn in Butterschmalz.

Dampfnudel

Bayern

Die Dampfnudel besteht aus Hefeteig, der in Milch gegart wird. In Bayern wird die Dampfnudel meist mit Vanillesoße oder Fruchtsoße als Dessert oder auch als süße Hauptspeise verzehrt. Die Dampfnudel ist nicht nur in Bayern ein bekanntes und beliebtes Gericht, sondern wird mit einer leicht veränderten Rezeptur oder anderen Beilagen auch anderswo gern gegessen. So gibt es neben der „Bayerischen Dampfnudel", die vorwiegend als süße Variante gegessen wird, auch eine „Pfälzer Dampfnudel" mit einer Salzkruste. Weitere Varianten gibt es in Baden-Württemberg und in Österreich, wo die Dampfnudel als „Germknödel" bekannt ist.

„Dampfnudel-nudel hamma gestern g'habt, Dampfnudel-nudel hamma heit, Dampfnudel-nudel hamma allawei in E-wig-keit!"

Aus dem „Dampfnudellied" von F. X. Engelhart

Deggendorfer Knödel

Niederbayern

Traditionell bestehen Deggendorfer Knödel aus einer eingeweichten Semmel, die mit Teig umhüllt wird. Deggendorfer Knödel werden als Beilage zu verschiedensten Braten- oder Wildgerichten und Soßen gegessen. In Deggendorf gehören die Knödel zu einem guten Essen wie der Kirchgang zum Sonntag.

Fränkische rohe Klöße

Franken

Fränkische Klöße sind Klöße aus rohen Kartoffeln. Sie wurden früher auch als „grüne Kartoffelklöße" bezeichnet. Der Zusatz „grün" ergab sich tatsächlich aus der Farbe. Bevor man später den Kloßteig schwefelte, wurden die Klöße, wenn sie kalt wurden, oft ganz dunkelgrün. Es wird wohl kaum ein Wirtshaus in Franken geben, auf dessen Speisekarte nicht Schweinsbraten, Sauerbraten oder viele weitere Schmankerl mit Klößen stehen.

Fränkischer Grünkern

Unterfranken

Grünkern ist das unreif geerntete Korn des Dinkels (Triticum spelta). Das traditionelle Erzeugungsgebiet für Bayern liegt im Landkreis Miltenberg. Grünkern kann in vielen Variationen in den Speisezettel aufgenommen werden. Die längste Tradition hat die Grünkernsuppe. Es lassen sich aber auch vorzügliche Hauptspeisen wie Küchlein, Pfannengerichte, Klöße und Aufläufe mit Grünkern zubereiten.

G´wichste

Niederbayern

G´wichste sind Roggenteigknödel, die in Salzwasser gekocht werden. Die Teigknödel werden in Rottal traditionell zu Schwarzgeräuchtertem gegessen („G´selchtes und G´wichste").

Hallertauer Teigknödel

Oberbayern

Wie der Name schon sagt, kommen die Hallertauer Teigknödel aus der Hallertau in Oberbayern. Der Semmelteigknödel wird in Wasser gekocht und enthält im Gegensatz zum Semmelknödel weder Zwiebeln noch Petersilie.

Holzerschmaus

Oberbayern

Deftiger Pfannkuchen mit Speck und Zwiebeln aus der Benediktinerabtei Ettal, die neben Wallfahrern im Sommer wie im Winter auch zahlreiche Urlauber anzieht. Der Holzerschmaus ist eine beliebte Brotzeit – nicht nur nach schwerer Holzarbeit in der Blockhütte im Bergwald des Kloster Ettals.

Hutzelklöß

Unterfranken

Hefeklöße aus Dinkelmehl, die auf einem Kompott aus getrockneten Zwetschgen (Hutzeln) serviert werden.

Leberknödel

Bayern

siehe Leberknödelsuppe

Leberspätzle

Altbayern/Schwaben

Leberspätzle sind eine graubraune, würmchenförmige Suppeneinlage mit einer Länge von circa 2 bis 3 cm. Sie werden vor allem in klarer Fleischbrühe gereicht. Herzhaft und würzig schmecken sie auch, wenn sie in der Pfanne mit einem verquirlten Ei angebraten werden. Sie werden auch mit in Butter gerösteten Semmelbröseln oder als Eintopf serviert.

Rupfhauben

Niederbayern

Diese Mehlspeise aus Nudelteig war im Rottal weit verbreitet und hatte während der Woche eigentlich immer Saison. Man kennt sie aber auch in Oberbayern und über die altbayerischen Grenzen hinaus. Seitdem im vergangenen Jahrhundert nicht nur am Sonntag Fleisch auf den Tisch kommt, gibt es Mehlspeisen hauptsächlich am Freitag, an dem der katholische Bayer kein Fleisch essen darf.

Schupfnudeln

Bayerisch-Schwaben

Schupfnudeln sind etwa fingerdicke, ca. 5 cm lange Teigwaren, die an beiden Enden spitz zulaufen und eine goldgelbe Farbe besitzen. Sie werden als Beilage gewöhnlich zu Rehgulasch, geschmortem Kaninchenbraten oder als Hauptgericht mit Sauerkraut und Salat serviert. Als Süßspeise werden sie gerne mit Zimt-Zucker verzehrt. Siehe auch Bauchstecherl.

Schwäbische Krautkrapfen

Bayerisch-Schwaben

Der Krautkrapfen ist eine aufgerollte Nudel-Sauerkrautschicht mit feinen Speckwürfeln und Zwiebeln, die für eine angenehme Süße sorgen. Die Krautkrapfen werden normalerweise

Gemseneier

„pur" beziehungsweise mit einem grünen Salat serviert. Man kann jedoch auch eine Soße aus Crème fraîche und Joghurt, gewürzt mit Schnittlauch oder Dill, Salz und weißem Pfeffer, dazu reichen.

Schwäbische Maultaschen

Bayerisch-Schwaben

Schwäbische Maultaschen sind Teigtaschen mit einer Füllung aus Fleisch- bzw. Gemüsebrät. Besonderes Merkmal ist der Spinatanteil in der Füllung. Maultaschen haben eine viereckige oder strudelförmige Form und werden zum Verzehr gebrüht oder angebraten. Den Namen „Herrgottsb'scheißerle" erhielten sie der Sage nach daher, dass die Zisterzienser im 17. Jahrhundert, während des Dreißigjährigen Krieges, zur Fastenzeit ein großes Stück Fleisch bekamen. Um den Eindruck eines fleischlosen Mahles zu erwecken, sollen sie es klein gehackt und mit Kräutern und Spinat gemischt haben. Zur besseren Tarnung sei die Mischung schließlich in einem Nudelteig versteckt worden, der in kleine Portionen geteilt wurde.

Semmelknödel

Altbayern/Schwaben

Die Bayern reklamieren die Erfindung des Semmelknödels für sich. Tatsächlich kann man Bayern als Knödelland betrachten. Semmelknödel isst man zu Fleisch- und Pilzgerichten, aber auch in einer guten Fleischsuppe. Übrig gebliebene Knödel schneidet man in Scheiben und brät sie in der Pfanne schön knusprig. Zuweilen schlägt man auch noch einige Eier darüber und reicht Salat dazu. Auch aufgeschnitten mit Zwiebel, Essig und Öl werden sie als Knödelsalat gerne verspeist. Darüber hinaus gelangten sie als Wurfgeschoss schon mehrfach zu Berühmtheit. Eine Deggendorfer Sage erzählt von einer mutigen Bürgermeistersfrau, die im 13. Jahrhundert Truppen von König Ottokar mit Knödeln in die Flucht schoss. Auch der Pasinger Knödelschütze, der mit einer Knödelschleuder auf Starfighter schoss, ist legendär. Die Konsistenz des entfremdeten Schmankerls ist in beiden Fällen jedoch nicht bekannt.

Schwäbische Spätzle/ Knöpfle

Bayerisch-Schwaben

Die zwei bis drei Zentimeter langen, würmchenförmigen Spätzle werden mit Mehl, Salz und Eiern hergestellt. Sie wurden erstmals 1725 urkundlich erwähnt. Ihre Geschichte ist aber vermutlich um einiges älter und mit Schwaben verbunden wie kaum ein anderes Gericht. Ursprünglich wurde die typische Fastenspeise aus Dinkel gemacht und galt als Gericht armer Leute. Die Schwäbischen Spätzle sind seit dem Jahr 2012 als geschützte geographische Angabe (g.g.A.) bei der EU eingetragen.

Gemseneier

Oberbayern

Die Gämse (Rupicapra rupicapra), vor der Rechtschreibreform Gemse, in der Jägersprache Gams oder Gamswild, ist eine in Europa und Kleinasien beheimatete Ziegenart. Das Gemsenei ist also logischerweise das Ei der Gams. Die Geiß hüpft bereits im Frühjahr auf den Alpen in hohe und versteckte Gefilde und bereitet sich auf ihre Eiablage vor. Geschützt vor Bergsteigern und Touristen arbeiten sich dann im Frühjahr die jungen Gamskitze mit ihren Hornansätzen durch die Schalen und schlüpfen aus. Man kann sich vorstellen, dass dieses seltene Schauspiel bisher nur sehr wenige Menschen sahen. Hinzu kommt, dass die Eier die Leibspeise des Wolperdingers sind. Daher gelangen sie praktisch nie auf den Speiseplan der Menschen.

Spätzle

Das Kochen ist schon der Gesundheit wegen nicht als Nebensache zu betrachten.

Henriette Davidis

TEIL 02

Bayerische

SPEZIALITÄTEN-REZEPTE

Viele Klassiker in Bayern gibt es bis heute unverändert, weil es an ihnen nichts zu verbessern gibt. Jedoch wird gern auch neu interpretiert – haben Sie z. B. schon mal eine Semmelknödel-Auflauf oder panierte Weißwurst-Radl probiert? Die Rezepte stammen von den Spezialisten in diesem Buch und inspirieren zum Nachkochen. Sie sind gut gehütet und doch gern hergegeben – so wie es den Bayern eigen ist.
Guten Appetit!

HERZHAFT

Aiblinger Semmelknödel-Auflauf

Zutaten

Semmelknödel: *10 altbackene Semmeln oder 300 g Knödelbrot aus der Bäckerei • 3 Eier • 500 ml warme Vollmilch • 20 g flüssige Butter • etwas frisch geriebenen Muskat • Meersalz oder grobes Salz aus der Mühle • ½ Bund frische Petersilie • 1 Zwiebel*

Rahmschwammerl: *600 g Pilze (Egerlinge / Champignons) • 1 große Zwiebel • 3 EL Butter • 2 EL Petersilie, frisch gehackt • ¼ l trockenen Weißwein • ¼ l Gemüsebrühe • 200 ml Sahne • Salz • weißer Pfeffer, frisch gemahlen • 1 Tomate • etwas Lauch • Bergkäse, fein gerieben*

Zubereitung

Die Semmelknödel
Die Petersilie kurz unter kaltem Wasser abwaschen, säubern und durch Ausschlagen trocknen. Dann die Stängel entfernen und fein schneiden. Zwiebel schälen, in sehr kleine Stücke schneiden und mit der Petersilie im heißen Fett in der Pfanne glasig dünsten lassen. Die Semmel in feine Scheiben schneiden, in eine große Schüssel geben und alle Zutaten darüber geben. Das Ganze mit feuchten Händen nicht zu lange zu einem Teig verkneten. Dann die Knödelmasse mit den Gewürzen abschmecken und etwa 8 bis 12 Knödel formen. Das Wasser mit Salz in einem großen Topf zum Kochen bringen. Danach die Temperatur herunterschalten, die Knödel in das Wasser geben und etwa 20 Minuten ziehen lassen. Die Knödel mit einem Schaumlöffel aus dem Wasser heben, zum Abtropfen auf ein Küchentuch geben, etwas abkühlen lassen und dann in Scheiben schneiden.

Die Rahmschwammerl
Die Pilze sauber putzen und größere Pilze halbieren oder vierteln. Zwiebel schälen und klein hacken. 1 EL Butter in einer Pfanne zergehen lassen und Zwiebeln und Pilze darin anbraten, mit etwas Weißwein ablöschen und etwas Gemüsebrühe aufgießen. Mit Salz, Pfeffer und wenig Chili würzen. Eine Tomate von den Kernen befreien und in kleine Würfel schneiden. Lauch in zarte Ringe schneiden und diese dem Schwammerlfond hinzufügen. Alles nochmals kurz aufkochen lassen. Abschließend 200 ml Sahne aufgießen und der Pilzpfanne unterheben.

Pro Person 2 Semmelknödel in 2 mm breite Scheiben schneiden. Eine Schicht auslegen und die Pilzrahmsoße hinzufügen. Anschließend die nächste Schicht legen und abermals auffüllen. Mit würzigem Bergkäse fein überdecken und dann im vorgeheizten Ofen bei 200° C (Oberhitze) etwa 4 Minuten backen. Dazu passt ein helles Bier oder ein trockener Weißwein.

Tipp
Anstelle oder zusätzlich zu den Pilzen kann man auch Putenbruststreifen anbraten.

www.kirroyal-geniesserverlag.de

Abensberger Spargel mit Hollandaise, Schinken und Kartoffeln

Zutaten

2 kg Abensberger Spargel • 12 Scheiben Schinken • 8-10 große Kartoffeln • 250 g Butter • 3 Eigelbe • Weinessig • Zucker • Salz und Pfeffer

Zubereitung

Die Kartoffeln kochen. Den Spargel schälen und in reichlich Wasser mit einer Prise Salz und Zucker sowie etwas Butter bissfest kochen. Für die Sauce Hollandaise in einer Schüssel die Eigelbe schaumig schlagen, dann die Schüssel auf heißes Wasser aufsetzen und weiter schlagen. Die restliche Butter nach und nach zugeben. Zum Schluss mit Salz und Pfeffer abschmecken. Wer mag, kann auch einen Schuss Weißwein oder einen Spritzer Zitronensaft zugeben.

Gekochte Kartoffeln schälen, Spargel abtropfen lassen. Beides mit dem Schinken anrichten und die Sauce Hollandaise dazu reichen.

www.qualitaetsspargel.de

Apfel-Kartoffel-Reibekuchen mit Alpensahne-Meerrettich

Zutaten

1 Zwiebel • 300 g Kartoffeln • 1 Apfel (150 g) • 1 Ei • 2 EL Mehl • 1 TL gehackte Petersilie • 150 g Räucherlachs • 6 EL bayerischer Alpensahne-Meerrettich • Salz, Pfeffer • Öl zum Braten • etwas Dill zum Garnieren

Zubereitung

Zwiebel schälen, fein reiben und in eine Schüssel geben. Kartoffeln schälen, waschen und grob reiben. Den Apfel waschen, Kerngehäuse entfernen und ebenfalls grob reiben.

Kartoffeln und Apfel mit Zwiebel, Ei, Mehl, Petersilie, Salz und Pfeffer mischen. In einer beschichteten Pfanne portionsweise in 3 EL Öl sechs Reibekuchen backen (von jeder Seite 3-4 Minuten).

Die Reibekuchen mit dem Räucherlachs belegen, mit Meerrettich Alpensahne und etwas Dill garnieren.

www.schamel.de

Altbayerische Kartoffelsuppe

Zutaten

600 g Kartoffeln • 1 Bund Suppengrün • 2 Knoblauchzehen • 3 Zwiebeln • 4 TL Gemüsebrühe • 2 EL Butterschmalz • 1 l Wasser • Salz, Pfeffer und Kümmel • 100 g Schmand • ½ TL getrockneter Majoran • 30 g Kren (Meerrettich)

Zubereitung

Die Kartoffeln waschen und schälen. Das Suppengrün waschen und klein schneiden. Knoblauchzehen und Zwiebeln schälen, würfeln und in einem Topf mit Butterschmalz andünsten. Dann die Kartoffeln und Suppengrün dazugeben und kurz mit andünsten. Wasser, Brühe, Salz, Pfeffer und Kümmel einrühren und die Kartoffelsuppe 20 Minuten abgedeckt köcheln lassen; anschließend grob pürieren, Schmand und Majoran beigeben und unterrühren. Zuletzt mit Kren abschmecken und die Suppe heiß servieren.

Tipp
Man kann die Kartoffelsuppe wahlweise mit Petersilie, Kresse und/oder zart geschnittenen Lauchringen garnieren.

www.kirroyal-geniesserverlag.de

Allgäuer Bergkäse-Maultaschen

Zutaten

Nudelteig: *300 g Mehl (Type 550) • 2 Eier • 2 Eigelb • 1 gestr. TL Salz • 2 EL Olivenöl*

Füllung: *750 g frischer Blattspinat • 80 g getrocknete Tomaten • 30 g geröstete Pinienkerne • 250 g Bergkäse (Allgäuer, mittelalt) • 100 g Toastbrot • 4 Eier (davon eines zum Bestreichen zurücklegen) • etwas frischer Thymian und Majoran, Salz, Pfeffer, Muskatnuss*

Zubereitung

Mehl, Eier, Eigelbe, Salz und Olivenöl zu einem festen Teig kneten, in Klarsichtfolie einpacken und kühlen. Spinat putzen, waschen, fein schneiden. Bergkäse in feine Würfel schneiden, Pinienkerne rösten und hacken, getrocknete Tomaten ebenfalls hacken. Toastbrot in 1 x 1 cm große Würfel schneiden. Alle Zutaten in eine Schüssel geben und mischen, 3 Eier dazugeben und gut durchmischen. Die ganze Masse nun mit 1 Prise Salz, etwas schwarzem Pfeffer und einer kleinen Prise Muskatnuss würzen und nochmals durchmischen.

Den Teig mit einer Nudelmaschine oder dem guten alten Nudelholz auf eine Stärke von 1-2 mm ausrollen. Nun mit einem Esslöffel die Füllung in Größe eines Hühnereis im Abstand von etwa 4-5 cm auf den Nudelteig setzen. Die frei gebliebenen Teigstellen mit dem Ei bestreichen, das zurückbehalten und mit etwas Wasser verquirlt wurde. Jetzt alles mit einer weiteren Nudelteigschicht bedecken und diese fest auf die andere drücken. Mit einem runden Plätzchenausstecher (Durchmesser 6-7 cm) die Taschen ausstechen und die Ränder nochmals mit den Fingern festdrücken, um das Aufplatzen beim Kochen zu verhindern.

Das Rezept ergibt je nach Größe etwa 20 Maultaschen, die nun in reichlich Salzwasser 15 Minuten garen. Diese anschließend vorsichtig aus dem Wasser nehmen und mit einer leichten Kräutersoße anrichten.

www.hotelsteiger.de

Bayerische Biersuppe

Zutaten

½ l Gemüsebrühe • 4 große Zwiebeln • ½ l dunkles Bockbier • 20 g Butter • 4 dünn geschnittene Scheiben dunkles Bauernbrot • etwas Butterschmalz • 100 g geriebener Emmentaler Käse • Salz und Pfeffer

Zubereitung

Zwiebeln in dünne Ringe schneiden. Butter in einem großen Topf erwärmen und die Hälfte der Zwiebelringe glasig andünsten; dann mit der Gemüsebrühe ablöschen und zugedeckt etwa 10 Minuten kochen lassen. Anschließend das Bier bis auf einen kleinen Rest dazugeben und bei niedriger Temperatur 10 Minuten weiter köcheln lassen. Mit Salz und Pfeffer würzen.

Die Brotscheiben im Rest Bier tränken, aber nicht zu sehr nässen und dann abtropfen lassen; anschließend in Butterschmalz anbraten und mit geriebenem Käse bestreuen. Zum Servieren die Biersuppe in Suppentassen füllen, die knusprigen Brotscheiben und Zwiebelringe daraufgeben.

Tipp

Statt des Bauernbrots kann man auch Semmeln oder Brezen verwenden. Eine Prise Zimt und etwas abgeriebene Schale einer Bio-Zitrone verleihen der Suppe gerade im Winter eine weihnachtliche Note. Mit Kren, Muskatnuss oder Radi lassen sich zahlreiche g'schmackige Varianten kreieren.

www.kirroyal-geniesserverlag.de

Biertreberbrot

Zutaten

250 g Biertreber (möglichst trocken) • 175 g Weizenmehl • 150 g Roggenmehl • 10 g Camba's Biersalz • 5 g Brotgewürz (Fenchelsamen, Koriander, Kümmel, Anis) • 15 g Röstzwiebeln • 8 g gemahlenes Röstmalz • 120 g Sauerteig • 250 ml dunkles Bier

Zubereitung

Die trockenen Zutaten vermengen, mit dem Sauerteig zu einem klebrigen Teig verkneten und zugedeckt 30 Minuten ruhen lassen. Daraus einen schönen Laib formen und mit etwas Dunkelbier bestreichen. Abgedeckt an einem warmen Ort noch einmal gehen lassen, bis der Laib etwa auf das Doppelte an Volumen angewachsen ist. Im vorgeheizten (Stein-) Backofen bei ca. 200° C goldbraun backen. Das Brot ist fertig, wenn man beim Klopftest einen hohlen Klang hört.

www.cambabavaria.de

Bauernbrot

Zutaten

500 g Roggenmehl Type 1150 • 500 g Dinkelmehl Type 1150 • 1 Päckchen Trockenhefe oder 1 Würfel Frischhefe • ½ TL Zucker • 600 ml Wasser • 3 TL Salz • 3-4 TL Brotgewürz • 1 Tasse Sauerteig

Zubereitung

Zwei Drittel der Mehlmenge in eine Schüssel geben, in die Mitte eine Mulde drücken und Hefe, Zucker und etwas Wasser miteinander vermengen. Es soll ein weicher Brei entstehen. Diesen mit etwas Mehl zudecken. Nun an den Rand der Schüssel das Salz und die Gewürze legen. Wenn sich das Dampferl schön entwickelt hat, das restliche Wasser und den Sauerteig zugeben.

Dann das Ganze mit der Teigkarte oder mit der Rührmaschine zu einem Teig, der eher noch weich ist, zusammenfügen. Restliches Mehl zugeben und kneten. Wenn der Teig noch immer zu weich ist, etwas Mehl hinzugeben. Aber Achtung: Wir können kein Wasser mehr zugeben! Ziel ist ein nicht zu harter Teig (Konsistenz wie Strudel). Diesen kneten wir so lange, bis er schwitzt (am besten schwitzen wir dann auch) – so 8 bis 10 Minuten. Der Teig sollte dann schön geschmeidig sein.

Nun den fertigen Teig in eine bemehlte Schüssel geben oder auf der Arbeitsfläche mit einer Schüssel zudecken und etwa 1 Stunde gehen lassen. Den Teig von außen nach innen falten. Nun die Luft herausdrücken, nicht kneten. Jetzt wird das Brot in ein bemehltes Gärkörbchen gesetzt. Je nach Raumtemperatur gehen lassen, bis es sich fast verdoppelt hat. Bei Dinkelmehl nicht übergehen lassen, sonst wird das Brot recht flach.

Den Backofen auf 250° C vorheizen.

Unser Brot nun vorsichtig auf das Blech stürzen und auf der mittleren Schiene in den Ofen geben. Mit einem Wassersprüher zehn Mal an die Innenwand des Ofens sprühen und diesen schnell schließen (wichtig für die Bräunung und das Aufgehen des Brotes). Nach 10 Minuten zurückschalten auf normale Kuchentemperatur. 50 Minuten ausbacken. Das Brot ist fertig, wenn es beim Klopfen hohl klingt.

www.naturkostmuehle.de

Aufgeschmalzte Brotsuppe

Zutaten

0,1 l Hofbräu Original Bier • 2 EL Olivenöl • ½ weiße Zwiebel, fein geschnitten • 150 g Lauchstreifen • 180 g Hofbräu Bierbrot (erhältlich in den Filialen der Bäckerei Traublinger) • 1 l kräftige Rinderbrühe • 1 Bund Schnittlauch

Zubereitung

Zwiebel und Lauch in Olivenöl dünsten mit dem Hofbräu Original ablöschen. In einer zweiten Pfanne das in Würfel geschnittene Brot in Olivenöl anrösten. Brotwürfel zu den Zwiebeln und dem Lauch geben, mit der Rinderbrühe aufgießen und kurz kräftig durchkochen. In Suppenteller füllen und mit dem geschnittenen Schnittlauch garnieren.

www.hofbraeu-muenchen.de

Bayrisch Kraut

Zutaten

1 weißer Krautkopf (Weißkohl), 500 g • 60 g durchwachsener Speck • Butterschmalz zum Anbraten • 1-2 TL Zucker • ¼ l Fleischbrühe • 1 EL heller Weinessig • Kümmel und Salz

Zubereitung

Den Krautkopf erst in Streifen und dann rautenförmig schneiden. Speck in Würfel schneiden und in Butterschmalz unter ständigem Rühren braten, bis knusprige, goldgelbe Speckkrusterl entstanden sind. Dann den Zucker unterrühren und karamellisieren lassen – das macht die charakteristische Süße von „Bayrisch Kraut" aus.

Jetzt den geschnittenen Weißkohl in den Topf geben und den Kohl unter Rühren zusammenfallen lassen. Nun Fleischbrühe und Essig zugeben, mit Kümmel würzen und 20 Minuten bei kleiner Hitze mit Deckel schmoren lassen.

Zum Schluss ohne Deckel die Restflüssigkeit bei mittlerer Hitze und unter ständigem Rühren verdampfen lassen, mit Salz abschmecken und zu einem deftigen Schweinekrustenbraten und Fingernudeln servieren.

Tipp
Bayrisch Kraut passt zusammen mit Semmel- oder Brezenknödel zu jedem Braten. Dazu schmeckt ein süffiges Helles Bier.

www.hofmark-brauerei.de

Dressing vom süßen Senf für frische Blattsalate

Zutaten

4 EL Essig • 4 EL Öl • 8 EL Wasser • 2 TL Zucker • 1 TL Salz • Pfeffer • 2 TL süßer Senf • ¼ Bund Petersilie • ¼ Bund Dill

Zubereitung

Essig und Wasser, Salz, Pfeffer und Zucker verrühren. Senf dazugeben und kräftig unterrühren, bis eine leicht cremige Soße entstanden ist. Dann das Öl hinzufügen und weiter kräftig rühren. Zum Schluss Petersilie und Dill klein hacken und vorsichtig unterheben. Soße erst kurz vor dem Servieren über den Salat gießen.

www.haendlmaier.de

Schuxen (Schuchsen)

Zutaten (20 Stück)

200 g Weizenmehl Type 550 • 130 g Roggenmehl Type 1150 • 20 g Hefe • 20 g flüssiges Butterschmalz • 2 Eier • 1 TL Salz • 20 g Sauerteig (am besten beim Bäcker holen) • ¼ l Buttermilch

Zubereitung

Weizen- und Roggenmehl, Hefe und Buttermilch vermischen. Eier, Salz und Butterschmalz verrühren und mit dem Sauerteig zum Teig geben. Kräftig kneten und anschließend etwa 30 Minuten abgedeckt ruhen lassen. Danach Stücke mit etwa 65 Gramm auswiegen und rundschleifen. Nach 20 Minuten mit dem Nudelholz in viel Mehl in eine längliche Form bringen, danach wieder ca. 20 Minuten ruhen lassen. Danach in 170° C heißem Butterschmalz goldgelb ausbacken und abtropfen lassen.

Tipp
Dazu schmeckt hervorragend Frischkäse, Sauerkraut oder Krautsalat.

www.brueckImaier.de

G'wichste

Zutaten

200 g feines Roggenmehl • Salz und Wasser

Zubereitung

Aus Mehl, Salz und lauwarmem Wasser einen festen Teig herstellen. Von diesem kleine Stücke abtrennen und mit bemehlten Händen kleine Knödel formen. Diese können mit Roggenbrotwürfeln gefüllt oder mit Schweinegrieben gemischt werden. Verwendet man als Füllung gesalzenes Griebenschmalz, so nennt man die Knödel Griebeng'wichste. Die Knödel etwa 15 Minuten in Salzwasser kochen.

Tipp
Die etwa 3 cm großen Knödel haben dann die richtige Festigkeit, wenn man sie unbeschädigt übers Hausdach werfen und auf der anderen Seite wieder fangen kann. Sie schmecken sehr gut zu Sauerkraut oder Tomaten- und Gurkensalat.

www.weiss-mehl.de

Saures Kartoffelgemüse

Zutaten

1 kg Kartoffeln (festkochend) • Salz • 1 TL Kümmel • 2 Zwiebeln • 2 EL Butterschmalz • 2 EL Mehl • ¼ l heiße Fleischbrühe • ¼ l Milch • Muskatnuss • Pfeffer • 1-2 EL Weißweinessig • 1 EL gehackte Petersilie, Majoran und Kapern

Zubereitung

Die Kartoffeln waschen und ungeschält in Salzwasser unter Zugabe von Kümmel etwa 20 Minuten kochen. Danach Wasser abgießen, Kartoffeln kalt abschrecken und ausdampfen lassen; anschließend schälen und in dünne Scheiben schneiden. Die Fleischbrühe erhitzen.

Die Zwiebeln schälen, fein hacken und im erhitzten Butterschmalz glasig werden lassen, mit Mehl bestreuen und goldbraun rösten. Dann die erhitzte Fleischbrühe unter ständigem Rühren nach und nach dazugießen. Vorsichtig auch die Milch dazugeben und weiter rühren, um Klümpchen zu vermeiden. Diese Zwiebelsoße bei kleiner Hitze 15 Minuten köcheln lassen, dann mit frisch geriebener Muskatnuss, Majoran, Kapern, Salz und Pfeffer nach Belieben abschmecken. Zum Schluss die Kartoffelscheiben in die Zwiebelsoße geben, abdecken und 10 Minuten ziehen lassen. Mit Weißweinessig sauer abschmecken, mit Petersilie garnieren und als Hauptspeise oder Beilage servieren.

Tipp
Ähnlich wie beim Kartoffelsalat ist auch die Version mit sauren Gurken beliebt. Alternativ kann im Frühjahr mit frischem Bärlauch gewürzt und garniert werden. Einen Farbtupfer bringen überdies fein gewürfelte Tomaten.

www.spezialitaetenland-bayern.de

Schoarnbladl

Zutaten

300 g Mehl • 100-150 g Wasser • 1 Prise Salz

Zubereitung

Das Mehl mit dem Wasser und dem Salz zu einem relativ festen Teig vermischen. Diesen dann 20 Minuten ruhen lassen. Danach in 6 gleich große Stücke teilen und mit dem Nudelholz in sehr dünne Flecken ausrollen. Mit einer Gabel einstechen und bei 200° C etwa 10 Minuten backen.

Die ausgekühlten Schoarnbladl in kleine Stücke brechen (am besten in einer Tüte) und in eine Schüssel geben. Mit heißem Wasser überbrühen, sodass die Schoarnbladl aufweichen. Anschließend Butterschmalz in einer Pfanne heiß werden lassen und die aufgeweichten Schoarnbladl darin braten.

Tipp
Das schlichte oberpfälzische Gericht isst man traditionell mit „gstöckelter Milli", die es wegen der Pasteurisierung der Milch aber kaum mehr gibt. Heute nimmt man dazu Dickmilch, Buttermilch oder Sauerrahm. Man kann auch noch ein verquirltes Ei darüber geben.

www.schaefers-backhaus.de

„Steckerlfisch“ vom Bachsaibling

Zutaten

2 Saiblinge • 1 Zitrone • 10 Kirschtomaten • 1 Zweig Rosmarin • 1 Zweig Thymian • 500 g Kartoffeln • 50 g Butter • 100 g Karotten • 100 g Sellerie • 100 g Lauch • 100 ml Weißwein • 4 Holzspieße • 1 Dillzweigerl als Garnitur • 50 ml Crème double

Zubereitung

Gemüse waschen und schälen, danach in sehr feine Streifen schneiden Kartoffeln waschen, schälen und in Rauten schneiden. Saibling filetieren, würzen und auf Spießchen aufstecken. Zitronen vierteln.

Die Kartoffelrauten anglasieren und mit wenig Wasser garkochen (al dente). Die Gemüsestreifen getrennt in einer Sauteuse anschwitzen und würzen. Danach in der gleichen Sauteuse mit einem Schuss Weißwein ablöschen, um die Aromen für die Soße zu lösen.

Nun die aufgespießten Saiblingsrauten in einer Pfanne nur auf der Hautseite anbraten und die Kirschtomaten, Kräuter und Zitronenecken mitbraten. Die Saiblingsrauten aus der Pfanne nehmen und mit Weißwein und Crème double eine leichte Fischveloute (Mehlschwitze mit Fischfond und Weißwein) zubereiten und kurz vor dem Servieren mit Butter aufmontieren.

Die Gemüse im Dreigestirn auf einen runden Teller anrichten und darauf den Fisch legen. Mit Kirschtomaten und Kartoffelrauten ausgarnieren. Mit der montierten Fischvelouten leicht nappieren.

www.seehof-herrsching.de

Bodenseefische in weißem Tomatengelee mit Radieschenblätter-Pesto

Zutaten

6 Blatt Gelatine • 50 ml trockener Bodensee-Weißwein • 20 ml Noilly Prat • ½ l Fischfond, mit Tomaten aromatisiert • 100 g feine Wurzelgemüsewürfel • 150 ml Wasser • 20 ml Apfelessig • 1 Stängel Estragon • 100 g rotfleischige Bodenseeforelle • 100 g Zanderfilet • 100 g Hechtfilet • Salz, Pfeffer aus der Mühle • 100 g Radieschenblätter • 2 Knoblauchzehen • 15 g Haselnüsse • 100 ml Rapsöl • 50 g Allgäuer Parmesan

Zubereitung

Aus einigen Fischkarkassen, Wurzelgemüse und Tomaten sowie etwas Weißwein und Wasser eine Fischconsommé köcheln. Die Gelatine in kaltem Wasser einweichen. Weißwein und Noilly Prat aufkochen und 2-3 Minuten köcheln lassen, damit der Alkohol verfliegt. Gelatine ausdrücken und darin auflösen. Die klare Fischconsommé zugießen, durchrühren und alles durch ein feines Sieb gießen.

Die Gemüsewürfel mit dem Wasser und dem Estragon in einem kleinen Topf aufkochen. Bei mäßiger Hitze die Flüssigkeit völlig einkochen lassen. Den Estragon entfernen. Die verschiedenen Fischfilets in Würfel von etwa 2 cm Kantenlänge schneiden und in Salzwasser oder Fischfond etwa 2 Minuten garen. Auf einem Tuch abtropfen lassen. Mit Salz und Pfeffer würzen. Die Gemüsewürfel und die Fischwürfel in tiefen Tellern anrichten, mit dem Tomatenaspik ausgießen und im Kühlschrank fest werden lassen.

Pesto
Radieschenblätter putzen, waschen, trocken schleudern und in Streifen schneiden. Radieschenblätter, Knoblauch, Parmesan, Haselnusskerne und Rapsöl mixen, mit Salz und Pfeffer abschmecken.

Tipp
Dazu schmeckt ein Meckatzer Weiss-Gold.

www.meckatzer.de

Forelle mit Kräuterbutter nappiert

Zutaten

4 Forellen à 450 Gramm • 250 g Butter • frische Gartenkräuter, z. B. Thymian, Schalotte, Majoran, Petersilie, Rosmarin • 1-2 Knoblauchzehen • 1 TL Zitronensaft • 1 Prise Salz

Zubereitung

Kräuterbutter
Angewärmte, weiche Butter schaumig schlagen. Die frischen Kräuter, etwas Zitronensaft und fein gehackten Knoblauch unterrühren und salzen. In Folie zur Rolle formen und einfrieren.

Nappierte Forelle
Die ausgenommene Forelle säubern, säuern und salzen. Mit Kräuterbutter füllen und auf der Grillplatte (oder Pfanne) von beiden Seiten 10 Minuten, im Bratrohr bei 180° C 20 Minuten braten.

Die Haut hinter dem Kopf aufschneiden und nach hinten zum Schwanz aufrollen. Die Kräuterbutter in der Pfanne erhitzen und die Forelle damit nappieren, also mit der flüssigen Butter überziehen.

Dazu legt man Bratkartoffeln mit Kümmel und frischem Majoran. Als Beilage reicht man einen schönen, frischen Blattsalat.

www.fischerstueberl-attel.de

Gebackene Karpfen fränkische Art

Zutaten

2 ganze Karpfen (etwa 1,5 kg) ergeben 4 halbe Karpfenportionen • Weizenmehl (auch gemischt mit Weizengrieß (Wiener Griesler) • Salz, schwarzer Pfeffer • Frittierfett oder Butterschmalz • Zitrone

Zubereitung

Die Karpfenhälften gut salzen, mit Pfeffer würzen und etwa 20 Minuten ziehen lassen. Das Fett in einem breiten Topf auf 160-180° C erhitzen. Die gewürzten Karpfenhälften in Mehl oder Weizengrieß wenden, gut abschütteln und in das heiße Fett legen. Schwimmend ausbacken, bis der Karpfen goldbraun ist. Die halben Karpfen hintereinander ausbacken, sonst wird zu viel Fett benötigt – oder die halben Karpfen in Stücke schneiden, dann passen mehr in die Fettpfanne. Die Garzeit beträgt etwa 10-15 Minuten, je nach Größe.

Karpfen herausnehmen und auf Küchenkrepp abtropfen lassen. Mit Zitrone garnieren. Am besten passt ein Kartoffelsalat und/oder Endiviensalat dazu.

Tipp

Eine sehr gute Alternative zu halben Karpfen ist das grätenfreie Karpfenfilet. Da das Filetieren nicht ganz einfach ist, kann man die Filets auch fertig beim Fischhändler kaufen. Es gibt spezielle Grätenschneidemaschinen, die die Y-Gräten ganz fein schneiden, sodass diese beim Essen nicht mehr stören.

www.zum-loewenbraeu.de

Lechtalforelle

mit Kräuter-Senfkruste und Kartoffel-Paprika-Gemüse

Zutaten

Fisch: *4 Lechtal-Forellen à 300 g • Salz • Zitrone • Olivenöl • 50 g Steigers Kräutersenf*

Kartoffel-Paprikagemüse: *1 gelbe Paprika • 1 rote Paprika • 3 Schalotten • 2 Knoblauchzehen • 1 Zucchini • je 2 Zweige Rosmarin und Thymian • Salz • Pfeffer • 700 g Bamberger Hörnle (oder Kartoffeln nach Wahl)*

Zubereitung

Die ausgenommenen Forellen mit kaltem Wasser innen und außen waschen und trockentupfen. Mit einer Schere die Flossen abschneiden, mit einem Messer den Kopf abtrennen und am Rückgrat entlang einschneiden. Die Filets von den Gräten abheben, danach mit dem Messer die Haut entfernen; anschließend salzen und mit Zitronensaft beträufeln. In einer beschichteten Pfanne mit etwas Olivenöl zuerst auf der Bauch-Innenseite anbraten, nach 30-40 Sekunden vorsichtig wenden, die angebratene Oberseite dünn mit Kräutersenf bestreichen und kurz bei Oberhitze überkrusten.

Die Bamberger Hörnle waschen und in reichlich Salzwasser weich kochen. Die beiden Paprika waschen, halbieren und Strunk, Innenhäutchen sowie Kerne entfernen; in Rauten schneiden. Die Zucchini waschen und der Länge nach vierteln. In einer Pfanne Olivenöl erhitzen, Schalotten und Knoblauch leicht anbraten. Dann erst die Paprikarauten dazugeben, wenig später die geschnittenen Zucchini sowie Rosmarin und Thymian; mit Salz und Pfeffer würzen. Die gekochten Bamberger Hörnle der Länge nach halbieren und zur Gemüsemischung geben, mischen und weiterbraten.

Auf vier warmen Tellern zuerst das Kartoffel-Paprikagemüse auflegen. Darauf je zwei Forellenfilets anrichten. Dazu passt angerührter Sauerrahm als Soße.

www.hotelsteiger.de

Kräutersenf

Zutaten

200 g gemahlene Senfkörner oder Senfpulver • 60 g Senfkörner • 10 g Kurkuma • 25 g Kräutersalz • 40 g Ahornsirup • 350 ml heißes Wasser • frische Kräuter nach Wahl (z. B. Petersilie, Estragon, Schnittlauch, Basilikum, Dill, Kerbel usw.)

Zubereitung

Die Senfkörner im Mörser zerdrücken, Senfpulver, Senfkörner und alle anderen Zutaten in eine Schüssel geben. Wasser erhitzen und dazugeben. Alles zu einer glatten Masse verrühren. Kräuter fein hacken und unter die abgekühlte Senfmasse geben. In Gläser abgefüllt und gekühlt hält sich der Senf etwa 14 Tage.

www.hotelsteiger.de

Rotbarsch auf Radicchio-Orangen-Salat mit Bavaria blu

Zutaten

1 Fenchelknolle • 2 Orangen • 1 EL Zitronensaft • Salz, Pfeffer aus der Mühle • 1 Prise Zucker • 1 Messerspitze Orangen- und Zitronenabrieb • 3 EL mildes Olivenöl • 1 kleiner Kopf Radicchio • 4 entgrätete Rotbarschfilets • 120 g Bavaria blu

Zubereitung

Fenchelknolle putzen und waschen. Das Fenchelgrün abtrennen, zerkleinern und beiseite legen. Die weiße Knolle in hauchdünne Streifen hobeln. Orangen schälen und die Filets heraustrennen. Den dabei austretenden Saft auffangen und den Saft aus den Orangenresten ebenfalls ausdrücken.

Orangensaft mit Zitronensaft, Salz, Pfeffer, einer Prise Zucker, Fenchelgrün, Orangen- und Zitronenabrieb und 2 EL Olivenöl verrühren. Radicchio-Salat putzen, waschen, abtropfen lassen und in mundgerechte Stücke zupfen.

Rotbarschfilets bei mittlerer Hitze in einer Pfanne im restlichen Öl auf jeder Seite 2 bis 3 Minuten braten. Die Pfanne vom Herd nehmen und den Fisch 2 Minuten saftig durchziehen lassen. Auf Küchenpapier abtropfen lassen, salzen und pfeffern.

Radicchio-Salat mit Fenchelstreifen, Orangenfilets und Marinade mischen. Mit den Rotbarschfilets auf Tellern anrichten. Bavaria blu in Würfel schneiden und über den Salat streuen.

Tipp
Statt Bavaria blu können Sie auch Bergader Edelpilz verwenden.

Wussten Sie schon,
… dass kein Geringerer als der Sternekoch Alfons Schuhbeck die Rezepte „Rotbarsch auf Radicchio“ und „Wirsingschnitzel mit Bavaria blu“ für die Privatkäserei Bergader entwickelt hat? „Süße und salzige Aromen harmonieren wunderbar zusammen“, findet der Gewürzexperte, dessen Wurzeln nach Waging am See reichen, wo auch Bergader seinen Firmensitz hat.

www.bergader.de

Tölzer Bergheifisch

Zutaten

Gemüsestrudel: *1 EL Rapsöl • je ½ Blumenkohl, Brokkoli, Sellerie • 4-5 Karotten • 100 ml Gemüsebrühe • 1 Ei • 1 Blätterteig • Salz, Pfeffer aus der Mühle*

Fisch: *800 g Zanderfilet • 4 Handvoll Bergheu • 2 Zweige Rosmarin • 2 Zweige Thymian • 4 Zehen Knoblauch • 4 Zitronenscheiben • 8 Kirschtomaten • Salz • Pfeffer • Backpapier • Bindfaden*

Zubereitung

Gemüsestrudel
Das gewaschene Gemüse kleinschneiden und im heißen Rapsöl in der Pfanne anbraten. Mit der Gemüsebrühe aufgießen und mit Salz und Pfeffer abschmecken. Wenige Minuten weich dünsten und anschließend kalt stellen. Den Blätterteig ausrollen, mit Ei bestreichen und das Gemüse daraufgeben, die Strudelenden einklappen. Strudel auf einem feuchten Geschirrtuch zusammenrollen und auf ein mit Backpapier ausgelegtes Backblech ziehen. Im vorgeheizten Backofen bei 200° C etwa 25 Minuten backen.

Fisch
Die geschuppten und filetierten Zanderfilets mit Salz und Pfeffer würzen. In einem 30 cm großen quadratischen Backpapier eine Handvoll Bergheu zerknüllen. Auf dieses Heu einen Zweig Thymian und Rosmarin legen, dann die Knoblauchzehe, eine Zitronenscheibe und 2 Kirschtomaten hinzugeben und die geteilten Zanderfiletstücke darauflegen. Nun das Papiersäckchen mit dem Bindfaden zuschnüren und bei 150° C etwa 20 Minuten im Ofen backen. Nach dem Garen das Papiersäckchen mit einer Schere aufschneiden und mit dem Gemüsestrudel servieren.

www.starnbraeu.de

Allgäuer Hirschrückenmedaillons

in süßer Nusskruste überbacken, dazu in Honig glasierte Karotten, Maiswaffeln und Rahmwirsing

Zutaten

Nusskruste: *30 g Rosinen • 80 g gemahlene Haselnüsse • 100 g Butter • 120 g gemischte Nüsse • Salz und Pfeffer*

Karotten: *2 mittelgroße Karotten • 20 g Honig • 50 ml Gemüsebrühe • 25 g Butter • Salz*

Maiswaffeln: *450 g Maiskörner • 100 g Mehl • 3 Eier • Salz, Pfeffer und Muskatnuss*

Rahmwirsing: *½ Kopf Wirsing • 200 ml Sahne • 1 Zwiebel • 25 g Speck • Salz, Pfeffer und Muskatnuss*

Fleisch und Soße: *1 kg Hirschrücken ohne Knochen (oder Filet) • 100 ml trockener Rotwein • 1 Zwiebel • 100 ml Sahne • 50 g Preiselbeeren • Pfeffer, Salz und Wacholderbeeren*

www.hubertus-apfeltrang.de

Zubereitung

Rosinen und gemischte Nüsse sehr fein hacken, mit der weichen Butter und den Haselnüssen vermischen und mit Salz und Pfeffer abschmecken. Die Karotten in kleine Stäbchen schneiden und in Gemüsebrühe mit Butter und Honig kochen, dabei die Brühe auf eine sirupartige Konsistenz einreduzieren. 300 Gramm Maiskörner und Mehl mit Eiern im Mixer zu einer homogenen Masse verarbeiten und in das gebutterte Waffeleisen einfüllen. Die restlichen Maiskörner darüberstreuen, auf Stufe 3-4 in vier Minuten fertig backen. Den Wirsing putzen und ohne Strunk in Rauten mit ca. 0,5 Zentimeter Kantenlänge schneiden. In kochendem Wasser 2-3 Minuten garen, dann abschrecken und beiseitestellen. Den Speck und die Zwiebeln in etwas Fett und Wasser kräftig andünsten, mit Sahne aufgießen und reduzieren. Den gekochten, gut ausgedrückten Wirsing hinzugeben, mit der eingedickten Sahnesoße kurz kochen und abschmecken. Den Hirschrücken in zwölf gleich große Medaillons schneiden, leicht klopfen und mit Salz und Pfeffer würzen. Dann von beiden Seiten jeweils 2 Minuten anbraten. Das Fleisch aus der Pfanne nehmen und die gewürfelte Zwiebel hineingeben, kurz andünsten, mit Rotwein ablöschen und die zerstoßenen Wacholderbeeren zufügen. Sahne und Preiselbeeren hinzugeben und einkochen lassen, bei Bedarf abbinden. Zum Schluss die Soße durch ein Sieb passieren und abschmecken. Die Medaillons mit der Nusskruste bestreichen und im Backofen bei 200° C mit Oberhitze in etwa 7 Minuten fertig garen.

Hirschkalbsrücken im Schwammerlmantel

Zutaten (für 6-8 Personen)

600 g Hirschkalbsrücken ohne Fett und Sehen

Schwammerlmantel: *20 g Butter • 80 g Schalotten oder Zwiebel fein gewürfelt • 80 g Speck fein gewürfelt • 80 g Steinpilze • 80 g Pfifferlinge • 80 g Champignons • 250 g Kalbsbrät (vom Metzger) • 80 ml Sahne • Cognac • 1 TL frisch gezupfter Thymian • Salz, Pfeffer*

Zum Drehen: *50 g zerlassene Butter • 1 Bd. frisch geschnittene Blattpetersilie*

Wirsing: *600 g Wirsing • 50 g Zwiebel fein gewürfelt • 200 ml Sahne • 100 ml Crème fraîche • 50 g Parmesan*

Kartoffelpüree: *500 g Kartoffeln geschält • 150 ml Milch • 50 g Butter • Salz, Pfeffer, Muskat*

Apfel: *6 Äpfel, Sorte Braeburn, Pink Lady oder Gala • 3 EL Zucker • 200 ml Weißwein • 500 ml Apfelsaft • 1 Zitrone*

Soße: *250 ml kräftige, gebundene Rotweinsoße wird aus Hirschknochen und -parüren (die beim Parieren angefallenen Sehnen und Fleischabschnitte) hergestellt*

Andreas Geitl:
„Ein Wildgericht, das sehr zart und gar nicht wild daherkommt. Die Zubereitung ist wesentlich einfacher, als es im ersten Moment den Anschein hat."

Zubereitung

Vorbereiten
Schwammerl putzen, nicht waschen, Steinpilze in etwa 1,5 cm große Würfel schneiden. Champignons in nicht zu dünne Scheiben schneiden, Pfifferlinge ggf. halbieren. Speck, Zwiebeln und zerkleinerte Schwammerl in Butter anbraten, salzen und pfeffern, abkühlen lassen.

Schwammerlmantel herstellen
Kalbsbrät mit Sahne verrühren, mit Salz, Pfeffer und reichlich Cognac, Speck, Zwiebel abschmecken. Die Schwammerleinlage untermengen

Einwickeln
Schwammerlmantel etwa 1 cm hoch auf eine Fläche von etwa 20 x 30 cm auf Klarsichtfolie verteilen. Das Fleisch mit Salz, Pfeffer und frischem Thymian würzen (nicht anbraten), auf dem Brät platzieren, zusammenrollen und verschließen. Zur verbesserten Stabilität noch in Alufolie wickeln, gut verschließen. Mit einer Nadel einige Löcher stechen, sodass beim Garen kein Überdruck entsteht.

Hirschkalbsrücken garen
Im vorgeheizten Ofen bei 90° C etwa 50 Minuten garen. Die Kerntemperatur im Fleisch sollte 56° C betragen. Ein Fleischthermometer ist hier unerlässlich. Nach dem Garen noch mindestens 20 Minuten an einem warmen Ort ruhen lassen. Vor dem Servieren auswickeln und nochmals für 10 Minuten bei 150° C in den Ofen schieben. Danach mit Butter bestreichen und in Petersilie drehen.

Wirsing
Wirsing von Strunk und äußeren Blättern befreien, in etwa 1 cm breite Streifen schneiden. Diese in Salzwasser 1 Minute blanchieren, abschütten, kalt abschrecken und gut ausdrücken. Zwiebelwürfel in Butter andünsten, Wirsing, Sahne und Crème fraîche zugeben und kurz einkochen. Parmesan fein reiben und unterheben. Abschmecken mit Salz, Pfeffer und Muskat.

Kartoffelpüree
Kartoffeln kochen, abschütten, durch die Kartoffelpresse drücken und mit heißer Milch und Butterflocken ein festes Püree herstellen. Abschmecken mit Salz und Muskat.

Apfel
Etwa ein Drittel des Apfels auf der Stielseite als Deckel abschneiden, Schnittflächen mit Zitronensaft beträufeln. Kerngehäuse entfernen. Apfel (nicht den Deckel) schälen oder gleichmäßig ausstechen. Weißwein, Apfelsaft, Saft einer Zitrone und Zucker aufkochen, Äpfel darin etwa 5 Minuten bissfest garen, den Deckel nur etwa 1 Minute.

Fertigstellen und anrichten
Filet mit einem sehr scharfen Messer in 1,5 cm dicke Tranchen schneiden, Apfel mit Püree (am besten mit Hilfe eines Spritzsacks) füllen, Deckel daraufsetzen. Hirschkalbsrücken mit etwas Soße, gefülltem Apfel und Wirsing anrichten.

www.andreasgeitl.de

Gamsrücken mit Walnusskruste

Zutaten

640 g Gamsrückenfilet • Salz • Pfeffer • Knoblauch • Olivenöl • Pfefferkörner • 2 Karotten • 2 Sellerie • 2 Schalotten • Wacholder • 1 Zweig Rosmarin • 1 TL Tomatenmark • 70 ml Rotwein • 375 ml Wildfond • 1 Wirsing • 200 g Kürbis • 30 g Parmesan • 2 Karotten für Soßenansatz • Holunderbeeren • 1 Birne • 250 g Butter • 500 g Brezenwürfel • 1 l Milch • 7 Eier • Muskat • 100 g rote Linsen • 150 g Berglinsen • Thymian • Lorbeer • Balsamico-Essig • Sahne • 100 g gehackte Walnüsse • 200 g Steinpilze

Zubereitung

Berglinsen über Nacht einweichen und mit Thymian, Pfefferkörnern und Lorbeerblatt weichkochen. Die kurz in Wasser eingelegten roten Linsen in eine kochende Rindssuppe geben, Würfel von einer Karotte und einem kleinen Sellerie zugeben, ½ TL geröstete Speckwürfel sowie Berglinsen zugeben und mit etwas Kochwasser, Butter, Salz, Pfeffer und Balsamico-Essig abschmecken.

Für die Brezenknödelscheiben 50 g flüssige Butter mit ½ l Milch, 5 Eigelb, Salz und Muskat verrühren, über die Brezenwürfel geben und 30 Minuten ziehen lassen. 5 Eiweiße mit etwas Salz zu Schnee schlagen, unter die Masse heben und zu einer Rolle formen, in gefettete Alufolie geben, zusammendrehen und in Wasser bei mäßiger Hitze pochieren. Abkühlen lassen. Knödel jeweils in 5 dicke Scheiben schneiden, in heißem Schmalz knusprig braten. Die Knödelscheiben und Linsen abwechselnd übereinander schichten.

4 Portionen à 160 g Gamsrückenfilet mit Salz und Pfeffer würzen, in der Pfanne beidseitig anbraten. Bei 160° C im Ofen ca. 8-12 Minuten garen. Für die Soße einige Fleischabschnitte vom geputzten Gamsfilet scharf anbraten, je 1 geschnittene Karotte und Schalotte sowie ½ Sellerie und zerstoßenen Wacholder dazugeben, 1 TL Tomatenmark unterrühren, mit Wein und Wildfond ablöschen, einkochen lassen. Rosmarin, Wacholder, Birne und Holunderbeeren dazugeben und köcheln. Abgießen. Erneut bis zur gewünschten Konsistenz köcheln, würzen und mit eiskalten Butterflocken montieren.

Für die Walnusskruste 125 g Butter, 1 Eigelb, Thymian, 100 g gehackte Walnüsse und 30 g Parmesan vermengen. Den gebratenen Gamsrücken damit bedecken und gratinieren.

4 Wirsingblätter blanchieren. Wirsing in Streifen schneiden, in Butter und Sahne schmoren und mit Salz, Pfeffer, Muskat sowie Knoblauch würzen. Wirsingblätter damit füllen und zu Köpfchen drehen.

Kürbis in Rauten schneiden und in Olivenöl anbraten. Die Pilze in längliche Scheiben schneiden und in Butter anbraten.

www.ortnerhof.de

Geschmorte Rehkeule in Hagebutten-Sauce

Zutaten (für 6-8 Personen)

2 kg Rehkeule ohne Knochen • 100 ml Bratfett • frische Kräuter: Rosmarin, Thymian, Lorbeerblätter, Petersilie • Salz, Pfeffer • 500 g Röstgemüse: Zwiebeln, Karotten, Knollensellerie in nussgroßen Stücken • 10 EL Hagebuttenkonfitüre • 1 l fränkischer Domina-Rotwein • 1 l Wildfond • 1 EL Balsamico-Essig

Zubereitung

Die Innenseiten der Rehkeule (an der Stelle, wo normalerweise der Röhrenknochen ist) mit 4 EL Hagebuttenkonfitüre bestreichen und an der Außenseite mit Salz und Pfeffer würzen. Die Keule im Bratfett von allen Seiten scharf anbraten, das kleingeschnittene Gemüse und später die Kräuter mitrösten. Mit dem fränkischen Domina-Rotwein ablöschen und diesen zu etwa einem Drittel einreduzieren lassen. Den Wildfond aufgießen und aufkochen lassen. Anschließend im auf 200° C vorgeheizten Ofen 2 Stunden schmoren lassen.

Die Keule aus dem Bräter nehmen, und warm stellen, die Soße passieren, mit Salz, Pfeffer, weiteren 6 EL Hagebuttenkonfitüre und evtl. etwas Balsamico-Essig abschmecken.

Tipp
Dazu schmecken besonders gut Semmel- oder Kartoffelklöße, Blaukraut und natürlich ein Glas Domina von den fränkischen Weinbergen.

www.maintal.de

Wildschweinbraten vom Überläufer

Zutaten

kg Schlegel vom jungen Wildschwein • 5 Gelbe Rüben • 1 kleine Sellerieknolle • 1 Petersilienwurzel • Rapsöl • Butterschmalz • Wacholderbeeren • 5 Pfefferkörner • 1 Lorbeerblatt • 2 Zwiebeln • EL Crème fraîche • Wildgewürz • 0,7 l Domina (kräftig-würziger Rotwein aus Franken) • Preiselbeeren • Maroni

Zubereitung

Den Schlegel mit Wildgewürz einreiben. Von allen Seiten in Rapsöl und Butterschmalz anbraten. Fleisch aus der Pfanne nehmen und etwa 500 g klein gewürfelte Gelbe Rüben, Sellerie und Petersilienwurzel im Bratenansatz rösten. Wacholderbeeren, Pfefferkörner sowie Lorbeerblatt zugeben und mit 0,7 l Domina ablöschen. Die Wildschweinkeule wieder zugeben und im geschlossenen Topf bei etwa 170° C gut 2 Stunden schmoren lassen. Die Soße durch ein Sieb passieren und bei Bedarf mit etwas Speisestärke binden. Mit Crème fraîche und Preiselbeeren verfeinern.

Maroni: In einer trockenen Pfanne den Zucker langsam goldgelb schmelzen. Mit Wasser aufgießen, nicht umrühren, sondern einkochen lassen. Geschälte Maroni zugeben, kurz erwärmen und ein größeres Stück kalte Butter zugeben. Maroni einkochen lassen und dadurch glasieren.

Tipp
Dazu passen am besten Kroketten oder echte böhmische Knödel, Apfelblaukraut, Rosenkohl oder glasierte Mandeln.

www.muenchnerhaupt.de

Lende vom Pferd „Jägerart“

Zutaten

4 Scheiben Pferde-Lende • 60 g Butter • 2 Möhren • ¼ Stück Sellerieknolle • 100 g Champignons • ½ EL Mehl • 2 EL Rahm • 6 EL Weißwein • Salz, Pfeffer

Zubereitung

Lende mit Pfeffer bestreuen. Sellerie und Möhren schälen und in kleine Scheiben schneiden. Eine Pfanne mit Butter erhitzen und die Pferdelende anbraten sowie salzen. Danach das Fleisch aus der Pfanne nehmen und warm halten. Im Bratenfett das Gemüse und die Champignons kurz rösten.

Das Gemüse mit Mehl bestäuben, salzen, Rahm und Wein zugeben, abschmecken. Das Fleisch dazulegen und 5 Minuten durchziehen lassen. Lende auf einen Teller geben und Gemüse und Pilze auf dem Fleisch verteilen. Als Beilage zu diesem Gericht empfiehlt sich ein Kartoffelgratin.

Wussten Sie schon,
… dass der Fettgehalt von Pferdefleisch sehr niedrig ist? Der Fettgehalt beträgt 1-4 %, der von Rind liegt bei 8-22 % und der von Schwein bei 8-35 %.

Geschmacklich liegt das Pferdefleisch zwischen Rind und Wild. Das Pferdefleisch enthält sehr viel Eisen. Durch den hohen Eiweißgehalt des Fleisches lässt es sich sehr gut verdauen.

www.pferdemetzgerei-veit.de

Gefüllte Bauernente

Zutaten

Ente: *1 junge Ente (etwa 2 kg) • 1 Apfel • 1 Orange • 1 große Zwiebel • Beifuß gerebelt • Thymian • Salz • Pfeffer • Zucker • Paprika edelsüß*

Soße: *1 gelbe Rübe • ¼ Sellerie • 1 TL Tomatenmark • ¼ l Rotwein*

Zubereitung

Ente
Ente waschen und trockentupfen. Flügel und Kragen abschneiden. Überschüssiges Fett entnehmen. Salz, Pfeffer, wenig Paprika und eine Prise Zucker vermischen und die Ente damit von außen würzen. Wichtig ist es dabei, die Gewürze richtig einzumassieren.

Füllung
¼ Apfel, ¼ Orange und ½ Zwiebel in Würfel schneiden, mit einer Prise Beifuß und Thymian gut vermischen und die Ente damit füllen.

Ente auf einen Rost legen. Um den Bratensaft aufzufangen, stellen wir eine Wanne darunter. Die Ente im vorgeheiztem Ofen bei 150° C etwa 100 Minuten langsam braten. Hin und wieder arrosieren (befeuchten). Anschließend den Ofen auf 230° C hochschalten und die Ente 20 Minuten krusten.

Soße
Einen flachen breiten Topf mit etwas Entenfett erhitzen. Die zuvor von der Ente abgeschnittenen Flügel und den Kragen scharf anbraten, die gelbe Rübe und den Sellerie, die restliche Zwiebel und die übrigen Apfel- und Orangenstücke kleinschneiden und kurz mitrösten. Einen TL Tomatenmark zugeben und Farbe nehmen lassen. Mit dem Rotwein mehrmals kurz ablöschen (deglacieren). Mit dem Bratensaft der Ente aufgießen und einreduzieren lassen. Gegebenenfalls Fett abschöpfen. Mit etwas Salz, Pfeffer, Thymian und ganz wenig Beifuß abschmecken. Soße passieren.

Tipp
Dazu reichen wir Kartoffelknödel, Apfelblaukraut und Preiselbeeren.

Wussten Sie schon,
… dass das Ablöschen von Fleisch oder Gemüse beim Kochen auch als „Deglacieren" bezeichnet wird? Das Wort stammt aus dem Französischen, Wortstamm ist „glacer", „zu Eis machen". Beim Deglacieren gibt man dem Bratensatz Flüssigkeiten wie Wasser, Brühe oder Wein hinzu, nachdem Fleisch oder Gemüse angebraten wurde. Durch das Aufkochen und Rühren löst sich der Bratensatz – eine aromatische Grundlage für Soßen.

www.klosterbraeustueberl-reutberg.de

Bauernfrühstück vom Leberkäs

Zutaten

600 g Leberkäs • 1 Zwiebel • 1 Bund Blattpetersilie • 10 Eier • 1 EL Butterschmalz • Salz • Pfeffer

Zubereitung

Leberkäs nach Belieben in Fleckerl oder Rauten schneiden. Die Zwiebel schälen und in Streifen schneiden. Die Blattpetersilie waschen und zerkleinern; ruhig einige Stängel mitschneiden, denn darin steckt am meisten Geschmack und Vitamin C. Die Eier aufschlagen und mit der Petersilie leicht verquirlen. Butterschmalz in der Pfanne erhitzen und den Leberkäs und die Zwiebelstreifen darin anbraten. Die geschlagenen Eier zugeben und rasch unterheben. Nur kurz in der Pfanne lassen, damit es schön saftig bleibt. Vor dem Servieren mit Salz und Pfeffer würzen.

Tipp

Variieren sie das Bauernfrühstück nach Ihrem Gusto mit Schwammerln, Tomaten, Kräutern, Schinken, Wurstresten oder was auch immer Ihr Kühlschrank bereithält. Traditionell wird das Bauernfrühstück, wie der Name sagt, morgens gegessen. Man kann es auch als deftige Mahlzeit zu anderen Tageszeiten servieren.

Wussten Sie schon,

… dass vergleichbare Gerichte auch in unseren Nachbarländern bekannt sind? In Frankreich heißt das Bauernfrühstück „Omelette à la paysanne" – benannt nach dem „paysan", dem „Bauern". In Spanien isst man eine „Tortilla de patatas" – eine Tortilla aus Kartoffeln. Und in Schweden gibt es als einfaches, sättigendes Gericht eine „Pyttipanna", das heißt nichts Anderes als „winzig in der Pfanne".

Andreas Geitl für www.mbwassonst.de

Gebackene Weißwurst-Radl

Zutaten

4-8 Stück Weißwurst • 1 EL süßer Senf • 1 EL scharfer Senf • 1 EL Meerrettich frisch • Salz • Pfeffer • 2 Eier • 100 g Mehl • 100 g Semmelbrösel • 1 EL Butter • etwas Olivenöl

Zubereitung

Weißwürste enthäuten und in zwei Zentimeter dicke Radl (Scheiben) schneiden. Aus den zwei Senfsorten und dem Meerrettich eine Marinade zusammenrühren und mit etwas Salz und Pfeffer würzen. In einer anderen Schüssel die Eier aufschlagen. Das Mehl und die Semmelbrösel separat in zwei weitere Schüsseln geben. Nun die Weißwurst-Radl mit der Senf-Meerrettich-Mischung marinieren. Dann durch das Mehl ziehen, anschließend in den verquirlten Eiern hin- und herwenden und zuletzt durch die Semmelbrösel ziehen. Nun die panierten Radl in etwas Olivenöl und Butter knusprig ausbacken.

Tipp
Dieses Gericht ist hervorragend geeignet, wenn warm gemachte Weißwürste übrig bleiben! Mit einem kleinen Salat serviert oder einfach nur als kleiner Snack zwischendurch – sozusagen die knusprige Variante der Weißwurst.

Wussten Sie schon,
… dass man mit den Weißwurstradln die alte bayerische Tradition, wonach die Weißwurst „das Zwölfuhrläuten" nicht hören darf, außer Kraft setzen kann? Die Regel kommt noch aus einer Zeit, als die Weißwurst roh verkauft, kaum gekühlt und erst zum Verzehr gebrüht wurde. Nur eine baldige Mahlzeit bewahrte sie vor dem Verderben.

Andreas Geitl für www.mbwassonst.de

Confiertes Fränkisches Bio-Milchzicklein

mit glasiertem Erdgemüse, Gnocchi und weißem Pfefferschaum

Zutaten

***Milchzicklein:** 900 g schieres Keulenfleisch • 100 ml Gewürzöl (siehe Rezept) • Knochen von der Keule • 250 g Mirepoix (geröstete Gemüsewürfel) • 1 Tomate • 500 ml Rotwein • 0,7 l Kalbsfond dunkel • Salz, Pfeffer, Thymian, Rosmarin, Knoblauch, Lorbeer*

***Gewürzöl:** 100 ml Olivenöl fruchtig • 1 Lorbeerblatt • 2 Thymianzweige • 1 Knoblauchzehe • ½ Rosmarinzweig*

***Erdgemüse:** 150 g Petersilienwurzel • 1 Kohlrabi • 2 große Karotten • 2 Zucchini • 1 große Rote Bete*

***Gnocchi:** 250 g mehligkochende Kartoffel • 100-130 g Weizengrieß • 1 Eigelb • 35-40 g Parmesan • Salz, Pfeffer, Muskat*

***Pfefferschaum:** 1 Zwiebel • 4 Champignons • ½ Lauch • 2 Zweige Thymian • 3 EL grüner Pfeffer in Lake • 0,5 l Geflügelfond • 0,2 l Weißwein • 0,3 l Sahne • 250 g Butter • Gewürzsalz, Pfeffer*

Zubereitung

Gewürzöl
Olivenöl mit Lorbeerblatt, Thymianzweigen, Knoblauchzehe, Rosmarinzweig auf 60° C erhitzen, kurz ziehen lassen, nach 10 Minuten fein passieren.

Milchzicklein
Zickleinfleisch zusammen mit dem Gewürzöl vakuumieren. Wenn kein Vakuumgerät zur Hand, bitten Sie Ihren Metzger um Hilfe. Das Fleisch im Wasserbad bei 75° C etwa 12-14 Stunden garen, bis es bei Druck leicht nachgibt. Die Knochen rösten, anschließend Mirepoix und Tomaten hinzugeben, mit Rotwein aufgießen, einreduzieren. Kalbsfond und Gewürze ebenfalls hinzugeben und bei mittlerer Hitze einkochen lassen. Anschließend fein passieren, abschmecken und mit kalter Butter montieren. Tipp: Gelingt am besten im Ofen bei 90° C .

Erdgemüse
Alles Gemüse waschen und schälen, anschließend mit einem kleinen Messer in die gewünschte Form bringen. In Salzwasser alles (bis auf die Rote Bete) der Reihe nach bissfest blanchieren und in Eiswasser abschrecken. Die Rote Bete waschen, auf ein Bett aus grobem Meersalz legen und im Ofen bei 150° C weich kochen, anschließend schälen und ebenfalls in die gewünschte Form bringen. Aus Gemüsefond und Butter (Verhältnis 60:40) eine Nage zum Glasieren herstellen und gut abschmecken, das Gemüse darin schwenken und anrichten.

Gnocchi
Kartoffeln im Ofen bei 150° C garen, anschließend schälen und im Ofen ausdämpfen lassen. Im warmen Zustand pressen und mit den Trockenprodukten vermengen. Sobald die Masse unter Körpertemperatur abgekühlt ist, das Eigelb einarbeiten, abschmecken, eine Probe herstellen und im Salzwasser garen. Anschließend die Gnocchi herstellen und einige Minuten in heißem Wasser ziehen lasse.

Pfefferschaum
Gemüse waschen und in feine Scheiben schneiden. In einem mittelgroßen Topf anschwitzen, würzen, mit Weißwein ablöschen und reduzieren. Anschließend mit Geflügelfond aufgießen und erneut reduzieren, Thymian hinzugeben und ziehen lassen, dann Sahne und die zerdrückten grünen Pfefferkörner hinzugeben und ziehen lassen. Durch ein feines Sieb passieren und mit kalter Butter montieren, abschmecken.

www.schlosshotel-hohenstein.de

Geschmortes Juradistl-Lamm
mit Gemüse und Kartoffelgratin

Zutaten

Lammschulter: *1,2 kg Lammschulter • 100 g Wurzelgemüse (Sellerie, Lauch, Zwiebeln, Karotten) • 5 Schalotten • 1 Knoblauchzehe • 1 Zweig Thymian • Salz, Pfeffer • 2 EL Pflanzenöl*

Gemüse: *Etwa 1 kg Gemüse (wahlweise Romanesco, junge Karotten, grüner Spargel, Zucchini, Frühlingslauch) • Salz, Pfeffer*

Kartoffelgratin: *1 kg Kartoffeln • ½ l Sahne • 25 g Butter • Salz, Pfeffer, Muskatnuss*

Zubereitung

Die Lammschulter mit Salz und Pfeffer aus der Mühle würzen, Pflanzenöl in einem Topf erhitzen und die Lammschulter darin goldbraun anbraten. Die Gemüse- und Schalottenwürfel sowie den Knoblauch zugeben und mitbraten. Mit Lammfond ablöschen, Thymianzweig zugeben und im geschlossenen Topf etwa 2 Stunden schmoren.

Die weiche Lammschulter aus dem Topf nehmen, die Soße durch ein Sieb passieren und dabei das Gemüse gut ausdrücken. Eventuell noch etwas einkochen lassen und mit frischer kalter Butter binden.

Das Gemüse vorbereiten: Romanesco in Röschen zupfen, Karotten und Zucchini in Stäbchen schneiden und in kochendem Salzwasser blanchieren. Grünen Spargel nur im unteren Drittel schälen, in Salzwasser blanchieren. Olivenöl in einer Pfanne erhitzen, das Gemüse darin leicht anbraten, mit Salz und Pfeffer würzen.

Für das Kartoffelgratin die Kartoffeln schälen und in feine Scheiben schneiden. Eine Auflaufform ausbuttern und die Kartoffelscheiben hineinschichten. Die Sahne erhitzen, mit Salz, Pfeffer und Muskatnuss kräftig würzen und über die Kartoffeln gießen. Bei 200° C für 1 ½ Stunden im Ofen garen.

Das Gemüse und je 3 Kirschtomaten auf einen Teller geben, die Lammhaxl auflegen, die Soße angießen, mit Kräutern garnieren. Das Kartoffelgratin in einer Beilagenschale servieren.

www.winkler-braeu.de

Fränkisches Schweine-Schäufela

mit Dunkelbiersoße, dazu Bamberger Spitzwirsing und rohe Klöße

Zutaten

Schweineschaufel – vom Metzger halbieren oder dritteln lassen • Karotten • Lauch • Zwiebeln • Selleriewurzel • evtl. Kartoffelscheiben zum Andicken der Soße • Salz, Pfeffer und Kümmel • Fleischbrühe • dunkles Bier • Bamberger Spitzwirsing • Salz, Pfeffer, Muskat • 1-2 EL Butter • 3-4 EL Mehl

Zubereitung

Die Schwarte der Schäufela kreuzweise einschneiden. Der Schnitt sollte ausreichend tief gehen, sonst bildet sich später keine schöne Kruste aus. Die Schäufela rundum gut mit Salz, Pfeffer und nach Geschmack mit Kümmel würzen. Das Wurzelgemüse waschen, schälen und kleinschneiden. Die Schäufela in einem flachen Bräter auf dem Wurzelgemüse anrichten und bei 180-200° C (Ober- und Unterhitze) ca. 1,5-2 Stunden braten. Nach 20-30 Minuten das mittlerweile angeröstete Wurzelgemüse mit etwas Fleischbrühe aufgießen. Gegen Ende der Bratzeit mit dunklem Bier aufgießen und die Temperatur für etwa 20 Minuten auf 220° C (nur Oberhitze) erhöhen, um eine schöne Kruste zu erhalten. Die Schäufela aus dem Ofen nehmen, die Soße abgießen und durch ein Sieb passieren.

Die gewünschte Menge Spitzwirsing putzen und in Salzwasser kochen, bis die Blätter weich sind. Das Kochwasser abgießen und für die Einbrenne aufheben. Die gekochten Wirsingblätter durch den Fleischwolf drehen oder mit dem Pürierstab zerkleinern – so wird das Gemüse etwas feiner.

Zur Herstellung der Einbrenne die Butter erhitzen und das Mehl darin zergehen lassen. Kurz schmelzen lassen, mit dem Wirsingwasser aufgießen und unter das Wirsinggemüse rühren. Mit Salz, Pfeffer und reichlich frisch geriebener Muskatnuß abschmecken.

Servieren Sie die Fränkischen Schäufela und den Bamberger Spitzwirsing mit rohen Kartoffelklößen.

www.brauerei-spezial.de

Fleischpflanzerl im selbstgebackenen Kürbisbrötchen

Zubereitung

Brötchen
Kürbisfleisch in kleine Würfel schneiden und im Dampfgarer oder Dampfkochtopf weich kochen. Anschließend pürieren und abkühlen lassen. Kürbispüree mit den restlichen Zutaten (in der Küchenmaschine) gut vermengen, bis ein schöner, glatter Teig entstanden ist. Den Teig dann gut eine Stunde mit einem Tuch abgedeckt gehen lassen. Aus dem Teig Brötchen formen und auf ein mit Backpapier ausgelegtes Backblech geben. Nochmals 20 Minuten gehen lassen und dann im vorgeheizten Backofen bei 180° C etwa 15 Minuten backen. Anschließend die Brötchen mit Milch bestreichen.

Fleischpflanzerl
Hackfleisch mit allen Zutaten gut vermengen und mit Salz und Pfeffer abschmecken. Dann runde Plätzchen in der Größe der Brötchen formen. In einer beschichteten Pfanne Olivenöl erhitzen und die Fleischpflanzerl darin auf beiden Seiten kross anbraten und nach Geschmack 2 bis 5 Minuten garen.

Die Kürbisbrötchen halbieren, mit der Chilisoße bestreichen, mit Rucola großzügig belegen, dann den Burger daraufgeben. Erneut Rucola und Chilisoße daraufgeben, mit der zweiten Brötchenhälfte bedecken und sofort servieren.

Tipp
Sie können die Fleischpflanzerl nach Belieben mit Eisbergsalat, Essiggurken oder Tomaten kombinieren.

www.patrickcoudert.de

Zutaten (für 10 Stück)

Kürbisbrötchen: *375 g Muskat-Kürbisfleisch gewürfelt • 65 g Margarine • 500 g Mehl • ½ TL Salz • 50 g Zucker • 1 Ei • 1 Päckchen Trockenhefe • 1 Msp. Kardamom gemahlen • ½ TL fein gehackter frischer Thymian • 5 EL Milch zum Bestreichen*

Fleischpflanzerl: *600 g Rinderhackfleisch • 400 g Schweinehackfleisch • 4 Schalotten fein gewürfelt • 1 Stück frischer Ingwer (ca. 2 cm) • 2 Knoblauchzehen • 1 kleine Chilischote fein gewürfelt • 100 g geraspelter roher Muskat-Kürbis • Salz und Pfeffer, Olivenöl • 4 Eigelb • 2 EL scharfer Senf • 2 EL gehackte glatte Petersilie • 2 EL geröstete Sesamkörner • 100 g Allgäuer Emmentaler in kleinen Würfeln*

Außerdem: *1 Schale Rucola-Salat • 1 kleine Flasche süßsaure Chilisoße*

Geschmorte Oxenbacken

Zutaten

1,3 kg Oxenbacken (ergeben 900 g kochfertige Backen) • 300 g Gemüsewürfel von Zwiebeln, Sellerie, Karotten und Lauch • 0,7 l Dornfelder • 0,1 l Portwein • 1 EL Tomatenmark • 3 Lorbeerblätter • 8 schwarze Pfefferkörner • 3 Wacholderbeeren • 1 Messerspitze Senf • 1 EL Speisestärke • Salz, Pfeffer

Zubereitung

Die Oxenbacken von allen Sehnen und Fettresten sorgfältig befreien. Die Backen in 100-120 g schwere Stücke schneiden und mit Salz und Pfeffer aus der Mühle würzen. Das Fleisch in Sonnenblumenöl in einem schweren Topf von allen Seiten anbraten. Die Backen aus dem Topf nehmen, zur Seite stellen.

Für das Mirepoix Gemüsewürfel von Zwiebel, Sellerie, Karotten und Lauch anbraten, bis sie braun werden, das Tomatenmark zugeben und mitrösten. Das Röstgemüse mit Dornfelder ablöschen, den Bodensatz abkratzen. Diesen Vorgang zweimal wiederholen. Dann den Rest des Dornfelders und das Wasser dazugeben. Die Oxenbacken wieder in den Topf legen, sie sollen zu zwei Dritteln mit Flüssigkeit bedeckt sein. Lorbeerblatt, Wacholder, Senf und Pfefferkörner dazugeben und Topf schließen. Im vorgeheizten Backrohr bei 140° C etwa 4-5 Stunden schmoren. Dabei die Backen im Topf viermal umdrehen. Die Backen sind gar, wenn sie durch einen Stich mit der Fleischgabel von selbiger wieder leicht herunterfallen. Die Backen aus der Soße nehmen, die Flüssigkeit durch ein Haarsieb in einen kleinen Topf passieren, etwas einreduzieren lassen, mit Salz und Portwein abschmecken. Die Speisestärke in kaltem Wasser glattrühren, in die kochende Soße rühren, bis diese die gewünschte Konsistenz hat. Die Backen mit den Pfifferlingen auf den vorgewärmten Tellern anrichten, mit der Soße überziehen.

Tipp
Alternativ passen auch hervorragend Schwarzwurzeln, Rosenkohl, Portweinschalotten oder grüne Bohnen sowie alle Arten von Knödeln, z. B. Semmelknödel, Brezenknödel oder Serviettenknödel.

www.tavernwirt.de

Gemischte Roulade mit süßem Hausmachersenf

Zutaten

4 große dünne Rinderrouladen • 4 dünne Kalbsschnitzel • 4 dünne Schweineschnitzel • 4 Scheiben gekochter Schinken • 1 Bund junge gelbe Rüben • 3 Zwiebeln • ½ Bund Petersilie • süßer Senf • ¼ l süße Sahne • Salz, Pfeffer • 100 g Butter • 3-4 EL Mehl • Wasser

***Zum Garnieren:** 1 Birne • etwas Preiselbeerkonfitüre • etwas Dill*

Zubereitung

Rinderrouladen salzen und pfeffern. Auf einer Seite mit süßem Senf bestreichen und mit Schinken dünn belegen. Die Hälfte der Karotten und zwei Zwiebeln in Würfel schneiden, Petersilie kleinhacken. Ein Drittel davon auf die Roulade streuen. Nun ist die erste Lage fertig. Bei der zweiten Lage mit Kalbsschnitzeln und der dritten Lage mit Schweineschnitzeln genauso verfahren. Die Scheiben miteinander aufrollen und mit Rouladennadeln gut feststecken.

Die Rouladen von außen mit Butter einreiben und mit der restlichen kleingeschnittenen Zwiebel von allen Seiten in einem Bräter scharf anbraten. Dabei die Roulade immer wieder mit Butter bestreichen. Nach kurzer Zeit mit etwas Wasser ablöschen. Nach einer halben Stunde so viel Wasser aufgießen, dass die Rouladen zur Hälfte bedeckt sind. Zum Eindicken etwas Mehl einrühren, bis die Soße sämig ist. Alles 1 bis 1½ Stunden schmoren lassen. Die Rouladen aus dem Bräter nehmen, die Soße abschmecken und mit süßer Sahne verfeinern.

Rouladen mit Spätzle und den restlichen Möhren als Beilage auf dem Teller anrichten. Zum Garnieren die Birne vierteln, mit der Preiselbeerkonfitüre tupferln und zusammen mit dem Dill appetitlich anrichten.

www.haendlmaier.de

Gschling (Fränkische Innereien)

Zutaten

1 ganze Schweinelunge • 1 Schweineherz • 1 Nierchen • 1 Stück Milz • 2 Zwiebeln • 1 Lorbeerblatt • 5 Wacholderbeeren • 2 Nelken • 2 Brühwürfel • Essig, Salz und Zucker • 1 Leupoldt Soßenkuchen

Zubereitung

Die Innereien werden gründlich unter fließendem Wasser gesäubert, von Sehnen, Adern und Drüsen befreit und in einem Sud aus Wasser, Zwiebel, Lorbeerblatt, Wacholderbeeren, Nelken, etwas Essig, Salz und Zucker aufgesetzt. In einem großen Tiegel so lange kochen, bis die Innereien weich sind. Anschließend abseihen, den Sud durch ein grobes Sieb passieren und in einen anderen Topf geben. Aufkochen lassen, den eingeweichten Soßenkuchen unterrühren und, wenn die Soße sämig geworden ist, nochmals mit etwas Salz bzw. Streuwürze nachwürzen, falls nötig. Die inzwischen abgekühlten Innereien werden in kleine Würfel oder feine Streifen geschnitten und in die Soße gegeben. Sie sollen darin noch mindestens 20 Minuten ziehen.

Tipp
Dazu passen am besten frische Baumwollene Klöße und ein grüner Salat.

www.max-metzger.de

Kalbshaxe mit Weißbiersoße

Zutaten

1 hintere Kalbshaxe • ½ l ungewürzte Brühe • 4 Tomaten, geschält und gewürfelt • 0,5 l Riegele Aechtes Dunkel • 1 mittelgroße, geschälte und gewürfelte Karotte • 1 Tasse geschälter und gewürfelter Sellerie • 2 geschälte und gewürfelte Zwiebeln • 2 Tassen Pfifferlinge, gewaschen und grob gehackt • 1 Prise Ingwer • 2 mittelgroße Rosmarinzweige • 2 Orangenthymianzweige • 3 Olivenkrautzweige oder klein gehackte Oliven • 1 Sternanis • Salz, Pfeffer, Zucker • 2 EL gutes Öl • ein Schuss guter Bier-Balsamico • 3 EL Speisestärke

Zubereitung

Die Kalbshaxe von allen Seiten kräftig mit Salz und Pfeffer würzen. Zwischen den Knochen und das Fleisch zwei Rosmarinzweige stecken und die Haxe abgedeckt über Nacht in den Kühlschrank legen.

Am nächsten Tag das Öl in einen Bräter oder Schmortopf geben und die Haxe von allen Seiten gut anbraten. Nun die Karotte, den Sellerie und die Zwiebeln dazugeben und ebenfalls anbraten. Mit der Brühe wird das Gemüse und die Haxe abgelöscht und bei mittlerer Hitze ca. 1 ½ Stunden geschmort.

In der Zwischenzeit die Pfifferlinge in einer Pfanne scharf anschwenken, mit Salz, Pfeffer und Ingwer würzen und zur Seite stellen. Bevor die Haxen gar sind, den Orangenthymian, die Olivenkrautzweige, 2 EL Zucker, die Tomaten und den Sternanis zu der Haxe geben. Wer es mag, kann auch etwas Knoblauch verwenden. Nun wird das Weißbier in den Topf gegossen und das Ganze nochmals für zehn Minuten geschmort.

Anschließend die Haxe aus dem Topf nehmen und in vier Portionen aufteilen. Die Speisestärke mit etwas Wasser anrühren und die Soße sämig abbinden. Die Soße mit einem Schuss Bier-Balsamico, Salz, Pfeffer und Zucker abschmecken. Einen Teil über die Haxe geben, den anderen Teil der Soße extra servieren. Die Pfifferlinge mit einem Esslöffel auf den Haxen verteilen. Dazu schmecken Schupfnudeln oder knusprige Bratkartoffeln.

www.riegele.de

Kalbssteak nach Allgäuer Art

Zutaten

4 Scheiben Kalbfleisch in 1 cm dicken Scheiben (Oberschale und Nuss – wenn man es mager möchte, Hüfte – für Kenner, Kalbskotelett oder Hals – für fortgeschrittene Genießer • 4 Scheiben Hinterschinken – wenn es mager sein soll) oder 8 Scheiben Maischbergers Schinkenspeck – wenn es deftig sein soll • 8 Scheiben jungen Allgäuer Bergkäse für einen milden Geschmack oder gereifter Allgäuer Bergkäse für einen kräftigen Geschmack • Pfeffer grob aus der Mühle • kein Salz, denn Schinken und Käse haben genug davon

Zubereitung

Öl in einem Bräter oder einem Topf heiß werden lassen. Kalbfleisch beidseitig scharf bis zur gewünschten Bräunung anbraten. Fleisch mit Schinken und Käse belegen und im vorgeheizten Backofen 10 Minuten bei 250° C überbacken.

Tipp
Die Fleischscheiben gut bedecken, damit sie beim Überbacken geschützt sind und eine deftige Eigensoße entstehen kann.

www.maischberger.net

Kalbsbrätnockerl

Zutaten (12 Stück à 40 g)

100 g geschnittene Semmeln • 1 Ei • 100 g warme Milch • 200 g Kalbsbrät • 10 g Petersilie • Salz, Pfeffer und Muskat

Zubereitung

Die geschnittenen Semmeln in der warmen Milch einweichen. Das Ei, Kalbsbrät, Petersilie und Gewürze untermengen. Nockerl formen und diese etwa 10 Minuten lang in heißem, gesalzenem Wasser ziehen lassen. Entweder sofort verspeisen oder in kaltem Wasser abkühlen lassen.

Tipp
Die Nockerl werden hauptsächlich als Suppeneinlage gegessen, schmecken aber auch sehr gut paniert, mit Kartoffelsalat als Beilage.

www.metzgerei-heindl.de

Mariniertes Rindersteak mit Kräuterbutter

Zutaten

4 Rindersteaks à 160 g • MEGGLE Kräuterbutter original

Für die Marinade: *5 EL Sonnenblumenöl • 4 EL Weißweinessig • 2 Knoblauchzehen gepresst • 2 Zweige Rosmarin fein gehackt • 1 Zweig Thymian fein gehackt • 4 Salbeiblätter fein gehackt*

Zubereitung

Sämtliche Zutaten für die Marinade in einer Schüssel verrühren und die Steaks darin einlegen und ziehen lassen. Anschließend aus der Marinade nehmen und grillen. Das Fleisch mit der Kräuterbutter anrichten.

Tipp
Dazu passt ein Salat der Saison und ein frisch gebackenes Kräuterbaguette.

www.meggle.de

Münchner Kronfleisch

Zutaten

1 kg Kalbskron • 500 g Kalbsknochen • 2 Karotten • ½ Knolle Sellerie • 2 Petersilienwurzeln • 2 Zwiebeln • 500 g Kartoffeln • 50 g Butter • etwas frischer Kren • 1 Lorbeerblatt • Pfefferkörner, Salz

Zubereitung

Die Knochen mit kaltem Wasser ansetzen und zum Kochen bringen. Den entstehenden Schaum auf der Oberfläche abschöpfen und geputztes Gemüse, Pfefferkörner und Lorbeerblatt zugeben.

In die kochende Flüssigkeit das Kalbskron legen und bei nicht zu starker Hitze weich kochen (1 ½ bis 2 Stunden). Die entstandene Kalbsbouillon abseihen und mit Salz würzen. Das Kalbskron dünn aufschneiden und in einer Terrine mit der Bouillon und etwas kleingeschnittenem Suppengemüse anrichten. Dazu reicht man mit etwas zerlassener Butter verfeinerte Salzkartoffeln und frisch geriebenen Kren.

www.weisses-braeuhaus.de

Tafelspitz

Zutaten (für 2 Personen)

500 g Rinderknochen • 1 Zwiebel • 2 Bund Suppengrün • 6 weiße Pfefferkörner • ½ Bund Petersilie • 1 kg Tafelspitz • 20 g Mehl • 20 g Butter • 200 g Schlagsahne • 2-3 EL Bayerischer Meerrettich • Salz • Zitronensaft • 1 kräftige Prise Zucker • 1-2 EL Worcestersoße

Zubereitung

Aus Knochen, Zwiebel, Suppengrün, Pfeffer, Petersilie und 3 l Wasser eine Brühe zubereiten, nach 60 Minuten das Fleisch zufügen und gut 2 Stunden leicht sieden, nicht kochen lassen.

Für die Soße das Mehl in der Butter hellgelb anschwitzen und mit 300 ml Brühe aufgießen sowie die Sahne hineinrühren. Unter weiterem Rühren 10 Minuten kochen lassen und mit Meerrettich, Salz, Zucker, Zitronensaft und Worcestersoße würzen.

Tafelspitz quer zur Faser aufschneiden und mit etwas Brühe, der Soße und Schnittlauch-Röllchen anrichten.

Tipp
Dazu passen Bouillon- oder Salzkartoffeln.

www.schamel.de

Pichelsteiner-Eintopf

Zutaten

160 g Rindergulasch • 160 g Schweinegulasch • 80 g Kalbsgulasch, jeweils aus der Keule • 200 g Zwiebeln (in Ringen) • 260 g Karotten (in Scheiben) • 130 g Sellerie (in Würfeln) • 260 g Lauch (in Ringen) • 500 g Kartoffeln (in Würfeln) • 100 g gehackte Petersilie • 2 l Fleischbrühe • Salz, Pfeffer und Paprika edelsüß

Zubereitung

Zwiebeln mit etwas Fett ein einem Topf glasig andünsten. Rindergulasch dazugeben und mit anschwitzen. Etwa 1 Liter Fleischbrühe angießen und 40 Minuten bei schwacher Hitze köcheln lassen.

Als Nächstes das Schweine- und das Kalbsgulasch dazugeben und weitere 40 Minuten köcheln lassen. Dann kommen die Kartoffeln auf das Fleisch, weitere 10 Minuten köcheln lassen. Karotten, Lauch, Sellerie hinzugeben und noch einmal 10 Minuten köcheln lassen. Zum Schluss mit Salz, Pfeffer und Paprika würzen. Der Pichelsteiner-Eintopf sollte jetzt leicht sämig sein. Als Letztes die gehackte Petersilie unterrühren und mit einem herzhaften Brot servieren.

www.jb-falter.de

Scharfes Schweindl mit Fingernudeln

Zutaten

Fleisch: *800 g Schweinefilet • 4 Lauchzwiebeln • 4 rote Pfefferonen • 12 mittelgroße Champignons • 1 kleine Zucchini • 4 Scheiben luftgetrockneten Bauchspeck • 125 ml Sekt • 70 ml Sojasoße • ½ TL Senf • ½ TL Meerrettich • 20 g Butterschmalz • 1 TL kalte Butter • etwas Salz und Pfeffer*

Fingernudeln: *1 kg mehligkochende Kartoffeln • 2 Eigelb • 40 g Mehl • etwas Butterschmalz, Salz, Pfeffer und Muskatnuss*

Zubereitung

Fleisch
Butterschmalz in einer Fleischpfanne erhitzen. Zuerst die Champignons mit den Köpfen nach unten in die Pfanne legen, dann die Schweinefilets dazugeben und auf beiden Seiten scharf anbraten. Das Fleisch herausnehmen, in Alufolie einwickeln und warm halten. Lauchzwiebeln, Pfefferonen, Speck und Zucchini dazugeben, kurz mitdünsten und mit Sekt und Sojasoße aufgießen. Senf und Meerrettich einrühren und zur Hälfte einkochen lassen. Zum Schluss die kalte Butter einrühren. Mit Salz und Pfeffer abschmecken.

Fingernudeln
Die geschälten Kartoffeln im Salzwasser weichkochen, durch die Kartoffelpresse drücken, mit Mehl, Eigelb und Gewürzen mischen und zu einem Teig kneten. Diesen dann zu einer Rolle formen und in drei Zentimeter große Stücke teilen. Im kochenden Salzwasser 5 Minuten ziehen lassen. Vor dem Servieren in Butterschmalz schwenken.

Wussten Sie schon,
… dass die Fingernudel ihren Namen dem Aussehen verdankt? Schon im Dreißigjährigen Krieg formten die Soldaten aus Wasser und der Mehlration, die sie zugeteilt bekamen, längliche Nudeln. Seit der Einführung der Kartoffel gibt es die Fingernudeln auch mit Kartoffelteig, wie im Rezept beschrieben. Schupfnudeln, wie sie ebenfalls genannt werden, sind vor allem in der badischen und schwäbischen Küche verbreitet. Sie sind den italienischen Gnocchi ähnlich.

www.baumburger.de

Schwaaß (gebackenes Blut)

Zutaten

½ l Blut • ¼ l Milch • 250 g Speck • 2 Brötchen • 2 große Zwiebeln • etwas Schweineschmalz • 1 EL getrockneter Majoran • Salz und Speisewürze

Zubereitung

Speck in Würfel schneiden und in einer Pfanne ausbraten, Zwiebeln hacken und im Speck mitbraten, bis sie glasig sind. Brötchen würfeln und im Schmalz goldbraun rösten. Alles in einer Auflaufform mischen und mit dem geseihten Blut, der Milch und dem Wasser übergießen. Würzen, gut verrühren und das Ganze in der Backröhre solange backen, bis die Masse schön aufgegangen ist und sich oben eine Kruste gebildet hat.

Tipp
In Hof mag man zum Schwaaß am liebsten Sauerkraut und Kartoffeln.

www.max-metzger.de

Sauerbraten mit Soßenkuchen

Zutaten

1 kg gut abgehängtes Rindfleisch zum Braten (am besten Zungenbug mit leichtem Fettrand) • 3 EL Fett • 3 Zwiebeln • ½ unbehandelte Zitrone, die mit 3 Nelken gespickt ist • 1 Lorbeerblatt • 5 Wacholderbeeren • 5 Pfefferkörner • 3 Pimentkörner • ½ Tasse guter Essig • 1 Petersilienwurzel • 1 gelbe Rübe • etwas Worcestersoße • nach Belieben etwas Estragon und Liebstöckel • Salz, Zucker, Pfeffer • 2 Gemüsebrühwürfel • etwas saure Sahne • 1 Leupoldt Soßenkuchen

Zubereitung

Das Rindfleisch wird für dieses Rezept nicht gebeizt, deshalb muss es wirklich gut abgehangen sein. Zu Hause wird es unter fließendem Wasser gewaschen, trockengetupft und mit Salz und Pfeffer eingerieben. Ein bisschen stehenlassen. Währenddessen in einer Bratpfanne das Fett stark erhitzen, dann das Fleisch zusammen mit den gehackten Zwiebeln von allen Seiten anbraten, sodass es eine schöne braune Farbe bekommt. Mit einem halben Liter Wasser ablöschen, die gespickte Zitrone, die gelbe Rübe, die Petersilienwurzel sowie die verschiedenen Gewürze und die Gemüsebrühwürfel dazugeben. Nach einer Viertelstunde den Essig über das Fleisch gießen und das Ganze mindestens 1 ½ Stunden auf kleiner Flamme simmern lassen. Wenn das Fleisch gar ist, wird die Soße durchpassiert und mit dem eingeweichten Soßenkuchen gründlich verquirlt. Das Fleisch wieder in die Soße legen und eine Viertelstunde leise ziehen lassen. Kurz vor dem Servieren mit saurer Sahne und Worcestersoße verfeinern, eventuell mit Salz, Pfeffer und einem Hauch Zucker nachwürzen.

Tipp
Wunderbar schmecken dazu „Griena Gless“ (Grüne Klöße – aus einer Mischung von gekochten und rohen Kartoffeln).

www.max-metzger.de

Rustikales Kesselgulasch vom Allgäuer Wohlfühlrind

Zutaten

750 g Rindfleisch z. B. Nussdeckel, Schulter, Mittelbug oder Wadschenkel • 40 g Öl zum Braten • 300 g Zwiebel gewürfelt • 500 g Fleischbrühe • 150 g Rotwein • 125 g Tomatenmark • 150 g Karotten gewürfelt • 75 g Lauch fein geschnitten • 3 g Pfeffer grob aus der Mühle • 15 g Zucker • 15 g Salz • 3 g Paprikapulver süß • 3 g Kümmel gemahlen

Zubereitung

Öl in einem Bräter oder einem Topf sehr heiß werden lassen. Gulaschwürfel scharf bis zur gewünschten Bräunung anbraten. Fleisch herausnehmen und im verbleibenden Fond die Zwiebeln glasig anbraten, Fleischwürfel wieder dazugeben und mit Rotwein und Fleischbrühe aufgießen. Karottenwürfel, Lauch, Salz und Gewürze hineingeben und je nach Fleischteilstück mit geschlossenem Deckel bei niederer Temperatur schmoren.

Tipp
Nussdeckel und dicke Schulter etwa 2 Stunden garen, Wadschenkel und Mittelbug etwa 4 Stunden. Das Fleisch nur von einem Teilstück schneiden.

www.maischberger.net

Saure Zipfel

Zutaten

4 Paar Nürnberger Bratwürste • ½ l Wasser • 2 EL Essig • 2 EL Zucker • ½ EL Salz • 3 mittelgroße, in Ringe geschnittene Zwiebeln • Wacholderbeeren und Lorbeerblätter, Nelken und Senfsamen

Zubereitung

Alle Zutaten im Wasser zum Kochen bringen. Die Nürnberger Rostbratwürste dazugeben. Kurz aufkochen, von der Kochstelle nehmen und 10 Minuten ziehen lassen. Sie schmecken lecker mit frischem Bauernbrot und bayerischem Meerrettich.

Tipp
Ein kräftiger Schuss trockener Frankenwein und eine etwas längere Sudzeit steigern das Aroma erheblich.

www.nuernberger-bratwuerste.de

Wiggerl's Schweinsbrodn

Zutaten

,5 kg Schweinehals ohne Knochen, aber mit Schwarte • Salz, Pfeffer und etwas Kümmel • Knoblauch • Bier • klare Brühe

Zubereitung

Das Fleisch waschen, gut trockentupfen und nur mit Salz, Pfeffer und etwas Kümmel würzen. Einen Bratentopf mit Knoblauch ausreiben, das Bratenstück in heißem Öl oder zerlassenem Schweinefett anbraten. Bei 0° C drei Stunden im Ofen garen, ab und zu mit Bier und klarer Brühe übergießen, um eine Natursoße zu erhalten. Für eine schöne trockene und resche Schwarte, trennen Sie diese nach Ende der Garzeit ab und grillen sie kurz.

Zum Schweinsbraten gehören traditionell Kartoffel- und/oder Semmelknödel. Gegen eine fertige Kartoffelknödelmasse ist nichts einzuwenden, da die Qualität heutzutage meistens hervorragend ist; den Knödelteig aber mindestens 2 Stunden vor der Zubereitung aus der Verpackung nehmen. Mit nassen Händen die Masse nochmals gut durchkneten, die Prise Salz nicht vergessen und Knödel abdrehen. In kochendes Salzwasser geben und mindestens 20 Minuten leicht köcheln lassen.

Für die Semmelknödel werden trockene, in Scheiben geschnittene Semmeln oder entsalzte Brezenstücke mit Ei (1 Ei für 4 Semmeln) und gehackter Petersilie vermischt. Die Masse in warmer Milch einweichen, 20 Minuten ruhen lassen. Mit nassen Händen Knödel formen und diese 20 Minuten ziehen lassen.

Tipp

Zum Schweinsbraten passt am besten ein Speck-Krautsalat. Dazu Weißkraut, ohne Strunk und Blattrippen, in ganz feine Streifen schneiden und mit heißem Wasser überbrühen, bis sie weich geworden sind. Dann Speck vom geräucherten Wammerl in Würfel schneiden und abrösten. Die Speckwürfel, möglichst ohne flüssiges Fett, über das Kraut geben. Mit Salz, Pfeffer, Kümmel, einer Prise Zucker sowie Essig und Öl abschmecken und lauwarm servieren.

www.unionsbraeu.de

Allgäuer Frischkäse-Pralinen mit süßem Chutney

Zutaten

Pralinen: *250 g Allgäuer Frischkäse • 120 g Allgäuer Magerquark • ½ TL mittelscharfer Senf • etwas Kräutersalz • 2-3 TL Paprikapulver oder Schabzigerklee*

Panieren: *Etwas Haselnüsse gehackt • etwas geschroteter bunter Pfeffer • etwas geschnittene Kräuter • Petersilie, Schnittlauch*

Apfel-Chutney: *250 g Äpfel (Boskop) • 100 g Zwiebeln • 1 Peperoni • 70 g Weißweinessig • 60 g brauner Zucker • Salz • 40 g Sultaninen*

Zubereitung

Frischkäse mit Quark im Rührgerät aufschlagen und mit Senf, Kräutersalz, Paprikapulver oder Schabzigerklee und einer Prise Pfeffer abschmecken. Aus der Käsemasse kleine Kugeln formen und in den verschiedenen Panierungen wälzen. Käsepralinen gut 1 Stunde durchkühlen lassen und auf Manschetten setzen.

Äpfel schälen, vom Kerngehäuse befreien und in kleine Stücke schneiden. Zwiebeln schälen und in dünne Scheiben schneiden. Peperoni vierteln und die Kerne entfernen. Alles in einen Topf geben, mit den restlichen Zutaten vermischen und 30 Minuten stehen lassen. Zugedeckt 25-30 Minuten unter Rühren kochen lassen. Äpfel und Zwiebeln sollten gar sein, aber nicht völlig zerfallen. Heiß in Einmachgläser füllen und sofort verschließen. Kühl und dunkel gelagert können diese Gläser mehrere Monate aufbewahrt werden.

Zu den Frischkäse-Pralinen passen auch Rhabarber-Erdbeer-Chutney und Birnen-Chutney, deren Rezepte auf der oben genannten Website nachgelesen werden können.

Tipp
Dazu empfehlen wir ein Meckatzer Leichtes Weizen.

Wussten Sie schon,
… dass Schabzigerklee eine Pflanzenart ist, die aus dem östlichen Mittelmeerraum kommt, aber auch in der Schweiz und in Südtirol häufig Verwendung findet? In Bayern ist er in getrockneter Form im Lebensmittelhandel und in Reformhäusern erhältlich und stammt meist aus deutschem Bio-Anbau.

www.allgaeu-picknick.de

Allgäuer Kässpatzn

Zutaten

500 g Mehl • 1 TL Salz • 4-5 Eier • etwas kaltes Wasser für den Teig • 2 Zwiebeln • 100 g Butter • 200 g geriebener Emmentaler • 200 g geriebener Alpkäse • Salz, Pfeffer

Zubereitung

Mehl und Salz in einer Schüssel mischen. Eier und Wasser verquirlen, dazugeben und so lang zu einem glatten Teig verrühren, bis dieser Blasen wirft. Den Teig abgedeckt beiseite stellen.

Die Zwiebeln in Ringe schneiden. Die Butter in einer Pfanne erhitzen und die Zwiebeln darin bei mittlerer bis starker Hitze unter Rühren goldbraun braten. Die Pfanne abdecken und zur Seite stellen.

Reichlich Salzwasser aufkochen. Den Teig noch mal durchrühren und portionsweise durch eine Spätzlepresse pressen oder in das kochende Wasser hobeln. Kurz aufkochen lassen. Die Spätzle sind gar, wenn sie an die Oberfläche steigen.

Spätzle mit einem Seiherlöffel oder einer Schaumkelle abschöpfen, kurz abtropfen lassen und schichtweise in eine vorher angewärmte Schüssel geben: erst Spätzle, dann etwas von dem geriebenen Käse sowie Salz und Pfeffer nach Geschmack. Wenn alle Schichten in die Schüssel gefüllt sind, alles gut durchmischen. Jetzt sind aus den „Spätzle" echte „Allgäuer Kässpatzn" geworden. Zum Schluss die gebräunten Zwiebeln mit der zerlassenen Butter darüber geben.

Tipp
Dazu passt gut ein frischer grüner Salat mit Vinaigrette.

Wussten Sie schon,
… dass die Herkunft des Begriffs „Spätzle" (schwäbisch) oder „Spatzn" (bayerisch) nicht nur in der Vogelwelt gesucht werden muss? Außer von „Sperling" kann sich „Spatz" auch von „Batzen, Klumpen" ableiten. Missratene, großklumpige Spätzle werden auch „Raben" genannt. Einer weiteren Hypothese nach stammt der Begriff für die schwäbischen oder alemannischen Teigwaren aus dem Italienischen: Das Wort „spezzato" bedeutet „in Stücke geschnitten".

www.baldauf-kaese.de

Allgäuer Käsepfannkuchen

Zutaten

2 Eier (getrennt) • 2 EL Mehl • 50-100 g geriebener Allgäuer Emmentaler • 3-4 EL Milch • Salz und Pfeffer • Lauch und Tomaten zum Garnieren

Zubereitung

Eigelb, Mehl und Milch gut verrühren, mit Salz und Pfeffer abschmecken. Das steif geschlagene Eiweiß unterziehen. Den Teig in eine gefettete, nicht zu stark erhitzte Pfanne gießen und den geriebenen Emmentaler darüber verteilen. Zugedeckt bei mittlerer Hitze herausbacken. Mit Lauch und Tomaten garnieren und schnell mit knackigen Salaten servieren.

www.herz-kaese.de

Bergkäsebrot mit Kürbiskernen und Oliven

Zutaten

600 g Mehl • 1 ½ EL Backpulver • Meersalz • 1 Prise Zucker • 180 g Butter • 4 Eier • 400 ml Milch • 60 ml Pflanzenöl/Kürbiskernöl • 250 g Bergkäse, in Würfeln • 100 g geröstete Kürbiskerne • 100 g grüne und schwarze Oliven, entsteint

Zubereitung

Das Mehl mit dem Backpulver, einer guten Prise Meersalz und einer Prise Zucker vermengen und zur Seite stellen. Die Butter in einer Pfanne erhitzen und ebenfalls zur Seite stellen. Die Eier in einer Schüssel verquirlen, mit der Milch, der geschmolzenen Butter, dem Pflanzenöl und einem Schuss Kürbiskernöl vermengen.

Die Mehlmischung auf einmal zur Milchmischung geben und mit einem Holzlöffel nur kurz verrühren. Der Teig sollte noch klumpig sein. Dann die Käsewürfel, die Kürbiskerne und die Oliven vorsichtig unterheben. Eine Kastenform ausbuttern und mit Semmelbröseln ausstreuen. Den Brotteig einfüllen und im vorgeheizten Backofen bei 175° C etwa 50 Minuten backen.

Wussten Sie schon,
… dass man zum Brotbacken statt Hefe auch Backpulver, wie in unserem Rezept, verwenden kann? Damit verkürzt man die Zubereitungszeit, weil der Teig ohne Hefe nicht gehen muss. Für die Brote ohne Hefe verwendet man Öl, damit sie saftiger und fester werden. Hefeteig hingegen, zum Beispiel für Pizza, wird mit Öl eher geschmeidig. Noch lockerer wird der Teig durch die Zugabe der Eier. Außerdem bekommt er dadurch eine schöne Farbe.

www.baldauf-kaese.de

Kaasfiaß

Zutaten

250 g Mehl • ½ Würfel frische Hefe • 125 ml lauwarme Milch • 50 g Butter • 1 Prise Salz • geriebener bayerischer Käse nach Geschmack • Ausstechform in Fußform

Zubereitung

Mehl, Hefe, Milch, Butter und Salz zu einem Hefeteig verkneten und kurz gehen lassen. Anschließend den Teig 4-5 mm dick ausrollen. Mit der Form kleine Füße aus dem Teig stechen, auf ein Backblech legen und noch einmal kurz gehen lassen. Danach die Teigfüße mit Eigelb bestreichen und für etwa 20 Minuten bei 150° C in den Backofen geben. Die heißen Hefeteig-Füße quer von der Ferse bis zur Zehe durchschneiden. Die Innenseiten mit Butter bestreichen und mit geriebenem Käse füllen. Anschließend die Füße wieder zusammensetzen und weitere 10 Minuten im Ofen backen.

www.milchland-bayern.de

Käsebierkrusti

Zutaten

250 g Emmentaler • 250 g Bergkäse Royal • 1 Bund Schnittlauch • 2 Eier • Salz, Pfeffer, Paprika • 125 ml dunkles Weizenbier • 1 Stange Weißbrot

Zubereitung

Aufstrich
Beide Sorten Käse mit der Käsereibe fein reiben. Den geriebenen Käse zusammen mit dem klein gehackten Schnittlauch, 125 ml dunklem Weizenbier in eine Schüssel geben und die beiden Eier ganz hinzugeben. Mit Pfeffer und Salz – am besten aus der Mühle – würzen und miteinander verrühren. Dieser Käseaufstrich kann schon etwas früher vorbereitet werden. Dann einfach im Kühlschrank aufbewahren.

Käsebierkrusti
Die Weißbrotstange mit geraden Schnitten alle 3 bis 5 cm aufschneiden. Mit einem Esslöffel den Käseaufstrich dick auf die Schnittfläche streichen. Alle vorbereiteten Krustis auf einem Blech im Ofen bei 220° C backen, bis der Aufstrich goldbraun geworden ist. Als Beilage noch einen gemischten Salat dazu und fertig ist eine herzhafte Brotzeit.

www.sennerei-lehern.de

Romadursalat

Zutaten

2 x 100 g Romadur • ½ Tasse lauwarmes Wasser • 1 EL Essig • 2 EL gutes Öl • Salz, Pfeffer, etwas Kümmel • Zwiebelringe und Radieserl-Sprossen oder -Scheiben zum Garnieren

Zubereitung

Die Käse in etwa ½ cm dicke Scheiben schneiden. Die Zutaten zu einer Marinade vermischen und die Käsescheiben darin einlegen und ziehen lassen. Dann die Käsescheiben in einem Suppenteller anrichten und etwas Marinade darüber geben. Mit den Zwiebelringen und den Radieserln garnieren.

Tipp

Ein besonders nussiges Aroma kann man mit Kürbiskernöl erzeugen. Dazu passt ein herzhaftes Holzofen- oder Sauerteigbrot bzw. Allgäuer Seelen. Als Bier empfiehlt sich ein süffiges Dunkles oder ein frisches Helles.

www.kaeserei-stich.de

Tegernseer Kasknödel

Zutaten

Knödelbrot von 6 Semmeln • 200 g würzigen Tegernseer Bergkäse oder reifen Schnittkäse, gerieben • 3 Eier • ¼ l Milch • Petersilie • 1 Zwiebel, Öl • Salz, Pfeffer • Semmelbrösel • Butter • Parmesan

Zubereitung

Das Knödelbrot mit lauwarmer Milch übergießen, den geriebenen Käse, Eier, Petersilie und Gewürze dazugeben. Die Zwiebel klein würfeln, in Öl anbräunen und ebenfalls dazugeben. Alles gut mischen, gefühlvoll mit Semmelbröseln binden und zu einem nicht zu festen Teig kneten. Aus diesem kleine Knödel drehen und in leicht köchelndem Wasser etwa 20 Minuten ziehen lassen. Die Butter in einer erhitzten Pfanne bräunen und die Knödel kurz vor dem Servieren damit überziehen. Mit Parmesan bestreuen, etwas kleingehackte „Liebe" (Petersilie oder Schnittlauch) darüber – fertig!

www.zotzn.de

Topfenpflanzerl mit Bergkäse

Zutaten

100 g würziger Bergkäse • 50 g gewürfeltes Toastbrot • 2 EL lauwarme Milch • 5 EL warme Butter • 2 Eigelb • 400 g trockener Speisequark (Topfen) • ¼ mittelgroße Zwiebel • Salz • Pfeffer • Chilipulver • Paprika edelsüß • Semmelbrösel • Butterschmalz

Zubereitung

Toastbrot-Würfel in eine Schüssel geben und mit der Milch einweichen lassen. Butter, Eigelb, Bergkäse und Topfen zugeben und miteinander vermischen. Ist der Quark zu nass, einfach in einem Geschirrtuch auswinden. Zwiebel fein würfeln, kurz in einer Pfanne anschwitzen und zur Masse geben. Vorsichtig mit Salz, Pfeffer, Chili und Paprika nach Geschmack würzen und die Masse noch einmal gut vermengen. Dabei berücksichtigen, dass die Gewürze etwas Zeit brauchen, um sich zu entfalten. Die Schüssel nun mit einem Tuch abdecken und 20 Minuten ruhen lassen.

Jetzt den Teig abermals gut durchmischen und prüfen, ob die Masse fest genug ist, um schöne Pflanzerl zu formen. Wenn nicht, einfach ein paar Semmelbrösel untermischen und wieder ziehen lassen. Nun kleine Pflanzerl formen, in Semmelbrösel wälzen und in heißem Butterschmalz ausbraten, bis sie eine schöne goldgelbe Farbe haben.

Wussten Sie schon,

… dass das Wort „Topfen" älter ist als das Wort „Quark"? Die Süddeutschen und die Österreicher nennen den Quark schon seit dem 13. Jahrhundert „Topfen" und lassen damit anklingen, dass er in einem Topf hergestellt wurde. Das Wort „Quark" wurde im 14. Jahrhundert als „twarc" aus dem Niedersorbischen „twarog" übernommen und wandelte sich später zu „quarc".

www.klosterbraeustueberl-reutberg.de

Weißlackersuppe

Zutaten

0,75 l kräftige Rinderbrühe • 25 g Butter • 1 Zwiebel • 100 g Kartoffeln • 0,2 l trockener Riesling • ¼ l Sahne • 250 g Schmand • 100 g Bergbauern-Weißlacker • 100 g geräucherte Rinderzunge

Zubereitung

Die Rinderbrühe zubereiten – je nach Geschmack kann die Suppe mit frischem Heu verfeinert werden, welches man zu diesem Zweck in der Suppe bei 80° C eine Weile ziehen lässt und die Suppe anschließend filtert (Kaffeefilter).

Die Butter in einen Topf geben, schmelzen lassen, die Zwiebeln und die geschälten klein geschnittenen Kartoffeln anschwitzen und mit der Rinderbrühe angießen. Etwa 25 Minuten köcheln lassen, danach mit einem Handmixer pürieren. Zum Schluss den Riesling, den Weißlacker, Schmand und Sahne zugeben und kurz aufkochen lassen, nochmals ein wenig umrühren und abschmecken. Mit frischen Kräutern vollenden. Nach Belieben mit etwas in kaltem Wasser aufgelöster Stärke eindicken. Die in feine Würfel geschnittene Rinderzunge kurz in einer Pfanne anschwitzen. Die Suppe in Suppentassen füllen, die Rinderzungenwürfel dazugeben, frischen Schnittlauch darüberstreuen und servieren.

www.arlafoods.de

Erdäpfel-Kas

Zutaten

500 g mehlig kochende Kartoffeln • 2 Zwiebeln • Salz und Pfeffer • 250 g Sauerrahm • 100 g süßer Rahm • 2 Bund Schnittlauch

Zubereitung

Die Kartoffeln kochen, schälen und noch warm reiben oder durch eine Kartoffelpresse drücken. Die Zwiebelwürfel dazugeben und mit Salz und Pfeffer würzen. Den Sauer- und Süßrahm hinzufügen. Zum Schluss den fein geschnittenen Schnittlauch unter die Kartoffelmasse mengen. Nach dem Abkühlen servieren.

Tipp
Dieser streichfähige, dicke Kartoffelaufstrich genießt man mit Butter und Bauernbrot, dazu passt ein kräftiges Bier oder Most. Auch zu einem saftigen, warmen Stück bayerischen Leberkäs oder dünn aufgeschnittenem Schwarzgeräucherten sowie zu Wild mit Rahmsoße schmeckt der Erdäpfel-Kas (nicht ganz eiskalt) hervorragend.

www.spezialitaetenland-bayern.de

Wirsingschnitzel mit Bavaria blu gefüllt

Zutaten

4 mittelgroße Wirsingblätter • etwas Salz • 200 g Frischkäse in Zimmertemperatur • 200 g Bavaria blu • 2 Eier • Pfeffer aus der Mühle • 1 Prise frisch geriebene Muskatnuss • 100 g Mehl • 120 g Weißbrotbrösel • etwas Öl zum Braten

Zubereitung

Von den Wirsingblättern den Strunk entfernen, die Blätter in Salzwasser sechs bis acht Minuten fast weich kochen, in kaltem Wasser abschrecken und auf Küchenpapier gut trockentupfen. Je eine Seite der Wirsingblätter mit ein wenig Frischkäse bestreichen, Bavaria blu in kleine Würfel schneiden, auf den Blättern gleichmäßig verteilen und dabei zwei Zentimeter Rand frei lassen. Nun die Blätter vorsichtig zusammenklappen und am Rand mit dem Frischkäse leicht andrücken.

Die Eier verquirlen, mit Salz, Pfeffer und Muskatnuss leicht würzen. Die gefüllten Wirsingschnitzel zuerst in Mehl, dann in Ei und in den Weißbrotbröseln wenden.

Die Schnitzel in einer beschichteten Pfanne mit wenig Öl von beiden Seiten goldbraun braten. Auf Küchenpapier abtropfen lassen.

Tipp
Den Käse grundsätzlich erst zum Ende der Garzeit zugeben. Je kürzer die Erhitzungsphase, desto mehr wertvolle Inhaltsstoffe bleiben erhalten.
Zum Gericht passen marinierter Blattsalat und ein aromatischer Rotwein.

Wussten Sie schon,
… dass es Sommeliers nicht nur für Wein und Bier, sondern auch für Käse gibt?

www.bergader.de

SÜSS

Ayinger Bieramisu

Zutaten

150-200 g Löffelbiskuits • 200 ml Kaffee zum Tränken • 2 Eigelb • 1 Ei • 60 g Zucker • 5 Blatt Gelatine • 130 ml Bierlikör • 150 g Mascarpone • 100 g weiße Kuvertüre • 200 g geschlagene Sahne • Kakaopulver zum Bestäuben

Zubereitung

Gelatine in kaltem Wasser einweichen. Die Eier mit dem Zucker über dem heißen Wasserbad cremig-weiß aufschlagen. Gelatine ausdrücken und in die warme Masse einrühren. Kuvertüre flüssig machen, mit dem Mascarpone und dem Bierlikör in die Ei-Masse einrühren und abkühlen lassen.

Die Löffelbiskuits in einer Auflaufform auslegen und mit Kaffee tränken. Die geschlagene Sahne unter die abgekühlte Masse heben. Die Masse auf den Löffelbiskuits verteilen, danach in den Kühlschrank stellen. Vor dem Anrichten mit Kakaopulver bestäuben.

Zum Dekorieren eignen sich frische Beeren und oder frische Früchte.

www.ayinger.de

Allerseelenzopf

Zutaten

1 kg Mehl (Type 405) • 500 ml Milch • 30 g Hefe • 100 g Zucker • 200 g Butter • 1 Prise Salz

Zubereitung

Oft wird mit einem Teil des Mehls, der lauwarmen Milch und der Hefe ein Vorteig hergestellt, was aber nicht zwingend notwendig ist. Der Zopf wird jedoch wie alle Hefegebäcke besonders locker, wenn alle Zutaten Zimmertemperatur haben.

Mehl in eine große Schüssel geben und mit der leicht erwärmten Milch, dem Zucker und der zerbröckelten Hefe gut verrühren, bis sich die Hefe weitgehend aufgelöst hat. Nach Belieben etwas Zitronenschale, Rum oder Bittermandelöl und Eier dazugeben und alles gut verquirlen. Diese Flüssigkeit in eine große Schüssel mit dem Mehl gießen, weiche Butter und Salz dazugeben und kräftig verkneten; Teig ruhen lassen, bis er auf das Doppelte aufgegangen ist (kann etwa 2 Stunden dauern). Danach eine Backunterlage mit Mehl bestreuen und den aufgegangenen Hefeteig darauf von Hand nochmals durchkneten. Jetzt den Teig in zwei Hälften teilen und lange, an den Enden zugespitzte Rollen formen. Diese dann, am besten in der Mitte beginnend, spiralförmig ineinanderschlingen.

Den Zopf auf das gefettete oder mit Backpapier ausgelegte Backblech legen und mit einem mit Zucker verquirlten Ei bestreichen, damit die Oberfläche beim Backen nicht dunkel wird. Mancherorts wird der Zopf noch mit Hagelzucker bestreut oder es werden Rosinen und gehackte Mandeln in den Teig gemischt. Oft wird auch ein Ei oder Eigelb dazugegeben.

Jetzt nochmals 30 Minuten gehen lassen und den Backofen währenddessen auf 200° C vorheizen. Auf der mittleren Schiene des Ofens etwa 45 Minuten backen.

Tipp
Die Allerseelenzöpfe – auch Allerheiligenstriezel, Seelenwecken, Totenbrot, Seelenspitzen oder Seelenzöpfe genannt – sind eine alte Form des Brauchtums; früher wurden sie nur an Allerseelen (2. November) gebacken. Sie schmecken besonders gut auch mit Butter und selbstgekochter Marmelade.

www.spezialitaetenland-bayern.de

Allgäuer Käsekuchen

Zutaten

Mürbeteig: *300 g Mehl • 200 g Butter • 100 g Zucker • 1 Ei • 1 Messerspitze Salz*

Füllung: *1 kg Speisequark Magerstufe • 150 g Zucker • 200 ml Sahne • 40 g Mehl • 8 Eigelb •*

150 g Zucker • 8 Eiweiß • 1 Prise Salz

Zubereitung

Für den Mürbeteig das Mehl sieben, die zimmerwarme Butter in Stückchen schneiden und mit dem Zucker, dem Ei und Salz rasch zu einem Teig verkneten. In Klarsichtfolie einpacken und 1 ½ Stunden an einem kühlen Ort ruhen lassen; anschließend auf einer bemehlten Arbeitsfläche ausrollen. Eine Springform (Durchmesser 28 cm) fetten und mit dem Teig auslegen, wobei der Rand etwa 7 cm hoch sein sollte.

Quark, Zucker, Sahne, Mehl und Eigelb in eine Schüssel geben und mit dem Schneebesen zu einer glatten Masse rühren. Eiweiß und Zucker mit einer Prise Salz zu Schnee schlagen und vorsichtig unter die Quarkmasse heben. Die Füllung in die vorbereitete Form füllen und glatt streichen.

Kuchen bei 135° C etwa 70 Minuten backen.

Tipp
Damit der Käsekuchen nicht zusammenfällt, schalten Sie nach Ende der Backzeit den Ofen aus und lassen den Kuchen im Ofen abkühlen.

www.hotelsteiger.de

Bayerische Auszogne

Zutaten

Für den Teig: *500 g Rosenmehl Wiener Griessler • 20 g frische Hefe • 2 EL Zucker • 300 ml lauwarme Milch • 1 Prise Salz • 1 Ei • 50 g Butter*

Außerdem: *25 g zerlassene Butter • 750 g Butterschmalz • Zucker nach Belieben*

Zubereitung

Für den Teig Rosenmehl in eine Schüssel geben, eine Mulde in das Mehl drücken und die Hefe hineinbröckeln. Mit 1 TL Zucker, 3-4 EL Milch und etwas Mehl vom Rand verrühren. 15 Minuten abgedeckt an einem warmen Ort gehen lassen.

Mit den restlichen Zutaten zu einem glatten Teig verkneten. Vom Teig mit zwei Esslöffeln 12 Portionen abstechen, dabei die Löffel immer wieder in Mehl tauchen. Die Teigportionen mit bemehlten Händen zu Kugeln formen, auf die bemehlte Arbeitsfläche legen, mit der zerlassenen Butter bestreichen und zugedeckt 15 Minuten ruhen lassen.

Fett zum Frittieren auf 180° C erhitzen. Die Fingerspitzen mit etwas Butter einfetten. Jede Teigkugel mit beiden Händen fassen, in der Mitte eindrücken und am Rand rundherum auseinanderziehen. Die Kirchweihnudeln nacheinander backen. Dabei vorsichtig einzeln in das heiße Fett gleiten lassen. Mit einer Schöpfkelle 1-2 Mal heißes Fett über die Nudeln gießen, damit sich der Teig aufbläht und das „Fenster" Blasen wirft. Das Gebäck mit zwei Esslöffeln wenden und backen, bis der Teigrand hellbraun ist. Auf Küchenkrepp abtropfen lassen. Mit Zucker bestreut noch warm servieren.

www.rosenmehl.de

Hagebutten-Shake

Zutaten (für 4-6 Shakes)

2 Gläser (680 g) Hagebutten-Konfitüre extra • 3 Gläser Crushed-Ice • Saft von 3 Zitronen

Nach Wahl: *Wasser, Bitter Lemon oder Sekt*

Zubereitung

Hagebuttenkonfitüre, Crushed-Ice und Zitronensaft in einem Elektro-Standmixer mixen.

Tipp
Je nach Geschmack kann man den Shake sehr gut mit Wasser, Sekt oder Bitter Lemon kombinieren. Dazu im Verhältnis 1:1 Flüssigkeit zugeben und nochmals kurz mixen. In Gläser füllen.

www.maintal.de

Rischart

Rischart

Rischart

Rischart

Münchner Apfelstrudel

Zutaten (Rezept für 14 Stück)

Strudelteig: *500 g Weizenmehl • 200 ml lauwarmes Wasser • 1 TL Essig • 1 Ei • 1 TL Salz • 2 EL Öl • flüssige Butter zum Bestreichen*

Strudelfüllung: *2,5 kg Äpfel • 140 g Sauerrahm • 60 g Rosinen • 130 g flüssige Butter • 100 g Semmelbrösel • 5 g Vanille • 200 g Zucker • 5 g Zimt*

Zubereitung

Für den Teig die Butter schmelzen und auskühlen lassen. Mehl, Salz, Öl und Wasser mit den Knethaken des Handrührgeräts zu einem Teig zusammenfügen. Zehn Minuten kneten, bis der Teig glatt und elastisch wird. Zu einer Kugel formen und mit Butter bestreichen. Mit einem scharfen Messer in der Rundung kreuzweise einschneiden. In Folie gewickelt zwei Stunden bei Raumtemperatur ruhen lassen. Ein Triebmittel wird für den Apfelstrudel nicht benötigt.

Den Strudelteig auf einem großen, bemehlten Küchentuch so dünn ausrollen, dass man eine Zeitung durch den Teig lesen könnte, also so dünn wie möglich. Mit etwas flüssiger Butter bestreichen. Dann lässt er sich von Hand besser ausziehen. Damit er gleichmäßig dünn wird, von der Mitte nach außen arbeiten, dabei mit dem Handrücken unter den Teig fahren und sorgfältig ausziehen; dicke Teigränder wegschneiden.

Die Butter schmelzen und auskühlen lassen. Die Zitrone auspressen, Äpfel schälen, vierteln oder je nach Größe achteln. Anschließend in feine Scheibchen schneiden und sofort mit Zitronensaft mischen, damit sie sich nicht verfärben. Mit Sultaninen, Zucker, Haselnüssen, Zimt und Crème fraîche mischen.

Den ausgezogenen Teig dann mit den Semmelbröseln bestreuen, dabei einen Rand freilassen. Die Füllung daraufgeben, die Teigränder einschlagen und den Strudel mithilfe des Tuchs aufrollen. Auf ein mit Backpapier belegtes Blech geben und mit der restlichen Butter bestreichen.

Den Backofen auf 200° C vorheizen und dann in der Mitte des Ofens bei 180° C etwa 35 Minuten backen. Noch heiß mit Puderzucker bestreuen. Vor dem Aufschneiden einige Minuten ruhen lassen.

Tipp
Für den Apfelstrudel eignen sich besonders die Apfelsorten Boskoop und Jonagold.

www.rischart.de

Barbara-Blomberg-Torte

Zutaten

Heller Biskuit: *4 Eier (Gew.-Kl. 2) • 180 g Puderzucker • 1 Prise Salz • ½ TL abgeriebene Schale einer unbehandelten Zitrone • ½ Vanilleschote • 160 g Mehl • 40 g Speisestärke*

Dunkler Biskuit: *4 Eier (Gew.-Kl. 2) • 180 g Puderzucker • 1 Prise Salz • ½ TL abgeriebene Schale einer unbehandelten Zitrone • Vanilleschote • 170 g Mehl • 30 g Kakaopulver*

Füllung: *1,25 kg feste Birnen • ¼ l trockener Weißwein • 2 EL Cognac oder Weinbrand • 100 g Zucker • 625 ml Schlagsahne • 50 g Schwarzes Johannisbeergelee • 3 Eigelb • 6 Blatt weiße Gelatine • 2 EL Rum • 40 g Zucker (für Läuterzucker) • 2 EL Birnengeist • 80 g halbbittere Kuvertüre • 100 g Zitronengelee*

Zubereitung

Zwei Springformen (Ø 26 cm) nur am Boden fetten und mit Mehl bestäuben. Den Backofen auf 180° C (Gas Stufe 2) vorheizen.

Für den hellen Biskuit Eier, Puderzucker, Salz, Zitronenschale, das Mark der Vanilleschote und 1 EL lauwarmes Wasser in eine Rührschüssel geben und mit den Quirlen des Handrührers auf höchster Stufe in 5-6 Minuten schaumig-cremig aufschlagen. Mehl und Speisestärke durchsieben und alles gut miteinander vermengen. Die Masse in eine Springform füllen, auf der mittleren Einschubleiste in den vorgeheizten Ofen schieben und 25-30 Minuten backen (Umluft nicht empfehlenswert). In der Form auf einem Kuchengitter auskühlen lassen.

Den dunklen Biskuit mit den angegebenen Zutaten genauso herstellen. Für die Füllung die Birnen schälen, halbieren und das Kerngehäuse entfernen. Weißwein, Cognac oder Weinbrand und 50 g Zucker zum Kochen bringen, die Birnen darin bei geschlossenem Deckel 8-10 Minuten dünsten, anschließend die Früchte mit der Schaumkelle herausnehmen und auf Küchenpapier auskühlen lassen.

Den hellen und dunklen Biskuit aus den Formen lösen und einmal waagerecht durchschneiden. Eine Springform am Rand und Boden mit Backtrennpapier belegen. 375 ml Schlagsahne steif schlagen. Das Johannisbeergelee mit dem Schneidstab des Handrührers pürieren, bis es eine flüssige Konsistenz hat.

Den Birnensud durch ein Sieb in eine Edelstahlschüssel gießen. Eigelb und restlichen Zucker mit den Quirlen des Handrührers schaumig schlagen. 4 Blatt und 2 Blatt Gelatine getrennt in kaltem Wasser einweichen. Im heißen Wasserbad den Birnensud mit dem aufgeschlagenen Eigelb und Rum zu einer dicklichen Creme verrühren. 4 Blatt Gelatine gut ausdrücken und darin auflösen. Mit einem Schneebesen so lange im kalten Wasserbad schlagen, bis die Creme leicht zu stocken beginnt. Die steif geschlagene Sahne unterheben. Eine helle Biskuithälfte mit der Schnittfläche nach oben in die vorbereitete Springform legen. Die Form auf einen großen flachen Teller stellen.

Ein Viertel der Creme auf den Tortenboden in der Form streichen. Die Birnenhälften – vier für die Dekoration zur Seite legen – in die Creme drücken. Die übrige Creme auf die Birnen streichen. Den Teller mit der Form auf die Arbeitsfläche stoßen, damit sich die Creme setzt.

Das Johannisbeergelee mit einem Teelöffel im Abstand von 3-4 cm in die noch weiche Creme tropfen lassen. Eventuell mit dem Löffelstiel kleine „Kanäle" in die Creme drücken, damit das Gelee bis in die Birnen durchsickert. Eine dunkle Biskuithälfte auf die Creme drücken und anschließend die Torte 1 Stunde in den Kühlschrank stellen.

Für den Läuterzucker den Zucker mit 3 EL Wasser aufkochen, erkalten lassen, dann mit dem Birnengeist mischen. Für die Schokoladensahne die Kuvertüre grob hacken und über dem warmen Wasserbad schmelzen. 3-4 EL flüssige Schlagsahne unter die aufgelöste Kuvertüre rühren. Die restliche Sahne steif schlagen. Die übrige eingeweichte Gelatine tropfnass bei milder Hitze auflösen. Sahne und Gelatine unter die Kuvertüre rühren.

Torte aus der Form lösen, das Papier abziehen. Die Oberfläche mit dem Läuterzucker beträufeln, die ganze Torte rundherum mit der Schokoladensahne bestreichen. Mit einem gezackten Teigschaber Wellenlinien auf die Oberfläche streichen.

Die übrigen Birnenhälften in 16 Spalten schneiden. Das Zitronengelee aufkochen und die Birnen damit bepinseln. Die Birnenspalten rundherum auf die Tortenoberfläche legen. Die Torte bis zum Servieren in den Kühlschrank stellen.

Tipp
Die Biskuitböden kann man bereits am Vortag backen. Die beiden Hälften, die übrigbleiben, kann man einfrieren und für die nächste Torte verwenden.

www.cafe-prinzess.de

Bayrisch Creme

Zutaten

½ Vanilleschote • ¼ l Milch • 4 Eier (getrennt) • 100 g Zucker • 4 Blatt kalt eingeweichte Gelatine • 250 g Sahne

Zubereitung

Vanilleschote aufschneiden und das Mark auskratzen. Das Mark mit der Gelatine in ein wenig kaltem Wasser einweichen. Die Milch zum Kochen bringen. Eigelb mit dem Zucker zu einer dicken schaumigen Creme rühren und unter ständigem Schlagen die kochende Milch langsam hinzugeben. In einer dickwandigen Kasserolle bei leichter Hitze unter ständigem Schlagen eindicken lassen. Die Creme darf nicht aufkochen, da sie sonst gerinnt. Von der Kochstelle nehmen und die ausgedrückte Gelatine darin auflösen. Creme in eine Schüssel mit Eiswürfeln setzen und unter häufigem Schlagen erkalten lassen. Wenn die Creme zu erstarren beginnt, die steifgeschlagene Sahne vorsichtig unterheben. In eine kalt ausgespülte, mit Zucker ausgestreute hohe Form füllen. Mindestens sechs Stunden in den Kühlschrank stellen, dann stürzen.

www.food-from-bavaria.de

Bayrisch-Creme-Torte mit Himbeeren

Zutaten

***Biskuitböden:** 8 Eier • 240 g Zucker • 150 g Mehl • 50 g Speisestärke*

***Bayrisch Creme:** 18 Blatt weiße Gelatine • 1 l Schlagsahne • 2 Vanilleschoten • 1 l Milch • 10 Eigelb • 250 g Zucker*

***Bestreichen und Belegen:** 150 g Himbeerkonfitüre • 1 ¼ kg Himbeeren*

Zubereitung

Biskuitböden
Die Eier trennen und das Eigelb mit einem Drittel des Zuckers schaumig rühren. In einer anderen Schüssel das Eiweiß mit wiederum ein Drittel des Zuckers steif schlagen. Dabei den restlichen Zucker nach und nach unter ständigem Weiterschlagen einrieseln lassen, bis die Masse schnittfest wird. Nun erst ein Viertel des Eischnees unter die Eigelbmasse rühren, dann den Rest davon. Mehl und Speisestärke darüber sieben und vorsichtig unterheben.

Ein Backblech mit Backpapier auslegen. Einen Springformring (Ø 28 cm) daraufsetzen, den Teig einfüllen und mit einem Teigschaber glattstreichen. Im vorgeheizten Backofen bei 200° C etwa 25-30 Minuten backen. Auf einem Gitter auskühlen lassen und aus der Form lösen. Boden waagerecht halbieren.

Bayrisch Creme
Gelatine 20 Minuten in reichlich kaltem Wasser einweichen. Vorbereitend die Sahne schlagen und beiseitestellen. Vanilleschoten aufschneiden und das Mark ausschaben. Milch und Vanillemark zum Kochen bringen. Eigelb in eine Rührschüssel geben und mit Zucker schaumig rühren. Mit der Vanillemilch bei 84° C zur Rose abziehen – also die Creme bei geringer Hitze und unter ständigem Rühren mit dem Eigelb binden. Die Creme darf nicht aufkochen, da sie sonst gerinnt. Die gewünschte Konsistenz ist dann erreicht, wenn Sie Ihren Kochlöffel in die Creme tauchen, ihn wieder herausziehen, leicht auf den Löffelrücken pusten und sich dabei Wellen oder eine Art Rosenfiguren bilden. Ausgedrückte Gelatine dazugeben. Sobald die Bayrisch Creme zu gelieren beginnt, die geschlagene Sahne unterheben.

Vollendung
Den ersten der beiden Biskuitböden auf eine Platte legen und mit glattgerührter Himbeerkonfitüre bestreichen. Die Himbeeren vorsichtig abspülen und putzen. Zwei Drittel von ihnen auf dem Biskuitboden verteilen, dann zwei Drittel der Bayrisch Creme auf die Himbeeren gießen und glattstreichen. Den zweiten Biskuitboden darauflegen. Torte mit der restlichen Bayrisch Creme bestreichen und mit den übrigen Himbeeren krönen. Dann die Torte zugedeckt mindestens 6 Stunden kalt stellen.

Wussten Sie schon,
… dass Biskuit von lateinisch „bis coctus" kommt? Das heißt „zweimal gebacken" und man bezeichnete damit bis ins 17. Jahrhundert Schiffszwieback – ein Brot, das zur Haltbarmachung in Scheiben geschnitten und ein zweites Mal gebacken wurde, bis es trocken und mürbe war. Als sich der Begriff Zwieback durchgesetzt hatte, wurde Biskuit zum Namen für leichtes Gebäck und Teigböden aus Eischnee, Eigelb, Zucker und Mehl.

www.baeckerei-bergmeister.de

Birnenbrot

Zutaten

Früchtemischung: 800 g Dörrbirnen • 500 g Feigen • 100 g Zitronat • 100 g Orangeat • 400 g Haselnüsse ganz • 100 g Dörrpflaumen • 150 ml Williamsbrand

Teig: *1000 g Weizenmehl • 650 g Birnenwasser • 20 g Salz • 50 g Hefe • 2 EL Feigenkaffee (in 100 ml Wasser auflösen) • 2 TL Gewürz: Zimt, Sternanis, Nelke, Koriander, Muskat*

Deckelteig: *500 g Weizenmehl • 300 g Milch • 10 g Salz • 10 g Honig • 5 g Hefe*

Zubereitung

Die Dörrbirnen am Vortag etwa 60 Minuten weichkochen. Wasser abschütten und 650 g beiseitestellen. Dann Butz und Stielansatz entfernen, halbieren und in fingerdicke Tranchen schneiden. Die Feigen ebenfalls halbieren. Haselnüsse rösten und Schale entfernen. Die Dörrpflaumen in jeweils 4-5 Scheiben schneiden. Williamsbrand unter die Mischung geben und die Mischung mit einer Folie abgedeckt ziehen lassen.

Zutaten zu einem Teig verarbeiten und mindestens 1 Stunde ruhen lassen. Dann die Früchtemischung unterkneten. Den Teig weitere 15 Minuten ruhen lassen und dann auswiegen. Etwa 3 Mal 1.000 g und 3 Mal 500 g abwiegen und zu Broten formen. Den Deckelteig anmischen und anschließend 15 Minuten ruhen lassen. Pro 1 kg Birnenbrot etwa 120 g Deckelteig dünn ausrollen und die Brote darin einlegen. Darauf achten, dass der Deckelteig gleichmäßig eingeschlagen wird und nicht überlappt.

Die eingeschlagenen Brote mit Wasser anstreichen und mit der Gabel einige Löcher hineinstupfen, nach etwa einer Stunde Ruhezeit bei mittlerer Hitze (180° C) gut eine Stunde backen.

www.baeckerei-holderied.de

Chamer Kampl

Zutaten

400 g Honig • 275 g Zucker • 330 g Roggenmehl • 650 g Weizenmehl • 15 g Natron • 10 g Lebkuchengewürz • 2 Eier • 5 Eigelb • 275 g zimmerwarme Butter

Zubereitung

Am Vortag: Für den Teig Zucker und Honig in einen kleinen Kochtopf geben und erwärmen, bis sich der Zucker vollständig aufgelöst hat. In eine Schüssel umfüllen und abkühlen lassen, bis die Masse nur noch lauwarm ist. Beide Mehlsorten mit Natron und Lebkuchengewürz mischen. Die Eier, das Eigelb und die zimmerwarme Butter in Stückchen hinzufügen. Zum Schluss die abgekühlte Honigmasse hinzugeben. Jetzt alles mit der Küchenmaschine oder mit den Händen zu einem glatten Teig verkneten, zu einem Kloß formen, in Klarsichtfolie wickeln und für einen Tag in den Kühlschrank legen. Der Teig kann auch mehrere Tage im Kühlschrank gelagert werden. Am nächsten Tag den Teig auf einer bemehlten Fläche etwa 3-5 mm dick ausrollen, Kampl (Form eines Kammes) oder sonstige Formen ausschneiden und auf ein mit Backpapier belegtes Blech legen. Bevor die ausgestochenen Kampl in den Ofen kommen, mit ein wenig Wasser bestreichen. Bei 180° C etwa 15 Minuten backen.

Zum Beschriften der ausgekühlten Kampl Eiweiß aufschlagen und nach und nach 500 g Puderzucker dazugeben, sodass eine spritzfähige Masse entsteht. In einen Einwegspritzbeutel füllen und die Lebkuchen damit verzieren.

Tipp
Zum Ausstechen eignen sich selbstverständlich auch andere Formen. So könnte man aus dem Teig auch bayerische Rauten oder einen fränkischen Rechen machen.

www.schaefers-backhaus.de

Handgemachte Nougatpraline

Zutaten

Für etwa 50 Pralinen

Schale: *1,3 kg Vollmilchschokolade*

Füllung: *50 Haselnüsse • 800 g Haselnussnougat • 200 g Vollmilchschokolade*

Dekor: *100 g Haselnusskrokant • 100 g Zartbitterschokolade*

Zubereitung

Zur Verarbeitung benötigt man 3-4 Schüsseln, ein Blech, eine Pralinenform, Schaber oder langes Messer, Back-Gitter, Spritzbeutel mit Sterntülle.

Die Vollmilchschokolade in einer Schüssel im Wasserbad auf etwa 28° C erwärmen und vorsichtig in die Pralinenform gießen. Schokolade etwa zwei Minuten in der Form abkühlen lassen und den Inhalt aus den Pralinenkörpern ausgießen. Etwa 1 Minute festwerden lassen, dann den Überschuss mit dem Schaber abstreichen. Anschließend 10 Minuten kühlen und dann die Haselnuss in die Hohlkörper einlegen.

Das Nougat in einer weiteren Schüssel erwärmen und im Verhältnis 30-40 % Vollmilchschokolade hinzufügen, damit es eine zähe Konsistenz bekommt und anschließend in der Praline fest wird. Diese Nougatmasse in den Spritzbeutel füllen und mit der Sterntülle in die Pralinen dressieren. Dann mit Krokant bestreuen und die Pralinen mit flüssiger Zartbitterschokolade per Spritztütchen garnieren.

Tipp

Man kann auch Mandelnougat oder dunklen Nougat verwenden. Besonders cremig wird die Füllung mit Sahnenougat. Als Garnitur eignet sich bei dunkler Schokolade als Hülle auch weiße Schokolade.

www.confiserie-dengel.de

Gebackene Bier-Praline

Zutaten

Pralinen • Eigelb • fertige Strudelteigplatten • Puderzucker • Fett

Zubereitung

Die Teigplatten in 10 x 10 cm große Stücke schneiden, den Rand mit Eigelb einpinseln, die Praline in die Mitte legen und einrollen. An beiden Enden zusammendrehen, damit es aussieht wie ein eingewickeltes Bonbon.

In Fett schwimmend ausbacken und auf Küchenpapier abtropfen lassen. Mit Puderzucker bestäuben und mit Zwickelbiersoße anrichten.

www.zum-loewenbraeu.de

Glühwein-Kuchen

Zutaten

75 g Zartbitter-Kuvertüre • 50 g getrocknete Feigen • 250 g Butter oder Margarine • 250 g Puderzucker • 4 Eier (Gewichtsklasse 3) • 175 ml Glühwein • 1 Päckchen Backpulver • 1 EL Speisestärke • 250 g Mehl • 1 Messerspitze Zimt • Fett und Paniermehl für die Form • Puderzucker zum Bestäuben • Pralinen zum Verzieren

Zubereitung

Kuvertüre fein hacken. Feigen in kleine Würfel schneiden. Fett und Puderzucker mit dem Schneebesen des Handrührgeräts schaumig schlagen. Eier nach und nach unterrühren. Kuvertüre, Feigen und Glühwein zugeben und unterrühren. Backpulver, Speisestärke, Mehl und Zimt-Back mischen und unter den Teig rühren. Eine Kranzform (22 cm Durchmesser; 1½ l Inhalt) fetten, mit Paniermehl ausstreuen und Teig einfüllen. Kuchen im vorgeheizten Backofen (E-Herd 175° C, Gasherd Stufe 2) etwa. 1¼ Stunden backen. Zwischendurch mit Alufolie abdecken.

Tipp
Wer möchte, kann den Kuchen mit Dominosteinen oder Pralinen verzieren.

www.gerstacker.info

Holzkirchner Spezialtorte

Zutaten

10 Eier • 110 ml Wasser • 430 g Zucker • 480 g Mehl • 110 g Weizenpuder • 12 g Backpulver • 300 g Butter • 300 g Vanillepudding • 80 ml Maraschino-Likör • 80 ml Wasser • 80 ml Invertzucker (flüssiger Zucker) • 200 g Johannisbeerkonfitüre • 50 g Kakaopulver • 80 g gehobelte Mandeln

Zubereitung

Eier, Wasser und Zucker leicht anwärmen und gut aufschlagen, bis die Masse kalt ist. Mehl, Weizenpuder und Backpulver vermischen und unterheben. Den Teig auf zwei Bleche streichen und bei 220° C etwa 10 Minuten backen.

Für die Creme die weiche Butter mit Vanillepudding schaumig schlagen. Separat Maraschino-Likör, Wasser und Invertzucker verrühren.

Aus einem der Rouladenböden einen Ring mit 26 cm Durchmesser ausstechen, auf eine Tortenscheibe geben und eine dünne Schicht Buttercreme aufstreichen. Die restlichen Rouladen in sechs Zentimeter breite Streifen schneiden. Johannisbeerkonfitüre glattrühren und auf die Streifen streichen, darauf dünn (bis auf ein Drittel Rest) die Buttercreme aufbringen. Einen bestrichenen Streifen zu einer Schnecke zusammenrollen und in die Mitte des ausgestochenen Bodens geben. Danach einen Streifen nach dem anderen so lange um die Schnecke wickeln, bis sie so groß wie der Boden ist. Den Tortenring darum setzen und mit der Maraschino-Tränke beträufeln.

Torte 1-2 Stunden zugedeckt in den Kühlschrank stellen, den Ring abnehmen und mit der restlichen Buttercreme einstreichen. Mit gerösteten, gehobelten Mandeln und Kakaopulver verzieren.

Wussten Sie schon,
... dass Invertzucker häufig verwendet wird, weil er nicht so leicht kristallisiert wie normaler Haushaltszucker? So bleibt die Creme länger flüssig. Seinen Namen hat er von seiner chemischen Eigenschaft, im Vergleich zum normalen Zucker das Licht in entgegengesetzter (invertierter) Richtung zu drehen. Auf den Lebensmittelverpackungen liest man statt „Invertzuckersirup" immer öfter „Glukose-Fructose-Sirup", benannt nach seinen Bestandteilen Glukose (Traubenzucker) und Fruktose (Fruchtzucker). Der normale Haushaltszucker heißt in der Fachsprache Saccharose (Rübenzucker).

www.ratschillers.de

Holunderblütengranité

Zutaten

***Für den Holundersirup**: 200 ml Wasser • 100 g Zucker • 2-3 Holunderblütendolden • ½ Bio-Zitrone • ½ TL Zitronensäure oder Reinweinstein (Apotheke)*

***Für das Granité**: 250 ml Holunderblütensirup • 350 ml Weißwein • Saft von 1-2 Zitronen*

Zubereitung

Sirup
Zucker im Wasser unter Rühren aufkochen, bis er sich aufgelöst hat. Die Blüten säubern, die Zitronen von Stielansatz und Spitze befreien, in Scheiben schneiden und in ein Gefäß geben. Das etwas abgekühlte Zuckerwasser dazu schütten und verschließen. Dann 2 Tage an einen sonnigen Platz stellen. Anschließend den Ansatz abseihen und die Zitronensäure darin auflösen.

Den Holundersirup mit Weißwein verrühren, Zitronensaft nach Geschmack zugeben. Die gesamte Masse in eine breite, flache Form geben und einfrieren. Wenn die Masse gefroren ist, mit einem Löffel das Granité abschaben und in einem Glas anrichten.

Mit Weißbier, Sekt, Schaumwein oder Zitronenlimonade aufgießen. Sehr erfrischend an warmen Sommertagen.

www.ayinger.de

Joghurt-Butterkuchen

Zutaten

250 ml Milch • 30 g Hefe • 525 g Mehl • 100 g Zucker • 275 g Joghurt-Butter • 10 g Salz • 2 g abgeriebene Zitronenschale • 2 g Kardamom • 125 g Puderzucker • 50 g Mandeln

Zubereitung

Die lauwarme Milch und die Hefe in eine Rührschüssel geben und mit 400 g Mehl bestäuben. Das Ganze zugedeckt etwa 20 Minuten ruhen lassen. Restliches Mehl, Zucker, 150 g Joghurt-Butter, abgeriebene Zitronenschale und Gewürze dazugeben und zu einem glatten Teig verkneten. Den Teig auf Blechgröße rollen und auf ein gebuttertes, gemehltes Backblech geben. Den ausgerollten Teig wieder 20 Minuten ruhen lassen. In der Zeit die restliche Joghurt-Butter und den Puderzucker schaumig schlagen. Mit Zeige- und Mittelfinger im Abstand von einem halben Zentimeter Vertiefungen in den Teig drücken. Dann mit einem Spritzbeutel die aufgeschlagene Joghurt-Butter mit dem Puderzucker in die Löcher spritzen. Zum Schluss mit Mandeln bestreuen und den Butterkuchen bei 220° C etwa 30 Minuten im Backofen ausbacken.

www.meggle.de

Fingernudeln

Schupfnudeln an karamellisierter Zwickelbiersoße

Zutaten

1000 g mehlig-festkochende Kartoffeln • 100 g Mehl • 30 g Kartoffelstärke • 80 g Zucker • 20 g Vanillezucker • 1 Messerspitze Zimt • 1 Messerspitze Muskat • geriebene Zitronenschale • 2 Eier • 1 Prise Salz

***Karamellisierte Biersoße:** ¼ l Bier • 125 g Zucker • 4 Eigelb • 1 EL Vanillezucker • 1 EL Rum • 1 Prise Zucker*

Zubereitung

Fingernudeln: Die Kartoffeln schälen, weichkochen, durch eine Kartoffelpresse drücken und abdampfen lassen. Mehl und Kartoffelstärke mischen und zur Kartoffelmasse geben, mit Zucker, Vanillezucker, Zimt, Zitronenschale, Muskat und Salz gut vermengen. Dann die Eier dazugeben und zu einem Teig verkneten. Auf einer bemehlten Arbeitsfläche den Teig zu einer Rolle formen, in Scheiben schneiden und zu fingerdicken und daumenlangen Röllchen formen. Die Schupfnudeln in das kochende Salzwasser geben und etwa 5 Minuten sieden lassen, bis sie an die Oberfläche steigen. Mit einer Schaumkelle aus dem Wasser nehmen. Vor dem Anrichten kurz in Butter anbraten, danach mit Puderzucker bestäuben und mit der karamellisierten Biersoße anrichten.

Karamellisierte Biersoße: Den Zucker in einem Topf schmelzen lassen, bis er goldbraun ist, dann mit Bier ablöschen. Eigelb mit Vanillezucker, Rum und Zimt schaumig rühren, mit dem karamellisierten Bier aufgießen und zur Rose kochen: Dafür die Masse in einem Wasserbad unter Rühren heiß werden lassen; die Soße ist fertig, wenn eine Rose entsteht, sobald man die Masse auf dem Kochlöffel leicht anbläst. Die Soße sofort mit den angebratenen Schupfnudeln anrichten.

www.zum-loewenbraeu.de

Kaiserschmarrn mit karamellisierten Walnüssen

Zutaten (für 1 Portion als Hauptgericht)

20 g Zucker • 25 g Walnusskerne • 1 EL Butter • 125 g Weizenmehl • Salz • 125 ml Milch • 3 Eier • 40 ml Mineralwasser • 1-2 EL Rosinen • 2 EL Butterschmalz • 4 EL Eierlikör • Puderzucker zum Bestäuben

Zubereitung

Die Hälfte des Zuckers in einem hellen Topf so lange erhitzen, bis er flüssig ist. Dann die Walnüsse darin schwenken, sodass alle benetzt werden. Die Butter hinzufügen und unterrühren, damit die Nüsse nicht aneinander kleben. Die Walnüsse schnell einzeln auf ein Blech legen und abkühlen lassen. Das Mehl mit dem übrigen Zucker, einer Prise Salz und der Milch zu einem glatten Teig verrühren. Anschließend die Eier unter den Grundteig rühren und das Mineralwasser hinzufügen. Nach Belieben Rosinen hinzugeben.

Das Butterschmalz in einer beschichteten Pfanne erhitzen und den fertigen Teig hineingießen. Bei mittlerer Hitze den Teig auf beiden Seiten goldgelb backen. Mithilfe von zwei Pfannenwendern den Teig in grobe Stücke zerkleinern.

Den Kaiserschmarrn auf einem Teller anrichten, mit den karamellisierten Walnüssen bestreuen, mit Eierlikör begießen und mit Puderzucker bestäuben. Zubereitungszeit: 15 Minuten

Tipp

Beim Karamellisieren der Walnüsse sehr vorsichtig sein – flüssiger Zucker ist sehr heiß und kann Verbrennungen 3. Grades verursachen!

www.rischart.de

Kaiserschmarrn-Torte

Zutaten

Für den Teig: *4 Eier • 200 g Zucker • 1 Päckchen Vanillezucker • 250 g Rosenmehl Type 405 • 1 TL Backpulver • 250 g weiche Butter*

Für die Füllung: *8 Blatt weiße Gelatine • 500 g Sahnejoghurt • Schale und Saft von 1 unbehandelten Zitrone • 75 g Puderzucker • 1 Päckchen Vanillezucker • 125 g Rotes Johannisbeergelee • 400 ml Sahne • 250 g Johannisbeeren*

Außerdem: *1 EL Mandelstifte*

Zubereitung

Teigzutaten schaumig rühren. Teig in eine Springform (Ø 26 cm) füllen und 50-60 Minuten auf der mittleren Schiene bei 175° C im vorgeheizten Ofen backen.

Gelatine einweichen. Joghurt mit Zitronenschale, Puderzucker und Vanillezucker verrühren. Zitronensaft und Johannisbeergelee erhitzen, die ausgedrückte Gelatine darin auflösen und unter Rühren zum Joghurt geben. Die Masse bis zum Gelieren kühl stellen.

Die abgekühlte Masse kräftig durchrühren. Erst die steif geschlagene Sahne, dann 225 g der Johannisbeeren unterziehen. Den Tortenboden 2 Mal durchschneiden. Den unteren Boden mit der Hälfte der Füllung bestreichen. Den zweiten Boden daraufsetzen. Torte mit übriger Füllung einstreichen. Den oberen Boden in kleine Stücke zupfen, auf die Torte häufen. 1-2 Stunden kühl stellen.

Die Torte mit den übrigen Beeren, Mandeln und Puderzucker garnieren.

www.rosenmehl.de

Käsekuchen vom Tegernsee

Zutaten

1 kg Quark • 425 g Milch • 2 Eier • 5 Eigelb • 200 g Zucker • 135 g Puddingpulver (wahlweise Maisstärke) • 135 g Butter flüssig-warm • etwas Vanillepulver und Zitronenschale • 200 g Zucker • 5 Eiweiß • 1 Prise Salz • 250 g Mürbteig für Boden

Zubereitung

Mürbteig in Größe des Tortenrings ausrollen und im Ofen bei 180° C etwa 10 Minuten leicht goldgelb anbacken. Milch mit dem ersten Teil Zucker und dem Puddingpulver klumpenfrei verrühren. Dann die Eier, das Eigelb und den Quark, Vanillepulver und Zitronenschale in die Milch geben und zu einer Masse rühren. Zum Schluss die flüssige, warme Butter unterheben.

Das Eiweiß mit dem zweiten Anteil Zucker und dem Salz zu Schnee schlagen und unter die Quarkmasse heben. Den Mürbteigboden in den Tortenring legen und auf dem Backblech die Fuge zwischen Ring und gebackenem Mürbteigboden mit Restmürbteig dick ausstreichen, damit die Quarkmasse nicht auslaufen kann. Masse einfüllen und bei 200° C backen, bis der Käsekuchen 2 cm über die Form hinaus aufgeht.

Nach etwa 20 Minuten aus dem Ofen nehmen und den Kuchen mit einem Messer am Ring entlang lösen. Wenn der Käsekuchen wieder auf Ringhöhe abgesunken ist, erneut für weitere 10 Minuten zum zweiten Backgang in den Ofen geben. Wieder 2 cm aufgehen lassen und noch einmal aus dem Backofen nehmen. Diesen Backvorgang ein weiteres Mal wiederholen. Nach dem dritten Backvorgang abkühlen lassen und dann aus dem Ring lösen.

www.confiserie-hagn.de

Kir-Royal-Sahnetorte

Zutaten

Johannisbeerkompott: *150 g Johannisbeersaft • 100 g Zucker • 30 g Kartoffelstärke • 500 g Schwarze Johannisbeeren • etwas geriebene Zitronenschale*
Kir-Royal-Tränke: *100 g Zucker • 100 ml Wasser • 150 g Johannisbeerlikör*
Schokoboden: *80 g Eiweiß • 60 g Zucker • 50 g Eigelb • 40 g Vollei • 30 g Marzipanrohmasse • 15 g Weizenmehl • 60 g geriebene Mandeln • 15 g Kakaopulver • 10 g Butter • 1 Prise Vanille • etwas abgeriebene Zitronenschale*
Zusätzlich für die Torte: *50 ml Obstwasser • 125 g Zucker • 15 g Gelatine • 1 l Schlagsahne*

Zubereitung

Johannisbeerkompott
120 g Johannisbeersaft mit dem Zucker aufkochen lassen. Kartoffelstärke mit dem restlichen Saft anrühren. Wenn der Johannisbeersaft kocht, die Kartoffelstärke unterrühren und unter ständigem Rühren noch einmal aufkochen lassen. Vom Herd nehmen. Die schwarzen Johannisbeeren und Zitronenschale unterrühren. Anschließend abkühlen lassen.

Kir-Royal-Tränke
Zucker und Wasser kurz aufkochen lassen. Abkühlen lassen und mit Johannisbeerlikör abschmecken.

Schokoboden
Butter auf dem Herd auflösen und zur Seite stellen. Marzipan mit Eigelb glattarbeiten. Dann mit dem Vollei zusammen schaumig rühren. Eiweiß und Zucker zu Schnee schlagen. Nun Eiweißmasse, Eigelbmasse, Mehl, Mandeln, Kakaopulver und die Gewürze vorsichtig untereinanderheben. Anschließend die flüssige Butter untermelieren und in einen Ring (Ø 28 cm) einfüllen. 30 Minuten bei 190° C backen.

Torte
Zuerst die Gelatine in kaltem Wasser einweichen. Nun einen Schokoboden dritteln. Einen Drittelboden auf einen Blechdeckel legen und einen Tortenring darumstellen. Das Johannisbeerkompott darauf verteilen, in der Mitte jedoch eine Lücke lassen. Nun Obstwasser, Zucker und eingeweichte Gelatine auf 40° C erwärmen. Schlagsahne aufschlagen und das Obstwasser untermelieren. Anschließend in den vorbereiteten Ring füllen. Die Hälfte der Sahne unten einfüllen und glattstreichen. Einen Boden einlegen und mit Kir-Royal-Tränke beträufeln. Nun die restliche Sahne einfüllen und glattstreichen. Den letzten Boden einlegen und wieder mit Kir-Royal-Tränke beträufeln. Einige Stunden kalt stellen. Natürlich kann man auch einen Mürbteigboden unter die Torte setzen.

Dekor
Torte mit gesüßter Sahne einstreichen. Rosetten aufdressieren. Schokospäne drüber streuen. Jede Rosette mit frischen Johannisbeeren verzieren.

www.cafeschoenleben.de

Krapfen

Zutaten (für 20 Krapfen)

Vorteig: *150 g Weizenmehl Type 550 • 100 ml Milch • 25 g Hefe*

Teig: *350 g Weizenmehl Type 550 • 50 g Butter • 50 g Zucker • 3 Eier • 4 Eigelb • 10 g Salz • 90 ml Milch • Zitronenaroma, Vanillezucker*

Zubereitung

Den Vorteig mit dem Teighaken bei Zimmertemperatur anrühren und 30 Minuten ruhen lassen.

Den Teig mit dem Teighaken langsam zusammenrühren und etwa zwei Minuten kneten. Den Vorteig zugeben und zusammen 5 Minuten schnell verkneten und wieder 30 Minuten ruhen lassen. Die Teigstücke nach der Ruhezeit abwiegen und rundwirken. Dann auf ein Backbrett legen und nach kurzer Entspannung etwas flachdrücken und zum Gären bei etwa 30° C und 75 Prozent Luftfeuchte 45 Minuten warmstellen. (Geht mit einer Wasserschüssel im warmen Backofen.)
Zum Frittieren die Krapfen etwa 3 Minuten mit dem Verschluss nach oben in 175° C heißes Backfett legen und den Deckel schließen. Dann die Krapfen wenden und noch einmal 3 Minuten bei offenem Deckel weiterbacken. Anschließend erneut wenden, nach einer Minute herausnehmen und zum Abtropfen in den Korb legen. Danach die Krapfen mit einer Konditorenspritze, am besten schmecken Erdbeer-, Himbeer- oder Aprikosenkonfitüre (die Franken verwenden dazu Hiffenmark), befüllen. Anschließend in Zimt-Zucker wälzen und von oben leicht mit Puderzucker bestreuen oder mit Schokoladenkuvertüre bepinseln.

www.brueckImaier.de

Steinbauer's Griesbrei

Zutaten

1 l Milch • 90 g Hartweizengries • 30 g Zucker • Zimt

Zubereitung

Milch aufkochen lassen, die anderen Zutaten einrühren, ein Mal kurz aufkochen und gut durchrühren. Danach zudecken und am Ofenrand mindestens 20 Minuten stehen lassen. Noch einmal glattrühren und Butter, Zimt-Zucker nach Gusto darüberstreuen.

www.chiemgauer-schmankerl.de

Mini-Elisen-Lebkuchen

Zutaten (120 Stück mit 5 cm Durchmesser)

Für den Teig: *470 g Zucker • 4 Eier • 1 TL Vanillezucker • 480 g Haselnüsse (eine Hälfte grob und eine Hälfte fein gemahlen) • 50 g grob gehackte Walnüsse • je 100 g fein geschnittenes Orangeat und Zitronat • abgeriebene Schale je einer unbehandelten Zitrone und Orange • 1 EL fein gehackte Ingwerknolle in Sirup eingelegt • je 1 TL Zimt, Gewürznelke, Piment, Koriander, Muskatblüte (Macis), Kardamom und Muskatnuss • 2 Päckchen Backoblaten (Ø 5cm)*

Verschiedene Glasuren: *Punschglasur: 130 g Puderzucker, 2 EL Rum, 2 EL Rotwein • Schokoladenglasur: 20 g Bitter- oder Vollmilchkuvertüre • Zum Verzieren: Verschiedene Nüsse und kandierte Früchte.*

Zubereitung

Den Zucker, die Eier und den Vanillezucker mit den Schneebesen eines elektrischen Handrührgerätes so lange schaumig rühren, bis sich die Masse verdoppelt hat und der Zucker aufgelöst ist. Anschließend die Nüsse, Orangeat, Zitronat, Zitronen- und Orangenschale, Ingwer und Gewürze untermischen. Die Masse abgedeckt an einem kühlen Ort 24 Stunden ruhen lassen. Am nächsten Tag mit nassen Händen kleine, etwa 15 g schwere Kugeln aus der Lebkuchenmasse formen und so auf die Oblaten setzen, dass ein 3-5 mm breiter Rand frei bleibt. Die Oblaten auf ein mit Backpapier ausgelegtes Backblech setzen. Im vorgeheizten Backofen bei 200° C etwa 13 Minuten lang hellbraun backen. Die gut aufgegangenen Lebkuchen dürfen innen nicht ganz gar sein, weil sie noch nachziehen und weich bleiben sollen. Die fertigen Lebkuchen auf einem Kuchengitter auskühlen lassen. Ein Drittel beiseite stellen; sie bleiben „Natur", also ohne Glasur.

Für die Punschglasur den gesiebten Puderzucker mit Rum und Rotwein glattrühren. Ein weiteres Drittel der Lebkuchen einzeln mit der oberen Seite (nicht die Oblaten) in die Punschglasur tauchen.

Für die Schokoladenglasur die Kuvertüre schmelzen, temperieren und das übrige Drittel der Lebkuchen mit der oberen Seite hineintauchen. Die glasierten Lebkuchen nebeneinander auf einem Kuchengitter trocknen lassen. Solange die Glasuren noch weich sind, können sie mit Nüssen und kandierten Früchten verziert werden. Die fertigen Lebkuchen in einer Blechdose aufbewahren. Das Gebäck mit einem Stück Pergamentpapier abdecken und einige Apfelschalen darüberlegen. Dadurch bleiben die Elisen-Lebkuchen weich und saftig. Nach etwa zehn Tagen haben Lebkuchen die optimale Beschaffenheit.

www.spezialitaetenland-bayern.de

Mutters Eierlikör

Zutaten

750 ml Milch • 400 g Zucker • Vanillezucker • 6 Eidotter von frischen Bio-Landeiern • 250 ml Bio-Weingeist (90 Vol.-% aus der Apotheke)

Zubereitung

Den Zucker in die Milch einrühren und 30 Minuten köcheln lassen. Am besten geht es im Simmertopf, damit nichts anbrennt. Abkühlen lassen. Die Eidotter und den Vanillezucker gut mit der Zuckermilch vermischen, dann den Weingeist dazugeben. 3-4 Wochen stehen lassen und ab und zu schütteln. Eierlikör sollte kühl und dunkel aufbewahrt werden. Es wird empfohlen, ihn angebrochen innerhalb von sechs Monaten aufzubrauchen, ungeöffnet in zwölf.

Tipp
Gourmets benutzen natürlich echte Vanille.

www.kirroyal-geniesserverlag.de

Osterbrot

Zutaten

Vorteig: *1 kg Mehl • 0,5 l Milch • 50 g Hefe*

Hauptteig: *140 g Zucker • 170 g Butter • 240 g Rosinen • 4 Eier • Saft einer 1 Zitrone • 1 Prise Salz*

Zubereitung

Milch und Hefe mit einem Teil Mehl zum Dämpferl vermengen und 30 Minuten ruhen lassen.

Dämpferl mit restlichem Mehl und den weiteren Zutaten gut durchkneten und 60 Minuten abgedeckt ruhen lassen. In beliebiger Größe rundformen und weitere 45 Minuten gehen lassen. Vor dem Backen mit Eigelb abstreichen und im Rautenmuster einschneiden. Mit gehobelten Mandeln oder Hagelzucker bestreuen. Im auf 190° C vorgeheizten Backofen 40 Minuten backen lassen.

www.holzofenbrot.de

Prinzregententorte

Zutaten

*Biskuitböden: 10 Eier • 220 g Puderzucker • 180 g Mehl •
70 g Weizenpuder*
*Französische Creme: 4 Eier • 140 g Zucker • 350 g Butter •
90 g Kakaopulver*
*Rumtränke: 70 ml Rum • 100 ml Wasser • 100 g Läuterzucker •
150 g Aprikosenmarmelade*
*Schwarzer Fondant: 200 g dunkle Kuvertüre • 120 g Fondant •
100 ml Wasser*

Zubereitung

Biskuitböden
Die Eier trennen und das Eigelb mit einem Drittel des Puderzuckers schaumig rühren. In einer anderen Schüssel das Eiweiß mit wiederum ein Drittel des Puderzuckers steif schlagen. Dabei den restlichen Puderzucker nach und nach unter ständigem Weiterschlagen einrieseln lassen. Die Masse wird schnittfest. Nun ¼ des Eischnees unter die Eigelbmasse rühren, dann den Rest davon. Mehl und Weizenpuder darüber sieben und vorsichtig unterheben.

Backblech mit Backpapier auslegen. Einen Springformring mit (Ø 28 cm) daraufsetzen, ein Siebtel des Teiges einfüllen und mit einem Teigschaber glattstreichen. Im vorgeheizten Backofen bei 200° C (Umluft) circa fünf Minuten backen, bis der Boden fest und leicht goldbraun, aber nirgends brüchig ist. Vorsichtig aus der Form lösen. Noch weitere sechs Mal die Springform füllen und im Ofen backen. So erhält man sieben Böden.

Französische Creme
Eier mit Zucker schaumig rühren. In einer anderen Schüssel die Butter schaumig schlagen. Eier unter die Butter heben und das Kakaopulver vorsichtig unterziehen.

Rumtränke
Rum, Wasser und Läuterzucker (gereinigter, farbloser Zuckersirup) in eine kleine Schüssel geben und mischen.

Vollendung
Nun nimmt man den ersten Boden und streicht ein Siebtel der Französischen Creme darauf. Hierauf kommt wieder ein Boden, dieser wird mit der Rumtränke getränkt und wieder mit einem Siebtel der Buttercreme bestrichen. Dies wiederholt man, bis sechs Böden verarbeitet sind. Der letzte Boden dient als Abdeckung und wird – wie bereits der unterste – ebenfalls nicht mit Rumtränke getränkt. Das restliche Siebtel der Französischen Creme verwendet man für den Rand der Torte, um dort eine ebene Fläche herzustellen und evtl. Löcher oder Rillen zwischen den Schichten auszugleichen. Die Torte kalt stellen.

Die Aprikosenmarmelade durchsieben und leicht erwärmen. Damit den obersten Boden bepinseln, das versiegelt die Torte und schützt sie vor Austrocknung. Torte erneut kalt stellen.

Inzwischen Fondant (eine reine Zuckerglasur) mit Wasser mischen und mit geschmolzener Kuvertüre verrühren. Die Torte mit dieser Glasur begießen. Die zuvor aufgetragene Isolationsschicht aus Aprikosenmarmelade verhindert, dass Feuchtigkeit aus dem Fondantüberzug in den Teig übergeht. So bleibt die Fondantglasur glänzend. Die Torte bis zum Verzehr wieder kaltstellen.

Wussten Sie schon,
... dass Hofkonditor Julius Rottenhöfer diese Torte dem Prinzregenten Luitpold verehrte und dies gleichzeitig als Widmung an das Land Bayern verstand? Die sieben sich abwechselnden Schichten aus Teig und Schokoladencreme sollen die sieben Regierungsbezirke Bayerns symbolisieren. Im 19. Jahrhundert, als Rottenhöfer die Torte erfand, bestand sie noch aus acht Schichten, da Bayern damals mit der Pfalz noch acht Regierungsbezirke hatte.

www.baeckerei-bergmeister.de

Priener Herznudeln

Zutaten

(mit einer Eisenform im Schmalz gebacken für etwa 60-70 Stück – Menge für ein Fest oder einen Markt)

35 St. Freilandeier • 1 kg Mehl • 600 ml Milch • 50 g Vanillezucker • 5 kg Pflanzenfett oder Butterschmalz zum Frittieren • Puderzucker zum Bestäuben

Zubereitung

Fett in der Schmalzpfanne erhitzen. Aus Eier, Mehl, Milch und Vanillezucker einen dickflüssigen, feinen Eierteig herstellen und 10 Minuten ruhen lassen. Herznudelform im Fett sehr heiß werden lassen. Die heiße Form in den feinen Eierteig tauchen und dann im Schmalz goldgelb backen. Mithilfe eines Kochlöffels von der Form lösen, einmal im Schmalz wenden und kurz fertig backen. Die knusprigen Nudeln auf einem Kuchengitter und Küchenpapier abtropfen lassen. Mit Puderzucker betäuben und frisch genießen.

Man kann die Teigmenge auch reduzieren oder aus der restlichen Teigmasse leckere Pfannkuchen machen.

Tipp

Das auch als Rosenküchle oder Andreas-Herzen bekannte Gebäck gibt es traditionell zu Fasching, zur Kirchweih oder zu Hochzeiten. Das dafür nötige Rosenküchle-Eisen bekommt man in verschiedenen Ausführungen in gut sortierten Haushaltsgeschäften.

Die original Herznudeln gibt es als Aktionsprogramm am Bauernmarkt in Aschau oder Grassau.

www.priener-freilandeier.de

Weißbiercreme

Zutaten (für 10 Personen)

200 ml dunkles Weißbier • 330 ml Sahne • 3 Eier • 4 Blatt Gelatine • 35 g weiße Kuvertüre • 1 Prise Zimt • 50 g brauner Zucker

Zubereitung

Sahne steif schlagen. Gelatine einweichen und Weißbier auf 130 ml einreduzieren. Eier mit Zucker zu einer festen Masse aufschlagen. Gelatine ausdrücken und im warmen Weißbier auflösen. Kuvertüre auflösen und mit dem Weißbier zur Eiermasse geben. Sahne unterheben, abfüllen und vor dem Servieren für einige Stunden kalt stellen.

www.buergerbraeu.com

Zwetschgendatschi

Zutaten

Hefeteig: *200 ml Milch • 40 g Hefe • 150 g Zucker • 675 g Mehl • 175 g Butter • ½ TL Salz*

Mürbteig: *400 g Butter • 200 g Zucker • etwas Salz • abgeriebene Schale von einer Zitrone • 600 g Mehl*

Belag: *2-3 EL Biskuitbrösel • 2 kg Zwetschgen • 1 TL Zimt • 50 g Zucker • 1 Glas Aprikosenkonfitüre*

Zubereitung

Hefeteig
Milch lauwarm erwärmen. Sie darf auf keinen Fall zu heiß sein, da di empfindlichen Hefepilze sonst zerstört werden. Hefe hineinbröckeln un mit 50 g Zucker verrühren. Das Mehl und den restlichen Zucker in ein Schüssel geben. Die Hefemilch, weiche Butter und das Salz hinzufügen Alles mit den Knethaken des Handrührers oder in einer Küchenmaschin zu einem glatten Teig verkneten, bis dieser sich vom Schüsselrand löst Den Teig in einer abgedeckten Schüssel im 50° C warmen Ofen etw 35 Minuten lang auf das doppelte Volumen aufgehen lassen. Nach de Gehen den Teig mit den Händen auf einer bemehlten Arbeitsfläche noch mals gut durchkneten.

Mürbteig
Butter zerstückelt in eine Schüssel geben und zusammen mit Zucker Salz, Zitrone und Mehl mit den Knethaken des Handrührers zu einen glatten Teig verkneten. In Frischhaltefolie wickeln, etwas flach drücke und zwei Stunden kalt stellen.

Vollendung und Belag
Den Mürbteig in den Hefeteig einschlagen und wie beim Blätterteig meh rere Touren geben. Dazu wird der Teig immer wieder ausgerollt und i Drittel zusammengeklappt. Diesen Vorgang nennt man Tourieren. De Teig auf einem Blech ausrollen und mit Biskuitbröseln bestreuen.

Zwetschgen waschen, halbieren und entsteinen. Eng auf den Teig aufle gen. Beim echten Augsburger Zwetschgendatschi werden die Früchte üb rigens so gelegt, dass das Muster der Zirbelnuss entsteht (die Zirbelnuss is Bestandteil des Stadtwappens). Mit Zimt und Zucker bestreuen. Datsch bei 180° C backen und anschließend mit aufgekochter Aprikosenkonfitür abglänzen (benetzen). Dadurch werden Farbe und Glanz des Kuchen intensiviert und die Oberfläche zur besseren Frischhaltung isoliert.

www.balletshofer.de

Zwetschgenrohrnudeln

Zutaten

000 g Mehl Type 550 oder 405 • 200 ml Milch lauwarm • 200 ml Wasser auwarm • 120 g Butter weich • 120 g Zucker • etwas Zitronenaroma • TL Salz • 80 g Hefe • 30-35 reife Zwetschgen

Zubereitung

Alle Zutaten mit Ausnahme der Zwetschgen zu einem glatten Teig kneten. Etwa 30 Minuten an einem warmen Ort, zugedeckt mit einem Küchentuch, gehen lassen. Dann mit der Küchenwaage etwa 60 g große Stücke abwiegen. Diese wieder circa 10 Minuten zugedeckt gehen lassen. Dann die Stücke mit dem Rollholz auf 10 x 10 cm große Stücke ausrollen. In diese Stücke wird jeweils eine halbierte und entsteinte Zwetschge gelegt. Wer es etwas süßer mag, kann noch ein Stück Würfelzucker dazulegen. Dann die Teigstücke zu einer Tasche formen. Am besten führt man die vier Ecken in der Mitte zusammen und drückt sie fest aufeinander. Dann die Stücke mit dem Schluss (die zusammengedrückten Seiten) nach unten in eine gefettete Kasten- oder Auflaufform legen.

Die Teigstücke sollten nicht zu nahe zusammengelegt werden. Anschließend noch einmal die Oberfläche buttern und erneut gehen lassen, bis die Nudeln die Form gut ausfüllen. Dann die Rohrnudeln im auf 190° C vorgeheizten Backrohr etwa 30 Minuten backen (Umluft 185° C).

Tipp
Dazu schmeckt warme Vanillesoße.

www.schwarzer-kipferl.de

*Ein Spezialist macht nie alles Mögliche,
aber ab und zu alles möglich.*

Karl Heinz Karius

TEIL 03

Bayerische

SPEZIALISTEN

Bayerns Spezialisten sind Erben einer jahrhundertealten Tradition. Die älteste Brauerei kann auf eine fast 1.000-jährige Geschichte zurückblicken. Klöster und Familienbetriebe bewahren uraltes Wissen und verbinden immer wieder Bewährtes mit Neuem. Die Wurzeln der Wirtschaft Bayerns liegen in der Landwirtschaft. Bis heute sind deren Traditions- und Familienbetriebe zuverlässiger und stabiler Wirtschaftsfaktor. Die hervorragende Qualität der Spezialitäten im Genießerland Bayern kommt auch nicht von ungefähr – Qualität ist das Ergebnis von Schweiß, Können und Liebe.

Hirschkuss

Hofmark
PILS
BIO
Hofmark
BIO
PILS
Hofmark

BAYERN

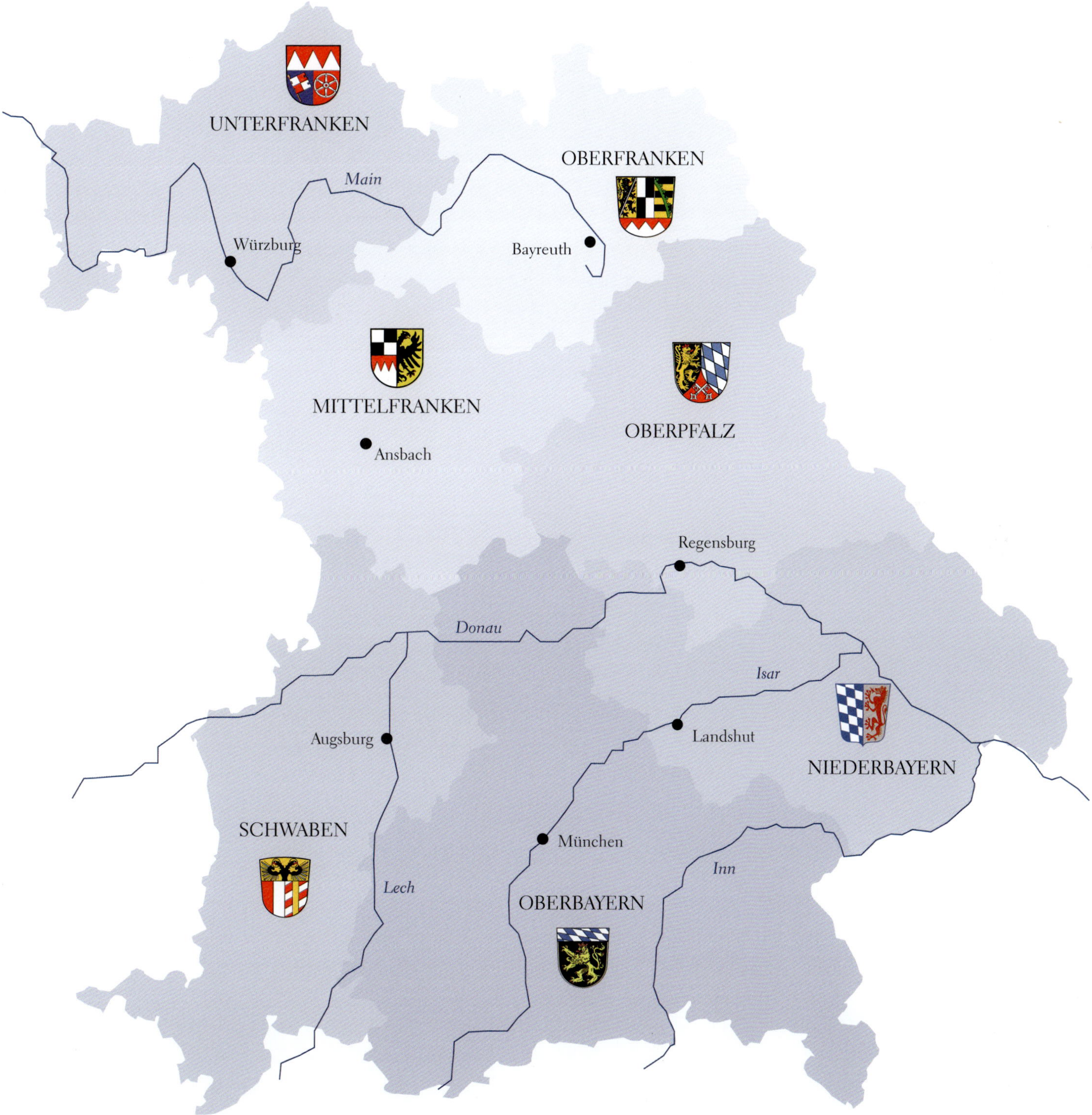
UNTERFRANKEN
OBERFRANKEN
Main
Würzburg
Bayreuth
MITTELFRANKEN
Ansbach
OBERPFALZ
Regensburg
Donau
Isar
Augsburg
Landshut
NIEDERBAYERN
SCHWABEN
München
Inn
Lech
OBERBAYERN

REGION

MÜNCHEN

Maibaum auf dem Viktualienmarkt

„Ich will aus München eine Stadt machen, die Teutschland so zur Ehre gereichen soll, dass keiner Teutschland kennt, wenn er nicht München gesehen hat."

König Ludwig I. von Bayern

Die bayerische Landeshauptstadt ist zugleich die Hauptstadt der Genüsse. Fast jeder Stadtteil des „Millionendorfs" hat seinen eigenen Markt. Der Elisabethmarkt in Schwabing, der Pasinger Viktualienmarkt und der Wiener Markt in Haidhausen sowie die vielen Wochenmärkte bieten neben besten Einkaufsmöglichkeiten jede Menge Raum für Genuss und Kommunikation.

Verführerische Vielfalt: Der Münchner Viktualienmarkt

Der unvergleichliche Viktualienmarkt stellt seit mehr als 200 Jahren ein Stück Münchner Lebensart dar. Unweit des Marienplatzes gelegen, ist er ein Treffpunkt für Genießer aus aller Welt. Hier, im Herzen von München, schlägt auch das kulinarische Herz der Stadt: An über 140 Stand'ln und auf einer Fläche von über 22.000 Quadratmetern werden frische „Viktualien" (vom lateinischen Wort für „Vorräte") feilgeboten: Obst und Gemüse, Käse und weitere Molkereiprodukte, Fisch und Fleisch, Blumen, Backwaren und vieles mehr. Die ganze Pracht gruppiert sich – ähnlich wie beim Schäfflertanz, dem traditionellen Zunfttanz der Fassmacher – um einen kleinen Biergarten herum. Wie könnte es in München anders sein! Nach getanem Einkauf laden Tische und Bänke zur Einkehr ein, und bei einer Mass Bier und einer zünftigen Brotzeit kann man dem bunten Markttreiben weiter zusehen. Auf dem Platz stehen auch sechs, meist mit Brunnen geschmückte Gedenkbrunnen für die unvergessene Münchner Originale; Karl Valentin, Liesl Karlstadt, Weiß Ferdl, Ida Schumacher, Elise Aulinger und den Roider Jackl. Eine besondere Attraktion ist übrigens der „Tanz der Marktfrauen", der alljährlich am Faschingsdienstag Tausende von Schaulustigen anzieht.

Drei „fünfte Jahreszeiten" – Das Münchner Bier

Als einzige Stadt der Welt hat München gleich drei „fünfte Jahreszeiten": den Fasching, die Starkbierzeit und die Wiesn. Das Münchner Bier besitzt Weltruf und wird von den sechs großen Brauereien der Stadt (Augustiner-Bräu Wagner KG, Hacker-Pschorr Bräu GmbH, Löwenbräu AG, Paulaner Brauerei GmbH & Co. KG, Spaten-Franziskaner-Bräu GmbH und Staatliches Hofbräuhaus) eingebraut. „Münchner Bier" steht als geschützte geografische Angabe unter EU-weitem Schutz und „Munich style" ist ein eigener Gattungsbegriff in der internationalen Braukunst. Dass es beim Einschenken von Bier immer mit rechten Dingen zuging, darüber wachte übrigens seit 1899 der „Verband zur Bekämpfung betrügerischen Einschenkens e. V.". Bereits seit den 1840er-Jahren waren Bierpreis, Bierqualität und Biersteuer Gegenstand heftiger Diskussionen zwischen Konsumenten und Brauern gewesen. Ziel und Zweck des Vereins war es als, den Überschank bzw. den „Schanknutzen" der Wirte zu bekämpfen. Schon damals zogen Bierdetektive los, um auf dem Oktoberfest, in Schankburgen und Großgaststätten sowie in Biergärten sicherzustellen, dass genug Bier in den „Keferloher" kam. Von den Nationalsozialisten wurde der Verein verboten, 1970 aber als „Verein gegen betrügerisches Einschenken" neu gegründet. Er hat derzeit rund 4.000 Mitglieder, zu denen auch Christian Ude und Edmund Stoiber zählen.

„Bier alloa macht selbst an Münchner ned satt"

Glücklicherweise wird trotz der großen Offenheit für kulinarische Genüsse aus allen Herren Ländern und einem nicht ganz von der Hand zu weisenden Hang zum italophilen Dolce vita die einheimische Küche und Lebensart wieder groß geschrieben. Im Frühjahr und Sommer locken die Münchner Biergärten mit ihren insgesamt 150.000 Plätzen die Menschen an. Und auch die vielen alteingesessenen und neu eröffneten Wirtshäuser bieten traditionelle oder raffiniert neu interpretierte Speisen nach alten Rezepten. Das Weißwurst-Frühstück hat nach wie vor einen besonderen Stellenwert und die Leberkäs-Semmel ist von einem ähnlich gestylten amerikanischen Produkt noch nicht ganz verdrängt worden. Der Obazde wird nicht nur von denen gern bestellt, die ihn auch richtig aussprechen können und das Reinheitsgebot gilt – natürlich – als unantastbar. Nur mit dem Fisch, da haben es die Münchner nicht ganz so. Hier bemerkt man, dass die Isar halt mehr ein „Gaudifluss" zum Baden, Feiern und Floßfahren ist. Lediglich der knusprige Steckerlfisch ist aus fast keinem Biergarten – und erst recht nicht von der Wiesn wegzudenken, ebenso wenig wie das Hendl vom Drehspieß und die Bratwürstl vom Grill. Eine frische, resche Breze, der fachgerecht aufgeschnittene und gekonnt drapierte Radi sowie der Emmentaler vom Rad gehören ebenso zu den Schmankerln, um die uns die ganze Welt beneidet.

Einkaufen „wie bei Königs"

Dort einkaufen, wo auch schon der König eingekauft hat: Die lange Liste der ehemals „Königlich Bayerischen Hoflieferanten" zeigt, wie wichtig und vielfältig die Welt der Genießer bereits vor über 100 Jahren war. Die „Königlich Bayerischen Hoflieferanten" hatten die Ehre, das königliche Wappen zu führen und Mitglieder der Herrscherfamilie zu beliefern. In der Prinzregentenzeit durften schließlich rund 700 Gewerbetreibende, Güterproduzenten und Dienstleister diesen begehrten Titel führen. Übrigens waren nur etwa 60 Prozent dieser Unternehmen in München selbst ansässig, während sich die übrigen auf ganz Europa verteilten. Rund drei Dutzend dieser Firmen haben die Kriege und Krisen seit dem Ende der bayerischen Monarchie überstanden und erfreuen Genießer und Qualitätsbewusste bis zum heutigen Tag mit ihren Spezialitäten. Zu ihnen zählen beispielsweise Dallmayr (bereits seit 1700 ein Delikatessengeschäft), Develey (seit 1845 in der Senfherstellung tätig) oder Eilles (1873 als Spezialitätenhaus gegründet).
Aktuell versorgen fast 8.000 gastronomische Betriebe die Einheimischen, Geschäftsleute und Touristen mit einem Angebot an Speisen, das keinen Vergleich mit anderen Weltstädten zu scheuen braucht. Vermutlich ist in kaum einer anderen bayerischen Stadt die heimische Küche so präsent und beliebt wie in München.

Wussten Sie schon,

... dass es in München schon mehr als eine Bierrevolution gab? Die erste brach los, als König Ludwig I. am 1. März 1844 wegen einer Rohstoffknappheit den staatlich festgesetzten Bierpreis um 1 Pfennig erhöhen ließ. Während die kurz zuvor erfolgte Hochsetzung des Brotpreises noch mehr oder minder klaglos hingenommen worden war, verstanden die Münchner beim Bier weniger Spaß. Noch am selben Abend brachen Krawalle in der Innenstadt los, etwa 2.000 Bürger stürmten die Brauereien und warfen Fensterscheiben ein. 4 Tage später sah sich der König gezwungen, die Erhöhung wieder zurückzunehmen.

... dass die Münchner Weißwurst vermutlich ein „Fehlfabrikat" ist? Der Legende nach erfand sie ein Wirtsmetzger namens Moser Sepp am Faschingssonntag des Jahres 1857. Als diesem die Saitlinge für die Kalbsbratwürstel ausgingen – die Gäste warteten bereits aufs Essen –, schickte er seinen Lehrling los. Der kam aber mit Schweinedärmen zurück, die zu zäh und zu groß für Bratwürste waren. In der Not füllte sie der Moser Sepp dennoch mit der fertigen Masse und brühte sie, weil sie fürs Braten viel zu dick waren, in heißem Wasser.

Rischart's Backhaus

Magnus Müller-Rischart, Gerhard Müller-Rischart

Region:	80331 München/Oberbayern
Gründungsjahr:	1883
Produkte:	40 Brot- und Semmelsorten, über 80 Feinbackwaren und Torten
Spezialität des Hauses:	Münchner Apfelstrudel
Höhepunkte, Veranstaltungen:	Café Kaiserschmarrn auf dem Münchner Oktoberfest

Hätte man Max Rischart 1883 bei der Eröffnung seiner ersten Backstube in der Münchner Ickstattstraße vorausgesagt, dass einmal acht Millionen Menschen im Jahr in die unter seinem Namen geführten Geschäfte strömen würden, wäre er vermutlich von einer der Mehlkutschen gefallen, die damals über die Kopfsteinpflaster der Stadt polterten. Für die Herstellung seiner Sternsemmeln, die der Bäcker und Melber (Mehlhändler) täglich dreimal frisch bäckt und mit dem Fahrrad ausliefert, hat er noch nicht einmal elektrisches Licht zur Verfügung.

München hat bei der Gründung des ersten Backhauses noch überschaubare 230.000 Einwohner. Damals zählt die Bäckerei drei Mitarbeiter: den Meister und zwei Gesellen. Aus ihnen sind heute 500 geworden, die in insgesamt 12 Filialen für eine Metropole von 1,5 Millionen Einwohnern wirken. Trotz individueller Standortpolitik der bislang fünf Rischart-Generationen findet die Familie sicher ihren Weg durch die Zeiten. Dem soliden Handwerk verpflichtet, wagt sie immer wieder das unternehmerische Risiko – dazu sind Rischart's Expansionsbestrebungen inmitten von München auch meist mit hohen Kosten verbunden. So beurteilen Berufskollegen und Einwohner 1932 die Eröffnung einer Filiale am Münchner Marienplatz durch Max Rischart II. als wenig aussichtsreich und der aufwendige Bau des Backbetriebes in der Buttermelcherstraße führte an die finanziellen Grenzen des Unternehmens. Befanden sich die Backstuben oft in den Kellerräumen der Bäckereien, will Gerhard Müller-Rischart Anfang der 1980er-Jahre ein gläsernes Backhaus. Unter einem weiträumigen Glasdach erleben heute Bäcker und Konditoren täglich den Sonnenaufgang. „Es duftet und schmeckt", klingt einfach, will aber jeden Tag neu bewiesen werden. Es ist die Summe aller Teile – von der Auswahl der Zutaten bis zur teamorientierten Führung – die Freiräume und hohe Verantwortung für die Mitarbeiter lässt und täglich eine kundenorientierte Mannschaft formt. Gerhard Müller-Rischart hat die Liebe und auch die Härten seines Handwerks wie seine Ahnen gelebt und die Möglichkeiten seiner Zeit gut genutzt. Die Zeit ist es auch, die ihn daran erinnert, seine Fackel weiterzugeben. 2009 übergibt er die Geschäfte seinem Sohn Magnus, der, ausgebildet als Bäcker- und Konditormeister mit Qualifikation zum Betriebswirt und der „Rischart-Portion" Liebe zum Handwerk, für seine Zeit gut gerüstet ist.

Geschichten

In der Krämerei seiner Eltern in Pöcking am Starnberger See lernte Bäckereigründer Max Rischart früh den sorgfältigen Umgang mit Lebensmitteln und Waren kennen. Auch sein Sohn, zu dessen Leidenschaften die Feinbäckerei gehörte, war keinesfalls nur bei Mehl und Gebäck penibel. In der Trambahn fuhr er immer im Stehen, um seine messerscharfen Bügelfalten nicht zu zerknittern. Der Erste Weltkrieg ließ ihm jedoch anfangs kaum Spielräume, die ihm heilige Qualität zu realisieren. Die ersten Jahre seiner Tochter Marianne, die 1940 Franz Müller, den Chef der Großbäckerei Müller & Söhne aus dem Münchner Westend heiratete, waren ebenfalls vom Wiederaufbau der Bäckerei nach dem Zweiten Weltkrieg und der Mangelwirtschaft geprägt. Sie berichtete später, sie sei mehr bei Bezugsscheinstellen und auf Lastwagen gewesen als in der Backstube. Der als Kind als verträumt geltende Gerhard Müller-Rischart, Sohn von Franz und Marianne, übernahm nach seiner Ausbildung als Erstes die Koordination des Neubaus am Marienplatz, studierte im Fernstudium bei Professor Mewes die „Engpass Konzentrierte Strategie" und baute ab 1983 das ambitionierte Kunstsponsoring „RischArt" auf, für das er 1993 die Auszeichnung „München leuchtet" erhielt. Nach Mangelwirtschaft, Inflation und zwei Weltkriegen war jetzt auch Platz für Kunst, Kultur und Schönheit – und sogar für eine Filiale im japanischen Osaka!

Herstellung

Wenn ein Unternehmen es über viele Generationen so „richtig" macht, dass seine Kunden es als „Oase mitten in München", als „unwiderstehlich" oder „immer einen kleinen Umweg wert" betiteln, dann gibt es dafür handfeste Gründe. Rischart hat die Erfolgsfaktoren für den täglichen Kundenzuspruch in vier Grundzutaten verpackt: so lautet Zutat 1: Hohe Leistungen sind nur durch die Zusammenarbeit aller möglich. Langjährige Mitarbeiter und motivierte Azubis machen die Rischart-Familie, deren Werte Kultur, Toleranz und Gemeinschaft sind, erst möglich. Zutat 2: Klasse statt Masse. Für Menschen, die täglich mit Lebensmitteln arbeiten, ist es kein Geheimnis. Die Zutaten machen den Hauptanteil am guten Produkt. Der gekonnte, respektvolle und kreative Umgang mit ihnen schafft eine „Lieblingsbäckerei". Zutat 3: Beständigkeit- und Zielstrebigkeit. Langfristig koordiniert die Familie Handlungsschritte, deren Entscheidungen auf einem soliden finanziellen Hintergrund basieren. Das ermöglicht eine kontinuierliche Entwicklung des Familienbetriebs. Zutat 4: Wir machen es heute besser als gestern, denn Stillstand treibt schon zurück.

Schmankerltipp

Ein traumhaftes Märchenschloss auf dem Münchner Oktoberfest beherbergt Rischart's Schlemmerwelt. Überdimensionale Torten, schallplattengroße Strudel, mannshohe Tassen und Tortenbüfetts zaubern eine Atmosphäre der puren Verführung. Gleich im Eingangsbereich kündet die Ahnentafel vom „Kaiser Schmarrn I." Ihn und viele andere süße Schmankerl bereiten die Wiesnzuckerbäcker vom Frühstück bis zur Riesenparty am Abend.

Wussten Sie schon,

... dass die Buttermelcherstraße in der Isarvorstadt – Sitz des Backhauses Rischart – nach einem früher dort ansässigen Milch- und Butterhändler, dem „Butter-Melchior" benannt wurde? Um 1890 entstand dort der „Buttermelchergarten", ein beliebter Milchausschank.

... dass die Bäckerei Rischart 2012 den „Bayerischen Qualitätspreis" erhalten hat? Er wird Unternehmen verliehen, die unter anderem mit innovativen Lösungen vorangehen und durch konsequentes Qualitätsdenken optimale Rahmenbedingungen schaffen.

Münchner Apfelstrudel

Ein fruchtig-frischer Strudel mit frisch geschälten Äpfeln der Sorten Boskop oder Jonagold. Der Strudelteig wird so dünn ausgerollt, dass man „eine Zeitung durch den Teig lesen könnte". Seine Zutaten sind denkbar einfach: Weizenmehl, Wasser, Essig, Eier, Salz, Öl und Butter. Der Teig, der kein Treibmittel enthält, muss eine halbe Stunde ruhen. Gefüllt mit gehobelten Äpfeln, Sauerrahm, Rosinen, Butter, Semmelbröseln, Vanille, Zucker und Zimt wird der Strudel bei 180° C etwa 40 Minuten gebacken.

Besonderheit

Die Entstehung des Apfelstrudelteigs reicht bis weit in den Orient zurück. Von dort aus gelangt das Rezept im Jahr 1453 nach Konstantinopel und von da aus nach Wien. 1696 wird der Apfelstrudel erstmals schriftlich erwähnt. Die Wiener Bäcker entwickeln das Gericht weiter und bringen es nach München. Heute gilt der Apfelstrudel als eine der bekanntesten und beliebtesten Süßspeisen weltweit.

Verzehrtipp

Der Münchner Apfelstrudel schmeckt am besten warm, mit Puderzucker bestreut und mit Vanillesoße oder -eis und Sahne.

Lagerung

Apfelstrudel hält sich 2-3 Tage im Kühlschrank. Größere Vorräte sollte man am besten einfrieren.

Bezugsquellen

In allen Rischart-Backhäusern und in vielen Münchner Restaurants und Cafés.

Weisses Bräuhaus

Region:	80331 München/Oberbayern
Gründungsjahr:	1872
Produkte:	Altbayerische Spezialitäten
Spezialität des Hauses:	Münchner Kronfleischküche
Höhepunkte, Veranstaltungen:	Aktuell in der BräuhausZeit(ung) vor Ort oder im Internet

Sieben ist die Zahl der Fülle und der Ganzheit. Sie ist wohl eine Glückszahl für das Weisse Bräuhaus im Tal zu München. Seit fast 500 Jahren ist es als Gast- und Braustätte bekannt. Dort werden insgesamt sieben Schneider-Weißbiersorten aus einem Flügelfass mit sieben Hähnen ausgeschenkt. Das Bräuhaus hat sieben Stuben und ist sieben Tage die Woche geöffnet. In Folge gibt es bereits den siebten Georg der Brauerdynastie Georg Schneider & Sohn und ganz selbstverständlich hat das Weisse Bräuhaus die Hausnummer Sieben.

Seit 1540 gibt es an dieser Stelle nachweislich eine Braustätte. Aber vermutlich versorgte diese schon früher den 1470 erbauten Tanzsaal, der in dem nahe gelegenen Gebäude mit dem „Schönen Turm“ untergebracht war. Heute befindet sich darin das Alte Rathaus. Davor als Maderbräu bekannt, kaufte Georg Schneider I. 1872 das Brauhaus und benannte es um. So wurde es dann als Weisses Bräuhaus im Tal die Geburtsstätte der Weißbierbrauerei G. Schneider & Sohn. Nach der Zerstörung im Zweiten Weltkrieg und der Verlegung der Braustätte nach Kelheim war es Margareta Schneider, die Frau von Georg Schneider V., die den Räumen ihr historisches Aussehen wiedergab. Mit der Restaurierung der Fassade und der Erneuerung des Giebels wurde im Jahre 1993 auch die Architektur von 1904 wieder hergestellt.

Das Weisse Bräuhaus ist ein traditionsreicher Ort der Begegnung auf historischem Boden und es hat eine bewegte Vergangenheit. Hier wird sie sorgfältig gepflegt, die Münchner Wirtshaustradition. Gemütlich sitzen Einheimische, Zuagroaste und Touristen an den urigen Tischen beisammen und genießen neben den frisch gezapften Weißbieren auch eine echte Rarität – die traditionelle Münchner Kronfleischküche, die in Bayern vielerorts leider in Vergessenheit geraten ist. In vielen Varianten findet man sie neben G'rösten Knödeln, hausgemachtem Obazden, Rahmschwammerln und deftigen Brotzeitplatten auf der Karte. Der Schweinsbraten ist frisch, die Hax'n knusprig und der Spanferkelbraten im Aventinus mit Kartoffelknödel und Krautsalat g'schmackig. Dass dazu ein „gar köstlich mundendes Weißbier“, wie Georg Schneider I. sein Gebrautes gerne nannte, am besten schmeckt, versteht sich von selbst.

Geschichten

Dass die Münchner gerne Bier trinken, ist weithin bekannt und auch geschichtlich belegt. Deshalb begannen sie eine Revolte, als die Schmerzgrenze beim Preis für das geliebte Bier erreicht war. Am 1. März 1844 war es soweit: Die letzte Preisanhebung wollten sich die Bürger nicht mehr gefallen lassen. Sie formierten sich im Maderbräu und zogen von dort aus durch München, um ein Bräuhaus nach dem anderen zu verwüsten. Der Groll war so groß, dass die Revolte erst nach mehreren Tagen von Gendarmerie und Militär niedergeschlagen werden konnte. Ein Ereignis, das sich in dieser Form in München nur zur Novemberrevolution 1918 wiederholte.

Herstellung

Kalbskron für 4 Personen

Zutaten:
1 kg Kalbskron
500 g Kalbsknochen
2 Karotten
½ Knolle Sellerie
2 Petersilienwurzeln
2 Zwiebeln
500 g Kartoffeln
50 g Butter
etwas frischer Kren
1 Lorbeerblatt
Pfefferkörner, Salz
(Siehe auch Verzehrtipp!)

Zubereitung:
Die Knochen mit kaltem Wasser ansetzen und zum Kochen bringen. Den entstehenden Schaum auf der Oberfläche abschöpfen und das geputzte Gemüse, Pfefferkörner und Lorbeerblatt zugeben. In die kochende Flüssigkeit das Kalbskron legen und bei nicht zu starker Hitze weich kochen (1 ½ bis 2 Stunden). Die entstandene Kalbsbouillon abseihen und mit Salz würzen. Das Kalbskron dünn aufschneiden und in einer Terrine mit der Bouillon und etwas klein geschnittenem Suppengemüse anrichten. Dazu reicht man mit etwas zerlassener Butter verfeinerte Salzkartoffeln und frisch geriebenen Kren.

Schmankerltipp

„Zum zarten Kalbskron passt am besten TAP 1 Mein Blondes“, so Georg Schneider. „Es belebt wie ein Tanz im Sommerwind, lockt zu leichten Speisen“.

Wussten Sie schon,

… dass Münchner Kronfleischgerichte meist besonders üppig ausfallen? Getreu der Überzeugung: „Wenig braucht's net sein, wann's nur guat is.“

… dass Muskelfleisch vom Kalb weniger als ein Prozent Fett enthält und selbst Schweinefleisch unter drei Prozent bleibt?

Münchner Kronfleisch

Das Kronfleisch besteht hauptsächlich aus dem Muskelfleisch des Zwerchfells von Rind, Kalb oder Schwein. Es zählt zu den Innereien und wird mit frischem Grünzeug kurz in der Brühe blanchiert, sodass es innen noch rosa ist. Den Namen trägt es, weil sich das Fleisch beim Kochen kräuselt wie eine Krone.

Besonderheit

In der Münchner Küche wird das Kronfleisch als Zwischenmahlzeit, Vorspeise oder als Hauptgericht mit frisch geriebenem Meerrettich, kräftigem, dunklen Mischbrot, Senf, Essiggurken und Schnittlauch serviert. Auch das Münchner Voressen, bestehend aus Kalbs- und Schweinelunge, Kutteln und Kalbsbries, süßsauer zubereitet mit Semmelknödel ist eine Spezialität, die es oft nur noch in altbayerischen Wirtshäusern mit langer Tradition gibt.

Verzehrtipp

Besonders gut schmeckt Kalbskron, wenn es in der Mitte noch zartrosa ist. Hierzu darf es nur bis maximal 80° C gesotten (15 bis 20 Minuten) und dann dünn wie ein Carpaccio aufgeschnitten werden. War die Temperatur zu hoch, wird das Fleisch leider zäh.

Lagerung

Für Innereien gilt wie für alle tierischen Lebensmittel: je frischer, desto schmackhafter. In der Kühlung maximal zwei Tage unbedenklich, längere Aufbewahrung ist nur tiefgefroren möglich.

Bezugsquellen

Metzgereien, Weisses Bräuhaus in München und einige Restaurants in Oberbayern.

Confiserie Rottenhöfer

Inhaber Hans Peter und Brigitte Umscheid

Region:	80333 München/Oberbayern
Gründungsjahr:	1825
Produkte:	Über 100 Pralinensorten, Rohkostmischungen, Teegebäck, Schokoladen und Konfitüren
Spezialität des Hauses:	Zwetschgenbavesen

1825 gründete Carl Rottenhöfer in München ein kleines Konditoreigeschäft, das er 1838 durch den Erwerb eines Palais in der Residenzstraße erweiterte. Hier, in unmittelbarer Nähe zum königlichen Hof, nahm das Geschäft, in dem auch feinstes Konfekt in handwerklicher Tradition hergestellt wurde, einen raschen Aufschwung. Schon bald nach der Eröffnung wurde die Confiserie Rottenhöfer zur Königlich Bayerischen Hofkonditorei ernannt. Dies kam freilich einem „Adelsschlag" gleich und ist bis heute Würde und Verpflichtung zugleich.

Damit ein Geschäft in den elitären Kreis der „Königlich Bayerischen Hoflieferanten" aufgenommen werden konnte, musste es nicht nur erstklassig sein, auch ein makelloser Leumund und eine „königstreue Gesinnung" wurden erwartet. Dazu hatte der Inhaber einwandfreie „Vermögens-, Kredit- und Familienverhältnisse" sowie die Berechtigung zur Führung des Meistertitels nachzuweisen.

Im Jahre 1897 veräußerten die vier Rottenhöfer-Söhne nach dem Tod ihrer Mutter Haus und Firma aus Erbteilungsgründen an den Konditormeister Heinrich Griebl, dessen Tüchtigkeit das Ansehen des Geschäftes weiter steigerte. Griebl lieferte schon damals kunstvolle Tafeldekorationen aus Zucker und Eis, feinste Gebäckmischungen und Pralinen an die Münchner Gesellschaft. 1924 verkaufte die Witwe Griebls die renommierte Konditorei samt Anwesen an Ludwig Roselius aus Bremen. Zur Einführung seiner Erfindung, eines koffeinfreien Kaffees, eröffnete er in verschiedenen deutschen Städten Kaffee-HAG-Stuben. Das Logo ziert bis heute den Eingang des Cafés und ist Bestandteil des Namens geblieben. Nach mehreren Besitzerwechseln übernahm 1931 der junge Konditormeister Max Eichele den Betrieb. Nach der völligen Zerstörung im Zweiten Weltkrieg und dem anschließenden Wiederaufbau erfolgte 1953 die erste Modernisierung mit Erweiterung von Café und Verkaufsräumen zur heutigen Größe. Weitere Um- und Ausbauten standen in den Jahren 1982 und 2005 an. Auch nach 186 Jahren verkörpert das Café mit den heutigen Inhabern Brigitte und Hans Peter Umscheid im Herzen von München traditionelle und anspruchsvolle bayerische Kaffeehauskultur.

Geschichten

Im Jahre 2006 bedankte sich der Vatikan-Korrespondent der BILD-Zeitung, Andreas Englisch, mit einem ganz besonderen Präsent bei Papst Benedikt XVI. Er ließ durch die Inhaberin der Confiserie Rottenhöfer, Brigitte Umscheid, die Frauenkirche sowie eine Brotzeit aus Marzipan und die Lieblingspralinen des Papstes zu einem Präsent zusammenstellen. Bei der Übergabe erkannte der Papst die Köstlichkeiten aus seinem früheren Münchner Lieblingscafé sofort und bedankte sich freudig: „Das ist ja von Rottenhöfer, das ist aber nett!" Am 16. September 2006 war die „Schokoladenseite" des Papstes der BILD-Zeitung immerhin eine halbe Seite wert. Wie lange die „Münchner Frauenkirche" im Petersdom in Rom stand, ist allerdings nicht bekannt.

Herstellung

„Immer frisch, aus erlesenen Rohstoffen nach traditionellen Rezepten hergestellt, bergen sie ein kleines Geheimnis, das Sie wohl mit der Zunge schmecken, aber dennoch nicht erraten können." So beschreibt Konditormeister Hans Peter Umscheid die Rottenhöfer-Pralinen. Konditoren zaubern aus erlesensten Zutaten „süße Poesie" und der Kenner fragt sich: Ist es die Zeit, die man sich nimmt, die den zarten Schmelz auf die Lippen zaubert? Ist es das Können, das die Komposition durch die Halle des Gaumens tanzen lässt, wie eine meisterliche Harmonie durch die benachbarte Staatsoper? Sind es einfach nur jahrzehntealte, erprobte Rezepte, die mit köstlichen Zutaten und handwerklichem Geschick zu kleinen Meisterwerken werden? Wer möchte bei all dem bloß schnöde Arbeit vermuten? Für den Genießer gibt es nur einen Weg, er muss wählen: Sarah-Bernhard-, Prinzregenten-, Maximilian- oder Hubertus-Torte, ofenfrisches Teegebäck, handgemachte Schokoladen und Pralinen, gefüllt mit frischer Sahne und echter Bourbon-Vanille. Der hausgemachte Bienenstich wird mit selbstgekochter Mandelmasse, Honig, Zimt und Zucker bedeckt. Das klassische Nussgebäck gibt es gleich als „Doppelschnecke" und der Meister selbst bezeichnet den nussigen Kern als „Kaviar" des Konditors.

Schmankerltipp

Sie zählen zu den 36 bekanntesten Münchner Schönheiten der Schönheitsgalerie König Ludwigs I. in Schloss Nymphenburg. Sie heißen Helene Sedlmayr, Lola Montez, Nanette Kaula, Auguste Stobl oder Charlotte von Hagn. Heute gibt es sie, 250 Gramm schwer, als Druck auf hochfeiner Papeterie und gefüllt mit verführerischen Variationen edler Pralinen.

Wussten Sie schon,

... dass man heute noch in München bei 13 ehemals „Königlich Bayerischen Hoflieferanten" einkaufen kann?

... dass es die ehemaligen Hoflieferanten als ihre traditionelle Pflicht ansehen, Produkte anzubieten, die auch heute noch die Gunst des Königs fänden?

... dass, die berühmte Prinzregententorte vom Hofkonditor Julius Rottenhöfer zu Ehren des Prinzregenten Luitpold ersonnen wurde?

Zwetschgenbavesen

Dieses Gebäck, auch „Bavesen" genannt, ist eine beliebte bayerische Zwischenmahlzeit. Ursprünglich waren die Bavesen typisch für die „Schlenklweil" – die Tage nach Lichtmess Anfang Februar, in denen die Dienstboten ihre Arbeitgeber wechseln konnten. Sie wurden mit einem guten Mahl von ihrer früheren Herrin verabschiedet und von der neuen begrüßt. Heute werden Bavesen aufgrund ihrer Beliebtheit ganzjährig hergestellt.

Besonderheit

Klassisch wurden die Bavesen mit altbackenen Weißbrotscheiben gemacht, die in leicht gesüßte Milch und gezuckertes Ei getaucht wurden. Zwischen die Brote gab man Zwetschgenmus. Alles zusammen wurde in heißem Schmalz ausgebacken und mit Zimt und Zucker bestreut. Die Bavesen wurden im Laufe der Zeit jedoch so beliebt, dass sie heute kein „Verwertungsgebäck" mehr sind. Für die moderne, verfeinerte Variante im Café HAG-Rottenhöfer werden dafür eigens Scheiben aus Brand- und Hefeteig hergestellt, die dann mit hausgemachter Zwetschgenkonfitüre gefüllt werden. Wie früher wird das Ganze dann in Butterschmalz ausgebacken und anschließend in Zimt und Zucker gewendet.

Verzehrtipp

Zu Zwetschgenbavesen passt am besten eine feine Trinkschokolade, eine gute Tasse Kaffee oder an warmen Tagen sogar ein Weißbier.

Lagerung

Die Zwetschgenbavesen sind möglichst am Tag der Herstellung frisch zu verzehren.

Bezugsquellen

Zwetschgenbavesen bekommt man in der Confiserie Rottenhöfer / Café HAG in der Residenzstraße 25–26 in München.

Bayerischer Brauerbund e.V.

Die Bayerische Bierkönigin Barbara Hostmann

Region:	80333 München/Bayern
Gründungsjahr:	1880
Spezialität des Hauses:	Bayerisches Bier
Höhepunkte, Veranstaltungen:	Bayerische Bierwoche (jährlich im Frühjahr), Veranstaltungskalender unter www.bayerisches-bier.de

„Ganz besonders wollen wir, dass forthin allenthalben in unseren Städten und Märkten und auf dem Lande zu keinem Bier mehr Stücke als allein Gersten, Hopfen und Wasser verwendet und gebraucht werden sollen."

So lautet – in neuhochdeutscher Textfassung – das Bayerische Reinheitsgebot von 1516. Es stellt die weltweit älteste, bis heute gültige lebensmittelrechtliche Bestimmung dar. Doch ungeachtet des Alters der Vorschrift hat sie nicht an Aktualität verloren und lässt Bayerns Brauer bis heute für die Beibehaltung „ihres" Reinheitsgebotes eintreten. Nur drei Grundzutaten – Wasser, Hopfen und Malz – erlaubte das Reinheitsgebot von 1516. Die Hefe wurde damals noch als „Zeug" bezeichnet. Erst die Forschungen von Louis Pasteur und vor allem von Emil Christian Hansen ermöglichten es, dass 1888 erstmals Bierhefe als Reinzucht obergäriger Stämme aus Nährlösung isoliert wurde und damit von Hefe gesprochen werden konnte. Aus den nun vier Grundzutaten entwickelte sich in Bayern eine ebenso erstaunliche wie köstliche Biervielfalt. Mehr als 4.000 verschiedene Biere gliedern sich in circa 40 Sorten und werden heute in über 600 Braustätten in Bayern hergestellt. Grund genug, dass EU-weit als geschützte geografische Angabe „Bayerisches Bier" eingetragen wurde. Damit steht Bayerisches Bier in einer Reihe mit weltweit anerkannten geschützten regionalen Spezialitäten wie Champagner, Parmaschinken, Südtiroler Speck oder Nürnberger Bratwürste.

Geschichten

Bier hat als Kochzutat eine lange Tradition. Selbst in sehr alten Kochbüchern und Rezepten wird Bier zum Kochen und Verfeinern verwendet. Da Bier in der Küche als „Gewürz" eingesetzt wird, sollten die Mengenangaben in den Rezepten beachtet werden. Es gilt: Je mehr Bitterstoffe ein Bier enthält, desto weniger eignet es sich zum Reduzieren. Beim Einkochen konzentrieren sich die Inhaltsstoffe und intensivieren ihren Geschmack. Es gilt als Faustregel: Leichte, helle Biere passen zu hellem Fleisch und Fisch – kräftige und dunkle Biere passen zu dunklem Fleisch und zu Wildgerichten. Das im Bier enthaltene CO_2 trägt zur Lockerung von Teigen und zur Verbesserung der Konsistenz und Sämigkeit von Saucen und Dressings bei und: Bier „entschärft" Essig.

Herstellung

Schon seit über 10 Jahren veranstaltet der Bayerische Brauerbund Kochworkshops, um die geschmackliche Vielfalt von Bierspezialitäten

herauszuarbeiten und die darauf basierende Einsatzmöglichkeit in der Küche vorzustellen. Dabei geht es immer um die leichte und raffinierte Bierküche. Auch in Backwaren und Süßspeisen erfreuen die Bierspezialitäten verwöhnte Gaumen. Viele Köche kennen den klassischen Bierteig: Mehl, etwas Öl, Weißbier, Eier und eine Prise Salz verrühren. Äpfel, Zwetschgen, Trauben oder Beeren in den flüssigen Bierteig tauchen, dann frittieren und z. B. mit Eis servieren. Cremedesserts z. B., mit kräftigem Bockbier angerührt, sind ein außergewöhnlicher Genuss. Dunkles Lager- oder Exportbier eignet sich besonders gut, wenn man es zu Schaum, Parfait oder Eis aufschlägt. Der malzig-herbe Biergeschmack harmoniert perfekt mit Süßem.

Schmankerltipp

Es ist unbestritten, dass gerade beim Reduzieren von Saucen die Auswahl der Biersorte die große Kunst des Kochens mit Bier ausmacht. Die milden bayerischen Bierklassiker eignen sich aufgrund ihrer malzaromatischen Komponenten und des oft eher hopfenaromatischen denn bitteren Charakters hier besonders gut. Der Trick für die Geschmacksfülle und die besondere Biernote in der Sauce ist, dass nach dem Reduzieren die verlorene Flüssigkeitsmenge wieder mit Fond aufgefüllt wird.

Wussten Sie schon,

... dass der erfolgreiche Verlauf der Gärung – vor Kenntnis der Wirkung von Bierhefe – vom Zufall abhängig war? Oft entstand ein ungenießbares Gebräu. Wenn zu viele wilde Hefen den Sud verdarben, dann war „Hopfen und Malz verloren“.

... dass unter www.bayerisches-bier.de eine Sammlung von über 130 Rezepten für Biergerichte nachzulesen sind?

Bayerisches Bier

Das Bayerische Bier ist in seiner Zusammensetzung weltweit einzigartig und hatte in seinem Herkunftsland schon immer einen besonderen Stellenwert. Das beruht auf einer jahrhundertealten Geschichte. Der Ursprung des Bayerischen Bieres liegt in den alteingesessenen Klöstern des Landes, aus denen viele Brauereien hervorgegangen sind. Seine aufwendige Herstellung, Vielfalt und Reinheit ist kulturell tief verankert und ein wichtiges Element der kulinarischen Tradition Bayerns.

Besonderheit

Die Zusammensetzung des Bayerischen Bieres ist bis heute durch das wohl älteste Lebensmittelgesetz der Welt geregelt. Das Bayerische Reinheitsgebot für Bier wurde im Jahr 1516 in Ingolstadt erlassen. In Freising steht die älteste Brauerei der Welt, die bereits 1040 gegründet wurde – und in der gleichen Stadt lernen heute Studenten aus aller Herren Länder die Kunst des Bierbrauens. Bayern ist das bedeutendste Anbaugebiet für Braugerste in Deutschland. In den Hopfenanbaugebieten Hallertau und Spalt produzieren die Hopfenpflanzer ungefähr ein Drittel der Welthopfenernte für Biere überall auf der Welt.

Verzehrtipp

Ein frisches Bier zügig zu genießen, ist immer richtig. Dabei sollte auf die Verwendung des geeigneten Trinkgefäßes geachtet werden. Ob Krug, Seidel, Becher, Pokal, Tulpe oder Flöte – für einen vollendeten Biergenuss muss es zur Bierspezialität passen und deren Charakter unterstreichen.

Lagerung

Bier sollte am besten dunkel und kühl gelagert werden.

Bezugsquellen

In über 600 Brauereien in Bayern, fast allen Gastronomiebetrieben, im Getränke- und Einzelhandel sowie unter www.biershop-bayern.de.

Verein Münchener Brauereien e.V.

v. l. n. r.: Andreas Steinfatt (Hacker-Pschorr Bräu GmbH),
Dr. Jörg Lehmann (Spaten-Franziskaner-Bräu GmbH),
Dr. Jannik Inselkammer (Augustiner-Bräu Wagner KG),
Dr. Michael Möller (Staatliches Hofbräuhaus in München),
Günter Kador (Löwenbräu AG),
Heiner Müller (Paulaner Brauerei GmbH & Co. KG)

Region:	80333 München/Oberbayern
Gründungsjahr:	1871
Produkte:	Münchner Bier
Spezialität des Hauses:	Münchner Bier, Oktoberfestbier
Höhepunkte, Veranstaltungen:	Oktoberfest, Münchner Brauertag, Maibaumaufstellung am Viktualienmarkt

Es gibt wohl nur eine Handvoll Städte auf der Welt, die so eng mit einem Getränk in Verbindung gebracht werden, wie München. Am 2. Januar 1871 wurde der „Verein Münchener Brauereien" – nach der kurz zuvor erfolgten Einführung der Gewerbefreiheit – mit der Nummer 2 in das Vereinsregister des Amtsgerichts München eingetragen. Der erste und die nachfolgenden 306 Vereine existieren heute nicht mehr. Damit ist der Verein Münchener Brauereien der älteste, heute noch bestehende eingetragene Verein in München.

Ganze 17 Brauereien gingen 1871 mit der Vereinsgründung den Weg in die „neue Zeit" mit. Zuvor waren die Brauer in Zünften organisiert. Als Schutzpatron hatten sich die Münchner Brauer den heiligen Bonifatius erwählt. Aber auch der heilige Florian, der mächtige Patron gegen Feuer- und Wassergefahr, wurde wegen den früher üblichen offenen Feuerstellen in den Brauereien als notwendiger Schutzherr verehrt.
Seit ihren Anfängen im Mittelalter feierten alle Münchner Zünfte bis in das 18. und 19. Jahrhundert hinein am Tage ihres Schutzpatrons ein besonderes Fest. Heute setzt der Verein Münchener Brauereien e. V. alle zwei Jahre, erstmals wieder 1962, die jahrhundertealte Tradition mit dem Münchner Brauertag fort. Wie beim Schäfflertanz (Zunfttanz der Fassmacher) wird damit ein Überbleibsel der alten Stadttradition gepflegt und die Verbundenheit der Münchner Brauer mit dem Wirtschafts- und Kulturleben der Stadt gezeigt.
Viele Brauerpioniere haben zur heutigen Weltgeltung Münchens als wohl berühmteste Bierstadt der Welt beigetragen. Am Anfang standen die Mönche des Franziskaner-, Paulaner- oder Augustinerordens, die man noch heute in den Namen der Brauereien wiederfindet. Das Münchner Kindl, das einen Mönch symbolisiert, wurde sogar im Stadtwappen verewigt. Der 1589 gegründete Hofbräu trug mit dem Hofbräuhaus „Maß-geblich" zum Weltruhm der Münchner Biere bei. Josef Pschorr und Maria Theresia Hacker machten Hacker-Pschorr schon im 18. Jahrhundert zu einer Großbrauerei und Joseph Sedlmayr baute die Spaten-Brauerei in den 70er-Jahren des 18. Jahrhunderts zur damals größten Brauerei Münchens auf. Schließlich fusionierte mit dem Faberbrauer im Jahr 1920 die letzte kleine Brauerei mit Paulaner. Seitdem halten bis heute noch sechs große Brauereien die Münchner Bierfahne hoch.

Geschichten

In einer Satzung des Münchner Magistrats aus den Jahren 1447 bis 1453 steht geschrieben, dass „Bier und Greußing" (eine in dieser Zeit beliebte Biersorte) nur aus Wasser Malz und Hopfen gebraut werden dürfen. Im Jahr 1487 erließ Herzog Albrecht IV. hoheitlich dann das ähnlich lautende Münchner Reinheitsgebot. Erst 29 Jahre später übernahm Herzog Wilhelm IV. von Bayern („der Standhafte") auf dem Landständetag in Ingolstadt das berühmte Reinheitsgebot für ganz Bayern. Wie ernst es die bayerischen Brauer damit meinen, wurde nicht erst in Zeiten der EU klar. Bereits der Beitritt zur Weimarer Republik war an Bedingungen geknüpft, die Ausdruck der drei bayerischen Grundelemente von Freiheit, Kirche und Bier waren:

- Dass Bayern sich weiter als Freistaat bezeichnen kann.
- Dass es eine eigene Vertretung beim Heiligen Stuhl bekommt.
- Dass das Reinheitsgebot im Biersteuergesetz verankert wird.

Herstellung

Das Wasser, das von den Münchner Braue reien verwendete wird, stammt aus eigenen, im Stadtgebiet liegenden Tiefbrunnen. Sie reichen größtenteils bis in die Schichten der Münchner Schotterebene hinab, die aus dem Tertiär stammen. Mehrere Millionen Hektoliter Münchner Bier werden jährlich damit gebraut. Während einige Brauereien eher den bayerischen Mark beliefern, verkaufen andere das Münchner Bier weltweit und tragen so zu dessen globaler Be kanntheit bei.
Der Hopfen kommt meist aus der nahegele gen Hallertau und das Malz wird fast immer aus bayerischem Getreide gewonnen. Die Biervielfalt ist sprichwörtlich: Es gibt das süf fige, angenehm gehopfte Helle und seine et was stärkere Variante, das Export Hell ebenso wie das seit Jahrzehnten stetig populärer wer dende Weißbier, das mit seiner Vielfalt stabil auf den vorderen Plätzen der Beliebtheitsskala steht, wohingegen das früher so viel geliebte malzaromatische Dunkle zum Liebhaberbier wurde. Zu besonderen Anlässen oder jahres zeitlich limitiert braut man in München auch besondere Biere: Das sind Stark-, Fest-, oder Bockbiere, Märzen und natürlich auch das Oktoberfestbier.
Bei aller Sortenvielfalt ist und bleibt das Münchner – und das 70 Jahre später erlassene Bayerische Reinheitsgebot – für die Brauer der Stadt Ansporn und Verpflichtung. Es ist die wichtigste Qualitätsvoraussetzung für gutes Bier und damit ein fundamentales Gesetz ihres Berufsstandes.

Münchner Bier

Noch vor dem Erlass des Herzogs Albrecht IV. dem Münchner Reinheitsgebot von 1487, wurde in einer Satzung des Magistrats der Stadt München aus den Jahren 1447 bis 1453 festgeschrieben, dass Bier, welches im Hoheitsgebiet der Stadt München gebraut wurde, die Bezeichnung Münchner Bier tragen darf und dass dieses Bier nur aus Wasser, Malz und Hopfen gebraut werden darf. Der Verbraucher verbindet damit ein hohes Ansehen und die Erwartung höchster Bierqualität.

Besonderheit

Jede der sechs Münchner Brauereien – als da sind: Augustiner-Bräu Wagner KG, Hacker-Pschorr-Bräu GmbH, Spaten-Löwenbräu GmbH, Paulaner Brauerei GmbH & Co. KG, Spaten-Franziskaner-Bräu GmbH und das Staatliche Hofbräuhaus – braut ihr Bier nach dem Münchner bzw. Bayerischen Reinheitsgebot. Dieser selbst auferlegte Qualitätsanspruch der Brauereien begründet die starke Verbundenheit der Bevölkerung zu ihrem Bier. Weiß sie doch, dass das Münchner Bier nur aus reinen Naturprodukten, wie reinem Wasser, das aus eigenen, bis in die Tertiärschichten reichenden Tiefbrunnen stammt, bestem Malz und ausgewähltem Hopfen, vorwiegend aus bayerischem Anbau sowie aus Hefe von speziellen eigenen Reinkulturen, nach alten überlieferten Rezepten gebraut wird. Das hat auch die EU bestätigt, als sie 1998 das „Münchner Bier" als geschützte geografische Angabe unter EU-weiten Schutz gestellt hat.

Verzehrtipp

Natürlich schmeckt das Münchner Bier am besten im Biergarten aus einer frisch gezapften Maß bei einer zünftigen Brotzeit. Gleichwohl kann man die Münchner Bierspezialitäten auch zu einem edlen Essen oder beim Grillfest mit Freunden genießen.

Lagerung

Das Münchner Bier ist kühl gelagert je nach MHD viele Monate haltbar.

Bezugsquellen

Das Münchner Bier erhält man fast überall auf der Welt, auf dem Oktoberfest, in der Brauerei, im Einzelhandel, in Getränkemärkten und in der Gastronomie.

„Die demokratisierende Macht des Biers hatte [in München] doch eine Annäherung bewirkt. Der geringste Arbeiter war sich bewusst, dass der hochgeborene Fürst und Graf keinen besseren Trunk sich verschaffen konnte als er; die Gleichheit vor dem Nationalgetränk milderte den Druck der sozialen Gegensätze. Und wenn im Frühling noch der Bock dazu kam, konnte man... eine so zwanglose Gesellschaft beisammen finden, wie sie in Berlin nirgends anzutreffen war".

Der Berliner Schriftsteller Paul Heyse (1854)

Schmankerltipp

Für jede Jahreszeit gibt es das passende Münchner Bier. Im März beginnt mit der Fastenzeit auch die Starkbierzeit. Danach folgt im Mai – wie der Name sagt – der Maibock. An heißen Sommertagen lindern dann vor allem Weißbier und Helles den Durst. Das Oktoberfest läutet das Ende der Biergartenzeit ein. Hier dürfen ausschließlich die sechs Münchner Brauereien ein sorgfältig eingebrautes Oktoberfestbier – mit einer Stammwürze von mind. 13,5 % – ausschenken. Die Winterzeit krönt der Weihnachts-Festbock.

Wussten Sie schon,

- *.. dass Herzog Albrecht von Bayern – auch „der Weise" genannt – bereits am 30. November 1487 für Münchner Brauer ein Reinheitsgebot erließ, wonach Bier „nu füran auch aus nichts anderem dann Hopfen, Gersten und Wasser gesotten werden" durfte?*
- *.. dass das Reinheitsgebot zu den ältesten Lebensmittelgesetzen der Welt gehört?*

Landesvereinigung der Bayerischen Milchwirtschaft

Geschäftsführerin Dr. Maria Linderer

Region:	80336 München/Oberbayern
Gründungsjahr:	1956
Produkte:	Milch und Käse
Spezialität des Hauses:	Bayerische Milch

Weite grüne Wiesen und weidende Kühe unter weiß-blauem Himmel – dahinter vielleicht ein Kirchturm und nebenan ein urgemütliches Wirtshaus: Dies ist das Bild, das man mit Bayern verbindet. Andernorts, in den Bergen, laden Almen und Hütten zur Brotzeit ein. Frische Buttermilch, Raffiniertes aus Joghurt und Quark, würzige Brotzeiten mit üppiger Käseauswahl. Rahmschwammerl, Kässpatzn, Obazda und Topfenstrudel – dies sind die kulinarischen Träume aus einem Land, in dem Milch und Honig fließen. Es mutet an wie ein Klischee, jedoch wird Bayern dafür auf der ganzen Welt geschätzt – und die Bayern lieben und leben es ohnehin.

Die Milchwirtschaft ist eine tragende Säule des Agrarstandortes Bayern. Rund 140.000 Arbeitsplätze sind allein im Freistaat mit ihr verbunden. Das wertvolle Grundnahrungsmittel stammt von 1,2 Millionen Milchkühen, die zu etwa 40.000 Höfen gehören. Die meisten Höfe sind Familienbetriebe, die tief mit Natur und Heimat verwurzelt sind und ihr Bestes für eine gleichbleibend hohe Qualität leisten. Die überwältigende Vielfalt an frischen Milchprodukten bildet die Grundlage für zahlreiche regionale Spezialitäten. Mehr als 400 Käsesorten in über 1.000 Geschmacksrichtungen werden hergestellt. Ob Auszogne oder Millirahmstrudel – die bayerische Küche ist ohne Milch, Käse, Topfen, Butter und Sahne nicht vorstellbar und deshalb ein besonderes Geschmackserlebnis, weil sie durch Frische und konstant hohe Qualität überzeugt. In 75 Molkereien wird die Milch – insgesamt über sieben Millionen Tonnen jährlich – weiterverarbeitet. Der Umsatzanteil der Betriebe in der Milchverarbeitung Deutschlands beträgt mehr als ein Drittel, womit Bayern bundesweit das stärkste „Milchland“ ist. Auch knapp die Hälfte des in Deutschland hergestellten Käses kommt aus Bayern, wo der Verbraucher vielfach die Möglichkeit hat, frische Produkte direkt in der Molkerei, Käserei oder ab Hof zu erwerben.

Geschichten

Nicht nur der Nachwuchs von zumeist angloamerikanischen Prominenten wird mit ausgefallenen Namen wie „Apple“, „Paris“ oder „Peaches“ geschmückt – seit neuestem heißen auch bayerische Milchkühe „Apfel“, „Lotus“ oder „Melone“. Da die Milchbauern eine ganz besondere Beziehung zu ihren Kühen pflegen, wollen sie sie nicht nur mit einer Nummer kennzeichnen. Während die Tiere früher nach ihren äußeren Eigenschaften benannt wurden, sind heute Blumen- und Naturnamen im Trend. Bei Hollywood-Stars und Milchkühen gleichermaßen beliebt sind derzeit auch Städtenamen wie „Berlin“, „Oslo“ oder „London“. Aber auch „Ornella“, „Olympia“ und „Obama“ grasen auf bayerischen Wiesen. Einen Unterschied gibt es aber noch: Es ist bis heute üblich, dass die Namen von Mutter und Tochter den gleichen Anfangsbuchstaben haben, somit ist die Abstammungslinie leichter nachvollziehbar.

Die Fachleute

Vielfältig sind auch die Berufe, die man in der bayerischen Milchwirtschaft ergreifen kann. So erlernt der Milchtechnologe (neue Bezeichnung für den Ausbildungsberuf Molkereifachmann/Molkereifachfrau) Rohmilch zu qualitativ hochwertigen Milchprodukten, wie z. B. Konsummilch, Milchmischerzeugnisse, Butter und Käsesorten aller Art, zu verarbeiten. Beim

Milchwirtschaftlichen Laboranten steht die Qualitätskontrolle von Molkereiprodukten und Hilfsstoffen durch chemische, physikalische und mikrobiologische Untersuchungen im Mittelpunkt. Die Berufe gelten als krisensicher, zumal es hier um die Verarbeitung und Untersuchung eines der wichtigsten Grundnahrungsmittel geht. Durch moderne Verfahren und den Einsatz von Technik sind die Berufe gleichermaßen für Frauen und Männer geeignet. Da Kühe naturgemäß keinen Sonntag kennen, muss man sich aber auch auf Sonn- und Feiertagsarbeit einstellen. Aufstiegsmöglichkeiten gibt es zum Meister, Techniker oder gar zum Ingenieur. Auch die Einsatzmöglichkeiten sind vielfältig und reichen von der Tätigkeit in der Molkerei, über das Labor und zur Produktentwicklung bis hin zu Werbung und Verkauf. Informationen über „Berufe in der Milchwirtschaft“ findet man unter www.milchland-bayern.de. Eine dort kostenfrei zu bestellende Broschüre erhält eine komplette Liste aller Ausbildungsbetriebe in Bayern.

Schmankerltipp

Der Biergartler kann für seine Brotzeit aus über 400 Käsesorten wählen. Zahlreiche Variationen von Bier und Käse harmonieren besonders gut miteinander und so dürfen Käsesorten wie Weißlacker, Emmentaler, Blauschimmelkäse, oder auch ein zünftiger Obazda bei der traditionellen Brotzeit auf keinen Fall fehlen. Welcher Käse zu welchem Bier oder Wein besonders gut passt, ist im Spezialitätenteil in der Rubrik „Milch und Käse" beschrieben.

Wussten Sie schon,

.. dass auch Schimmelkäse bei falscher Lagerung von anderen, ungenießbaren Schimmelpilzen befallen wird und dann nicht mehr verzehrt werden sollte?

.. dass sich nur Bio-Milch nennen darf, was von Bauernhöfen mit ökologischem Landbau stammt? Nur wenn die Einhaltung der strengen Richtlinien der EG-Öko-Verordnung durch unabhängige Kontrollstellen bestätigt wird, erhält die Milch das Bio-Siegel.

Bayerische Milch

Rohmilch, Frischmilch, ESL-Milch, H-Milch, Vollmilch, Magermilch – die Begriffe auf den Milchverpackungen sorgen bei den Verbrauchern oft für Verwirrung. Dabei ist die Systematik gar nicht so kompliziert. Die genaue Klassifizierung der Milch hängt nämlich größtenteils nur von zwei Faktoren ab: von der Art der Wärmebehandlung und von der Fettstufe. Gleichbleibend ist immer die hohe Qualität und die Herkunft aus Bayern.

Besonderheit

Rohmilch und Vorzugsmilch kommen frisch von der Kuh und werden nicht behandelt oder erhitzt. Milch, die in Molkereien abgefüllt und dann zum Verkauf angeboten wird, ist jedoch immer erhitzt. Bei der Frischmilch wird durch eine 15-30 Sekunden lange Erhitzung auf 72° C (Pasteurisierung) die Haltbarkeit im Kühlschrank auf vier bis acht Tage gesteigert. Die Hocherhitzung auf 127° C (für etwa 1 Sekunde) macht Milch gekühlt dann bis zu drei Wochen haltbar. Diese Milch, auch ESL-Milch genannt, ist durch den Hinweis „länger haltbar" zu erkennen und unterscheidet sich im Geschmack kaum von der Frischmilch. Bei der Ultrahocherhitzung wird die Milch dann 1-3 Sekunden auf mindestens 135° C erhitzt. Bei dieser sogenannte H-Milch bleiben die Nährstoffe weitestgehend erhalten, es können jedoch geringfügige geschmackliche Veränderungen auftreten. Dafür kann sie ungeöffnet bei Zimmertemperatur mindestens acht Wochen gelagert werden. Auch der Fettgehalt der Milch ist auf der Verpackung eindeutig gekennzeichnet.
Milch hat einen natürlichen Fettgehalt von 3,7 bis 4,4 %. Je nach Einstellung des Fettgehalts wird sie im Handel als Vollmilch mit natürlichem Fettgehalt (mind. 3,8 % Fett), als Vollmilch (mindestens 3,5 % Fett), teilentrahmte bzw. fettarme Milch (1,5 bis 1,8 % Fett) oder entrahmte Milch bzw. Magermilch (maximal 0,5 % Fett) verkauft.

Bezugsquellen

Bayerische Milch und Käse gibt es überall im Lebensmittelhandel. Werksverkäufe bayerischer Molkereien und Käsereien können unter www.milchland-bayern.de/werksverkauf abgerufen werden.

Metzgerei Magnus Bauch

Magnus und Parwathi Bauch

Region:	80337 München/Oberbayern
Gründungsjahr:	1953
Produkte:	140 hausgemachte Fleisch- und Wurstwaren
Spezialität des Hauses:	Münchner Leberkäse, Münchner Weißwurst
Höhepunkte, Veranstaltungen:	Lieferant der Münchner Wiesn

„Ich werd a mal a Metzder“, verkündete der kleine Magnus Bauch voller Überzeugung. Doch bis der Junior gemeinsam mit seiner Ehefrau Parwathi die Geschicke des Unternehmens übernehmen konnte, sollte noch viel Wasser die Isar hinabfließen. Fragt man heute einen Münchner, wo man den besten Leberkäse bekommt, ist die Antwort ziemlich sicher – beim Bauch.

Für Magnus Bauch ist sein Beruf Berufung. Weil ihm nicht Wurst ist, was in der Wurst ist, machen er, seine 14 Meister und 80 Mitarbeiter aus einem wertvollen Rohstoff ein vollendetes Produkt. Unantastbare Regel dabei ist, bei aller Experimentierfreude, das Festhalten an bewährten Rezepten. Denn ihre tägliche Motivation beziehen alle Mitarbeiter aus der Treue der zahlreichen Kunden, die aus einem Angebot von über 140, täglich frisch hergestellten bayerischen Fleisch- und Wurst-Spezialitäten wählen können. „Trotz unserer langjährigen Tradition vergeht kein Tag, an dem wir nicht bestrebt sind, unsere Produkte zu verbessern oder neue Wege zu beschreiten“, sagt Magnus Bauch. Wie schwer das ist, zeigt er anhand eines Beispiels auf. „Vor 20 Jahren wollten wir unseren Leberkäse verbessern und ersetzten 5 Prozent Schweinefleisch durch die entsprechende Menge Rindfleisch. Noch am selben Tag erhielten wir emotionsgeladene Reklamationen, in denen sich die Stammkunden mit dieser minimalen Veränderung eines Klassikers keineswegs einverstanden erklärten.“ Kein Wunder, denn die absoluten Spitzenplätze in der Kunden-Hitliste nehmen seit 50 Jahren der mehrfach goldprämierte Leberkäse und die ebenfalls mehrfach goldprämierte Weißwurst ein. Unzählige Male erhielt das Unternehmen für seine Produkte die DLG-Preise, meistens in Gold. Mehrmals erlangte der Betrieb sogar den Preis des Besten und den Bundesehrenpreis. „In keiner Stadt der Welt werden so viele Leberkäs-Semmeln gegessen wie in München“, verrät uns der Metzgermeister. Nicht nur deshalb produziert Magnus Bauch selbst am Samstag frischen Leberkäse und Weißwürste.

Geschichten

Franz Josef Strauß, der ehemalige bayerische Ministerpräsident, war ein treuer Kunde der Metzgerei. Einmal kam er zu Weihnachten in seinem Wagen vorgefahren und verlangte eilig Einfahrt in den Hof. „Mach schnell auf, meine Bodyguards sucha mi scho. Über Rot fahr' bloß i und net die.“ Nur so war es ihm möglich, in Ruhe und unbeobachtet seine Weihnachtseinkäufe zu machen. Ein anderer, überaus treuer Kunde war über Jahre hinweg ein Trambahnfahrer. Jeden Tag hielt er vor der Metzgerei an und holte sich, ungeachtet der Verkehrssituation, eine Leberkäs-Semmel. Fahrgästen, die sich über den außerfahrplanmäßigen Halt beschwerten, gab er stets die gleiche Antwort: „Mit leerem Magen ko i net fahr'n.“ Nach Einstellung des Fahrbetriebes der Trambahn in der Thalkirchner Straße übernahmen die Busfahrer diese Frühstückstradition.

Herstellung

Für den Leberkäse wird Schweine- und Rindfleisch durch den Wolf gedreht, mit Eis, Speck, Salz und einer geheimen Gewürzmischung zu einer gleichmäßigen Masse verarbeitet. Das Brät wird in Formen gefüllt und gebacken. Frisches Leberkäsebrät beim Metzger zu kaufen, ist die einfachste und zugleich wohlschmeckendste Art, zu Hause einen frischen Leberkäse zu servieren. Dabei wird das Brät in den auf 180° C vorgeheizten Backofen geschoben und etwa 15 Minuten gebacken, bis es eine schöne, goldgelbe Farbe annimmt. Dann wird die Temperatur auf 120° C reduziert und pro Kilogramm Gewicht eine Stunde weiter gebacken. Es ist wichtig, dem Leberkäse etwa zehn Minuten Ruhe zu gönnen, bevor man ihn serviert.

In der aus München nicht wegzudenkenden Leberkäs-Semmel (die Semmel dazu liefert seit Jahren die Bäckerei Brücklmaier) steckt typischerweise der feine Leberkäse. Auch die vielen Varianten des Münchner Leberkäses haben ihre Liebhaber. Ein Meisterstück dieser Gattung ist z. B. der „Münchner Leberkäse extra“. Mit seinen zwölf Kilogramm ist er der Goliath unter den verschiedenen Leberkäse-Sorten.

Schmankerltipp

Eine Leberkäse-Sorte, die fast nur in Bayern erhältlich ist, ist der Kalbskäse. Die Verfeinerung mit Allgäuer Käse und mit getrockneten Chilischoten ermöglichen weitere interessante Variationen. Konsequenterweise gibt es in der italophilen Stadt München auch den Pizza-Leberkäse. Er heißt nicht nur so, er schmeckt auch so. Käse, Salami und Kräuter machen ihn zu einem bayerisch-mediterranen Hochgenuss.

Wussten Sie schon,

... dass Metzger, auch „Schlachter", „Fleischer", „Fleischhauer" oder lateinisch „carnifex" genannt, seit dem 13. Jahrhundert in Zünften organisiert sind?

... dass es 1782 in München 65 Zunftmetzger für gerade mal 50.000 Einwohner gab? 1993 waren es 135 und 2003 nur noch 104 Innungsbetriebe für circa 1,3 Millionen Einwohner. Davon produzieren weniger als 20 Metzgereien ihre Waren noch selbst.

Münchner Leberkäse

Der Münchner Leberkäse ist ein mehr als 200 Jahre alter Klassiker. Er enthält Schweinefleisch und kräftige Gewürze. Wichtig ist, dass der Leberkäse so lange im Ofen gebacken wird, bis sich eine dunkle, knusprige Kruste auf seiner Oberfläche bildet.

Besonderheit

Entgegen seinem Namen enthält der Münchner Leberkäse, im Vergleich zu seinen außerbayerischen Verwandten, weder Leber noch Käse. „Leber" ist vermutlich eine Abwandlung des Wortes „Laib" und das Wort „Käse" bezeichnet hier lediglich eine feste Masse. Nach den Leitsätzen des Deutschen Lebensmittelbuches muss Leberkäse außerhalb Bayerns Leber enthalten, nur Bayerischer oder Münchner Leberkäse ist davon ausgenommen.

Verzehrtipp

Warmer Münchner Leberkäse schmeckt am besten frisch gebacken auf einer knusprigen Kaisersemmel mit süßem Senf. Kalten Leberkäse sollte man nie direkt aus dem Kühlschrank, sondern in Zimmertemperatur verzehren. Kurz angebraten, mit einem Spiegelei und Kartoffelsalat serviert, ist er fester Bestandteil der Münchner Brotzeitküche.

Lagerung

Für den rohen Leberkäse gilt folgende goldene Regel: immer am Einkaufstag, der in der Metzgerei Bauch automatisch der Herstellungstag ist, zubereiten. Rohes Brät ist ähnlich sensibel wie Hackfleisch. Fertig gebackener Leberkäse kann einige Tage im Kühlschrank, am besten in der Originalverpackung oder in einer Tupperform, aufbewahrt werden.

Bezugsquellen

Metzgereien, Imbiss, Gastronomie, Volksfeste und auf der Münchner Wiesn.

MRT – Ludwig Leidmann GmbH

Ludwig und Marianne Leidmann

Region:	80337 München/Oberbayern
Gründungsjahr:	1992
Produkte:	Bayerische Schweinehälften, Spanferkel, Mutterschweine
Spezialität des Hauses:	Bayerisches Qualitätsschwein

„Ob Ferkel, Schwein oder Loos – die Auswahl ist bei Leidmann groß“, das ist das Motto des Familienbetriebs von Ludwig Leidmann, der schon seit knapp einem halben Jahrhundert im Schlachthof München tätig ist. Und: Noch immer ist ihm die Zufriedenheit der Kunden genauso wichtig, wie am ersten Tag. Heute liefern die Leidmanns etwa 2.300 Schweine und 600 Ferkel pro Woche in über 40 Münchner Betriebe.

Begonnen hat alles 1961, als der „Weber Lugg“, wie er in seiner Heimat nur genannt wird, nach München kam, um das spärliche Einkommen aus seinem kleinen landwirtschaftlichen Betrieb aufzubessern. So fuhr Ludwig Leidmann jede Woche neben der Vieh- und Feldarbeit nach München, um dort als Viehtreiber bei einer Agentur zu arbeiten. Bald gründete er nebenbei seinen eigenen Viehhandel – am Anfang mit ein paar Mutterschweinen und Ferkeln , die er von den Landwirten aus seiner Heimat in die Landeshauptstadt mitnahm. Für sein unternehmerisches Gespür und vor allem die Liebe zu seiner Arbeit wurde er schon bald mit Erfolg belohnt. Dies erkannte auch Georg Paulus – der Gründer einer Viehhandelsagentur im Münchner Schlachthof –, beteiligte den leidenschaftlichen Händler 1973 an seinem Unternehmen und bot ihm schließlich die Übernahme an. Ein schwerer Bandscheibenvorfall hinderte ihn aber vorerst daran, so dass sein Mitbewerber Moritz Richter zum Zuge kam. Am 1. April 1992 war es dann aber doch so weit: Ludwig Leidmann übernahm den Betrieb.

Von Beginn an ist fast die ganze Familie des „Schweinebarons “, so nennen ihn seinen Kunden liebevoll, im Unternehmen beschäftigt. Dazu gehört seine Frau Marianne, die beiden Töchter Marianne Strobl mit Schwiegersohn Reinhard und Heidi Schwinghammer. Sie sind bereits seit 2002 in der Geschäftsführung tätig und bestrebt, den Familienbetrieb in seinem Sinne auch später weiter zu führen.

„Wir sind immer für Sie da“, dies ist bei Leidmanns keine Phrase. Der Familienbetrieb zeichnet sich durch hohen Kundenservice und gute Erreichbarkeit aus – auch nach Geschäftsschluss. Nach der Gründung seines Fleischgroßhandels stand die Privatisierung des Münchner Schlachthofes an. Nach mehr als 126 Jahren unter städtischer Führung wurde der Schlachthof 2004 von den drei größten Schweineschlachtern am Ort übernommen – einer von ihnen war Ludwig Leidmann. Das war ein wichtiger Schritt, um den Schlachthof in der Stadt zu erhalten. Alle bei Leidmanns geschlachteten Schweine kommen von den umliegenden Erzeugergemeinschaften und werden ausschließlich im eigenen Schlachthof in München geschlachtet, wodurch strapaziöse Transportwege wegfallen – was letztlich der Qualität des Fleisches zugutekommt.

Geschichten

Zum Oktoberfest ist Ludwig Leidmann mit seinen Spanferkeln seit langem Hauptlieferant vieler Wiesn-Wirte. Das bedarf kluger Planung und zuverlässiger Geschäftsbeziehungen zu den Zuchtbetrieben. Nach der Wiesn sind vor allem die Weihnachtslieferungen eine gewaltige Aufgabe, die der 70-Jährige mit seinem Team seit über 40 Jahren souverän meistert. Den landwirtschaftlichen Betrieb hat er mittlerweile an seine Tochter Marianne übergeben, die ihn gemeinsam mit ihrem Mann liebevoll weiterbewirtschaftet – wenngleich er immer noch gerne mithilft. Bis heute ist ihm die Liebe zu den Tieren und ihre artgerechte Haltung sehr wichtig. Der Arbeitstag der Metzger beginnt weit vor Tagesanbruch. Vielleicht faszinieren Ludwig Leidmann gerade diese frühen Stunden im Münchner Schlachthof bis heute. Er liebt seinen Beruf – und genau das macht ihn so beliebt. Übrigens: Einen Teil der Schweineinnereien geht an eine besondere Adresse: Sie sind Leidmanns Spende an die „Münchner Tafel e. V.“, die Hilfsbedürftige in der Landeshauptstadt mit Lebensmitteln versorgt.

Herstellung

Etwa 120.000 Schweine und über 30.000 Ferkel bringen Ludwig Leidmann und sein Team jährlich in die verarbeitenden Betriebe. Tägliche Schlachtung mit tierärztlichen Untersuchungen vor Ort und die bereits erwähnten kurzen Anfahrtswege der Tiere garantieren den Abnehmern beste Qualität. Als anerkannter QS-Betrieb (Qualitätssicherungssystem) ist eine zuverlässige Rückverfolgung der Schlachtschweine, die von den umliegenden Erzeugergemeinschaften jeden Tag zum Schlachthof gebracht werden, jederzeit gewährleistet. Die Leidenschaft zu seinem Beruf, Fairness, Zuverlässigkeit und die persönliche Beziehung zu seinen Kunden haben Ludwig Leidmann zu einer festen Größe der Münchner Fleischszene werden lassen.

Der renommierte Metzger Magnus Bauch aus München schreibt über den „Schweinebaron“ auf seiner Webseite: „Die Zuverlässigkeit unseres alten Freundes und langjährigen Schweine-Lieferanten Ludwig Leidmann ist von unschätzbarem Wert und einer der Schlüssel zu unserem Erfolg. Da es riesige Qualitätsunterschiede beim Rohstoff Schwein gibt, sorgen Ludwig Leidmann und sein altbewährtes Team stets dafür, dass wir exakt die Schweine bekommen, die wir für unsere qualitätsorientierte Fleisch-und Wurstproduktion benötigen – und das sind immerhin zwischen 35.000 und 40.000 Tiere im Jahr. Er garantiert uns die erlesene Qualität der von ihm vermarkteten bayerischen Qualitätsschweine. Weil es nicht Wurst ist, woher das Fleisch kommt.“

Schmankerltipp

Ein gegrilltes Spanferkel ist immer etwas ganz Besonderes. Es sind junge Schweine, die im Alter von sechs Wochen und mit einem Gewicht von etwa 25 kg geschlachtet werden. Meist werden sie zu besonderen Anlässen im Ganzen gebraten oder gegrillt. Im weltbekannten Hofbräuhaus in München kann man sich vor Ort davon überzeugen. Auch die Sperger's, das sind die Wirtsleut, sind überzeugt, dass sich jeder, der sich so einen Spanferkelbraten mit einer frisch gezapften Mass Bier schmecken lässt, wie ein „Münchner im Himmel" fühlen muss.

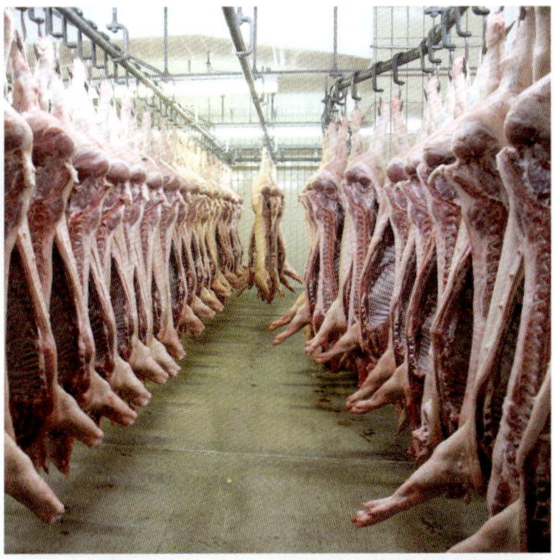

Wussten Sie schon,

... dass das „Span" im Wort Spanferkel die Zitze einer Muttersau bezeichnet und „spänen" ein anderes Wort für säugen ist?
... dass eine „Loos" kein Rechtschreibfehler ist, sondern ein Mutterschwein?
... dass das Hausschwein eines der am längsten domestizierten Haustiere ist und bereits seit 9.000 Jahren gehalten wird?
... dass man Schweine früher meist im Herbst schlachtete, um sie nicht über den Winter durchfüttern zu müssen?

Bayerisches Qualitätsschwein

In Bayern werden etwa 3,5 Millionen Schweine in fast 30.000 Betrieben gehalten. Mit einem Pro-Kopf-Verbrauch von fast 40 Kilogramm wird doppelt so viel Schweine- wie Rindfleisch verzehrt.

Besonderheit

Schweinefleisch gehört hierzulande zu den beliebtesten Fleischsorten. Kaum ein anderes Schlachttier ist so voll und ganz verwertbar wie das Schwein. Es liefert Fleisch zum Kochen, Braten, Schmoren oder Grillen, ist aber wegen seines kräftigen Geschmacks auch zur Wurstherstellung sehr beliebt.

Verzehrtipp

Ein „rescher" Schweinekrustenbraten ist als echtes Schmankerl zu bezeichnen und er ist kalt genauso gut zu genießen wie warm. Er schmeckt am besten in dünne Scheiben geschnitten mit frisch geriebenem Meerrettich und Schwarzbrot.

Lagerung

Anders als das Rindfleisch muss Schweinefleisch nicht „abgehangen" werden, d. h. es braucht keine längere Reifezeit und soll frisch verarbeitet werden.

Bezugsquellen

Die Firma MRT-Ludwig Leidmann beliefert Metzgereien in München und Umland, Zerlegebetriebe und Gaststätten mit frischen Schweinehälften, Loosen und Ferkeln. Auch auf das Münchner Oktoberfest werden Spanferkel geliefert.

Ludwig Schelkopf GmbH & Co. KG

Region:	81371 München/Oberbayern
Gründungsjahr:	1912
Produkte:	70 hausgemachte Fleisch- und Wurstwaren
Spezialität des Hauses:	Münchner Weißwurst

„Bloß weis weiß is, is no koa Weißwurst", bemerkt Ludwig Schelkopf. Wer sollte es besser wissen als ein Münchner Metzgermeister, der in dritter Generation diese Spezialität herstellt? Die Metzgerei mit dem kleinen Laden nahe der Theresienwiese gehört zu den Großen, wenn es um die Weißwurst geht. Auch wenn die Frage nach der besten Weißwurst die Münchner ebenso in verschiedene Lager spaltet wie die „60er" und die „Bayern", so wird hier unbestritten Meisterklasse gespielt.

Manuela und Ludwig Schelkopf

Wie meisterlich die Qualität ist, erkennt man daran, dass die erprobte Rezeptur der Weißwürste im Hause Schelkopf seit Jahrzehnten nicht mehr geändert wurde. Dazu kommt die Nähe zum Münchner Schlachthof, aus dem täglich frische Ware die Metzgerei erreicht. Das gilt auch für das Salz und die Petersilie aus Bayern. Gleichbleibend hohe Qualität und Sortierung der Zutaten sind besonders wichtig für die beständige Qualität des Endproduktes. Die Beliebtheit der Münchner Weißwurst zeigt sich auch in der wachsenden Nachfrage. 55 Mitarbeiter produzieren täglich zu den gefragten Weißwürsten mehr als 70 verschiedene Fleisch- und Wurstwaren – und beliefern damit Großmärkte, Handelsketten, Imbiss- und Gastronomiebetriebe und im Herbst natürlich das Oktoberfest. Früh aufstehen, heißt es daher für acht Metzgermeister, die Gesellen, Lieferanten und Verkäufer. Besonders erfreulich ist, dass es trotz hoher

Anforderungen an das Handwerk keine Nachwuchsprobleme gibt. Die Schelkopfs lieben ihre Arbeit und so ist es höchst erfreulich, dass auch die Kinder des Ehepaars das ehrbare Handwerk weiterführen wollen.

Geschichten

Als der Vater 1956 mit der alten Metzgerei von der Waltherstraße in das neue Gebäude umzog, war es das erste, zwischen Bombenschutt wiedererbaute Haus in der Schmied-Kochel-Straße. Damals wie heute waren die Anwohner dankbar für hausgemachte Metzgerware in ihrer Nähe. Frische Weißwürste, die traditionell das Zwölfuhrläuten nicht hören sollen, werden sehr früh hergestellt. Die Produktion im 500 Quadratmeter großen Rückgebäude beginnt daher um 2 Uhr nachts. Ab 6 Uhr morgens wird ausgeliefert, um die Ware rechtzeitig zum Frühstück in die Geschäfte und Gastronomiebetriebe zu bringen. Das ist heute durch die infrastrukturellen Veränderungen einer Millionenstadt zunehmende Herausforderung für die Inhaber des alteingesessenen Betriebes. Für die Kunden ist es einfacher, denn sie erreichen die Metzgerei sehr gut mit der U-Bahn. Von der Haltestelle Implerstraße sind es nur etwa 200 Meter zum Ladengeschäft.

Herstellung

Die original Münchner Weißwurst wird aus Kalb- und Schweinefleisch, mit Zwiebeln und frischer Petersilie zubereitet. Wie der Name sagt, sollte die Farbe der Wurst weiß und die Textur fein, locker und leicht flaumig sein. Bis zu 100 Kilogramm Petersilie werden im Hause Schelkopf täglich in Handarbeit von den Stie-

len befreit, dabei kommt es auf die Sorte und natürliche Gärtnerware an. Es bleiben nur die feinen Blattspitzen, die den dezenten aber unverkennbaren Kräutergeschmack ergeben. Auch die Zwiebeln werden frisch und nicht gefroren verarbeitet, damit Säuerungsprozesse vermieden werden. Zügig wird das sorgsam gekutterte Brät unter strengen hygienischen Bedingungen in saubere Naturdärme gefüllt. Der Darm bestimmt nicht nur Farbe und Form der Weißwurst, sondern sorgt auch für die Qualität des Verzehrs. In Bayern wird die Wurst traditionell „gezuzelt", deshalb soll das Brät locker aus der Haut gehen, ohne zu kleben, zu wässern oder zu bröseln. Die Verarbeitung geht schnell und präzise ohne Kontakt mit Fremdmaterialien oder unnötigem Luftkontakt vonstatten. Gleich anschließend werden die rohen Weißwürste zum Brühen in das vorbereitete Wasser des Wurstkessels gelegt. Gleichmäßig bekommen alle die richtige Temperatur. Nicht zu dicht dürfen sie liegen, so ziehen sie genau bis zum optimalen Zeitpunkt. Dabei verwandeln sie sich von eben noch frisch-rosa beim Brühen zur Weißwurst und kommen nun kesselfrisch zum Verzehr.

Münchner Weißwurst

Die Weißwurst ist eine Münchner Spezialität. Die Legende sagt, dass der Moser Sepp die Weißwurst am 22. Februar 1857 im Gasthaus zum „Ewigen Licht" am Marienplatz aus der Not heraus produzierte. Ihm gingen die dünnen, für Kalbsbratwürstel gebräuchlichen Schafsaitlinge aus. So füllte er das Brät in die etwas dickeren Schweinedärme. Die Weißwurst war geboren.

Besonderheit

Die derzeit gültige Rezeptur für „Original Münchener Weißwürste" wurde am 15. März 1972 im Amtsblatt der Landeshauptstadt München festgehalten. Das Brät der Münchner Weißwurst enthält Kalb- und Schweinefleisch, Petersilie, Zitrone, Muskat, Ingwer, Kardamom und Zwiebeln. 80 bis 100 Gramm schwer, hat die Weißwurst im Mittel eine Länge von ungefähr 12 Zentimetern und einen Durchmesser von 28 bis 32 Millimetern. Traditionell zuzelt man die Weißwurst in Bayern vor dem Zwölfuhrläuten mit Brezen, süßem Senf, einer frischen Mass oder einem Weißbier zum Frühschoppen. Die Würste müssen täglich frisch hergestellt werden, da sie nicht mit Zusatzstoffen haltbar gemacht werden.

Verzehrtipp

Die Weißwürste werden in einem Topf mit kaltem Wasser langsam erwärmt, kurz vor dem Aufkochen vom Herd nehmen und zehn Minuten ziehen lassen. Kochen dürfen sie auf keinen Fall, da sie sonst platzen.

Lagerung

Am besten frisch, das heißt am Tag der Herstellung verzehren. Die Würste können ohne Probleme bei ordentlicher Lagerung im Kühlschrank 2-3 Tage liegen.

Bezugsquellen

Im Geschäft des Stammhauses, in vielen Münchner Wirtshäusern, Restaurants und Feinkostgeschäften.

Schmankerltipp

Falls eine Weißwurst älter als 3 Tage wird, so kann man sie in dicke Scheiben schneiden, panieren und braten. Serviert mit einer Senfsoße und gedünstetem Mischgemüse wird sie auch so zu einem schmackhaften Essen.

Wussten Sie schon,

… dass der Münchner Stadtarchivar Richard Bauer herausfand, dass die Weißwurst wahrscheinlich sogar noch älter ist, als die Legende besagt? In alten Unterlagen fand Bauer einen Stich aus dem Jahr 1814, auf welchem man Münchner im Bockkeller Weißwürste zuzeln sieht. In einem alten Metzgerhandbuch las er gar, dass die Weißwurst dasselbe ist wie die Maibockwurst, nur weniger scharf gewürzt und mit geringerem Schweinefleischanteil. Daraus schlussfolgerte er, dass die Münchner Weißwurst eine Weiterentwicklung der Maibockwurst ist.

Spezialität

KATEGORIE
SÜSSE BACKWAREN

Münchner Busserl

Ein Naschwerk aus cremigem Nußnougat, liebevoll per Hand in Bonbonform verpackt. Die charakteristische blau gepunktete Verpackung mit dem Schriftzug ist bereits seit 1953 beim Deutschen Marken- und Patentamt geschützt.

Besonderheit

Das „Münchner Busserl" besteht aus jeweils zwei Pralinés in Form eines Mundes, die die Konditoren bei „Elly Seidl" in liebevoller Handarbeit aus Vollmilchschokolade und Nougat fertigen. Zwei „Busserl" werden in Stanniolstreifen gewickelt und der Schriftzug „Elly Seidl" vertieft herauspoliert. Gemeinsam wickelt man sie dann in eine blau gepunktete Zellophanhülle und packt sie in die per Hand gefalzte, passende Pralinenschachtel. Abschließend wird diese mit weiß-blauen Schleifenbändern versehen. Die Busserl und alle weiteren 140 Pralinensorten stellt Konditormeister Oliver Rambold täglich frisch, in limitierter Menge her.

Verzehrtipp

Die Münchner Busserl genießt man besten zu zweit – am schönsten begleitet von einem „echten". Als liebenswerter Gruß aus München immer gern genommen.

Lagerung

Münchner Busserl sind gekühlt bis zu sechs Monate haltbar.

Bezugsquellen

In den drei Filialen in München sowie dem Geschäft in Starnberg. Doch auch Feinschmecker außerhalb Münchens können Pralinen von Elly Seidl genießen: Törtchen, Pralinen und Marmeladen können im Webshop bestellt werden.

Elly Seidl GmbH

Region: 82166 Gräfelfing/Oberbayern
Gründungsjahr: 1918
Produkte: Pralinen, Torten, Gebäck
Spezialität des Hauses:
Münchner Busserl
Höhepunkte, Veranstaltungen:
Marktsonntage in Starnberg,
Hofbräu-Dult immer im Juli

Geschäftsführer: Maximilian und Oliver Rambold

1918 eröffnet Barbara Grathwohl ein Feinkost- und Süßwarengeschäft in bester Lage, in der Münchner Maximilianstraße. Sie gibt ihm ihren Mädchennamen Seidl und fügt den Vornamen ihrer Tochter Elly hinzu. 1928 erbt Elly das Geschäft und meldet 1953 das „Münchner Busserl" beim Patentamt zum Markenschutz an. 1972 pachtet der Konditormeister Helmut Rambold, der schon zuvor Pralinen für Elly Seidl hergestellt hat, mit seiner Frau Beatrice das Geschäft. Sie vergrößern sowohl das Sortiment als auch den Kundenstamm und ziehen aus Kapazitätsgründen nach Pasing um. Mitte der 80er-Jahre werden wieder zwei Filialen in der Münchner Innenstadt eröffnet. Die Söhne des Ehepaars treten 1990 in das Geschäft ein: Oliver wird Konditormeister und Maximilian wählt eine Ausbildung zum Kaufmann. Im Jahr 2001 schließlich hat die Familie die Möglichkeit, das Unternehmen zu kaufen. Die Produktion wird nach Planegg verlagert, fünf Jahre später eröffnet die vierte Elly-Seidl-Filiale in Starnberg. Heute gibt es in den Geschäften ausschließlich Produkte aus eigener Herstellung. Neben dem „Münchner Busserl" bekommt man eine verführerisch große Auswahl an köstlichen Pralinen, Schokoladen, Kuchen und Törtchen.

Schmankerltipp

Für die Pralinenherstellung werden hochwertige Früchte eingekauft und in feine Brände eingelegt. Saisonal gibt es sie auch zu köstlichen Brotaufstrichen verarbeitet und in kleine Portionen abgefüllt.

Wussten Sie schon,

… dass man bei Elly Seidl unter der professionellen Anleitung eines Konditormeisters seine eigenen Pralinen fertigen kann, von der Mischung der Zutaten bis zum Einpacken?

… dass man seine liebsten Pralinen auch einfach als Genießerbox abonnieren kann?

Münchner Haupt'

v. l. n. r.: Wirtsfamilien Robert und Gigi Pfundmair, Christa und Robert Zeilermeier

Region: 81379 München/Oberbayern
Gründungsjahr: 1893
Produkte: Gastronomie, Musikveranstaltungen, Festschießen
Spezialität des Hauses: Wildschweinbraten vom Überläufer
Höhepunkte, Veranstaltungen: Musikveranstaltungen mit Wirtin und Sängerin Gigi Pfundmair – siehe www.muenchnerhaupt.de, Veranstaltungen.

Zu den schönsten Wirtshäusern im Münchner Süden gehört seit 1893 die „Münchner Haupt'", Schießstätte der traditionsreichen „Königlich privilegierten Hauptschützengesellschaft München 1406". Die Anlage in der Mittersendlinger Zielstattstraße, zu der auch einer der schönsten und größten Biergärten Münchens mit 2500 Plätzen unter altem Kastanienbestand gehört, bietet königlich-bayerisches Flair. Prunkstück der Anlage ist das wie ein elegantes Schloss anmutende Hauptgebäude mit Gartensaal, Gaststube, Schützenzimmer, Terrasse und Festsaal. Hier serviert die studierte Opernsängerin und Wirtin Gigi Pfundmair ihren Gästen neben gepflegter bayerischer Küche auch allerlei musikalische Kulinarien wie Theatermusik, Wiener Lieder oder Schlagermusik.
Die Eltern der singenden Wirtin, Christa und Robert Zeilermeier, hatten die Anlage 1986 übernommen und ihr mit viel Engagement und Liebe das heutige stilvolle und gutbürgerliche Flair verliehen.

Schmankerltipp

Schon seit über 25 Jahren gibt es in der Münchner Haupt' das traditionelle Kesselfleischessen. Gekochtes Bauch-, Kopf- und Wellfleisch sowie Herz und Lüngerl vom Schwein werden in heißem Würzsud dampfend, mit frischem Krustenbrot und geriebenem Kren serviert. Dazu passt natürlich ein kräftig-süffiges König Ludwig Dunkel.

Wussten Sie schon,

… dass ein nicht mehr saugendes Jungtier von der Wildsau „Überläufer" genannt wird?
… dass Veranstaltungen mit einem zünftigen Festschießen verbunden werden können, wofür man in der Münchner Haupt' Original-Schützenscheiben, z. B. mit Firmenlogo, anfertigen lassen kann?

Spezialität

KATEGORIE
FLEISCH & WURSTWAREN

Wildschweinbraten vom Überläufer

Ab Mitte des 19. Jahrhunderts nennt man in der Weidmannsprache ein Schwarzwild im zweiten Lebensjahr „überlaufender Frischling", kurz auch „Überläufer". Sie sind in diesem Alter bereits geschlechtsreif und man spricht auch von der Überläuferbache und dem Überläuferkeiler. Das Fleisch vom Wildbret lässt sich vielseitig verwenden, ist sehr mager und eiweißreich. Aufgrund des natürlichen Nahrungsangebotes ist es leicht bekömmlich und reich an Mineralstoffen.

Zutaten

1 kg Schlegel vom jungen Wildschwein • 5 Gelbe Rüben • Sellerie • Butterschmalz • Petersilienwurzel • 5 Wacholderbeeren • 5 Pfefferkörner • 1 Lorbeerblatt • 2 Zwiebeln • 1 El Crème fraîche • Wildgewürz • 0,7 l Domina (kräftig-würziger Rotwein aus Franken) • Preiselbeeren • Maroni

Zubereitung

Den Schlegel mit Wildgewürz einreiben. Von allen Seiten in Butterschmalz anbraten. Fleisch aus der Pfanne nehmen und etwa 500 g klein gewürfelte Gelbe Rüben, Sellerie und Petersilienwurzel im Bratenansatz rösten. Wacholderbeeren, Pfefferkörner, Lorbeerblatt zugeben und mit 0,7 l Domina ablöschen. Die Wildschweinkeule wieder zugeben und im geschlossenen Topf bei etwa 170° C gut 2 Stunden schmoren lassen. Die Soße durch ein Sieb passieren und bei Bedarf mit etwas Speisestärke binden. Mit Crème fraîche und Preiselbeeren verfeinern.
Maroni: In einer trockenen Pfanne den Zucker langsam goldgelb schmelzen. Mit Wasser aufgießen, nicht umrühren, sondern einkochen lassen. Geschälte Maroni zugeben, kurz erwärmen und ein größeres Stück kalte Butter zugeben. Maroni einkochen lassen und dadurch glasieren.
Dazu passen am besten Kroketten oder echte böhmische Knödel, Apfelblaukraut, Rosenkohl oder glasierte Mandeln.

Ludwig Hagn und Stephanie Spendler Gaststätten-Betriebs oHG

Ludwig Hagn und seine Tochter Stephanie Spendler

Region:	81675 München/Oberbayern
Gründungsjahr:	1961 Schützen-Festzelt, 1979 Löwenbräu-Festzelt
Produkte:	Oktoberfest-Wiesnwirt
Spezialität des Hauses:	Wiesn-Hendl
Höhepunkte, Veranstaltungen:	Münchner Oktoberfest

Wer könnte wohl mehr vom Mythos des Münchner Oktoberfestes und seinem unbestrittenen Klassiker, dem Wiesn-Hendl, erzählen als der dienstälteste Wiesnwirt Ludwig „Wiggerl" Hagn? Gemeinsam mit seiner Tochter Stephanie Spendler betreibt er das Löwenbräu-Festzelt. „Nach der Wiesn ist vor der Wiesn", so beschreibt der Wirt sein Geschäftsjahr. Wer ein kleinwenig Wiesn-Feeling auch „zwischen den Tagen" erleben möchte, Essen, Feiern, Beisammensein: In seinem Unions-Bräu in Haidhausen wird das über das ganze Jahr zu einem echten Erlebnis.

Schon mit 16 begann Wiggerl Hagn auf der Wiesn zu arbeiten. Bereits 1961 wurde er offiziell, zusammen mit seiner Mutter Berta Hagn, Wirt des Schützenzeltes. Da die Lizenzen für die Festzelte jedes Jahr neu von der Stadt München vergeben werden, muss sich ein Wirt immer wieder aufs Neue bewähren. Dem Wiggerl gelingt das bereits fast 50 Jahre. Im Jahr 1979 übernahm er das große Löwenbräu-Festzelt. Das war der Zeitpunkt, als der Mythos Wiesn vom Volksfest zum Weltfest mutierte. Die Besucherzahlen stiegen rasant und schnell waren die Zelte bereits am Nachmittag wegen Überfüllung geschlossen. Eine große Herausforderung an das Team von Wiggerl Hagn und Stephanie Spendler. 165 Bedienungen geben alles dafür, dass die von 120 Mitarbeitern in der Küche zubereiteten Speisen und das frische Bier zügig an die Tische kommen. 25 Musiker, Brezen- und Bauchladenverkäufer sowie eine Vielzahl von Fachkräften wirbeln, damit sich die Gäste wohlfühlen. 75 Ordner garantieren im Zelt die Sicherheit. „Solange Märsche gespielt wurden, wurde auch gerauft", erzählt Wiggerl Hagn. „Heute tanzt man auf den Bänken. Mit dem Ententanz vor circa 20 Jahren begann der Wandel von der Wiesnmarschmusik hin zum friedlichen, fröhlichen und lauten Spektakel", berichtet der Wirt. Auch das Dirndl und die Lederhosn als akzeptierte und heute kultivierte Wiesnkleidung kam wieder richtig in Mode. 16 Tage lang geht es vom Vormittag an bis halb elf Uhr nachts rund. Dann aber werden pünktlich die Bänke hochgeklappt. Dabei helfen auch gern die zahlreichen Stammgäste mit. Obwohl fast 6.000 Menschen im Zelt Platz finden, muss lange vorher reserviert werden. Zwei Mass und ein Hendl – das ist die Währung, für die ein reservierter Sitzplatz zu haben ist. Im Garten ist es – je nach Wetter – leichter, einen der 3.300 Plätze zu ergattern. Auch hier gibt es die große Speisekarte mit bayerischen Spezialitäten. „Früher – das Hendl war noch eine Rarität – haben sich die meisten ihre Brotzeit mitgebracht. Heute wählen viele von der großen Karte."

Geschichten

„Ein Stammtisch ist in einem bestimmten Lokal ein bestimmter Tisch, in einem bestimmten Eck, an dem an bestimmten Tagen bestimmte Leute zu einer bestimmten Stunde Platz nehmen, um dort bei einer bestimmten Menge eines bestimmten Getränkes über bestimmte Themen zu sprechen und dann zu bestimmter Stunde mit einem bestimmten Schwipserl bestimmt nach Haus zu gehen. Das stimmt bestimmt." So steht es im Unions-Bräu, aufgeschrieben natürlich von einem Stammtisch. Für die Wiesn gilt das erst recht. Der älteste Stammtisch kommt seit 1949 mit 10 Personen ins Löwenbräuzelt. Einer dieser Stammtischler feierte hier auch seinen 90. Geburtstag. Wen wundert es, dass bei so viel Freude auch Wunder geschehen? So fand die Mannschaft des Wiesnzeltes neben Toastern, zweiten Zähnen und einem Dackel sogar einmal einen verlassenen Rollstuhl …

Herstellung

49 Hähnchen drehen sich etwas mehr als eine halbe Stunde auf dem Spieß an einem der 16 Gasgrille – aufgesteckt von insgesamt vier Hendlsteckern, die so gut wie nie wechseln und das schon seit 25 Jahren mit dem ganz eigenen Wiesnfieber machen. Gefüllt mit Petersilie, gewürzt mit Salz, Pfeffer und einem „Geheimnis" kommen in allen Zelten insgesamt etwa 700.000 Hendl während jeder Wiesn auf die Teller. Im Jahre 1955 waren es nur etwa 100.000 Goggerl, wie das Geflügel auch gerne genannt wird. Johann Ammer servierte 1885 die ersten Wiesn-Hendl und von da an ging es stetig bergauf, bis 1991 ein Rekordverzehr von über 800.000 halben Hendln zu verzeichnen war. Da konnten auch die 1881 eingeführten Ochsen am Spieß, zum damaligen Zeitpunkt eine Riesen-Attraktion auf dem Oktoberfest, nicht dagegenhalten. Wie die Wiesn selbst, hat das halbe Hendl gute wie schlechte Zeiten überstanden. Weltkrieg, Bombenattentate und den 11. September und – sogar die Rechtschreibreform. Denn obwohl der Begriff eindeutig von Hahn kommt, darf man laut Duden immer noch „Hendl" schreiben. Damit Qualität und Geschmack immer stimmen, unterzieht sich das Löwenbräuzelt unter Wiggerl Hagn jedes Jahr auch einer freiwilligen Überwachung der Lebensmittel. Wenn dann jedoch außerbayerische Gäste die gereichten Zitronentücher als Würze über dem Goldhahn ausdrücken, hilft die beste Kontrolle nichts mehr. Also hat man das Tücherl einfach wieder weggelassen, was vielleicht auch zu einer Reduzierung des Abfalls beigetragen hat. Um 90 Prozent ist der Müll seit 2001 gesunken und die Wasserrecyclinganlage spart pro Jahr 1,7 Millionen Wasser. Dafür gab es fünfmal eine Goldmedaille für praktizierten Umweltschutz, und aus Freude darüber spendete Wiggerl Hagn zwei Brunnen für Afrika. Viele gute Gründe, warum das Hendl auf der Wiesn am besten schmeckt.

Schmankerltipp

Neben einem Wiesnbier gehört natürlich eine frische Breze zum Hendl. Alles zusammen hat dann gerade mal etwa 1.100 Kalorien und lässt noch Platz für eine weitere Mass, gebrannte Mandeln und Zuckerwatte.

Wussten Sie schon,

… dass es ein spezielles Wiesn-Kochbuch gibt? Manfred Schauer, „der Schichtl", hat es zur Jubiläumswiesn 2010 herausgebracht.

… dass es auf dem ersten Oktoberfest – anlässlich der Hochzeit des Kronprinzen und späteren Königs Ludwig I. mit Prinzessin Therese von Sachsen-Hildburghausen – im Jahre 1810 noch kein Bierzelt gab?

Wiesn-Hendl

Das klassische Wiesn-Hendl ist ein halbes, gebratenes Hähnchen und wird in der Regel mit Semmel bestellt. Das Hendl wird mit Salz, Pfeffer und einer speziellen Gewürzmischung versehen und innen mit Petersilie gefüllt. Beim Braten wird es ständig mit frischer Butter bepinselt. Erfahrene Hendlstecker ziehen mit geübtem Griff das ganze Hendl auf den Spieß, um es vor dem Gasgrill 40 Minuten zu braten. Serviert wird in der Regel ein halbes Hendl, das im Mittel circa 550 Gramm wiegt

Besonderheit

Nur etwa 400 Kalorien, also etwas weniger als eine Mass Bier, eine Fischsemmel oder 100 Gramm geröstete Mandeln hat ein Wiesn-Hendl. 1922 zur Inflation kostete es den Rekordpreis von 500,- Mark. Geflügelgerichte waren damals bei der Mehrzahl der Menschen nur an Festtagen auf dem Speiseplan und meist gab es nur Hühnersuppe. Heute ist ein Volksfestbesuch ohne Hendl fast nicht denkbar. Allein auf dem Münchner Oktoberfest werden jährlich etwa 700.000 Wiesn-Hendl verspeist.

Verzehrtipp

Besteck wird gereicht, jedoch verzehrt man ein Wiesn-Hendl frisch vom Grill meist mit beiden Händen. Dazu schmeckt eine Semmel oder mit Gabel auch Kartoffelsalat.

Lagerung

Ein gebratenes Hendl ist im Kühlschrank 2-3 Tage haltbar.

Bezugsquellen

Im Löwenbräu-Festzelt auf der Münchner Wiesn und vielen anderen Festzelten und Hendlbratereien auf bayerischen Volksfesten.

Breitsamer und Ulrich GmbH & Co. KG

Thomas Ulrich und Robert Breitsamer

Region:	81735 München/Oberbayern
Gründungsjahr:	1935
Produkte:	Honig
Spezialität des Hauses:	Münchner Lindenhonig

Das Leben zeugt Blumen und Bienen. Blumen, das sind die schöpferischen Geister, und Bienen die anderen, die daraus Honig sammeln. (Christian Morgenstern)

„Honig ist echt und unverfälscht", weiß Robert Breitsamer, dessen Familie sich schon seit drei Generationen dem Bienenprodukt verschrieben hat. Einst als kostbare Süße genutzt, schätzt man Honig heute als reines, naturbelassenes Lebensmittel mit großer Vielfalt und Reinheit.

Der Honig fängt das Aroma eines ganzen Blütenjahres ein. Saisonhonige wie Raps-, Linden- oder Obstblütenhonig und Sonnenblumen- oder Waldhonig bieten daher eine jahreszeitliche Vielfalt. Doch die Monokulturen der modernen Landwirtschaft machen den Imkern zu schaffen. Anders ist die Entwicklung in den Städten: Die Bienen finden heute in den Gärten und Parks eine riesige Zahl verschiedenartiger Blüten vor. Deshalb erfreuen sich Stadthonige in jüngster Vergangenheit zunehmender Beliebtheit.
Als Johann Breitsamer im Münchner Stadtteil Haidhausen 1935 mit einem kleinen Milchladen beginnt, verkauft er zusätzlich Honig von familieneigenen Bienenstöcken. Die Imkerei, die er gemeinsam mit seinem Schwager als Hobby betreibt, wird schnell zu einem gefragten Haupterwerb. Nach dem Krieg konzentriert er sich voll auf den Vertrieb von Honig und erweitert die Anzahl der Bienenstöcke auf über 200. Doch auch die reichen schnell nicht mehr aus, weshalb Johann Breitsamer vermehrt Honig von anderen Imkern zukauft. Bald wird das Geschäft in Haidhausen zu klein, ein neuer Betrieb in Ramersdorf wird gebaut und auch die Honigabfüllung beginnt. 1964 übernimmt sein Sohn Hans, der Vater der heutigen Geschäftsführer Robert und Christian, die Leitung des Betriebs. Als einer der Ersten in Bayern beginnt er Sortenhonige anzubieten. Die Geschäfte entwickeln sich gut, so dass er 1969 mit dem fränkischen Honighaus Georg Ulrich in Fürth bei Nürnberg fusioniert. Da die Kapazitäten in München nicht mehr ausreichen, wird der Honig seit 1982 in den modernen Betrieb im fränkischen Markt Erlbach geliefert und dort auch abgefüllt, während die Verwaltung in München verbleibt. Die Zusammenarbeit der beiden Familienbetriebe hat sich bis heute vorzüglich bewährt. Dies belegen auch die zahlreichen Auszeichnungen, die das bayerische Honigunternehmen schon erhalten hat.

Geschichten

Honig ist gesund. Neuere Studien aus Kanada und Australien belegen die antibiotische Wirkung des neuseeländischen MediHoney. Auch Kliniken in Deutschland nutzen Honig bei der Wundversorgung. Darüber hinaus setzt ihn die Erfahrungsmedizin vielseitig ein, zum Beispiel als Wundheilmittel bei rauen Lippen. Gemäß geltendem deutschen Recht wird bei Lebensmitteln jedoch nicht die Heilwirkung beworben, weshalb der Honig offiziell nicht als Heilmittel bezeichnet werden darf.

Herstellung

Die eigentlichen Honigproduzenten sind die Bienen. Sie bringen Nektar zum Stock und lagern ihn in der Wabe ab. Um den Nektar für ein Kilogramm Honig zu sammeln, müssen sie in 60.000 Ausflügen drei bis fünf Millionen Blüten anfliegen. Da der Nektar leicht gärt, speichern die Bienen ihn solange um, bis der Wassergehalt unter 20 Prozent sinkt. Danach wird die Wabe mit Wachsdeckelchen verschlossen. Jetzt kann er vom Imker mit Hilfe einer Schleuder ohne Wärmezufuhr gewonnen werden. Vor der Abfüllung wird der Honig nochmals von winzigen Pflanzenteilen, Wabenstückchen und sonstigen Verunreinigungen gesäubert, ohne dadurch in irgendeiner Weise verändert oder gar beeinträchtigt zu werden.
Die Vielfalt des Honigs ist bedingt durch den Artenreichtum in der Pflanzenwelt. Anfangs kam das Naturprodukt meist als „Bayerischer Honig" in den Handel. Heute bietet Breitsamer Honige aus einzelnen Regionen an. So kommt der Honig je nach Ernte, Zeitpunkt und Verfügbarkeit aus dem Altmühltal, aus dem Chiemgau, dem Rottal, dem Bayerischen Wald oder aus Mainfranken – dies ist ein regionales und saisonales Angebot, wie man es früher auf den Bauernmärkten noch bekam. Diese Honige sind limitiert und werden in einem neuen luft- und lichtdichten „Honigtresor" mit ausführlichen Informationen angeboten.

Schmankerltipp

Am besten schmeckt Honig auf einer frischen Scheibe Brot mit Butter. Das Fett verstärkt die zahlreichen Geschmacksnuancen des Naturproduktes. Akazienhonig ist zum Süßen von Espresso eine besondere Empfehlung. Bei Kennern sehr beliebt: Kastanienhonig mit Ziegenkäse.

Münchner Lindenhonig

Ein Honig, der aus den Blüten der Münchner Lindenbäume gewonnen wird. Er besitzt besonders viele Mineralien, ist sehr süß, hat einen fruchtigen, leicht minzigen Geschmack und eine hellgelbe Farbe.

Besonderheit

Zur Zeit der Lindenblüte sprießen in München natürlich auch andere Blüten. Durch die sogenannte Blütentreue fliegen jedoch viele Bienen zu den gleichen Quellen. So ist der Großteil des Honigs aus einem Stock von einer Sorte. Der Lindenhonig wird von den Bienen aus dem Honigtau und dem Nektar der Lindenblüten erzeugt. Er hat meist eine hellere Farbe als andere Blütenhonige und bleibt länger flüssig.

Verzehrtipp

Honig kann auf vielfältige Weise genossen werden. Um seine Inhaltsstoffe zu schonen, sollte er nicht über 40° C erwärmt werden.

Lagerung

Honig ist dank seines hohen Zuckergehaltes und seiner natürlichen antibiotischen Wirkstoffe nahezu unbegrenzt haltbar. Dennoch sollte man ihn trocken und fest verschlossen aufbewahren. Abhängig vom sortentypischen Traubenzuckergehalt kristallisiert flüssiger Honig früher oder später. Um fest gewordenen Honig wieder zu verflüssigen, reicht es aus, ihn bei maximal 40° C langsam im Wasserbad zu erwärmen. Honig sollte nicht im Kühlschrank und möglichst lichtgeschützt gelagert werden.

Bezugsquellen

Der Münchner Lindenhonig von Breitsamer ist im Sommer in ganz Deutschland erhältlich, solange der Vorrat reicht.

Wussten Sie schon,

… dass nach der Deutschen Honigverordnung dem Honig nichts hinzugefügt und auch nichts entzogen werden darf?
… dass Honig mehr als 200 natürliche Inhaltsstoffe enthält?
… dass der Mensch Honig seit der Steinzeit als Süßungsmittel verwendet?
… dass es in puncto Beliebtheit der Honigsorten innerhalb der Republik ein Nord-Süd-Gefälle gibt? Je südlicher, umso dunklere und würzigere Honige werden bevorzugt. Im Norden sind es die cremigen und milden Honige, die sich besonderer Beliebtheit erfreuen.

Bäckerei Konditorei Brücklmaier

Georg Brücklmaier

Region:	81737 München/Oberbayern
Gründungsjahr:	1883
Produkte:	Backwaren
Spezialität des Hauses:	Münchner-Kindl-Stollen
Höhepunkte, Veranstaltungen:	Perlacher Faschingstreiben am Faschingssonntag mit frischen Krapfen am Pfanzeltplatz

Im Jahre 1883 gründete Simon Weiß in der Nähe von München, in einem Dorf namens Perlach, eine kleine Bäckerei. Ab 1930 gehörte Perlach dann zu München und aus der kleinen Dorfbäckerei entwickelte sich ein namhafter Stadtbäcker. Heute gibt es in sechs Filialen ein breites Angebot an Bäckerei- und Konditoreiwaren. Einen der jahreszeitlichen Höhepunkte bildet jedoch die Weihnachtszeit. Ab November backt Bäckermeister Georg Brücklmaier den Münchner-Kindl-Stollen und er macht ihn so gut, dass er dafür schon mehrfach mit Gold ausgezeichnet wurde.

Bis heute zeugen die ehemaligen Bauernhäuser rund um den Pfanzeltplatz in Perlach vom dörflichen Ursprung des im Osten gelegenen Stadtteils. Nahe dem alten Dorfplatz liegt die Backstube der Brücklmaiers, deren Nachfahren heute in fünfter Generation die Tradition des Gründers fortführen. Nach der Eröffnung der ersten Zweigstelle im Jahre 1978 im Nachbarort Neubiberg wird zehn Jahre später die Backstube im Hauptgeschäft modernisiert. 1995 folgt die Erweiterung des Ladengeschäftes. Neben den Klassikern wie der Münchner Sternsemmel, die von vielen guten Metzgereien der Landeshauptstadt für die beliebte Leberkäs-Semmel bevorzugt wird, backt Georg Brücklmaier auch gern moderne Produkte, wie den Kornknacker, eine Mehrkornsemmel mit Sonnenblumenkernen und einer Mischung aus verschiedenen Saaten. Außerdem war die Bäckerei der erste Betrieb in Deutschland, der den heute allseits bekannten Kornspitz produzierte. Mit Produkten wie der Dinkel-Joghurt-Semmel mit angenehm mildsäuerlichem Geschmack und saftiger Krume, entwickelt die Bäckerei gern Neues zur zeitgemäßen, gesunden Ernährung. Bei den Broten gibt es neben Korn-, Dinkel- und Bauernbroten auch saisonale Hits wie das Frühlingsbrot mit Natursauerteig. Im Winter sorgt die Adventskruste mit Nüssen und Äpfeln für fantasievolle Abwechslung.

Ein besonderer Anlass war Grund für die Entwicklung des Simon-Knoller-Brotes, eines Dinkelbrotes mit Sauerteig, das zur 100-Jahr-Feier der Städtischen Berufsschule für Bäcker und Konditoren in München von den Schülern entwickelt wurde. Mit der Herstellung dieses Brotes, das aus 100 Prozent Dinkelmehl besteht, gratulierte die Bäckerei der Berufsschule zum Jubiläum. Der Staatsehrenpreis für beste handwerkliche Qualität oder der Erasmus-Grasser-Ausbildungspreis sind an den Bäckermeister bereits verliehen und Zeugen für Leidenschaft und großes Interesse an seinem Beruf.

Geschichten

Wie verlockend der Duft von herrlich frischem Brot wirkt, erzählt eine kleine Anekdote des Bäckermeisters. „Sehr früh am Morgen stand eines Tages eine Dame in meiner Backstube und erzählte mir, sie habe nicht schlafen können und sei deshalb spazieren gegangen. Auf dem Weg hat sie der unwiderstehliche Duft der fast zwei Kilometer entfernten Backstube direkt zu mir geführt. Es war eine der Begegnungen, die uns besonders an die Freuden des Bäckerhandwerks erinnert. Beschenkt mit heißen Semmeln, frisch aus dem Backofen, freute sich die Dame auf ihren Heimweg, auf dem sie ihre Morgengabe mit Wonne verzehrte."

Herstellung

Der Höhepunkt der Back- und Genießerzei ist sicherlich, neben den sommerlichen Brot zeiten, die Advents- und Weihnachtszeit. Dann duftet es nach Mandeln, Nüssen, Zitronat und Orangeat, Zutaten auch für den klassischen Weihnachtsstollen, für den Georg Brücklmaie die Goldmedaille der Münchner Bäckerinnung „für langjährige Spitzenqualität" erhielt. De Christstollen ist wohl das Weihnachtsgebäck mit der längsten Tradition in Deutschland und wurde erstmals 1329 in Naumburg (Saale) als Weihnachtsgabe für den Bischof Heinrich ur kundlich erwähnt. Die bis heute traditionell und unveränderte Form soll mit seiner weißen Zuckerschicht an das „in Windeln liegende Jesuskind" erinnern. Die Münchner Innungsbäcker haben vor Jahren einen ganz besondere Stollen kreiert – den Münchner-Kindl-Stollen. Dieser wird mit der Königin der Nüsse, der Macadamia-Nuss, braunen Mandeln und vieler anderen guten Zutaten hergestellt. Dazu wird am Vortag bereits ein Vorteig, ein sogenannte „Dampferl" hergestellt. Am folgenden Tag wird dann aus Mehl, Milch und Hefe der finale Teig gemacht. Er darf eine Stunde ruhen, bevor e geknetet und mit den Zutaten sowie mit Salz und Gewürzen ergänzt wird. Nach dem Backen und Auskühlen wird er in Butter, Vanille- und Puderzucker gewälzt und bekommt so das für einen Christstollen typische weiße Kleid.

Schmankerltipp

Ein unverzichtbarer Bestandteil eines guten Frühstücks oder einer ordentlichen Brotzeit ist die Münchner Sternsemmel. Frisch vom Bäcker ist sie auch der ideale Partner zum Münchner Leberkäse. So verwendet die Metzgerei Bauch in München die Brücklmaier-Semmel für ihren ebenso ausgezeichneten Leberkäse ohne Unterbrechung seit mehr als 10 Jahren.

Wussten Sie schon,

... dass der Dresdner Stollen erst im Jahre 1474, also 150 Jahre nach dem Naumburger erstmals urkundlich erwähnt wurde?

... dass Papst Innozenz VIII. 1491 ein als „Butterbrief" bekanntes Schreiben verschickte, das die Verwendung von Butter statt Öl im Stollen erlaubte? Dies wurde jedoch mit einer Buße belegt, die unter anderem zum Bau des Freiberger Doms verwendet wurde.

Münchner-Kindl-Stollen

Eine von der Münchner-Bäckerinnung entwickelte Stollenvariation mit Macadamia-Nüssen und braunen Mandeln, die zur Weihnachtszeit ausschließlich bei den Münchner Innungsbäckereien zu haben ist.

Besonderheit

Der Münchner-Kindl-Stollen enthält neben den für Stollen üblichen Zutaten, wie Marzipan, Zitronat, Orangeat und Sultaninen, auch die wertvollen Macadamia-Nüsse sowie braune Mandeln und Butter. Die eiweiß- und fettreichen Macadamia-Nüsse bringen einen hohen Wert für die Ernährung mit und gelten als wahre Schatztruhen für das körperliche Wohlbefinden. Seit 2004 wird diese Stollenvariante von den Münchner Innungsbäckereien zur Weihnachtszeit angeboten. Dabei ist es jedem Betrieb gestattet, mit seiner Rezeptur etwas vom Basisrezept abzuweichen. So gibt es auf dessen Basis viele fantasievolle Variationen dieser Spezialität, die jedes Jahr neu von der Innung bewertet und ausgezeichnet werden.

Verzehrtipp

Als Gebäck für die Weihnachtszeit schmeckt der Stollen zu heißem Glühwein, Tee oder Kaffee.

Lagerung

Wenn man Stollen kühl, trocken und dunkel in einer Blechdose lagert, würde er leicht vom 1. Advent bis Weihnachten halten.

Bezugsquellen

Den Münchner-Kindl-Stollen erhält man in einer der sechs Filialen der Bäckerei Brücklmaier und bei 28 weiteren Münchner Innungsbäckereien.

Forschungsbrauerei Jakob

Florian und Manfred Silbernagl

Region:	81737 München/Oberbayern
Gründungsjahr:	1930
Produkte:	Bier, Destillate, Liköre, Gastronomie
Spezialität des Hauses:	St. Jakobus Blonder Bock
Höhepunkte, Veranstaltungen:	Bockbieranstich – 1. Freitag nach Aschermittwoch

Sie hat es gewagt, die Familie Silbernagl: Seit 2011 ist sie stolzer Besitzer der Forschungsbrauerei in München-Perlach. Das Brau- und Gasthaus mit Kultstatus gehört zu den bekanntesten „Geheimtipps“ der Landeshauptstadt. Die neuen Besitzer, drei Brüder aus dem Oberland, sind für die Forschung gut gerüstet: Ausgebildet als Brauer, Mälzer, Brenner, Gastwirt und Koch entfalten sie hier, was sie können und lieben. Das Ergebnis: ursprüngliche bayerische Gastlichkeit par excellence.

Seit 1930 werden am südöstlichen Ende von München besondere Biere nach überlieferten Rezepten und nach dem Bayerischen Reinheitsgebot gebraut. Der dreifache Ingenieur Gottfried Jakob eröffnete die Brauerei 1930 mit dem Ziel, neue Brauverfahren und Biersorten zu entwickeln. Der Gründer forschte in der kleinen Brauerei mit solcher Leidenschaft, dass er neben seinen legendären Bieren auch noch viele Patente rund um die Herstellung von ‚flüssigem Brot‘ entwickelte. Nach seinem Tod übernahm 1958 Sohn Heinrich den Betrieb und verpachtete ihn im Jahr 2003 wiederum an seinen Sohn Stefan Jakob. Als dieser 2010 den Pachtvertrag nicht verlängerte, erhielten die Gebrüder Silbernagl im darauffolgenden Jahr die Chance, die Forschungsbrauerei nicht nur zu pachten, sondern auch zu kaufen.

Geschäftsführer Manfred Silbernagl, Brauer und Mälzer, Koch und Wirt Florian Silbernagl sowie Hans, seines Zeichens Brauer, Mälzer und Schnapsbrenner, eröffneten das in frischem Glanz erstrahlende Brauhaus im August 2011 neu. Nicht nur die Stammkunden dürfen sich neben dem legendären Obatztn auch weiterhin über das „Stundenhendl“ freuen, das ganz frisch zubereitet wird. Das Brüder-Trio aus dem nahen Hausham ergänzt die vertrauten kulinarischen Klassiker mit Köstlichkeiten wie dem berühmten Miesbacher Kas, dem Schlierachtaler Speck und dem hausgebrannten „Schlierachtaler“, dessen Namensgeber das Heimatflüsschen der Haushamer ist.

Geschichten

Bereits seit drei Generationen brennt die Familie Silbernagl im bayerischen Oberland nach überlieferter Brenntradition. Mit Sorgfalt und fachmännischem Können werden Obstbrände im Doppelbrandverfahren und Liköre nach Familienrezepten gebrannt, die bereits vom Vater und Großvater aufgeschriebenen wurden. Das Sortiment entspricht dem Terroir der Region: Williams Christ Birnenbrand, fruchtige Zwetschgen- und Kirschwasser, Himbeergeist, Gebirgsenzian, milde Kirsch- und Weißbierliköre, Jägertee sowie – als Klassiker – der Schlierachtaler Kräuterlikör.

Herstellung

Die Forschungsbiere sind Unikate handwerklicher Braukunst: Unfiltriert und nicht pasteurisiert werden sie im klassischen Keferloher Steinkrug und nach überliefertem Rezept im

Bräustüberl gebraut, gezapft und serviert. Zwe von ihnen, der „St. Jakobus Blonder Bock“ un das „Pilsissimus Exportbier“, werden bereits sei mehr als 80 Jahren hergestellt. Letzterer wir ganzjährig gebraut. Der Anstich des Fasten bockes jedoch findet traditionell immer erst an 1. Freitag nach Aschermittwoch statt. Dem Forschungsgedanken treu, brauen die Braumeiste auch neue Biere wie das leichtere Sommerbie oder den herzhaften Wintersud. Das liebste Bie der Gäste ist und bleibt jedoch der „Jakl“, da vollmundige, honigfarbene Starkbier mit malz betontem Antrunk und aromatischer Hopfen blume. Sein „Gegenspieler“, das „Pilsissimu Exportbier“, ist ein süffiges, goldgelbes Spezial bier mit feinporiger Schaumkrone, das die fein Bittere aus dem Hallertauer Aromahopfen mit bringt. Da die Biere nur in kleineren Menge hergestellt und vorgehalten werden, kann scho mal das eine oder andere ausgehen. Die Kenner wissen das zu schätzen, obwohl sie mit den „Austrunk“ natürlich nie einverstanden sind …

Schmankerltipp

Die Spezialität der Haushamer Brennerei Silbernagl ist der original „Schlierachtaler". Eine Vielzahl von Kräutern bilden die Grundlage des mit 50 Volumenprozent Alkohol außergewöhnlich starken und herzhaften Likörs, den die Familie bereits seit 50 Jahren produziert. Damit er so schmeckt, wie er schmeckt, bedarf es einiger Erfahrung, denn die Rezeptur des Urgroßvaters birgt viele Geheimnisse.

Wussten Sie schon,

- *.. dass die Forschungsbrauerei die älteste private Münchner Familienbrauerei ist?*
- *.. dass der Keferloher ein grauer, salzglasierter Steinzeug-Bierkrug ist? Da darin das Bier länger kühl bleibt, eignet er sich hervorragend für den Biergenuss.*
- *.. dass Perlach im Gründungsjahr der Forschungsbrauerei der Stadt München eingemeindet wurde?*

Sankt Jakobus Blonder Bock

Seit über 80 Jahren ist der „Jakl", wie er von seinen Fans kurz und liebevoll genannt wird, mit über 8 Vol.-% Alkohol das Stärkste unter den Münchner Starkbieren. Traditionsgemäß wird er ab Freitag nach Aschermittwoch bis zur Kirchweih (3. Sonntag im Oktober) ausgeschenkt.

Besonderheit

Der „Blonde Bock" ist ein honigfarbenes, unfiltriertes Starkbier, malzbetont im Antrunk und mit aromatischer Hopfennote. Er unterscheidet sich damit deutlich von den süßen, sehr dunklen Bieren, die sonst in München als Starkbier gebraut werden. Auch sein Name bleibt eine Besonderheit, da er nicht die Namensendung „...ator" trägt, wie die meisten Münchner Starkbiere; vielmehr erinnert seine Bezeichnung an den Forschungsgründer Gottfried Jakob. Im original Keferloher Steinkrug serviert, gehört es zu den beliebtesten Bieren in Bayern und wurde in das Buch der „Einhundert besten Biere der Welt" aufgenommen.

Verzehrtipp

Auch wenn man den „Jakl" in der Flasche oder sogar im Holzfassl mit nach Hause nehmen kann, schmeckt er am besten frisch gezapft in der Forschungsbrauerei – direkt aus dem Keferloher.

Lagerung

Nicht pasteurisiert oder konserviert, sind die Biere für den frischen Verzehr gedacht.

Bezugsquellen

Direkt in der Forschungsbrauerei in München, zeitweise auch im Getränkemarkt der Familie Silbernagl in Hausham und ausgewählten Münchner Getränkemärkten.

Staatliches Hofbräuhaus in München

Dr. Michael Möller, Direktor des Staatlichen Hofbräuhauses in München

Region:	81829 München/Oberbayern
Gründungsjahr:	1589
Produkte:	Bier und alkoholfreie Getränke
Spezialität des Hauses:	Hofbräu Oktoberfestbier
Höhepunkte, Veranstaltungen:	Maibockanstich im Hofbräuhaus (Ende April/Anfang Mai), Hofbräu-Dult, Münchner Oktoberfest

Wilhelm V., von 1579 bis 1597 Herzog von Bayern, ist ein frommer Mann: Er macht den Jesuiten ein großzügiges Geschenk und baut ihnen die wunderbare Michaelskirche in München – zur Ehre Gottes, aber zum Bankrott seiner Staatskasse. Sparen ist also angesagt. Aber wie? Der Unterhalt des anspruchsvollen Hofstaates ist kostspielig. Die Höflinge haben einen Riesendurst und favorisieren nicht den einheimischen Gerstensaft. Da ist guter Rat teuer. Und den holt sich Wilhelm bei seinen Räten, die ihm eine geniale Idee unterbreiten. Warum nicht ein eigenes Brauhaus bauen?

Gesagt – getan. Wilhelm V. beauftragt noch am selben Tag die Errichtung des neuen Hofbräuhauses neben der Residenz am heutigen Alten Hof. Doch schon bald muss über eine neue Braustätte nachgedacht werden, denn sein Sohn Maximilian I. trägt sich mit Expansionsplänen: 1602 fällt das Weißbier-Braurecht wieder an das bayerische Herrscherhaus. Der kluge Maximilian I. erkennt sofort das wirtschaftliche Potenzial und sichert sich und seinen Erben für 200 Jahre das Weißbier-Monopol. Da das herzogliche Weißbier reißenden Absatz findet, werden die Kapazitäten bald wieder zu eng. 1607 zieht die herzogliche Weißbierbrauerei dann an das Platzl, in das sogenannte „Weiße Hofbräuhaus" – genau an die Stelle, an der das Hofbräuhaus heute noch steht. 1614 gelingt den Braumeistern ein ganz großer Wurf: Sie brauen erstmals Bier „nach Ainpöckhischer Art", nach der Rezeptur des hannoverschen Einbeck. Das sollte die Geburtsstunde des ältesten Münchner Bockbieres sein, wie es als „Hofbräu Maibock" noch heute jedes Frühjahr gebraut wird. 1808 wird dann auch die Braunbier-Brauerei ans Platzl verlegt. Bis ins frühe 19. Jahrhundert hinein ist das Hofbräuhaus freilich noch nicht vergleichbar mit dem heutigen Wirtshausbetrieb. Doch das sollte sich bald ändern. König Ludwig I. verfügt 1828 höchstköniglich den öffentlichen Ausschank und die Bewirtung – ein vielumjubeltes Geschenk an seine Münchner Bürger. Auch in anderer Hinsicht hat Ludwig in jeder Hinsicht München geprägt: Seine Hochzeit im Oktober 1810 mit Therese von Sachsen-Hildburghausen wird zu einem Fest mit 40.000 Besuchern. Die Wiese, auf der die Bürger vor den Toren der Stadt feiern, ist bis heute – nach dem Namen der Braut – als „Theresienwiese" bekannt und das Münchner Oktoberfest längst eines der größten Volksfeste der Welt. Zu diesem Anlass braut Hofbräu München bis heute jedes Jahr sein weltberühmtes „Hofbräu Oktoberfestbier". Bis 1896 wird am Platzl erfolgreich Bier gebraut, dann zieht die Brauerei an den Wiener Platz. Jetzt ist Raum für einen Neubau des Hofbräuhauses am Platzl. Der Architekt Max Littmann baut den Münchnern ihr Hofbräuhaus, so wie wir es heute kennen. 1988 zieht die Brauerei an ihren heutigen Standort nach München-Riem.

Geschichten

1949 feiern die Münchner nach den Kriegswirren wieder ihre erste Wiesn und Hofbräu München ist von Anfang an dabei – damals noch in der Schottenhamel Festhalle. Hier erfindet de Münchner Oberbürgermeister Thomas Wimmer auch im Jahr 1950 mit seinem legendärer „O'zapft is!" das Wiesnritual schlechthin. Di Wenigsten wissen, dass er damals mit Bier vor Hofbräu München anzapfte. Seit 1952 ist di Brauerei mit einem eigenen Festzelt auf den Oktoberfest vertreten.

Herstellung

Bis heute ist das „Hofbräu Oktoberfestbier" eines der stärksten Biere auf der Wiesn. Da Brauwasser dafür kommt, wie bei allen Hofbräu-Bieren, aus dem eigenen, 150 Mete tiefen Brunnen. Dabei handelt es sich nich um normales Grundwasser, sondern u Gletscherwasser aus dem Pleistozän, das etw 15.000 Jahre alt und frei von modernen Umweltverschmutzungen ist. Das Malz wird vo acht verschiedenen bayerischen Mälzereie bezogen. Darüber hinaus enthält ein Lite Oktoberfestbier etwa ein Gramm Naturhopfe aus der Hallertau. Die untergärige Hefe arbeitet bei etwa 8° C dann sechs bis sieben Tag lang am Bier, bevor sie sich – wie der Nam schon sagt – unten auf dem Boden des Gärtanks absetzt. Im Gegensatz zur großindustri ellen Bierherstellung wird hier immer noc nach der Kaltgärungsmethode gebraut, di Biere dürfen bis zu sechs Wochen reifen. Gegen Ende des Brauvorgangs wird das fast fertig Bier noch einmal „aufgekräust", wobei einen endvergorenen Tank etwa zehn Prozent frisc angesetztes Bier zugegeben werden. Diese aufwendige Vorgang macht das Bier schlanker leichter im Geschmack und auch wesentlic bekömmlicher.

Schmankerltipp

Zum Oktoberfestbier passen am besten echte Wiesn-Schmankerl wie Schweinebraten, Haxen und Hendl oder eine deftige Brotzeit mit Brezen, Radi und Allgäuer Emmentaler.

Wussten Sie schon,

… dass im Hofbräuzelt 1982 vor der Musikkapelle ein Stehbereich geschaffen wurde, der bis heute einzigartig unter den Zelten auf dem Oktoberfest ist? Die in der angelsächsischen Pub-Kultur verbreitete Angewohnheit, sein Bier im Stehen zu trinken, kollidierte nämlich mit dem Münchner Wiesn-Verbot, auf Tischen und Bänken zu stehen.

… dass 1935 Wilhelm Gabriel („Wiga") in einem Berliner Café das Lied „In München steht ein Hofbräuhaus" komponierte?

Hofbräu Oktoberfestbier

Das Oktoberfestbier, das von den sechs Münchner Traditionsbrauereien extra aus Anlass des Volksfestes in der bayerischen Landeshauptstadt gebraut wird, muss eine Stammwürze von mindestens 13,5 % aufweisen. Das Farbspektrum der einzelnen Oktoberfestbiere reicht von Hell über Gold und Bernstein bis zu Dunkel. Nur Bier, das aus einer der sechs Brauereien stammt, darf auf dem Oktoberfest ausgeschenkt werden.

Besonderheit

Das Hofbräu Oktoberfestbier ist ein außergewöhnlich vollmundiges Spezialbier, mit feinem Hopfenaroma und einem kräftigen, ein wenig süßem, malzaromatischen Geschmack. Aufgrund des hohen Stammwürze-Gehalts sowie der darauf folgenden Vergärung hat das Oktoberfestbier einen Alkoholgehalt von 6,3 Vol.-%. Es präsentiert sich in einem fein glänzenden, festlichen Goldton und mit einer üppigen Schaumkrone. Das Hofbräu Oktoberfestbier wird jährlich speziell für die Münchner Wiesn gebraut. Es ist von Ende Juli bis Mitte Oktober deutschlandweit erhältlich und ist weltweit ein Exportschlager.

Verzehrtipp

Oktoberfestbier trinkt man am besten auf der Wiesn in fescher Tracht und bei guter Stimmungsmusik im Hofbräu-Festzelt.

Lagerung

Bei kühler, dunkler Lagerung beträgt die Haltbarkeit des Oktoberfestbieres etwa 12 Monate. Es ist in der Zeit von Ende Juli bis Mitte Oktober verfügbar.

Bezugsquellen

Das Hofbräu Oktoberfestbier kommt im eigenen Festzelt auf der Münchner Wiesn, den Hofbräuhäusern weltweit und bei fast allen Hofbräu-Gastronomien zum Ausschank. Darüber hinaus ist es in gut sortierten Getränkemärkten erhältlich.

REGION

OBERBAYERN

Klosterkirche St. Margarethen, Kloster Baumburg

„In Bayern gehen die Uhren anders"

Willy Brandt

„Es gibt Leute, die sagen: In Bayern gehen die Uhren anders – und wenn das so ist, dann gehen sie woanders falsch!"

Franz Josef Strauß

Der flächenmäßig größte Regierungsbezirk Bayerns bietet auf über 16.000 Quadratkilometern eine landschaftliche und kulinarische Vielfalt, die weltweit wohl ziemlich einzigartig ist. Ganz im Süden erhebt sich die Zugspitze, mit 2.962 Metern der höchste Berg Deutschlands. Im Norden finden sich der einmalig schöne Donaudurchbruch und die alte Bischofsstadt Eichstätt. Das Städtchen ist mit knapp 14.000 Einwohnern die kleinste Universitätsstadt Europas. Auf halber Strecke zwischen Augsburg und Regensburg bzw. München und Nürnberg gelegen, befindet sich hier auch das Zentrum eines der größten deutschen Naturparks, des Naturparks Altmühltal. Von hier kommt das Altmühltaler Lamm, das in zahlreichen Gasthäusern auf der Speisekarte steht und nur von ausgesuchten Metzgereien verarbeitet wird.

Herz Bayerns und eines der Herzen Europas

Die alte Herzogstadt Burghausen liegt weit im Osten, direkt an der Grenze zu Österreich. Bereits ab dem 8./9. Jahrhundert entstand hoch über dem Fluss Salzach – zum Schutz der Salzschifffahrt – eine Burg, die im Lauf der Zeit zur wohl längsten Burganlage der Welt (1.051 Meter) ausgebaut wurde. Von hier oben hat man einen herrlichen Blick über die farbenprächtigen Häuserzeilen und die geradezu südlich anmutenden Gassen. In der einzigartig geschlossen erhaltenen Altstadt bietet sich ein Besuch einer der zahlreichen Gaststätten und Restaurants an, die in stimmungsvoller Atmosphäre bayerisch-österreichische Küche offerieren. Seit mehr als 40 Jahren trifft sich die Musikwelt in Burghausen, jeweils im Frühjahr, zur stets hochkarätig besetzten Internationalen Jazzwoche.
Nicht weit von hier entfernt liegt Altötting, seit über 500 Jahren der bedeutendste Marienwallfahrtsort Deutschlands. Die Stadt ist bereits seit mehr als 1.250 Jahren das geistliche Zentrum Bayerns, Papst Benedikt XVI. hat sie auch als „Herz Bayerns und eines der Herzen Europas“ bezeichnet. Jährlich pilgern etwa 1,3 Millionen Menschen zur „Schwarzen Madonna“ in der Gnadenkapelle am Kapellplatz. Dieser Platz wurde im Barock gleichsam als „Bühne“ für die Wallfahrt angelegt. „Von jeder Haustür geht ein Weg nach Altötting“, so ein bayerisches Sprichwort – und hier, auf den achteckigen Platz münden alle diese Wege. Dem Wallfahrtsort kann man sich beispielsweise über den „Benediktweg“ nähern, einer 248 km langen Pilger- und Radroute, die die Stätten von Kindheit und Jugend Joseph Ratzingers in den Ferienregionen Chiemgau, Chiemsee, Inn-Salzach und Rosenheimer Land verbindet und die an der 1980 von Papst Johannes Paul II. gepflanzten „Papstlinde“ in Altötting endet.
Auf der anderen, westlichen Seite Oberbayerns verläuft zwischen Schrobenhausen im Norden und Garmisch-Partenkirchen im Süden die Grenze zu Schwaben. Während ganz im Norden mit dem weltberühmten Spargelanbaugebiet ein Eldorado für Vegetarier liegt, gibt es im Süden ein Schmankerl für die Liebhaber herzhafter Fleischgerichte: das Murnau-Werdenfelser Rind. Zwischendrin liegt Schloss Kaltenberg, der Sitz des Wittelsbacher Prinzen Luitpold von Bayern, dem Urenkel des letzten bayerischen Königs Ludwig III. Aus der Kaltenberger König Ludwig Schlossbrauerei kommt auch das weltberühmte „Dunkel“. Das jährlich im Sommer stattfindende Kaltenberger Ritterturnier in der gleichnamigen Gemeinde ist mittlerweile weltweit das größte seiner Art. Die Geschichte der für Bayern so bedeutsamen Wittelsbacher beginnt vermutlich um das Jahr 1000 mit Graf Otto I. von Scheyern. Aus dessen alter Burg ging das Kloster Scheyern hervor, wo Benediktinermönche bereits im Jahr 1119 mit dem Bierbrauen begannen.
Unten rechts, am südlichsten Zipfel Oberbayerns, liegt der Königssee – die „Perle des Berchtesgadener Nationalparks“. Unweit von hier wird das berühmte „Bad Reichenhaller Salz“ aus den Tiefen der Erde nach oben befördert. Das „weiße Gold“ wird in Berchtesgaden bereits seit 1193 abgebaut. Heute steht ein Teil des seit 500 Jahren tätigen Bergwerks Besuchern zu einer „SalzZeitReise“ offen. Sogar ein Dinner „Untertage“ wird angeboten.

Zwischen lieblichen Seen und hohen Bergen

Mitten in Oberbayern liegt die Landeshauptstadt München, der wir eine eigene Seite gewidmet haben. Rund um die Stadt gibt es eine kulinarische Vielfalt, die ihresgleichen sucht. Eine Vielzahl von Brauereien und Biergärten haben eine Bier- und Brotzeitkultur geschaffen, die wohl weltweit einmalig ist. Auch Klöster wie Ettal, Benediktbeuern, Schäftlarn und Andechs haben das kulinarische Erbe der Region entscheidend geprägt. Unweit von Andechs liegt – an der längsten Seepromenade Deutschlands – in Herrsching am Ammersee der „Seehof“. Vom Biergarten direkt am See hat man einen sagenhaften Blick auf die bayerischen Alpen, kann frischen Fisch essen – und fast immer spielt auch noch a zünftige Musi auf. Am Westufer des Sees, in Utting, liegt die „Alte Villa“ mit ihrem schönen, alten Biergarten. Hier wechseln sich zum Früh- und Dämmerschoppen Jazz-, Swing- und Dixiebands ab. Bei Uferwanderungen sind am Ammersee und seinem Nachbarn, dem Starnberger See, noch viele weitere Kleinode bayerischer Gastlichkeit und Kultur zu entdecken. Viele Ortschaften können bequem mit der Münchner S-Bahn oder der BOB erreicht werden.
Im Süden Münchens erstreckt sich das bayerische Oberland. Das Bild, das die Welt von Bayern hat, stammt im Wesentlichen von hier: fesche Trachten und Lederhosen, blaue Berge und grüne Wiesen, zünftige Musik und das „Isarflimmern“ – verbunden mit einer spritzigen Floßfahrt und den Nackerten. In der Nähe der alten Flößerstadt Bad Tölz liegt Kloster Reutberg mit Genossenschaftsbrauerei, Klosterbräustüberl und Biergarten. Von hier führen herrliche Wanderwege durch Moore, Auen und Forsten. Alle paar Kilometer verkündet ein prächtiger Maibaum, dass es hier wohl auch ein originelles Wirtshaus gibt. Schon viele Wanderer haben herausgefunden, dass die Schönheit von Maibaum und Kirchturm meist in einem direkten Zusammenhang zu einem benachbarten Wirtshaus stehen.

Kulinarische Streifzüge

Weiter im Osten liegen der Tegernsee und der Schliersee. Das Tegernseer Tal hat sich in den letzten Jahren zu einem „Sternenhimmel“ der Feinschmecker entwickelt: Jürgens, Fell, Hack, Beck, Franke, Maiwert & Co. servieren hier bayerische und internationale Küche auf höchstem Niveau. Am Schliersee gibt es dann richtig viel Prozente: Hoermann und Lantenhammer sind die klangvollsten Namen, wenn es um Brände und Liköre aus der Region geht. Am Spitzingsee und Bayrischzell vorbei, lohnt sich ein Abstecher zum legendären „Kuchenparadies“, dem Winkelstüberl zwischen Elbach und Fischbachau. Überhaupt ist Oberbayern eine Region, in der Kaffee und Kuchen nicht nur zum Sonntag gehören wie der Kirchgang, sondern auch andere Mehlspeisen überaus beliebt sind. Darüber hinaus gibt es noch den süßen Honig, der von emsigen Bienen gesammelt und von kundigen Imkern sorgfältig verarbeitet wird. Alles in Allem also ein Landstrich, in dem Milch, Honig – und natürlich Bier – fließen!

Wussten Sie schon,

… dass Oberbayern in Deutschland (nach Hamburg) die Region mit dem zweithöchsten Bruttoinlandsprodukt je Einwohner ist?

… dass unter der ersten bayerischen Landesteilung im Jahr 1255 ein selbstständiges Herzogtum Oberbayern geschaffen wurde, das aber mit dem heutigen Regierungsbezirk nicht deckungsgleich ist?

Burkhof Kaffee GmbH

Geschäftsführer: Albert Darboven

Region:	82054 Sauerlach/Oberbayern
Gründungsjahr:	1928
Produkte:	Kaffee, Tee, Kakao, Zubehör für die Gastronomie
Spezialität des Hauses:	Eilles Kaffee
Höhepunkte, Veranstaltungen:	Tag des Kaffees, jeden letzten Freitag im September

Man kann mit Recht fragen: Ist Kaffee wirklich ein regionaltypisches bayerisches Produkt? Wir sagen ja! Denn bereits im Jahre 1873 eröffnet Joseph Eilles das erste Spezialitätenhaus für feinen Tee und Kaffee in München. 1879 wird er zum „Königlich Bayerischen Hoflieferanten“ ernannt. Selbst als Wilhelm Burkhardt und Wilhelm Imhof 1928 die Firma Burkhof gründen, sind sie noch Pioniere bei der Herstellung gleichbleibend hoher Kaffeequalität in Bayern.

Der Erfolg gibt den beiden recht. Bald wird die im Krieg zerstörte und wiederaufgebaute Rösterei in Haidhausen zu klein. 1968 erfolgt der Umzug in die neu erbauten Betriebsräume in München-Berg am Laim. Auch nach der Übernahme 1974 durch das traditionsreiche Unternehmen J.J. Darboven aus Hamburg setzt Albert Darboven durch, dass die Firma ein eigenständiger bayerischer Betrieb bleibt. „Denn es war von Anfang an

mein Ehrgeiz, Burkhof als autarke Firma zu erhalten.“ Sein Motto: Nicht Kulturvernichtung, sondern Kulturbewahrung. „Sinn und Segen kann es nur bringen, wenn die typisch bajuwarische Atmosphäre und Philosophie beibehalten wird“, sagt Albert Darboven in seiner Biografie dazu. So wird das Unternehmen auch künftig als eigenständiges Tochterunternehmen geführt – mit bayerischer Firmenphilosophie und großem Erfolg. Gleiches geschieht nach dem Erwerb des ehemaligen „Königlich Bayerischen Hoflieferanten“ Eilles im Jahre 1986. „Eine Bastion in Bayern, mit vortrefflichem Ruf und Ladenlokalen in bester Lage“, schwärmt der neue Inhaber. Dadurch steigt der Umsatz bis 1987 um rund das Vierfache. Burkhof Kaffee wird Marktführer in der gehobenen Gastronomie in Bayern. Der Erfolg bedingt 1992 einen erneuten Umzug in wesentlich größere Räumlichkeiten in Sauerlach bei München. Zum 75-jährigen Betriebsjubiläum wird die Röstmaschine komplett erneuert und aufgrund des steigenden Umsatzes erfolgt 2007 auch der Ausbau des Palettenlagers. Als zum 80-jährigen Firmenjubiläum der bayerische Ministerpräsident betonte, dass er ein Verfechter mittelständischer Unternehmen wie Burkhof Kaffee sei, die noch langfristig, standort- und mitarbeitertreu denken, wird das Unternehmen erneut zum Bayerischen Spezialisten gekrönt.

Geschichten

Neben der gegenseitigen Wertschätzung verband König Ludwig II. und Josef Eilles die Liebe zum Kaffee. Nicht zuletzt deshalb verlieh der bayerische König dem Kaffeeröster im Jahre 1879 den begehrten Titel des „Königlich Bayerischen Hoflieferanten“. Dieses Privileg gestattete seinen Träger, das königliche Wappen sichtbar im Fir menzeichen zu platzieren. Bis heute ist das Hau Wittelsbach seinem ehemaligen Hoflieferanten treu geblieben.

Herstellung

Kaffee ist ein ganz besonderes Getränk. Er reg zum Genießen und Entdecken an. Kenne wissen, dass Kaffee mehr Geschmacksstoffe al Wein oder gar Bier entfalten kann. Wen wunder es – vergehen doch von der Pflanzung des Kaf feestrauchs bis zur ersten Ernte etwa fünf Jahre. Der Anbau erfolgt am Äquator zwischen 3(Grad nördlicher und 30 Grad südlicher Breite - zwischen dem Wendekreis des Krebses und de Steinbocks, dem Hauptanbaugebiet für Kaffe weltweit. Die Früchte brauchen etwa acht bi zehn Monate zur Reife und sind dann zusammen mit den neuen Blüten am Baum. Während die ungerösteten Bohnen noch eher nach Heu schmecken, entsteht nach der Röstung bei 200 250° C eine Vielfalt aus mehr als 800 Aromastoffen. Kaffee ist ein Naturprodukt und dami geschmacklichen Schwankungen unterworfen Der erste Schritt zu gleichbleibender Qualitä ist daher die Zusammensetzung der Mischung Alljährlich eine Herausforderung für die Spezialisten im Hause Burkhof. Ausschlaggebend fü die Qualität ist das Röstverfahren. „Nur wenn wir die für eine Kaffeesorte maßgebliche Röstdauer und Temperatur während des Verarbeitungsprozesses präzise einhalten, gewinnen die Bohnen die Eigenschaften, die für die Qualitä und für das Aroma der Kaffeesorte charakteristisch sind“, berichtet Betriebsleiter Wolfgang Strack.

Schmankerltipp

Würziger Zimtkaffee (für 4 Personen): 400 ml Milch, 4 EL Honig, 1 TL Zimt gemahlen, 4 TL Kakao, 400 ml heißer, starker Kaffee, 4 Zimtstangen. Die Milch erwärmen, Honig und Zimt untermischen und kurz aufkochen. Kakao einrühren und auf die Tassen verteilen. Mit Kaffee auffüllen und heiß servieren. Je eine Zimtstange zum Umrühren dazureichen.

Eilles Kaffee

Jede der über zehn Eilles-Kaffeesorten hat ihren eigenen Charakter und ihre Liebhaber. Da gibt es die klassische Traditionsmischung aus dem Stammhaus in der Münchner Residenzstraße, die Wiener Melange mit gehaltvoller Note und würzigem Geschmack, Café Crème, der durch sein ausgewogenes Aroma und einen samtig-würzigen Geschmack begeistert, belebenden Espresso und natürlich auch entkoffeinierten Kaffee.

Besonderheit

Mit umweltfreundlichen Spezialmaschinen wird der frisch angelieferte Rohkaffee aus den besten Anbaugebieten der Welt mit größter Sorgfalt komponiert, täglich frisch geröstet und ohne Verzug in die Filialen geliefert. Die Veredelung nach einem Spezialverfahren verleiht dem Gourmet-Kaffee ein außergewöhnlich feines Aroma, das sich frisch gemahlen voll entfaltet. Das Getränk entwickelt dann eine erlesene Ausgewogenheit von Eigenschaften, die zusammen die perfekte Tasse Kaffee ergeben. Säure, Aroma und Körper sind die Komponenten seines Geschmacks.

Verzehrtipp

Für die Zubereitung eines guten, aromatischen Kaffees ist darauf zu achten, dass er in der richtigen, zur Kaffeemaschine passenden Mahlung verwendet wird. Auch die Wahl der Milch ist entscheidend für den Genuss. Sie sollte einen Eiweißanteil von 3,5 % und eine Temperatur von 68° C haben. Das garantiert eine zarte Milchcreme, deren Schaum auch für die Dauer des Genusses standhält.

Lagerung

Röstkaffee sollte trocken und vor allem kühl gelagert werden.

Bezugsquellen

Eilles-Kaffee gibt es in über 40 Filialen in Bayern und bei www.gourvita.com. Burkhof Kaffee ist ausschließlich in der guten Gastronomie erhältlich.

Wussten Sie schon,

... dass das Wort „Kaffee" vom arabischen Wort „kaweh" abstammt und „Stärke" oder „Kraft" bedeutet?

... dass in einigen Ländern Europas Kaffee noch im 17. Jahrhundert als Heil- oder Arzneimittel galt und nur in geringen Mengen, z. B. in Apotheken, abgegeben wurde?

Spezialität

KATEGORIE

MILCH & KÄSE

Topfen

Topfen ist für gewöhnlich etwas trockener als Quark und deshalb für manche Mehlspeisen oder Backwaren besser geeignet. Topfen, Quark und Schichtkäse sind wichtige Ausgangsprodukte für die Mehlspeisen und Backwaren aus der bayerischen Spezialitätenküche.

Besonderheit

Für die Topfenherstellung wird die Milch durch Zugabe von Milchsäurebakterien und/oder Lab fermentiert. Das heißt, die Milch säuert, bis das Eiweiß der Milch gerinnt und sich die Molke von den festen Bestandteilen absetzt. Bei handwerklicher Herstellung wird sie durch Auspressen mit einem Tuch getrennt, bei industrieller Herstellung durch Zentrifugieren. Wie alle Frischkäsesorten ist Topfen unmittelbar nach der Herstellung genussfertig, unterliegt also keinem weiteren Reifeprozess. Der bayerische Begriff „Topfen" ist seit dem 13. Jahrhundert belegt und lässt auf die Herstellung in einem Topf schließen.

Verzehrtipp

Topfen, Quark und Schichtkäse sind die Grundzutaten für Topfennockerl, Käsekuchen, Obazdn oder Millirahmstrudel.

Lagerung

Topfen sollte, wie alle Arten von Frischkäse, immer kühl gelagert und frisch verzehrt werden.

Bezugsquellen

Den handgeschöpften Bio-Topfen bekommt man im gut sortierten Lebensmittel-Einzelhandel und natürlich im Bioladen.

Andechser Molkerei Scheitz GmbH

Geschäftsführerin: Barbara Scheitz

Region: 82346 Andechs/Oberbayern
Gründungsjahr: 1908
Produkte:
Bio-Milchprodukte wie: Joghurt, Molkedrinks, Käse, Ziegenmilch-Produkte
Spezialität des Hauses: Bio-Milchprodukte

Im Jahre 1908 beginnen die Urgroßeltern von Barbara Scheitz mit dem Aufbau einer Käserei hinter der Erlinger Dorfkirche in Andechs. 68 Jahre später baut Georg M. Scheitz, Landwirt und Molkereimeister, eigenhändig die regionale Milchsammelstelle zur Molkerei aus. Mit der Vorgabe „Natürliches natürlich belassen" begann er 1976 als erster, mit ökologisch erzeugter Milch „Bio-Produkte" wie Sauerrahmbutter und handgeschöpften Topfen herzustellen. 1980 wird die Molkerei dann zum Vorreiter für Milchprodukte im Mehrwegglas. 1994 kommen Käsespezialitäten aus Bio-Ziegenmilch hinzu und 1995 wird die Andechser Molkerei als erste in Europa nach dem EU-Öko-Audit zertifiziert.
Alles Handeln der Andechser Molkerei richtet sich nach den Grundsätzen der UN-Charta „Agenda 21" – in steter Abwägung aller ökologisch-ökonomisch-sozialen Belange. Deshalb erfolgte im Jahr 2009 die Umstellung auf 100 Prozent Bio-Milch, die von über 600 Bio-Bauernhöfen geliefert wird. Bereits seit über 100 Jahren geht die Molkerei Andechs den Weg der schonenden Verarbeitung des Lebensmittels Milch. Konsequenterweise führt dieser seit 2007 über die „Biomilchstraße" mit der Hausnummer 1.

Schmankerltipp

Ursprung aller Milchprodukte und auch pur ein Genuss ist die „Andechser Natur Biomilch". Mit nur ½ Liter Milch deckt man etwa 75 Prozent des Tagesbedarfs an Kalzium.

Wussten Sie schon,

… dass mit dem Verkauf von einem Liter Bio-Milch eine Fläche von 2,5 qm ökologisch bewirtschaftet werden kann?
… dass ein Stück Andechser Bio-Almbutter (250 g) aus etwa 5 Litern wertvoller Bio-Milch hergestellt wird.

Hotel Seehof Herrsching

Region: 82211 Herrsching/Oberbayern
Gründungsjahr: 1885
Produkte:
Gastronomie/Hotellerie
Spezialität des Hauses:
Steckerlfisch vom Bachsaibling
Höhepunkte, Veranstaltungen:
Großer Veranstaltungskalender
unter www.seehof-ammersee.net

Geschäftsführer: Gerda und Peter Reichert

Was entsteht, wenn ein Vollblutmusikant gleichzeitig Wirt ist? Ein Gasthaus, in dem der Veranstaltungskalender mindestens genauso umfangreich ist wie die Speisekarte. Hier hat die Gemütlichkeit einen Stammplatz und der „gute Ton" ist das ganze Jahr über im Hause. „Singen und musizieren ausdrücklich erlaubt", heißt es 30 Kilometer südwestlich von München, direkt an der längsten Seepromenade Deutschlands. Peter Reichert, selbst mit vielen Instrumenten vertraut, liebt es, seinen Seehof zum Klingen zu bringen. Das ganze Jahr über erlebt das Haus Veranstaltungen unterschiedlichster Art. Vielfältig spannt sich der Bogen von gut Boarisch bis Boogie, von (Weißwurst-)Frühschoppen bis Musikkabarett.
Das charmante Hotel und Restaurant „Seehof" am Ammersee, direkt am Anlegesteg, wurde 1885 ursprünglich als Gästehaus gebaut. Gemütliche, stilvoll eingerichtete Gaststuben und ein herrlicher Biergarten mit überwältigendem Seepanorama vermitteln bayerische Lebensart.

Schmankerltipp

Ein echter Schmankerltipp des musikantenfreundlichen Wirtshauses sind die fangfrischen und saisonal wechselnden Fischspezialitäten. Je nachdem, was den Ammersee-Fischern gerade ins Netz geht, stehen Zander, Saibling, Karpfen, Rotauge, Renke und manchmal sogar Hecht auf der Tageskarte.

Wussten Sie schon,

... dass der Ammersee 16 Kilometer lang und sechs Kilometer breit ist und seine Tiefe bis zu 81 Metern beträgt?
... dass der Bahnhof Herrsching bereits 1903 eröffnet wurde und ein guter Startpunkt für Wanderungen rund um den Ammersee und das Fünfseenland ist?
... dass man mit dem Bayern-Ticket auch die Ammersee-Schifffahrt und die 100 Jahre alte Ammerseebahn nutzen kann?

Spezialität

KATEGORIE
FISCH

Steckerlfisch vom Bachsaibling

Zutaten für 4 Personen

2 Saiblinge • 1 Zitrone • 10 Kirschtomaten • 1 Zweig Rosmarin • 1 Zweig Thymian • 500 g Kartoffeln • 50 g Butter • 100 g Karotten • 100 g Sellerie • 100 g Lauch • 100 ml Weißwein • 4 Holzspieße • 1 Dillzweigerl als Garnitur • 50 ml Crème double

Zubereitung

Gemüse waschen und schälen, danach in sehr feine Streifen schneiden. Kartoffeln waschen, schälen und in Rauten schneiden. Saiblinge filetieren, würzen und je ein Filet in Rautenform auf Spießchen stecken. Zitrone vierteln.

Die Kartoffelrauten anglasieren und mit wenig Wasser gar kochen (al dente). Die Gemüsestreifen getrennt in einer Sauteuse anschwitzen und würzen. Nach dem Herausnehmen des Gemüses den Satz mit einem Schuss Weißwein ablöschen, um die Aromen für die Soße zu lösen.

Nun die aufgespießten Saiblingsrauten in einer Pfanne nur auf der Hautseite anbraten und die Kirschtomaten, Kräuter und Zitronenecken hinzugeben. Die Saiblingsrauten aus der Pfanne nehmen und mit Weißwein und Crème double eine leichte Fischveloute (Mehlschwitze mit Fischfond und Weißwein) zubereiten und kurz vor dem Servieren mit Butter aufmontieren.

Die Gemüse im Dreigestirn auf einem runden Teller anrichten und darauf den Fisch legen. Mit Kirschtomaten und Kartoffelrauten ausgarnieren. Mit der montierten Fischveloute leicht nappieren.

Klosterbrauerei Andechs

Wallfahrtskirche Andechs

Region:	82346 Andechs/Oberbayern
Gründungsjahr:	1455
Produkte:	7 Biere, Tafelwasser, Zitronenlimonade, Apfelschorle, Colamix
Spezialität des Hauses:	Andechser Doppelbock Dunkel
Höhepunkte, Veranstaltungen:	Carl Orff-Festspiele von Mai bis Juli

Kloster Andechs, von weither sichtbar auf dem „Heiligen Berg“ über dem Ostufer des Ammersees und inmitten des Fünf-Seen-Landes gelegen, ist seit fast 900 Jahren nicht nur Ziel für Pilger und Wallfahrer. Mit Klosterbrauerei, Bräustüberl, Klosterbrennerei, Klostergasthof sowie einem breiten kulturellen Angebot ist der Ort ein Anziehungspunkt für Besucher aus der ganzen Welt geworden.

Graf Rasso von Andechs brachte im 10. Jahrhundert Reliquien aus dem Heiligen Land mit in seine Heimat. Sie waren der Grundstock für die Reliquiensammlung auf der damaligen Andechser Burg. Diese wird erstmals 1080 erwähnt. 1423 leitete Herzog Ernst von Bayern den Bau einer Kirche ein. Von ihm stammt auch die Bezeichnung „Heiliger Berg“. Etwa 30 Jahre später gründete sein Sohn Herzog Albrecht III. das Benediktinerkloster Andechs. Es überstand über die Jahrhunderte hinweg Kriege, Hungersnöte, Seuchen und Plünderungen, bis es 1669 bei einem Brand fast vollständig zerstört wurde. Schon sechs Jahre später war der Wiederaufbau abgeschlossen und der Ort der geistigen Sammlung und Stärkung für Pilger und Wallfahrer aufs Neue entstanden. Im Zuge der Säkularisation verfügte die kurfürstliche Regierung im Jahre 1803 die Aufhebung des Klosters. 1846 erwarb es König Ludwig I. von Bayern und schenkte es wenige Jahre später der Münchner Benediktinerabtei St. Bonifaz als Wirtschaftsgut.

Mit der Renovierung des Fürstentraktes im Kloster in der Zeit zwischen 1986 und 1992 konnte sich das kulturelle Leben auf dem Heiligen Berg Andechs weiter entfalten. Dem Kloster ist es gelungen, im Spannungsfeld zwischen klösterlichem Leben und gewinnorientiertem Wirtschaften zu einem erfolgreichen Wirtschaftsunternehmen mit über 200 Beschäftigten heranzuwachsen. Die Klosterbrauerei bildet heute den Schwerpunkt der Andechser Wirtschaftsbetriebe und erzielt einen jährlichen Ausstoß von über 100.000 Hektolitern Bier. Das bekannte Andechser Bräustüberl und der Klostergasthof, älter als das Kloster selbst und erstmals 1438 als herzogliche Tafernwirtschaft urkundlich erwähnt, gehören ebenfalls zu den Andechser Wirtschaftsbetrieben und sind Besuchermagnet für Gäste aus aller Welt.

Geschichten

Im Mittelalter waren es vornehmlich Mönche, die ihre Beobachtungen und Erfahrungen niederschrieben und auch an andere Klöster weitergaben. Dieses Wissen legte den Grundstein für die moderne Lebensmittelherstellung heute. Und was für Landwirtschaft und Heilkunde gilt, gilt auch für die Herstellung von Bier, Brot, Käse, Wurst und Spirituosen. Die von Generation zu Generation tradierten Erfahrungen und die über Jahrhunderte an einem Ort verrichtete Arbeit machte die Mönche zu den ersten „Profis“ in vielen Zünften. Und mit Sicherheit haben auch die sieben Benediktiner, die 1455 anlässlich der Klostergründung von Tegernsee nach Andechs übersiedelten, von dort umfassende Kenntnisse des Brauwesens mitgebracht.

Herstellung

Das Klosterbier aus Andechs wird seit Jahrhunderten mit modernster Brautechnologie konsequent nach altbewährter benediktinischer Brautradition und unter Beachtung des Bayerischen Reinheitsgebotes gebraut. So ließ Pater Magnus die Brauerei bereits 1871 auf Dampfbetrieb umstellen; auch in den folgenden Jahren gab es in fast jedem Jahrzehnt eine entscheidende Neuerung oder Expansion. Auch der Entscheidung zum Neubau der Brauerei in den 1970er- und 1980er-Jahren lag nicht zuletzt das Wissen um die soziale Verantwortung zugrunde. Mit dem Ausbau der Klosterbrauerei konnten wichtige Arbeitsplätze erhalten und neue geschaffen werden. Um die hohe Qualität der Andechser Klosterbiere bei steigender Nachfrage auch künftig zu sichern, folgten weitere Um- und Ausbaumaßnahmen.
Sieben süffige Klosterbiere, Tafelwasser, Zitronenlimonade, Apfelschorle und Colamix kommen heute zur Abfüllung. An der Spitze der weltweit bekannten Andechser Klosterbiere steht immer noch – gemäß der klösterlichen Fastentradition – der „Andechser Doppelbock Dunkel“. Aber auch das „Andechser Weißbier“ hat seit seiner Einführung in den 90er-Jahren viele Freunde gewonnen und gehört heute neben dem „Andechser Vollbier Hell“ mit zu den beliebtesten Andechser Bierspezialitäten. Auch die klösterliche Destillierkunst und Likörzubereitung haben eine langjährige Tradition. Darüber hinaus werden in der Klostermetzgerei heute über 25 verschiedene Sorten Brüh-, Koch- und Rohwürste hergestellt.

Schmankerltipp

Zum kräftigen Doppelbock am „Heiligen Berg“ passt am besten ein Andechser Krustenbraten mit Bockbiersoße, Kartoffelknödel und Kraut.

Wussten Sie schon,

… dass der weltbekannte Komponist Carl Orff (1895–1982) rund 30 Jahre lang in Dießen, auf der Andechs gegenüberliegenden Seite des Ammersees, wohnte und auf eigenen Wunsch hin in der Schmerzhaften Kapelle der Wallfahrtskirche begraben wurde?

Spezialität

KATEGORIE

BIER

Andechser Doppelbock Dunkel

Ein mächtiger Doppelbock, der auf die jahrhundertealte benediktinische Brautradition zurückgeht. Mit einer Stammwürze von 18,5 Gewichtsprozent und einem Alkoholgehalt von über 7,0 Vol.-% gehört er zu den starken bayerischen Bieren. Als klassisches Fastenbier gibt es den Doppelbock in Andechs jedoch das ganze Jahr über.

Besonderheit

Mit einer Farbe, die an dunkelrotes Kupfer erinnert und einem feinporigen Schaum bietet der Andechser Doppelbock Dunkel auch dem Auge einen besonderen Genuss. Weiche Röstnoten und ein Hauch von Dörrobst begleiten ein betontes Karamellaroma. Angenehm moussierend, vollmundig und samtig, kräftig und doch angenehm malzaromatisch, mit einem wuchtig-kernigen Körper, erfreut es den Gaumen. Eine gut erkennbare Süße umspielt mit röstigen Kakaonoten und einer leichten Hopfenbittere die Zunge. Kräftig im Abgang, verabschiedet sich der Doppelbock mit einer anhaltenden Zartbitterschokoladennote.

Verzehrtipp

Das weltberühmte Bockbier vom „Heiligen Berg“ Bayerns ist zu gehaltvoll, um es „herunterzustürzen“. Zu einem deftigen Essen im Andechser Bräustüberl schmeckt es zu einer Zeit, in der die „Uhren langsamer gehen“, am besten.

Lagerung

Der Andechser Doppelbock Dunkel hat eine garantierte Haltbarkeit von neun Monaten.

Bezugsquellen

Unter www.andechs.de findet man über 4.000 Adressen, bei denen man Andechser Klosterbiere deutschlandweit kaufen oder genießen kann.

Gut Kerschlach GmbH & Co. KG

Dipl.-Ing. agr. Rainer Herrmann (Landwirtschaftliche Leitung)

Region:	82396 Pähl/Oberbayern
Gründungsjahr:	1997
Spezialität des Hauses:	Murnau-Werdenfelser Rind
Höhepunkte, Veranstaltungen:	Adventsmarkt und Christbaumverkauf mit Bäumen aus dem eigenen Forst, Reitturnier

In Südbayern, zwischen Ammersee und Starnberger See, Lech und Loisach – in der reizvollen Landschaft des Pfaffenwinkels – befindet sich das landwirtschaftliche Hofgut Kerschlach. Die erste urkundliche Erwähnung Kerschlachs als „Cherslo“ (Viehweide im Sumpfgebiet) stammt aus dem Jahre 1159. Seither wechselte das Gut im Lauf der Jahrhunderte mehrmals den Besitzer und wurde bis zum Erwerb durch Werner Mützel von den Missions-Benediktinerinnen aus Tutzing bewirtschaftet.

Mit dem Kauf des Gutes im Jahre 1997 erfüllte sich der Augsburger Verleger Werner Mützel seinen ganz persönlichen Traum von der Bewirtschaftung einer ökologischen Landwirtschaft. Er baute es in den folgenden drei Jahren zu einem modernen Betrieb um, der ausschließlich nach den EG-Öko-Richtlinien und den noch strengeren Vorgaben von Naturland wirtschaftet. Artgerechte Tierhaltung, nachhaltige Bodenbewirtschaftung und ein möglichst geschlossener Betriebs- und Stoffkreislauf stehen im Mittelpunkt dieses Konzepts. Dafür wurden entsprechende Stallungen für Rinder, Schweine und Pferde sowie Wirtschafts- und Wohngebäude gebaut.
Um die erzeugten Lebensmittel auf kurzem und für die Tiere stressfreien Weg weiterzuverarbeiten, ließ Werner Mützel im Gut eine Metzgerei mit eigener Schlachtung errichten. Auch eine eigene Käserei, eine Bäckerei sowie ein Hofladen entstanden. Das konsequent umgesetzte, ganzheitliche Konzept führt Produktion, Verarbeitung und die Vermarktung der im Gut erzeugten Lebensmittel unter einem Dach zusammen.

Mit der Entscheidung für das Murnau-Werdenfelser Rind erwarb man Tiere aus einem seltenen Genpool. Wie in vielen anderen Bereichen, so birgt auch die Haltung von nur einer Rinderrasse die Gefahr der Monokultur. Durch die Beschränkung auf eine oder nur wenige Arten ist die Gefahr von verheerenden Krankheiten bedeutend höher als bei gemischten Herden. Der Dipl.-Ing. agr. Rainer Herrmann ist seit August 2009 landwirtschaftlicher Betriebsleiter auf dem Gut. Er kümmert sich mit seinem Team um derzeit rund 30 Murnau-Werdenfelser Mutterkühe, 95 Milchkühe, 200 Mastrinder und 120 Mastschweine auf über 170 Hektar Grünland. Mit seinem Wissen um die hohe Qualität der Gutsarbeit achtet er auf sinnvolle, schonende Verarbeitung und Vermarktung der wertvollen Lebensmittel.

Geschichten

In einem Interview mit dem Internetportal eco-world.de beantwortete Werner Mützel, der Besitzer von Gut Kerschlach, die Frage nach seinem Know-how und seiner Ambition folgendermaßen: „Meine Großeltern mütterlicherseits waren Bauern in Unterfranken und ich habe dort als Schulbub regelmäßig meine großen Ferien verbracht und dabei auch die Liebe zur Natur, zur Landwirtschaft und zu den Tieren gefunden. Es

war seit Jahrzehnten mein Traum, mal einen Bauernhof zu besitzen und zu entwickeln. Aber zu der damaligen Zeit war der Öko-Landbau noch nicht gefragt.“

Herstellung

Mit seiner Fleischqualität stellt das Murnau-Werdenfelser Rind eine geschmackliche Bereicherung im Bereich Qualitätsrindfleisch dar. Es eignet sich hervorragend für die Zubereitung von kräftigen Suppen, Koch- und Schmorfleischgerichten. Dabei steht die Zartheit des Fleisches an erster Stelle, noch vor dem außergewöhnlich aromatischen Geschmack. Um möglichst kurze Wege bemüht, schlachten, zerlegen und verwursten die Metzger der Herrmannsdorfer Landwerkstätten direkt im Gut. Ein Teil der am Hof erzeugten Bio-Milch wird in der eigenen, 1998 errichteten Käserei zu verschiedenen Molkereispezialitäten verarbeitet. Nach traditionellen Rezepten wird aus der Rohmilch handwerklich hergestellter Käse produziert. Gleichzeitig mit dem Bau der Käserei entstand aus dem ehemaligen Hofladen eine Sichtkonditorei mit Bistro-Café, das nach einer Besichtigung des Gutes oder einem Spaziergang auf einem der schönen Wanderwege rund um das Gut zum Verweilen einlädt.

Schmankerltipp

Pfaffenwinkler Weichkäse wird nach einem französischen Rezept mit Käsekulturen aus Sonthofen (Allgäu) hergestellt. Pierick Nußbaum, ein französischer Käser mit Schweizer Wurzeln, stellt für das Gut Kerschlach den Käse her. Gleichzeitig bereichert er die dortige Produktpalette – schließlich ist Frankreichs Käsevielfalt sprichwörtlich: 20 Prozent des dort produzierten Käses kommen noch aus handwerklichen Käsereien, während dies deutschlandweit nur für ein Prozent der Fall ist.

Wussten Sie schon,

… dass auf Gut Kerschlach ein Paradies für Pferde und Reiter geschaffen wurde? Im eigens gegründeten Reitverein steht besonders die Ausbildung und Betreuung der jungen Reiterinnen und Reiter im Mittelpunkt.

… dass der Pfaffenwinkel die größte zusammenhängende Bio-Anbaufläche Bayerns ist? Dies ist nicht zuletzt bedingt durch die Leistungen der benachbarten Bio-Molkerei Scheitz Andechs.

Murnau-Werdenfelser Rind

Wie der Name schon sagt, liegt die Heimat dieser Rinderrasse im Werdenfelser Land und Murnauer Moos. 2007 wurde es von der Gesellschaft zur Erhaltung alter und gefährdeter Haustierrassen e.V. (GEH) zur „Gefährdeten Nutztierrasse des Jahres" erklärt. Es ist in der „Roten Liste" in der Kategorie 1 (extrem gefährdet) verzeichnet und ist die letzte einheimische Rinderrasse Altbayerns.

Besonderheit

Das Murnau-Werdenfelser Rind wurde früher in ganz Bayern und insbesondere in der oben genannten Region gehalten. Es gilt als besonders robust, genügsam und wenig anfällig gegenüber Krankheiten. Die Kühe liefern keine extrem hohe Milchleistung, weshalb diese Rasse fast gänzlich verdrängt worden war. Die Kälber verbleiben nach der Geburt in der Herde bei den Mutterkühen und werden von diesen auch gesäugt. Das Fleisch dieser Tiere ist durch ihr langsames Wachstum besonders zart marmoriert, kurzfasrig und von hervorragender Qualität.

Verzehrtipp

Edelschinkensalami oder Rinderschinken vom Murnau-Werdenfelser Rind schmecken am besten zusammen mit einem Holzofenbrot aus der Kerschlacher Gutsbäckerei.

Lagerung

Die geräucherten Wurst- und Rohwaren sind 3-6 Monate haltbar.

Bezugsquellen

Die Produkte des Gut Kerschlach bekommt man direkt im Hofladen. In München erhält man das Bio-Fleisch vom Murnau-Werdenfelser Rind in der Wirtschaft „Der Pschorr" am Viktualienmarkt sowie in der Stemmerhof Biomarktgemeinschaft e.G in der Plinganserstraße.

Benediktinerabtei Ettal

Frater Vitalis

Region:	82488 Ettal/Oberbayern
Gründungsjahr:	1330
Produkte:	Klosterliqueur, Biere, Herbarium, Gärtnerei, Landwirtschaft, Klosterhotel, Klosterbräustüberl, Klosterläden
Spezialität des Hauses:	Ettaler Klosterliqueur
Höhepunkte, Veranstaltungen:	Weihnachtsmarkt, Gartentage

„Die kranken Brüder sollen einen eigenen Raum haben und einen eigenen Pfleger, der Gott fürchtet und ihnen sorgfältig und eifrig dient."
(Regel des Benedikt von Nursia aus dem 6. Jahrhundert)

Schon in alter Zeit kannten die Mönche die Heilkräfte der Kräuter und verwendeten sie für wohltuende Tränke und Einreibungen. Die Rezepturen, die der Apotheker aus dem Kloster Ettal im Mittelalter komponierte, bilden bis heute die Grundlage für die Ettaler Klosterliqueure.

Das im Jahre 1330 von Kaiser Ludwig IV. („der Bayer") gegründete Kloster erwarb 1558 einen kupfernen Branntweinkessel für die Apotheke, die zunehmend an Bedeutung gewann. Dies war die Grundlage für eine klostereigene Destillerie, in der das „Aqua abbatis ettalensis", ein Stärkungstrunk in zwei Varianten – auch „gelbe und grüne Tropfen" genannt – zubereitet werden konnte: die Urform des Ettaler Klosterliqueurs. Nach der Säkularisation 1803 wurde die Apotheke des Klosters an die Familie Byschl verkauft. Auf diesem Wege kamen die Byschls, die 1822 die erste Apotheke in Garmisch eröffneten, in den Besitz eines Arzneischrankes aus dem Kloster. Darin befand sich – zunächst unentdeckt – das alte Rezept für den Ettaler Klosterliqueur. In der zweiten Hälfte des 19. Jahrhunderts stellten sie den Liqueur wieder in ihrer Apotheke unter dem Namen „Alt-Ettaler Abt-Liqueur" her. Als das Kloster Ettal von den Mönchen des Klosters Scheyern im Jahre 1900 wiedererrichtet wurde, gab die Apothekerfamilie das Rezept an das Kloster zurück und weihte den Abt in das Geheimnis der Herstellung ein. Der Abt verfügte, dass jeweils nur zwei Mönchen die Rezeptur der Liqueure kennen dürfen.

Damals und heute reifen, zwischen meterdicken Mauern, die Liqueure in mächtigen Eichenholzfässern. Um 1911 wurde die markante und bis heute bekannte „Barockflasche" entwickelt. Sowohl die Flasche als auch der Name des Ettaler Klosterliqueurs wurden in den 20er-Jahren des vergangenen Jahrhunderts zum Patent angemeldet und weltweit geschützt.

Geschichten

Bei einer Führung in der Benediktinerabtei Ettal kann man in der Destillerie von Frater Vitalis erfahren, wie die Liqueure hergestellt werden. Dabei wird dem Besucher auch ein Blick in die „geheime" Kräuterkammer gewährt. Der historische Malz- und Hopfenspeicher der 1609 gegründeten Klosterbrauerei und die ältesten Gebäudeteile des Klosters sind für interessierte Gruppen ebenfalls zugänglich. Nach der Führung lädt das benachbarte Klosterhotel „Ludwig der Bayer" zu Bier und Brotzeit und natürlich auch zu den Klosterliqueuren ein. Im Klostermarkt sind neben den Ettaler Klosterprodukten auch Wein aus den Abteien Neustift und Muri-Gries in Bozen, Nudeln aus der Benediktinerinnenabtei St. Gertrud in Tettenweis bei Passau und Kerzen aus der Abtei Kirchschletten bei Bamberg erhältlich.

Herstellung

40 Kräuter sowie Alkohol werden für den Ettaler Klosterliqueur verwendet. Dass die handverlesenen Kräuter auch aus dem Klostergarten kommen und die gelbe Variante des Liqueurs durch die Zugabe von echtem Safran ihre kräftige Farbe erhält sowie mit Berghonig aus der klösterlichen Imkerei verfeinert wird, ist gerade noch zu erfahren. Doch wie die Liköre ihr feines Bouquet und den etwas herben, aber doch harmonischen Geschmack erhalten, darüber wird strenges Stillschweigen bewahrt. Nur Frater Vitalis, der derzeitige Hüter der Klosterrezepte, kennt das überlieferte Kräuterwissen. Bewährte Herstellungsverfahren und die geduldige Fassreife in den alten Gewölben des Klosters bringen ihr eigenes Terroir mit ein. Das gilt auch für den klaren Ettaler Klostergeist, der wie alle „Geiste" ohne Zuckerzusatz und künstliche Zusatzstoffe hergestellt wird. Varianten wie der Ettaler Bitter, ein edel-rassiger Magenbitter auf reiner Kräuterbasis, und der Hopfen-Halbbitter gehören zum Sortiment. Letztgenannter verbindet das Aroma der Ettaler Bergkräuter mit der Würze des Hallertauer Aromahopfens und der Strenge des Bitterhopfens. So entsteht eine süßherbe Komposition, die nicht nur bei Freunden des Ettaler Klosterbiers ihre Liebhaber gefunden hat.

Schmankerltipp

Frisches Heu ist die Seele des Ammergauer Heulikörs. Für seine Herstellung verlesen die Mönche der Abtei per Hand das Heu von den Bergwiesen der Ammergauer Alpen. Erst durch extensive Bewirtschaftung der Berghänge und den Verzicht auf Düngung und Maschineneinsatz entstanden artenreiche Wiesen mit einer Fülle von Gewürz- und Heilpflanzen, aus denen der markante Extrakt für diesen Likör produziert wird.

Wussten Sie schon,

... dass der Strom für das Kloster seit 1904 aus Wasser- und seit 2005 auch aus Sonnenenergie gewonnen wird?

... dass im Jahre 1802 in 19 Benediktinerklöstern in Bayern 492 Mönche lebten?

... dass heute noch zwölf Klöster der Bayerischen Benediktinerkongregation angehören? Dazu gehören neben Ettal mit dem Priorat Wechselburg die Abteien St. Bonifaz in München mit dem Priorat Andechs, Metten, Weltenburg, Scheyern, Schäftlarn, St. Stephan in Augsburg, Ottobeuren, Plankstetten, Niederaltaich und Rohr.

Ettaler Klosterliqueure

Die Mönche kennen die Heilkräfte der Kräuter seit vielen Jahrhunderten und setzten ihr Wissen bei der Herstellung wohltuender Tränke ein. Im 16. Jahrhundert komponierte ein heilkundiger Mönch aus dem Kloster die Rezeptur, die zur Grundlage für die Ettaler Klosterliqueure wurde.

Besonderheit

Die Ettaler Klosterliqueure, deren genaue Rezeptur immer nur zwei Mönchen der Abtei bekannt ist, werden von fachkundiger Hand aus 40 Kräutern komponiert. Der Geschmack der Kräuter wird durch die Reife in Eichenfässern abgerundet und verfeinert. Die in den klassischen „Barockflaschen" als Klosterliqueur „Gelb" oder „Grün" angebotene Spirituose hat einen Alkoholgehalt von 40-42 Vol.-%. Die wohltuende, natürliche Wirkung der Produkte, die keine künstlichen Zusatzstoffe enthalten, wird weltweit geschätzt. Ettaler Klosterliqueure sind nach der EU-Verordnung (EWG) Nr. 1576/89 geschützt und dürfen daher nur in Ettal hergestellt werden.

Verzehrtipp

In Maßen genossen sind die Ettaler Kräuterliqueure hilfreiche Geister bei Völlegefühl oder nach zu fettem Essen.

Lagerung

Bei Zimmertemperatur gelagert sind sie jahrelang haltbar.

Bezugsquellen

Die Ettaler Klosterliqueure sind im Klostermarkt, im Klosterladen, im Webshop der Abtei, im Handel und vielen Spirituosenshops im Internet erhältlich.

Brauerei Flötzinger

Familien Steegmüller und Pyhrr

Region:	83022 Rosenheim/Oberbayern
Gründungsjahr:	1543
Produkte:	18 verschiedene Biere, 9 alkoholfreie Getränke
Spezialität des Hauses:	1543er Weißbier
Höhepunkte, Veranstaltungen:	März: Starkbierfest in Raubling, Juni: Volksfest in Pang, August - September: Rosenheimer Herbstfest, Oktober: Apfelmarkt in Bad Feilnbach

Die Brauerei Flötzinger ist die älteste und einzige Privatbrauerei in Rosenheim. Am 13. Februar 1543 erteilte Herzog Wilhelm IV. von Bayern dem Bräu in der Wiesengasse die Braugerechtigkeit. Noch heute liest man diese ehrwürdige Zahl über einem alten, gotischen Tuffsteinbogen am Flötzinger-Stammhaus in der heutigen Kaiserstraße 5.

Heute befindet sich im ehemaligen Stammhaus der Gasthof Flötzinger Bräu mit Hotel. Im Zentrum von Rosenheim gelegen, kann man hier ein gemütliches Hotelzimmer buchen und natürlich gibt es zum guten Bier der Brauerei auch original bayerische Schmankerl.
In der langen Geschichte des Brauhauses wird das Unternehmen ständig weiter aufgebaut. Im Jahre 1710 erwirbt der wohlhabende Bürger Georg Fletzinger aus Ramerberg die Brauerei. Es gelingt ihm, durch Ankauf von Grundstücken und Gebäuden die Besitzungen erheblich zu vermehren. Er wird zum Namensgeber der Brauerei, die über die Jahrhunderte schwere Stadtbrände, Pest und Kriege übersteht. Um dem immer wiederkehrenden Inn-Hochwasser zu entkommen, übersiedelt die Brauerei 1910 von der Kaiserstraße an den Roßacker.
1934 übernehmen Maria Steegmüller (geb. Krichbaumer) und Franz Steegmüller I. die Führung der Flötzinger Brauerei. Er ist gelernter Architekt, geschickter Kaufmann, passionierter Zigarrenraucher und natürlich Bierliebhaber. Durch ihn erhält die Brauerei starke Impulse. Das Überstehen des Zweiten Weltkrieges und viele harte Arbeitsjahre bringen eine beachtliche Entwicklung und Stabilisierung des Betriebes.
1960 übernimmt Franz Steegmüller II. das Unternehmen. Er knüpft an die erfolgreiche Familientradition an und es gelingt ihm – stets unterstützt von Ehefrau Martha – das heute über 469 Jahre alte Brauhaus zu einer angesehenen und modernen Privatbrauerei in Bayern auszubauen. Seit 1987 arbeitete sein Sohn Franz Steegmüller III. († Febr. 2012) im Unternehmen mit und drei Jahre später tritt auch Tochter Marisa Steegmüller in den Betrieb ein. Seit 2002 ist Andreas Pyhrr, Lebensgefährte von Marisa, Mitglied der Flötzinger-Geschäftsführung. Heute werden am Roßacker 18 verschiedene Biersorten – viele davon mehrfach preisgekrönt – und neun alkoholfreie Getränke produziert.

Geschichten

„Dem Guten treu", das ist gelebte Tradition und aufrichtige Brauerethik der Familie Steegmüller. Altes Wissen wird sorgsam mit modernster Brautechnik vereint. Man erfährt Familienzusammenhalt und Disziplin, weiß wer man ist und steht doch mit beiden Beinen auf dem Boden. Unter den Mitarbeitern herrscht eine familiäre Atmosphäre und es ist spürbar, dass sie mit Freude bei der Arbeit sind.
Die Traditionen der Region sind tief in den Menschen verwurzelt. Das zeigt sich vor allem beim Einmarsch zur Rosenheimer Wiesn, den die Familie vollzählig zelebriert. Drei Generationen stehen für Vergangenheit, Gegenwart und Zukunft bayerischer Braukultur. Die konzentrierte Präsenz der Familie lässt dennoch erahnen, dass die Arbeitstage die Festtage überwiegen. Freude findet die Familie Steegmüller jedoch an beidem. Die vier Enkelkinder der Familie zeigen an diesem Tag ihre helle Begeisterung, wenn aufwendig geschmückte Pferdekutschen, heitere Blasmusik und fesche Bedienungen den Marsch durch die Stadt, zum größten oberbayerischen Herbstfest, beginnen.

Herstellung

Für den Sud verwendet der Brauer eine Malzmischung mit über 50 Prozent Weizenmalzanteil. Oft sagt man daher zu Weißbier auch Weizenbier. Der Weizen bringt das typische Aroma in den Sud, das dem Bier seine eigene Note gibt. Neben dieser besonderen Malzmischung arbeitet der Brauer mit einer speziellen Weißbierhefe. Der Biertrinker kann diese Hefe leicht an ihrem ganz besonderen Geschmack erkennen. Bereits der Duft kündigt eine fruchtige Frische an, die mit dem typischen Weizenaroma optimal harmoniert. Die kräftige Malznote wird getragen von einer Leichtigkeit, wie sie nur beim Weißbier auftritt. Der etwas höhere Gehalt an Kohlensäure unterstreicht diese spritzige Note. Die Verwendung von reichlich Hefe mit langen Reifezeiten sowie handwerkliche Flaschengärung in Verbindung mit einer ausgesuchten Mischung von Weizenmalz, dunklem Gerstenmalz und geschmacksintensivem Karamellmalz geben dem Flötzinger 1543er Weißbier sein markantes, vollmundiges und aromatisches Geschmacksprofil. Serviert im Brauerstutzen, zeigt es seine kräftige Bernsteinfarbe.

Flötzinger Bräu

Rosenheimer Herbstfest: Alle Generationen aus dem Hause Steegmüller freuen sich ebenso wie Mitarbeiter und Gäste auf die „5. Jahreszeit“.

Schmankerltipp

Jedes Jahr zur Wiesn-Zeit produziert die Bäckerei Bergmeister aus Rosenheim ein deftig-würziges 1543er Weißbierbrot, das besonders in der „5. Jahreszeit“ zu Brotzeiten serviert wird.

Wussten Sie schon,

... dass die Geschichte des Weißbieres vor 5.000 Jahren begann? In Ägypten etwa legte man Fladenbrote aus Weizen und Hefe in Wasser ein und brachte diese Mischung zum Gären. Das Weißbier war geboren. In Deutschland kennt man das Weißbier seit ca. 3.000 Jahren.

1543er Weißbier

Die Spezialität des Hauses ist die 1543er Hefe-Weiße. Das kräftige, würzige und bernsteinfarbene Weißbier trägt das Gründungsjahr der Brauerei im Namen. Neben Fest-Märzen, feinwürzigem Hellen, Russ oder Radler, gehört das Flötzinger Weißbier zu den Favoriten in Rosenheim Stadt und Land.

Besonderheit

Eine Besonderheit des Flötzinger Weißbieres liegt in seiner Flaschengärung. Ähnlich wie bei der Champagnerherstellung wird eine zweite Gärung in der Flasche durchgeführt. Diese Arbeitsweise ist wesentlich aufwendiger, doch das fertige Weißbier zeigt den Unterschied zur einfachen Tankgärmethode überdeutlich: Das feine Hefearoma entfaltet sich erst während der Flaschengärung richtig. Auch die Kohlensäure wird mit dieser Methode optimal eingebunden und das Bier erhält seine typische Frische und Spritzigkeit. Der Verlauf der Flaschengärung wird vom Brauer ständig überprüft und erst wenn der ganze Extrakt vergoren ist, kommen die Flaschen zum Verkauf.

Verzehrtipp

Vorzüglich passt die 1543er Hefe-Weiße zu deftigen Speisen wie herzhaften Brotzeiten, knusprig gebratenem Hendl oder Schweinsbraten. Sie ist jedoch ein vielseitiger Essensbegleiter, weil sie durch ihre prickelnde Frische auch sehr gut mit leichter Küche kombinierbar ist.

Lagerung

Bier ist ein Frischeartikel. Es sollte stets kühl und dunkel gelagert und frisch gezapft sofort getrunken werden.

Bezugsquellen

In ca. 300 Wirtschaften und in über 700 gut sortierten Getränkemärkten.

Bäckerei Bergmeister

Marianne und Willy Bergmeister

Region:	83022 Rosenheim/Oberbayern
Gründungsjahr:	1936
Produkte:	160 hausgemachte Backwaren
Spezialität des Hauses:	Rosenheimer Urkruste
Höhepunkte, Veranstaltungen:	Februar: Krapfenzeit; August: Rosenheimer Herbstfest, Bayerische Wochen; Dezember: Christkindlmarkt

„Wir bleiben nicht gut, wenn wir nicht immer besser zu werden trachten.“ Dieses Zitat von Gottfried Keller ist zugleich der Leitspruch von Willy und Marianne Bergmeister. Seit mehr als 70 Jahren übt die Bäcker- und Konditorenfamilie in einem stattlichen, wunderschön erhaltenen Gebäude in der Rosenheimer Innenstadt ihr Handwerk aus. 1550 erbaut, war das Haus ursprünglich ein Pfarrhof. Die schmucke, mediterran anmutende Architektur ist typisch für die damalige Bauweise entlang des Inns.

Direkt vor dem Gebäude, sozusagen in der guten Stube der Stadt, genießen die Rosenheimer die Sonnenplätze der Außenanlage und das lebendige Treiben am Max-Josefs-Platz. Das 2009 großzügig umgestaltete Café Bergmeister lockt die Spaziergänger zu frischem Kuchen und gepflegtem Imbiss. Vom 1. Stock des Cafés hat man einen wunderschönen Blick auf die Fußgängerzone der Innenstadt.

Seit Generationen schon gehen die Rosenheimer zum Bergmeister, denn dort gibt es, was man sich von einer gute Backstube wünscht. Herrlich duftende, üppige Auslagen mit fantasievollem Backwerk, das je nach Jahreszeit auf

originelle Weise verführt. 160 verschiedene Produkte, davon allein 30 Brotsorten, werden täglich frisch hergestellt. Meisterliches Handwerk mit bewährten Grund- und Rohstoffen, viel Erfahrung und Kreativität schaffen die Marke Bergmeister. Auch über Jahre gewachsene Geschäftsbeziehungen zu regionalen Lieferanten gehören zum stabilen Fundament der Bäckerei/Konditorei. Das 1543er Weißbierbrot ist ein original Rosenheimer Schmankerlbrot, das die langjährige Partnerschaft mit der Flötzinger Brauerei zum Ausdruck bringt. Gleiches gilt auch zum Beispiel für das Rosenmehl aus Ergolding oder den Eilles Kaffee aus Sauerlach. Bergmeisters gehören heute zu Bayerns besten Bäckereien. Mit dem Staatsehrenpreis für Kontinuität im Spitzenbereich ausgezeichnet, knüpft das sympathische Unternehmerehepaar an den Preis der Besten im Landkreis Rosenheim an. In 20 Filialen kann man die Spezialitäten, zu denen auch das zertifizierte Öko-Sortiment nach strengen Naturlandrichtlinien gehört, frisch erwerben.

Geschichten

Seit 1999 leitet Willy Bergmeister jun., Bäckermeister und Betriebswirt in sechster Generation, die Bäckerei/Konditorei. Einer seiner Vorfahren, Castulus Bergmeister, entstammte einer angesehenen Handwerker- und Händlerfamilie aus der Hallertau. Er legte dort 1874 mit dem Kauf der Weinwirtschaft „Zum goldenen Kreuz“ mit Bäckerei und Mehlhandlung den Grundstein für die Bäckertradition der Familie. Später begründete Josef Bergmeister, der Großvater des heutigen Chefs, gemeinsam mit seiner Frau Justine die Rosenheimer Bäckerdynastie.

Herstellung

Ein altes deutsches Sprichwort lautet: „Bro essen ist keine Kunst, aber Brot backen.“ Zu Handwerkskunst der Bäcker gehört in jeden Fall das Sauerteigbrot. Ein reines Sauerteigbro braucht im Vergleich zu anderen Broten vo allem zwei Dinge: viel Sauerteig (20 bis 40 Pro zent des Teiges) und viel Zeit zum Gehen. Ei gentlich stellt sich Sauerteig durch das Mischen von Mehl und Wasser von selbst her, wenn man die Mischung ein paar Tage an einem warmen Ort stehen lässt. Die im gesunden Getreide be findliche wilde Hefe und die Milchsäurebakte rien gehen im Sauerteig eine Symbiose ein und führen zu dem charakteristischen Geschmack Dieser Teig ist jedoch noch nicht zu gebrau chen und hier beginnt die Kunst. Viele weiter Zutaten wie Gewürze, nochmals Wasser, Mehl und Salz bestimmen den Geschmack des Brotes Durch die langen Ruhezeiten, die der Sauer teig zur Reifung benötigt, ist seine Herstellung zeitintensiv und aufwendig. Um das Verfahren zu beschleunigen, verwenden die Bergmeister einen Mutterteig, aus dem immer wieder neue Kulturen gezogen werden können. Es genügt einen Teil dieses Teiges mit etwas lauwarmem Wasser zu verrühren und dem neuen Sauerteig Ansatz hinzuzugeben. Dadurch wird der neue Teig mit der vorherigen Kultur „geimpft“ und erhält den Geschmack und die Eigenschaften des Originals. Es geht dann bedeutend schnel ler, bis der Teig backfertig ist und dennoch reift er noch lange in Weidenkörbchen heran Wird er über zwei Stunden in einem speziellen Steinofen langsam gebacken, entsteht das Sau erteigbrot mit einzigartigem Aroma und eine röschen, duftenden Kruste.

Schmankerltipp

Herrliche Torten und Kuchenvariationen verführen im Café zum Genießen. Klassiker wie Bayrisch Creme mit Himbeeren oder die Prinzregententorte gehören täglich frisch zum Sortiment.

Wussten Sie schon,

... dass vergorener Brotteig mit großer Wahrscheinlichkeit die Grundlage für die Herstellung eines Getränks war, das wir als erstes Bier bezeichnen können?

Rosenheimer Urkruste

Das Brot wird ohne Zugabe von Hefe, aus reinem Sauerteig mit Roggenmehl hergestellt und im Steinofen langsam ausgebacken. Es ist ein würzig-herzhaftes Brot mit angenehm gleichmäßiger Porung der Krume.

Besonderheit

Unter Verwendung eines gut gehüteten Familienrezeptes wird in der Bäckerei Bergmeister die Rosenheimer Urkruste produziert. Die über Jahrzehnte gepflegten Sauerteigkulturen tragen ihren ganz individuellen Geschmackscode, denn Sauerteigprodukte unterscheiden sich regional erheblich im Geschmack. Die beteiligten Mikroorganismen, die sich vor allem an der Schale des Getreidekorns und auch in der Luft befinden, tragen entscheidend zur Veredelung und Geschmacksentwicklung des Teiges bei. So wird ein in Nürnberg angesetzter Sauerteig deutlich anders schmecken als einer aus Rosenheim. Dazu kommen noch Abweichungen durch die verwendete Getreidesorte, die Backeigenschaften des Ofens und das Fingerspitzengefühl des Bäckers.

Verzehrtipp

Eine frische Scheibe Sauerteigbrot, mit Butter bestrichen und mit Schnittlauch bestreut, ist äußerst aromatisch und mit einem würzigen Weißbier eine schmackhafte Brotzeit.

Lagerung

In einem Brottopf aus Keramik oder einem Leinensackerl verschlossen bleibt Sauerteigbrot bis zu zwei Wochen haltbar. Sauerteigbrot eignet sich portioniert auch sehr gut zum Einfrieren.

Bezugsquellen

20 Filialen in Stadt und Land Rosenheim.

Wagenstallermühle

Annelie Wagenstaller

Region:	83083 Riedering/Oberbayern
Gründungsjahr:	925
Produkte:	Dinkel-, Weizen- und Roggenmehle, Brotbackkurse am Holzofen, gut sortierter Mühlenladen
Spezialität des Hauses:	Brotbackkurse und Hildegard v. Bingen-Beratung
Höhepunkte, Veranstaltungen:	Brotbackkurse, November: Wintermarkt

„Mit Händen gefühlt, mit Augen betrachtet, wird der Weg des Korns zum Mehl prüfend begleitet", so beschreibt Annelie Wagenstaller ihre Arbeit in ihrem ersten Buch „Brot und Heimat". Über beides hat Deutschlands jüngste Müllermeisterin viel zu erzählen. Die waschechte Oberbayerin lebt und arbeitet in ihrem Elternhaus in der Nähe des Simssees.

Bereits im Jahre 930 zeugt eine Urkunde von einer „femina monialia Rhini" in „Mulinheim" und meint damit die heutige Obermühle in Riedering am Siemssee. Die heute hier wirkende, quirlige Müllerin legte schon als 21-Jährige die Meisterprüfung ab. Möglich machte das eine Sondergenehmigung, aber vor allem ihre eigene Begeisterung für das Handwerk, das ihr Urgroßvater schon betrieb. „Ich konnte mir nicht vorstellen, etwas anderes zu machen", erklärt die Müllerin. Daher fiel es ihr nach dem Schulabschluss nicht schwer, sich für den vielseitigen Beruf zu entscheiden. Neben dem Erwerb der für Müller so wichtigen Kenntnisse wie Laboruntersuchungen, Typenbestimmung, Qualitätskontrolle und Getreideauslese, hatte es ihr der Unterricht in der Bäckerei besonders angetan. Von ihrer Liebe zum Brot profitieren Kunden sowie die Besucher der lehrreichen und unterhaltsamen Backkurse. Dass nur aus bestem Qualitätsgetreide unter Anwendung von meisterlichem Wissen erlesenes Mehl entstehen kann, dürfte jedem klar sein. Welches Mehl das beste für welches Brot, oder welche Mischung für Allergiker geeignet ist und wie man mit eigenen Händen würziges Brot backt, das erfährt man im Mühlenladen direkt von der Müllerin. Auch die Lehre der Hildegard von Bingen hat bei den Wagenstallers, die seit 1980 ihren gemütlichen Mühlenladen pflegen, einen starken Einfluss. Interessierte können viel über Fastenkuren, Kräuterkraft oder den Einfluss von Mondphasen erfahren.

Geschichten

„Ein Müller, wenn er Meister werden will, soll zum Meisterstück ein überschlechtig Wasserrad abreißen, das Kamrad neukämmen, eine Haue in den Mühlstein einsenken, das Getreide vorstellen, die Mühle auf drei Teile fassen und solche unradelig gangbar machen". Dies fordert eine Zunftordnung von 1660. Auch heute noch muss ein Müller oder eine Müllerin mehr können als Getreide mahlen und Brot backen. So lernte Annelie Wagenstaller während ihrer Ausbildung mit Metallbearbeitung sowie Leder- und Sägearbeiten ebenso umzugehen wie mit vollautomatischen, computergesteuerten Mühlen: Vielseitigkeit, die zum Führen eines Betriebes mit einer Wassermühle nötig ist. Dass dabei noch Platz für Schulungen, Lehrgänge, Märkte und viel Spaß bleibt, ist ein Gewinn für alle Brotfreunde.

Herstellung

„Die Müller soll man Ehren, denn sie sind Ehren wert", schrieb Wastl Fanderl, der bekannte Volksmusiker und Brauchtumspfleger als Widmung auf ein Notenblatt für die Wagenstaller-Mühle. Denn nach wie vor ist es oberstes Gebot für die Müllerin, bestes Mehl bereitzustellen – und gute Beratung obendrein. Im Mühlenladen kann man erfahren, wie man das Mehl verarbeitet. Mühlen waren früher Orte der Begegnung und des Austausches – hier ist das bis heute so geblieben. Am besten kann man das jedoch bei einem sinnlich heiteren Brotbackkurs in der Mühle erleben. Da wird gemischt, geknetet, geformt und gewürzt. Das Kneten des warmen Teiges ist dabei ein herrlich sinnliches und „ergreifendes" Erlebnis. Es duftet und fühlt sich gut an. Verschiedene Mehle, Körner, ein paar feine Gewürze und gutes Quellwasser gedeihen hier – „garniert" durch viel Freude und Liebe – unter der Anleitung der Müllerin im Holzofen zu einem ganz eigenen Brotlaib. Sie erzählt: „Wenn dann nach etwa einer Stunde die duftenden Brote aus dem Ofen kommen, spiegeln sich Freude und Stolz in den Bäckern auf Zeit und man spürt, wie tief unser täglich Brot in den Menschen verwurzelt ist".

Schmankerltipp

Erprobte Brotrezepte, wertvolle Hinweise sowie Wissenswertes rund um die Brotbackkunst finden sich in den Büchern von Annelie Wagenstaller. „Laib und Seele" oder „Brot und Heimat" sind von ihr selbst geschrieben und im Buchhandel oder im Onlineshop der Naturkostmühle erhältlich.

Wussten Sie schon,

... dass es kurz nach dem Zweiten Weltkrieg in Deutschland noch über 30.000 kleine Mühlen gab? Heute sind es weniger als 2.000, deren Wissen und Erfahrungsschatz es zu nutzen gilt.

... dass es sehr viel Interessantes über Mühlen bei der Deutschen Gesellschaft für Mühlenkunde und Mühlenerhaltung (www.muehlen-dgm-ev.de) zu erfahren gibt?

Holzofenbrot

In der Regel wird Holzofenbrot aus Sauerteig mit einem hohen Roggenmehlanteil hergestellt. Beim Backen wird eine besonders krosse, herzhafte Kruste im Holzofen erreicht. Holzofenbrot zeichnet sich durch eine lange Haltbarkeit aus und wiegt zwischen 2.000 und 5.000 Gramm.

Besonderheit

Traditionellerweise wurde das Holzofenbrot während der Erntezeit zur Stärkung der Drescher gereicht. Deshalb verwendete man für das Brot nur Wasser, Roggenmehl und Salz. Weizenmehl wurde nicht hinzugenommen, da mit ihm das Brot schneller altbacken wird. Heute werden für die Herstellung des Teiges vier Teile Roggenmehl und ein Teil Weizenmehl verwendet. Für eine leichtere Herstellung im eigenen Herd empfiehlt es sich, den Anteil an Weizenmehl zu erhöhen.

Verzehrtipp

Brot sollte gut ausgekühlt sein, bevor man es genießt. Und am besten schmeckt es, wenn man es mit Anderen teilt.

Lagerung

Das Brot kann man gut in einem Brottopf aus Steingut lagern. Mit einem Tuch darüber können Sie den Feuchtgehalt des Brotes selber regulieren: Ohne Tuch bleibt die Kruste am längsten erhalten, das Brot wird aber auch etwas schneller trocken; mit Tuch zieht die Kruste die Feuchtigkeit von innen und wird weicher. Das Brot kann so bis zu einer Woche gelagert werden!

Bezugsquellen

Direkt im Mühlen- und Bioladen

ORO-Obstverwertung eG

Joachim Wiesböck

Region:	83101 Rohrdorf/Oberbayern
Gründungsjahr:	1958
Produkte:	Fruchtsäfte, Fruchtweine und Nektare
Spezialität des Hauses:	Bio-Apfelsaft naturtrüb
Höhepunkte, Veranstaltungen:	Obstannahme von September bis November

„Der liebe Gott wohnt im Apfelbaum", titelt ein zauberhaftes Kinderbuch. Das wussten wohl auch die 44 Obstbauern, die 1958 die ORO-Obstverwertungsgenossenschaft in Rohrdorf mit dem Ziel gründeten, ihr regionales Streuobst frisch, gesund und konservierungsmittelfrei zu wohlschmeckenden Säften zu verarbeiten – und sie auch in der Region zu verkaufen. 50 Jahre später kann sich die Bilanz sehen lassen. Der Betrieb hat in der Region einen guten Namen und besitzt höchste deutsche Auszeichnungen für seine Fruchtsäfte mit Äpfeln.

In den Nachkriegsjahren war der Obstbau für die Ernährung der Bevölkerung unentbehrlich. Mit dem wachsenden Warenangebot, das zunehmend auch nach Deutschland importiert wurde, änderte sich die Lage; Absatz und Ertrag für die heimischen Obstbauern wurden schwieriger. Damals hatte Hermann Seibold, Kreisfachberater für Obst- und Gartenbau im Landratsamt Rosenheim und Paul Schauer, Vorsitzender des Kreisverbandes der Gartenbauvereine die Idee zur Gründung einer Genossenschaft. Im Frühjahr 1958 war es so weit: Georg Wiesböck teilte mit, dass er als Genossenschaftsanteil den Betrieb der ehemaligen Rohrdorfer Zementwerke einbringe. Dies ermöglichte einen soliden Start, und 44 Obstbauern folgten der Idee. Noch im selben Jahr begann Konrad Paul als Geschäftsführer seine Arbeit. Mit viel Eifer und Geschick investierte die Genossenschaft in den ersten zehn Jahren über eine halbe Million Mark und legte damit den Grundstein für eine stabile Obstverwertung in der Region. Bis heute ist die Genossenschaft ihrem Motto „Aus der Region – für die Region" treu geblieben. Die Äpfel der mittlerweile rund 100 Genossenschaftsmitglieder – darunter auch viele Privathaushalte – werden in etwa 20 verschiedene Apfelsaftprodukte verarbeitet. Das ermöglicht den Obstgärtnern ein geregeltes Zusatzeinkommen, fördert den Erhalt von Streuobstwiesen – und die Kunden freut es, gesunde Säfte aus der näheren Umgebung zu kaufen.

Geschichten

Wie viel Frucht ist im Saft: Fruchtsäfte bestehen zu 100 % aus frischen Früchten, z. B. Orangen, Äpfeln oder Trauben, und kommen ohne den Zusatz von Zucker aus. Fruchtnektar gibt es vor allem von Fruchtarten, die von Natur aus so viel Fruchtsäure oder Fruchtfleisch enthalten, dass sie erst mit Wasser und Zucker trinkfertig gemacht werden müssen, z. B. Sauerkirschen oder Schwarze Johannisbeere. Sie enthalten je nach Fruchtart mindestens 25-50 % Frucht. Fruchtsaftgetränke wiederum zählen zu den Erfrischungsgetränken. Ihr Fruchtgehalt liegt deshalb in der Regel höher als die vorgeschriebenen Mindestmengen (30 % Frucht bei Kernobst und Trauben, 10 % bei anderen Fruchtarten und bei Mischungen, 6 % bei Zitrusfrüchten). Der jeweilige Fruchtgehalt ist auf dem Etikett angegeben.

Herstellung

Im neuen Jahrtausend hat die Genossenschaft als erster Betrieb in Deutschland ein neues Presssystem, die sogenannte Dekanterpressung eingesetzt. Dabei wird unter Luftabschluss im Zentrifugalverfahren ein Apfelsaft gewonnen, der noch mehr Fruchtfleisch und damit Ballaststoffe beinhaltet als üblich. Der frisch gepresste Saft wird nach dem Pressen sofort weiterverarbeitet und per Kurzzeiterhitzung sterilisiert. Anschließend erfolgt die Rückkühlung auf Zimmertemperatur und die Einlagerung in großvolumige Tanks. Später wird der Saft als Direktsaft

in Flaschen abgefüllt, ohne dass irgendwelche Zusätze hinzukommen. Dadurch entsteht ein einzigartiges Geschmackserlebnis: Vor allem der naturtrübe Apfelsaft besticht durch eine äußerst „samtige" Anmutung im Gaumen. Es ist der größere Fruchtfleischanteil, der dieses Geschmacksempfinden hervorruft. Außerdem: Durch die Dekanterpressung und die sich anschließende geschlossene Rohsaftverarbeitung werden weniger Inhaltsstoffe in Mitleidenschaft gezogen und die gesundheitsschädlichen Oxidanzien werden auf ein Minimum reduziert.

Schmankerltipp

Was gibt es in der kalten Jahreszeit Schöneres als heiße, duftende Getränke! Für den Genuss ohne Nebenwirkung – also ohne Alkohol, Koffein, Tein und andere aufputschende Substanzen – ist der Früchtepunsch ideal für Wärmebedürftige, Autofahrer und Kinder. Apfel-, Orangen- und Kirschsaft verleihen diesem köstlichen Heißgetränk einen harmonischen Geschmack. Früchtetee und Zucker runden diesen ab, während Nelken, Zimt und Anis ihm vorweihnachtliche Würze verleihen.

Wussten Sie schon,

… dass der Schwarze Holler, wie der Holunder in Südbayern heißt, als Hausmittel gegen Husten, Erkältung und Harnwegsbeschwerden hohes Ansehen genießt? Mit Apfelsaft gemischt, ergibt sich ein wohlschmeckendes Getränk ohne den leicht bitteren Geschmacks des gerbstoffreichen Hollers.

… dass die Raupen des Apfelwicklers, die sich in die kleinen Äpfel fressen, diese nach drei bis vier Wochen wieder verlassen? Ein wirksamer Schutz sind Hühner im Obstgarten: Sie scharren nach den Raupen und Puppen des Apfelwicklers und fressen auch viele andere Schädlinge.

Bio-Apfelsaft naturtrüb

Für die ORO-Fruchtsäfte werden Äpfel von kontrolliert biologischem Anbau aus den regionalen Einzugsgebieten, dem bayerischen Voralpenland, verwendet.

Besonderheit

Für den Apfeldirektsaft mit 100 % Fruchtgehalt werden die Früchte im Herbst handverlesen, von allen Fremd- und Faulstoffen getrennt und schonend im Dekant-Verfahren (siehe Herstellung) unter Luftausschluss entsaftet. Nach dem Sterilisieren wird der Saft bis zum Abfüllen in Flaschen kühl und keimfrei in Edelstahlbehältern gelagert.

Verzehrtipp

Vitamine, Ballaststoffe und natürlicher Fruchtzucker machen Apfelsaft und -schorlen zum idealen Mineralienlieferanten und zu einem guten Durstlöscher nach Sport oder körperlicher Anstrengung.

Lagerung

Die in Lichtschutz-Glasflaschen abgefüllten Säfte sind ungeöffnet 18 Monate haltbar. Nach dem Öffnen sollte man die Säfte kühl lagern und innerhalb von zwei Tagen trinken.

Bezugsquellen

Fruchtsaft und Fruchtsaftgetränke von ORO werden nur im Umkreis von etwa 50 km um Rohrdorf über den Getränke- und Lebensmittelfachhandel vertrieben. Die Belieferung des Fachhandels sowie der Gastronomie erfolgt direkt vom ORO-Stammhaus aus.

Odl - Josef Stein e.K.

Renate und Sepp Stein

Region:	83123 Amerang/Oberbayern
Gründungsjahr:	1928
Produkte:	Hotellerie, Gastronomie, Liköre, Feinkost
Spezialität des Hauses:	Odl – naturtrüber Kräuterlikör
Höhepunkte, Veranstaltungen:	Wochenmärkte, Kochkurse, Themenwochen

Er schmeckt nicht, wie er heißt!
Er riecht nicht, wie er heißt!
Aber er sieht aus, wie er heißt!

Der Odl vom Stein Sepp aus Amerang im Chiemgau. Zeigt sich der Odl sonst auf den Feldern nützlich, ist er bei ihm ein g'schmackiger Kräuterlikör. Sein Erfinder mazeriert ihn aufwendig mit 21 wirkungsvollen Biokräutern und schwört: „Da Odl huift gega Ois – a gega Nix!"

Bereits im Jahre 1366 findet der Hintermayerhof in Amerang zum ersten Mal urkundlich Erwähnung. Einige Jahrhunderte später, seit 1928, dient das fast wie ein Gutshof anmutende Anwesen mit einem herrlichen Bier- und Kaffeegarten unter alten Bäumen als Sommerfrische. In den alten Gemäuern spiegelt sich die Philosophie gewachsener bayerischer Familientradition wider. Als Renate und Sepp Stein 1982 die Sommerfrische übernahmen, begannen sie das Hotel in besonders familienfreundlicher Atmosphäre auszubauen. Als Mitbegründer rief Sepp Stein 1994 gemeinsam mit drei weiteren Hoteliers die Familotel-Kooperation ins Leben. Ihr gehören heute über 50 Hotels in Europa an. Die gelebte Gastfreundschaft unter dem Motto: „Eltern mit Kindern – Herzlich willkommen!" wird von www.holidaycheck.com als erstes deutsches Hotel mit einem Platz unter den 99 beliebtesten Häusern weltweit geehrt. Die Gäste des Hauses werden stets mit großer Verantwortung umsorgt und erleben Familienurlaub in einer der schönsten Landschaften Deutschlands. Dazu können sie ausgesuchte regionale und mediterrane Küche in origineller Vielfalt genießen. Oft ist das Einfache jedoch das Beste. Ganz oben in der Beliebtheitsskala der Gäste befindet sich seit vielen Jahren der legendäre, geradezu Kultstatus genießende Grießbrei. Familie Stein legt Wert auf Eigenproduktion. So entstehen in der Küche Streichwurst, frische Suppen, das fast vergessene Boeuf à la Mode, Gulasch, Kürbis-Chutney und hausgemachte Mandelsplitter. Es wird gekocht und eingekocht. Verkauft wird vieles davon beim „Poidl", dem kaum einen Steinwurf entfernten Feinkostgeschäft von Renate Stein.

Geschichten

Vor 26 Jahren heiratete die Renate ihren Sepp, den gelernten Koch und Sohn der Hoteliersfamilie Stein in Amerang. Sie übernahm dort die Organisation des Hotels. Den ersehnten „eigenen Herd" jedoch bekam Renate Stein erst 2005, als sie den einstigen Lebensmittelladen ihrer Eltern mitten in Amerang übernahm und völlig neu interpretierte. Sie vereint in einmaligem Ambiente genussvolle, bodenständige Feinkost mit Events, Kochkursen und schönen Dingen rund um das Thema Lebensmittel und Lebensfreude. Als überzeugte Slowfood-Anhängerin fühlt sie sich den regionalen Produkten und der handwerklichen Herstellung zutiefst verpflichtet.

Herstellung

Experimentierfreude ist der Motor der kreativen Familie. Was da aus der Küche kommt

überzeugt immer. So auch der Odl. Melisse, Zitronenschale, Ingwer, Zimt und Pfefferminze sind die wichtigsten Geschmacksgeber des verdauungsfördernden dunklen und naturtrüben Benediktinerlikörs. Muskat, Tormentil und Kardamom tragen maßgeblich zum bittersüßen Geschmackserlebnis bei. Für die besondere Wirkung des Likörs verwendet Sepp Stein ausschließlich Biokräuter und Wildfänge. Die zertifizierten Kräuter geben in der mehrwöchigen Ruhezeit ihre Inhaltsstoffe und das Aroma an den hochprozentigen Alkohol ab. Das Endprodukt mit einem Alkoholgehalt von etwa 35 Prozent wird grob gefiltert und in originelle Apothekenflaschen abgefüllt. Die Likörherstellung begann der Großvater der Familie schon vor 70 Jahren, denn er servierte seinen Sommerfrischlern gern einen „Selbstgemachten". Seit 2007 gibt es den Kräuterlikör nach dem traditionellen Familienrezept mit passenden Gläsern auch im Handel. Für Gastronomiebetriebe erklären originelle Tischaufsteller den Odl in vielen Sprachen.

Schmankerltipp

Für ein „Kafätscherl" ist immer die richtige Zeit. Der dunkelbraune Mokkalikör – von Sepp Stein ebenfalls selbst gemacht – entstammt einer Rezeptur aus dem hohen Norden. Dort wird die süße Verführung kalt getrunken. Im südlich gelegenen Amerang jedoch gibt es ihn heiß wie Kaffee und natürlich mit frisch geschlagener Sahne.

Wussten Sie schon,

... dass das über 1.200 Jahre alte Amerang – als einziges Dorf in Deutschland – drei große Museen und eine historische Lokalbahn hat?
... dass erst Ende des 13. Jahrhunderts die Technik der Destillation von Alkohol nach Europa kam? Erst danach wurde auch die Mazeration, die Grundtechnik zur Herstellung von Likören, möglich.

Odl – naturtrüber Kräuterlikör

Eine Spezialität von Sepp Stein, Hotelier und Koch aus Amerang im Chiemgau. Hergestellt mit 21 Biokräutern und Wildfängen, Weingeist und Zucker. Mit seinem Namensgeber hat er ausschließlich die Farbe gemeinsam. Durch die ausgewogene Kräutermischung ist er bekömmlich und besonders schmackhaft.

Besonderheit

Melisse, Zitronenschalen, Ingwer, Zimt, Wermut, Tormentil, Muskat und Pfefferminz sind die wichtigsten Kräuter. Sie tragen maßgeblich zum bittersüßen Aroma des Likörs bei. Die Kräutermischung wird mit Zucker in reinem Alkohol mazeriert und nach mehrwöchiger Ruhezeit in kleine Apothekerflaschen abgefüllt. Der Kräuterlikör hat einen Alkoholgehalt von 35 Vol.-%. Das circa 70 Jahre alte Familienrezept basiert auf einem Benediktinerlikör und hat das Flair eines italienischen Amaros.

Verzehrtipp

Den Odl trinkt man bei Zimmertemperatur in mehreren Schlucken. Vor dem Einschenken muss die Flasche geschüttelt werden, um die feinen Schwebestoffe gleichmäßig zu verteilen. Naturtrübe, Depot, Bodensatz und Schlieren sind Qualitätsmerkmale.

Lagerung

Kräuterliköre sind fast unbegrenzt haltbar.

Bezugsquellen

Im Familienhotel „Zum Steinbauer", beim „Poidl" in Amerang und in vielen Wirtschaften und Berghütten. Im Internet unter www.odlgrube.de und www.chiemgauer-schmankerl.de.

Kaffeerösterei Klaus Rechenauer

Klaus Rechenauer

Region:	83135 Schechen/Oberbayern
Gründungsjahr:	1999
Produkte:	Kaffee, Espresso
Spezialität des Hauses:	Wasserburger Kaffee

Die Geschichte des Kaffeeröstens lässt sich in Wasserburg bis in das Jahr 1815 zurückverfolgen. Damals ließ sich die Kaufmannsfamilie Maier in der Schmidzeile der Stadt nieder und begann, neben dem Kolonialwarenhandel selbst Kaffee zu rösten – damals noch mit Gerste und Zichorie. Ein Glücksfall für Kaffeefreunde der Region, dass Klaus Rechenauer seit 1999 die fast 200-jährige Geschichte des Kaffees in Wasserburg weiterschreibt.

Franz Xaver Hutterer, Sohn eines Schülers der Familie Maier, lernte Jahrzehnte früher ebenfalls die Kunst des Kaffeeröstens in Wasserburg, bevor er sich 1937 mit einem gasbetriebenen Kafeeröster selbstständig machte. Bis zum Ende des Jahres 2001 produzierte er, stets dem handwerklichen Rösten verbunden, den beliebten Wasserburger Kaffee, der lange Zeit als „Geheimtipp" unter Kaffeefreunden galt. Ein Produktmanager, der erfolgreich sterile Verpackungen für die Medizinbranche entwickelte, übernahm 2001 die Rezeptur. Nicht zufällig, denn er – Klaus Rechenauer – hatte bereits in jungen Jahren begeistert in der Wasserburger Kaffeerösterei gejobbt und 1999 seine eigene Rösterei gegründet. Als bekennender Liebhaber der handwerklichen Kaffeerösterkunst traf er zur Jahrtausendwende die Entscheidung: Gemeinsam mit seiner Frau eröffnete er im August 2002 in der Schmidzeile in Wasserburg das erste eigene Kaffeegeschäft. Klaus Rechenauer liegen die erlesenen Hochlandsorten aus besten Lagen, gut sortiert und sorgfältig geröstet, besonders am Herzen. Verarbeitet in kleinen Chargen, entfaltet der Kaffee sein gesamtes Aroma und entwickelt dabei auch seine gute Verträglichkeit. „Der Qualität des Kaffees wird, ebenso wie dem Anlass ihn zu trinken, unterschiedliche Bedeutung beigemessen", erzählt Klaus Rechenauer. „In den vergangenen Jahrzehnten definierte sich die Kaffeequalität hauptsächlich über den Preis, denn der Handel kultivierte den ‚noch billigeren' Kaffee fast zu einer Trophäe. Weitergegeben wurde der Preis an die Plantagenbesitzer, die in großen Mengen Rohkaffee von meist minderwertiger Qualität produzierten. Sortenreiner Einkauf war dadurch unmöglich."

Der Wandel von Quantität zur Qualität stellt die Kaffeeröstereien jedoch wieder vor höhere Ansprüche. „Ich schätze guten Kaffee und ich röste ausschließlich Spitzen-Rohkaffees." Auch die Historie des Kaffees verfolgt Klaus Rechenauer seit Jahren leidenschaftlich. Entdecken kann man die Kaffeekultur mit authentischem Hintergrund in seinen Kaffeehäusern in Rosenheim, Wasserburg und Bad Aibling. Das Mobiliar besteht aus sorgfältig zusammengetragenen Antiquitäten und ist fast immer mit Kaffeegeschichte verbunden. Bei seinen Reisen, immer auf der Suche nach guten Kaffeebohnen, wurde er in Südamerika und Afrika fündig. Als Manufakturbetrieb kann er auch kleinere Mengen handverlesener Kaffeesorten zukaufen, die selbstverständlich auch ihren Preis haben. Dem hochwertigen Rohkaffee zutiefst verpflichtet, versteht man, warum die kleine Spezialitätenrösterei zu den Besten in Europa zählt. Bei den Blindverkostungen der Deutschen Röstergilde wurde die Wasserburger Kaffeerösterei bereits mit zwei Goldmedaillen geehrt.

Geschichten

Seit 2006 haben sich über 30 traditionelle Kafferöster zu einem Verband zusammengeschlossen, um die Entwicklung von Qualitätskaffee weiter zu fördern. Das Ziel des Verbandes der Deutschen Röstergilde ist es, den Kaffee als wertvolles Genussmittel mit all seinen Facetten, in höchster Qualität, gerecht gehandelt und transparent vom Ursprung bis zur Tasse, an den Verbraucher zu bringen. Mit Hilfe eines Qualitätssiegels setzt die Röstergilde dabei klare Richtlinien. Diese geben dem Verbraucher die Sicherheit, exzellent, fair und nachhaltig verarbeitete Produkte zu erhalten.

Herstellung

Neben der schonenden Kaffeeröstung, die bei der Wasserburger Kaffeerösterei in einem 50 Jahre alten Röster bei niedrigen Temperaturen erfolgt, sind vor allem Herkunft und Bearbeitung des Rohkaffees maßgeblich für die Qualität verantwortlich. Ähnlich wie beim Anbau von Wein gibt es auch in den Kaffeeplantagen vereinzelt Spitzenlagen mit sehr mineralischen Böden und besonderem Klima. Hier wachsen Spitzengewächse heran, deren Qualität aber nur durch sortenreine Ernte, Verarbeitung und Lagerung erhalten werden kann. Gefördert von Spezialitätenkaffeeverbänden entwickelt sich in Guatemala, Brasilien und Nicaragua langsam ein kleiner Kreis von Kaffeefarmern, die solche Spitzenkaffees produzieren.

Wasserburger Kaffee

Dieser Kaffee wird seit 1937 als Mischung von Hochlandkaffees aus Costa Rica und Guatemala in Wasserburg geröstet. Die Auswahl der Sorten und die schonende Langzeitröstung bei niederen Temperaturen in einem Röstmaschinen-Klassiker geben ihm seine besonders aromatische Note.

Besonderheit

Die Rezeptur des Wasserburger Kaffees wurde vor über 60 Jahren von Franz Xaver Hutterer zusammengestellt und gilt seither als Geheimtipp bei Kaffeefreunden. Er ist ein mildgerösteter, sortenreiner und besonders magenfreundlicher Kaffee von südamerikanischen Bohnen. Dabei wird die beste Hanglage der Plantage getrennt geerntet und die Bohnen werden etwas länger in dem zuckersüßen Fruchtfleisch gehalten. Dadurch bekommen sie einen besonderen, süßlichen Geschmack. Heute gibt es die mittelkräftige Hochlandmischung in verschiedenen Mahlstufen für French Press, Filterkaffeemaschinen, Handfilterung, Espressomaschinen oder Mehlfein.

Verzehrtipp

Für eine Tasse Filterkaffee benötigt man 6-8 Gramm Kaffeemehl und 125 Milliliter Wasser. Wenn man keine Kaffeemaschine verwendet, kann man ihn in entsprechenden Kannen pressen oder im guten alten Kaffeefilter mit Filtertüte von Hand brühen.

Lagerung

Generell ist es immer empfehlenswert, frische Kaffeebohnen möglichst bald zu verbrauchen. Es geht nichts über das volle Aroma frisch gerösteter Bohnen.

Bezugsquellen

In den Kaffeehäusern und Ladengeschäften in Wasserburg, Rosenheim und Bad Aibling sowie im Webshop.

Schmankerltipp

Bayerischer Kaffee: Dafür bereitet man zunächst einen Filterkaffee zu. Dieser wird in Tassen gefüllt, pro Portion mit 10 bis 20 ml Obstler abgeschmeckt und schließlich mit einer Haube aus geschlagener Sahne bedeckt.

Wussten Sie schon,

… dass in den 1970er-Jahren in Deutschland über 2.000 Kaffeeröstereien existierten?

… dass es heute in Deutschland etwa 150 Kaffeeröstereien und in Italien ca. 1.500 gibt?

LandWirtschaft im Gut Staudham

Jens Heupgen

Region:	83512 Wasserburg am Inn/Oberbayern
Gründungsjahr:	1211/2010
Produkte:	Gastronomie, Hotelerie, Innenausbau, Antikmöbelwerkstatt
Spezialität des Hauses:	Holzofenbrotsalat
Höhepunkte, Veranstaltungen:	BrotZeit & Spiele, Musikveranstaltungen und Theater aktuell unter www.landwirtschaft-staudham.de

Zum Ratschen vor dem Haus sitzen, Bier trinken, Kopf kratzen, Wepsen aus'm Kriagl holen oder einfach nur d' Leit o'schaun – das macht man auf der „Gredbeng". Die aus Holz gefertigte gemütliche Sitzgelegenheit, gern auch für mehrere Personen, steht vor einem bayerischen Haus. Stünde sie außerhalb Bayerns, wäre es nur eine normale Bank. Freilich kann an die Gredbeng auch ein Gredbengtisch gestellt werden, an dem eine Brotzeit und eine Gredbenghoiwe b'sonders gut schmecken …

So eine Gredbeng, dazu stärkende Nahrung, frischen Trunk, eine bequeme Unterkunft für Herbergssuchende gibt es seit 1211 im Gut Staudham – und fast wie früher an sechs Tagen in der Woche zu jeder Tageszeit. Die „LandWirtschaft", wie das Wirtshaus auf dem Gutskomplex heute heißt, birgt Unerschöpfliches und hat ein erstaunliches „InnenLeben". Ein nostalgisch-eigenwilliges Café mit bunten Türen an Orten, wo man sie nicht vermutet, Chaiselongues für den gemütlichen Nachmittagskaffee mit hausgebackenem Kuchen und Antikmöbel, wohin das Auge schaut. Herzstück des Hauses ist die „Schwemm". Ausgestattet mit Schänke, langen Tischen und Bänken, lustigen Lampen aus dem Besteckkasten und einem appetitlichen Brotregal nahe dem Holzofen, ist sie der lebendigste Raum im Gut. Geradeaus weiter, kommt man in das Restaurant – ausgestattet mit einem Riesensetzkasten. Das ehemalige „Schlachthaus", ein großer Nebenraum mit eigener Bar, dessen Name tatsächlich von seiner ursprünglichen Nutzung stammt, dient privaten Feierlichkeiten. Den Saal im Obergeschoss gibt es schon seit dem 13. Jahrhundert. Hier wurde geheiratet, g'stritten und

früher sicher auch g'rauft. Heute findet die „Hatz" meist nur auf der Bühne statt, die für Theatervorstellungen gern genutzt wird. Für Gäste, die länger bleiben möchten, stehen sieben mit Kunstverständnis und Liebe zum Detail eingerichtete Zimmer bereit.

Neues und Altes ist überall im Haus harmonisch zusammengefügt. Der Fundus an Antiquitäten, Kunstwerken und Originellem ist groß – und tatsächlich kann hier fast alles auch erworben werden. Der Inhaber der LandWirtschaft, Jens Heupgen, handelt nicht nur mit Antikem, er restauriert die Unikate auch in einem Nebengebäude des Guts liebevoll und fachmännisch. Ihm ist das gegeben, was man im Handwerk die „goldenen Hände" nennt, und so stammt auch die gesamte Raumgestaltung im alten Gutshofkomplex aus seiner Werkstatt.

Geschichten

BrotZeit & Spiele – eine Veranstaltungsreihe in der LandWirtschaft sorgt mit sechs Veranstaltungen im Jahr für „kulinarische und kulturelle Grundversorgung". Bekannte Musiker und Kabarettisten wie Dieter Hildebrandt, Fonsi alias Christian Springer oder Luise Kinseher bieten Nahrung für Herz und Hirn, während das leckere Brot aus dem Holzofen der Hausbäckerei stammt. Doch bevor der Theatersaal für das kulturelle Treiben frei war, musste Jens Heupgen erst einmal beim großen „Ramadama" unzählige Container mit alten Möbeln und diversem Gerümpel hinaustragen. Am 1. Januar 2010 begann er mit dem Aus- und Umbau der Wirtschaft. Schon 26 Tage danach gab es die erste Großveranstaltung, und drei Monate später eröffnete der neue regionale Treffpunkt in Staudham – die LandWirtschaft. Auch ein Schießstand ist seit „achtzehnhundertpaarundachtzig" im Gut Staudham untergebracht und wird bis heute eifrig genutzt.

Herstellung

Man nehme … So beginnen viele Rezepte. Die LandWirtschaftler machen es sich dabei einfach und nehmen nur das Beste von dem, was ihnen die regionalen Lieferanten für ihre pfiffige bayerische Küche zu bieten haben. Wie gekocht und angerichtet wird, kann der Gast durch das Küchenfenster im Eingangsbereich sehen. In dem stark saisonal geprägten Speiseplan sorgen Wild- und Steakwochen oder Fischtage für zusätzliche Abwechslung. Die im Haus befindliche Konditorei backt tagsüber Torten, Kuchen und Gebäck. Im großen Holzofen, dessen Restwärme am Morgen für frisches Brot genutzt wird, werden am Abend herzhafte Flammkuchen gebacken. Alle Schmankerl gibt es auch zum Mitnehmen. Auf der Getränkekarte findet man die besten Biere aus der Region, denn ebenso bunt wie die Speise- ist auch die Getränkekarte. Eine interessante Auswahl an deutschen und österreichischen Weinen erfreut dazu das Herz des Weinliebhabers.

Schmankerltipp

Das Staudhamer Schnitzel ist in der LandWirtschaft das, was der Volksmund einen „echten Renner" nennt. Bei der Gutsvariante wird das Fleisch einer nahen Landmetzgerei mit Senf bestrichen, mit Salz und Pfeffer gewürzt und paniert in Butterschmalz ausgebacken. Angerichtet mit frischen Schwammerln auf Bratkartoffeln, wird das Schnitzel mit etwas reduzierter Bratensoße serviert.

Wussten Sie schon,

… dass das Gut Staudham bereits im 13. Jahrhundert als Wirtshaus existierte?
… dass „InnenLeben" und „Antik Altdorf" Handwerksunternehmen des Inhabers der LandWirtschaft sind?
… dass in unmittelbarer Umgebung des Gutes der Staudhamer See, der Kesselsee und die Lake liegen?

Holzofenbrot-Salat

Brotzeit ist die schönste Zeit – lautet der Liedtext eines bekannten bayerischen Musikstücks. Hausgebackenes Brot und frischer Salat sind in Staudham als Holzofenbrotsalat eine beliebte und vor allem gesunde Brotzeitvariante.

Besonderheit

Neben dem hausgemachten Holzofenbrot, das in Würfel geschnitten, reichlich in den Salat gegeben wird, kommen gebratene Speckwürfel mit Zwiebeln hinzu. Darüber wird eine Rapsölmarinade gegeben, die mit Salz, weißem Pfeffer, Senf und etwas Zucker abgeschmeckt wird. Schafskäsewürfel (wer es kräftig mag, auch solche aus Weißlacker), Lauchzwiebeln, frische Kräuter und einige Paprikastreifen beleben als Farbtupfer die frische Salatvariation.

Verzehrtipp

Schmeckt am besten zusammen mit einem süffigen Bier oder zu einem frischen fränkischen Wein.

Lagerung

Die Zeit von maximal einem gewünschten „Guten Appetit" sollte zwischen Servieren und Verzehr dieser knackfrischen Brotzeit stehen.

Bezugsquellen

In der LandWirtschaft in Staudham.

Priener Freilandeier

Region: 83209 Prien am Chiemsee/Oberbayern
Gründungsjahr: 2010
Produkte: Frische Landeier, Freilandeiernudeln
Spezialität des Hauses: Priener Freilandeier
Höhepunkte, Veranstaltungen: Ostereiersuchen mit Kindern, Bauernherbst mit regionalen Produkten auf Herrenchiemsee. Die Eier gibt es noch im Prientaler Bergbauernladen und im Achentaler Bauernmakrt in Grassau (siehe auch www.priener-freilandeier.de).

Maria Riepertinger mit Tochter Maria Magdalena

Die Familie Riepertinger, die zu den vier ältesten Bauerngeschlechtern im Chiemgau zählt, betreibt den Wastlhof mit Milchwirtschaft seit vielen Generationen. Mit der Heirat der jungen Bäuerin Maria bekam Landwirt Alois Riepertinger zu seinen über 30 Milchkühen auch noch die Idee der kleinbäuerlichen Freilandhühnerhaltung dazu. Konsequent setzte das Paar das Projekt in die Tat um. Gemeinsam hält die junge Familie heute mehr als 500 Hühner auf 3000 m² Grünlandfläche.
Direkt aus der Legerinne können die Kunden die Eier tagfrisch einsammeln, wofür eigens ein kleiner Selbstbedienungsladen – auch bestückt mit Nudeln, Eierlikör und Brotzeiteiern aus eigener Fertigung – gebaut wurde. Die Größe des Hühnereis hängt sowohl von der Hühnerrasse als auch vom Alter der Henne ab. Folgende Größen sind festgelegt: S bis 53 g, M bis 63 g, L bis 73 g, XL ab 73 g und mehr. Da die Keimanlage innerhalb von 14 Tagen nicht abstirbt, ist das Ei in dieser Zeit frisch wie am ersten Tag. Nach 21 Tagen endet im Handel die Verkaufsfrist und 28 Tage nach dem Legen läuft nach EU-Verordnung die Mindesthaltbarkeit ab. Dieses Datum ist auf jeder Verpackung vermerkt.

Schmankerltipp

Ein besonderes Schmankerl aus Eierteig – angefertigt nur zu besonderen Anlässen – ist die „Chiemgauer Herznudel", die Maria Riepertinger nach altem Familienrezept herstellt. Sie wird mit einer besonderen Eisenform aus feinem Eierteig in Schmalz gebacken. „Meine Form gebe ich nicht aus der Familie", sagt die junge Bäuerin über das Eisen, mit dem bereits ihre Oma vom Irschenberg und ihre Mutter in Neubeuern das mit Puderzucker bestäubte Schmalzgebäck zubereitet hat.

Wussten Sie schon,

… dass Eier eine biologische Wertigkeit von 100 Prozent haben und deshalb als wahre Fitmacher bezeichnet werden?
… dass sich in den ersten drei Tagen nach dem Legen das wohlschmeckende Aroma entwickelt?

Priener Freilandei

Die Freilandeier werden auf dem Wastlhof der Riepertingers in kleinbäuerlicher Hühnerhaltung unter natürlichen Bedingungen nach dem Motto: „aus der Region für die Region – in ökologischen Kreisläufen" erzeugt. Es ist ein besonders schmackhaftes, frisches und gentechnikfreies Ei von „glücklichen", artgerecht gehaltenen, braunen Legehennen. Die Tiere werden auf großzügigen Wiesenflächen gehalten.

Besonderheit

Das Hühnerfutter ist gentechnikfrei und besteht aus Gras, Mais, Weizen von heimischen Feldern, Soja, Pflanzenöl, Mineralstoffen und Kalksteinchen. Die braunen Legehennen sind mit 21 Wochen legereif und ihre ebenfalls braunen Eier haben eine feste, glatte und dicke Schale.

Verzehrtipp

Ein Ei ist unendlich vielseitig verwendbar. Mögliche Zubereitungsarten sind Kochen, Braten, Pochieren für Omelett, Soufflé oder Baiser. Auch die beliebte Sauce hollandaise oder die „Chiemgauer Herznudel" sind ohne Ei nicht vorstellbar.

Lagerung

Eier am besten kühl und dunkel bei 10° C lagern, nicht abwaschen und keinen Temperaturschwankungen aussetzen. Eier dürfen nicht „schwitzen", denn sonst löst sich die natürliche Schutzschicht über den Poren, die in den ersten 12 Tagen einen natürlichen Schutz vor eindringenden Keimen bietet.

Bezugsquellen

Täglich (auch sonn- und feiertags) direkt ab Hof. Dort kann man sogar die noch warmen Freilandeier im Legegang selbst einsammeln.

Fischereigenossenschaft Chiemsee

Fischer der Fischereigenossenschaft Chiemsee

Region:	83256 Frauenchiemsee/Oberbayern
Gründungsjahr:	1897
Produkte:	Braxe, Renke, Schratzen, Aalrutten, Hecht, Flussbarsch, Seeforelle, Rotauge, Mairenke, Zander, Aal
Spezialität des Hauses:	Chiemsee-Renke
Höhepunkte, Veranstaltungen:	Fischertag auf der Fraueninsel – jährlich am 3. Samstag im Juli

Mit lautem Krachen durchbricht das Fischerboot die Eisschicht auf dem zugefrorenen Chiemsee. Das Thermometer zeigt minus 8° C, die Sonne ist gerade aufgegangen und sendet erste, sanfte Wärmestrahlen auf den See. Einer von den schönen Wintertagen.

Täglich und bei fast jedem Wetter fahren die Chiemseefischer hinaus, um frische Braxen, Renken oder Aalrutten aus ihren Netzen zu holen. Seit Menschen am Chiemsee, dem „bayerischen Meer" leben, fischen sie dort. Bis heute haben sich die Fangmethoden und die Fischarten über die Jahrtausende kaum geändert. Erst Ende des 20. Jahrhunderts vollzog sich aufgrund neuer Gesetze und moderner Technik ein deutlicher Wandel. So mussten Lohnfischer am Chiemsee ihren Fang bis 1880 dem „Königlich Bayerischen Hofküchenamt" abliefern. Da keine Aufzucht stattfand, führte der große Bedarf an frischem Fisch, der durch die strengen christlichen Fastenregeln bedingt war, zu einer Ausbeutung des Sees. Ende des 19. Jahrhunderts wurden dann die Fischereirechte verpachtet. 1897 kam es zur Gründung der Fischereigenossenschaft Chiemsee, die heute 16 aktive Genossen hat.

Es war in den Anfangsjahren sicher kein Leichtes für die Fischer, ihre Fänge auch zu verkaufen, da sie – durch die Historie bedingt – über keinen Kundenstamm verfügten. Das änderte sich mit dem aufkommenden Tourismus und der Mobilität der „Staderer". Die vielen Besucher bringen zwar bis heute gutes Geld, indem sie Fisch kaufen, bereiten den Fischern aber andererseits auch Probleme: Mittlerweile liegen über 7.000 Segelboote am Chiemsee, die an schönen Tagen durch das Wasser pflügen. Fische benötigen jedoch Ruhe und Sonne, um in den flachen Gewässerregionen laichen zu können. Diese Ruhezonen werden durch den Freizeitbetrieb, aber auch durch das absterbende Schilf, immer weniger. Keiner kann bisher erklären, warum es das Schilfsterben gibt. Möglicherweise ist es Dünger aus der umliegenden Landwirtschaft. Ein eigens angelegter Ringkanal, der die Abwässer aufnimmt, brachte keine Abhilfe. Es gehört zu den Herzenswünschen der Fischer, dass wieder mehr Schilf wächst.

Wie bei anderen Naturprodukten, unterliegt auch der Ertrag in der Fischerei sehr großen Schwankungen. Heute können die Fischer trotz der vielen Arbeit bei Aufzucht und Pflege jedoch nur überleben, wenn sie die Fische veredeln, das heißt, filetieren, marinieren, räuchern und für den Endkunden attraktiv zubereiten.

Geschichten

Horst Schaber, der Senior der Fischereigenossen, wurde 1935 geboren. Bereits im Alter von fünf Jahren fuhr er mit seinem Großvater die Seeforellennetze ab. Eines Tages fanden sie eine riesige, etwa 15 Kilogramm schwere Seeforelle in einem der Netze. Schnell fuhr der Opa nach Hause, um einen großen Kescher zu holen. Als er den Fisch endlich aus dem Wasser gehoben hatte, riss der alte Kescher und die Forelle verschwand – zur großen Enttäuschung des kleinen Horst und zum Leidwesen des Großvaters. Dabei war eine Forelle in dieser Größenordnung damals keine Ausnahme: Bis 1900 war der See ein reiner Forellen-See. Sogar die Engländer kamen zum Angeln an den Chiemsee, und die größte Forelle, die je hier gefangen wurde, wog – ohne Anglerlatein – 30 Kilogramm.

Herstellung

16 aktive Genossenschaftsmitglieder, ausschließlich Familienbetriebe, betreiben heute hauptberuflich Chiemseefischerei. Nachwuchs zu finden ist nicht leicht, wenn die eigenen Kinder nicht weitermachen wollen. Mögliche Nachfolger müssen viel über Teichwirtschaft und Fischkunde wissen und die Prüfung als Fischwirt abgelegt haben. Drei Jahre Lehrzeit, Liebe zur Natur und viel Fleiß gehören dazu.

Früher war das Wissen um Aufzucht und Pflege von Fischen sehr begrenzt, es wurde alles der Natur überlassen. Heute wird den gefangenen Fischen in Brutanstalten der Laich abgenommen, befruchtet, aufgezogen und ausgesetzt. Fast 1.700 Liter Laich wird über eine Dauer von 100 Tagen in riesigen Gläsern, den sogenannten Zugergläsern, aufgezogen. Im Frühjahr werden die Eier ausgesetzt und wachsen in etwa 14 Tagen zu Millionen Fischen heran. Mit drei Jahren ist eine Renke reif zur Fortpflanzung – wenn sie nicht vorher gefressen wird. Denn einer der Feinde des Fisches ist der Fisch. So frisst z. B. der Zander kleine Renken, aber auch die Renken selbst fressen ihre Brut. Hinzu kommen noch hungrige Enten und Kormorane. Von Letzteren gab es vor einigen Jahren im Herbst über 1.000 Exemplare am Chiemsee. Die kontrollierte Nachzucht stellt daher für die Fischer eine lebenswichtige Grundlage dar. Bei Untersuchungen im Bodensee hat man festgestellt, dass etwa 60 Prozent des dortigen Fischbestandes aus der Brutanstalt kommt. Seefische ernähren sich ausschließlich von natürlichem Plankton. Da dieses Futter, im Gegensatz zu der Nahrung, die Zuchtfische erhalten, nicht überprüfbar ist, dürfen Seefische nicht als „Bio"-Fische verkauft werden.

Schmankerltipp

Eine besondere Spezialität ist die Aalrutte, der einzige Schellfisch, der im Süßwasser lebt.
Diesen Namen trägt er aufgrund seiner aalförmigen Schwanzflosse. Da die Schellfische eine sehr große Leber besitzen, werden sie zur Produktion von Lebertran verwendet. Bei der Aalrutte ist die Leber, im Gegensatz zum Tran, jedoch eine Delikatesse. Am besten schmeckt dieser Fisch, wenn man ihn in Streifen schneidet und zusammen mit der Leber anbrät; am Schluss etwas Zwiebel dazugeben und erst kurz vor dem Servieren salzen.

Wussten Sie schon,

.. dass der Chiemsee früher ein Forellen-See war?
.. dass sich heute 30 verschiedene Fischarten im Chiemsee tummeln?
.. dass am Chiemsee, der Bayerns größter See ist, bereits Römer und Kelten siedelten? Schon damals war der See wegen seines Fischreichtums attraktiv.

Chiemsee-Renke

Renken, auch als Felchen oder Maräne bezeichnet, gibt es auf der ganzen Nordhalbkugel. Auch in allen Voralpenseen ist die Fischart zu finden. Die Renke ist schmal und silbrig, zwischen Rücken und Schwanzflosse besitzt sie wie alle forellenartigen Fische eine Fettflosse.

Besonderheit

Die Renke (lat. Coregonus) gehört zur Familie der Lachsfische (lat. Salmonidae) und ist die artenreichste innerhalb der Familie der Forellenfische. Da ihr Anteil an den Fangerträgen fast überall über 50 Prozent beträgt, ist sie der Brotfisch der oberbayerischen Fischer. Renken sind sehr wohlschmeckende Speisefische, die bei den Fischern vom Chiemsee küchenfertig hergerichtet, geräuchert oder tiefgefroren angeboten werden. Frischer Fisch ist ein gesundes, schmackhaftes und hochwertiges Lebensmittel aus der Region.

Verzehrtipp

Am einfachsten bereitet man die Renke, in Alufolie eingeschlagen, auf oder im Grill mit etwas Butter oder Öl und Kräutern zu.

Lagerung

Frischer Süßwasserfisch hält sich bei Minus 18° C etwa sechs Monate. Frisch geräuchert kann man ihn im Kühlschrank etwa eine Woche aufbewahren. Eines gilt dabei immer: Frischer Fisch riecht nicht nach Fisch.

Bezugsquellen

Frische Fische aus dem Chiemsee bekommt man bei den Fischern Martin Dinzl, Georg Färber, Dieter Ihm, Florian Kirchmeier, Anton Lackerschmid, Thomas Lex, Thomas Minholz, Franz Minisini, Peter Moser, Michael Reiter, Horst und Renate Schaber, Engelbert Stephan, Hans Stephan, Georg Trenkler, Irmi Wallner, Josef Wörndl und unter www.chiemseefischer.de

Spezialität

KATEGORIE

FLEISCH & WURSTWAREN

Semmelbratwurst

Die Semmelbratwurst ist eine Spezialität aus dem Rupertiwinkel bzw. Chiemgau und darf auch nur dort hergestellt werden. Früher wie heute ist sie ein typischer Leichenschmaus, wird aber auch gerne zum Nachtmahl gereicht.

Besonderheit

Irgendwann in schlechten Zeiten kam wohl ein kluger Metzger darauf, dem warmen Brät zerriebene Semmeln zuzufügen. Das machte die Masse sämiger, der Fettanteil sank auf circa 20 Prozent und die Bratwurst wurde bekömmlicher. Da das Verfahren äußerst zeitintensiv ist, wird dieses Schmankerl nur noch von sehr wenigen Metzgereien in der Region produziert.

Verzehrtipp

Die Semmelbratwurst wird erst in heißem, nicht sprudelnd kochendem Wasser bei maximal 65-70° C erwärmt. Anschließend wird sie auf einer Seite angebraten und mit Bratensoße und Kartoffelsalat serviert.

Lagerung

Die Semmelbratwurst muss frisch verzehrt werden. Durch den geringeren Fettanteil ist sie gut bekömmlich.

Bezugsquellen

Die Semmelbratwurst ist zwischen Inn und Salzach in neun Filialen der Metzgerei Magg erhältlich. Auch in traditionsbewussten Wirtshäusern und Restaurants kann man diese Spezialität noch bestellen.

Metzgerei Magg

Region: 83308 Trostberg/Oberbayern
Gründungsjahr: 1965
Produkte: Alle Metzgereiwaren sind hausgemacht; luftgetrockneter Schinken, Salami, Weißwürste, Brat- und Kochwürste.
Spezialität des Hauses: Semmelbratwurst

Gregor Magg jun.

Im Jahr 1965 gründete Gregor Magg, der Vater der heutigen Betreiber Gregor, Stefan und Robert, die Metzgerei mit eigener Schlachtung. Schon damals wurden viele Fleisch- und Wurstwaren nach traditionellen Rezepten der Region hergestellt. In dem 2003 errichteten neuen Schlachthaus werden ausschließlich Tiere von Landwirten aus der Umgebung geschlachtet und weiterverarbeitet.

Herstellung

Bis heute wird im Betrieb das aufwendige Warmbräten praktiziert, ein Verfahren, das Schnelligkeit erfordert. So muss Schweinefleisch spätestens zwei Stunden nach der Schlachtung, Rindfleisch bis maximal acht Stunden danach, verarbeitet sein. Durch die Eigenschaften des frischen, schlachtwarmen Fleisches kann die Zugabe von Phosphaten entfallen. So erhält man in der Metzgerei Magg Brat- und Fleischqualitäten, wie sie nur noch selten angeboten werden können.

Schmankerltipp

Am besten schmeckt die Semmelbratwurst mit frischem Kartoffelsalat und feiner Bratensoße. Dazu passt ein kräftiges helles Bier aus der Schlossbrauerei Stein und eine frische Breze. Kühl gelagert, ergibt sie am nächsten Tag, zusammen mit Bratkartoffeln, ein hervorragendes Gröstl.

Wussten Sie schon,

... dass Papst Benedikt XVI., der in seiner Zeit als Kardinal viel Zeit in Traunstein verbrachte, mit Vorliebe die Weißwürste aus dem Hause Magg verspeiste? Versorgt wurde er von einem Lehrbuben der Metzgerei der heute Priester ist.

Hotel Ortnerhof

Region: 83324 Ruhpolding/Oberbayern
Gründungsjahr: 1974
Produkte: Hotellerie, Gastronomie
Spezialität des Hauses:
Gamsrücken mit Walnusskruste

Geschäftsführender Gesellschafter:
Theo Stegmeier jun.

In den 1950er-Jahren begann der Großvater der Familie Stegmeier auf einem Zeltplatz in Ruhpolding mit einer Camping-Gaststätte. In 60 Jahren gelang es ihm und den nachfolgenden zwei Generationen, die Wirtschaft mit viel Liebe zur Gastlichkeit zu einem 4-Sterne-Wohlfühlhotel auszubauen. In einem Landschaftsparadies gelegen, haben die Gäste einen atemberaubenden Blick auf einen 18-Loch-Golfplatz und ein imposantes Bergpanorama. Das Hotel selbst ist mit seinem erstklassigen Wellnessbereich eine Ferienoase. Dank eines schönen Tagungsraums lässt es sich hier aber auch angenehm arbeiten. Das Chiemgau lockt mit einem vielfältigen und traditionell gewachsenen Freizeit- und Kulturangebot: Fliegenfischen, Skifahren, Langlaufen, Reiten, Wandern oder eine Schifffahrt auf dem nahen Chiemsee sind nur einige der Möglichkeiten. Der Chefkoch des Hauses, Erwin Rennertseder, wurde 2008 zum Eurotoques Sterne-Maître berufen. Er verzückt im Kulinarium „Herzklopfen" im Ortnerhof die Geschmacksnerven seiner Gäste mit kreativer Vitalküche und saisonalen Schmankerln. „Wenn wir Qualität in unserer Region bekommen, nehmen wir diese zuerst", sagt Hotelier Theo Stegmeier zu seiner regionalen Orientierung. Damit ist nicht nur das Wild aus den Ruhpoldinger Wäldern, das Milchkalb oder der Fisch aus den hauseigenen Gewässern gemeint.

Schmankerltipp

Im Restaurant und Bar sind nicht nur Hotelgäste willkommen. Kennern steht dort auch eine umfangreiche Weinkarte mit vorwiegend deutschen Sorten zur Auswahl.

Wussten Sie schon,

... dass der Ortnerhof im aktuellen Varta-Führer als Tipp im Bereich Service empfohlen wird? Das bedeutet: gepflegter, freundlicher Service mit spürbar herzlicher Gastlichkeit.

... dass berühmte Köche wie Paul Bocuse und Eckart Witzigmann die Organisation Eurotoques auf Anregung des damaligen EU-Präsidenten Jacques Delors ins Leben riefen? Spitzenköche, Unternehmen und Erzeuger wachen hier weltweit über die Echtheit von Lebensmitteln, fördern traditionelle Erzeugnisse aus der Region und setzen sich für unverfälschte Naturprodukte ein.

Gamsrücken mit Walnusskruste

Zutaten für 4 Personen

640 g Gamsrückenfilet • Salz • Pfeffer • Knoblauch • Olivenöl • Pfefferkörner • 2 Karotten • 2 Sellerie • 2 Schalotten • Wacholder • 1 Zweig Rosmarin • 1 TL Tomatenmark • 1/16 l Rotwein • 3/8 l Wildfond • 1 Wirsing • 200 g Kürbis • 30 g Parmesan • 2 Karotten für Soßenansatz • Holunderbeeren • 1 Birne • 250 g Butter • 500 g Brezenwürfel • 1 l Milch • 7 Eier • Muskat • 100 g rote Linsen • 150 g Berglinsen • Thymian • Lorbeer • Balsamico-Essig • Sahne • 100 g gehackte Walnüsse • 200 g Steinpilze

Zubereitung

Berglinsen über Nacht einweichen und mit Thymian, Pfefferkörnern und Lorbeerblatt weichkochen. Die kurz in Wasser eingelegten roten Linsen in eine kochende Rindssuppe geben, Würfel von einer Karotte und einem kleinen Sellerie zugeben, ½ TL geröstete Speckwürfel sowie Berglinsen zugeben und mit etwas Kochwasser, Butter, Salz, Pfeffer und Balsamico-Essig abschmecken.
Für die Brezenknödelscheiben 50 g flüssige Butter mit ½ l Milch, 5 Eigelb, Salz und Muskat verrühren, über die Brezenwürfel geben und 30 Minuten ziehen lassen. 5 Eiweiße mit Salz zu Schnee schlagen, unter die Masse heben und zu einer Rolle formen, in gefettete Alufolie geben, zusammendrehen und in Wasser bei mäßiger Hitze pochieren. Abkühlen lassen.
Knödel jeweils in 5 dicke Scheiben schneiden, in heißem Schmalz knusprig braten. Die Knödelscheiben und Linsen abwechselnd übereinander schichten.
4 Portionen à 160 g Gamsrückenfilet mit Salz und Pfeffer würzen, in der Pfanne beidseitig anbraten. Bei 160° C im Ofen ca. 8-12 Minuten garen.
Für die Soße einige Fleischabschnitte vom geputzten Gamsfilet scharf anbraten, je 1 geschnittene Karotte und Schalotte sowie ½ Sellerie und zerstoßenen Wacholder dazugeben, 1 TL Tomatenmark unterrühren, mit Wein und Wildfond ablöschen, einkochen lassen. Rosmarin, Wacholder, Birne und Holunderbeeren dazugeben und köcheln. Abgießen und erneut bis zur gewünschten Konsistenz köcheln, würzen und mit eiskalten Butterflocken montieren.
Für die Walnusskruste 125 g Butter, 1 Eigelb, Thymian, 100 g gehackte Walnüsse und 30 g Parmesan vermengen. Den gebratenen Gamsrücken damit bedecken und gratinieren.
4 Wirsingblätter blanchieren. Wirsing in Streifen schneiden, in Butter und Sahne schmoren und mit Salz, Pfeffer, Muskat sowie Knoblauch würzen. Wirsingblätter damit füllen und zu Köpfchen drehen.
Kürbis in Rauten schneiden und in Olivenöl anbraten. Die Pilze in längliche Scheiben schneiden und in Butter anbraten.

Adelholzener Alpenquellen GmbH

Geschäftsführer: Stefan Hoechter und Franz Demmelmair

Region:	83313 Siegsdorf/Oberbayern
Gründungsjahr:	1907
Produkte:	Heilwasser, Mineralwasser, Schorlen und Erfrischungsgetränke unter den Marken Adelholzener und ACTIVE O2
Spezialität des Hauses:	Adelholzener Alpenquellen mit Mineralwasser aus den bayerischen Alpen
Höhepunkte, Veranstaltungen:	Alle 2-3 Jahre findet in Bad Adelholzen ein Tag der offenen Tür statt

Im Jahr 1907 erwarben die Kongregation der Barmherzigen Schwestern vom hl. Vinzenz von Paul mit Mutterhaus München ein Kurhaus in Bad Adelholzen und die dazugehörige Primus-Heilquelle. In aufwendiger Handarbeit füllten die Schwestern das Heilwasser in Tonkrüge ab und vertrieben es; damit legten sie den Grundstein für das heutige Unternehmen.

Im Chiemgau, umgeben von hohen Bergen und grünen Wiesen, mit Blick auf die Kirche des Wallfahrtsorts Maria Eck, liegen die Adelholzener Alpenquellen. Was heute als moderner Betrieb 360 Mitarbeiter beschäftigt, geht auf die Entdeckung einer Heilquelle im Jahre 280 durch den römischen Glaubensprediger St. Primus zurück. Ihm zu Ehren heißt auch heute das Mineralwasser noch „Adelholzener Primus Heilquelle". Adelholzen gilt als eines der ältesten Heilbäder Bayerns, seine Besitzer lassen sich bis ins 10. Jahrhundert zurückverfolgen. Im 19. Jahrhundert beginnt man schließlich, Wasser für Hauskuren in Tonflaschen abzufüllen. 1907 erwerben die Barmherzigen Schwestern, mit ihrem Mutterhaus in München, das Kur- und Badehaus samt der dazugehörigen Quelle als Erholungsheim für die Münchner Schwestern. Ihre Idee: möglichst viele Menschen sollen in den Genuss des kostbaren Heilwassers kommen. Wenige Jahre später erhält Adelholzen elektrischen Strom und die erste elektrische Abfüllanlage. Von da an folgt eine stetige Modernisierung und Erweiterung. Seit 1939 trägt die Primus-Quelle den Titel „staatlich anerkannte Heilquelle".

1994 wird die „Adelholzener Primusquelle" in „Adelholzener Alpenquellen" umbenannt und erhält drei Jahre später die erste Zertifizierung nach dem EG-Öko-Audit. Da die Ordensgemeinschaft keine Zuwendung aus der Kirchensteuer erhält, finanziert sie ihre Arbeit durch Einnahmen aus ihren Wirtschaftsbetrieben. So kommen die Erlöse aus dem Verkauf von Mineral- und Heilwasser sowie Erfrischungsgetränken, soweit sie nicht für Investitionen benötigt werden, sozialen Zwecken zugute. Die Aufgabe der Schwestern besteht in erster Linie in dem Einsatz für Menschen in Not im Sinne christlicher Nächstenliebe. Aus dieser Gesinnung heraus betreibt die Kongregation in eigener Regie drei Krankenhäuser sowie sechs Alten- und Pflegeheime.

Geschichten

Die Wurzeln der Heilquelle von Bad Adelholzen geht der Überlieferung nach auf den römischen Glaubensprediger St. Primus zurück, der sie im Jahre 280 n. Chr. entdeckte. „Ungeachtet der wechselvollen Geschichte hat sich die von St. Primus entdeckte Quelle durch die Jahrhunderte hindurch ihrer gleichbleibenden Heilkraft bewahrt", schrieb dazu die Generaloberin Schwester M. Theodolinde in der Festschrift zum 100-jährigen Jubiläum der Barmherzigen Schwestern in Bad Adelholzen.

Herstellung

Inmitten der herrlichen Voralpenlandschaft des Chiemgaus entspringen im Abstand von nur wenigen Metern drei klare Quellen aus dem Berg. Etwa fünf Kilometer davon entfernt, im Bergener Moos, wurde 1977 mit dem Florian Brunnen eine weitere Quelle erschlossen, um der wachsenden Nachfrage gerecht zu werden. Hatten die Schwestern bis Anfang der 1970er Jahre die Abfüllarbeit noch mit etwa einem Dutzend Helfer geleistet, wurden sie in den kommenden Jahrzehnten zu einem der bedeutendsten Arbeitgeber der Region.
1992 waren bereits über 300 Mitarbeiter im Betrieb tätig. Neben der familiären Arbeitsatmosphäre im Unternehmen ist auch die Bewahrung der Schöpfung eines der Ziele der Adelholzener Alpenquellen. So wurden z. B. die Gebäude durch großflächige Grasdächer in die Landschaft integriert, und überwiegend kommen PET- und Glas-Mehrwegflaschen zum Einsatz.
Bereits 1920 konnten in Adelholzen die wichtigsten Arbeitsschritte bei Flaschenreinigung und -befüllung maschinell mit einem 2-PS Elektromotor bewerkstelligt werden. Während 1916 gerade einmal 8.000 Flaschen pro Jahr abgefüllt wurden, schnellte der Absatz von Mineralwasser im Jahr 1925 auf mehr als 20 Millionen Füllungen pro Jahr in die Höhe – etwa die Hälfte des heutigen Absatzes. Wurde bereits in den 1930er-Jahren ein Quellwasser mit Zitronenzusatz hergestellt, so gibt es heute eine Vielzahl von Schorlen, Limonaden, isotonischen- und Fruchtsaftgetränken, die, gemischt mit dem Mineralwasser aus den bayerischen Alpen, abgefüllt werden.

Adelholzener Alpenquellen

Um das Jahr 280 n. Chr. wurde vom römischen Legionär, dem später heiliggesprochenen Primus, die Quelle „im Holze des Andlo" entdeckt. Mit der heilenden Wirkung des Wassers und der Kraft des christlichen Glaubens kurierte Primus damals Arme und Kranke. Heute ist das Adelholzener Heilwasser beim Bundesinstitut für Arzneimittel registriert und zugelassen.

Besonderheit

Das Heilwasser aus Bad Adelholzen unterstützt auf natürliche Weise die Verdauung und dient zur Verbesserung der Funktion von Magen und Darm sowie der Harnausscheidung; damit fördert es auch die Entschlackung. Heilwasser gehört zu den klassischen Naturheilmitteln. Seine Wirkung beruht auf der Aktivierung der natürlichen körpereigenen Abwehrkräfte und der Stärkung der Stoffwechsel- und Organfunktionen.

Verzehrtipp

Zur Unterstützung der Harnausscheidung sollte ein Erwachsener mindestens 1,5-2,5 Liter über den Tag verteilt trinken. Das Adelholzener Heilwasser ist zur Trinkkur und zum Dauergebrauch geeignet

Lagerung

Das Heilwasser wird in hochwertigen Glas-Mehrwegflaschen in 12 x 0,5 Ltr. und 12 x 0,75 Ltr. in einer teilbaren Kiste angeboten; es ist fast unbegrenzt haltbar.

Bezugsquellen

In Bayern findet man das Adelholzener Heilwasser flächendeckend in Getränke-Abholmärkten. Überregional ist es außerdem in verschiedenen Biomärkten und Naturkostläden erhältlich.

Schmankerltipp

2011 hat ein neues Produkt die Adelholzener Bio-Linie erweitert: die „Bio Kirsche". Das Erfrischungsgetränk wird aus 13 Prozent Direktsaft vom Bodensee aus kontrolliert biologischem Anbau und natürlichem Adelholzener Mineralwasser aus den bayerischen Alpen hergestellt.

Wussten Sie schon,

... dass Bad Adelholzen das wohl älteste Heilbad Bayerns ist?
... dass Aufzeichnungen des Arztes Dr. Bopp aus dem Jahr 1629 besagen, dass bereits „vor vil hundert Jahren" ein reger Badebetrieb in Adelholzen herrschte?

Bergader Privatkäserei

Geschäftsführende Gesellschafterin: Beatrice Kress

Region: 83329 Waging/Oberbayern
Gründungsjahr: 1902
Produkte: Bayerische Käsespezialitäten
Spezialität des Hauses: Bayerischer Blauschimmelkäse
Höhepunkte, Veranstaltungen: Bergader Schmankerlstunden, telefonische Vorbestellung für Gruppen ab 15 Personen

Bereits im Jahre 1902 legte Basil Weixler mit seiner kleinen Dorfkäserei den Grundstein für die heutige Bergader Privatkäserei in Waging am See. Seine in den Gründerjahren vielfach bewiesene Kreativität setzte die Familie auch in den folgenden Generationen mit Innovationen für die Käsetheken fort. Mit dem 1972 eingeführten „Bavaria blu" gelang es sogar, einen Meilenstein für eine neue Blauschimmel-Käsegeneration made in Bavaria zu legen.

Mit Gespür für den Zeitgeschmack entwickelte Basil Weixler in den 1920er-Jahren einen Käse, der dem französischen Roquefort ähnelt. Auf der Suche nach einem Markennamen inspirierte ihn das vor der Tür liegende Watzmann-Massiv. Dessen viele Wasseradern glichen der Blauschimmel-Marmorierung seiner Käsekreation. Er nannte die Käserei fortan Bergader. Mit dem Erwerb vieler der damals üblichen Dorfmolkereien und -käsereien schuf der Visionär die Grundlage, sich über die Grenzen Bayerns hinaus zu wagen und einen Landbutterhandel bis „ins feindliche Preußen" hinauf zu betreiben. Als einer der ersten der Branche war er auf Messen und Ausstellungen verteten. Am 25. Juli 1945 – kurz nach Ende des Zweiten Weltkrieges – starb der Pionier der bayerischen Käsewirtschaft.

Die Nachfolge des Unternehmens trat seine Tochter Charlotte mit gerade einmal 20 Jahren an, schon bald unterstützt von ihrem Mann Waldemar Steffel. Auch sie setzten auf Vielfalt und Innovation. In den 1960er-Jahren manifestierte sich ihre Idee, die bis heute die Philosophie des Familienunternehmens bestimmt: Wir schaffen eine Spezialität, die so nur aus dem Hause Bergader kommen kann. Bis 1972 dauerte die Entwicklung des „Bavaria blu", der zunehmend zum Inbegriff einer neuen Blauschimmelkäse-Generation wurde.

Diese unternehmerische Leistung wurde 1979 von Handel, Industrie und deutscher Lebensmittelzeitung prämiert: Als erste Käserei in Deutschland erhielt Bergader mit dem Branchen-Oscar „Goldener Zuckerhut" eine äußerst begehrte Auszeichnung. Heute ist Bergader der führende deutsche Produzent und Exporteur von Blauschimmelkäse. Seine Käsespezialitäten findet man in allen Käsetheken und Kühlregalen des Einzelhandels. Fragt man nach einem Rezept für das stetige Wachstum des Unternehmens, so wirken auch hier bewährte „Zutaten" wie Familientradition, Innovation und erstklassige Qualität für den Erfolg der Bergader Käse-Spezialitäten.

Geschichten

Als erster Deutscher entwickelte Basil Weixler kurz nach dem Ersten Weltkrieg einen Edelpilzkäse mit dem Namen „Bayerischer Gebirgs-Roquefort", der dem damals immer beliebter werdenden französischen Roquefort sehr ähnlich war. Obgleich er seinen Käse aus Kuhmilch und nicht – wie in Frankreich üblich – aus Schafsmilch herstellte, strengten die auf den Schutz ihres Originals bedachten Franzosen einen Gerichtsprozess an, der die Namensanleihe untersagen sollte. Diesen Prozess verlor der innovative Käsemacher zwar nach acht Jahren, dafür hatte er aber immens an Popularität gewonnen, denn die gesamte Presse hatte über diesen aufsehenerregenden Prozess berichtet. Und damit begann der „Bergader Edelpilz", der auch heute noch unverändert in den Geschäften zu haben ist, seinen Siegeszug.

Herstellung

Um beste Qualität garantieren zu können, verbinden die Käsemacher aus dem Chiemgau traditionelles Käsehandwerk mit moderner Herstellungstechnik. Besondere Bedeutung komm[t] dabei der Auswahl der Zutaten zu. Der wichtigste Grundstoff ist natürlich die Milch. So verwendet Bergader die Milch der Bauern „run[d] um den Kirchturm", wie man im Unternehmen gern sagt. Die umfangreichen Qualitätskontrollen beginnen schon beim Abholen der Milch auf den Höfen. Erst wenn alle Anforderungen erfüllt sind, werden jeweils 3.500 Liter Milch in einer Käsewanne verarbeitet. Veredelt entstehen aus dieser Menge Milch rund 350 kg besten Käses. Anspruchsvoll verlangt jeder Käsetyp nach seinen eigenen optimalen Reifebedingungen. Erst wenn diese stimmen, gelingen cremige Käseteig und vollmundiger Geschmack. Dami[t] cremig-zarter „Bonifaz", fein-würziger „Bavaria blu" oder vollmundig-cremiger Almkäse entstehen kann, bedarf es des gelungenen Zusammenspiels von präziser Technik, Erfahrung und des Fingerspitzengefühls der Käsemeister. Nur sie wissen, mit welcher Menge Lab die Milch dickgelegt werden muss. Sie sorgen dafür, das[s] Reifekulturen und der blaue Edelschimmel im richtigen Moment der Käsereimilch zugegeben werden und beherrschen auch das perfekt[e] „Spiel mit der Käseharfe". Gekonnt schneide[n] die Käsemeister die dickgelegte Milch mit de[r] Harfe, um der Molke den Austritt aus dem Käs[e]bruch zu ermöglichen.

Schmankerltipp

Zum Blauschimmelkäse passt sehr gut ein aromatischer Rotwein wie Dornfelder oder Lagrein. Die perfekte Kombination ist aber ein restsüßer Wein aus der Riesling-Rebe oder ein klassischer Sauternes. Die Süße des Weines und die leichte Schärfe des Käses harmonieren zu einem vollkommenen Geschmackserlebnis.

Wussten Sie schon,

.. dass bereits vor über 8.000 Jahren Käse bekannt war?

.. dass die Geschichte einiger bis heute erzeugter Käsesorten bis ins frühe 12. Jahrhundert zurückzuverfolgen ist? So finden im Jahre 1115 der Greyerzer, 1184 Gouda und Edamer, 1200 Emmentaler und bayrischer Handkäse und 1282 der Appenzeller ihre erste urkundliche Erwähnung in Klosterhandschriften.

Bayerischer Blauschimmelkäse

Im Gegensatz zum traditionellen Edelpilzkäse zeichnet sich der „Bavaria blu" durch seine Cremigkeit, Milde und feinen Schimmelkulturen aus. Obwohl noch nicht ganz 40 Jahre alt, wurde dieser Käse zu einer bayerischen Spezialität, die an der Spitze einer ganzen Käsegattung steht.

Besonderheit

Die Milch von ausgewählten Bauernhöfen des bayerischen Voralpenlandes verleiht dem „Bavaria blu" seine natürliche Cremigkeit. Die Kombination von feinem Blauschimmel innen und edlem Weißschimmel außen prägen den fein-würzigen Geschmack. Durch spezielle Kulturen erhält der Käse seinen unverwechselbaren Charakter. Besondere Reiferäume und die schonende Rahmbehandlung gewährleisten den zarten Reifemantel und machen diesen Weichkäse zu der beliebten Spezialität, die nach bewährter handwerklicher Familientradition hergestellt wird. Heute gibt es den „Bavaria blu" auch ohne weißen Schimmel als „Bavaria blu - Der Würzige".

Verzehrtipp

Der Käse sollte mindestens eine halbe Stunde vor dem Verzehr aus dem Kühlschrank genommen werden. Denn erst bei Zimmertemperatur entfalten sich die vollkommenen Aromen und die Cremigkeit.

Lagerung

Schimmelkäse sind durch ihre Kulturen lebendige Produkte und dadurch nur begrenzt haltbar. Sie sollten immer getrennt von anderen Käse- oder Wurstsorten, am besten in den oberen Fächern des Kühlschranks, gelagert werden. Die Verpackungsfolie nach dem ersten Anschnitt unbedingt entfernen. Der Käse sollte dann in einer luftdurchlässigen Box gelagert werden.

Bezugsquellen

An den Käsetheken oder in den Kühlregalen des Lebensmittel-Einzelhandel oder direkt in der Bergader Käsetheke & Kulinarium in Waging am See.

Klosterbrauerei Baumburg

D. Tapper (Geschäftsführer), A. Goblirsch (Braumeister), L. Dietl (Inhaber)

Region:	83352 Altenmarkt/Oberbayern
Gründungsjahr:	1612 als Klosterbrauerei
Produkte:	8 Bierspezialitäten
Spezialität des Hauses:	Chorherrenbock
Höhepunkte, Veranstaltungen:	Von Mai bis August an fast jedem zweiten Wochenende: Baumburger Kultursommer; von Mai bis Oktober an jedem ersten Samstag im Monat: Biomärkte; Juli: Trachtenvereinsfest; August: Brauereifest, Sommerfest des GTEV „D'Auerbergler"

So unterschiedlich Römer und Bajuwaren auch gewesen sein mögen, sie teilten die Vorliebe für strategisch gelegene Orte. Führte schon während der römischen Besatzungszeit eine Straße von Seebruck am Chiemsee nach Baumburg, so wurde im 12. Jahrhundert auf der Anhöhe am Zusammenfluss von Alz und Traun ein Kloster gegründet, das bis heute über die oberbayerische Gemeinde Altenmarkt wacht. Damals war in ganz Bayern noch Wein das Hausgetränk. Ihn ersetzte man später weitgehend durch Bier.

Dem Genuss wandte sich der Klerus spätestens 300 Jahre nach der Klostergründung zu: Urkunden aus dem Jahre 1435, die man im Braustüberl noch betrachten kann, dokumentieren die Brautätigkeit von Friedrich Kurz, seines Zeichens „Leitgeb" – der frühere Name für „Wirt". So richtig offiziell begann der Brauereibetrieb dann im Jahre 1612. Der Beleg dafür ist eine Rechnung an den damaligen Klostertafernwirt Kaspar Haitenthaler über „Bier zu ain pfund pfennigen". Im Jahr 1658 wurden in Baumburg 140 Eimer Märzenbier gebraut – und das, obwohl das Kloster bis zur Säkularisation keine Braugerechtigkeit besaß.

Im Zuge der Säkularisation im Jahre 1803 ersteigerte der Hofkammer-Accessor Herr von Röckl die Brauerei. Er kam jedoch schon sieben Jahre später „auf den Gant", wie man die Insolvenz damals nannte. So erwarb der Wirt Michael Wiedl von Altenmarkt das Bräuhaus mit Schänke. Als er starb, heiratete seine Frau den Sohn des damaligen Bürgermeisters von Bad Tölz, Ludwig Niggl. Die heutige Inhaber-Familie Dietl kam zwei Generationen später ins Spiel, als die Enkelin des Paares Niggl 1872 Johann, dem Sohn eines Mühlenbesitzers aus Abensberg, das Jawort gab. Seit dieser Zeit wird die Klosterbrauerei Baumburg von der Familie Dietl geführt. Freunde der regionalen Brauerei nennen das Bier deshalb liebevoll „Dietl-Bier".

In den folgenden Jahren verlief die Geschichte dieses Ortes mit seiner prächtigen Kirche alles andere als ruhig. Verschiedene Brüderliche Gemeinschaften nutzten das Kloster und die Kirche. Rechtzeitig zum 950-jährigen Jubiläum der Klostergründung wurde die Neugestaltung des Klosterhofes, die 1982 vom Gemeinderat beschlossen worden war, vollendet. Alte Schutthügel und Bäume wurden entfernt, neue Gebäude angebaut. Heute hat der Genießer beim Verweilen im sonnigen Biergarten einen herrlichen Blick auf die wunderschöne Kirche des ehemaligen Augustinerchorherrenklosters Baumburg, die heute ein beliebter Ort zum Heiraten ist. Direkt gegenüber befindet sich das Bräustüberl. Seit 1988 kocht dort Maria Schuhbeck, die Cousine des bekannten bayerischen Sternekochs. Neben der traditionellen Küche probiert die Wirtin immer wieder gern neue Gerichte aus.

Geschichten

Eine überlieferte Geschichte berichtet von einer Postkarte aus dem Jahre 1921 mit folgendem Inhalt über ein neues Dunkles vom Fass, gebraut in der Klosterbrauerei Baumburg:

Liebes Reserl,
sicher machst Du Dir schon Sorgen, weil ich seit zwei Tagen nicht mehr daheim bin. Aber sorge Dich nicht! Ich bin in Baumburg und mir geht es gut. Sehr gut sogar! Der Braumeister Köppl hat ein neues Dunkles vom Fass, wo wir ausgiebig probieren müssen! Der Herr Hochwürden ist auch da. Über das Bier hat er gesagt: „Leck mich am Arsch, des is fei guad!" Ich kann jetzt übrigens auch auf der Maultrommel spielen. Wenn ich wieder daheim bin, spiele ich Dir etwas vor.
Grüße die Kinder, weisst schon.
Es umarmt Dich Dein Korbinian.

Herstellung

Mit 5.000 Hektolitern pro Jahr gehört die Brauerei zwar zu den kleineren Betrieben in Bayern. Dies kommt jedoch der handwerklichen Qualität der Biere zugute. So kümmern sich gleich drei Braumeister um die Bierqualität. Neben den klassischen Biersorten Export Hell und Weißbier stellen die Baumburger auch ein Pils nach traditioneller bayerisch-böhmischer Art her, das durch die ausschließliche Verwendung von Aromahopfen die für ein böhmisches Pils typische Bittere hat, gleichzeitig aber eine bayerisch-süße Basisnote mitbringt. Das malzbetonte, bernsteinfarbene Festbier ist sowohl filtriert in der Flasche als auch unfiltriert im Partyfass als Zwickelbier ein Schmankerl. Seit 2008 gibt es auch ein Bio-Bier. Grundlage dafür ist einen Rezept von Braumeister Andreas Köppl aus dem Jahre 1921, das an neue Verfahren angepasst wurde. Das aufwendige Zweimaischverfahren, eine lange kalte Gärung und eine zehnwöchige Lagerzeit machen es zu einem besonderen Trunk. Die Energiegewinnung aus eigenen Wasserkraftwerken an der Alz, eine CO_2-neutrale Produktion und die Lieferung nur in die nahe Umgebung dokumentieren die ökologische Ausrichtung der Klosterbrauerei. Dass die Braugerste auf eigenen Feldern vor der Hoftüre wächst und der Hopfen aus der Hallertau kommt, betont zusätzlich die regionale und ökologische Orientierung dieses ambitionierten Brauhauses.

Schmankerltipp

Im Bräustüberl der Klosterbrauerei kocht Frau Schuhbeck, tatsächlich verwandt mit dem gleichnamigen bayerischen Original. Zum „Scharfen Schweindl", einer Spezialität mit Fingernudeln, Sekt-Sojasoße und Peperoni, passt wunderbar der hauseigene Chorherrenbock.

Wussten Sie schon,

... dass die Klosterkirche in Baumburg mit Wessobrunner Stuck gestaltet wurde, einer Stucktechnik, die in den Werkstätten der Benediktinerabtei Wessobrunn in Oberbayern ab dem 17. Jahrhundert entstand?

... dass auch die Verwendung verschiedener Malzarten zu der einzigartigen Vielfalt bayerischer Biere beiträgt?

Chorherrenbock

Ein traditioneller einfacher, dunkler Bock nach einem circa 100 Jahre alten Rezept, der seine dunkle Farbe von fünf Malzsorten bezieht. Malzig und kräftig im Geschmack, vermittelt er die Kraft, die in der Ruhe liegt.

Besonderheit

2005 wurde eine alte Rezeptur der Klosterbrauerei wiederbelebt und an moderne Brauverfahren adaptiert. Heraus kam ein ausgesprochen süffiger mittelfarbiger, einfacher Bock mit einer Stammwürze von 16,8 Prozent und einem Alkoholgehalt von 6,8 Vol.-%. Damit verhalfen die Baumburger Braumeister einem klassischen Starkbier zur Renaissance, das durch die Verwendung verschiedener Malzsorten eine ausgewogene Würze entwickelt. Die Besonderheit, ein einfach gebrautes Bockbier zu sein, verleiht ihm eine Kraft, ohne die Wirkung der sonst üblichen Doppelböcke hervorzurufen. Der feinwürzige Chorherrenbock ist nur zur Fastenzeit und zu ganz besonderen Festen erhältlich und wird in einer 0,3-Liter-Flasche angeboten.

Verzehrtipp

Durch die hohe Stammwürze und den höheren Alkoholgehalt passt der Chorherrenbock am besten zu deftigen Gerichten und Brotzeiten.

Lagerung

Die unfiltrierten Biere sind zumeist maximal drei Monate, die Biere mit höherem Alkoholgehalt bis zu einem Jahr haltbar.

Bezugsquellen

Im Klosterbräustüberl, in eigenen Wirtschaften und in regionalen Abholmärkten im Umkreis von 25 km.

Schlossbrauerei Stein Wiskott

Meinhard Bernhofer, Landwirt (links) und Braumeister Markus Milkreiter

Region:	83371 Stein an der Traun/Oberbayern
Gründungsjahr:	1489
Produkte:	14 Sorten Biere und alkoholfreie Getränke
Spezialität des Hauses:	Chiemgau Hell
Höhepunkte, Veranstaltungen:	Besichtigung der „Heinz-vom-Stein"-Erlebniswelt vom 15. Mai bis 1. November

Unterhalb des Hochschlosses, fast mittig im Steiner Felsen gelegen, trotzt die Höhlenburg des legendären Raubritters „Heinz vom Stein". Sie ist sehr gut erhalten und damit ein seltenes Juwel unter den deutschen Burgen. Heinz vom Stein, „der Wilde", dessen Name untrennbar mit der Burg verbunden ist, dürfte wohl die sagenumwobenste Figur unter den Chiemgauer Rittergeschlechtern sein. So wie sein Name untrennbar zur Felsenburg gehört, verbindet sich die Geschichte der Schlossbrauerei Stein mit der Historie bedeutender Adelsgeschlechter, in deren Besitz die Brauerei erbaut und 1934 von der Familie Wiskott und Otto Coninx erworben wurde.

Wahrlich illuster ist die Geschichte der Steiner Brauerei. Nachdem fast 500 Jahre lang das Geschlecht derer von Toerring das Regiment geführt hatte, ging die Brauerei im Lauf der Jahre an verschiedene Adelige über. Heute ist sie im Besitz der Familien Wiskott, Ziegler und Ellermann. Vor der Zerstörung im Zweiten Weltkrieg war die Brauerei eine der bedeutendsten in Oberbayern. Heute gehört sie zu den innovativsten Privatbrauereien Bayerns, deren Bierseele in fünf Jahrhunderten Brautradition verwurzelt ist. Für die bereits um 1300 nachgewiesene „Tavern" im oberbayerischen Stein wurde im Jahr 1489 ein Pächterwechsel beurkundet. Vermutlich kam zu dieser Zeit das Bier bereits aus der Brauerei Stein. Das Gebiet um Stein an der Traun ist für seinen speziellen Anbau von Braugerste bekannt. Da sich die Rohstoffe zum Brauen von Bier bis heute nicht geändert haben, deckt der Betrieb fast seinen gesamten Bedarf bei über 100 Landwirten aus der Region. Neben den Erzeugerbetrieben unterstützt die Brauerei auch wichtige Schutzprojekte des Chiemgauer Landschaftspflegeverbandes. Seit 2009 überweist das Unternehmen einen jährlichen Garantiebetrag in fünfstelliger Höhe für naturerhaltende Maßnahmen. Dazu gehört die Streuwiesenpflege, das Schwenden von Almen sowie die Erhaltung und Sanierung von Mooren und Kleingewässern. Das Geld erwirtschaftet sich pro verkaufter Kiste Bier und Limonade. Unter dem Motto „Unser Chiemgau, mein Bier" wird dieses Landschaftsschutzprojekt vermarktet und führte neben dem ansehnlichen Spendenbetrag auch zu einer Umsatzsteigerung. Ökologie und Ökonomie gehen bei den Steins Hand in Hand und dokumentieren das Verantwortungsgefühl des Unternehmens gegenüber seiner Region.

Geschichten

Einst war es diesem Heinz vom Stein, der von herkulischer Gestalt und von furchterregendem Äußeren gewesen sein soll, gelungen, auf seinen Streifzügen die liebliche Waltraud, Tochter des alten Graveneckers, des Meiers von Trostberg, gefangen zu nehmen. Mit Drohungen und Schmeicheleien versuchte er, sich die Schöne gefügig zu machen – doch vergebens. Das Mädchen blieb standhaft und wurde darin durch ihren Geliebten Siegfried bestärkt, der sich inzwischen, als Reitknecht verkleidet, unter Heinzens wüste Schar gemischt hatte. Gravenecker versuchte vergeblich, seine Tochter zu befreien und wurde bei dem Angriff auf die Burg gefangen genommen. Heinz forderte nun die Unschuld Waltrauds für das Leben ihres Vaters. Als der alte Meier von einem solchen Handel nichts wissen wollte, ließ ihn der Wüterich zur Richtstätte schleppen. Waltraud aber gab sich selbst den Tod, als Heinz sich ihr näherte.

Herstellung

Die alte Brautradition, die die besten Rohstoffe des Chiemgaus mit modernster Brautechnik veredelt, bildet heute die Grundlage für die regionaltypischen „Stoaner" Bierspezialitäten. So verwendet die Brauerei für ihre Chiemgaubiere fast ausschließlich ausgesuchte regionale Rohstoffe. Typische Saisonbiere wie Märzen, Adventsbier oder das Fastenbier Steinbock kommen nur zu den entsprechenden Zeiten zum Ausschank. Auch die naturlandzertifizierten Biobiere zeigen den verantwortungsvollen Umgang mit Ressourcen. Dass die Reifezeit der Bierspezialitäten im eigenen Felsenkeller je nach Biersorte circa vier bis sechs Wochen beträgt, ist eine weitere Investition in Geschmack, Qualität und Bekömmlichkeit. Hohe Auszeichnungen der DLG, Gold beim European Beer Star und ein dritter Platz beim World Beer Award unterstreichen dies. Auch die zahlreichen nichtalkoholischen Getränke erfüllen diese Anforderungen. Ganz gleich ob Quellwasser, Äpfel oder Johannisbeeren, alles kommt aus der Chiemgauer Berg- und Seenlandschaft. Trotz langer Brautradition wird auch Innovation groß geschrieben. Hochwertige Bio-Biere und drei Bio-Weißbiere in den Sorten Hell, Dunkel und Alkoholfrei erfreuen sich eines schnell wachsenden Genießerkreises. Ihre vollmundige Fruchtigkeit macht sie angenehm erfrischend und zu guten Durstlöschern bei jeder Tageszeit. Es sind „wilde Biere", denen Heinz vom Stein seinen Namen gibt.

Schmankerltipp

Die Steiner Flammbier-Weiße ist eine Mischung aus einem aromatisch-fruchtigen Likör, der speziell für die Schlossbrauerei Stein gebrannt wird, und einem Heinz von Stein Weißbier Dunkel. Der Likör wird in einem feuerfesten Kelchglas flambiert und mit dem Weißbier aufgegossen.

Wussten Sie schon,

... dass Almen, wenn man sie schwendet, von jungen Bäumen und natürlichem Zuwachs befreit werden?

... dass die vitamin- und mineralstoffreiche Bierhefe ernährungsphysiologisch einen großen Beitrag für die Gesundheit leistet?

... dass die isotonische Wirkung von alkoholfreiem Bier für eine schnelle Regeneration nach dem Sport sorgt?

Chiemgau Hell

Wohl kaum ein anderes Bier ist so mit seiner Region verbunden wie das untergärige Bier der Schlossbrauerei Stein. Braugerstenfelder und Felsquellwasser aus dem Chiemgau bilden die Grundlage für diese regionale Bierspezialität.

Besonderheit

Das Helle gehört heute zum Standardprogramm jeder bayerischen Brauerei und ist auch meist dessen Visitenkarte. Kein Standard ist es jedoch, dass eine Brauerei dafür ausschließlich die Getreidekulturen vor ihrer Haustur nutzt. Durch den weiträumigen Anbau der Chiemgauer Braugerste ist es möglich, die regionale Bierspezialität ausschließlich aus dem Getreide vor Ort einzubrauen. Das aromatische Bier mit einem Alkoholgehalt von 4,9 Vol.-% und einer Stammwürze von 11,5 % ist hoch vergoren und dadurch fein, erfrischend und mild im Geschmack. Das Geheimnis dieses Bieres liegt in der Verwendung eines alten Braurezepts und in der langen Reifezeit im dunklen Fels-Lagerkeller. Alles zusammen verleiht den Bieren die ganz typische Chiemgauwürze.

Verzehrtipp

Eine ideale Kombination zweier regionaltypischer Spezialitäten ist ein Chiemgauer Dunkel mit einer deftig-würzigen Semmelbratwurst. Wenn sie auch in vergangenen Zeiten ein typischer Leichenschmaus war, so schmeckt dieses Pärchen durchaus auch zu zünftigeren Anlässen.

Lagerung

Das Bier ist bereits gereift und gehört daher zügig und mit Verstand getrunken. In der Regel hat es eine Haltbarkeitsdauer von sechs Monaten.

Bezugsquellen

Im Brauereigasthof Martini, in Getränkemärkten und Gaststätten des Chiemgaus sowie unter www.biershop-bayern.de oder www.steiner-bier.de.

Camba Bavaria

Markus Lohner

Region:	83376 Truchtlaching/Oberbayern
Gründungsjahr:	2003 – Braukon/2008 – Camba Bavaria
Produkte:	Biere und Brauanlagen
Spezialität des Hauses:	Camba Doppelbock „Mastrobator"
Höhepunkte, Veranstaltungen:	„Der Bock ruft", immer zur zweiten Fastenwoche

„Bierverliebte Spinner", titelt ein Auftraggeber die Mitarbeiter eines Unternehmens, das sich hinter den Mauern eines alten, ehemals als Mühle dienenden Gebäudes in Truchtlaching befindet. Fast ein Dutzend erfahrener Braumeister und Ingenieure haben von hier aus mehr als 250 Brauanlagen mit einer Kapazität von 5 bis 200 Hektolitern weltweit geplant, optimiert, in Betrieb genommen und mit ihnen außergewöhnliche Biere eingebraut. Eine eigene Stätte, in der gebraut, gebacken und ausprobiert wird, lag somit nahe. Gegründet im Jahr 2008, ist Camba Bavaria heute längst eine Biererlebnisstätte.

Camba, so hieß bereits bei den Kelten die Braupfanne – und das führte wohl auch zur Bezeichnung „Cambarius", wie der „Bruder Kellermeister" in den Klöstern genannt wurde. Daraus könnte auch der Name Gambrinus, der Schutzpatron der Brauer, entstanden sein. Und dass „Bavaria" schon seit dem frühen Mittelalter für gutes Bier steht, ist weltweit bekannt. Ein würdiger Anspruch für ein Unternehmen, das sich „Camba Bavaria" nennt.

Markus Lohner – Braumeister, Produktionsleiter für Getränketechnik und Brauwesen, Biersommelier, Doemens-Schüler und Bierliebhaber – baut weltweit Brauanlagen in mittelständischen Brauereien und Gasthöfen. So reifte der Wunsch, sich auch eine eigene Brauerei zu bauen.

In einem Kommentar des Güterverzeichnisses einer Benediktinerabtei in Prüm in der Eifel aus dem Jahre 1222 heißt es: „In jedem Herrenhof kann der Abt eine Camba und eine Mühle haben". So erschuf Markus Lohner auf dem Gelände der alten Mühle in Truchtlaching seine Camba. Seit Mai 2008 werden dort Biere gebraut und seit 2011 gibt es dort einen offiziellen Gaststättenbetrieb. Neben den innovativen Brauwaren aus eigenen Sudkesseln hängen stets auch Bierspezialitäten von befreundeten Brauereien am Zapfhahn. Da die Grundzutaten des Bieres auch die des Brotes sind, steht im Schalander (Schankraum in einer Brauerei) ein großer Steinofen, in dem Küchenchef Thomas Krämer drei Mal pro Woche knuspriges Treberbrot und herzhafte Braten bereitet.

Geschichte

Am 27. Juni 2003 gründet Markus Lohner die Braukon GmbH. Damals war er noch Braumeister im Hofbräuhaus Newport, eine der erfolgreichsten Gasthausbrauereien in den USA. Ziel des Unternehmens war und ist die Entwicklung von professionellen Brauereianlagen, die speziell auf die Anforderungen von mittelständischen Unternehmen zugeschnitten sind.

Schnell kommen die Aufträge aus den USA und Europa; man präsentiert sich auf Messen, und das Team wächst. Im Februar 2007 kann das junge Unternehmen mit Aufträgen aus Dänemark, USA und Liechtenstein den besten Monat der Firmengeschichte feiern. Im August 2008 folgt die Erweiterung und der Umbau des Herzoglich Bayerischen Brauhauses in Tegernsee. Das muss gefeiert werden! Und wie nicht anders zu erwarten: mit dem 1. Brauereifest der neu gegründeten Brauerei „Camba Bavaria". Viele weitere internationale Aufträge folgen. Durch diese Referenzprojekte etabliert sich das Unternehmen schnell als Marktführer für mittelständische Brauanlagen. Der Erfolg verdeutlicht: Qualität, Verlässlichkeit und die Bereitschaft, Neues zu wagen, sind die Eckpfeiler einer erfolgreichen Unternehmensentwicklung, die heute 30 Mitarbeiter, darunter 12 Diplom-Braumeister und Brauingenieure beschäftigt.

Herstellung

„Hefezellen sind Lebewesen und benehmen sich auch so. Sie müssen sich an die Umgebung gewöhnen, sich zu Hause fühlen. Es gibt zum Bierbrauen über 500 Hefestämme, die immer etwas anders reagieren", so erklärt Markus Lohner die Welt des Bieres, deren Vielfalt aus vier Zutaten entsteht. Dazu kommt die unterschiedliche Darrtemperatur des Malzes, die Qualität des Wassers, das Können und die Liebe des Braumeisters und die richtige Technik. „Um gutes Bier zu brauen, bedarf es viel Brauerfahrung und das richtige G'spür im Umgang mit den Rohstoffen. Nicht umsonst sprechen wir von Brau-Kunst", so Lohner. Um darzustellen, wie das schmecken kann, braut und serviert er die Innovationen gleich an Ort und Stelle. So gibt es neben traditionellen Suden auch Ale-Biere, Bockbier und holzfassgereifte Biere. Alle werden in Truchtlaching gebraut und mit den passenden Flaschen, Etiketten und Gläsern arrangiert.

Schmankerltipp

„Drei Bier ersetzen a Mahlzeit – aber dann host no nix g'essen", so sagt man in Bayern. Und deshalb braucht's a g'scheite Brotzeit zum Bier. Dass man diese fantasievoll, appetitlich und doch traditionell präsentieren kann, zeigen die Truchtlachinger mit ihrer Brotzeit im Glasl. So werden klassische bayerische Spezialitäten in kleinen Einmachgläsern auf einem Holzbrett serviert, das einmal das Seitenteil eines Holzbiertragerls aus Brauereien aller Herren Länder war. Dazu gibt es frisches Treberbrot aus dem Steinofen.

Wussten Sie schon,

… dass es jede Woche im Schalander einen „Kostschluck" mit der Speisekarte für die Gäste gibt? Eine Möglichkeit, auf die unterschiedlichen Bierstile aufmerksam zu machen und auch mal etwas Neues auszuprobieren.

… dass immer wieder namhafte nationale und internationale Brauer in die Camba Bavaria kommen, um mit Markus Lohner ein Spezialbier zu brauen?

… dass Markus Lohner einer von etwa 20 deutschen Juroren beim World-Beer-Cup ist?

Camba Doppelbock „Mastrobator"

Dieser Doppelbock ist ein unfiltriertes dunkles Starkbier mit kräftigem, weich abgerundetem schokoladigen Geschmack, umrahmt von Birnen- und Vanille-Noten aus rein untergäriger Bierhefe. Die Hauptgärung geschieht im offenen Gärbottich, danach folgt die weitere Reifung in liegenden Lagertanks. Er zeichnet sich durch 8,5 % Alkohol und eine Stammwürze von 18,9 % aus.

Besonderheit

Der Camba Doppelbock erhielt 2009 den Gold-Award beim „European Beer Star" in der Kategorie „German Style Dark Bock". Dazu beigetragen hat vermutlich das aufwendige Zweimaischeverfahren und die lange Kochzeit von etwa vier Stunden, bei dem ein zusätzlicher Karamellgeschmack entsteht. Der Camba Doppelbock „Mastrobator" zeichnet sich durch seine dunkel-rubine, fast schwarze Farbe aus, die von einem lang anhaltenden Schaum und einem würzig-schokoladigen Duft begleitet wird. Er ist sehr vollmundig und doch frisch, und im Ausklang hinterlässt er einen kräftigen, weich abgerundeten, rezenten Eindruck mit einer leichten und feinen Bittere. Eine Variante des Doppelbocks erhält durch die Lagerung in einem Bourbon-Barrel noch ein feines Whiskey-Aroma.

Verzehrtipp

Der Camba Doppelbock „Mastrobator" betont besonders das Aroma von Käse, passt aber auch gut zu Wild und Braten – sowie zu Vanilleeis.

Bezugsquellen

Die Biere sind bei zahlreichen Verkaufstellen im In- und Ausland und in vielen Gaststätten im Chiemgau erhältlich. Siehe www.cambabavaria.de.

Private Alpenbrauerei Bürgerbräu Bad Reichenhall

Inhaber: Doris und Christoph Graschbergerr

Region:	83435 Bad Reichenhall/Oberbayern
Gründungsjahr:	1633
Produkte:	14 Bierspezialitäten
Spezialität des Hauses:	Alpenstoff – Das Bier der Berge
Höhepunkte, Veranstaltungen:	Herbstfest: jeweils 10 Tage im September 19. März: traditionelle Josefi-Feier mit „Suffikator"-Anstich

Ruhe, Kraft, Reinheit und Klarheit sind die vier elementaren Merkmale der Alpen im Berchtesgadener Land. Imposante Felsen, klare Bergseen, saftige Wiesen und kühle Wälder prägen die Landschaft der sonnenreichsten Region Bayerns. Genau diese Eigenschaften, beim Wein würde man von „Terroir" sprechen, zeichnen ein Bier aus den Bergen aus: den Alpenstoff.

Der wichtigste Rohstoff aus Bad Reichenhall war früher das Salz. Der Namensteil „Hal" deutet bis heute darauf hin. Die Salzgewinnung war für mehr als 700 Arbeiter im Mittelalter eine schweißtreibende Tätigkeit. Damals war der an den Hängen des Gruttensteins angebaute Wein – neben Wasser – ein gerne und häufig konsumiertes Getränk, das mit den Jahren vom Bier abgelöst wurde. Gerade das damals übliche dunkle Bier galt als kraftspendend und lieferte den körperlich stark beanspruchten Salinenarbeitern wertvolle Mineralien und Kohlenhydrate. Getreide und Hopfen holte man sich damals aus der Region – nur das mit dem Brauwasser war ein Problem. Erst ein Aquädukt, welches das frische Gebirgsquellwasser in die Stadt leitete, machte aus den Bieren einen außergewöhnlichen „Stoff", der über das Tal hinaus bekannt wurde. So wuchs die Anzahl der Brauereien, bis dann im vergangenen Jahrhundert das große Brauereisterben begann. Als einzige Braustätte überlebte damals

der Graßlbräu. Der Urgroßvater des heutigen Bräus, Kommerzienrat August Röhm, erwarb 1901 die kleine Brauerei, die damals gerade einmal 3.000 Hektoliter Bier im Jahr produzierte und verlieh ihr den Namen „Bürgerbräu". Der Kommerzienrat war auch Mitbegründer des Bayerischen Brauerbundes und ein sehr innovativer Brauer. Nach erheblicher Zerstörung in den Kriegsjahren ging es in der Nachkriegszeit allmählich und stetig wieder aufwärts.

Seit 1980 leitet nun die vierte Generation mit Christoph Graschberger und Ehefrau Doris die Brauerei. 14 Bierspezialitäten und alkoholfreie Getränke in einem Umfang von etwa 45.000 Hektolitern pro Jahr werden heute produziert.

Geschichten

Vor wie vielen Jahrhunderten die Geschichte des Brauergasthofs Bürgerbräu in Reichenhall begann, weiß man heute nicht so genau. Wie das Bild der Jagdfreunde in der Bauernstube zeigt, wurden bereits 1848 Gäste im Hause bewirtet. Nach der Übernahme durch Kommerzienrat August Röhm erfolgte ab 1925 ein grundlegender Umbau. Der Künstler Hermann Stockmann aus Dachau, Professor an der Münchner Kunstakademie, erhielt den Auftrag, für die Ratsstube ein rundum laufendes Gemälde mit dem Titel „Triumphzug des Gambrinus" zu schaffen. Heute strahlen alle Räume des Brauereigasthofs samt dem Hotel Behaglichkeit und Wärme aus. Malerische Zunftzeichen, prächtige Lampenkörper und geschnitzte Wandverkleidungen, dazu die gutbürgerliche regionale Küche mit den gepflegten Qualitätsbieren des Brauhauses erfüllen die Gasträume mit einem Flair, dem sich kein Liebhaber bayerischer Lebensart entziehen kann.

Herstellung

Das wertvollste Gut bei der Herstellung von Bier, Wein und anderen Lebensmitteln ist die Zeit. „Gut Ding braucht Weile", heißt es im Volksmund und „Ruhe geben" bei der Herstellung des Alpenstoffs. Neben den Zutaten, die das Bayerische Reinheitsgebot erlaubt, ist es die Zeit, die ein Bier braucht, um zu einem makellosen, hopfenaromatischen und trotzdem milden Bier auszureifen. Nur so erreicht es seine perfekte geschmackliche Harmonie. Ein außergewöhnliches Getränk erkennt man auch an einer extravaganten Aufmachung. Die elegante Form der Flasche lässt – zusammen mit dem schlanken Glas – jedes Gedeck zu etwas Besonderem werden. Die beiden Braumeister, Dipl.-Ing. Jörg Dycka und Heinz Kornes, greifen auf die Erfahrung und das Können vieler Generationen zurück. Das Vertrauen der Brauer in ihr Produkt war so groß, dass sie den Alpenstoff bereits im ersten Jahr zur Teilnahme am „World Beer Cup" nach Seattle (USA) geschickt haben. 530 Brauereien mit 2.221 Bieren in 85 Kategorien beteiligten sich damals an diesem Wettbewerb. Der Alpenstoff überzeugte und gewann den World Beer Cup in Silber.

Dass der Bürgerbräu bei so viel Kompetenz seit 2005 jährlich den „Preis der Besten" der DLG in Gold und 2008 auch den Bundesehrenpreis erhielt, ist nur konsequent. Die neueste Kreation, die zum 375-jährigen Jubiläum entwickelt wurde, ist das 1633 Original Dunkel. Dieses malzaromatische samtbraune Bier ist die 14. Biersorte im schmackhaften Reigen der Biere aus Bad Reichenhall.

Schmankerltipp

Eine besondere Empfehlung des Hauses ist das Ruperti-Dunkel. Im Brauereigasthof Bürgerbräu ist es als urtrübes Bier im Steinkrügerl erhältlich. Das dunkle Bier passt vorzüglich zum „Brauerschnitzel" mit seiner raffinierten Füllung aus Bergader Bavaria Blu und Pilzen.

Wussten Sie schon,

… dass Funde darauf hindeuten, dass bereits um 2500 v. Chr. eine feste Siedlung und weitverzweigte Handelswege im Raum Reichenhall vorhanden waren?

… dass Reichenhall, wie das Stadtwappen noch heute beweist, von 1255 bis 1506 zu Niederbayern gehörte?

Alpenstoff

Der Alpenstoff ist ein untergäriges, helles Bier mit goldener Farbe. Das Bier ist bemerkenswert weich, wenig malzig im Antrunk, das Hopfenaroma im Abgang angenehm mild. Um zu einem makellosen, „trockenen" und milden Bier auszureifen, erhält es viel Ruhe.

Besonderheit

Viel Erfahrung und die Auswahl bester Zutaten machen den Gerstensaft zu einem feinwürzigen, ausgewogenen bayerischen Bier. Seine Kraft schöpft der Alpenstoff aus seiner großzügig bemessenen Stammwürze (12,5 %, 5,3 Vol.-% Alkohol) und aus alter handwerklicher Brauerfahrung. Das modern gestaltete schwarze Etikett, das mit seinem Edelweiß an die Hosenträger einer Lederhose erinnert, reflektiert die Bergwelt Bad Reichenhalls. Die Verwendung von reinem Wasser aus den Bad Reichenhaller Bergen, das ja etwa 94 Prozent des Bieres ausmacht, rechtfertigt den Namen „Alpenstoff – Das Bier der Berge". Auch im nahen Salzburger Land und in Italien wird Alpenstoff als „Bier für die schönen Momente des Alltags" geschätzt.

Verzehrtipp

Der Alpenstoff schmeckt vorzüglich aus dem passenden, eleganten Stutzenglas, aber durchaus auch direkt aus dem kultig-handlichen Flaschl.

Lagerung

Der Alpenstoff ist (aber nur, wenn es denn wirklich sein muss) bei kühler und dunkler Lagerung mindestens sieben Monate haltbar.

Bezugsquellen

In den fünf Braugasthöfen, der regionalen Gastronomie, im Heimservice im Berchtesgadener Land, im ausgewählten Einzelhandel sowie einzelnen Webshops.

Confiserie Reber

Paul Botzleiner-Reber

Region:	83435 Bad Reichenhall/Oberbayern
Gründungsjahr:	1865
Produkte:	Schokoladen- und Kuchenspezialitäten
Spezialität des Hauses:	Echte Reber Mozart-Kugeln
Höhepunkte, Veranstaltungen:	Von Pfingsten bis einschließlich September jeden Samstag von 11–13 Uhr Mozart Matinee im Reber Café in Bad Reichenhall mit Studenten des Mozarteums Salzburg

Der Urgroßvater der Reber-Dynastie, der 1840 in Landau geborene Peter Reber, war der erste Konditormeister in der beeindruckenden Ahnenreihe des Familienunternehmens Reber, das seit fast 150 Jahren für seine feine Confiserie berühmt ist. In der 1865 bezogenen Konditorei in der Herzogspitalstraße 9, in unmittelbarer Nähe zur Münchner Frauenkirche, führte Gründer Peter Reber auch ein Kaffeehaus im Wiener Stil und war gleichzeitig Verleger der ersten deutschen Konditorzeitung.

Peter Rebers Sohn Paul, ebenfalls Konditormeister und Gewerberat, gab seine Liebe zum Handwerk auch an seine Tochter Paula weiter. Als diese 1935 den Konditormeister Max Botzleiner ehelichte, erwarb das junge Paar eine Konditorei sowie ein Café in der Ludwigstraße 10 in Bad Reichenhall. Bis heute befindet sich dort das Stammhaus des Unternehmens Reber mit seinem einzigartigen Kaffeehauskonzept. Der weltbekannte Musiker Wolfgang Amadeus Mozart, dessen Geburtshaus in Salzburg gewissermaßen nur einen Steinwurf von Bad Reichenhall entfernt liegt, inspirierte die Konditormeister der Familie nachhaltig. Die heutige Bäderstadt, die sich seit 1899 „bayerisches Staatsbad" nennen darf, entwickelte sich zu jener Zeit von einer Salinenstadt hin zum international renommierten Kurbad. Seit Jahrzehnten hütet Paul Botzleiner-Reber, Sohn von Paula und Max das Geheimnis der goldenen Schokoladenkugel. Mit seiner Ehefrau Walburga baute er den Familienbetrieb zu einem weltweit renommierten Unternehmen auf: Erreichten die hier hergestellten Leckereien in den Anfangsjahren noch größtenteils per Post die Kundschaft, liefert Reber heute in etwa 50 Länder weltweit.

Geschichten

Selbst für das benachbarte Österreich ist die im Bad Reichenhaller Stammhaus kultivierte Kaffeehauskultur heute eine echte Rarität. In vier Bereiche aufgeteilt, erinnert das „Alte Café", der älteste Teil des Hauses, an ein typisches Wiener Caféhaus und strahlt den Charme der „guten alten Zeit" aus. Selten gewordenes, wie Tageszeitungen aus ganz Europa oder über 15 verschiedene Café-Zubereitungen, verwöhnen die anspruchsvollen Besucher. Im „Terrassen-Café" nebenan spielen Pianisten 364 Tage im Jahr nachmittags Mozart-Klaviersonaten auf einem mit Blattgold verzierten Flügel. Die Namensgeberin für das „Florentiner-Stüberl" ist eine italienische Schönheit aus dem 19. Jahrhundert. Unter ihrem Namen schufen Confiseure aus Mandeln, Zartbitterschokolade und Honig die „Florentiner", die es heute in verschiedensten Ausführungen gibt. Zurückhaltendes, gemütlich-stilvolles Biedermeier bietet ein weiterer Raum, das „Grüne Café". An Sonnentagen können die Gäste unter Schatten spendenden Bäumen bei „Wolferl und Stanzerl" weilen – deren Statuen im Cafégarten stehen – und aus einer Karte mit über 40 Torten, Kuchen und Gebäcksorten wählen.

Herstellung

Das Rezept der Mozart-Kugel – einer Schokoladenspezialität, gefüllt mit Pistazien, Marzipan und feinstem Haselnuss-Nugat und umhüllt

mit feiner Zartbitterschokolade – wurde nie geändert. Eine „entschleunigte Produktion" bietet ausreichend Zeit, während des Produktionsprozesses immer wieder die Qualität der Produkte zu kontrollieren. Dieser Aufgabe widmet sich Paul Botzleiner-Reber selbst und ist so mehrmals pro Woche in seiner Fertigung, um die Qualität der Pralinen zu überwachen. Sein Anspruch zieht sich durch den gesamten Herstellungsprozess: Um Meisterklasse zu schaffen, braucht es – vom Rohstofflieferanten bis zum Konditor – Meisterliches. Viele seiner Confiseure wirken schon seit Jahrzehnten für das Unternehmen. Gleiches gilt auch für langjährige, bewährte Kontakte zu Kunden und Lieferanten. Doch auch an Neuem wird täglich getüftelt: dafür spricht ein sagenhaftes Sortiment, das sorgfältig in fantasievoll gestaltete Kartonagen in den Grundfarben Rot und Gold verpackt wird. Diese sind äußeres Zeichen für die Liebe und Leidenschaft, die hinter den Produkten steht, und verleihen den Meisterwerken einen edlen Rahmen. Erkennungszeichen für die Produkte aus dem Hause Reber sind die von einem Künstler entwickelten schwungvollen Schriftzüge sowie die in Gold gerahmten Bildnisse von Mozart und seiner Frau Constanze.

Schmankerltipp

Die bunte Harlekin-Torte, gern auch die „Wilde" genannt, gehört zu den beliebtesten Schmankerln im Café. Durch ihre vielen Schichten, die immer neue Muster ergeben, ist sie sowohl ein Gaumen- als auch ein Augenschmaus. Zu ihr passt sehr gut eine heiße Schokolade, die klassisch in Milch aufgekocht und mit Sahne serviert wird. Ein Florentiner-Feingebäck – die nach den Mozart-Kugeln meistgewünschte Spezialität – macht Appetit auf mehr.

Wussten Sie schon,

... *dass Leopold Mozart, der Vater des Musik-Genies, in Augsburg geboren wurde?*
... *dass die Mozartwochen der Bad Reichenhaller Philharmonie seit Jahren zu den musikalischen Höhepunkten in Bayern zählen?*
... *dass auch König Ludwig II. eine eigene Praline gewidmet wurde?*
... *dass es auch eine nach Constanze, der Ehefrau des Musikus, benannte Mozart-Kugel gibt, die umhüllt ist mit einem Hauch aus zarter Vollmilchschokolade?*

Echte Reber Mozart-Kugeln

Die Mozart-Kugeln aus dem Hause Reber in Bad Reichenhall sind feine Pralinen mit einem hochwertigen Haselnuss-Nugatkern, der gebettet ist auf eine Schicht aus Pistazien-Edelmarzipan. Diese wiederum wird bedeckt von einem Häubchen Edelmarzipan und einem ersten Überzug aus Alpenvollmilch-Schokolade. Ein zweiter Überzug aus Zartbitter-Schokolade wirkt wie ein Aromatresor.

Besonderheit

Bei der Herstellung wird auf künstliche Aromen, Geschmacksverstärker und Fremdfette verzichtet. Es werden ausschließlich frisch geröstete Haselnüsse und Pistazien verwendet. Die Marzipanrohmasse wird im „Lübecker-Verfahren" über Granitwalzen fein gewalzt und in offenen Kupferkesseln – länger als andernorts üblich – geröstet, wodurch sie ihr ganzes Aroma entfalten kann. Die Confiseure halten sich dabei streng an die familieneigene Rezeptur.

Verzehrtipp

Die Mozartkugel sollte man erst einmal in zwei Teile zerbeißen, um den Genuss zu teilen und sich an den vielen Schichten der Kugel zu erfreuen.

Lagerung

Vorausgesetzt, man kann ihr lange widerstehen, kann die Praline kühl bis zu 12 Monaten gelagert werden.

Bezugsquellen

Direkt im Café Reber in Bad Reichenhall, im Internet und im Einzelhandel.

Hotel Zur Post

Gabriele Tandler und Gabriela Tandler-Langhammer

Region:	84503 Altötting/Oberbayern
Gründungsjahr:	1280
Produkte:	Hotellerie, Gastronomie
Spezialität des Hauses:	Wildrouladen vom bayerischen Hirsch
Höhepunkte, Veranstaltungen:	Großer Hausball an jedem 1. Samstag im Februar

Das „Herz Bayerns" – wie Papst Benedikt XVI. Altötting nannte – liegt zwischen München, Passau und Salzburg. Seit Jahrhunderten befindet sich hier das geistliche Zentrum Bayerns. Inmitten der Stadt – am Kapellplatz 1 – steht die römisch-katholische Gnadenkapelle mit der Statue der Schwarzen Gottesmutter Maria. Insgesamt 19 leibliche Herzen, die aller Könige des Hauses Wittelsbach, sind in kunstvollen silbernen Schauurnen gegenüber der Gottesmutter angebracht, denn sie wussten: Nicht irgendeine Gabe braucht der Herr, er braucht unser Herz, und wir geben es ihm, indem wir es Maria in die Hände legen …

Direkt nebenan, auf dem Kapellplatz 2, steht – erstmals 1280 als Hoftaverne erwähnt – das herrschaftlich anmutende „Hotel Zur Post". Zur Postkutschenzeit war es Relais-Station auf der Strecke zwischen München und Wien. Nach einem verheerenden Brand 1630 erfolgte in den 1680er-Jahren der Neubau im Stil des italienischen Barock durch den berühmten italienischen Baumeister Enrico Zuccalli, der als kurbayerischer Hofbaumeister auch Schloss Nymphenburg vollendete. Seit 1830 trägt das herrschaftliche Haus den Namen „Gasthof zur Post". Im Laufe der Jahrhunderte beherbergte es zahlreiche Regenten, Staatsmänner und Kirchengrößen; darunter Joseph Ratzinger, heute Papst Benedikt XVI., der im Zirbenstüberl viele Jahre einen Stammplatz hatte. Auch zahllose Pilger und Reisende, zu denen Wolfgang Amadeus Mozart zu zählen ist, stiegen hier ab. 1976 erwarb Gerold Tandler das Hotel, das sich seitdem im Besitz der Familie befindet. Das unter Denkmalschutz stehende Haus, das damals einem traurigen Schicksal entgegengesehen hatte, wurde mit großem Engagement und viele Liebe zum Detail restauriert und präsentiert sich den Bewohnern und Besuchern der Stadt seitdem in seiner ganzen Pracht und Schönheit.

Geschichten

Altöttings weltweiter Bekanntheit als Marien-Wallfahrtsort liegt eine Begebenheit aus dem 15. Jahrhundert zugrunde. Damals soll sich hier ein Wunder ereignet haben: 1489 war ein dreijähriger Knabe in den Mörnbach gefallen und konnte nur noch leblos aus den Fluten geborgen werden. Die verzweifelten Eltern riefen in der geweihten Kapelle die Muttergottes an und beteten mit anderen Gläubigen für die Rettung des Jungen. Das Unglaubliche geschah: in das Kind kehrte Leben zurück. Schnell verbreitete sich der Brauch, zu der um 1330 am Oberrhein geschnitzten „Schwarzen Madonna" zu pilgern und sie um Hilfe anzurufen. 2.000 Votivtafeln aus mehreren Jahrhunderten kleiden den Umgang der Kapelle heute aus. Sie wurden von den Pilgern aus Dankbarkeit für die unzähligen von Maria gewährten Wunder hierher gebracht. Die Pilger umrunden betend – oft auf Knien – die Kapelle oder nehmen eigens dafür bereitgestellte Holzkreuze, um ihr „Kreuz" der Mutter Gottes zu übergeben.

Herstellung

Die einstige Pilgerherberge präsentiert sich heute als 4-Sterne-Hotel mit 60 komfortabel eingerichteten Zimmern sowie mehreren Sälen, Restaurants, Stuben sowie einem modernen Bistro. Während die Zimmer – zum Andenken an die Zeit als Poststation – so klangvolle Namen wie

„Postillion" oder „Posthalter" tragen, erinnert die Fürstensuite an die vielen prominenten und berühmten Gäste des Hauses. Die beiden großen Restaurants des Hauses sind das gemütliche Poststüberl und der edle Post-Speisesaal. Ein behaglicher Wintergarten auf der Südseite des Hauses lädt zu einem Besuch mit herrlichem Blick auf den Kapellplatz ein. Vom Gartenzimmer, das 10-16 Personen fasst, bis hin zum Postsaal für bis zu 180 Gäste ist das Haus mit sechs stilvollen Räumlichkeiten für Feierlichkeiten verschiedenster Art sowie für Schulungen und komplette Tagungsangebote ausgestattet. Viele Gäste kommen aber auch, um in diesem bezaubernden Ambiente Abstand zum Alltag zu gewinnen: Während der „Altöttinger Woche" beispielsweise kann man sich sieben Tage und Nächte mit Wellnessangeboten im Römer- und Hallenbad, im Whirlpool sowie Sauna und Dampfbad verwöhnen lassen. Neben einer umfangreichen und originellen bayerischen Speisekarte gibt es, wie kann es im Süden Bayerns anders sein, auch ein herrliches italienisches Restaurant im Gewölbekeller.

Schmankerltipp

Altöttinger Kräuterlikörtörtchen
Dass man den eigens für das Hotel hergestellten 40-prozentigen Altöttinger Kräuterlikör auch anders genießen kann als aus der formschönen, mit einem Bild der „Schwarzen Madonna" versehenen Flasche, zeigt das überaus delikate Altöttinger Kräuterlikörtörtchen, das man so nur im Hotel „Zur Post" genießen kann: Zarte Bitterschokolade umhüllt den feinen, in reichlich Likör getränkten Biskuit sowie eine erlesene Kirsche.

Wussten Sie schon,

... dass Altötting seit mehr als 1.250 Jahren das geistige Zentrum Bayerns und seit über 500 Jahren der bedeutendste Marien-Wallfahrtsort Deutschlands ist und jährlich etwa 1,3 Millionen Pilger und Besucher hierher kommen?

... dass Altötting im Jahr 748 unter dem Namen „Autingas", der latinisierten Form von „Ötting", erstmals urkundlich Erwähnung fand?

... dass Altötting neben München die einzige Stadt in Bayern ist, die schon von drei Päpsten besucht wurde?

Wildrouladen vom bayerischen Hirsch

Wild ist in der bayerisch-alpenländischen Küche eine willkommene Abwechslung und nicht nur bei Feinschmeckern beliebt. Das Fleisch ist sehr fettarm und nährstoffreich. Eine Zubereitungsmöglichkeit ist die Hirschroulade, gefüllt mit geräuchertem Speck (G'selchtem) und serviert mit Pfifferlingstrompeten (Reherl), einem heimischen Schwammerl aus den moosigen Wäldern rund um Altötting.

Besonderheit

Wildfleisch vom Hirsch besitzt einen edlen Geschmack. Es zeichnet sich durch eine kurzfaserige, zarte Fleischqualität und einen besonders hohen Eiweißgehalt von etwa 25 Prozent aus. Dabei verfügt es über einen besonders geringen Fett- und Cholesteringehalt und ist ein guter Vitamin- und Mineralstoffträger, vor allem von Vitamin B.

Verzehrtipp

Als Beilage eignen sich hervorragend Wintergemüse wie Wirsing, Grünkohl oder Sellerie-Kartoffelpüree. Zu Wild und Schwammerln passt ein gutes Glas Rotwein, mit dem man im Übrigen auch die Soße verfeinern kann.

Lagerung

Frisches Wildfleisch ist nur wenige Tage haltbar, aber gut zum Einfrieren geeignet. Es darf dafür jedoch nicht gewaschen oder mariniert werden.

Bezugsquellen

Gute heimische Wildqualität bekommt man zur Jagdsaison direkt beim Jäger oder bei den Staatlichen Forsten sowie bei Metzgern oder aus regionalen Wildzuchtgehegen.

Forelle

Die Forelle (Salmo trutta) ist eine Fischart aus der Familie der Lachsfische. Es gibt die wandernde Meerforelle sowie die im Süßwasser lebende See-, Bach- und Regenbogenforelle. In bayerischen Zuchtgewässern wird heute meist die Regenbogenforelle gezüchtet.

Besonderheit

Die Regenbogenforelle wurde erst Ende des 19. Jahrhunderts von Nordamerika nach England importiert und dort als Speisefisch für den Königshof gezüchtet. Seit 1882 wird sie auch in Süddeutschland teichwirtschaftlich genutzt. Regenbogenforellen können bis zu 70 cm lang und 8 kg schwer werden. In der Regel kommen sie jedoch nach ca. zwei Jahren mit einem Fanggewicht von etwa 450 Gramm auf den Teller. Das Fleisch ist hell, zart und fein im Geschmack, die Gräten sind leicht zu entfernen.

Verzehrtipp

Die Forelle eignet sich für fast alle Zubereitungsarten. In der klassischen Küche wird sie meist gebacken oder gebraten und als Forelle „Müllerin Art“ oder im Sud gekocht als Forelle „blau“ serviert. Auch in der modernen bayerischen Küche hat die Forelle ihren Platz gefunden, zum Beispiel in Form von Forellenfilets auf Reislingschaum.

Lagerung

Je frischer desto besser.

Bezugsquellen

Im Fischerstüberl bekommt man Forellen aus eigenen Gewässern fein zubereitet oder zum Mitnehmen.

Gasthof Fischerstüberl

Region: 83512 Wasserburg/Oberbayern
Gründungsjahr: 1955
Produkte: Gastronomie, Fischzucht
Spezialität des Hauses: Forelle
Höhepunkte, Veranstaltungen:
Gartenfeste mit Büffet und Musik.
Siehe Veranstaltungskalender im Internet

Robert und Petra Fischer

1955 gründete der Fischer Gustl einen kleinen Gasthof mit Forellenzucht in Elend, direkt unterhalb der bereits 807 erwähnten, aber viel älteren Kultstätte und dem späteren Kloster Attel. Nahe Wasserburg, unweit der Stelle, wo die Attl in den Inn mündet, gab es viele für die Fischzucht bestens geeignete Gewässer. Robert Fischer und seine Frau Petra bewirten seit 25 Jahren neben den Fischereigewässern ein renommiertes Restaurant, in dem die frischen Fische in fantasievollen Variationen serviert werden.

Geschichten

Anfang der 1960er-Jahre durfte sich einmal eine Sommerfrischlerin in der Angelkunst versuchen. Die Angel wurde zurechtgemacht und ein kleiner Köderfisch am Haken befestigt. Das Anfängerglück verhalf der Urlauberin zu einem prächtigen Fang in Gestalt eines großen Hechts. Als der Fischer Gustl den Fang dann sachgerecht ausnahm, kam der Köderfisch wieder zum Vorschein. Die Anglerin seufzte: „Schade um das schöne Muttertier.“

Schmankerltipp

Eine kleine Alltagsfreude ist eine feine Fischsuppe mit Rahm und Dill. Hierzu werden fangfrische Fische als wertvolle Einlage verwendet. Perfekt wird der kulinarische Genuss im Fischerstüberl mit einem Gläschen Silvaner vom fränkischen Weingut Henke.

Wussten Sie schon,

… dass die Familie Fischer neben dem Restaurant und dem Hotel im Haus auch ein Traumbistro – „Die Wunderlampe“ – betreibt?

Wirtshaus zum Starnbräu

Region: 83646 Bad Tölz/Oberbayern
Gründungsjahr: 1591
Produkte: Gastronomie
Spezialität des Hauses:
Tölzer Bergheifisch
Höhepunkte, Veranstaltungen:
Jugend-Hoagascht im Herbst, jeden Sonntag musikalischer Frühschoppen

Wirtin Renate Göbel

Bereits 1591 eröffnete Hans Starnberger mitten in Tölz, gleich oberhalb der Isar, seine Brauerei mit Wirtshaus. Urige Vertäfelungen und Holzbalken zeugen auch nach einem Umbau mit anschließender Neueröffnung im Jahre 2009 von der jahrhundertealten Geschichte dieses Hauses.
Die Tölzer Brauer, zu welchen der Starnbräu früher gehörte, produzierten viele tausend Eimer Bier, die auf Flößen nach München transportiert wurden. So war das Flößerhandwerk über Jahrhunderte hinweg bestimmend für das Wohl der Stadt. Der Alltag der Flößer war jedoch hart und entbehrungsreich. Deshalb wurde nach langer und beschwerlicher Fahrt gerne gefeiert. Das traditionelle „Flößerfest" im Starnbräu wird heute wieder ab einer „Floßbesatzung" von zehn Personen zünftig zelebriert. Die originell gestalteten Gasträume bieten insgesamt 270 Plätze. Im „Sudhaus" steht der alte Sudkessel und im „Rossstall" sind Wassertränke und Heuraufe zu sehen. Alte Brauutensilien wurden zu Stehtischen umfunktioniert. Die Freunde herzhafter Fleischgerichte werden mit hausgemachten, über Buchenholzfeuer gegrillten Spezialitäten aus der eigenen Metzgerei verwöhnt. Alle Fleischprodukte stammen aus bayerischen Zuchtbetrieben.

Schmankerltipp

Fantasievolle Namen, wie „Caspar Winzers Kaisermahl", „Die schöne Tölzerin", „Am Stare sei Suiz'n" und – direkt vom Buchenholzgrill – „Tölzer Rostbratwürstl", stehen auf der Karte, ein unverwechselbarer Beitrag zur Tölzer Wirtshauskultur.

Wussten Sie schon,

… dass Tölz mit einstmals 22 Brauereien Hauptlieferant des in München konsumierten Biers war?
… dass die Tölzer Flößer auf ihrem Weg nach München die arme Vorstadtbevölkerung mit Schwemmholz aus der Isar versorgte und daher der Name „Tölzer Brügel" herrührt?
… dass Tölz bereits am 22. Juni 1899 zum „Bad" ernannt wurde?
… dass ein Eimer Bier 64 Liter fasste?

Spezialität

KATEGORIE
FISCH

Tölzer Bergheifisch

Zander auf Bergheubett gegart mit Gemüsestrudel

Zutaten für 4 Personen

Für den Gemüsestrudel: 1 EL Rapsöl • Je ½ Blumenkohl, Brokkoli, Sellerie • 4-5 Karotten • 100 ml Gemüsebrühe • 1 Ei • 1 Blätterteig • Salz, Pfeffer aus der Mühle

Für den Fisch: 800 g Zanderfilet • 4 Handvoll Bergheu • etwas Weißwein • je 2 Zweige Rosmarin und Thymian • 4 Zehen Knoblauch • 4 Zitronenscheiben • 8 Kirschtomaten • Salz • Pfeffer • Backpapier • Bindfaden

Zubereitung

Gemüsestrudel
Das gewaschene Gemüse klein schneiden und im heißen Rapsöl in der Pfanne anbraten. Mit der Gemüsebrühe aufgießen und mit Salz und Pfeffer abschmecken. Wenige Minuten weich dünsten und anschließend kalt stellen. Aus der Butter, dem Mehl und der Milch eine feine Béchamelsoße herstellen, diese mit Salz, Pfeffer und Muskat abschmecken, ebenfalls abkühlen lassen.
Den Blätterteig ausrollen, mit Ei bestreichen und das Gemüse sowie die Béchamelsoße darauf geben, die Strudelenden einklappen. Strudel auf einem feuchten Geschirrtuch zusammenrollen und auf ein mit Backpapier ausgelegtes Backblech ziehen.
Im vorgeheizten Backofen bei 200° C ca. 25 Minuten backen.

Fisch
Die geschuppten und filetierten Zanderfilets mit Salz und Pfeffer würzen. In einem 30 cm großen quadratischen Backpapier eine Handvoll, in Weißwein getränktes Bergheu zerknüllen. Auf dieses Heu einen Zweig Thymian und Rosmarin legen, darauf die Knoblauchzehe, eine Zitronenscheibe und 2 Kirschtomaten geben und die geteilten Zanderfiletstücke darauf legen. Nun das Papiersäckchen mit dem Bindfaden zuschnüren und bei 150° C ca. 20 Minuten im Ofen backen. Nach dem Garen das Papiersäckchen mit einer Schere aufschneiden und mit dem Gemüsestrudel servieren.

Molkerei Meggle Wasserburg GmbH & Co. KG

Toni Meggle

Region:	83512 Wasserburg am Inn/Oberbayern
Gründungsjahr:	1887
Produkte:	Butterspezialitäten
Spezialität des Hauses:	Kräuterbutter

„Jobhopper" sagen die einen zu einem Menschen wie Josef Anton Meggle I., Suchender die anderen, Unternehmer die Dritten. Fakt ist: das 1887 von ihm gegründete Unternehmen ist heute eine Marke mit internationalem Renommee. Es ist eine klassisch bayerische Firmengeschichte mit Höhen und Tiefen, Gewinn und Verlust, Krieg und Frieden. Dahinter steht – wie so oft – unermüdlicher Fleiß, eine Vision sowie eine Familie, die zusammenhält.

Josef Anton Meggle wird als ältestes von fünf Geschwistern 1856 im Allgäu geboren. Bereits als Jugendlicher geht er auf die Walz und arbeitet in mehreren handwerklichen Käsereien. Bis nach Oberbayern kommt er dabei. Als er, gerade einmal 19 Jahre alt, wieder auf der Walz ist, stirbt sein Vater und der Vormund bestimmt in seiner Abwesenheit seine älteste Schwester zur Erbin. Mit einer Ablöse von 1.800 Mark zieht Meggle endgültig in die Welt hinaus und beschließt Unternehmer zu werden. Zuerst scheitert er und verliert alles – doch steht er wieder auf und arbeitet unermüdlich weiter. Auch seine Frau bleibt von diesem Antrieb nicht verschont. Meggle baut auf, pachtet Käsereien, einen Laden in Dresden und – verliert erneut alles. Am 18. März 1887 meldet er sein Käsereigewerbe in Attel an. Mit 20-30 Litern am Tag geht es los. J. A. Meggle arbeitet, schmiedet Pläne – und hat Erfolg. 1896 muss sogar ein Buchhalter verpflichtet werden. Doch erneut kommt ein Rückschlag: Acht Jahre später brennt sein unversicherter Hof ab, Konkurrenz macht ihm das Leben schwer. Überdies sind mittlerweile auch acht Kinder zu ernähren. 1912 bricht Meggle bei der Arbeit zusammen und stirbt. Nun beginnt sich das Rad des Schicksals von Neuem zu drehen. Sein 17-jähriger Sohn studiert zwar in Regensburg Elektrotechnik, kehrt jedoch in Anbetracht der Umstände nach Hause zurück und übernimmt das verschuldete Geschäft. Trotzdem wird jede übrige Mark investiert. Es kommt der Erste Weltkrieg, die Inflation, der Zweite Weltkrieg, eine neue Währung und wiederum hohe Investitionen. Zusammen mit Josef Anton III., der sich Toni nennt, wird der Übergang in ein neues Unternehmenszeitalter bewerkstelligt. Aus den anfänglich 30 Litern Milch sind im Werk bei Wasserburg 217 Millionen Liter und aus dem einstigen „Start-up" unter Toni Meggle ein – nach wie vor familiengeführtes – Weltunternehmen in dritter Generation geworden.

Toni Meggle, Josef Anton Meggle II. und Josef Anton Meggle I.

Geschichten

1968 gab es einen Meilenstein in der Meggle-Geschichte. Die Idee wurde in Zürich geboren, wo Josef Anton II. Meggle dort in einem Feinkostgeschäft ein Produkt entdeckte, das ihn elektrisierte – eine Kräuterbutter! Gemeinsam mit seinem bewährten Verkaufsleiter J. Häuslmann spürte er in den nächsten Tagen Quellen und Machart der Kräuterbutter auf. Sie diente als Inspiration für die Entwicklung der Kräuterbutter in Reitmehring. Kräuterfrisch ist sie vielfältig einsetzbar, dabei versteht es sich von selbst, dass Geschmacksverstärker, Konservierungsstoffe und andere künstliche Zusätze in der Kräuterbutter – wie in den anderen Meggle Produkten – nichts zu suchen haben. Nicht umsonst gehört die Original-Rezeptur zu den gut gehüteten Geheimnissen der Meggle Buttermeister.

Herstellung

„An Expansion orientiert wie auch der Tradition verpflichtet", so einer der Grundsätze des Unternehmens Meggle. Und wenn man sich die Geschichte des Familienunternehmens anschaut, weiß man, wie ernst dies genommen wird: Manche Lieferanten arbeiten bereits in vierter Generation mit Meggle zusammen. Und obwohl sich das Prinzip der Herstellung von Butter seit Jahrhunderten nicht verändert hat, sind doch neue Verfahren hinzugekommen. Früher wurde frisch gemolkene Milch in flache Schalen gefüllt, der Rahm abgeschöpft und der Rest im Holzfass so lange gestampft, bis sich das Milchfett absetzte. Dann wurde die restliche Flüssigkeit durch ein Leinentuch aus der Masse herausgepresst, bis nur die reine Butter übrigblieb. Seit 1920 wird die Milch bei Meggle in elektrischen Zentrifugen verarbeitet. Dass die Alpenbutter heute noch so schmeckt wie von Hand gebuttert, liegt an der langjährigen Erfahrung, der sorgfältigen Rohstoffauslese und der schonenden und daher zeitaufwendigen Butterung. Auch die Portionen haben sich geändert. Während man ganz früher nur Butterlaibe bekam, gibt es seit 1960 die Portionsbutter. Dass das reine Produkt noch verfeinert werden kann, zeigt seit 1969 die Kräuterbutter, die von keinem Grillsteak mehr wegzudenken ist. Moderne Kreationen wie Barbecue-, Knoblauch- oder Kräuter-Senf-Butter sind heute fast in jedem Kühlschrank zu finden. Der Rohstoff Milch ist jedoch sehr vielfältig nutzbar. Daher werden auch traditionelle Käsespezialitäten wie Cottage Cheese oder Frischkäse hergestellt. Joghurt, Sahne, Rahm, Trinkjoghurt und natürlich Milch dürfen ebenfalls das dreiblättrige Kleeblatt tragen. Als erstes ökoauditiertes Unternehmen der Milchindustrie in Bayern unterstreicht Meggle den Nachhaltigkeitsgedanken.

Schmankerltipp

Ohne Butter, dies weiß jeder (Hobby-)Koch, ist alles nichts. Neben dem Klassiker, der Alpenbutter, entwickelt Meggle für die feine Küche 1969 die Kräuterbutter. 1995 folgt das Kräuterbutter-Baguette für den Ofen. Seit 2008 ergänzen convenient ente Grill- und Pfannenkartoffeln, mit bester Kräuterbutter mariniert, das Sortiment.

Wussten Sie schon,

... dass Butter bei Griechen und Römern fast ausschließlich für medizinische Zwecke verwendet wurde?
... dass das Sprichwort „Alles in Butter" daher kommt, dass im Mittelalter zerbrechliche Waren in Butterfässern transportiert wurden?
... dass im Boarischen (der) Butter den männlichen Artikel führt?

Kräuterbutter

Die Butter wird cremig gerührt und Kräuter wie Petersilie, Rosmarin, Knoblauch, und Zwiebeln schonend untergemischt. Abschließend wird sie mit Pfeffer und Zitronensaft abgeschmeckt.

Besonderheit

Die Produktpalette umfasst eine Fülle an Geschmacksrichtungen, die durch raffinierte Rezepturen und ausgesuchte Zutaten überzeugen. Variationen mit Frühlingskräutern ohne Knoblauch, Kräutersenf, Barbecue oder Trüffel geben, je nach Gusto, den letzten Schliff.

Verzehrtipp

Eine einzigartige Verbindung ist Kräuterbutter mit einem guten Stück Fleisch – hierbei wird das Abschmelzen der Kräuterbutter auf dem Kurzgebratenen sehr geschätzt. Aber auch jegliches Gemüse, wie z. B. Bohnen oder Karotten, schmeckt noch aromatischer, wenn man es nach dem Kochen in Kräuterbutter schwenkt. Beilagen wie Reis oder Kartoffeln lassen sich mit Kräuterbutter ganz einfach verfeinern, und leckerer Fisch und Meeresfrüchte erhalten mit Kräuterbutter einen abgerundeten Geschmack.

Lagerung

Im Kühlschrank ist diese Butterspezialität 53 Tage haltbar, aber es ist auch möglich, sich einen Vorrat im Tiefkühlschrank anzulegen. Dort bleibt sie monatelang frisch und Sie haben sie immer griffbereit. Mit einem scharfen, warmen Messer (einfach unter heißes Wasser halten) lassen sich auch von der gefrorenen Rolle mühelos schöne Scheiben schneiden.

Bezugsquellen

Im Lebensmittel-Einzelhandel in ganz Bayern und Deutschland.

UNERTL Weißbier GmbH

Alois III, Franziska, Barbara, Julia, Ilona, Alois IV, Alois V. Unertl

Region:	83527 Haag/Oberbayern
Gründungsjahr:	1895
Produkte:	Unertl Weißbier Original, Unertl Leichte Weiße, Unertl alkoholfreies Weißbier, Unertl Weißer Bock, Unertl Bügelweiße, Unertl Ursud, Unertl Bierschnaps
Spezialität des Hauses:	Unertl Weißbier Original in der original Maurer Bügelflasche
Höhepunkte, Veranstaltungen:	Haager Herbstfest ab der zweiten Septemberwoche, www.haager-herbstfest.de

„Wir machen zwar nur eins …, aber das dafür g'scheit!" Es ist dieser Leitsatz, auf den sich die Familienbrauerei Unertl in Haag seit vier Generationen beruft: „Das, was wir am besten können: Weißbier brauen." Durch achtsame Konzentration auf das Wesentliche vereinen Alois Unertl III., seine Frau Barbara und der gemeinsame Sohn und Diplombraumeister Alois IV., ihre Liebe zum Produkt wie auch die zur Heimat mit verantwortungsvoller Sachkenntnis.

Das scheinbar Einfache über viele Jahrzehnte hinweg gut zu machen, findet seine segensreiche Quelle in der Bräufamilie selbst. Den Grundstein für die Weißbierdynastie legte Braumeister Alois I., der schon 1928 mit dem Brauen von obergärigem Bier begann. Kurz nach dem Zweiten Weltkrieg erneuerte der Sohn des Brauereigründers Alois II. eine bis dahin stillgelegte Brauerei in Haag. Die dafür notwendigen Kupfersudpfannen waren während des Krieges konfisziert und eingeschmolzen worden. So gärte das erste Haager Unertl Weißbier in einem geliehenen Wurstkessel. Alois II., der im Kloster Andechs seine Brauerlehre und an der Fachakademie Doemens in Gräfelfing sein Studium mit der Note eins zum Braumeister abgeschlossen hatte, erwies sich als Naturtalent bei der Bewältigung der Herausforderungen der Nachkriegszeit und trotzte diesen mit kreativem Geschick und jeder Menge Fleiß. Schon 1952 erfolgte der Abfüllprozess im heutigen Brauhaus, und drei Jahre nach der Hochzeit des Braumeisters im Jahre 1954 kaufte dieser das heutige Anwesen.

Alois III., der heutige Besitzer, übernahm die Brauerei 1979, direkt nach dem Abschluss seines Studiums zum Diplom-Braumeister in Weihenstephan. Sofort veranlasste er mit Weitblick die Modernisierung des Brauhauses – auch wenn er dafür seinen Vater, der sich nach dem Krieg jede Palette Mauerziegel und jeden Sack Zement vom Mund abgespart hatte, das eine oder andere Mal arg überzeugen musste.

Das traditionsreiche und aufwendige Brauverfahren jedoch blieb und damit die besondere Qualität des Unertl Weißbiers.

Geschichten

„Auch wir selber wollen ein hochwertiges Produkt genießen", fasst Alois Unertl III. seine Brauerphilosophie in Worte. Denn was wäre ein bayerischer Brauer, der nicht auch gerne sein eigenes Bier trinkt und genießt. Bei den Besuchen der zahleichen, zumeist brauereifreien Gastronomiebetriebe, die sein Bier ausschenken, begleitet ihn als Chauffeur an den Wochenenden seine Frau Barbara. Sie liebt die Atmosphäre gemütlicher Gasträume, interessiert sich für die Küche der einheimischen und internationalen Restaurants, lauscht gerne den Gesprächen der Stammgäste und trinkt dabei am liebsten eine „Unertl Leichte Weiße". Die Gastronomen freut es, denn der Besuch des Bräus und das persönliche Gespräch mit ihm ermöglicht für viele Themen schnelle Entscheidungs- und Handlungswege.

Herstellung

Die Liebe zum Weißbier beginnt bei der Familie Unertl bereits bei der Auswahl der Rohstoffe aus kontrolliertem Vertragsanbau. So verwenden die Brauer für ihr Weißbier über 70 Prozent Weizenmalz – anstelle der mindestens vorgeschriebenen 50 Prozent. Da das Weizenmalzkorn im Gegensatz zum Gerstenmalzkorn keine Spelzen hat, benötigt es mehr Zeit für den „Läuterungsprozess". Dieses Verfahren verlängert zwar den Brauvorgang um etwa eine Stunde, gibt dem Bier aber durch das im Verhältnis zur Gerste großzügig bemessene Weizenmalz ein süffig-malziges Aroma und den typischen, leicht süßlichen Weißbiergeschmack. Mitverantwortlich für den Geschmack ist das Haager Wasser, welches sich vorzüglich für das Unertl Weißbier eignet. Es ist mittelhart und kommt aus einem der drei Tiefbrunnen des oberbayerischen Marktes. Den Höhepunkt obergäriger Braukunst bildet jedoch die spektakuläre offene Gärung in ovalen Bottichen. Dieses Brauverfahren macht es möglich, die eigene Hefe täglich frisch zu ernten. Durch die schonende Flaschengärung können die Biere dann ihren typischen runden Geschmack entfalten. Der aufwendige und raumintensive Vorgang wird heute nur noch von wenigen Brauereien betrieben. Hinzu kommt, dass offene Bottiche nicht maschinell gereinigt werden können. Der hohe Arbeitsaufwand zahlt sich aber insgesamt aus. Dass die Biere weder kurzzeiterhitzt noch pasteurisiert werden, versteht sich bei dieser Philosophie von selbst. Dies schränkt zwar die Haltbarkeit ein, garantiert jedoch ein intensiveres Geschmackserlebnis. „Wir wollen keine Konserven herstellen, sondern ein frisches Lebensmittel", erklären die Haager Braumeister zu diesem Verfahren. Damit erfüllen sie nicht nur die Anforderungen des ältesten Lebensmittelgesetzes der Welt – dem Reinheitsgebot –, sondern auch das ungeschriebene bayerische Gesetz, Bier als Lebensmittel zu betrachten.

Schmankerltipp

Weißbiergulasch
Ein deftiges Weißbiergulasch mit frischen Semmelknödeln gibt es direkt neben der Braustätte, im Gasthaus „Weißbräu Unertl“ (www.unertl-braeustueberl.de). Zum Essen kann der Gast aus fünf verschiedenen Weißbiersorten wählen. Neben dem Klassiker „Unertl Original“ gibt es da „Die leichte Weiße“, ein Alkoholfreies“, den „Weißen Bock“ und den „Unertl Ursud“; mehr Prozene liefert der „Unertl Bierschnaps“, ein doppelt gebrannter Weißbierbock n der Bügelflasche.

Wussten Sie schon,

.. dass der weithin sichtbare Schlossturm der im Mittelalter freien Reichsgrafschaft Haag das Logo der Weißbierbrauerei Unertl ziert?
.. dass Haag erstmals um das Jahr 980 als Sitz des freien Herrengeschlechts „de Haga“ erwähnt wurde und 1324 das Marktrecht erhielt?
.. dass Haag bis 1804 eine, zwar bayrisch dominierte, aber den bayrischen Kurlanden nicht eingegliederte „Freie Reichsgrafschaft“ war?
.. dass mit Franziska und Alois V. bereits die nächste Generation der Familienbrauerei Unertl heranwächst?

Unertl Weißbier Original

Neben einem intakten und engagierten Familienbetrieb, der für die hohe Qualität des Weißbiers bürgt, ist für den Kultstatus des Weißbiers auch die traditionelle Bügelflasche verantwortlich. Die sogenannte Maurer-Flache ist der Urtyp der Plopp-Flasche und wird in Bayern nur noch von drei Brauereien verwendet.

Besonderheit

Bei diesem Weißbier werden statt der vorgeschriebenen 50 Prozent über 70 Prozent Weizenmalz aus kontrolliertem Vertragsanbau verwendet. Dieses Verhältnis verstärkt den typischen Weißbiergeschmack, der dann durch die Flaschengärung vervollkommnet wird. Die offene Gärung ermöglicht es den Braumeistern, die Hefe für den Eigenbedarf täglich frisch zu ernten (Gärung ist Hefevermehrung). Erhitzte oder pasteurisierte Hefe kann sich hingegen nicht mehr vermehren.

Verzehrtipp

Die (gesunde) Bierhefe in der Flasche aufschütteln und langsam in ein mit kaltem Wasser ausgespültes Weißbierglas gießen (eine präzise Anleitung kann der Interessierte unter www.unertl.de als Film im Internet abrufen).

Lagerung

Bei den Unertl Weißbieren handelt es sich um nicht erhitzte Naturprodukte ohne Konservierungsstoffe. Daher besitzen sie bei kühler Lagerung eine Haltbarkeit von etwa 7 Monaten. Es gilt: je frischer das Bier, um so mehr gesunde und lebendige Hefezellen bleiben erhalten.

Bezugsquellen

In etwa 400 Gaststätten und Getränkemärkten im Umkreis von etwa 50 Kilometern rund um Haag in OB. Dazu erfreut es sich das Bier auch großer Beliebtheit in Berlin, Hamburg und Stuttgart. Infos unter www.unertl.de.

Alpenhain

Christian Hain, Barbara von Hagmann

Region:	83539 Pfaffing/Oberbayern
Gründungsjahr:	1905
Produkte:	Bayerische Käsespezialitäten
Spezialität des Hauses:	Obazda – nach original bayerischem Hausrezept

Alles begann vor mehr als 100 Jahren mit dem Kauf einer kleinen Dorfkäserei. Mathias Hain erwarb 1905 die ehemalige Käserei Ess in Lehen und legte gemeinsam mit seiner Frau Maria den Grundstein für die erfolgreiche Unternehmensgeschichte des Alpenhain Käsespezialitäten-Werkes. Die heute in vierter Generation als Familienunternehmen geführte Molkerei hat sich in mehr als 100 Jahren von einer kleinen Dorfkäserei zu einem der führenden Käsehersteller Deutschlands entwickelt.

Gemeinsam mit seiner Familie stellte Mathias Hain anfangs den sogenannten „Backsteinkäse" – eine Art Stangen-Limburger – her. Später begann sein Sohn Gottfried als frischgebackener Molkereimeister mit der Herstellung von Camembert zu experimentieren. Es war eine nicht ganz einfache Aufgabe, die relativ neue und sehr anspruchsvolle Käsesorte zu produzieren. 1925 gelang es ihm endlich nach einigen Rückschlägen. Acht Jahre später übernahm Gottfried Hain mit seiner Frau Leni alleinverantwortlich den elterlichen Betrieb. Sie erweiterten das Milcheinzugsgebiet und spezialisierten die Käserei auf die Herstellung von Camembert. Anfang der 1950er-Jahre wurde dieser dann unter der Bezeichnung „Alpenhain Camembert mit der Reife-Uhr" weit über die Grenzen Bayerns hinaus bekannt.

Die 1960er-Jahre waren geprägt von großen technischen Veränderungen. Die Milchanlieferung wurde von Milchkannen auf Tankwagen umgestellt und die Weichkäseproduktion mit Verpackung teilautomatisiert. 1969 übergab Gottfried Hain den Betrieb an die dritte Generation, die in den folgenden Jahrzehnten sowohl das Sortiment als auch die Produktionsanlagen um ein Vielfaches weiterentwickelte. 1980 feierte der erste fertig panierte und vorfrittierte Camembert seine Premiere und ist bis heute „der" Favorit im Produktsortiment.

Obazda – der besonders in bayerischen Biergärten beliebte Brotzeitkäse – wird aus gereiftem Camembert zubereitet. Mit hohem Anspruch und vielen Versuchen nahm sich das Entwicklerteam des Unternehmens der Käsezubereitung an. Grundlage der Spezialität war ein traditionelles Rezept: es gelang. Täglich produziert Alpenhain heute einen schmackhaften Obazdn ohne Konservierungsstoffe, in hoher Qualität und mit guter Haltbarkeit.

Geschichten

Gottfried Hain liebte von Kindheit an alles Technische und wollte gern auch Techniker werden. Die unsichere wirtschaftliche Lage nach dem Ersten Weltkrieg sowie die steigende Nachfrage nach Milchprodukten veranlassten ihn, sich für das Molkereifach und die Fortführung der elterlichen Käserei zu entscheiden. Doch das „Tüfteln" konnte er nicht lassen. Er entwickelte den Vorläufer des heutigen Mindesthaltbarkeitsdatums, die „Reife-Uhr". Sie half dem Verbraucher, den Reifegrad des Camemberts direkt auf der Käseschachtel abzulesen. Auch für die maschinelle Verpackung von Camembert entwickelte er eine Maschine, die weit über die Grenzen Deutschlands hinaus gehandelt wurde. Sie war der Grundstein für die Alpma Alpenland Maschinenbau GmbH, ein heute weltweit bekannte Spezialmaschinenbau-Unternehmen.

Herstellung

Als Camembert und Brie die bayerischen Brot zeitteller eroberten, hatte noch niemand eine Kühlschrank. Doch gerade während der heiße Sommermonate wurden diese Käsesorten be sonders gerne in den Biergärten verzehrt, den sie reiften durch die Wärme schnell zu außeror dentlicher Würze heran. Die Vermischung mi Frischkäse und weiteren Zutaten machten au dem raßen Käse wieder eine neue, schmack hafte Käsevariante. Besondere Berühmthei erlangte diese Kreation bereits in den 1920er Jahren durch die Wirtin Katharina Eisenreic im Weihenstephaner Bräustüberl. Von dort au trat diese Käsespezialität den Siegeszug in di bayerischen Küchen und Biergärten an. Heut ist der Obazde nicht mehr aus der bayerische Brotzeitkultur wegzudenken.

Durch die Verwendung von vielerlei Zutaten fü einen guten Obazdn ist es nicht immer ganz s einfach, die Käsemischung mit hoher Qualitä und gleichbleibendem Geschmack anzurichten Alpenhain produziert diese original bayerisch Brotzeitspezialität in hochwertiger Qualität. Nac Bedarf gibt es Portionen für Single-Haushalte familiengerechte Gebinde bis hin zur Großver brauchereinheit im 3-kg-Eimer. Die Herausforde rung bei der Entwicklung war, eine ausreichend Haltbarkeit ohne jegliche Konservierungsstoffe z erreichen. Das Original aus Camembert wird er gänzt durch eine Variante mit einem Schuss Bie oder auch zur Abwechslung mit Wiesenkräuter oder Lauchzwiebeln.

Schmankerltipp

Röstitaler mit Obazda: Kartoffeln waschen, schälen und in grobe Späne reiben. Mit Salz und Pfeffer abschmecken. Pflanzenöl in einer Pfanne erhitzen und kleine Rösti ausbacken. Die warmen Rösti mit Obazdn als kleine Nockerl belegen und mit Zwiebellauchstreifen garnieren.

Vussten Sie schon,

. dass Obazda auch hervorragend auf Kletzenbrot schmeckt?
.. dass Camembert erst seit 1887 in Deutschland hergestellt wird?

Obazda, O'batzter, O'bazda

Obazda ist eine typisch bayerische Käsezubereitung, die in jeden Biergarten und auf jede Brotzeitkarte gehört. Am besten schmeckt er auf herzhaftem Sauerteigbrot oder mit frischen Brezn. In Franken wird er „Gerupfter" genannt und gerne auch zum Wein genossen. Ob als O'bazter, Obazda oder Obatzter geschrieben, ist er immer auch ein Sprachtest für Zuagroaste.

Besonderheit

Obazda wird in erster Linie aus reifem, zerdrücktem (zerbatztem) oder zerrupftem Camembert oder Brie sowie Frischkäse hergestellt. Die Zugabe von Butter oder Rahm macht die Mischung sämiger und bekömmlicher. Als Gewürze müssen auf jeden Fall Kümmel und Paprika vorkommen. Auch Limburger oder Weißlacker können zugegeben werden, um den würzigen Käsegeschmack zu erhöhen. Konservierungs- oder Farbstoffe sowie Verdickungsmittel haben im Obazdn nichts zu suchen. Auch Margarine ist verpönt. Eine liebevolle Garnierung mit Zwiebelringen, Radieserln und Salzstangerln machen das Brotzeiterlebnis perfekt.

Verzehrtipp

Obazda schmeckt am besten bei Zimmertemperatur. Gewürzt mit etwas Paprikapulver, frisch gemahlenem Pfeffer und fein geschnittenen roten Zwiebelringen oder Schnittlauch passt er zur frischen Breze und zum Bier.

Lagerung

Optimal gekühlt ist er bei unter 8° C. Nach dem Öffnen ist er innerhalb von wenigen Tagen zu verzehren.

Bezugsquellen

In vielen Biergärten, Gaststätten und im Lebensmittelhandel.

Confiserie Dengel

Harald Dengel (Bruder), Uwe Dengel (Inhaber), Martina Dengel (Ehefrau), Hilde Dengel (Mutter), Ingo Dengel (Bruder), Josef Dengel (Vater)

Region:	83543 Rott am Inn/Oberbayern
Gründungsjahr:	1992
Produkte:	Schokoladen- und Pralinenspezialitäten, Trinkschokolade
Spezialität des Hauses:	Schmankerl aus Schokolade
Höhepunkte, Veranstaltungen:	Betriebsbesichtigungen, Pralinenfachkurse, Schokoladenland, Besucherpark mit Kaffee- und Kuchenspezialitäten

Bereits mit 16 wusste Uwe Dengel: „Meine Liebe gehört der Schokolade." Sofort nach seiner Ausbildung zum Konditor machte er sich ans Werk. In der elterlichen Wohnung begann er auf 9 m² mit der Herstellung von Schokoladen- und Pralinenkreationen. Nach kürzester Zeit reichte der Platz nicht mehr aus, so wurde schrittweise vergrößert, bis schließlich in Zainach 600 m² Produktionsfläche und ein erster Confiserieladen zur Verfügung standen. Heute umfasst seine Schokoladenwelt eine neu gebaute Produktionsstätte, eine einzigartige Ausstellung, Besucherpark mit Kaffee und elf eigenen Genießer- und 25 Partnerläden

Durch die stetig wachsende Nachfrage an Spezialartikeln und der laufenden Erweiterung des Sortiments wuchs die Confiserie Dengel zu einem Unternehmen mit über 120 Mitarbeitern und einer Gesamtfläche von fast 4.500 m². Das war nur möglich, weil die ganze Familie Uwe Dengel – seit Beginn im Jahr 1992 – tatkräftig unterstützte. Schon beim ersten große Auftrag – der Herstellung und Verpackung von 8.000 Schokoladensternen für das Sternenzelt in Bad Reichenhall – halfen die Eltern Hilde und Josef, die Brüder Harald und Ingo und seine heutige Ehefrau Martina viele Abende mit. Sein Motto „Qualität, Frische und Vielfalt" sind bis heute die wichtigsten Leitwerte der Confiserie. Inzwischen umfasst das Sortiment über 200 Pralinensorten und mehr als 3.000 unterschiedliche Schokoladenfiguren, dazu unzählige individuelle Schokoladenkreationen. Dem Unternehmer liegt dabei besonders am Herzen, dass trotz maschineller Unterstützung immer noch 70 Prozent der Produkte in reiner Handarbeit gefertigt werden.

Geschichten

Trotz des enormen Wachstums der Confiserie ist Uwe Dengel sich eines sehr bewusst:

„Regionale Stärke kann man nie durch überregionale Größe wettmachen." Vor allem Geschäfts- und Privatkunden aus der Region bestellen seine unzähligen Sonderanfertigungen. Kein Wunsch scheint ihm dabei unerfüllbar, um die ganz persönlichen Schokoladenträume seiner Auftraggeber zu realisieren.

Vor allem die Kinder liegen dem vierfachen Vater besonders am Herzen. Dabei kommt ihm zugute, dass ihm die unerschöpfliche Fantasie eines Kindes geblieben ist, die er mit viel Freude in seine Schokoladenwelt einbringt. Überall im Haus finden sich liebevolle Zeichnungen und Zitate rund um seinen Star – den Kakao. Den spielerischen Aspekt setzt er auch mit einem riesigen Erlebnisspielplatz und Besucherpark für Eltern und Kinder oder in Schokoladenkursen und -führungen um.

Herstellung

„Sag mir von was Du träumst, und ich gieße es in Schokolade." Das erlebt der Kunde, wenn er mit einem Auftrag kommt oder die Schokoladenwelt besucht. Da gibt es Pralinen und Schokoladentafeln mit Bilderdruck und Verpackungen au Schokolade. Einzigartige Schokoladenfigure stehen neben Autos, Flugzeugen, Fußbäller Oster- und Weihnachtsfiguren oder Flasche mit Original-Etikett. Ganz Bayern steht hie als Landschaftsbild. Von den Alpen über de Chiemgau mit Landwirtschaft, Festen und Ki chen, München mit Fernsehturm und Allian Arena – alles aus Schokolade oder Marzipar Eine barocke, handbemalte Hochzeitskutsch aus filigraner weißer Schokolade, verziert mi edlen Marzipanrosen, leuchtet im Schein werferlicht. Süße Schachbretter mit Figure in dunkler und weißer Schokolade warten au ihre Turniergewinner. Der Fantasie sind kaum Grenzen gesetzt – und fast jede Woche komm Neues hinzu: Miniaturwelten, die dem Empfän

ger besondere Botschaften übermitteln, Freud machen und zum Anbeißen verlocken. Di Verwendung hochwertiger Rohstoffe – unte Verzicht auf Konservierungsstoffe – sorgen da bei für den guten Geschmack. „Wir brauche keine Haltbarkeit für die Regale. Durch die Ve wendung von hochwertigen Rohstoffen ist unse Hauptinteresse, die Produkte so frisch wie mög lich zu verkaufen", erzählt Uwe Dengel.

Schmankerltipp

Chiemgauer Kirschpraline: Pralinen mit „geistvollem“ Inhalt gehören in das Angebot eines jeden guten Confiseurs. Die Kirschsahne-Trüffel-Praline mit eingelegter Amarenakirsche zählt zu den Lieblingspralinen des Chocolatiers. Dunkel überzogen und mit Edelvollmilch garniert, vereint sie eine Vielfalt an Aromen auf kleinstem Raum.

Vussten Sie schon,

- *… dass sich das Wort Schokolade vom Namen des ersten kakaohaltigen Getränks der Azteken ableitet: Xocólatl – was soviel wie „bitteres Wasser“ bedeutet?*
- *… dass die ersten Schokoladenfabriken in Europa erst zu Beginn des 19. Jahrhunderts entstanden?*
- *… dass jeder Deutsche jährlich durchschnittlich etwa 10 kg Schokolade auf verschiedenste Art und Weise verzehrt?*

Spezialität

KATEGORIE

SÜSSWAREN

Schokoladen-Schmankerl

Bier, Brotzeitteller, Schweinsbraten, Frauenkirche, Allianz Arena, Landidylle, Schuhplattler-Herzen: bayerische Lebensart, gegossen in Schokolade oder geformt aus Marzipan. Die liebevoll nachempfundenen Originale sind zum Anbeißen schön.

Besonderheit

Die Motive werden, wie alle anderen Produkte in der Confiserie Dengel, in Handarbeit frisch hergestellt. Das ermöglicht eine schnelle, individuelle Umsetzung von Ideen und Kundenwünschen.

Verzehrtipp

Frischegarantie 2-3 Monate. Je frischer, umso köstlicher schmeckt es.

Lagerung

Am besten lagert man Schokolade bei 18-21° C.

Bezugsquellen

Elf eigene und 25 Partnerläden in ganz Deutschland, Vertriebspartner in Österreich und im Webshop unter www.confiserie-dengel.de.

Drax-Mühle GmbH

Monika Drax

Region:	83562 Rechtmehring/Oberbayern
Gründungsjahr:	1534
Produkte:	150 verschiedene Produkte
Spezialität des Hauses:	Urdinkelmehl
Höhepunkte, Veranstaltungen:	Kräutertage, Verkostungen, Feste, Veranstaltungskalender auf der Website

Wie es bereits die Kinder singen, klappert eine Mühle meist an einem rauschenden Bach. Der ehemalige Lohbach, heute Hochhauser Bach, speist die Mühlenräder der Drax-Mühle mit seinem außergewöhnlich reinen Quellwasser. Das Anwesen, auf dem seit 1534 eine Mühle steht, ist ein guter Ort. Das Mühlhaus ist erfüllt vom Duft frisch gemahlenen Mehles und man kann sich der behaglichen Ausstrahlung des urtümlichen Gemäuers, seinen Geräuschen und Gerüchen nicht entziehen.

Im Jahr 1912 erwarb Karl Drax die alte Mühle unterhalb der Wallfahrtskirche „Maria Hochhaus", in der Nähe von Rechtmehring. Seither befindet sie sich in Familienbesitz. Immer wieder wurde die Mühle modernisiert und genau vor 70 Jahren ersetzte der Urgroßvater der heutigen Müllerin das alte Holzmühlrad durch eine Turbine. Den Sockel für das Mühlrad ließ er jedoch stehen. Und so kam es im Jahr 2006 zurück, das neue Mühlrad, diesmal aus Edelstahl mit vier Metern Durchmesser. Die Rückbesinnung auf die von der Natur gegebene Energie macht Sinn, denn alles in dieser Mühle deutet auf den bewussten Umgang mit den natürlichen Gaben der Natur hin. Monika Drax, eine der wenigen Müllermeisterinnen in Deutschland, führt die Mühle heute in vierter Generation weiter. Aufgewachsen in der Mühlenlandschaft, hat sie diese lieben und verstehen gelernt. Erfahrung ist der Familienschatz, aus dem sie schöpft und dem sie vertraut. Alte Getreidesorten wie Einkorn, Emmer, Dinkel, Braunhirse und Purpurweizen werden zunehmend rekultiviert und in der Mühle sorgsam verarbeitet. Ähnlich wie bei den alten Gemüsesorten, wie Pastinake oder Topinambur, wird mit den ursprünglichen Getreidearten kulinarisches Kulturgut wiederentdeckt. Es sind Nahrungsmittel, die im Lebensumfeld der Menschen wachsen und ihnen damit auch Nährstoffe liefern, die vom Organismus in diesem Kulturkreis benötigt und auch optimal verwertet werden können. Das Mehl, das die Drax-Mühle verlässt, ist ein regionales Produkt mit hoher Qualität. Viele Bäcker und Konditoren im Umkreis von mehr als 50 Kilometern schätzen die Qualität aus der Mühle und die über Jahre gewachsene, wertvolle Partnerschaft. Der Mühlenladen ergänzt die 30 verschiedenen Mehl- und Getreidesorten mit Backmischungen und zahlreichen Bioprodukten.

Geschichten

Hildegard von Bingen bemerkte zum Urdinkel: „Es ist das beste Getreidekorn. Es wirkt wärmend und fettend, ist hochwertiger und gelinder als alle anderen Getreidekörner. Wer Dinkel isst, bildet gutes Fleisch. Es führt zu einem rechten Blut, gibt ein aufgelockertes Gemüt und die Gabe des Frohsinns." Dazu stärkt Dinkel die natürlichen Abwehrkräfte und entgiftet den Körper. Es erhöht die Konzentration, ist geeignet für Allergiker und ideal für Diabetiker. Dinkel wirkt basisch und entlastet den Körper.

Herstellung

Rund 50 Bauern aus der näheren Umgebung beliefern die Drax-Mühle mit Getreide, die meisten davon bereits seit Jahrzehnten. Sie be-

arbeiten ihre Äcker mit dem Wunsch, diesen al wertvollen Boden an folgende Generatione weiterzugeben. Nachhaltigkeit nennt man heu te, was früher Selbstverständlichkeit war. In je dem Weizen-, Dinkel- oder Roggenkorn steck eine geballte Ladung Energie. Aber jedes Kor ist nur so gut oder wertvoll, wie der Boden, au dem es kommt.
Damit die Vielfalt an Vitalstoffen erhalten bleib braucht es bei der Verarbeitung großer Sorgfal Monika Drax beginnt die erste Prüfung des Ge treides auf den Feldern der Landwirte. Aber ers nach bestandener Qualitätsprüfung im Labo wird das Getreide abgeladen und in einer sie benstufigen Reinigungsanlage gesäubert. Wen keine Unkrautsämereien, Steinchen oder Stro im Getreide sind, kommt es bei Bedarf in di Trocknung. Je nach Sorte und Qualität wir das Getreide selektiert und in den Vorratssilo gelagert. Bevor es zur Vermahlung geht, wird e erneut gereinigt. Erst jetzt geht es in die Mühle Hier werden die Körner in einem 16-stufige Mahlverfahren zerkleinert, gesiebt und dabei i verschiedene Bestandteile zerlegt, die entwede schonend weiterverarbeitet oder gleich in feinste Struktur in die Mehlsilos befördert werden. Vo da aus geht das Mehl dann an die Kunden.

Schmankerltipp

Grünkern ist ein in der Milchreife geernteter und auf Holzfeuer gedarrter Dinkel. Der Ernte- und Darrvorgang muss in sehr kurzer Zeit vollbracht werden, da sonst schlechte Qualität entsteht. Grünkern ist eine vorzügliche Grundlage für Bratlinge, Suppen und Aufläufe.

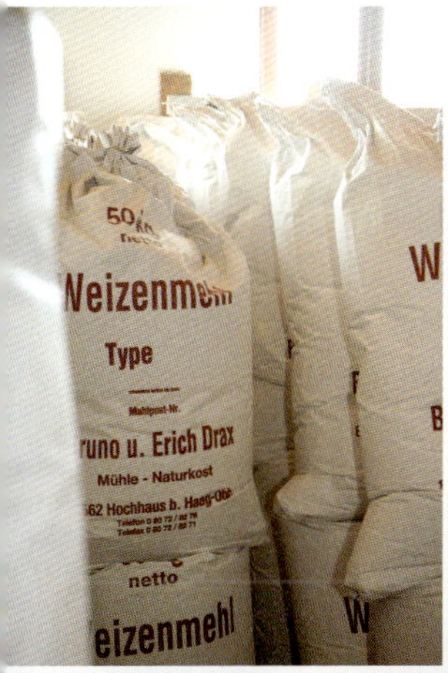

Wussten Sie schon,

... dass Dinkel auch ein wichtiger Bestandteil für Milchbildungskugeln in der Stillzeit ist? Stillkugeln sind eine spezielle Kraftnahrung, die die Milchbildung bei stillenden Frauen unterstützt. Sie können als gesunder Snack zwischendurch gegessen werden und sorgen so auch für stressfreie, einfache und kontinuierliche Ernährung.

Urdinkelmehl

Dinkel ist eine uralte Weizenart mit nussigem Geschmack, die vom ökologischen Landbau wiederentdeckt wurde. Die Drax-Mühle wird von 15 Bauern aus dem näheren Umkreis mit der Urdinkelsorte Oberkulmer Rotkorn beliefert. Das ist eine von zwei alten Urdinkelsorten, die in der Drax-Mühle mit dem Gütesiegel „UrDinkel" gekennzeichnet sind.

Besonderheit

Urdinkel gilt als Vorläufer des Weizens. Es zeichnet sich durch Robustheit und geringe Ansprüche an den Standort aus. In zwei Spelzhüllen reift es heran, ist also doppelt verpackt und vor Schadstoffen aus der Luft geschützt. Hohe Düngergaben lohnen sich bei Dinkel nicht, er nimmt sie nicht an und sein Ertrag steigt damit auch nicht. Rund um die Drax-Mühle, in den Landkreisen Mühldorf, Erding, Ebersberg und Rosenheim, gab es bereits vor über 100 Jahren zahllose Dinkelfelder. Heute kultivieren einige kluge Bauern und Müller wieder dieses Urgetreide.

Verzehrtipp

Dinkel kann wie jedes andere Mehl zur Herstellung von Kuchen, Gebäck, Brot oder Nudeln verwendet werden. Zu selbst gebackenem Dinkelgebäck passt auch vorzüglich Dinkelkaffee oder Dinkelbier.

Lagerung

Mehle sind umso länger haltbar, je niedriger ihr Ausmahlungsgrad ist. Vollkornmehle können sechs bis acht Monate aufbewahrt werden. Original im Spelz, natürlich verpackt, ist der Dinkel dagegen über viele Jahre lagerfähig.

Bezugsquellen

Privatpersonen können das Mehl direkt im Mühlenladen erwerben. Händler und Gewerbebetriebe werden beliefert.

Helmut Ratschiller Spezialbrote GmbH

Geschäftsführender Gesellschafter: Bernhard Auracher

Region:	83607 Holzkirchen/Oberbayern
Gründungsjahr:	1979
Produkte:	Brot, Backwaren, Konditoreiwaren
Spezialität des Hauses:	Bayerische Brezn
Höhepunkte, Veranstaltungen:	Betriebsbesichtigung nach Anmeldung möglich

Was der Bäckermeister Helmut Ratschiller 1979 als kleiner Einmannbetrieb begann, hat sich bis heute zu einem Unternehmen mit mehr als 400 Mitarbeitern und über 60 Filialen in Bayern entwickelt, das mehr als 250 Geschäftskunden in ganz Deutschland beliefert. Die Bäckerei Ratschiller ist nicht nur einer der drei Hauptlieferanten für Brezn auf dem Münchner Oktoberfest, sondern gehört auch zu „Bayerns Best 50" – eine Auszeichnung, die die Bayerische Staatsregierung an besonders wachstumsstarke Unternehmen verleiht.

Die Wiege des Einmannbetriebs von Helmut Ratschiller stand 1979 in Vaterstetten. Schnell sprach sich die Qualität der Bäckerei herum und die wachsende Schar privater und gewerblicher Kunden brachte die Backstube bald schier an ihre Grenzen. So gründete Ratschiller die ersten Filialen und schon fünf Jahre später erfolgte der Umzug in größere Gebäude in Holzkirchen. Bereits 1991 wurden diese wiederum durch eine Halle erweitert. Im Jahr 2000 bezog Helmut Ratschiller ein neu erbautes Firmengebäude in Holzkirchen mit modernster Bäckereitechnologie, einem Café mit leistungsfähiger Küche und einem stattlichen Ladengeschäft. Trotz des rasanten Wachstums blieb die Bäckerei bis heute ein Handwerksbetrieb, in dem neben fantasievollen Back- und Konditorwaren, die klassischen Produkte wie Kaisersemmeln, Brezn, Butterringe, Speck- und Käsestangerln noch von Menschenhand geformt werden. Als die Bäckerei umzog, konnte auch die Konditorei expandieren. 2001 startete ein Konditorenteam mit vier Meistern nach einer grundlegenden Renovierung als eigenständiges Unternehmen. Heute produzieren mehr als 40 Mitarbeiter ein reichhaltiges Sortiment an Torten, Kuchen und Gebäck. Für Lieferkunden und Filialisten jedoch setzt das Unternehmen auch auf Tiefkühlprodukte, die erst vor Ort gebacken und dadurch dem Kunden in optimaler Frischequalität angeboten werden können. Die Mayermühle aus Landshut liefert dafür das Mehl und das benötigte Wasser wird mit modernster Wasserbelebungs- und Vitalisierungstechnik aufbereitet. Es ist selbstverständlich, dass das Unternehmen seit 1996 auch die Öko-Zertifizierung trägt, denn Ratschillers Öko-Breze wird mit Biomehl gebacken. Einen wachsenden Anteil an dieser leidenschaftlichen Handwerksleistung hat seit mehr als 15 Jahren der Visionär Bernhard Auracher. Er wurde 1995 geschäftsführender Gesellschafter im Unternehmen, und seine Ziele definieren sich für ihn ganz einfach: Auch in 20 Jahren möchte er mit seinen Mitarbeitern große und kleine Brezen backen.

Geschichten

Viele Geschichten und Legenden ranken sich um die Entstehung der Brezn. Kein Zweifel jedoch besteht an der Herkunft des Namens: Das Wort „Brezel" und seine bayerische Variante „Breze" kommen vom althochdeutschen „brezzita", das sich – an zwei verschlungene Arme erinnernd – aus dem lateinischen „bracchium" für „Arm" oder „brachiolum" für „Ärmchen" entwickelte. Die Entstehung der in Bayern so typischen Laugenbreze beruht auf einer zufälligen Verwechslung: Dem Bäcker Anton Nepomuk Pfannenbrenner, der im 19. Jahrhundert im Kaffeehaus des Königlich Bayerischen Hoflieferanten Johann Eilles in München arbeitete, unterlief im Jahre 1839 ein folgenschwerer Fehler. Während damals üblicherweise die Brezn mit Zuckerwasser glasiert wurden, griff er an diesem Tag versehentlich zur Natronlauge, die eigentlich zur Reinigung der Bleche bestimmt war. Das Ergebnis war jedoch so überzeugend, dass noch am gleichen Morgen der königlich-württembergische Gesandte Wilhelm Eugen von Ursingen eine Laugenbreze kosten durfte und davon vollkommen begeistert war. Der 11. Februar 1839 gilt seither nachweislich als der erste Tag, an dem eine Laugenbreze in Bayern verkauft wurde.

Herstellung

Ob Klein oder Groß, jedermann liebt die verschlungene Backware und man fragt sich, wie der Knoten in dieses originelle Gebäck kommt. Nun – auch wenn es dafür schon Maschinen gibt, in einigen Handwerksbetrieben werden die Brezn noch von Menschenhand geschlungen. Dafür wird der Teigstrang an den beiden Enden gehalten, durch eine kurze, ruckartige Bewegung in einen Drall versetzt, auf der Arbeitsfläche abgelegt und an den Seiten angedrückt. Das ist eigentlich kinderleicht, und auch Schulklassen dürfen es in der Backstube ausprobieren. Zwei geübte Hände können in einer Stunde bis zu 1.000 Brezn die Arme verschränken. In der Regel werden verschiedene Größen von 90 bis maximal 700 Gramm Gewicht – die große Brezn meist zur Wiesn-Zeit – produziert. Auch sie erhält durch die vierprozentige Natronlauge die typische braune Färbung, die appetitliche, knusprig-aufgerissene Kruste und ihren herzhaften Geschmack.

Schmankerltipp

Die Haustorte bei Ratschillers ist die „Spezial". Das Besondere ist, dass der Bisquitteig vertikal geschichtet wird; dazwischen befinden sich dünne Schichten aus Johannisbeerkonfitüre, gehobelten Mandeln, Maraschino-Likör und Kakao.

Wussten Sie schon,

... dass eine der ersten bildlichen Darstellungen einer Breze im „Hortus Deliciarium" (deutsch: „Garten der Köstlichkeiten") enthalten ist? Diese reich bebilderte Prachthandschrift verfasste die Nonne Herrad von Landsberg im Kloster Hohenburg auf dem Odilienberg im Elsaß im 12. Jahrhundert.

... dass – ähnlich wie bei Semmeln – altbackene Brezn zu leckeren Knödeln verarbeitet werden können?

Bayerische Brezn

Die Bayerischen Brezn werden vor dem Backen für wenige Sekunden in eine vierprozentige Natronlauge getaucht. Beim Backen reagiert das Natriumhydroxid durch die Wärmeeinwirkung mit dem Teig an der Oberfläche des Gebäcks. Die sogenannte Hydrolyse sorgt für die Zersetzung von Proteinen im Teig und beschleunigt die Maillard-Reaktion, die die appetitliche Bräune entstehen lässt.

Besonderheit

Die Breze ist seit Beginn des 14. Jahrhunderts – und noch heute das Zunftzeichen der Bäcker. Das zeigt die Bedeutung des Gebäcks, das bis 1839 fast nur als süße Variante hergestellt wurde. Im Gegensatz zu schwäbischen Laugenbrezn haben Bayerische Brezn einen geringeren Fettanteil, und die Arme sind dicker. Außerdem haben sie im Vergleich zu ihren schwäbisch-alemannischen Nachbarn eine etwas hellere Kruste, und die Konsistenz des Teiges ähnelt eher den Semmeln.

Verzehrtipp

Brezn sind eine unverzichtbare Beilage zur Weißwurst und zum Leberkäs. Aber auch nur mit Butter schmeckt sie einfach unwiderstehlich.

Lagerung

Brezn sollten so frisch wie möglich gegessen werden, können aber auch am nächsten Tag zu delikaten Brezknödeln verarbeitet werden.

Bezugsquellen

Frisch zubereitet in allen bayerischen Bäckereien und zum Selber-Backen in vielen Tiefkühltruhen des Lebensmittel-Einzelhandels.

Metzgerei Rottenwallner

Klaus Rottenwallner, Petra Emerkofer

Region:	83646 Bad Tölz/Oberbayern
Gründungsjahr:	1958
Produkte:	Wurst- und Fleischwaren
Spezialität des Hauses:	Tölzer Bauernschinken
Höhepunkte, Veranstaltungen:	Tölzer Leonhardifahrt (größte Pferdewallfahrt Europas, jeden 6. November im Jahr – eigener Verkaufsstand am Kalvarienberg)

„Schlaft euch ruhig aus", sagte Metzgermeister August Rottenwallner oft zu seinen Kindern. „Ihr müsst noch lang genug früh aufstehen." An diesen Satz erinnern sich die Geschwister Klaus Rottenwallner und Petra Emerkofer oft, denn sehr ausgeschlafen mussten sie sein, als – sie waren gerade 18 und 20 Jahre alt – nach der Mutter auch der Vater früh verstarb. Klaus hatte damals gerade erst seine Metzgerlehre begonnen, Petra ihre Ausbildung zur Steuerfachangestellten abgeschlossen.

Der Großvater der heutigen Eigentümer, Andreas Rottenwallner, betreibt nach dem 1. Weltkrieg einen Viehhandel. Er kauft die Schweine im Umland und in Niederbayern bei den Bauern und sein Sohn liefert sie an die Metzgereibetriebe im Tölzer Land aus. 1958 erwirbt die Familie im drei Kilometer von Bad Tölz entfernten Ellbach eine Metzgerei. So beginnt neben dem Viehhandel das Wurstmachen und die Fleischverarbeitung für Gastronomie und Großhandel. Ende der 1960er-Jahre siedelt die Metzgerei in die Räumlichkeiten der Großwäscherei der Großmutter in Bad Tölz über, die aus Altersgründen den Betrieb aufgibt. Die Eltern von Klaus und Petra konzentrieren sich auf den Ausbau des Betriebs und geben deshalb den Viehhandel auf. Die Geschäfte laufen gut, ein Anbau wird realisiert; da erkrankt die Mutter schwer und verstirbt 1977. Nur sechs Jahre später folgt ihr der Vater. Klaus Rottenwallner muss damals erst seine Lehre fertig machen, bevor er den väterlichen Betrieb übernehmen kann. Mit großer Selbstverständlichkeit und stiller Bescheidenheit stellen sich die Geschwister der gewaltigen Aufgabe. Der Betrieb entwickelt sich mit ihnen und ist heute ein vielfach ausgezeichneter Großhandels- und Filialbetrieb mit über 30 Mitarbeitern und einem ständig wachsenden Kundenkreis in Bad Tölz und im Großraum München. Heute freut es den Metzgermeister besonders, wenn er mit guter Ware aus erprobten Lieferverträgen auch hochwertige Produkte realisieren kann. Er sieht seine Aufgabe vor allem darin, das zur Verfügung gestellte – mit viel Respekt vor dem Tier – zu veredeln. „Der kritische Kunde honoriert hohe Qualität. Das bestätigen uns die wachsenden Produktionsmengen an z. B. hochwertigen Schinkenprodukten, die – einmal probiert – vom Kunden immer wieder nachgekauft werden", erzählt Petra Emerkofer.

Geschichten

Es ist Tradition, dass die Tölzer Metzger ihre selbst produzierten Waren am „Leonharditag" – einem Gedenktag für den Schutzpatron der landwirtschaftlichen Tiere – zum Verkauf am Kalvarienberg anbieten können. Die dafür erforderliche Konzession wurde noch vom Vater erworben. Viele Jahre übernahm ein befreundeter Tölzer dort den Verkauf der Rottenwallner-würste. So auch an einem Novembertag vor etwa 20 Jahren. Am Morgen des Leonhardirittes erfährt Klaus Rottenwallner, dass der Kollege in diesem Jahr keine Zeit dafür hat. Da alle Waren bereits produziert waren, entschied er kurz entschlossen: wir machen es selber. Es blieb ihm reichlich eine Stunde, um die Ausrüstung vom Kocher bis zum Teller zusammenzustellen. Er fuhr zu zwei befreundeten Kollegen, die ohne zu zögern alles Nötige zur Verfügung stellten. Mit dem Neun-Uhr-Läuten der Kirchenglocken war alles aufgebaut und viele seiner Großhandelskunden freuten sich sehr, „ihren" Metzger dort persönlich zu treffen. Dieses Ereignis gab den Impuls zur Eröffnung eigener Einzelhandelsfilialen.

Herstellung

Die Metzgerei Rottenwallner bezieht ihr Fleisch von Erzeugergemeinschaften, bei denen alles aus einer Hand kommt. Die Zusammenarbeit mit den Lieferanten besteht schon seit mehr als 30 Jahren. „Natürlich kann man auch in ganz Europa dem preiswertesten Fleisch im Tagesangebot nachjagen, das machen wir aber nicht, da wir durch die jahrelange Zusammenarbeit genau das Qualitätsfleisch bekommen, was wir brauchen." Dazu gehören auch die Schweinehälften und -keulen für den Tölzer Bauernschinken, dessen Entstehung aus einer Not geboren wurde. Das Angebot an Schweinehüften als Teilstück – ein edles Fleisch aus der Keule – wurde von den Kunden wegen des höheren Preises nicht wirklich angenommen. So wurde beschlossen: was die Norddeutschen und die Südtiroler können, das können wir auch. Die Metzger testeten Gewürze, Meersalz, Räucherphasen, Reifezeiten und vieles mehr. Die kritischen Tester waren die Kunden und die wiederum machten den Tölzer Bauernschinken zu einem vollen Erfolg. Seit 25 Jahren wird der Schinken produziert und erhielt bei den jährlich stattfindenden f-Qualitätsprüfungen des Fleischerverbandes Bayern durchweg Goldmedaillen. Übrigens erhält die Metzgerei Rottenwallner ohne Unterbrechung seit 2007 die Auszeichnung „Preis der Besten". Diese Ehrung der DLG wird nur den Betrieben zuteil, deren Produkte über viele Jahre hinweg durchgehend mit Gold, Silber und Bronze prämiert wurden.

Schmankerltipp

„Bergschinken Toellentze" nennt sich der luftgetrocknete Edelschinken, der seit 2008 aus einem Teilstück der Schweinekeule hergestellt und von den Kunden mittlerweile kurz „Bayerischer Parmaschinken" genannt wird. Da sich Rottenwallners Metzgereibetrieb unterhalb des Kalvarienbergs befindet und Bad Tölz im 14. Jahrhundert Toellentze hieß, benannte der Meister seinen luftgetrockneten Schinken nach dem alten Tölzer Stadtnamen. Der fein-würzige Schinken ist im Verzehr ein Solitär. Er braucht maximal ein leichtes Brot oder ein paar frische Melonenscheiben.

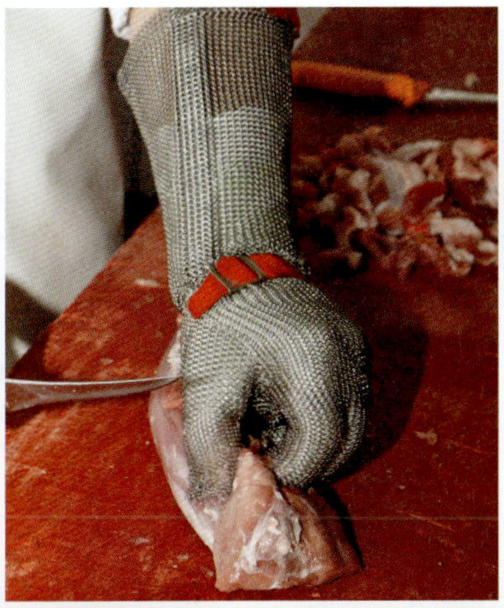

Wussten Sie schon,

... dass der Fleischerverband Bayern jährlich eine f-Qualitätsprüfung durchführt? Die Innungsbetriebe können Schinken oder Würste zu dieser Prüfung anmelden. Zu einem nicht bekannten Zeitpunkt werden die angemeldeten Waren kurzfristig aus der Tagesproduktion abgerufen, damit sie nicht eigens für die Prüfung hergestellt werden können.

Tölzer Bauernschinken

Wenn der Begriff „Schinken" verwendet wird, ist immer der Schinken vom Schwein gemeint. Die Basis des Tölzer Bauernschinkens ist die Hüfte vom Schwein – ein Teilstück der Keule. Geschmack, Milde und Zartheit eines Schinkens hängen von unterschiedlichen Faktoren ab. Gut pariert ist er ein zartes und mageres Fleischstück.

Besonderheit

Der Schinken wird mit einer Gewürzmischung eingerieben und dann vier Wochen im Salz regelmäßig umgeschichtet. Aufgehängt kann er einen Tag entspannen, dann beginnt ein sechswöchiger Trocknungs- und Räucherprozess in der Räucherkammer mit Buchenrauch bei genau festgelegter Temperatur und konstanter Luftfeuchtigkeit. Nach einer Abtrocknung von etwa 35 Prozent ist der Schinken zum Verzehr bereit.

Verzehrtipp

Der Tölzer Bauernschinken ist ein echter Brotzeitschinken. Dünn aufgeschnitten passt er zu kräftigem Schwarzbrot, Gurken oder Radi. Senf oder Meerrettich benötigt dieser würzige Schinken nicht unbedingt.

Lagerung

Vakuumverpackt ist der Schinken bei max. 7° C etwa drei Monate haltbar. Einmal geöffnet, sollte er frisch verzehrt werden.

Bezugsquellen

Im Großhandel der Metzgerei Rottenwallner oder in den Filialen Bad Tölz, Bahnhofstraße 7 und Reichersbeuern, Tegernseer Straße 10.

Café „Die Schranne“

Monika und Jürgen Häuslmann

Region:	83512 Wasserburg a. Inn/Oberbayern
Gründungsjahr:	2006 (1457)
Produkte:	Backwaren
Spezialität des Hauses:	Wasserburger Hungerturm-Brot
Höhepunkte, Veranstaltungen:	Konzerte, Lesungen, Kulturevents

Betritt der Gast das Café „Schranne“ in Wasserburg, fällt sein Blick sofort auf einen Stuhl, der in zwei Metern Höhe befestigt ist. Er erinnert an den Sitz der Brothüter, die seit dem Mittelalter die Qualität und Menge bei der Abgabe des Brotes an die Bürger kontrollierten. Bis 1976 blieb die Schranne Brothaus für die Bäcker der Stadt. 30 Jahre später ist sie wieder Brothaus und Café zugleich – heute mit 100 Prozent Handwerk, aus purer Natur und mit viel Liebe selbst gebacken.

2006 übernahm das Ehepaar Häuslmann eines der traditionsreichsten Objekte in Oberbayern – die historische Schranne in Wasserburg. Zuvor hatte das Paar 15 Jahre lang eine kleine, gehobene Landgastronomie mit vorzüglichem Ruf betrieben. Der Wunsch nach neuen Herausforderungen und die sich verändernde Familiensituation waren Anlass für die Bewerbung auf eine Ausschreibung der Stadt am Inn. Die Entscheidung fiel der Stadtverwaltung ob der großen Bewerberzahl nicht leicht – und umso mehr freuten sich die Häuslmanns über den Zuschlag. Seither weht ein frischer Wind durch die historischen Gewölbe des Tagescafés, das auch mit einem kleinen, fantasievoll-saisonalen Mittagstisch nicht nur die Wasserburger begeistert. Die liebste Mahlzeit der Gäste ist jedoch das Frühstück, das von Spätaufstehern auch „auf d' Nacht“ mit frischen Semmeln oder Brot noch gemütlich zelebriert werden kann …

Geschichten

Das alte, spätgotische Rathaus, das die Schranne beherbergt, erkennt man schnell an seinen charakteristischen Stufengiebeln. Hier, im ehemaligen Brothaus, verkauften alle Wasserburger Bäcker bis 1975 ihre Backwaren. Traditionellerweise buken diese das Brot zwar, verkauften es aber nicht selbst. Schon seit dem 13. Jahrhundert begutachteten die „Brothüter“ bei einer Brotschau Gewicht, Güte und Preis. Sie verwalteten das Brot treuhänderisch, rationierten die Mengen und rechneten auf dem Kerbholz – auch Zählholz genannt – mit den Bäckern ab. Dieses Holz war sozusagen das erste bargeldlose Zahlungsmittel, und es kam in einigen Regionen in Alpennähe bis Ende des 19. Jahrhunderts zum Einsatz. So bedeutet die Redewendung „etwas auf dem Kerbholz haben“ in Anlehnung an diese Buchhaltungstechnik „Schulden haben“. Bäcker, die schon auch einmal Sand oder Stroh ins Brot verbuken, wurden mit der berüchtigten Bäckertaufe bestraft, bei der sie – nach Ermessen des Richters – in einem Käfig in den Inn getaucht wurden und dabei mitunter sogar ihr Leben ließen. Die schlimmste Bestrafung gegen einen Verstoß des Reinheitsgebotes für Brot jedoch war der Pranger, auch Schandpfahl genannt. Die öffentliche Schande machte ein normales Weiterleben in der Stadt schlechterdings unmöglich. Zu sehen ist der Pranger heute noch direkt über dem Eingang des Brothauses.

Herstellung

„Wir backen nicht auf, sondern selbst“, lautet das Motto des Ehepaares Häuslmann. Und das gilt für alles, was es im Brothaus gibt: Torten, Kuchen oder Gebäck, handgegossene Schokolade, fruchtige Konfitüre, Brot oder Mittagstisch – alles wird selbst hergestellt. Das honoriert auch das Magazin „Der Feinschmecker“ in seiner Dezemberausgabe 2012, in dem es „Die Schranne“ als eine der besten Bäckereien Deutschlands 2013 auszeichnet. Seit 13 Jahren

Mitglied bei „Slow Food Deutschland“, vertritt das Wirtsehepaar eine genussvolle, bewusste Küche mit authentischem Charakter. Im Haus sorgen mittlerweile 25 Mitarbeiter für das Wohl der Gäste, bei denen sich Kreationen wie der Wasserburger Dreispitz, Schranne's Vierjahreszeiten-Dinkelbrot, die Nussecken oder die feinen Nougat-und Karamell-Aufstriche besonderer Beliebtheit erfreuen. Obwohl die Schranne über großzügige Gasträume verfügt, verlangt die recht kleine Küche eine ausgeklügelte Organisation. Sie ist sowohl Backstube als auch Küche, und so teilen sich die Konditoren und Bäcker die Öfen über den Tag mit den Köchen. Der Kreativität setzt die kleine „Kochwerkstatt“ jedoch keine Grenzen, ganz im Gegenteil!

Schmankerltipp

Geröstete Knödl – ein echter bayerischer Klassiker, nicht nur für „Einheimische“ und viel mehr als ein Verwertungsessen. Die Schranne bietet jahreszeitlich folgende Variationen: Frühling: geröstete Knödl mit Karotten und Frühlingszwiebeln, Sommer: geröstete Knödl mit Tomaten-Basilikumsalsa, Herbst: geröstete Knödl mit Kürbis, Lauchzwiebeln und Sauerrahm, Winter: geröstete Knödel mit Sauerkraut und getrockneten Tomaten.

Wussten Sie schon,

… dass Wasserburg lange eine der wichtigsten Handelsstädte im süddeutschen Raum war?
… dass Wasserburg nie von fremden Mächten eingenommen wurde und auch die beiden Weltkriege fast unversehrt überstanden hat?
… dass eine Schranne früher das Gericht und der Getreideumschlagplatz einer Stadt war?

Wasserburger Hungerturm-Brot

Seine besondere Form und seinen Namen verdankt das Brot dem historischen Hungerturm in Wasserburg, es erinnert zugleich an die über 600-jährige Brotkultur in dem Brothaus der Stadt: „Die Schranne“.

Besonderheit

Das „Wasserburger Hungerturm-Brot“ wird aus Roggen, Weizen, Hafer, Haferschrot und Schwarzkümmel gebacken. Das hochgebackene Sauerteigbrot wiegt 500 Gramm und ist bei einem Durchmesser von acht Zentimetern etwa 20 cm hoch. Es besitzt eine lockere Krume und ist beliebt als Brotzeit- und Frühstücks-Brot. Den Turm ziert ein Fähnchen mit dem Wasserburger Löwen.

Verzehrtipp:

Besonders köstlich schmeckt das Brot einen Tag nach dem Kauf, nur mit frischer Butter bestrichen.

Lagerung:

Das Brot hält bei richtiger Lagerung, z. B. in einem Brottopf aus Ton, mindestens vier bis fünf Tage.

Bezugsquellen:

Das „Wasserburger Hungerturm-Brot“ ist ausschließlich im Café „Die Schranne“ in Wasserburg erhältlich.

Hirschkuss

Burckhard Winkel und Petra Waldherr-Merk, Inhaberin

Region:	83674 Lenggries/Oberbayern
Gründungsjahr:	2005
Produkte:	Liköre und Brände
Spezialität des Hauses:	Kräuterlikör Hirschkuss
Höhepunkte, Veranstaltungen:	Führungen durch die Brennerei für Gruppen ab 10 Personen nach Anmeldung

Die Geschichte der Spezialität Hirschkuss ist noch sehr jung. Der erstaunliche Siegeszug dieses oberbayerischen Kräuterlikörs begann 2005 mit der Weitergabe eines gut gehüteten Familienrezeptes. Petra Waldherr-Merk, Tochter einer alteingesessenen Lenggrieser Familie, erhielt von ihrer Großtante Kräuterlikörrezepte und das Angebot, ihr alles über deren Herstellung zu vermitteln.

Die ersten eigenen Likörproben wurden von guten Kunden in Petra Waldherr-Merks Antiquitätengeschäft verkostet. Der Likör schmeckte so gut, dass diese ihn natürlich auch kaufen wollten und so begann die Inhaberin im Internet nach geeigneten Flaschen zu suchen. Die Entscheidung fiel schnell zugunsten einer traditionellen Version mit Bügelverschluss und die ersten Flaschen wurden erworben und abgefüllt. Jetzt stellte sich die Frage nach einem passenden Namen. Nach einiger Überlegung entschied sich die Gründerin für den Hirsch. Der Grund war ganz einfach: Lenggries, ihr Heimatort, hat den Hirschen im Wappen, ihr Vater ist passionierter Jäger und sie liebte dieses Tier seit ihrer Kindheit. So entstand die Idee mit dem Hirsch auf dem Etikett. Und da sowohl bei der Rezept-Weitergabe innerhalb der Familie als auch bei der Herstellung sehr viel Liebe im Spiel war und ist, gab sie ihrem Hirsch einen Kuss. So entstand der „Hirschkuss".
Die ersten mit Hand gefüllten und etikettierten Flaschen kamen in das Geschäft und waren sofort vergriffen. Eine erstaunliche Empfehlungs- und Absatzwelle rollte an.
Jetzt wurde es wichtig, sich den Namen patentrechtlich schützen zu lassen. Bereits 14 Tage nach Antragstellung erreichte das junge Unternehmen ein Veto der Jägermeister AG, die die Verwendung des Hirsches auf dem Etikett, den Namen und den Vertrieb über die Grenzen Deutschlands untersagte. Ein mehr als dreijähriger Rechtsstreit folgte. Gleichzeitig aber kamen der jungen Unternehmerin zu jener Zeit einzigartige Zufälle zu Hilfe. So erfuhr ein Fernsehteam von der Geschichte und strahlte sie aus. Danach erreichte „Hirschkuss" eine berührende Sympathiewelle aus Deutschland und der ganzen Welt, die so einiges ins Rollen brachte. So bot ihr ein Münchner Patentanwalt nach der Sendung kostenlosen Rechtsbeistand an, der nach drei Jahren mit dem Ergebnis endete, dass der Name „Hirschkuss" sowie das Logo mit den zwei sich küssenden Hirschen verwendet werden dürfen. So kann Frau Waldherr-Merk heute ihren Kräuterlikör weltweit verkaufen. In der Zwischenzeit wuchs die Nachfrage so stark, dass die Produktion im Stammhaus längst nicht mehr ausreichte. Eine neue Produktionsstätte wurde im April 2010 in Gaißbach, direkt an der Bundesstraße 13 eröffnet.

Geschichten

Der Name „Hirschkuss" für den Kräuterlikör entstand für Petra Waldherr-Merk ganz natürlich. Die Liebe zu dem stolzen Waldbewohner ist in der Familie tief verwurzelt. Der Vater, Naturfreund, passionierter Jäger und Sammler, hat die größte private Tiersammlung Deutschlands, in der der Hirsch das Paradetier ist. Im Wappen des Heimatortes Lenggries ist der springende Hirsch mit goldenem Geweih vor grünem Hintergrund Symbol für den Wald- und Wildreichtum der Gemeinde. Es unterstreicht damit die Bedeutung von Holzwirtschaft und Jagd für das Erwerbsleben der Einwohner von Lenggries, das früher ein Flößerdorf an der Isar war.

Herstellung

Die Rezeptur ist uralt und beinhaltet erprobtes Klosterkräuterwissen. Zur Kunst, einen ausgewogenen Kräuterlikör zu machen, gehören Erfahrung, Bauchgefühl und ein präziser Ablauf. Wichtig ist das Zusammenspiel der Kräuter, „das, was zwischen drei Finger passt in der rechten Zeit". Der Kräuterlikör entsteht aus rund 40 verschiedenen Kräutern und Wurzeln, viele davon aus der Alpenregion, wie z. B. Enzian, Melisse, Anis, Baldrianwurzel, Kümmel, Liebstöckel, Wacholder, Waldmeister, Arnika, Ingwerwurzel und natürlich einige Kräuter, die das Geheimnis der Familie sind. Die Zutaten werden zunächst genauestens nach Rezeptur gewogen, gemahlen und gemischt und anschließend mazeriert. Dabei entnimmt man aus den Kräutermischungen Auszüge, die mit einer Wasser-Alkohol-Mischung versetzt werden. Nach einer Einwirkzeit von mehreren Tagen wird der entstandene Auszug gefiltert; dieser Vorgang muss mehrmals wiederholt werden. Anschließend wird der fertige Grundstoff eingelagert und beginnt zu reifen. Bitterstoffe verflüchtigen sich und der Extrakt entwickelt sich zu einem vollmundigen Grundstoff für den Hirschkuss. Zur weiteren Verarbeitung wird der Extrakt mit Zucker, Karamel, Wasser und Alkohol gemischt. Vor der Abfüllung wird der Likör dann nochmals gefiltert.

Schmankerltipp

Eine schmackhafte Variante aus Hirschkuss und Milch ist die „Hirschmilli". Dafür werden 2 cl des Kräuterlikörs mit 200 ml heißer oder kalter Milch übergossen.

Wussten Sie schon,

… dass einige Hirschpopulationen Einzelgänger sind, die meisten jedoch in Gruppen leben, deren Größe nach Art und Lebensraum variieren kann? Vielfach handelt es sich um Haremsgruppen, bei denen ein Männchen mehrere Weibchen und den gemeinsamen Nachwuchs um sich schart und keine männlichen Nebenbuhler duldet. Deshalb ist der „Platzhirsch" sprichwörtlich geworden.

Kräuterlikör Hirschkuss

Ein Kräuterlikör mit 38 Vol.-% Alkohol, hergestellt nach altem Hausrezept. Das oberbayerische Erzeugnis wird in der Bügelflasche vertrieben.

Besonderheit

Der Kräuterlikör Hirschkuss entsteht aus rund 40 verschiedenen Kräutern und Wurzeln, wie z. B. Enzian, Anis, Baldrianwurzel, Melisse, Liebstöckel, Wacholder, Waldmeister, Arnika, Kümmel, Ingwerwurzel, viele davon natürlich aus der Alpenregion. Diese werden zunächst genauestens nach Rezeptur gewogen, gemahlen, gemischt und anschließend mazeriert. Dabei werden Auszüge gewonnen, die dann mit einer Wasser-Alkohol-Mischung versetzt, gefiltert und zur Reifung eingelagert werden. Der Extrakt reift sodann zum vollmundigen Grundstoff für den Hirschkuss.

Verzehrtipp

Der Hirschkuss schmeckt am besten bei Zimmertemperatur. Er kann in unterschiedlichster Weise kombiniert und serviert werden.

Lagerung

Kühl und dunkel lagern.

Bezugsquellen

Den Hirschkuss gibt es bereits deutschlandweit im Handel sowie im Webshop unter www.hirschkuss.de.

Klosterstüberl Reutberg

Betreiber: Gertraud Haindl, Bernhard Haindl, Georg Lichtenegger

Region:	83679 Sachenkam/Oberbayern
Gründungsjahr:	1835
Produkte:	Bayerische Schmankerlküche
Spezialität des Hauses:	Bauernente mit Knödel und Blaukraut
Höhepunkte, Veranstaltungen:	Immer Anfang März: Josefifest mit Josefibockanstich

Als die Gräfin Anna von Pienzenau 1618 unweit von Tölz in Befolgung eines Gelübdes einen Berg roden (daher Reutberg) und ein Kloster errichten ließ, dachte sie nicht daran, dass auch Nonnen lieber Bier statt Wasser zum Essen trinken. Doch die Schwestern erbaten 1677 von der kurfürstlichen Regierung eine Konzession zum Bierbrauen, und noch im gleichen Jahr brauten sie ihren ersten Sud ein. Es war offenbar ein süffiges Bier, denn 1786 berichtet ein Chronist vom regen Zulauf zur klösterlichen Brauerei, ganz zum Leidwesen der übrigen Tölzer Brauereien.

Im Jahre 1835, wenige Jahrzehnte nach der Säkularisation, wurde dem Kloster Reutberg von König Ludwig I. endlich auch das sogenannte fremde Braurecht verliehen. Von da an wurden die guten Biere des Klosterbräus in der „Zech- und Bauernstube" getrunken. Die Begeisterung muss groß und das Bier gut gewesen sein, denn die Zecher kannten kein Einhalten der Sperrstunde. So sah sich der zuständige Erzbischof Gregorius von Stein veranlasst, eine neue Schänke außerhalb der Klostermauern bauen zu lassen, um dem Kloster die klösterliche Ruhe zu bewahren und die Einnahmen aus dem Bierausschank trotzdem zu erhalten. Das war die Geburtsstunde des Klosterbräustüberls in Reutberg, das seit dem Frühjahr 2010 von den Familien Haindl und Lichtenegger geführt wird. Die Wirtin, Traudi Haindl, bringt langjährige Erfahrung aus einer beliebten Klosterschänke mit – der Dietramszeller.

Auch Reutberg erfährt die Hingabe und den bayerischem Charme der Wirtefamilie. Der Biergarten, mit dem selbst für das Oberland einmaligen Alpenpanorama, ist dabei fast das ganze Jahr über nicht nur für Bierfreunde eine Oase. Von den über 200 Sitzplätzen in den neu gestalteten drei Stüberln hat man einen weiten Blick über die Moor- und Moränenlandschaft bis in die bayerischen Alpen. Herrliche Wanderwege rund um das Kloster sind ein Genuss für jeden Naturfreund. Das Bier kommt nach wie vor aus der Klosterbrauerei, deren drohende Auflösung 1987 durch die Gründung einer Genossenschaft abgewendet werden konnte. Damit ist die Klosterbrauerei Reutberg nicht nur eine der wenigen verbliebenen Brauereigenossenschaften in Bayern, sondern auch die einzig übrig gebliebene Braustätte im vormals an Brauereien so reichen Landkreis Bad Tölz-Wolfratshausen.

Geschichten

Ein landschaftlich reizvoller Wanderweg führt in etwa zwei Stunden vom Kloster Reutberg über Wiesen, Wald und Felder zum Kloster Dietramszell. Er verbindet das Dietramszeller mit dem Reutberger Klosterbräustüberl. Von Reutberg aus geht es dabei auf einer wenig befahrenen Teerstraße bis Stubenbach. Dann weiter durch den Dietramszeller Wald vorbei am Haberermarterl, dem Schwarzen Kreuz, nach Maria Elend. Die Wallfahrtskapelle auf einer kleinen Lichtung entstand 1690. Der verspielte bayerische Barock im Kircheninneren lockt nicht nur Gläubige zum vergnüglichen kulturellen Ausflug. Erfrischungen für alle bieten die

Klostergaststätten mit ihren Biergärten sowie das im Sommer angenehm warme, fast schwarze Moorwasser des Kirchsees. Nach der Einkehr in eines der Klosterstüberl kann man den „kleinen Jacobsweg" wieder zurückgehen.

Schmankerltipp

Zu den hausgemachten Topfenpflanzerl mit Sauerrahmdip und Salatgarnitur passt vorzüglich ein Reutberger Weissbier-Bock, ein obergäriges Bier, vollmundig und hefebetont. Mit 6,9 Vol.-% Alkohol ist es nicht so stark, dass man zum Verdauen doch noch einen Reutberger Bierschnaps oder Bierlikör verkraften könnte.

Wussten Sie schon,

… dass das Ablöschen von Fleisch oder Gemüse beim Kochen auch als „Deglacieren" bezeichnet wird? Beim Deglacieren gibt man dem Bratensatz Flüssigkeiten wie Wasser, Brühe oder Wein hinzu, nachdem Fleisch oder Gemüse angebraten wurde. Durch das Aufkochen und Rühren löst sich der Bratensatz – eine aromatische Grundlage für Soßen.

Bauernente

mit Knödel und Blaukraut

Zutaten für 4 Personen

Ente: *1 junge Ente (etwa 2 kg) • 1 Apfel • 1 Orange • 1 große Zwiebel • Beifuß gerebelt • Thymian • Salz • Pfeffer • Zucker • Paprika edelsüß*
Soße: *1 gelbe Rübe • ¼ Sellerie • 1 TL Tomatenmark • ¼ l Rotwein*

Zubereitung

Ente: Ente waschen und trocken tupfen. Flügel und Kragen abschneiden. Überschüssiges Fett entnehmen.
Für die Füllung je 1 Viertel Apfel und Orange sowie und eine halbe Zwiebel in Würfel schneiden, mit einer Prise Beifuß und Thymian gut vermischen und die Ente damit füllen.
Salz, Pfeffer, wenig Paprika und eine Prise Zucker vermischen und die Ente damit von außen würzen. Wichtig ist es dabei, die Gewürze richtig einzumassieren.
Ente auf einen Rost legen. Um den Bratensaft aufzufangen, eine Wanne darunterstellen. Die Ente im vorgeheizten Ofen bei 125° C etwa eindreiviertel Stunden langsam braten. Hin und wieder arrosieren (befeuchten). Anschließend den Ofen auf 220-230° C hochschalten und die Ente 20 Minuten krusten.

Soße: Einen flachen breiten Topf mit etwas Entenfett erhitzen. Die zuvor von der Ente abgeschnittenen Flügel und den Kragen scharf anbraten, die gelbe Rübe und den Sellerie, die restliche Zwiebel und die übrigen Apfel- und Orangenstücke klein schneiden und kurz mitrösten. Das Tomatenmark zugeben und Farbe nehmen lassen. Mit dem Rotwein mehrmals kurz ablöschen (deglacieren). Den Bratensaft der Ente aufgießen und einreduzieren lassen. Gegebenenfalls Fett abschöpfen. Mit etwas Salz, Pfeffer, Thymian und ganz wenig Beifuß abschmecken. Soße passieren.

Tipp: Zur Bauernente passen gut Kartoffelknödel, Apfelblaukraut und Preiselbeeren.

Herzogliches Bräustüberl Tegernsee

Wirt Peter Hubert

Region:	83684 Tegernsee/Oberbayern
Gründungsjahr:	1675
Spezialität des Hauses:	½ ofenfrische Schweinshax'n, knusprig gebraten, mit Kartoffel-Gurkensalat
Höhepunkte, Veranstaltungen:	Unsinniger Donnerstag und Faschingsdienstag, Josefi, Starkbierfest mit Fastenpredigt, Vatertag, Kirchweihmontag. Großveranstaltungen rund um Kirche und Schloss. Tegernseer Waldfest

„Wer dort nicht eine Mass – oder mehr – getrunken hat, der hat noch nicht einmal die niederen Weihen als Kenner bairischer Lebensart empfangen" – so Eugen Roth über das Tegernseer Bräustüberl. Der Dichter ahnte es, die Stammgäste wissen es und die stets kritische Fachpresse bestätigt es regelmäßig schwarz auf weiß: Das Herzogliche Bräustüberl zu Tegernsee ist ein Inbegriff altbairischer Gastlichkeit.

Unter dem heimeligen Gewölbe, unterlegt mit einem Klangteppich aus Gemurmel, Gelächter und Masskrug-Klirren, lässt sich hier die berühmte „liberalitas bavariae", das bayerische „Leben und leben lassen" mit jedem Schluck Bier ein bisschen mehr aufnehmen", schwärmte zuletzt die Redaktion des „Feinschmecker". Die Speisen sind frisch, deftig und regional, die Halbe Tegernseer Bier dazu süffig und günstig. Vor allem aber sind es die Gäste, die die Atmosphäre im „Bräustiwi" prägen. Schon während der Regierungszeit von König Max I. Josef trafen Einheimische hier auf europäischen Hochadel, es folgten Sommerfrischler und Künstler, Schöne, Reiche, Prominente und Normale. Und so sitzen sie bis heute in schönster Eintracht beieinander. Das Wichtigste aber ist: Das Bräustüberl und seine Stammgäste haben sich nie verbiegen lassen. Friedlich, bayerisch, zünftig und gemütlich geht es zu, in diesem tegernseeisch-altbayerischen Traditionstempel, der vor allem auch ein Ort der wahren Kommunikation von Mensch zu Mensch ist, wo man sich anschaut und anlacht, ohne Unterschied des Geldbeutels, des Titels, der Herkunft und der Religion. Für mehr als 30 Stammtische ist das „Große Bräustüberl" mit seinen Nebenräumen seit Jahrzehnten so etwas wie das zweite Wohnzimmer. Hier trifft man sich zum Hochzeitsessen, anlässlich einer Taufe, Firmung oder Trauerfeier; man kehrt ein zum Frühschoppen nach dem sonntäglichen Gottesdienst oder freut sich über eine zünftige Blasmusik zu bayerischen Festtagen. Im Sommer wird der Biergarten mit Seeblick zum Anziehungspunkt für Bergfexen und Ausflügler.

Geschichten

Eine besondere Bewandtnis hat es mit dem Fasching im Bräustüberl, wenn sich die ansonsten griabige Einkehr in eine Hochburg von „boanigen Engeln, staubigen Brüdern" und weiterer „vogelwilder" Gestalten verwandelt. Ganz anders alljährlich kurz vor Weihnachten: Dann sitzen im Bräustüberl all jene beisammen, die einst nebenan im Gymnasium die Schulbank drückten und nun außerhalb des Tales arbeiten oder studieren. An den Feiertagen kehren viele dieser „Expats" nach Hause zurück – und der bevorzugte Treff- und Ratschpunkt, das „Sudhaus", quillt schier über von fröhlichen Menschen, die begeistert ihr Wiedersehen feiern.

Herstellung

Im vierten Jahrhundert seines Bestehens ist das Tegernseer Bräustüberl zugleich ein Musterbeispiel für das gelungene Zusammenspiel von Tradition und Moderne. Kopf, Herz und Motor ist dabei der Wirt Peter Hubert. Er hat ein sicheres

Gespür für das Echte und Althergebrachte – und dazu eine Vorliebe für neue Medien von Facebook bis iPhone. Er sei „ein junger Wirt der alten Schule", schrieb ein Journalist jüngst über den Chef des Tegernseer Bräustüberls. Da ist was dran. Nicht nur, weil Peter Hubert einer der jüngsten Bräustüberl-Wirte sein dürfte – er war bei der Übernahme anno 2003 gerade mal 35 Jahre alt –, sondern weil er scheinbar Gegensätzliches zu einem erfolgreichen Ganzen verknüpft. Sein Erfolgsgeheimnis: absolute Qualität – von der Auswahl der bevorzugt regionalen Lebensmittel über die professionelle Arbeit in der Küche bis hin zum schnellen, kompetenten Service, gepaart mit einem ausgeprägten Gespür für die Wünsche der Gäste. Das bringt neben dem Lob derselben auch zahlreiche Auszeichnungen mit sich. So wird das Tegernseer Bräustüberl unter anderem vom „Feinschmecker" als „Empfehlenswerte Adresse für kulinarischen Genuss in Bayern", im Marco Polo-Reiseführer als „Highlight-Oberbayern" und in zahlreichen namhafte Gastroführern als Tipp empfohlen.

Schmankerltipp

Tatar ist rar geworden auf den Speisenkarten der Gastronomie. Der Grund sind die – zu Recht – strengen lebensmittelrechtlichen Vorschriften. Bei Wirt Peter Hubert im Tegernseer Bräustüberl gibt es die sensible Spezialität gleich in zwei feinen Rezepturen: bereits angemacht als Tatarbrot und als frisches Rindertatar mit Ei.

Wussten Sie schon,

.. dass 1966 die Stadt Tegernsee ihren berühmten Wahl-Sohn, den Maler und Karikaturisten Olaf Gulbransson, mit einem Museum im Tegernseer Kurgarten ehrte?

.. dass man bei der Anreise mit der BOB im Tegernseer Bräustüberl ein Freibier bekommen kann?

.. dass das Herzoglich Bayerische Brauhaus Tegernsee mit der Klosterbrauerei Weltenburg und der Bayerischen Staatsbrauerei Weihenstephan zu den ältesten noch bestehenden Brauereien Bayerns gehört?

½ ofenfrische Schweinshax'n

knusprig gebraten, mit Kartoffel-Gurkensalat

Noch nie verraten! Das Geheimrezept von Bräustüberl-Küchenchef Roland Hennemann: Die Schweinshax'n (im Bräustüberl kommen nur die großen hinteren auf den Tisch, das Stück zu 600-800 g) mit Salz, Pfeffer und Kümmel einreiben und zunächst für etwa 20 Minuten sanft garen.

Besonderheit

In der Bräustüberl-Küche passiert das bei 100° C im Dampfofen, in der heimischen Küche kann man das machen, indem man die Haxn in einem Topf auf Wasser kocht. In diesem Fall anschließend aber auf jeden Fall nachwürzen! Das Garen macht die Kruste schön weich. Direkt im Anschluss kommt die Hax'n in den Ofen und zwar für 80 Minuten bei 180° C. Und jetzt kommt's: Anschließend die Temperatur für 8-10 Minuten auf 240° C hochdrehen! Dadurch springt die Kruste „bräustüberl-mäßig" auf. Wer mag, löscht die Hax'n zum großen Finale mit einem Schuss Bier ab – natürlich Tegernseer, versteht sich.

Verzehrtipp

Im Bräustüberl gibt's als Beilage zur Hax'n einen gschmackigen Kartoffel-Gurken-Salat. Und natürlich ein frisches Bier aus dem Herzoglichen Brauhaus. Was sich außerdem mit einer Hax'n verträgt: Kartoffelknödel („der Klassiker", sagt der Küchenchef Roland Hennemann), ein Endivien- oder Feldsalat, Röstkartoffeln und sogar Reiberdatschi.

Lagerung

Wenn man die ganze Haxn nicht schafft – am nächsten Tag kalt essen. Dann am besten aufschneiden und frischen Meerrettich dazu reichen.

Bezugsquellen

Die Original-Hax'n gibt es nur im Tegernseer Bräustüberl.

Naturkäserei TegernseerLand eG

Vorstände: Josef Bogner, Hans Leo

Region:	83700 Rottach-Egern//Oberbayern
Gründungsjahr:	2007
Produkte:	Naturkäse, Topfen, Joghurt
Spezialität des Hauses:	Quirinus - Bierkäse
Höhepunkte, Veranstaltungen:	Bauernherbst, am 2. Sonntag im Oktober

„Nichts ist mächtiger als eine Idee, deren Zeit gekommen ist." (Victor Hugo)

Alles begann im Jahr 2006 an einem Stammtisch. Hans Leo und Josef Bogner überlegten mit einigen anderen Bürgern vom Tegernseer Tal, wie sie die Ressourcen ihrer Region ökologisch und ökonomisch besser nutzen könnten. Besonders die Viehzucht mit ihrer erstklassigen Milchproduktion sollte zum Nutzen für Umwelt, Erzeuger und Endverbraucher viel besser in regionale Wirtschaftskreisläufe eingebunden werden. Die Idee einer Naturkäserei im Tegernseer Tal war geboren.

Dann ging alles recht schnell. In kürzester Zeit schlossen sich über 20 Landwirte und mehr als 900 Mitglieder in einer Genossenschaft zusammen. Ihr gemeinsames Ziel: Aus Milch der Region biologisch einwandfreie Produkte in einer eigener Käserei herzustellen und direkt zu vermarkten. Dabei war es wichtig, den regionalen Verbrauchern, Urlaubern, Tagesgästen sowie der Hotellerie und Gastronomie den direkten Zugang zu den Frischeprodukten zu ermöglichen. Ein Grundstück mit 5.900 qm Größe konnten die Initiatoren dafür am Fuße des Wallbergs von der Familie Kleeblatt in Erbpacht erwerben. Es wurde von der Gemeinde Kreuth ausschließlich für den Zweck seiner heutigen Nutzung ausgewiesen.
Im Sommer 2010, nach weniger als einem Jahr Bauzeit war es endlich so weit. Die Produktionsstätte mit Schaukäserei wurde fertiggestellt. Möglich war die Realisierung dieses Projektes nur durch die Unterstützung und Hilfe zahlreicher Genossenschaftsmitglieder und ehrenamtlicher Helfer. Die selbst auferlegte Verpflichtung aller beteiligten Bauern, gärfuttermittelfrei – also ohne Silo – zu füttern, ist die Basis für das angestrebte hohe Niveau der Naturkäserei. Sichtbar für die Gäste, gewährt die Schaukäserei neue Einblicke in Herkunft, Verarbeitung und Bedeutung des Lebensmittels Milch. Besucher können sich ausführlich über Ernährungsthemen, Bodenbewirtschaftung und Tierhaltung informieren. Davon profitieren neben den Kunden auch die Erzeuger selbst. Denn mit ihrem Schritt in die Verarbeitung und Vermarktung ihrer Rohstoffe befreien sich die ortsansässigen Bauern aus vielen Zwängen, vor allem der immer wiederkehrenden Diskussion um die Milchpreise. Zudem setzen die Bürger dieser Region ein deutliches Zeichen für das Selbstbewusstsein und die Bedeutung ihres Standes, der gerade in einer touristischen Region wie dem Tegernseer Tal von zukunftserhaltender territorialer Brisanz ist.

Geschichten

Die Lebensmittelkonzerne haben in den vergangenen Jahrzehnten den Preis pro Liter Milch für die Bauern bis zur Unerträglichkeit gedrückt. Durch den ständigen Zwang, billiger zu sein als die Konkurrenz, gehören die Umsatzrenditen im deutschen Lebensmittel-Einzelhandel zu den niedrigsten in Europa. Um den starken Druck abzufedern, verlangt der Handel von seinen Lieferanten günstige Einkaufskonditionen. Das bekommen auch die Erzeuger von Milch zu spüren. Die Entwicklung ist deshalb dramatisch, weil gleichzeitig die Auflagen für die Erzeuger immer strenger, die Kontrollen intensiver und die Kosten für die Betriebe damit höher geworden sind. Viele gute Gründe für die Bewohner des Tegernseer Tals, in Selbstvermarktung zu investieren. Die Ware ist frischer und nährstoffreicher, die Wege zum Verbraucher sind kürzer und jedes Produkt ist vom Handel bis zum Bauern zurückverfolgbar. Der Verbraucher hat jetzt die Wahl: zwischen anonymen Discount- oder regionalen Frischeprodukten.

Herstellung

Mit der Gründung der Genossenschaft Naturkäserei TegernseerLand und den dort produzierten Milchprodukten geht für Anhänger hochwertiger Lebensmittel und Befürworter regionaler Spezialitäten ein großer Wunsch in Erfüllung. Die Messlatte für die Qualität wurde von den Landwirten der Genossenschaft von Anfang an sehr hoch gelegt. So wird zur Weiterverarbeitung ausschließlich Heumilch angeliefert, die in der natürlichen Landwirtschaft zwar aufwendiger herzustellen ist, aber in der Käseherstellung außerordentliche Geschmacksergebnisse verspricht. So setzt die Heumilch eine silofreie Fütterung mit nur geringem Kraftfuttereinsatz voraus – das heißt, die Bauern verfüttern im Sommer frisches Gras und im Winter Heu an ihre Kühe. Diese naturnahe Fütterung vermeidet Blähungen bei den Tieren und hat einen harmonisierenden Einfluss auf die Käseherstellung. Darüber hinaus verbessert die Freilandhaltung die Artenvielfalt von Wiesen und Weiden sowie die Bodenfruchtbarkeit. Die aromatischen Inhaltsstoffe des Futters wirken sich positiv auf die Qualität der Milch und Milchprodukte aus und helfen, fehlerhafte Gärungen des Käses zu vermeiden. Das ermöglicht es, ohne Zusatz- und Konservierungsstoffe zu käsen.

Schmankerltipp

Eine besondere Empfehlung aus der Naturkäserei ist der Joghurt. Bedingt durch die täglich frisch angelieferte Milch, ist er im Geschmack sehr natürlich. Auch das Unternehmen Develey hat dies festgestellt und produziert aus dem Heumilchjoghurt ein Salatdressing – den „Tegernseer Salatgenuss".

Wussten Sie schon,

... dass mit Baubeginn am 17.6.2009 auf einer Grundfläche von 2.600 qm und in Zusammenarbeit mit fast ausschließlich einheimischen Handwerksbetrieben in weniger als einem Jahr ein Gebäude entstehen konnte, das sowohl dem heutigen Standard moderner Produktionsbetriebe entspricht als auch eine Referenz alpenländischer Architektur darstellt?

Quirinus - Bierkäse

Sehr würziger, mit Tegernseer Quirinus-Bockbier geschmierter Weichkäse.

Besonderheit

Deftig, rass und würzig – ein echter Brotzeitkäse, in der Naturkäserei TegernseerLand eG aus Heumilch von Kühen aus dem Tegernseer Tal hergestellt. Veredelt wird der Käse durch Beschmieren mit dem würzigen Quirinus-Bockbier aus dem Tegernseer Brauhaus. Er reift auf ausgesuchten Fichten- und Tannenholzbrettern in eigens angelegten Reifekellern. Bei 98 Prozent Luftfeuchte und 10-14° C entwickelt sich aus dem Rohling nach drei Monaten ein würziger „junger Bergkäse". Lagerfähig ist der Bergkäse – solange er Potenzial entwickelt – bis zu 24 Monaten.

Verzehrtipp

Am besten schmeckt der Käse bei Zimmertemperatur zur Brotzeit oder direkt vor Ort bei einem der vielen Gastronomen mit Blick über den Tegernsee, zu einem Bier und frischem Landbrot.

Lagerung

Der Käse ist mit einem Mindesthaltbarkeitsdatum ausgezeichnet. In Frischhaltefolie ist er im Kühlschrank 3-4 Wochen haltbar.

Bezugsquellen

In der Tegernseer Schaukäserei in Kreuth, bei verschiedenen Bauern der Genossenschaft und Metzgereien, Feinkost- und Lebensmittelmärkten sowie Gastronomie im bayerischen Oberland.

Confiserie Hagn

Konditormeister Maximilian Hagn

Region:	83700 Rottach-Egern//Oberbayern
Gründungsjahr:	1996
Produkte:	Confiserie, Backwaren und Spirituosen
Spezialität des Hauses:	Weiß-blaue Rautenpraline

In Rottach-Egern, direkt an der Seestraße am Tegernsee befindet sich ein kleines Paradies für Freunde bayerischer Confiserie. Bayerisch deshalb, weil Konditormeister Maximilian Hagn, zutiefst verwurzelt in seiner Region, mit bajuwarischem Bezug und kreativer Freude immer wieder Neues aus und für die Region kreiert. Eine dieser zartbitteren Ideen ist eine Liebeserklärung an Bayern, die weiß-blaue Rautenpralinen.

Seit 1996 produziert Maximilian Hagn in der Konditorei Enzianhütte in Rottach-Egern, dem angestammten Familienbetrieb, Süßes und Hochprozentiges. Während früher – die Geschichte der Enzianhütte reicht 100 Jahre zurück – ausschließlich selbst gebrannte Schnäpse aus den Wurzeln des Gelben Enzians hergestellt wurden, destilliert man heute dazu hausgemachten Obstler, Williams- und Kräuterbrände. Die Fantasie des leidenschaftlichen Konditors scheint unerschöpflich. Über 150 Produkte – von hausgebackenen Kuchen bis zu individuell angefertigten Torten, mehr als 40 verschiedenen Pralinen und handgeschöpften Schokoladen, Plätzchen, Mandelflorentinern bis hin zu goldprämierten Butterstollen – variieren mit dem Wechsel der Jahreszeiten. Ehefrau Sabine,

Hüterin der Petit Confiserie am Ende der Uferpromenade von Rottach-Egern, verkauft die täglich frisch produzierten Köstlichkeiten. „Die Seestraße 80 ist die Schokoladenseite vom Tegernsee“, erzählt sie stolz. Enziantrüffel, Pralinen mit Waldhimbeergeist und würzig-pikanten Ingwerpan-Würfel haben eines gemeinsam: Allesamt sind sie liebevoll von Hand gefertigt. Stammkunden wissen, dass Sonderanfertigungen mit individuellen Motiven, Bildern und Figuren, mit Petit Fours, Pralinen oder aus Marzipan willkommene Herausforderungen für den Konditormeister sind. In der höchsten Gunst der Kunden stehen jedoch die weiß-blauen Rautenpralinen – Blickfang und cremig-zarter Gruß aus Bayern zugleich. Die leckere Trüffelmasse wird mit einem Dunkelbierbrand fein abgeschmeckt.

Geschichten

„Betthupferl“, „Trostpflaster“ oder schlicht „Danke“ heißen die handgefertigten Themen-Schokoladentafeln der Confiserie Hagn. Ein Anlass für einen Gruß aus Schokolade ist schnell gefunden. Dabei fällt die Wahl zwischen „Chili“ – einer Grand Cru Schokolade mit Chili und 72 % Kakao –, „Madlene“ oder „Babette“ überhaupt nicht leicht. Mit individuellen Banderolen versehen, kann man auch Tafeln für nette Nachbarn, für Verliebte, Kavaliere, Langschläfer und Frühaufsteher fertigen lassen.

Herstellung

Weiß-blaues Rautenmuster und König-Ludwig-Dunkelbierbrand – bayerischer kann man sich eine Praline wahrlich nicht vorstellen. Der Inhalt des zartbitteren Schokoladenhohlkörpers – so die

Fachbezeichnung – hat es in sich. Aber auch mit der alkoholfreien Variante, gefüllt mit Nuß-Nougat, lässt sich auf gut bayerisch Grüßen. Welche Sorte man auch wählt, immer enthält sie conchierte Schokolade, die mit frischer Sahne verfeinert wurde. Als Willkommensgruß oder Mitbringsel findet sie daher gern Verwendung. In einem Kupferkessel auf etwa 90° C erhitzt wird die Sahne der Schokolade zugegeben. Die abgekühlte, lauwarme Masse wird dann mit dem König-Ludwig-Bierbrand oder der Nuss-Nougatcreme vermischt und in die Schokoladenhohlkörper gefüllt. Zu guter Letzt kommt der Deckel aus weißer Schokolade und blauer Rauten auf die Praline. Die kleinen Köstlichkeiten zeichnen sich durch einen kräftig-herben Biergeschmack und sahnigen Schmelz aus. Die alkoholfreie Variante besticht durch ihre cremige Konsistenz. Es sind Sahnestückchen mit weiß-blauem „Himmel“ – ein echtes Stück Bayern.

Schmankerltipp

Bei einem Besuch in Rottach-Egern sollte unbedingt der Verzehr einer Rottacher Torte mit eingeplant werden. Die auf einen Biskuitboden in mehreren Schichten aufgesetzte Buttercremetorte, gefüllt mit Himbeermarmelade und Orangensaft, erhält eine Überzugsganage aus Schokolade, Nougat und Sahne.

Wussten Sie schon,

.. dass das weiß-blaue Rautenwappen ursprünglich silber-blau war und den Grafen von Bogen gehörte, in deren Erbe die Wittelsbacher 1242 eintraten?
.. dass dunkler Nougat aus gerösteten Nüssen, Kakao und verschiedenen Zuckersorten besteht und seinen Ursprung in Turin hat?
.. dass jedes Jahr am 26. März „Welt-Nougat-Tag" ist?

Weiß-blaue Rautenpraline

Diese mit dem bayerischen Rautenmuster verzierte Praline, besteht aus Zartbitterschokolade, angereichert mit frischer Sahne und gefüllt mit König-Ludwig-Dunkelbierbrand. Die Praline ist bedeckt mit weißer Schokolade und verziert mit dem bayerischen Rautenmuster.

Besonderheit

Die Seele der Rautenpraline ist zutiefst bayerisch. Der König-Ludwig-Dunkelbierbrand, der aus einer Zusammenarbeit der König Ludwig Schloßbrauerei Kaltenberg und der Destillerie Lantenhammer entsteht, vereinen sich geistvoll zu einer gefüllten Zartbitterpraline mit weiß-blauer Schokoladendekoration. Das Rautenmuster zierte einst das Wappen der Grafen von Bogen und wurde später durch die Hochzeit von Ludmilla von Böhmen mit Herzog Ludwig I. von Bayern (1204) von den Wittelsbachern übernommen.

Verzehrtipp

Möglichst frisch auf der Zunge zergehen lassen und genießen. Ein weiß-blauer Willkommens- oder Abschiedsgruß aus Oberbayern.

Lagerung

Durch die Verwendung von frischer Butter und Sahne ohne Konservierungsstoffe ist die Praline gekühlt maximal acht Wochen haltbar.

Bezugsquellen

Im Ladengeschäft der Confiserie Hagn, in der Enzianhütte, auf der Website und verschiedenen Confiseriebetrieben in Deutschland.

Weißbierbrauerei Hopf GmbH

Braumeister Robert Weizbauer und Geschäftsführer Tilo Ruttmann

Region:	83714 Miesbach/Oberbayern
Gründungsjahr:	1892
Produkte:	9 Weißbiere
Spezialität des Hauses:	Hopf Spezial Weiße
Höhepunkte, Veranstaltungen:	Brauereifest am ersten August-Wochenende

Miesbach – ein typischer Marktort im bayerischen Oberland, zwischen Tegernsee, Schliersee und Wendelstein gelegen – ist bis heute ein Zentrum bayerischer Brauchtumspflege. Trachten und Kunsthandwerk, Bier und Gastfreundschaft prägen die Stadt. Hier wird seit über 100 Jahren Weißbier gebraut. Aus neun verschiedenen Sorten, von dezent fruchtig bis stark würzig können die Liebhaber dieser obergärigen Spezialität heute wählen.

Verbunden mit der Heimatregion und fest verankert in der Stadt Miesbach werden in der Brauerei Hopf mit Sorgfalt und Liebe neun verschiedene Weißbiersorten in meist preisgekrönter Qualität eingebraut. Zwischen engen, verwinkelten Gassen und einem schönen Marktplatz mit prächtigem Maibaum ist auch die „boarische Gemütlichkeit" dahoam. Wenn hier Feste gefeiert werden, darf ein Miesbacher Weißbier von Hopf nicht fehlen. Auch die weltbekannte „Miesbacher Tracht", die bis heute aus Tradition und Verbundenheit zur Heimat getragen wird, gehört selbstverständlich dazu. So verwundert es nicht,

dass für Geschäftsführer Tilo Ruttmann die bayerischen Tugenden Bodenständigkeit, Ehrlichkeit und Traditionsbewusstsein der Grundstein für den anhaltenden Erfolg sind. Bereits 1892 wurde die Weißbierbrauerei in Miesbach gegründet. 1921 kam der Bräu in den Besitz der Familie Hopf, die bis heute Namensgeber der Brauerei ist. Der erste Brauereistandort in der Ortsmitte wurde bis 1950 betrieben und später in ein zünftiges Bräustüberl umgewandelt. Aber „Bier braucht Heimat", und so blieb Hopf in Miesbach und baute in der Schützenstraße neu. Der Ausstoß von Weißbier entwickelte sich seit 1975 von 3.000 auf 40.000 Hektoliter pro Jahr. Innovationen wie das Weißbier im Fass und die Vorreiterrolle bei der Entwicklung von leichtem Weißbier haben dazu beigetragen. Dazu sehen es die Brauer bei Hopf auch mit Freude, dass sich ihre Biere im nahen Italien wachsender Beliebtheit erfreuen.

Geschichten

Seit 2008 kann auf dem Brauereifest ebenso wie in der Hopf-Gastronomie mit einer eigenen Währung, dem „Hopf Taler", bezahlt werden. Die Kunden erhalten ihn beim Einkauf zu jedem Tragerl dazu. Ursprünglich als einmalige Aktion geplant, nahmen Einheimische und Gäste den Taler an. Damit entwickelte sich diese Idee zu einer erstaunlichen Erfolgsgeschichte. Heute sind 30.000 Hopf Taler im Umlauf, so dass man schon fast von einer „Miesbacher Weißbier-Währung" sprechen kann, die von den Weißbierfans heute nur für eine „Halbe" hergegeben wird. „Es ist amtlich", versichert Geschäftsführer Tilo Ruttmann, „der Hopf-Taler ist eine stabile Währung. Man kann mit ihm zwar nicht an der Börse spekulieren, aber man sollte ihn in der Börse haben, denn er ist immer eine frische Halbe wert, unabhängig von Euro- und Dollarkurs!"

Herstellung

Im vorletzten Jahrhundert, als es noch keine künstliche Kühlung gab, durfte nur in der kalten Jahreszeit von Michaeli (29. September) bis Georgi (23. April) gebraut werden. Um aber auch gerade im Sommer den Bierdurst stillen zu können, wurden die letzten Fässer stärker eingebraut, womit eine längere Haltbarkeit erreicht werden konnte. Im September rollte man dann das letzte Fass dieses Bieres aus dem tiefen und kühlen Felsenkeller. Das waren die Märzen- und Festbiere. Auch das klassische Oktoberfestbier ist etwas stärker und folgt dieser Brautradition. In Anlehnung an jene traditionellen Rezepturen wurde die „Spezial Weiße" eingebraut. So entstand ein etwas stärkeres Weißbier mit einer exklusiven Malznote und der typischen Fruchtigkeit. Während früher die Schankkellner in Miesbach aus der „Hellen Weiße" und dem „Weißbierbock" die sogenannte „FC Maß" mischten, wurde die „Spezial Weiße" der Nachfolger dieses Kultgetränks. Es ist ein Festbier mit dunklem Caramelmalz und stärkerer Stammwürze. Sie wird jedes Jahr beim Brauereifest zum ersten Mal ausgeschenkt und nur in einem begrenzten Zeitraum, bis etwa Dezember, verkauft. Auch die anderen acht Sorten verraten viel von der Weißbierkompetenz der Brauerei. Eine besondere Empfehlung ist die Dunkle Weiße, die mit ihrer Spritzigkeit und dem intensiven malzaromatischen Geschmack ein würziger Weißbiergenuss ist.

Schmankerltipp

Zu den Weißbierspezialitäten gehört auch Hopf „Die Leichtere", eine hervorragende Begleitung zu einem zünftigen Mittagstisch im Weißbräustüberl Hopf in Miesbach. In urgemütlicher Atmosphäre und bei frischer regionaler Küche erfährt der Gast bei den Wirtsleuten Lotte und Sepp Wieland, was es bedeutet zu sagen: „Heimat schmeckt".

Wussten Sie schon,

... dass die Wiege der bayerischen Trachtler tatsächlich in Miesbach stand? Denn im Jahre 1859 gründete sich hier der Vorläufer der heutigen Trachtenvereine – die „Gesellschaft Gemüthlichkeit".

... dass Miesbach am 16. September 1882 Ausgangspunkt der weltweit ersten Kraftstromübertragung über eine rund 60 Kilometer lange Strecke nach München war?

Hopf Spezial Weiße

Die Hopf Spezial Weiße wurde erstmals im Jahr 2006 für das 85-jährige Firmenjubiläum gebraut. Es ist ein besonderes Weißbier, das nach traditioneller Rezeptur stärker eingebraut wird und nur im Spätsommer erhältlich ist. Es ist ein Spezialweißbier mit einer rotgoldenen Farbe, vollem Weißbieraroma und exklusiver Malznote.

Besonderheit

Die Spezial Weiße folgt der Tradition der Märzen- oder Festbiere. Das Weißbier hat daher einen Alkoholgehalt von 6,0 Vol.-% und eine Stammwürze von 13,3 %. Da Caramelmalz statt des dunklen Malzes verwendet wird, ist es zwar von dunkler Brauart, aber noch etwas kräftiger im Geschmack als dunkle Weißbiere. Dieses Weißbier wird jedes Jahr zum Brauereifest eingebraut und ist nur in einem begrenzten Zeitraum erhältlich.

Verzehrtipp

Dieses Weißbier passt besonders zu Wildgerichten oder auch gebratenem Fisch.

Lagerung

Die Spezial Weiße ist acht Monate haltbar. Damit lässt sich der Zeitraum bis zur nächsten Verfügbarkeit gut überbrücken ...

Bezugsquellen

Beginnend auf dem Brauereifest am jeweils ersten Augustwochenende bis Ende Dezember bei der Brauerei Hopf in Miesbach, in den umliegenden Gastronomiebetrieben und im Getränkehandel.

Fleischwaren Holnburger GmbH

Anton Holnburger

Region:	83714 Miesbach/Oberbayern
Gründungsjahr:	1938
Produkte:	200 Fleisch- und Wurstwarenprodukte
Spezialität des Hauses:	Kälberne Weißwürste
Höhepunkte, Veranstaltungen:	Weißwurstparty beim Stanglwirt (Tirol) jedes Jahr am Abend vor dem Hahnenkamm-Rennen

Vor mehr als 70 Jahren legte die Familie Holnburger den Grundstein für die Fleischwaren Holnburger GmbH. Aus einem Metzgereibetrieb mit drei Mitarbeitern entwickelte sich ein mittelständisches Unternehmen mit mehr als 100 Mitarbeitern, das weit über die Grenzen Bayerns hinaus bekannt ist. Heute schätzt man die bayerischen Fleisch- und Wurstspezialitäten von Anton Holnburger in vielen Märkten in Bayern, bis in den hohen Norden Deutschlands sowie im benachbarten Österreich.

Bereits 1970 traf der Senior Hans Holnburger die Entscheidung, mit seinen Metzgermeistern, Fleischtechnikern und diplomierten Lebensmitteltechnologen nur Produkte aus bestem bayerischen Fleisch herzustellen. Mit dem Einstieg seines Sohnes Anton in das Unternehmen konnten neue Absatzmärkte in Deutschland erschlossen werden. Seither kommen auch die Nordlichter in den Genuss bayerischer Brotzeitspezialitäten aus Miesbach. 1994 erlangte der Betrieb seine EU-Zulassungsnummer und exportiert seitdem bayerische Fleisch- und Wurstspezialitäten auch nach Österreich, Italien und Frankreich. 2.340 Mal nahmen die Prüfer der Deutschen Landwirtschaftsgesellschaft (DLG) seit 1977 die Ware aus dem Hause Holnburger unter die Lupe.

1.316 Goldmedaillen, 721 Silbermedaillen und 303 Bronzemedaillen waren das Ergebnis. Die 17-malige Auszeichnung mit dem Bundesehrenpreis, 23 Mal mit dem Preis der Besten sowie zahlreiche Goldmedaillen für die Weißwurst, die Schweinsbratwürstel, den groben Leberkäs, den Prager Schinken und weitere Produkte sprechen für den hohen Leistungs- und Qualitätsstandard der Miesbacher Metzgerfamilie.

Geschichten

Ein einmaliger Event zu Ehren der bayerischen Weißwurst ist die Weißwurst-Party beim berühmten Stanglwirt in Tirol. Dort kommen seit Jahren einen Tag vor dem Hahnenkamm-Rennen mehr als 3.000 Menschen zum Weißwurstessen zusammen. Im letzten Jahr eröffneten die Stanglwirts-Leut' Balthasar und Magdalena Hauser den Event gemeinsam mit Niki Lauda, Alfons Schuhbeck und Weißwurst-Party-Erfinder Toni Holnburger. Die Weißwurst-Party – es war bereits die 20.! – wurde mit dem Ausruf „Weiß wurscht is“ und dem Läuten der 400 Jahre alten Stanglwirt-Glocke für eröffnet erklärt.
Über 10.000 kälberne Weißwürste aus der Metzgerei Holnburger, darunter auch die von Alfons Schuhbeck kreierte Kardamom-Chili-Weißwurst, verschwanden in den Mägen der begeisterten Gäste. Viele Prominente, darunter Karl Schranz, Franz Klammer, Hannes Trinkl und die Skilegenden Hias Leitner, Fritz Huber sowie Annemarie Moser-Pröll, feierten gemeinsam die Weißwurst-Party, die vor 20 Jahren als Stammtischrunde mit Balthasar Hauser, Toni Holnburger und einer Handvoll prominenter Skifahrer ihren Anfang nahm.

Herstellung

Kein Metzger gibt das Geheimnis seiner indi
viduellen Weißwurst-Rezeptur preis. Doch d
der Herstellungsvorgang für eine Weißwurst sei
über 100 Jahren grundsätzlich immer derselb
ist, nimmt er auch in der Metzgerei Holnburge
seinen bewährten Produktionslauf: „Es gibt kei
Geheimrezept, das einzige Geheimnis ist, kon
sequent beste Zutaten und nur die guten Teil
vom Kalb zu verwenden.“ Die Besonderhei
ist also die Verwendung von weit mehr als 5
Prozent besten Kalbfleisches aus täglich frische
Schlachtung. Das feine Kalbfleisch wird zusam
men mit Schweinefleisch und Speck schonen
gekuttert, so wird die Weißwurst geschmeidig
flaumig und locker. Dann kommt Eis dazu, un
das Brät abzukühlen. Gewürze, Zwiebeln un
Petersilie runden das Ganze ab. Die Mischun
der Zutaten ist dabei entscheidend für Farbe
Konsistenz und Geschmack.
Anschließend wird die Weißwurstmasse abge
füllt und auf etwa 80 Gramm portioniert. Dan
werden die rohen Weißwürste 20 Minuten i
genau 70° C heißem Wasser gebrüht. Danac
ist die Weißwurst fertig und schmeckt so
frisch aus dem Kessel – am allerbesten.
„Eine gute Weißwurst bleibt eine gute Weiß
wurst“, verriet Alfons Schuhbeck auf de
Weißwurst-Party beim Stanglwirt und ließ sic
von Metzgermeister Toni Holnburger in di
Karten schauen: „In eine a bisserl an Cham
pus nei, in die andere a bisserl Weißbier – de
schmeckt gut!“ Tricks, die der Toni auch scho
ausprobiert hat. Uns verriet er aber, dass er lie
ber bei seiner mehrfach ausgezeichneten Re
zeptur bleibt und ein gutes Miesbacher Hop
Weißbier dazu trinkt.

Eine wunderbare „Zweitverwertung" für die kälbernen Weißwürste ist ein Gröstl. Semmelknödel und in Scheiben geschnittene Weißwürste werden in Butterschmalz mit einigen Zwiebeln kurz gebraten, mit Pfeffer und Salz abgeschmeckt und mit frische Kräutern serviert.

Wussten Sie schon,

... dass das Deutsche Patentamt in München der Münchner Weißwurst zunächst einen Namensschutz zugestanden hatte? Dagegen wurde Beschwerde mit der Begründung erhoben, dass der Großteil dieser Weißwürste außerhalb Münchens produziert werde. So entschied ein Gericht im Februar 2009, dass die „Münchener Weißwurst" eine Gattungs- und keine Herkunftsbezeichnung ist.

Kälberne Weißwürste

In Altbayern hat die Weißwurst Kultstatus und auch über den „Weißwurstäquator" hinaus hat sie einen geradezu legendären Ruf. Sie ist die Frühschoppenwurst schlechthin und – egal ob Brotzeit, Ministerfrühstück oder Staatsempfang – sie gehört immer dazu, wenn es um bayerische Spezialitätenküche geht.

Besonderheit

Weil es das Bundespatentgericht am 17. Februar 2009 ablehnte, die Herkunft der Münchner Weißwurst auf die bayerische Landeshauptstadt zu begrenzen, bleiben uns auch viele gute „Münchener Weißwürste" aus anderen Regionen erhalten. Das Angebot an „Original Münchener Weißwürsten" reicht bis hin zur kälbernen Weißwurst. Umso wichtiger ist es daher, auf Qualität und Herkunft zu achten.

Verzehrtipp

Zur Zubereitung die Weißwurst am besten in 70° C heißes Wasser legen und 20 Minuten erwärmen, nicht kochen. Dadurch quillt die Wurst auf, ohne zu platzen. Anschließend im Topf mit dem heißen Wasser servieren.

Lagerung

Kälberne Weißwürste können im Kühlschrank etwa 3 Tage aufbewahrt werden. Einfrieren ist möglich, wird aber nicht empfohlen.

Bezugsquellen

Die Produkte der Fleischwaren Holnburger GmbH sind in den vier Filialen im Landkreis Miesbach und Umgebung erhältlich. Darüber hinaus gibt es sie in allen deutschen Großstädten sowie in Österreich, Italien und Frankreich.

Spezialität

KATEGORIE

FLEISCH & WURSTWAREN

Bayerische Schweinsbratwürstel

Im Volksmund einfach „Schweinswürstel“ genannt. Sie haben eine Länge von etwa 12 cm und wiegen im Durchschnitt etwa 40 Gramm. Damit sind sie größer als ihre Verwandten aus Nürnberg, aber kleiner als die Vertreter aus Hof oder Coburg.

Besonderheit

Wie der Name bereits sagt, werden die bayerischen Schweinbratwürstel – im Gegensatz zu ihren prominenten Verwandten – mit einem hohen Anteil Kalbsbrät und Einlagefleisch vom Schwein hergestellt. Das ausgelöste, gewürfelte Fleisch wird durch den Fleischwolf gedreht und gewürzt. Neben Salz und Pfeffer werden dafür Gewürze wie Thüringer Majoran, Koriander und Zitrone verwendet. Anschließend füllt man sie paarweise in Schafssaitlinge. Auf Volksfesten oder am Bratwurststand werden in der Regel zwei Paar mit Sauerkraut oder Kartoffelsalat oder ein Paar in der Semmel gereicht.

Verzehrtipp

Schweinsbratwürstel kann man in der Pfanne braten, aber auch zum Grillen sind sie bestens geeignet. Tipp: Etwas Butter in die Pfanne geben und langsam braten. So kann sich das Aroma optimal entfalten und die Würstel haben einen Hauch von Buttergeschmack.

Lagerung

Schweinswürstel sind gebrüht etwa 5 Tage im Kühlschrank haltbar.

Bezugsquellen

Die Produkte der Fleischwaren Holnburger GmbH sind in den vier Filialen im Landkreis Miesbach und Umgebung erhältlich. Darüber hinaus gibt es sie in allen deutschen Großstädten sowie in Österreich, Italien und Frankreich.

Fleischwaren Holnburger GmbH

Region: 83714 Miesbach/Oberbayern
Gründungsjahr: 1938
Produkte: 200 Fleisch- und Wurstwarenprodukte
Spezialität des Hauses:
Schweinsbratwürstel

Anton Holnburger

Deutschland ist das Land der Würste und vor allem in Bayern gibt es weltberühmte Vertreter dieser Gattung – allen voran die Bratwürste. „Würstl con Krauti“ war wohl das erste deutsche Essen, das im Italien der Nachkriegsjahre einen Siegeszug antrat. Neben den vielen prominenten Vertretern wird das „gemeine Schweinsbratwürstel“ jedoch, zumindest in Altbayern, wohl am häufigsten verzehrt. Einer der Metzger, der für dieses Phänomen mit verantwortlich sein dürfte, ist die Fleischwaren Holnburger GmbH aus Miesbach in Oberbayern. Seit Anton Holnburger senior 1938 seine Metzgerei gründete, werden jährlich mehr als eine Million Paar Schweinswürstel produziert. Wen wundert es – bei der Qualität! Fast 2.500 Medaillen der DLG und die 17-malige Auszeichnung mit dem Bundesehrenpreis sprechen Bände. Neben den Schweinswürsteln werden noch etwa 200 andere Produkte angeboten.

Schmankerltipp

Eine beliebte Brotzeitwurst der Metzgerei sind die Gams-Kaminwurz’n und die Hirschbeißer mit einem Schuss Kirschwasser.

Wussten Sie schon,

… dass allein auf dem Münchner Oktoberfest jährlich über 120.000 Paar Schweinsbratwürstel verzehrt werden?

… dass der passionierte Jäger Anton Holnburger in der Jagdsaison frische Wildspezialitäten anbietet?

Obermooser Bio-Hofkäserei

Region: 83737 Irschenberg/Oberbayern
Gründungsjahr: 2007
Produkte: Bio-Käse
Spezialität des Hauses:
Heublumenkäse
Höhepunkte, Veranstaltungen:
Apfelmarkt in Bad Feilnbach, Raclettekäse aus eigener Herstellung auf Weihnachtsmärkten in der Region.

Inhaber: Sepp Grundbacher

„Oberbayern sehen und sterben – aber das willst du dann nicht mehr", so Georg Ringsgwandl über seine Heimat. Was er genau damit meint, verbirgt sich wohl auch hinter den „glücklichen Kühen", die noch keine Hochleistungskühe sind und auf einer saftigen Bergwiese hoch oben auf dem Irschenberg weiden dürfen. Bei dem blühenden Kräutergarten direkt am Hof möchte man sich dann selbst bei Käse und Schwarzbrot auf das bereitstehende Bankerl setzen, die Aussicht genießen und dabei gar nichts denken. Bilderbuch-Idylle, die man findet, wenn man auf dem malerisch gelegenen Hof der Familie Grundbacher in Obermoos ankommt. Dass der Käse, der hier gemacht wird, ganz besonders schmeckt, versteht sich von selbst.
Franz Holzmair, der stets gut gelaunte Käsemeister am Hof, macht nicht nur guten Käse, sondern ist auch Landschaftsgärtner und leidenschaftlicher Musikant. Alles hier oben entsteht mit Achtsamkeit und tiefem Verständnis für die Natur – und man schmeckt es deutlich beim Käse, das „Terroir" – die Umgebung, die Atmosphäre des Ortes.

Schmankerltipp

Ein Geschmacksbild der gesamten Bandbreite des Obermooser Bio-Käsesortimentes erhält man mit dem 2,5 Kilogramm fassenden Käsepaket, das – vom mild gereiften „Camembär", über würzigen „Oberlandler" bis zum „Knoblauch-Brie" – bayerische Käsevielfalt mit viel Geschmack bietet.

Wussten Sie schon,

… dass die Obermooser Bio-Hofkäserei auf dem Käsefestival 2009 in Bad Tölz für ihren „Josefi-Kas" den Publikumspreis erhielt?

Spezialität

KATEGORIE
MILCH & KÄSE

Heublumenkäse

Ein runder, halbfester Schnittkäse aus naturbelassener Rohmilch mit 50 Prozent Fett in Trockenmasse, mit Bio-Bergkräutern verfeinert und in Bergheu gewälzt. Die Auswahl der Kräuter gibt dem Käse seinen fein-würzigen Geschmack.

Besonderheit

Der halbfeste Schnittkäse wird aus der Rohmilch von Kühen gewonnen, die hauptsächlich in Freilandhaltung auf ungedüngten Wiesen weiden. Während seiner etwa fünfwöchigen Reifung wird der mit Bio-Kräutern durchsetzte Laib mit Heublumen, Gras- und Kräutersamen eingerieben. Ungedüngter Boden, artgerecht gehaltene Kühe, die Freude am Schaffen und die freundlich-familiäre Stimmung am Hof – das sind die Zutaten für die außergewöhnliche Qualität dieses Käses.

Verzehrtipp

Hervorragend passen die hausgemachten Marmeladen, Gelees und Kräuteröle aus dem Hofladen zum Bio-Käse.

Lagerung

Käse sollte man immer kühl und offen lagern. Wer keine kühle Speis hat, sollte Käse in halb offenen Behältnissen im Gemüsefach des Kühlschranks aufbewahren und etwa eine Stunde vor dem Verzehr herausnehmen.

Bezugsquellen

Jeden Freitag im Hofladen in Obermoos am Irschenberg. In gut sortierten Käsetheken im Oberland und im Internet der Bio-Hofkäserei.

Brennerei-Destillerie Hoermann

Thomas, Walburga und Josef Hoermann

Region: 83727 Schliersee/Oberbayern
Gründungsjahr: 1920
Produkte: Feine Destillate, Liköre, Brände
Spezialität des Hauses: Alter Gebirgsenzian

Der Begriff „Destillation" stammt vom lateinischen Wort „destillare" und bedeutet „abtropfen". Langsam, sorgfältig und genau wollen es die Edelbrände haben. Deshalb ist die Herstellung eines feinen Brandes von hoher Qualität und Reinheit, mit allen Aroma- und Charaktereigenschaften der jeweiligen Frucht, eine zeitaufwendige Kunst. Diese wiederum ist das Ergebnis von akribischer Sorgfalt und meisterlicher Erfahrung.

Seit über 90 Jahren produziert die Familie Hoermann – heute in vierter Generation – mit Sorgfalt Brände, Geiste und Liköre. Das geschieht traditionell und mit bewährten Hoermannschen Rezepturen unter Verwendung von Obst, Wurzeln und Kräutern höchster Qualität. Wenn es am Schliersee brennt, dann erfreut das die Liebhaber köstlicher Feingeiste, denn die Hoermann-Destillate genießen bei Kennern einen guten Ruf. Das Streben der Familie, höchste Produktqualität anzubieten, ohne dabei das Preis-Leistungs-Verhältnis aus den Augen zu verlieren, hat die Beliebtheit des Schlierseer Originals weit in die Welt hinaus getragen. Die Vielfalt der Produkte scheint unerschöpflich. Die eigentlichen Spezialitäten sind Enzian, Vogelbeerbrand und Bierschnaps. In der Beliebtheit aber folgen direkt die Liköre von Holunder, Marillen oder der einzigartige „Grüne Schlierseer". Die Klassiker Williams-, Mirabellen- und Schlehengeist ergänzen das Sortiment. Eine weitere Spezialität ist der „Cassis mit Enzian". Der aus schwarzen Johannisbeeren gewonnene Fruchtlikör erhält durch den Enzian eine ganz eigene Note. Gemischt mit Champagner wird dann daraus z. B. ein „Kir Royal Bavarois". Alle Erzeugnisse sind in unterschiedlichen Aufmachungen erhältlich. Das Behältnis wird dabei je nach Verwendungszweck gewählt. Darum sind die edlen Tropfen in den verschiedensten Flaschen verfügbar: Ton- oder Steinkrüge für lichtempfindliche Inhalte und urige Spezialitäten, elegante langhalsige Flaschen für die Bar, kleine praktische Flachmänner mit Ploppverschluss für die zünftige Jause unterwegs.

Geschichten

Die Voraussetzung zum Betreiben einer Brennerei ist in vielen Fällen das Brennrecht. Es erlaubt dem Schnapsbrenner, pro Jahr 300 Liter reinen Alkohol zu brennen.
Die nachgefragte Menge hatte bei den Hoermanns die Grenze bereits in frühen Jahren erreicht. Die logische Folge war der Weiterbetrieb als sogenannte Verschlussbrennerei. Das heißt, die Brennerei ist bei der Alkoholerzeugung nicht an eine begrenzte Menge Alkohol gebunden. Jedoch unterliegt sie der Kontrolle der Zollbehörde und muss jeden Liter Alkohol versteuern. Kontrolliert wird das über die am Auslauf der Destillationsanlage angebrachte Zähluhr, welche die erzeugte Alkoholmenge genau ermittelt. Zudem ist die gesamte Anlage „unter Verschluss". Das heißt, alle Flansche und Verbindungen sind vom Zoll verplombt.

Herstellung

Es sind die Bitterstoffe der Enzianwurzel, die den Gebirgsenzian gerade nach einem guten Mahl so bekömmlich machen. Die Bitterstoffe Gentiopikrin und Amarogentin gehören zu den bittersten bekannten Substanzen und werden traditionell schon seit Jahrhunderten wegen ihrer Wirkung in der Naturheilkunde eingesetzt. Dafür verwendet man hauptsächlich die Wurzeln des Gelben und Violetten Enzians. Um daraus einen mild schmeckenden Brand zu erzeugen, bedarf es einiger Erfahrung. Die Enzianmaische besteht nämlich nur aus Wurzel, Wasser, Hefe und Enzymen. Dabei kann die Gentianose von der Hefe nicht direkt vergoren werden. Sie wird vielmehr durch die in der Hefe reichlich vorhandene Fructosidase und Beta-Glucosidase zunächst in Fructose, Glucose und Saccharose gespalten, welche somit vergärbar wird. Dieser Vorgang läuft auch unter optimalen Bedingungen sehr langsam ab und es kann leicht zu Fehlgärungen kommen. Aus der fertig vergorenen Maische entsteht bei zwei Brennvorgängen in einer Kupferblase das Enziandestillat. Kupfer verfügt beim Brennen über ein hervorragendes Wärmeleitvermögen und über Beständigkeit bei der Energieabgabe. Seine katalytische Eigenschaft als Aromaverstärker ist wissenschaftlich nachgewiesen. Um zum „alten" Gebirgsenzian zu werden, muss er danach noch im Eichenfasss ruhen. Hier entwickelt sich sein fein-herbes, erdiges Aroma weiter. Anschließend wird der Brand mit seinen 41 Vol.-% Alkohol per Hand in schlanke Schlegelflaschen abgefüllt. Der „klassische" Gebirgsenzian wird auch in Feldflaschen sowie in Stein- oder Tonkrügen angeboten.

Schmankerltipp

Hoermann Bierschnaps, destilliert aus dem dunklen Bier der nahen Klosterbrauerei Reutberg, ist ein klarer Brand mit 40 Vol.-% Alkohol. Auszüge aus dem feinen Destillat von Hopfenblüten verleihen ihm seine typische Note. Abgefüllt in 0,5-Liter-Tonkrügen, aber auch in schlanke Designflaschen, gehört der „Bayrische Bierschnaps" zu den Favoriten aus der Schlierseer Destillerie.

Wussten Sie schon,

… dass Gebirgsenzian in Bayern nachweislich seit dem 17. Jahrhundert gebrannt wird?

… dass sich von den über 30 wild wachsenden Enzianarten des Alpenraumes nur vier zur Branntweinerzeugung eignen? Dazu gehören der Gelbe Enzian (Gentiana lutea), der Rote Enzian (Gentiana purpurea), der Punktierte Enzian (Gentiana punctata) und der Violette Enzian (Gentiana pannonica).

Alter Gebirgsenzian

Ein klarer Brand aus den Wurzeln des Gelben oder Purpurfarbenen Enzians. Dieser wird ohne chemische Zusätze in zwei Brennvorgängen in einer Brennblase aus Kupfer gebrannt und dann im Eichenfass ausgebaut. Seine Bitterstoffe Gentiopikrin und Amarogentin gehören zu den bittersten bekannten Natursubstanzen (Amarogentin ist selbst in extremster Verdünnung noch wahrnehmbar). Sie sind es auch, die dem Enziandestillat den typischen Geschmack verleihen.

Besonderheit

Nach alter, traditioneller Methode vergoren und destilliert, im Eichenfass gelagert und gereift, präsentiert sich diese bayerische Spezialität aus den Wurzeln des Gelben Enzians als besonders mild, ausgewogen und aromatisch, mit einer fein-herben, erdigen Note. In kleinen Mengen genossen, sagt man dem Enzian eine hervorragende Wirkung bei Appetitlosigkeit, Magenproblemen und Verdauungsstörungen nach.

Verzehrtipp

Am besten genießt man den Gebirgsenzian leicht gekühlt oder bei Zimmertemperatur. So entfaltet er sein volles Aroma und erfreut den Gaumen.

Lagerung

Unbegrenzt lagerfähig und haltbar.

Bezugsquellen

Direkt beim Hersteller am Schliersee, im Webshop sowie bayern- und deutschlandweit in zahlreichen Einzelhandelsgeschäften.

Obermeier Frischeier

Familie Obermeier-Lohner

Region:	84494 Niederbergkirchen/Oberbayern
Gründungsjahr:	1964
Produkte:	Bayerisches Freiland- und Bodenhaltungsei, Frischeinudeln, gefärbte Eier und Eierlikör
Spezialität des Hauses:	Bayerisches Freilandei
Höhepunkte, Veranstaltungen:	Bauernmärkte rund um Mühldorf

„Ich wollt', ich wär ein Huhn, ich hätt nicht viel zu tun … ich legte jeden Tag ein Ei und sonntags auch mal zwei …" Dieser altbekannte Schlager verkennt die Leistung des Huhnes gleich zweimal. So muss eine Legehenne fast die Hälfte des täglich aufgenommenen Futters als Ei wieder „herausbringen" und vom „Rest" ihr eigenes Leben – möglichst gesund und vital – erhalten. Damit gehört sie zu den Hochleistungstieren und es scheint fast ein Wunder, dass es überhaupt noch Hühner mit guter Laune gibt.

Für Michaela Obermeier-Lohner und Josef Lohner gehört das Ei zu den Energiewundern. Mit Achtsamkeit und Respekt für die natürlichen Kreisläufe der Natur widmen die leidenschaftlichen Landwirte ihr Wirken der guten Laune ihrer Hühner.
Als die Eltern Franz und Katarina Obermeier 1964 den Betrieb des Vaters übernehmen, ist es noch ein Hof mit Viehwirtschaft und Ackerbau. Nach und nach bauen sie den Bauernhof in einen Hühnerhof um und verkaufen die Eier auf Wochenmärkten und in kleineren Geschäften. Mit der Übergabe des Hofs an Tochter Michaela und ihren Mann Josef fällt die Entscheidung, sich ausschließlich auf die Hühnerwirtschaft zu konzentrieren. Als Erstes stellen sie vom fertig gekauften Futter auf gentechnisch unverändertes Getreide vom eigenen Feld um. Weizen und Mais wachsen in dieser Qualität auf den Feldern der Familie, und sogar der Sojaschrot stammt, soweit möglich, vom eigenen Grund und Boden. Wenn doch zugekauft werden muss, dann aus dem nahen Österreich. Dem Futter werden noch Leinöl, Leinölkuchen – wichtiger Lieferant von Omega-3-Fettsäuren – und wertvolle Mineralien beigemischt; das schmeckt nicht nur den Hühnern, sondern sorgt auch für den unvergleichlich-typischen Geschmack der Eier. Dazu wurde der Betrieb noch auf tiergerechte Boden- und Freilandhaltung umgestellt und ein hochmodernes Stallsystem eingebaut. Zum Freigelände gehört auch ein kleiner Wald mit Bachlauf, den sich das Geflügel mit Bibern teilt. Hier fühlen sich die Hühner richtig wohl und kommen so wenig wie möglich mit ihren eigenen Verschmutzungen in Berührung. Bequem von den Sitzstangen aus legen sie ihre Eier direkt in die Familiennester. Im Eierhäusl kann sich der Kunde den ganzen Tag über selbst mit frischen Eiern versorgen. Wer jedoch die fleißigen Hühner sehen will, muss nach 11 Uhr und vor Sonnenuntergang auf dem Hof vorbeikommen – in dieser Zeit haben die Hühner Freizeit, vergnügen sich auf der Wiese oder gehen, wenn sie wollen, mit ihrem Hahn ins Nest …

Geschichten

„A jede Henna braucht an Hahn". Nun, ganz so ist es nicht, aber auf etwa 40 Hennen sollte auf dem Geflügelhof ein Hahn (etwa 3 %) kommen. Zum einen sorgt dieser für Ordnung, zum anderen passt der Gockel auch auf seine Hennen auf und macht bei Gefahr Lärm. Bereits am Tag nach dem Schlüpfen werden die männlichen Küken von den Hühnern getrennt. Dies geschieht von Menschenhand. Besonders gut beherrschen offenbar Asiaten diesen aufwendigen Sortiervorgang, sie unterscheiden in Sekundenschnelle, ob männlich oder weiblich und haben dabei eine signifikant höhere Trefferquote als Europäer.

Herstellung

Das richtige Futter ist der Schlüssel für ein gesundes Ei. Frei nach dem Motto „Nur was vorn reinkommt, kann auch hinten wieder herauskommen" muss gerade bei Legehennen auf artgerechtes Futter geachtet werden, denn diese decken ja nicht nur ihren eigenen Tagesbedarf an Nahrung, sondern müssen dazu fast täglich noch ein Energiepaket von 60 Gramm produzieren. So braucht ein Huhn für ein Ei etwa

130 Gramm Futter. Um diese Menge aufzunehmen, benötigt es etwa 15 Stunden pro Tag!
Seit 2004 werden auch Oster- oder Brotzeiteier auf dem Hof gefärbt. Dafür werden ausschließlich frische und einwandfreie Eier verwendet. Außerdem können alle Hühnerhalter auch ihre eigenen Eier auf dem Hof färben lassen und gleich wieder mit nach Hause nehmen. Dazu werden viele Spezialitäten rund ums Ei auf dem Hof hergestellt; wie zum Beispiel 15 Sorten Frischeinudeln aus Hartweizengrieß, 10 Sorten aus Dinkelgrieß oder auch Bio-Qualität. Darüber hinaus gibt's auch den beliebten Eierlikör.

Schmankerltipp

Der Eierlikör ist ein ganz besonderer Tipp für Liebhaber und solche, die es werden wollen. Statt herkömmlichen Alkohol verwendet man auf dem Geflügelhof selbst gebrannten Obstler. Neben den frischen Eidottern und der Sahne werden auch echte Vanilleschoten verwendet. Die Masse wird fast zwei Stunden gerührt, damit sie sich optimal zu cremig-sahnigem Likör verbindet.

Wussten Sie schon,

… dass ein Huhn pro Tag etwa 0,3 Liter Wasser trinkt?
… dass braune Hühner braune Eier und weiße Hühner weiße Eier legen?
… dass der Geschmack und die Qualität der Eier nicht von deren Farbe, sondern ausschließlich vom Futter abhängig ist?
… dass man früher zur Wetterwende ab Mariä Himmelfahrt (15. August) die Eier sammelte und in kühlem Kalkwasser lagert? Die Tage wurden wieder kürzer und die Hühner legten weniger Eier – um das Legen im Winter ganz einzustellen.

Bayerisches Freiland- und Bodenhaltungsei

Ein gesundes Freilandei enthält viel Gutes, nämlich: Vitamin D, Proteine und Zink, Vitamin A, Vitamin E, Folsäure, Lecithin, Anti-Stress-Hormone und Omega-3-Fettsäuren.

Besonderheit

Der auf das Ei gestempelte Code gibt Aufschluss darüber, wo und wie die Henne gelebt hat. In der EU ist eine einheitliche Kennzeichnung der Eier vorgeschrieben. Die erste Ziffer des Codes zeigt die Haltungsform: 0 = ökologische, 1 = Freiland-, 2 = Bodenhaltung und 3 = Kleingruppenhaltung. Die beiden folgenden Buchstaben stehen für das Herkunftsland, so z. B. „DE" für Deutschland. Danach folgt die Betriebsnummer, wobei die erste Stelle das Bundesland angibt (09 = Bayern). Ein Ei vom Geflügelhof Obermeier hat beispielsweise die Nummer: 1-DE-09 1229 1.

Verzehrtipp

Generell sollte man überall möglichst zu frischen Produkten von regionalen Erzeugern greifen.

Lagerung

Bis zu vier Wochen in der kühlen Speisekammer, Keller oder Kühlschrank lagern.

Bezugsquellen

Obermeier's Frischeier bekommt man direkt ab Hof, auf Wochenmärkten rund um Mühldorf oder in Edeka- und REWE-Märkten in München und Südostbayern.

Region-aktiv-18

Region-aktiv-18 – Vermarktungsgenossenschaft e.G. Chiemgau-Inn-Salzach

Besonderheit

Die Vermarktungsgenossenschaft Region aktiv ist Vertragspartner regionaler Produzenten und des Handels. Ziel der Genossenschaft ist die Stärkung der Innovationsbereitschaft der lebensmittelproduzierenden ländlichen Bevölkerung. Durch die Vernetzung der Landwirtschaftsbetriebe mit Handel, Handwerk, Tourismus und den Verbrauchern werden Potenziale aktiviert und qualifiziert. Der Landwirt soll wieder „Lebenswirt" sein – mit dem mittelfristigen Ziel, durch nachhaltige, naturbewusste Bewirtschaftung die Landwirtschaft der Region wieder gentechnikfrei werden zu lassen.

Erzeuger

Obermeier Frischeier • Schlossbrauerei Stein Wiskott GmbH & Co. KG • Bäckerei-Konditorei Stefan Neumeier • Hausner Beeren • Kelterei Greimel • Josef Pölz – Alztaler Fruchtsäfte GmbH • Bruckmayer Mühle Altötting • Demeter Landwirt Franz Schiefer • Bäckerei Steingraber • Brandlhof – Eier • Herbaria Kräuterparadies GmbH • Müllerbräu Neuötting am Inn • Verband Bayerischer Bienenzüchter • Strasser Öle • Anderlbauer Käsespezialitäten • Schütz Toni's Griebenschmalz • Kelterei Stadler • KasSepp • Stadlhuber Bio-Hof • Chiemgaukorn • Chiemgauer-Schmankerl GmbH und noch viele mehr.

Bezugsquellen

In vielen EDEKA-, Marktkauf- und REWE-Geschäften in der Region und im Großraum München. Ein aktuelles Verzeichnis mit allen Verkaufsstellen, Erzeugern und Produkten ist unter www.region-aktiv-18.de zu finden.

Region-aktiv-18 e.G.

Region: 84494 Niederbergkirchen/Oberbayern
Gründungsjahr: 2008
Produkte: Regionale Spezialitäten von ökologischen und biologischen Erzeugern
Höhepunkte, Veranstaltungen: Regionale Ausstellungen und Präsentationen in Märkten
Vorstand: Anton Bernauer, Elisabeth Widauer, Michaela Obermeier-Lohner, Büro: Ines Graupner

Im Jahr 2002 wurde der Verein Region-aktiv-18 mit dem Ziel gegründet, verschiedene Projekte für Umwelt und Natur in den Landkreisen Berchtesgadener Land, Traunstein, Mühldorf, Rosenheim und Teilen von Altötting zu fördern. Um die hochwertigen Produkte von kleinen und mittelständischen Betrieben auch in größerem Umfang im Handel zu platzieren, konstituierte sich im Januar 2008 dazu die Vermarktungsgenossenschaft „Region aktiv Chiemgau-Inn-Salzach e.G." mit Sitz in Niederbergkirchen. Schon im Juni des gleichen Jahres liefert die Genossenschaft Lebensmittel regionaler Hersteller an den Einzelhandel aus. Dabei achten die Initiatoren darauf, dass alle verwendeten Produkte und Verpackungen nach Möglichkeit aus der Region stammen. Um Mitglied zu werden, müssen die Produzenten und Familienbetriebe in der Region angesiedelt sein und gentechnikfrei wirtschaften. Sie sollten sich den Menschen und den Ressourcen ihrer Heimat verpflichtet fühlen – beginnend bei der landwirtschaftlichen Urproduktion bis hin zur Selbstvermarktung. Durch die zentrale Vermarktung der Genossenschaft ist es auch kleineren Produzenten möglich, ihre Lebensmittel in großen Einzelhandelsunternehmen sowie auf Messen und Märkten anzubieten.

Wussten Sie schon,

... dass „Region aktiv" gentechnikfreie Lebensmittel, Regionalität, Transparenz, artgerechte Tierhaltung, Arbeitskräfte und Umweltbewusstsein bedeutet und die regionale Wertschöpfungskette stärkt?

... dass man im Chiemgau in etwa 850 Akzeptanzstellen mit der Regionalwährung, dem „Chiemgauer" bezahlen kann? Er zählt heute mit einer Umlaufmenge von über 500.000 Chiemgauern im Jahresmittel zur größten Regionalwährung in Deutschland.

Obermeier Nudeln

Region: 84494 Niederbergkirchen/ Oberbayern
Gründungsjahr: 1986
Produkte: Dinkel- und Hartweizengrieß-Frischeinudeln (auch in Bio-Qualität)
Spezialität des Hauses: Frischeinudeln

Michaela Obermeier-Lohner

Mehr als 25 Sorten Nudeln werden zurzeit in der Nudelküche des Geflügelhofs Obermeier produziert, auch solche in Bio-Qualität. Es werden längst nicht nur die eigenen Eier vom Hof zu Nudeln verarbeitet, auch Eierproduzenten und Landwirte aus der Region bringen ihr Frischeprodukt in die Nudelküche der Obermeiers. Durch ein spezielles Herstellungsverfahren können die Teigwaren eines jeden Lieferanten vollkommen getrennt hergestellt werden, so dass jeder Nudeln von „seinen" Eiern wieder mitnehmen kann.

Schmankerltipp

Eine Hühnersuppe mit legiertem Ei und Dinkelgrießnudeln ist eine Wohltat für Körper und Seele! Schon unsere Urgroßmütter wussten: Hühnersuppe ist nicht nur eine schmackhafte Mahlzeit, sondern auch ein kräftigendes Hausmittel zur Linderung von Erkältungen.

Wussten Sie schon,

... dass Nudeln glücklich machen? Sie sind nicht nur Kohlenhydrat- und Energielieferant, sondern sorgen auch dafür, dass das stimmungsaufhellende Hormon Serotonin freigesetzt wird. Das wiederum schafft gute Laune.

Frischeinudeln

Die Nudeln werden ausschließlich aus frischen Eiern und Hartweizengries hergestellt, dabei kommen auf ein Kilogramm Nudeln acht Eier, die auf dem Geflügelhof Obermeier von Hand aufgeschlagen werden. Für die Herstellung wird weder Mehl noch Wasser verwendet, weshalb die Nudeln beim Kochen nicht kleben und einen wunderbaren Biss haben.

Besonderheit

Zum Hartweizengries kommen tagfrische Eier und etwas Stein- oder Jodsalz. Der Teig wird gut vermengt und durch eine Nudelmaschine gepresst. Danach werden die Nudeln in einem schonenden Verfahren luftgetrocknet, wobei die Spaghetti einzeln von Hand zum Trocknen aufgehängt werden. Ein langsames Trocknungsverfahren ist gerade bei Dinkel- und Vollwertnudeln besonders wichtig, da die Vitamine und Mineralstoffe erhalten bleiben. Nach der Endkontrolle werden die Nudeln von Hand verpackt.

Verzehrtipp

Nudeln gelingen perfekt, wenn man pro hundert Gramm einen Liter Wasser verwendet. Dem kochenden Wasser Salz zufügen und immer mal wieder probieren, ob sie bissfest sind.

Lagerung

Frischeinudeln kühl und dunkel lagern.

Bezugsquellen:

Obermeier's Frischeinudeln sind direkt ab Hof erhältlich sowie auf Wochenmärkten rund um Mühldorf oder als „Regio aktiv"-Produkte in Edeka- und REWE-Märkten in München und Südostbayern (siehe auch unter www.obermeier-frischeier.de).

Schneiderhof

Andreas und Johann Märkl

Region:	85221 Dachau/Oberbayern
Gründungsjahr:	1739
Produkte:	Kartoffeln, Gemüse
Spezialität des Hauses:	Kartoffel Selma
Höhepunkte, Veranstaltungen:	Wöchentlicher Bauernmarkt in Dachau, Dachauer Volksfest ab dem 2. Wochenende im August

Die Kartoffel ist eine Knolle mit Kraft. Sie besitzt nur wenig Fett und Eiweiß – und ist dafür reich an Stärke, Kalium, Magnesium, Eisen und Vitamin C. In der Küche ermöglicht sie schier unerschöpfliche Verarbeitungsmöglichkeiten. Gekocht, gebacken, gebraten, gestampft – alles ist möglich. Dem „Kellerkind" vollends verschrieben hat sich die Familie Märkl vom Schneiderhof in Dachau: Seit vielen Jahren schenkt sie der nahrhaften Knolle ihre besondere Aufmerksamkeit.

Seit mehr als 270 Jahren wird der Schneiderhof von der Familie Märkl bewirtschaftet. Die letzten 50 Jahre waren geprägt vom Umbau des Hofes zu seiner heutigen Funktion. Nach dem Einstieg in die Direktvermarktung gab die Familie die Viehhaltung auf und intensivierte dafür den Gemüseanbau. Heute bewirtschaften die Märkls auf 14 Hektar zehn Sorten Pflanz- und Speisekartoffeln. Für Portulak, Feldsalat, Gurken und viele Tomatensorten wurden 1990 zwei Gewächshäuser gebaut. Das vielseitige Gemüseangebot orientiert sich dabei stets am natürlichen Wachstumsrhythmus der Pflanzen. Insgesamt werden 85 Hektar Boden – neben Kartoffeln und Gemüse wachsen hier auch Braugerste und Weizen – schonend und gesund nach den Richtlinien des integrierten und kontrollierten Anbaus bearbeitet. Der Ursprung der erntefrischen und gesunden Qualitätserzeugnisse kann jederzeit zurückverfolgt werden. Für die Märkls gilt als wichtigste Regel für erntefrisches Gemüse: der Weg zum Kunden muss kurz sein. Eine wichtige Voraussetzung dafür ist die Vermarktung in der Region. Das gelingt den Märkls in dem seit 1988 bestehenden, gut besuchten eigenen Hofladen und auf dem Bauernmarkt am Floriansbrunnen im Herzen der Dachauer Altstadt. Dem Verkauf des Gemüses hat sich Sohn Andreas verschrieben, während Seniorchef Johann Märkl sich um den Acker- und Gemüseanbau und am Samstag um den Verkauf auf dem Bauernmarkt kümmert.

Geschichte

Die Kartoffel ist fast immer weiblich: Agria, Christa, Annabelle, Princess, Quarta, Lady Amarilla, Linda – so lauten die klangvollen Namen, mit deren Hilfe sich verschiedene Kartoffelsorten auseinanderhalten lassen. Vielleicht sind die Namen auch eine Reminiszenz an die vielen Frauenhände, die die Kartoffel seit alters her auf ihre ganz eigene Weise zu einer Leibspeise verarbeiten. Dabei helfen ihnen Kochtyp und Reifezeiten der „frühen", „mittelfrühen" und „späten" Kartoffeln sowie die Kocheigenschaften der gekochten Knolle wie „festkochend", „vorwiegend festkochend" und „mehligkochend". Während sich die festkochenden Sorten zu Kartoffelsalat, Salz-, Pell- und Bratkartoffeln verarbeiten lassen, werden aus den vorwiegend festkochenden Sorten leckere Schmor- und Grillkartoffeln, Pommes frites, Puffer, Rösti, Suppen und Eintöpfe. Die mehligkochenden Sorten eignen sich für die Zubereitung von Püree, Klößen, Suppen und Eintöpfen. Auch als Beilage sind sie wunderbar, da sie Soßen sehr gut aufnehmen. Das Rezeptbuch „Dachau kocht auf", das die Familie Märkl gemeinsam mit Karin Greiner geschrieben hat und das es direkt im Hofladen zu kaufen gibt, enthält dazu noch manchen Expertentipp aus erster Hand.

Herstellung

„Die Bodenbedingungen sind hier geeignet für die Kartoffeln", erzählt Johann Märkl, „denn sie gedeihen recht gut auf unseren leichten Schotterböden. Die Speisekartoffeln werden nur auf regelmäßig untersuchten Böden, bei Einhaltung einer gesunden Fruchtfolge, angebaut. Es wird nur gesundes, staatlich geprüftes Pflanzgut verwendet. Unter optimalen Ernte- und Lagerbedingungen bieten wir das ganze Jahr verschiedene Speisekartoffeln von bester Qualität." Das Kartoffeljahr beginnt mit der Ernte der frühen Sorten Christa und Annabella ab Mitte Juni. Im Sommer kommen die Sorten Princess, Quarta oder Linda in den Korb. Bis Ende September werden dann die späteren Lagersorten Selma, Lady Amarilla und Agria geerntet. Letztere Sorte ist vorwiegend festkochend, besitzt einen kräftigen Kartoffelgeschmack und eignet sich besonders für Kartoffelgratin, Ofen-, Pell- und Bratkartoffeln. Auch das Bamberger Hörnla, eine gelbfleischige, längliche, festkochende Speisekartoffel mit sehr gutem, nussigem Geschmack, wird im Herbst geerntet. „Durch die langjährige Erfahrung meines Vaters im Kartoffelanbau sowie eine optimale Lagerung ist es uns möglich, unseren Kunden ganzjährig Kartoffeln anzubieten", fasst Andreas Märkl zusammen.

Schmankerltipp

Eine besondere Spezialität ist der Zuckerhut. Der Salat mit der charakteristischen Form ist ein Verwandter der Zichorie und wird auch Fleischkraut genannt. Reich an Vitaminen, zeichnet er sich durch einen dezent bitteren und nussigen Geschmack aus. Da der Salat auch leichte Minustemperaturen verträgt, kann er bis in den November hinein geerntet werden. In der Vergangenheit war er ein typisches Lagergemüse, das die Menschen im Winter mit Vitaminen versorgte. Er schmeckt als roher Salat, gratiniert oder gekocht.

Wussten Sie schon,

… dass es bereits seit 2007 regelmäßig Kräuterwanderungen rund um den Schneiderhof in Dachau-Mitterndorf gibt, die sich großer Beliebtheit erfreuen?

… dass der Name „Kartoffel" auf einer Verwechslung beruht? Aufgrund ihres knollenartigen Aussehens nannten die Italiener sie „tartufoli" (Trüffel), woraus in Deutschland der Name Tartuffel und später Kartoffel entstand. Weitere Namen sind Erdapfel, Erdbirne, Grundbirne oder Gumbiere.

Festkochende Salatkartoffel Selma

Selma ist eine festkochende, anpassungsfähige Speisekartoffelsorte aus Deutschland. Die späte Salatkartoffel mit langovaler Knollenform, flachen Augen, heller Schale und ansprechend gelber Fleischfarbe kann auch noch spät im Herbst geerntet werden und zeichnet sich durch eine sehr gute Haltbarkeit im Winterlager aus.

Besonderheit

Die festkochende Salatkartoffel Selma wurde erst 1972 in Deutschland zugelassen. Sie bevorzugt sonnige, nährstoffreiche Ackerböden. Bei ungünstigen Wetterbedingungen kann sie vielfältige Formen annehmen, ohne dass dabei der Geschmack beeinträchtigt wird. Sie ist heute eine beliebte Salatkartoffelsorte.

Verzehrtipp

Selma ist besonders geeignet für die Zubereitung von Kartoffelsalat, als Brat- und Pellkartoffel sowie für Rosmarinkartoffeln.

Lagerung

Die Kartoffeln sollten beim Kauf sauber und trocken, aber nicht gewaschen sein. An einem dunklen und kühlen Ort, möglichst im Keller, aufbewahren.

Bezugsquellen

Kartoffeln und Gemüse vom Schneiderhof sind direkt im Hofladen erhältlich sowie samstags von 8.00 bis 12.00 Uhr auf dem Bauernmarkt – am Floriansbrunnen – in der Dachauer Altstadt (www.schneiderhof-mitterndorf.de).

Klosterbrauerei Scheyern

Pater Lukas Wirth OSB, Cellerar

Region:	85298 Scheyern/Oberbayern
Gründungsjahr:	1119
Produkte:	6 Biere, Obst und Gemüse, Brände, Fisch, Fleisch- und Wurstwaren
Spezialität des Hauses:	Hopfazupfer Bier
Höhepunkte, Veranstaltungen:	Mitte Mai: Brauereifest im Kloster Scheyern; 15. August: Hopfazupferfest; Christi Himmelfahrt: Scheyerner Kreuzritt; 1.Adventswochenende: Christkindlmarkt

Im Jahre 1119 schenkte Graf Otto III. die ehemalige Stammburg der Grafen von Scheyern, Vorfahren des bayerischen Herrscherhauses der Wittelsbacher, den Benediktinermönchen. Diese begannen dort alsbald ihr eigenes Bier zu brauen, und bis heute erfreut sich das würzige Klosterbier weit über Scheyerns Klostermauern hinaus großer Beliebtheit.

Die Kunst des Bierbrauens wurde nicht in Klöstern erfunden. Aber die Klöster brachten die Bierbrauerei voran." So schreibt Pater Lukas, der Cellerar des Klosters, auf der Website der Klosterbrauerei. Er beschreibt damit einen Teil der Geschichte des Getränkes, das wie kein anderes das Land Bayern und seine Einwohner geprägt hat. Die Ruhe und Beständigkeit in den Klöstern ermöglichte eine stete Weitergabe und Entwicklung der Rezepturen und die Verwendung bester Rohstoffe. So erließ Abt Paulus Preu (1489-1505) lange vor dem Reinheitsgebot eine Dienstbotenordnung, um die gute Qualität des Klosterbieres festzuschreiben. Vom Braumeister werden „Aufrichtigkeit und Gemundlichkeit" in der Bierherstellung verlangt. Der daraus resultierende gute Ruf des Klosterbieres machte es bald notwendig, neben dem Ausschank in der Brauerei auch eine Tafernwirtschaft zu errichten. In ihr erfolgte der Ausschank der Klosterbiere erstmals außerhalb der Klostermauern. Als 1803 im Zuge der Säkularisation alle Klöster in Bayern aufgehoben wurden, ging der Betrieb in Privatbesitz über, wurde jedoch von den Eigentümern ohne Einschränkungen weitergeführt. Bis es dann König Ludwig I. nach mehreren Anläufen gelang, 1838 das Klosterleben in Scheyern wiederzubeleben,

wechselten mehrmals die Besitzer. 1929 erbauten die Mönche ein neues Brauhaus mit Sudhaus, Lagerkeller, eigener Mälzerei, Darre, Schäfflerei, Abfüllung und Bierlager. Wieder war das Bier so gut, dass man sogar in München ein eigenes Bierdepot erbaute. Nach dem Krieg wurden die Braugeschäfte immer mehr dem Hasen-Bräu in Augsburg übertragen. Fast hätte das Bierbrauen im Kloster ein Ende gefunden, wenn nicht im Juli 2005 der Auftrag für neue Brautechnik vergeben worden wäre. Das Brauen von Bier mit modernster Technik in historischen Gemäuern wird heute fortgesetzt. Die Braumeister danken es mit einem hervorragenden Klosterbier.

Geschichten

Für den Bau der neuen Klosterbrauerei setzte man auf modernste Brautechnik, die auch ökologisch neueste Standards erfüllt. Man stellte sich die Frage: Welcher Braumeister versteht es, uralte Brauerfahrung mit den heutigen Anforderungen so zu verbinden, dass der Charakter des historischen Klosterbieres erfasst ist? Die Wahl fiel hier auf Tobias Huber, damals keine 25 Jahre alt, mit hervorragenden Noten, aber noch ohne Abschluss der Doemens-Meisterschule. Seine kurz darauf folgende Auszeichnung mit dem Bayerischen Meisterpreis, der jährlich an die besten Absolventen verschiedener Handwerksberufe vergeben wird, war die erste Bestätigung für die mutige Wahl der Mönche. Ob das Bier aber auch gelungen war, dies wurde von den Gästen des Bräustüberls eindeutig beantwortet: Nach Öffnung der neuen Scheyerner Klosterbrauerei am 1. Mai 2006 schmeckte das Bier den über 7.000 Besuchern so gut, dass eine Woche nach dem Anstich die Brautanks bereits leer waren.

Herstellung

Die Biere des Scheyerner Klosterbräus werden fast ausschließlich aus regionalen Produkten hergestellt. Um das Malz und den Hopfen entsprechend lagern zu können, wurden eine neue Schrotmühle und ein Hopfengeber eingebaut. Bei der technischen Steuerung sämtlicher Brauprozesse hat sich die Brauerei für einen hohen Technisierungsgrad entschieden, der nicht nur dem Braumeister die Arbeit erleichtert, sondern auch die Umwelt schont und für eine weitgehend gleich hohe Qualität des Naturproduktes Bier sorgt. In der Scheyerner Klosterbrauerei braut man umweltbewusst mit Hilfe einer CO_2-neutralen Hackschnitzelheizung und einer Photovoltaikanlage. Hochwertiges Bier auf natürliche Weise herzustellen, bleibt jedoch auch mit modernster Technik eine Kunst, die Geduld erfordert; denn nach dem Brauprozess kommt für das Jungbier die Zeit des Reifens im Lagerkeller – je nach Biertyp bis zu drei Monaten. Erst jetzt rundet sich der Geschmack des Bieres ab, der noch vorhandene Restzucker wird fast vollständig abgebaut, die Kohlensäure gebunden. Das gibt dem Schankbier seine Spritzigkeit. Abschließend setzen sich die restlichen Hefen und die Eiweißflocken auf dem Boden ab: Das Bier wird klar. Zum Abschluss wird das fertige Bier noch einmal filtriert und kann in Flaschen oder Fässer abgefüllt werden. Produziert wird das neue Klosterbier in erster Linie für den lokalen Bereich – also für die Klosterstub'n in der Klosterschenke, für die örtlichen Gaststätten und den eigenen Getränkemarkt. Auch der aromatische, bernsteinfarbene Klosterlikör und der köstliche Bierbrand kommen aus eigener Produktion.

Schmankerltipp

Zum Hopfazupferbier serviert man im Bräustüberl eine deftige Schlachtschüssel aus der klostereigenen Hausmetzgerei, das sogenannte „Hopferzupfermahl".

Wussten Sie schon,

- *.. dass der Turm der Basilika im Kloster Scheyern das tontiefste Geläut Bayerns und eines der glockenreichsten Geläute Deutschlands besitzt?*
- *.. dass ein Pater des Klosters am 15. April 1912 mit der Titanic in den Fluten des Atlantiks unterging?*
- *.. dass in den letzten Kriegstagen des Zweiten Weltkrieges die Waffen-SS das Kloster stürmen wollte? Gestürmt wurde aber zuerst das Brauhaus samt Branntweinlager. Die Fortsetzung des Klostersturmes war anschließend nicht mehr möglich.*

Hopfazupfer Bier

Für den Hopfazupfertag, der jährlich am 15. August stattfindet, wird ein eigenes Festbier eingebraut. Das fein-würzige Fest-Märzen besteht aus Malz, aus heimischer Braugerste und Hopfen von den benachbarten Hopfengärten der Hallertau.

Besonderheit

Seit dem Jahr 1119 brauen die Benediktinermönche in Scheyern Bier. Bis Mitte des letzten Jahrhunderts wachten die Mönche selbst über die Herstellung ihres Klosterbiers, bis sie die Brauerei an einen Augsburger Hersteller verpachteten. Nach einer Komplettsanierung des Brau- und Sudhauses nach neuesten technischen Aspekten, sowie einem Umbau der Klosterschenke wird seit März 2006 in den Mauern des alten Brauereigebäudes wieder selbst gebraut. Das Hopfazupfer Bier ist ein regionales Produkt, das nur in der Nähe des Klosters ausgeschenkt wird.

Verzehrtipp

Am besten genießt man das Bier in einem original Stein-Masskrug mit Zinndeckel der Klosterbrauerei, den man bei einem Besuch auch erwerben kann.

Lagerung

Das Klosterbier gibt es im üblichen 20er-Biertragl oder im modernen Sixpack. Die Haltbarkeit beträgt nur drei Monate, da das Klosterbier nach der Lagerung und Filtration unbehandelt verkauft wird.

Bezugsquellen

In der Klosterstub'n, der Klosterschenke, dem Biergarten, örtlichen Gaststätten und dem hauseigenen Getränkemarkt.

Bäckerei Traublinger GmbH

Annemarie und Heinrich Traublinger

Region:	85551 Heimstetten/Oberbayern
Gründungsjahr:	1912
Produkte:	Backwaren und Confiserie
Spezialität des Hauses:	Riemische Weckerl
Höhepunkte, Veranstaltungen:	Aktionen aktuell unter www.traublinger.de

Am 1. April 1912 beginnt in Freising die Geschichte einer Familie, die die Entwicklung des Bäckerhandwerks in und um München seit Jahrzehnten entscheidend mitgestaltet. Heute werden in den 24 Filialen der Bäckerei Traublinger im Münchner Osten etwa 600 Produkte angeboten. Möglich ist eine solche Entwicklung durch Engagement, Verantwortungsbewusstsein und hohe Qualifikation eines jeden Einzelnen – und durch die Liebe zum Handwerk.

In fast 100 Jahren wurde aus einer Bäckerei mit drei Mitarbeitern ein Betrieb mit 24 Verkaufsstellen und 130 Mitarbeitern. Die Leistungen des Unternehmens wurden vielfach ausgezeichnet, so erhielt das Backhaus mehrmals den bayerischen Staatsehrenpreis. Besonders stolz sind die seit 1999 in Heimstetten bei München ansässigen Bäcker darauf, dass sie 23 Mal den Leistungspreis der Bäckerinnung München erreicht haben. Davor wurden jedoch auch viele „kleine Brötchen" gebacken. So zerbrach der Traum des Gründerehepaares mit Beginn des Ersten Weltkriegs. Kaum war ein Geschäft angemietet, musste Josef Erber an die Front, der Laden blieb geschlossen. In der neuen Backstube in der Schleißheimer Straße wurde dann 13 Jahre fleißig gebacken. Weil es stetig aufwärts ging, mussten größere Räume her. Jetzt zog die Bäckerei über die Isar, in die Rosenheimer Straße 155.

Im Zweiten Weltkrieg musste jedoch auch Heinrich Traublinger, wie vormals sein Schwiegervater, an die Front. Diesmal konnte die Bäckerei aber weitergeführt werden. 1971 zog sein Sohn, Heinrich Traublinger II. nach Neuperlach in einen neuen Backbetrieb ein und zeigte drei Jahre später mit der damals „längsten Brotstraße der Welt" die Vielfalt und Leistungsfähigkeit des modernen Bäckerhandwerks. Mit „Laib" und Seele Bäcker, gibt er in zahlreichen Gremien seine Kompetenz weiter und wurde im Olympiajahr Obermeister der Bäckerinnung München und Stadtrat. Seit 1994 ist er auch Präsident der Handwerkskammer für München und Oberbayern.

Heinrich Traublinger III. schloss 1990 die Meisterschule für Konditoren in München ab, auf der er auch seine Frau Annemarie kennenlernte. Der „Betriebswirt des Handwerks" ist mehrfacher Jahresbestmeister und gemeinsam mit seiner Gattin längst zum Herzstück des Betriebes geworden. Wenn er von der Entstehung eines Sauerteiges erzählt, erkennt man die Flamme, welche die „Öfen" der Bäckerfamilie mit Wärme erfüllen.

Geschichten

Was liegt näher, als zum „flüssigen Brot" – dem Bier – ein schmackhaftes, festes zu kreieren? Aus dieser Idee entstand bereits 1998 in Kooperation mit dem Münchner Hofbräuhaus das „Hofbräu-Bierbrot", ein würzig-pikantes Roggenmischbrot mit Anteilen an Quetschroggen und Natursauerteig. Da dem Teig statt Wasser Bier beigemischt wird, erhält das Brot seinen würzig-herben Geschmack. Trotzdem kann das Bierbrot bedenkenlos und ohne Mengenbegrenzung auch von Autofahrern gegessen werden: Der Alkohol verflüchtigt sich während des Backprozesses. Neben dem einzigartigen Bieraroma zeichnet dieses Weizenmischbrot eine besonders herzhafte Kruste aus. Der bis heute anhaltende Erfolg dieses Brotes zeigt, dass es weder aus einer Bierlaune heraus entstand, noch eine Schnapsidee war.

Herstellung

Riemische Weckerl werden in der Bäckerei Traublinger aus besten Zutaten hergestellt. Weizen- und Roggenmehl, Natursauerteig, Wasser, ein wenig Öl, Meersalz, Hefe und eine spezielle Gewürzmischung sind das Geheimnis des Gebäcks. Daraus wird dann der Teig für die Riemischen bereitet. Nach dem Abwiegen werden die „Pressen" (immer 30 Stück) in gleiche Teile geteilt und in den Kümmel gesetzt. Durch den feuchten „Schluss" bleibt der Kümmel daran haften und wird von Hand mit eingeschlagen. Jeweils zwei Teiglinge werden dann zusammengesetzt.

Im Anschluss daran gelangen die Weckerl für ca. 15 Stunden zur Langzeitreifung und werden danach bei 240° C für 18 Minuten gebacken. Dadurch erhalten sie ihre appetitlich karamellbraune Farbe und die rösche Kruste. Neben der hohen Qualität der Zutaten achtet die Traditionsbäckerei auch auf den bestmöglichen Umweltschutz. Das heißt: Kontrolle vom Acker bis zur Ladentheke. Seit 2006 bietet sie als zertifizierter Öko-Backbetrieb durch die zusätzliche Schaffung einer „Bio-Ecke" in allen Filialen noch mehr Auswahl. Annemarie Traublinger qualifizierte sich dafür als Ernährungsberaterin im Bäckerhandwerk.

Schmankerltipp

Ein ganz besonderes Brot des Meisterbetriebs ist das zwei Kilogramm schwere doppelkrustige Bauernbrot aus Natursauerteig. Die extrem lange Backzeit von über zwei Stunden verleiht ihm seine sehr knusprige Kruste. Der herzhaft-würzige Geschmack macht es zu einem idealen Brotzeitbrot.

Wussten Sie schon,

... dass Kümmel das älteste bekannte Gewürz in unserem Kulturkreis ist und bereits an den Kochstellen vorgeschichtlicher Pfahlbauten gefunden wurde?

... dass die Römer eigens Wachen für die Kümmelfelder aufstellten? Vielleicht ist auch darauf sogar der Name „Riemische“ (= Römische) zurückzuführen.

Spezialität

KATEGORIE

HERZHAFTE BACKWAREN

Riemische Weckerl

Riemische Weckerl sind rösche Roggenbrötchen mit kräftig-würzigem Geschmack. Der hohe Roggenanteil von 40 Prozent zum Weizenanteil von 60 Prozent macht eine Sauerteigführung nötig. Es gibt sie nur in Süddeutschland – ihr kräftiges Kümmelaroma ruft bei „Nordlichtern“ oft Verwunderung hervor.

Besonderheit

Riemische Weckerl zeichnen sich durch einen sehr intensiven Kümmelgeschmack aus. Sie sind sehr bekömmlich: Die ätherischen Öle des Kümmels wirken sich positiv auf die Verdauungstätigkeit aus und der hohe Anteil an Roggenmehl hilft den täglichen Mineralstoffbedarf zu decken. Typischerweise werden zwei Weckerl aneinander gebacken, die leicht zu trennen sind. Riemische Weckerl gehören zu den Allerseelengebäcken, die jahrhundertelang als Opfergabe für die Verstorbenen und als Spenden für die Armen gegeben wurden.

Verzehrtipp

Die mit den Maurer-Laiberln verwandten Riemischen Weckerl lieben herzhafte, deftige Beläge. Zusammen mit einem Käsesalat aus Romadur, Essig&Öl und Zwiebeln sind sie ein perfektes Brotzeit-Schmankerl.

Lagerung

Zur kurzzeitigen Lagerung empfiehlt sich ein Brottopf. Für längere Aufbewahrung wird das Einfrieren im Gefrierbeutel empfohlen.

Bezugsquellen

Riemische gibt es in den 24 Filialen der Bäckerei Traublinger und bei vielen anderen bayerischen Bäckereien.

Bio-Hofkäserei Stroblberg

Familie Neuner

Region:	85625 Baiern/Oberbayern
Gründungsjahr:	1899
Produkte:	Bio-Rohmilchkäse
Spezialität des Hauses:	Stroblberger Bio-Rohmilchkäse

Sie gehören zu den besten Käseproduzenten in Deutschland – so „Der Feinschmecker" 2011. Sie liefern auf das Oktoberfest in München, kochen bei den „Landfrauen" im Bayerischen Fernsehen, beliefern ihre Kunden, verkaufen auf Märkten und bewirtschaften einen Milchbetrieb mit 30 Kühen. Sieben Familienmitglieder leben auf dem Bauernhof „beim Stroblberger", den die Familie Neuner seit über 100 Jahren bestellt. Das Anwesen liegt etwa 30 km südwestlich von München, ganz in der Nähe von Glonn und im Herzen des „Bairer Winkls". Die herrliche Alleinlage auf einer Anhöhe von 620 Metern erlaubt sogar die Herstellung von Bergkäse.

Als Leonhard Neuner den Bauernhof 1991 von seinen Eltern übernahm, stellte er den Betrieb auf ökologischen Landbau um und begann die Bewirtschaftung nach den Richtlinien des Naturland-Verbandes. Aber nur die Milch in der Molkerei abzuliefern, befriedigte den kreativen „Macher" gar nicht. So wagten er acht Jahre später – gemeinsam mit seiner jungen Frau Barbara – den Aufbau der Bio-Hofkäserei im Keller ihres neu erbauten Bauernhauses in Holzblockbauweise. Der Käsemeister Hans Schindecker aus den nahen Herrmannsdorfer Landwerkstätten übernahm zu Beginn die sensible Verarbeitung der Rohmilch. Von der Pieke auf durfte der Landwirt bei ihm lernen und produziert heute all seine fantasievollen Käsevariationen mit großer Leidenschaft selbst. Für Ehefrau Barbara bedeutet das Zusammenleben auf dem Hof vor allem gute Organisation. Das heißt: Zu den Aufgaben im Betrieb sind die Bedürfnisse von drei Generationen – dabei auch die der drei eigenen Kinder – täglich aufeinander abzustimmen. Alle kennen ihre Aufgaben; damit wird gemeinsames Musizieren, der geliebte Besuch der Oper und die Förderung der Anlagen der Kinder außerhalb der Schule überhaupt erst möglich.

Geschichten

„Die Natur macht nichts vergeblich", wusste schon der griechische Philosoph Aristoteles. So besitzen alle Wiederkäuer Hörner, außer sie werden operativ oder durch Zucht entfernt. Die Hörner haben nicht nur für die Rangordnung der Herdentiere eine wichtige Funktion, sondern sind auch für eine gesunde Verdauung und Verwertung der Nahrung verantwortlich. Milch und Fleisch und sogar die Ausscheidungen, die wichtiger Dünger für die Landwirtschaft sind, weisen bei enthornten Tieren nicht mehr die gesunde Qualität wie bei Hörnerkühen auf. So ist die Milch horntragender Kühe bedeutend verträglicher – gerade bei Laktoseintoleranz. Obwohl es mit Stress und Schmerzen für das junge Rind verbunden ist, gehört das Enthornen auch bei Bio-Betrieben heute leider noch zum Standard. Nicht so auf dem Stroblbergerhof – hier behalten alle Kühe ihre Hörner. Die Stallanlagen, in denen die Kühe frei laufen können, und die großzügigen Weideflächen erlauben es den Herdentieren, die soziale Rangordnung ohne Verletzungen zu regeln und ihren natürlichen Abläufen zu folgen.

Herstellung

„Für Rohmilchprodukte muss man seine Tier sehr genau kennen und bereit sein, penibel unc zügig zu arbeiten", erklärt der Landwirt. Akribi sche Hygiene beim Verarbeiten der Rohmilch die maximal auf 38,5° C erwärmt wird, behäl im Gegensatz zur Pasteurisierten ihre natürlich Flora. Die Milch wird mit gentechnikfreier Käsekulturen und Lab zum Gerinnen gebrach und je nach Sorte mit Meersalz und rein natür lichen Zusätzen wie Biokräutern und Biogewür zen verfeinert. Die Käse reifen je nach Sorte bis zu 12 Monaten im gut klimatisierten Gewölbe keller des Anwesens. Das Sortiment der Manu

faktur umfasst Hartkäse wie den kräftigen Berg käse „alt" – ein Novum im Münchner Umland Bergkäse gilt nämlich erst ab einer Höhenlage von über 600 Metern als solcher und das Anwe sen liegt gerade einmal 20 Meter darüber. Dazu entstehen Schnittkäse (wie der milde Glonn taler oder der g'schmackige Knoblauchkäse mi ganzen Knoblauchzehen), Weichkäsesorten (wie der Stroblberger oder Leonhardi, beide Rotschmierkäse mit oder ohne Weißschimmel sowie Weichkäse (wie Brie oder Camembert).

Schmankerltipp

Eine besondere Spezialität des Hauses ist der nach französischer Art hergestellte Camembert „Casa Nova“. Er wird aus Rohmilch gewonnen und ist je nach Reifegrad topfig-hell bis goldgelb. Wie beim Camembert üblich, ist er von einer weißen Edelschimmelrinde überzogen. Die Herstellung erstreckt sich über etwa drei Wochen. Dann chmeckt er sowohl ganz jung, aber auch reif oder gebacken. Ein „Traumpaar“ ist der Casa Nova mit Kirsch- oder Quittenmarmelade und Wasabi.

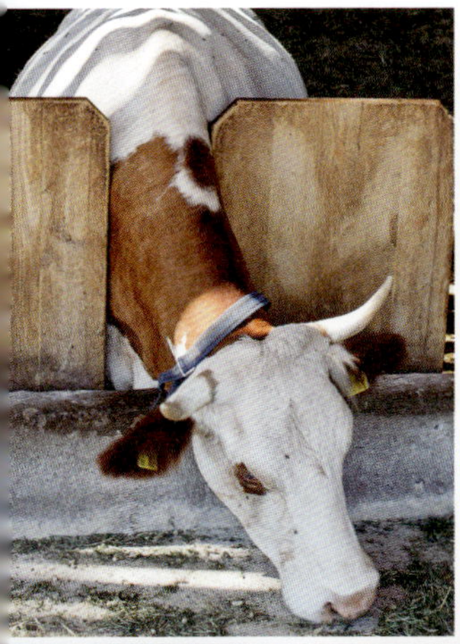

Vussten Sie schon,

.. dass bei frischem Käse etwa 24 Stunden nach Beginn der Fermentation der Laktosegehalt bereits meist unter 0,5 Prozent gefallen ist?

.. dass Milch von gehörnten Kühen auch von laktoseintoleranten Menschen vertragen wird?

.. dass Kühe, deren Hörner samt den Hornzapfen entfernt wurden, eine eingeschränkte Wahrnehmung von ihrer Verdauung haben?

Stroblberger Bio-Rohmilchkäse

Für den Bio-Rohmilchkäse der Käserei Stroblberg wird unbehandelte, frische Bio-Milch von gehörnten Kühen mit einem Fettanteil von etwa 4,0 Prozent verwendet. Die Milch wird auf maximal 38,5° C erwärmt und durch Zusatz von gentechnikfreien Käsekulturen und Naturlab zum Gerinnen gebracht. In der Rohmilch bleibt die Bakterienflora erhalten, die für das charakteristische, einzigartige Aroma des Käses verantwortlich ist.

Besonderheit

Die Milch der Käserei Stroblberg erreicht durch einen hohen Anteil an Wiesengras im Futter einen sehr hohen Omega-3-Fettsäuregehalt von 1,5 g / 100 g Fett. Die gehörnten Kühe werden im Offenstall gehalten und können im Sommer jederzeit auf einer weiträumigen Weide grasen. Für die Herstellung von Rohmilchkäse gibt es strenge gesetzliche Hygienevorschriften. Auch werden die Käsesorten mit dem Hinweis „aus Rohmilch hergestellt“ deklariert.

Verzehrtipp

Rohmilchkäse besser im Stück kaufen, denn Scheiben trocknen schneller aus.

Lagerung

Käse wird idealerweise dunkel, bei einer Luftfeuchte von 95 Prozent und einer Temperatur von +10° C aufbewahrt .

Bezugsquellen

Die Käse sind auf verschiedenen Wochenmärkten und in ausgewählten Bio-Fachgeschäften, Gaststätten, Metzgereien und Naturkostläden im Stadt- und Landkreis München, Miesbach, Fürstenfeldbruck, Erding, Ebersberg, Rosenheim und Traunstein erhältlich. Siehe auch www.stroblberg.de.

Brauerei Aying

Franz (junior), Ursula, Franz und Angela Inselkammer, Inhaber

Region:	85653 Aying/Oberbayern
Gründungsjahr:	1878
Produkte:	Bier, Mineralwasser, alkoholfreie Getränke
Spezialität des Hauses:	Ayinger Jahrhundert-Bier
Höhepunkte, Veranstaltungen:	Zahlreiche Veranstaltungen und Feste in der Brauerei sowie in Aying und Umgebung, siehe www.ayinger.de

Am 2. Februar 1878 schreibt Johann Liebhard in sein Tagebuch: „Heute wurde von uns das erste Bier ausgeschenkt, sehr gut und alles voll Leut. Michl und Müller von Höhenkirchen solche Räusch, dass sie zehnmal ihre Kutschn umgeworfen." Vielleicht hat sich der Brauereigründer auch deshalb 25 Jahre später so vehement für den Bau einer Regionalbahn nach Aying eingesetzt.

Möglicherweise war es aber auch die Plackerei beim Bau der ersten Brauerei. Sämtliche Einrichtungsgegenstände und viele Materialien mussten mit Pferd und Wagen von Sauerlach, dem nächstgelegenen Bahnhof, angeliefert werden. Am 28. Mai 1904 fuhr dann zum ersten Mal eine Eisenbahn nach Aying. Die Fahrkarte nach München kostete 43 Pfennig, die Mass Bier 28. Im gleichen Jahr wurde der erste private Telefonanschluss in Aying im Hause Liebhard eingerichtet und sieben Jahre später floss erstmals elektrischer Strom. Im Jahr 1923 eröffnete der neue Brauereigasthof. Da die Kundschaft zunehmend nach Flaschenbier verlangte, wurde 1926 eine Flaschenwasch- und Reinigungsanlage angeschafft. Ein Jahr später kam der erste Lastwagen von Hansa-Lloyd dazu. Mit ihm konnte bereits 1929 die Hälfte der jährlichen Produktion von 10.000 Hektolitern nach München geliefert werden. Nach dem Zweiten Weltkrieg brach die Bierproduktion erst einmal ein. Im späten Wirtschaftswunderjahr 1963, unter der Führung von Brauereichef Franz Inselkammer,

stieg der Bierausstoß dann auf 76.000 Hektoliter pro Jahr. Mit der Produktion von 160.000 Hektolitern erlebte die Brauerei 1978 einen Rekord in der Firmengeschichte und stieg auf Rang 50 unter den damals circa 1.000 Brauereien in Bayern auf. Traditionelle familiäre Werte, Kreativität, Qualität und die starke Bindung an die Region wurden auch 1999 in der neu erbauten Brauerei weiter verfolgt. Heimatverbundenheit und ehrliches Handwerk werden gerade in Bayern mit der Braukunst in Verbindung gebracht. Zu den Werten der Ayinger Brauerfamilie gehören seit jeher vor allem die Erhaltung der Eigenständigkeit und das Brauen von Spitzenbieren. Da das Bier auch den Namen des Produktionsortes trägt, ist es der Familie Herzenssache, sozial und kulturell mit und für Aying zu wirken. Ein vielfältig gefüllter Veranstaltungskalender legt Zeugnis darüber ab.

Geschichten

Aying, circa 30 Kilometer südöstlich von München in Richtung Salzburg gelegen, verkörpert im besten Sinne die Werte einer unverfälschten, traditionellen bayerischen (Bier-)Kultur. Jeder, der einmal dort gewesen ist, wird dies bestätigen. So verzaubert das direkt neben der Kirche gelegene Bräustüberl, das nach dem Brauereigründer „Liebhard's" benannt ist, mit ländlich-urigem Charme und einem herrlichen Biergarten. Der Brauereigasthof mit Hotel war auch 2010 wieder unter den 400 besten Restaurants Deutschlands. Er bietet in insgesamt 48 Zimmern im Stammhaus und im 2009 neu eröffneten Herrenhaus Komfort in alpenländischer Umgebung mit guter Anbindung in die Landeshauptstadt und zur neuen Messe München.

Herstellung

„Die Herstellung eines Naturproduktes muss
unserer Philosophie folgend, in ein umweltge
rechtes Gesamtkonzept eingebunden sein – vo
den Rohstoffen bis hin zur Auslieferung", s
der Bräu Franz Inselkammer. Dieses Bewusst
sein floss auch konsequent in die Planung de
1999 fertiggestellten neuen Brauerei ein. Das
Ayinger in allen Bereichen im Vergleich z
Brauereien gleicher Größenordnung vorbild
lich wirkt, wurde offiziell schon oft dokumen
tiert und ist eine konsequente Entwicklung de
Umweltpaktes Bayern von 1995. So kommt ei
Großteil der Braugerste von Vertragsbauern au
der nahen Umgebung und der eigenen Land
wirtschaft. Der Hopfen aus der Hallertau und da
Wasser tief aus der Erde: Auf der Suche nach e
ner eigenständigen Wasserversorgung, dem wich
tigsten Element zur Bierherstellung, initiierte da
Unternehmen Probebohrungen in der Nähe de
Brauerei. Heute sprudelt es aus 176 Metern Tief
in bester Mineralwasserqualität. Der Tiefbrun
nen ist die einzige Quelle dieser Art im ganze
Münchner Umland und Garant für ausgezeich
nete Biere.

Seit 1999 wird das Wasser nicht nur zum Brau
en genutzt, sondern auch in Flaschen abgefül
und unter der Marke „PrimAqua" in den Han
del gebracht. Es bildet auch die Basis für di
Limonaden der Lizenzmarke „Frucade". Heut
produzieren mehr als 60 Mitarbeiter und siebe
Auszubildende etwa 120.000 Hektoliter Bie
und Getränke. Wer hinter die Kulissen einer de
fortschrittlichsten Brauereien Europas schau
en will, ist herzlich willkommen. Brauereifüh
rungen sind mit oder ohne Brotzeit möglich un
können jederzeit vereinbart werden.

Schmankerltipp

„Celebrator" – der dunkle Doppelbock ist nicht nur der Exportschlager der Ayinger Brauerei, sondern auch ein vorzüglicher Begleiter zu süßen Mehlspeisen wie dem Apfelstrudel.

Wussten Sie schon,

... dass die Gemeinde Aying direkt an der ehemaligen römische Konsularstraße Augusta – Vindelicorum – Iuvavum (Augsburg – Salzburg) liegt? Diese Straße ist heute als Radwanderweg „Via Julia" von Günzburg bis Salzburg „erfahrbar" (siehe www.viajulia.de).

... dass 1950 der durchschnittliche Stundenlohn bei 1,25 DM lag, die Mass Bier etwa 1,50 Mark und der Liter Benzin 50 Pfennige kostete?

Ayinger Jahrhundert-Bier

Diesen Namen erhielt das kräftige Exportbier, weil es 1978 eigens zur Jahrhundertfeier der Brauerei eingebraut wurde. Aufgrund der hohen Nachfrage wurden der Name und das Produkt beibehalten. Ein erster Platz bei „Ökotest" im August 2009 sowie sechs Gold- und vier Silbermedaillen der DLG innerhalb von zehn Jahren bestätigen die Qualität dieses Bieres.

Besonderheit

Das hopfenbetonte helle Bier in Exportqualität zeichnet sich auch durch einen hohen Stammwürzegehalt aus. Durch die Verwendung von Hallertauer Aromahopfen und die Anwendung des Zweimaischverfahrens entwickelt es kräftige Aromen, die durch die Qualität des Brauwassers, das sogar als Mineralwasser verkauft werden darf, gefördert wird. Dadurch ist es ein besonders süffiges und harmonisches Bier. Der österreichische „Bierpapst" Conrad Seidl schätzt es sehr: „Es ist ein malziges Bier, das die köstliche erdige Qualität der vermälzten Gerste betont."

Verzehrtipp

Beim Grillfest genießt man das Ayinger Bier am besten aus dem selbstkühlenden Mehrwegfass „CoolKeg". Damit bekommt man 15 Liter optimal gekühltes Fassbier ohne Stromanschluss direkt aus dem Zapfhahn.

Lagerung

Das Bier ist kühl gelagert mindestens 6 Monate haltbar.

Bezugsquellen

Das Ayinger Sortiment erhält man direkt in der Brauerei, in Getränkemärkten, in der Gastronomie und per Heimdienst.

Bäckerei und Conditorei Riedmair

Familie Fellmann, Familie Riedmair

Region:	85748 Garching/Oberbayern
Gründungsjahr:	1953
Produkte:	Bäckerei- und Konditoreiwaren
Spezialität des Hauses:	Roggenvollkornbrot

Wissen, wo es herkommt: alles aus der Region. Dies ist nicht nur die Überzeugung der Autoren dieses Buchs, sondern auch der Leitwert der dritten Generation der Bäcker- und Konditorenfamilie Riedmair in Garching bei München. Das Geschwisterpaar der ursprünglich in Freimann ansässigen Familie, Sigrid Fellmann und Ludwig Riedmair, entschieden sich 2002 dazu, das renommierte mittelständische Unternehmen ihrer Eltern und Großeltern gemeinsam weiterzuführen. Dabei ist das wichtigste Rezept für ihren Erfolg: Frische vor Ort mit den Zutaten aus der Region.

Im September 1953 eröffneten Maria und Georg Riedmair am Standort der heutigen Filiale in der Freisinger Landstraße ihre erste Bäckerei. Ende der 1970er-Jahre übernahm Sohn Ludwig mit seiner Frau Margot die Backstube, und gemeinsam bauten sie den einstigen Kleinbetrieb zu einem modernen mittelständischen Backbetrieb um. Eine schwere Erkrankung zwang den Bäckermeister dazu, die Mehrheitsanteile der GmbH 2001 an seinen damals 25-jährigen Sohn Ludwig jun. zu übergeben, der während seiner Ausbildung aufgrund seiner überdurchschnittlichen Leistungen Fachschulen in Frankreich, England und Schweden besuchen konnte. Sich voll auf die Produktion zu konzentrieren, war der größte Wunsch des talentierten Handwerksmeisters. Er bat daher seine Schwester, ihm den „Rücken freizuhalten". Nach einiger Überlegung entschied sich die studierte Grafik-Designerin mit Freude für die gemeinsame Leitung des elterlichen Handwerksbetriebes. Seit 2002 managt sie die Organisation des heute 110 Mitarbeiter starken Unternehmens, dessen Produktionsstandort 2004 von Freimann nach Garching in eine neue, hochmoderne Produktionsstätte verlagert werden konnte.

Geschichten

Der feinsinnige Bäcker- und Konditormeister lernte in hervorragenden Konditoreien und Feinkostläden wie Fouchon, Oberweis, Lenôtre und Berlin Hilton. Sein Können als Patissier wurde bereits mit vielen Preisen aus dem In- und Ausland gewürdigt – darunter sogar ein Weltmeistertitel der Jugendnationalmannschaft der Köche sowie ein Staatspreis für seine Ausbildungsleistungen im Konditorhandwerk. Sein Wissen gibt er heute gerne an die nächste Generation weiter: Als einer der größten Lehrbetriebe

des Bäckerhandwerks in München – mit durchschnittlich 26 Lehrlingen in fünf Lehrberufen – liegt dem Unternehmer die Qualifizierung des Nachwuchses sehr am Herzen (und er hilft, wenn nötig, sogar dabei, eine geeignete Bleibe zu finden). Da sein Betrieb bis heute ein gesundes Wachstum verzeichnet, war ihm bisher die Übernahme aller Lehrlinge, die im Betrieb bleiben wollten, möglich. Sein über 100-köpfiges Team besteht heute aus elf Meistern und fast ausschließlich Gesellen des Bäcker- und Konditorhandwerkes.

Herstellung

Der Duden bezeichnet Qualität als die „Gesamtheit der charakteristischen Eigenschaften" Auf Lebensmittel bezogen heißt das: Zutaten Rezeptur, Verarbeitung und Können müsser jeweils von bester Güte sein. Wenn dann noch Kreativität hinzukommt, entsteht eine köstliche Vielfalt von Broten, darunter Roggen-, Kartoffelbrot und Frankenlaib, und täglich frisch hergestellten Kuchen und Torten. Darüber hinau bietet Riedmair eine unerschöpfliche Vielfal an Snacks, Suppen und Salaten sowie das vie gerühmte hausgemachte Müsli für das klassische Frühstück an – ein Renner in der Filial im Business Campus von Garching, die nich nur eine gemütliche Lounge, sondern auch ein herrliche Sonnenterrasse hat.
Das kreative und qualitätsorientierte Konditor und Confiseriehandwerk pflegt Ludwig Riedmair besonders, der die zu beobachtende Rückläufigkeit dieses Berufsstandes sehr bedauert Unermüdlich vermittelt er seinem Nachwuch die schier unerschöpflichen Gestaltungsmöglichkeiten, die dieser angesehene Beruf run um die Vielfalt hochwertiger Rohstoffe, inter essanter Rezepturen und vielfältiger Verarbeitungsmöglichkeiten mit sich bringt.

Schmankerltipp

Zur hohen Schule der Backkunst gehört der aufwendig hergestellte Baumkuchen, auch Spießkuchen genannt, der auch in Bayern eine lange Tradition hat. So war dieser schon im 15. Jahrhundert in Nürnberg ein beliebtes Hochzeitsgebäck der Patrizier. Der „König der Kuchen" ist ein schichtweise aufgebautes und ohne Backpulver am offenen Feuer gebackenes Feingebäck. Auf einen Spieß werden immer wieder feine Schichten Teig aufgetragen, die ähnlich wie die Jahresringe eines Baumstammes wachsen. Umhüllt wird der Baumkuchen abschließend mit dunkler oder heller Kuvertüre.

Wussten Sie schon,

... dass sich in Garching eines der größten Zentren für Wissenschaft, Forschung und Lehre in Deutschland befindet? Mehr als 6.000 Beschäftigte und über 12.000 Studenten sind hier in Forschungs- und Ausbildungseinrichtungen tätig.

... dass die Bemühungen der Bäckerei, umweltgerecht zu produzieren, mit der Aufnahme in das Münchner Kooperationsprojekt Ökoprofit® (ÖKOlogisches PROjekt Für Integrierte UmweltTechnik) ausgezeichnet wurde?

Roggenvollkornbrot

Im bayerischen Backgewerbe hat Roggen eine lange Tradition. Traditionell werden Roggenbrote meist aus Sauerteig zubereitet und Roggenlaiberl genannt.

Besonderheit

Roggen ist ein kräftig und aromatisch schmeckendes Brotgetreide. Es enthält reichlich Mineralien und Ballaststoffe und das enthaltene Eiweiß ist hochwertiger als das im Weizen. Vom Getreide wird das gesamte Korn, auch die Fruchtschale, verarbeitet, wodurch die Produkte einen sehr hohen Ballaststoff- und Vitaminanteil haben. Zur Brotherstellung muss Roggen mit Sauerteig verarbeitet werden, da Hefe allein zur Lockerung des Teiges nicht ausreicht. Vollkornbrot muss mindestens 90 Prozent Vollkornanteile bzw. Roggenmahlerzeugnisse enthalten. Für dunkle und knusprige Krustenbrote verwendet die Bäckerei Riedmair Roggenmehl Type 1150 ohne Kleie und Keim.

Verzehrtipp

Roggenvollkornbrot ist aromatisch-säuerlich und eignet sich beispielsweise als kräftiges Brotzeit-Brot.

Lagerung

Roggenbrot sauber, luftdicht und trocken aufbewahren. Ein Römertopf ist eine gute Alternative zum Brottopf, sollte aber regelmäßig mit Essigwasser ausgespült werden.

Bezugsquellen

Der Betrieb beliefert neben 13 eigenen Filialen etwa 200 Gastronomie- und Feinkostbetriebe, dazu Wiederverkäufer in und um München.

REGION

BAYERISCH-SCHWABEN

Hafeneinfahrt Lindau am Bodensee.

„Wenn ich viel reisen sollt', wollt' ich nirgends lieber denn durch Schwaben und Bayernland ziehen, denn sie sind freundlich und gutwillig, geben gern Herberge, gehen Fremden und Wanderleuten entgegen und tun den Leuten gütlich und gute Ausrichtung um ihr Geld."

Martin Luther

Dies ist die Region zwischen dem herrlichen Donau-Ries im Norden sowie dem grünen und abwechslungsreichen Allgäu im Süden, mit einem kleinen Zugang zum Bodensee bei Lindau. Etwa zwischen München und Augsburg, der Hauptstadt des Regierungsbezirks, liegt die östliche Grenze. Die drittgrößte Stadt Bayerns gehört zugleich zu den drei ältesten Städten Deutschlands. Bauten wie das Rathaus mit dem Goldenen Saal von Elias Holl oder die Fuggerei aus dem 16. Jahrhundert, die älteste noch bestehende Sozialsiedlung der Welt, zeugen von Augsburgs herausragender Rolle als einer der bedeutendsten Metropolen der Frühen Neuzeit. Heute bieten zahlreiche Restaurants und Kneipen in der alten Bischofsstadt Besuchern und Einheimischen eine abwechslungsreiche, regionale Küche. Im Vergleich dazu ist Neu-Ulm – weiter westlich, an der Donau gelegen, – eine junge Stadt: Erst nach den Napoleonischen Kriegen wurde die Grenze zwischen Bayern und Württemberg bei Ulm im Jahr 1810 auf die Mitte der Donau festgelegt. An dem der Stadt mit dem berühmten Münster gegenüberliegenden Flussufer entstand Neu-Ulm – gleichsam das „neue Ulm".

Die „Wiege der Wittelsbacher und Altbaierns"

Im Städtedreieck München – Augsburg – Ingolstadt liegt das Wittelsbacher Land, die „Wiege Altbaierns", mit den Wittelsbacher Herzogsstädten Aichach und Friedberg. Weil hier in frühen Zeiten die Siedlungsgrenze zwischen Baiern und Alemannen verlief, mischt sich der bayerische Dialekt mit schwäbischen Bestandteilen (Lechrainer Dialekt). Unbedingt sehenswert sind das Wasserschloss Unterwittelsbach – von Einheimischen auch „Sisi-Schloss" genannt, nach seinem einstigen Besitzer Herzog Max in Bayern, „Sisis" Vater, – sowie die Wallfahrtskirche St. Leonhard bei Inchenhofen, die früher Mittelpunkt einer der bedeutendsten Wallfahrten Europas war.

Bayerisch-Schwaben steckt voller einzigartiger Naturschauplätze und kultureller Sehenswürdigkeiten und kann ohne Übertreibung als eine der schönsten und abwechslungsreichsten Regionen des Genießer- und Urlaubslandes Bayern bezeichnet werden. Deshalb hatten sich sowohl König Maximilian II. Joseph als auch sein Sohn Ludwig II., volkstümlich als „Märchenkönig" bezeichnet, das Allgäu als Lieblingsregion auserkoren. Neuschwanstein ließ der menschenscheue König Ludwig als sein Refugium errichten – wahrhaftig ein Märchenschloss in idyllischer Lage. 1886, sechs Wochen nach seinem Tode, wurde es dem Publikum geöffnet und ist noch heute – mit Besucherzahlen von bis zu 1,3 Millionen pro Jahr – der Sehnsuchtsort zahlloser Menschen.

Kulinarisch betrachtet ist Bayerisch-Schwaben durchaus „gespalten". Im Süden sind der historische Einfluss aus Österreich sowie die Nähe zu den Allgäuer Alpen prägend. Kuhglockengeläut über sattgrünen Bergwiesen und Almen – darüber der für Bayern typische weiß-blaue Himmel: Postkartenidylle in einem Land, in dem reichlich Milch, Käse und Butter fließen. Aufgrund der guten Milchqualität gibt es hier auch zahlreiche Molkereien. Angefangen hat alles mit Karl Hirnbein, der selbst sein Handwerk in Italien und der Schweiz erlernt hatte. Er brachte die hohe Kunst der Käseherstellung ins Allgäu, eröffnete 1830 in Wilhams eine Weichkäserei und begründete so den Wandel vom „blauen" – vom Flachsanbau geprägten – zum „grünen" Allgäu, wie wir es heute kennen.

Region zwischen Bergen und Tälern

Darüber hinaus ist Bayerisch-Schwaben für seine hervorragenden Brauereien bekannt, die sich die ausgezeichnete Qualität des Wassers aus den Alpen zunutze machen. Herzhaft, deftig und kräftig ist hier die Kost – die Arbeit auf den Almen und Bergen war und ist keine leichte! Andere Landstriche sind wiederum durch das milde Bodenseeklima begünstig, weshalb Obst und Gemüse in großer Vielfalt gedeiht. Im Westen schmeckt man schon die Nähe zum Schwäbischen und selbstverständlich gibt es hier Spätzle und Maultaschen. In Memmingen sind die Memminger Mau, ein runder Kuchen mit Mondgesicht, und die herzhafte Balzheimer Wurst daheim. Im Norden machen sich hingegen fränkische Einflüsse bemerkbar.

Im Süden prägen die Urstromtäler von Donau und Lech die Landschaft. Im Westen und Osten beeindrucken die Schwäbische und Fränkische Alb mit Wacholderheiden und Wäldern. Landschaftlicher Höhepunkt ist jedoch zweifellos das Ries, das durch einen Meteoriteneinschlag vor etwa 15 Millionen Jahren entstanden ist. Seit 2006 als Nationaler Geopark anerkannt, sind die Besucher eingeladen, „Erdgeschichte live zu erleben". Hier ist auch die Heimat der Rieser Bauerntorte, von Blasiusbrot und Rieser Weizenbier sowie der Stabenwürste. Nicht zuletzt durch Initiativen wie das Projekt „Geopark Ries kulinarisch", zu dem sich mehrere Gastronomen und Erzeuger zusammengeschlossen haben, wird die regionale Donau-Rieser-Küche in ihrer unverwechselbaren Identität gestärkt.

Genuss pur!

Über 6.000 Kilometer Wander- und Radwege und eine himmlische Vielfalt an Gastronomie und Hotellerie laden zu Genusstouren durch die Region ein. Warum nicht einmal den Urlaub auf einem Bauernhof verbringen? Dies bringt einem Land und Leute noch näher, als dies durch die herzliche Art der Schwaben sowieso schon gegeben ist. Schätze des Barock und des Rokoko, zahlreiche Schlösser, Burgen, keltische Schanzen und römische Siedlungen sättigen aber auch den kulturellen Hunger. Und darüber hinaus bieten unzählige kleine Handwerksbetriebe exklusive Einkaufsmöglichkeiten.

Wussten Sie schon,

… dass Bayerisch-Schwaben der einzige Teil des mittelalterlichen Herzogtums Schwabens ist, der auch heute noch diesen Namen trägt? Die übrigen Teile gehören heute zu Baden-Württemberg, Österreich oder zur Schweiz.

… dass die Lebensjahre ab dem 40. Geburtstag eines Schwaben als „Schwabenalter" bezeichnet werden? Es heißt, dass ein Schwabe erst in diesem Alter „g'scheit" wird. Der 40. Geburtstag wird deshalb besonders gefeiert und dabei vielfach auf die nun – hoffentlich – schlagartig einsetzende Weisheit angespielt.

… dass die Herkunft des Wortes „Spätzle" nicht letztendlich geklärt ist? Möglicherweise handelt es sich um die schwäbische Verkleinerungsform von „Spatz" – weil der Teig in der Hand mit dem kleinen Sperlingsvogel in Verbindung zu bringen ist. Anderer Meinung nach resultiert die Bezeichnung für die schwäbischen Teigwaren aus einer schlechten Eindeutschung des italienischen Wortes „Spezzato" (in Stücke geschnitten).

… dass bei Schwangau am ersten Fastensonntag – dem ersten Sonntag nach Aschermittwoch – das „Funkenfeuer" entzündet wird? Die hell lodernden Scheiterhaufen sollen das Ende des Winters einläuten und sind ein uralter Brauch aus alemannischer Zeit. In vielen Allgäuer Haushalten werden zu diesem Anlass „Funkenküchle" (Schmalzgebackenes mit Zimtzucker) gebacken.

… dass in Neu-Ulm seit 1925 auch Lebkuchen hergestellt werden?

Mari-Senf

Inhaber Jürgen Kiefhaber und Silvia Kahle

Region:	82269 Kaltenberg/Bayerisch-Schwaben
Gründungsjahr:	1865
Produkte:	Senf, Gewürze, Suppen
Spezialität des Hauses:	Hausmachersenf

1865 vertraute die Wirtin Mari vom Weißwirt aus Teisendorf im Berchtesgadener Land ihr Rezept für hausgemachten Senf der Familie Schuster/Kiefhaber an. Eine Bedingung stellte sie dabei: Ihr Name sollte dem Senf immer bleiben. Die Nachfolger hielten Wort. Sogar in einem Siegel gibt Mari dem Senf heute einen guten Namen. So entwickelte sich aus dem Zusatzgeschäft einer bayerischen Wirtin ein mittelständisches Unternehmen mit Kunden weit über die Grenzen des Freistaats hinaus.

Etwa 47 Senfsorten hat der jetzige Firmenchef Jürgen Kiefhaber aus dem überlieferten Hausrezept entwickelt. Dabei legt er großen Wert auf traditionelle Herstellung ohne Konservierungsstoffe. Der Chef persönlich rührt alle Senfarten von Hand in Tonfässern an und verwendet dafür handverlesene Zutaten. Dazu gehören zum Beispiel feiner Farinzucker und frisches Senfmehl, das zu 100 Prozent sortenreine ätherische Öle enthält. Mit Liebe zum Detail entstehen fantasievolle Senfvariationen als Begleiter für Wurst, Fleisch, Vinaigrette und mehr. Das mit sehr viel Leidenschaft geführte Unternehmen, ganz in der Nähe von Landsberg am Lech, beliefert Geschäftspartner in Japan, Frankreich und Österreich. Spitzenköche wie Alfons Schuhbeck empfehlen Mari-Senf. Individuell abgestimmte Senfkreationen, wie zum Beispiel der original Franziskaner Senf, der Haxensenf für das Bräustüberl am Tegernsee, der Senf für das Hotel Friesacher in Salzburg und das Bräustüberl in Berchtesgaden, werden auf Kundenwunsch hergestellt.

Geschichten

Vor über 20 Jahren traf Jürgen Kiefhaber auf einer Messe Alfons Schuhbeck. Der Senf und die Chemie stimmten, und seither tüfteln die beiden an deliziösen Senfkreationen. Die Ergebnisse können sich sehen und schmecken lassen. 15 Sorten Feinschmeckersenf werden in der Küche des Senferzeugers mit Namen und Konterfei des bayerischen Starkochs produziert. Vom klassischen Hausmachersenf bis hin zum Feigen-Walnuss- oder Mandarinen-Senf kann der Gourmet wählen. Auch der mittelscharfe und der süße Hausmachersenf der „König Ludwig"-Serie werden in den Tontöpfen des Kaltenberger Senferzeugers eingerührt. Zu allen Sorten gibt es auf Wunsch bei Mari-Senf auch ein originelles Tonhaferl für den gepflegten Brotzeittisch.

Herstellung

Hauptbestandteil der pikanten Senfprodukte ist der Samen der Senfpflanze. Ein etwa einen Meter hohes Krautgewächs, das seit über 1.000 Jahren auf europäischem Boden wächst. Dabei unterscheidet man zwischen milden gelben und scharfen braunen Senfsamen. Braunsaatsenf wird hauptsächlich in Ungarn und Kanada angebaut. Gelbsaatsenf stammt meist aus Holland, Dänemark, Italien sowie Kanada und Indien. Die winzigen Senfkörner enthalten Eiweiß, fettes Öl, Senföl und sogenannte Glucosinolate.

Dabei ist das Senföl besonders wertvoll, denn es verstärkt den Speichelfluss und die Produktion von Magen- und Gallensaft. Die Stärke- und Fettverdauung wird verbessert und die Darmbewegung angekurbelt. Deshalb hilft Senf besonders bei schwer verdaulichen Speisen wie Schweinshaxen oder fetter Wurst, aber auch als Senfsoße zu hart gekochten Eiern. Die unterschiedlichen Geschmacksrichtungen und Konsistenzen entstehen durch die Auswahl und das Verhältnis der verschiedenen Senfsamen, durch den Mahlgrad und den verwendeten Essig oder Most. Durch weitere Zutaten entstehen Geschmacksnuancen von süßlich-mild bis würzig, scharf oder sehr scharf. Jürgen Kiefhaber verwendet zur Herstellung seiner Senfmischungen ausschließlich ganze Bestandteile der Zuckerrübe statt herkömmlicher Süßungsmittel. Bei der traditionellen Herstellung in Tonfässern bleibt die Wärme lang erhalten und der Senf hat damit zwei Tage Zeit zum Reifen. Dass der erfahrene Senfmacher auch noch einige Geheimnisse hat, die seine Kompositionen unverwechselbar machen, versteht sich von selbst.

Schmankerltipp

Zu einem abgebräunten Leberkäse mit Spiegelei passt vorzüglich ein süßer Hausmachersenf.

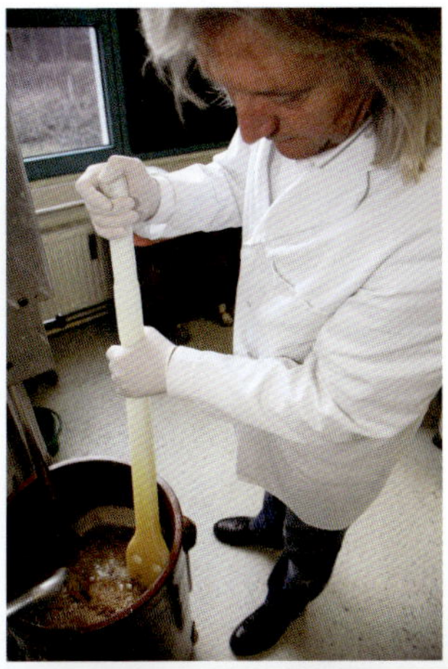

Wussten Sie schon,

... dass Senf auch die Durchblutung anregt, dadurch das Immunsystem stärkt und zudem schleimlösend wirkt?

... dass Senfmehl je nach Vermahlungsgrad die circa drei- bis vierfache Menge des Wassers bindet?

Hausmachersenf

Hausmachersenf, auch süßer, bayerischer oder Weißwurstsenf genannt, besteht aus grob gemahlenen Senfkörnern. Erstmals wurde er 1854 von Johann Conrad Develey hergestellt. In Bayern wird er hauptsächlich zu Weißwurst und Leberkäse gegessen.

Besonderheit

Mari-Hausmachersenf wird nach einem alten Geheimrezept noch auf alte Weise mit besten Zutaten in Tontöpfen angerührt. Es gibt ihn in den Geschmacksnoten süß, süß-scharf und Honig. Besonders hochwertiger süßer Senf, wie der „Mari-Hausmachersenf – Honig" wird, wie der Name sagt, mit hochwertigem Bienenhonig gesüßt. Zudem werden keine künstlichen Aromen oder Süßstoffe, sondern ausschließlich natürlicher Zucker direkt aus der Zuckerrübe verwendet.

Verzehrtipp

Süßen Hausmachersenf am besten kurz vor dem Verbrauch in ein schönes Tonhaferl füllen und temperiert verzehren.

Lagerung

Da Senf antibiotisch und antiseptisch wirkt, hat er auch eine gute Haltbarkeit. Einmal angebrochen, verliert der Senf jedoch allmählich sein Aroma. Wird er warm gelagert, geht auch die Schärfe schnell verloren.

Bezugsquellen

In vielen Metzgereien und Feinkostläden Bayerns, im Ladengeschäft direkt im Produktionshaus in Kaltenberg sowie im Webshop kann man die Senf-Spezialitäten bestellen.

König Ludwig – Schlossbrauerei Kaltenberg

Prinz Luitpold von Bayern

Region:	82269 Kaltenberg/Bayerisch-Schwaben
Gründungsjahr:	1516
Produkte:	Bier und alkoholfreie Getränke
Spezialität des Hauses:	König Ludwig Dunkel
Höhepunkte, Veranstaltungen:	Juli: Kaltenberger Ritterturnier

Auf Schloss Kaltenberg, dem Stammsitz des Prinzen Luitpold von Bayern und Heimat des größten, jährlich stattfindenden Ritterturniers der Welt, reift – wie schon vor hunderten von Jahren – direkt unter dem Schlossgarten Deutschlands beliebtestes Dunkelbier heran. Seine Königliche Hoheit ist der Urenkel des letzten Königs von Bayern, Ludwig III. Doch er ist bei weitem nicht der erste in seiner Familie, der sich der Braukunst widmet: Wohl kaum eine Familie ist so mit Bayern und dem Bier verwoben wie die Wittelsbacher.

Im Jahre 1260 gründete Herzog Ludwig der Strenge in München die erste Brauerei. 1516 folgte der Erlass des berühmten bayerischen Reinheitsgebotes durch Herzog Wilhelm IV. und 100 Jahre später erließ Kurfürst Maximilian I. das Weißbiermonopol, das bis 1798 Bestand haben sollte. Auch das Oktoberfest verdankt die Welt dem königlich-bayerischen Haus. Als öffentliche Feier anlässlich der Hochzeit des jungen Kronprinzen, dem späteren König Ludwig I., mit Prinzessin Therese von Sachsen-Hildburghausen fand es am 12. Oktober 1810 zum ersten Mal auf der Theresienwiese statt. Auch König Ludwig II. pflegte die Biertradition der Wittelsbacher weiter, als er im Jahre 1868 die Polytechnische Schule München und wenige Jahre später die Königlich-Bayerische Akademie für Landwirtschaft und Brauereien gründete, zu der heute auch die weltweit renommierte Brauwissenschaftliche Fakultät in Weihenstephan gehört. Eine lange, bewegte Brautradition, die Prinz Luitpold von Bayern heute in der Schlossbrauerei Kaltenberg fortsetzt und die dem Freistaat Ansehen und Reichtum gebracht hat.

Geschichten

Selbst für die urgemütliche Biergartentradition zeichnen die Wittelsbacher verantwortlich. Da früher im Sommer das Bierbrauen wegen der Brandgefahr durch das Sieden verboten war, musste ein Biervorrat angelegt werden. So entstanden spezielle Bierkeller, die durch Schatten spendende Bäume, meist Kastanien, vor der Sonne geschützt wurden. Und da die Brauer ihr Bier direkt an die Bevölkerung verkaufen wollten, liefen Münchens Wirte dagegen Sturm. Daraufhin genehmigte König Ludwig I. den Bierausschank über den Kellern, verfügte aber, dass die Brauer kein Essen verkaufen durften. Wer also eine Mass Bier im Schatten der Kastanienbäume genießen wollte, musste seine Brotzeit selbst mitbringen. Eine Tradition, die sich zur Freude vieler Biergartenbesucher bis heute erhalten hat – nur dass sie heute kein Muss mehr ist.

Herstellung

Heute wird das königliche Bier – mit dem Familienwappen der Wittelsbacher auf den Flaschenetiketten – an verschiedenen traditionsreichen Braustätten eingebraut. Das Weißbier wird in dem ehemaligen, 1573 gegründeten Marthabräu in Fürstenfeldbruck von erfah-

renen Braumeistern zum Schäumen gebracht. Im ehemaligen Holzkirchner Oberbräu, der 1605 vom Tegernseer Abt das Braurecht erhielt, entsteht seit 2007 eine untergärige Spezialität, das König Ludwig Hell. Das Quellwasser vom Taubenberg, woher auch das viel gelobte Münchner Trinkwasser stammt, wird für dieses Bier verwendet. Aus Thannhausen kommen die Erfrischungsgetränke. Das Wasser dafür kommt aus einem 200 Meter tiefen Brunnen des Postbräu Thannhausen. Am Rande des Naturparks „Augsburg westliche Wälder" gelegen, blickt die Braustätte auf über 500 Jahre Braugeschichte zurück. Das berühmteste Bier des Hauses, das König Ludwig Dunkel, wird im Stammhaus in Kaltenberg produziert. Der alte Burggraben ist dort immer noch im Originalzustand, während einige der Schlossgebäude zu Restaurants umgestaltet wurden. Dazu gibt es einen Biergarten, einen Hirschpark und die große Freiluftarena für etwa 13.000 Zuschauer, in der seit 1980 das Kaltenberger Ritterturnier und andere Großveranstaltungen abgehalten werden.

Schmankerltipp

Eine wahrlich „königliche" Brotzeit kann man sich mit einem König Ludwig Dunkel, dem gleichnamigen Käse sowie dem kräftig-aromatischen König-Ludwig-Brot zusammenstellen.
Süßer Hausmachersenf, feine Destillate und eine würzige Zigarre aus der König-Ludwig-Produktfamilie vollenden einen königlich-bayerischen Brotzeitgenuss.

König Ludwig Dunkel

Ein würzig, kräftiges dunkles Bier mit langer Tradition, die bis in das Jahr 1560 zurückreicht. Nachdem das Dunkelbier in Vergessenheit geraten war, brachte Prinz Luitpold von Bayern es vor circa 30 Jahren wieder auf den Markt.

Besonderheit

Das harte, kalkhaltige Wasser des Voralpenlandes eignet sich besonders gut für Dunkelbier. Deshalb wurde in früherer Zeit hier auch fast nur dunkles Bier eingebraut. Die dunkle Farbe des Bieres kommt durch die Verwendung eines speziellen dunklen Malzes. Dabei werden die Spelzen nach dem Rösten entfernt, da diese oft einen Geschmack von verbranntem Toastbrot haben. Während der wochenlangen Lagerung im kühlen Keller des Schlosses reift das Bier in Holzfässern, ähnlich einem guten Wein, heran.

Verzehrtipp

„In Ruhe genossen" – so die Empfehlung von Prinz Luitpold selbst – ist das Dunkelbier ein guter Entschleuniger.

Lagerung

Am besten „lagert" man dunkles Bier am Biertisch in einem gekühlten Steinkrug mit Deckel. Damit werden Sonne, Wespen oder herabfallendes Laub vom Inhalt ferngehalten.

Bezugsquellen

In vielen Getränkemärkten und Restaurants in Bayern, in ganz Deutschland und in zahlreichen Ländern der Welt.

Wussten Sie schon,

... dass das alljährlich stattfindende Kaltenberger Ritterturnier heute die größten Ritterspiele der Welt sind?
... dass früher im Sommer das Bierbrauen verboten war? Es bestand Brandgefahr durch das Sieden. Deshalb musste für die Sommerzeit ein Biervorrat angelegt werden. So entstanden spezielle Bierkeller, im Allgemeinen direkt neben dem Brauhaus.

Brauerei Riegele

Dr. Sebastian Priller, Sebastian Priller

Region:	86150 Augsburg/Bayerisch-Schwaben
Gründungsjahr:	1386
Produkte:	Biere, Spezialbiere und alkoholfreie Getränke
Spezialität des Hauses:	Commerzienrat Riegele Privat
Höhepunkte, Veranstaltungen:	Riegele Bierkettenverleihung, immer am 23. April, dem Tag des Bieres. Weitere Kurse und Veranstaltungen auf der Webseite

Lange vor dem bekannten Bayerischen Reinheitsgebot des Bayernherzogs Wilhelm IV. von 1516 erließ Kaiser Friedrich Barbarossa bereits im Jahre 1156 für die Stadt Augsburg ein kaiserliches Reinheitsgebot für Bier und damit das älteste Verbraucherschutzgesetz der Welt. Reichlich 200 Jahre später, 1386, beginnt hier auch die Geschichte des Brauhauses „Zum Goldenen Roß". Die Augsburger Braustätte, die heute als „Brauhaus Riegele" bekannt ist, darf sich mit ihrer über 600-jährigen Geschichte zu den wenigen weltweit zählen, in der durchgehend Bier gebraut wurde.

Im Jahre 1884 erwarb Sebastian Riegele das traditionsreiche Augsburger Brauhaus und braute mit handwerklicher Sorgfalt und Leidenschaft Bierspezialitäten nach seinen Vorstellungen. Das Bier schmeckte den Augsburgern so gut, dass es seinem Sohn, Commerzienrat Riegele, bereits 1911 möglich war, vor den Toren der Stadt eine Brauerei nach den Plänen des Ingenieurs Theodor Ganzenmüller im Jugendstil zu erbauen. Noch heute ist das Riegelehaus ein Wahrzeichen Augsburgs.
Der Zukauf verschiedener Gastwirtschaften sicherte den Bierabsatz und mit dem Kauf einer Mälzerei wurde die Grundlage für die spätere Entwicklung gelegt. Heute ist das Brauhaus Riegele mit rund 100 Mitarbeitern noch immer in Familienbesitz. Gerade in der heutigen Zeit der Globalisierung sind es oft die kleinen, mittelständischen und familiengeführten Unternehmen, die in der Region Werte und Arbeitsplätze bewahren. Sie sind es auch, die jenseits von Aktionärsinteressen persönliche Verantwortung übernehmen. Für die Riegeles Grund genug, gemeinsam mit gleich gesinnten Brauern die Initiative ‚Die Freien Brauer' zu gründen, die für Grundwerte wie höchste Qualität, einzigartige Vielfalt, saubere Umwelt und für gelebte Heimatverbundenheit einstehen. Ziel der Unternehmer ist es, zur Lebensqualität in ihrer Region aktiv beizutragen. Allen Generationen des Brauhauses Riegele ist es ein großes Anliegen, ihre Welt rund um das Bier so zu gestalten, dass die Augsburger sagen können: „... schönes Leben hier!"

Geschichten

„Mein Hobby ist das Bier", sagt der amtierende Biersommelier-Weltmeister Sebastian Priller und fügt hinzu: „Für mich darf ein Bier alles sein, nur nicht charakterlos." Während die Winzer stolz darauf sind, dass ihr Naturprodukt jedes Jahr etwas anders schmeckt, nutzen viele Brauer ihr Wissen oft dazu, ihr Bier immer gleich schmecken zu lassen. Gerade die ausgefallenen Geschmackserlebnisse sind aber der Grund dafür, dass Braumeister Frank Müller noch über 150 Hefen im eigenen Haus pflegt und deren Vielfalt in den täglichen Brauprozess einfließen lässt. „Charakter polarisiert und schmeckt nicht jedem", so Priller. „Genuss ist Emotion und findet in der rechten Hirnhälfte statt. Sensorik ist eine Grundvoraussetzung für Genuss, aber nie eine hinreichende Bedingung. Für den Genuss ist es ein Unterschied, ob jemand das Bier mit Liebe aus dem gepflegten Holzfass zapft oder aus der Flasche eingießt. Die Sensorik mag gleich sein – der Genuss nicht." Nicht nur deshalb trat die Brauerei beim European-Beer-Star in der Luxusklasse der holzfassgereiften Starkbiere an. Riegele braut diese gut gehegten Biere in einer eigenen Biermanufaktur und lässt die Spezialitäten in eigens dafür erworbenen Sherryfässern über Monate reifen. Ein hervorragender dritter Platz war der Lohn dieser Anstrengungen.

Herstellung

Die Leidenschaft zum edlen Gerstensaft zeigt sich im Augsburger Brauhaus auch daran, dass es hier seit vielen Jahren gelingt, Bier auf höchstem Niveau zu brauen. Das wiederum spiegelt

sich in der Tatsache wider, dass die Biere seit Jahren auf den Siegertreppchen großer internationaler Bierwettbewerbe stehen. Insgesamt kam die Brauerei in den letzten Jahren 21-mal unter die drei besten Biere weltweit. Auch wenn dabei das neue ‚Riegele Imperial Stout – Edition Sherry' noch nicht antreten konnte, ist Sebastian Priller davon überzeugt, auch mit diesem Bier in Zukunft zu punkten.
Neben den erlesenen Bierspezialitäten sprudelt mit der Mozartquelle auch ein einzigartiges Mineralwasser aus der hauseigenen Quelle. Weitere alkoholfreie Getränke wie Original Spezi oder Chabeso, eine wiederauferstandene Limonadenspezialität auf Milchsäurebasis, die in der Zeit nach dem Krieg bis ins ferne Ägypten verkauft wurde, vervollständigen das Sortiment.

Schmankerltipp

Gestachelter Riegele Speziator Doppelbock: Das Bierstacheln ist ein alter Brauch der Bierveredelung. Dabei wird ein glühendes Stück Eisen, der ‚Bierstachel', in das befüllte Glas eingeführt und schnell wieder entfernt. Das kalte Bier erwärmt sich dabei um etwa zwei Grad Celsius, doch durch den kurzen Hitzeschock karamellisiert der Restzucker im Bier und gibt ihm eine karamellige Note. Die Kohlensäure entweicht zum Teil und sorgt so für eine feinporige, warme Schaumkrone, durch die der kalte Doppelbock hindurchfließt.

Wussten Sie schon,

… dass aus einer Vielfalt von über 7.000 verschiedenen Biermarken, die von 1.300 Braustätten hergestellt werden, die Mitglieder des ProBier-Clubs den Commerzienrat Riegele Privat 2006 zum Bier des Jahrzehnts wählten?

… dass Riegele seine Welt rund um das Brauen transparent hält? Die Vision: bis zum Jahre 2020 in Augsburg ein Forum für das Zelebrieren flüssiger Lebensfreude geschaffen zu haben.

Commerzienrat Riegele Privat

Leicht malzaromatisch mit dezenter Hopfenblume, gibt sich die goldenste Riegele-Bierspezialität. Dank einer optimalen Symbiose von Körper (Malz) und Seele (Hopfen) schmeckt es harmonisch abgerundet im Malzaroma und hat eine angenehme Hopfenbittere.

Besonderheit

Das Einzigartige am „Commerzienrat Riegele Privat" kommt durch die Spelzentrennung; einem uralten Schrotmaischeverfahren, das nur noch von sehr wenigen Brauereien praktiziert wird. Dabei wird nur das Filetstück des Malzes, das Grieß, ohne Schale verwendet. Das geschieht, weil beim ersten Kontakt des Malzes mit dem Wasser die Spelzen Gerbstoffe abgeben, die einen oft unerwünschten Geschmack besitzen. Durch dieses aufwendige Verfahren wird das Bier zu einem würzig-milden Festbier.

Verzehrtipp

Am besten genießt man dieses Bier frisch und kühl aus dem originalen „Commerzienrat-Seidl", den es ebenfalls im Shop vor Ort zu kaufen gibt.

Lagerung

Die Biere sind nicht pasteurisiert; durch ein Höchstmaß an Sauberkeit können dennoch neun Monate Mindesthaltbarkeit erreicht werden.

Bezugsquellen

Getränkemärkte und Gastronomie rund um Augsburg und einige Länder in Europa.

Bäckerei - Konditorei Balletshofer GmbH

Thomas, Michael, Nicole, Christian, Ruth und Johann Balletshofer

Region:	86156 Augsburg/Bayerisch-Schwaben
Gründungsjahr:	1951
Produkte:	Bäcker- und Konditorware
Spezialität des Hauses:	Augsburger Zwetschgendatschi

Europas bester Zwetschgendatschi kommt, quasi amtlich, natürlich aus Augsburg. Nicht ohne Grund bezeichnen die Bürger ihre Stadt auch als „Datschiburg". Der Siegerdatschi, gebacken vom Augsburger Konditormeister Christian Balletshofer, trat in der auf ProSieben ausgestrahlten Sendung „Galileo" gegen „Quetschentaarte" aus Luxemburg und „Plum Pie" aus England an. Eine internationale Jury fällte am Ende die Entscheidung mit dem Ergebnis: Datschiburg darf seinen Namen zu Recht und mit Stolz tragen.

Was die Großeltern 1951 als kleine Balletshofer-Backstube im Stadtteil Oberhausen in Augsburg begannen, setzen heute die Drillinge Christian, Michael und Thomas Balletshofer gemeinsam mit ihrer Schwester Nicole erfolgreich fort. Der Opa kümmerte sich damals in der Backstube um frisches Backwerk und die Oma achtete im Verkauf darauf, dass die Kunden zufrieden waren. Ebenfalls Bäcker mit Leib und Seele, lernte der Vater des Quartetts auf einer Bäcker-Freisprechungsfeier seine Frau kennen. Beide übernahmen das Geschäft und auch die Aufgaben von der ersten Generation.
1979, die Kinder waren zu dieser Zeit schon da, wurde eine neue Bäckerei gebaut. Da sich auch bei der dritten Generation früh zeigte, wer ein Bäcker werden will, wuchs das Geschäft unter der Leitung der Eltern auf 20 Filialen an. Die Drillinge wurden Konditor- und Bäckermeister und gemeinsam mit ihrer Schwester machten sie alle den Betriebswirt. Bei solch geballter Kompetenz war klar, dass auch die neue Backstube schnell zu klein werden würde. 2007 bauten die Balletshofers eine neue und schufen mit modernster Technik die Grundlage für ein weiter expandierendes Bäckereiunternehmen, das eine Vielzahl hochwertiger und innovativer Produkte im Sortiment hat. Eine dieser Entwicklungen ist die Goldsemmel – eine weiße Semmel mit röscher Kruste, weichem Teig und der Kraft des Vollkorns. Zehn verschiedene Saaten werden hierfür schon vor der Trocknung und Vermahlung zum Keimen gebracht. Auf diese Weise vermehren sich die Vitamine, Spurenelemente und Mineralstoffe, werden aufgeschlossen und dadurch für den Verzehr leicht verwertbar gemacht.

Geschichten

„Fliegender Händler", das nahm Frau Balletshofer sen. einmal sehr wörtlich. Vor Jahren benutzten die Balletshofers noch einen alten Opel Kadett zur Auslieferung. Für einen Lieferwagen viel zu klein, war noch dazu das Zündschloss defekt, sodass man das Auto mit einem Schraubenzieher starten musste. Damals wurden von der kleinen Backstube aus bereits fünf Filialen beliefert und die Backwaren mussten an manchen Tagen bis in den zweiten Stock auf den Stufen des Mehrfamilienhauses gestapelt werden. Einmal stellte die Mutter deshalb beim Beladen zwei Bleche auf dem Autodach ab, während sie weitere Bleche in der Regalkonstruktion im Kofferraum verstaute. Die Fahrt begann und die vergessenen Bleche landeten in der nächsten Kurve vor dem Schaufenster eines Elektrikers. Die Lieferung war ausgeführt – nur nicht an die richtige Adresse.

Herstellung

Die Zwetschge ist der Star des beliebten Obstgebäcks des Sommers. Sie ist eine enge Verwandte der Pflaume und stammt ursprünglich aus Asien. Während die Pflaume hauptsächlich in der typisch blau-violetten Färbung, aber auch in Rot und Gelb erhältlich ist, hat die Zwetschge eine tief dunkelblaue Haut und ist meist mit einem weißlichen Reif überzogen, der sie vor dem Austrocknen schützt. Sie lässt sich gut vom Kern lösen, das Fruchtfleisch ist grünlich-gelb und von fester Konsistenz mit geringem Zuckergehalt und frischer Säure. Es gibt viele Sorten, die sich alle in Form, Farbe und Geschmack unterscheiden und deren Erntezeit von Juli bis in den späten Herbst hinein reicht. Die Zwetschge ist im Gegensatz zur fast runden Pflaume eher länglich-oval und hat spitzere Enden ohne Fruchtnaht. Aufgeschnitten ergibt sie auf dem Datschi eine Art Rauten- oder Zapfenmuster. Der Datschi wird laut Originalrezept aus Mürbteig gebacken, heute jedoch meist mit Hefeteig hergestellt. In der Bäckerei Balletshofer wird der Boden seit 2009 aus touriertem Hefe-Mürbteig hergestellt. Dabei wird der Mürbteig in den Hefeteig eingeschlagen und wie beim Blätterteig, in mehreren Touren verarbeitet. Das bedeutet, dass der eingeschlagene Teig mehrfach ausgerollt und danach wieder übereinander geschlagen wird. Er bekommt dadurch feine Schichten, einen guten Biss und einen angenehmen Buttergeschmack. Anschließend wird er mit frischen Zwetschgen belegt.

Eine Innovation der Bäckerei ist die „Goldsemmel“, eine weiße Semmel mit Vollkorn-Power, die aus zehn verschiedenen Saaten gewonnen wird. Diese werden vor der schonenden Trocknung und Vermahlung zum Keimen gebracht. Die Vitamine des Korns vermehren sich dadurch auf natürliche Weise. Zusätzlich werden Spurenelemente und Mineralstoffe aufgeschlossen und für den Körper verfügbar gemacht. Das Plus an Vitaminen und Mineralstoffen macht das Weißgebäck fast so vital wie Vollkornbrot. Langsames Backen hält die natürlichen Inhaltsstoffe auch nach einigen Stunden noch knackfrisch und voll im Geschmack.

Wussten Sie schon,

… dass man im Augsburger Stadtgebiet den Zirbelnüssen, also dem Datschimuster, auch heute noch auf Schritt und Tritt begegnet? Das vornehmste Exemplar – die große kupferne Zirbelnuss auf der Giebelspitze des Augsburger Rathauses – kündet seit Jahrhunderten vom Stolz und Selbstbewusstsein der Augsburger.

Spezialität

KATEGORIE

SÜSSE BACKWAREN

Augsburger Zwetschgendatschi

Ein flacher Blechkuchen, im Original aus Mürbteig, wird heute meist aus Hefeteig hergestellt und mit Zwetschgen belegt. Ob sich der Name von „Datsche“ (also Landhaus) oder „datschen“ (flach drücken) ableitet, ist nicht ganz geklärt.

Besonderheit

Der Zwetschgendatschi gleicht in Form und Aussehen dem Augsburger Stadtwappen, der Zirbelnuss, dem aufrecht stehenden Zapfen einer Zirbelkiefer. Die Augsburger beanspruchen zudem für sich, den Zwetschgendatschi erfunden zu haben, weshalb die Stadt auch scherzhaft „Datschiburg“ genannt wird. Ursprünglich war der Zapfen das Feldzeichen einer römischen Legion, die im Jahr 15 v. Chr. ihr Feldlager Augusta Vindelicorum am Zusammenfluss von Lech und Wertach, dem Gebiet der heutigen Stadt Augsburg, hatte.

Verzehrtipp

Zwetschgendatschi am besten rasch verzehren, denn er ist auch bei Bienen und Wespen sehr begehrt.

Lagerung

Zwetschgendatschi sollte man frisch essen. Im Kühlschrank kann man ihn ein bis zwei Tage aufbewahren, sollte ihn aber dann etwa eine Stunde vor dem Verzehr herausnehmen.

Bezugsquellen

Augsburger Zwetschgendatschi wird von fast allen Augsburger Bäckereien hergestellt und ist auch im übrigen Südbayern oft zu bekommen. Den Sieger- Zwetschgendatschi erhält man in allen Filialen der Bäckerei Balletshofer – auch in München.

Spezialität

KATEGORIE
FLEISCH & WURSTWAREN

Wittelsbacher Weideox

Wenn ein Rind im Landkreis Aichach-Friedberg geboren, aufgezogen und geschlachtet und die strengen Anforderungen an die züchtenden Landwirte, Futtermittellieferanten, Schlachter und teilnehmenden Gastronomiebetriebe beachtet wurden, ist es ein typisch regionales Produkt. Nur dann darf es den Qualitätsnamen „Weideoxenfleisch aus dem Wittelsbacher Land" tragen.

Besonderheit

Strenge Bestimmungen regeln die Aufzucht und Fütterung der Oxen ebenso wie deren Schlachtung und Vermarktung. So werden die Rinder für den Wittelsbacher Weideoxen aus Fleckvieh, Limousin und Charolais gezüchtet. Diese werden über zwei Jahre bei artgerechter Haltung gemästet. Das Futterheu muss dabei aus der Region stammen, und es dürfen keine genmanipulierten Futtermittel eingesetzt werden. Schließlich unterziehen sich die Metzgereien bei der Schlachtung und Verarbeitung einer aufwendigen Dokumentation, Kontrolle und Etikettierung der Fleischteile.

Verzehrtipp

Beim Kurzbraten oder Grillen empfiehlt es sich, das Fleisch von jeder Seite maximal drei Minuten anzubraten und dann bei höchstens 120° C im Backofen zehn Minuten ziehen zu lassen. Auf keinen Fall sollte man das Fleisch ganz durchbraten.

Lagerung

Sorgfältig abgelagertes und gereiftes Oxenfleisch können Sie beim Metzger Ihres Vertrauens kaufen.

Bezugsquellen

Weideoxenfleisch erhalten Sie in den sieben Filialen der Hofmetzgerei Franz Ottilinger und fachgerecht zubereitet bei den Spezialitätenwirten im Wittelsbacher Land.

Hofmetzgerei Ottillinger

Region: 86554 Pöttmes/Bayerisch-Schwaben
Gründungsjahr: 1842
Produkte: Wittelsbacher Weideox und Wittelsbacher Landschwein
Spezialität des Hauses: Wittelsbacher Weideox

Carolin und Franz Ottillinger

Lebensmittel sind Vertrauenssache. Dabei sind Regionalität, Sachverstand und kurze Wege entscheidend für wertvolles Fleisch. Franz Ottillinger ist Metzgermeister der vierten Generation und kann damit auf fast 170 Jahre Erfahrung zurückgreifen. Mit seiner Frau, vier Töchtern und den Mitarbeitern in sieben Filialen erschafft er täglich das Gütesiegel Hofmetzgerei Ottillinger neu. Die Metzgerei arbeitet nach traditionellen Rezepturen in modernen Produktionsstätten, die den aktuellen EU-Richtlinien entsprechen.

Herstellung

Der Wittelsbacher Weideox wird über zwei Jahre auf Weiden oder im Auslauf gehalten und absolut gesund ernährt, bevor er schonend zur Schlachtbank transportiert wird, denn Stress wirkt sich negativ auf die Fleischqualität aus. Franz Ottillinger setzt auf lückenlose Qualität von Anfang an. Er garantiert schriftlich, dass die Landwirte weder Antibiotika noch Tiermehl an ihre Tiere verfüttern. In gluten- und laktosefreier Verarbeitung entstehen Wurst- und Fleischspezialitäten in bester Handwerkstradition.

Schmankerltipp

Der Tafelspitz ist ein traditionelles bayerisches Schmankerl, das in der jüngeren Zeit etwas in Vergessenheit geraten ist. Der typische Geschmack des Rindfleisches kommt besonders gut zur Geltung, wenn man es schonend in Brühe kocht, mit Suppengemüse verfeinert und mit frischem Kren serviert.

Wussten Sie schon,

… dass man früher Ox wirklich mit „x" geschrieben hat?

… dass der Landkreis Aichach-Friedberg die Wiege Altbayerns ist? Hier befinden sich die Wurzeln des bayerischen Königshauses der Wittelsbacher.

Tavernwirt

Region: 86551 Aichach-Sulzbach/ Bayerisch-Schwaben
Gründungsjahr: 1993
Produkte:
Wittelsbacher Spezialitätenküche
Spezialität des Hauses:
Wittelsbacher Oxenfleisch

Martin Wastl

Das Wort „Tavern“ kommt von „tafeln“. Die Tavernwirtschaften gehörten einst zu den angesehensten Gasthäusern in Bayern. Im 19. Jahrhundert konnten Reisende und Gesellschaften auf dem Oxenweg bodenständig und gepflegt speisen, feiern und die Postkutschenpferde wechseln.
Das Wirtshaus von Martin Wastl in Sulzbach knüpft an diese Tradition an. Baron von Grafenreuth, der Eigentümer des Traditionshauses, gab ihm und damit seiner raffinierten Küche 1993 den Zuschlag. Gut und gepflegt ist es hier, eine kulinarische Entdeckung und belebendes Idyll, ganz nach Wittelsbacher Lebensart.
1997 haben sich einige der besten Restaurants und Gasthöfe im Landkreis Aichach-Friedberg zu den „Spezialitätenwirten im Wittelsbacher Land“ zusammengeschlossen. Allesamt sind sie Mitglied bei „Slow Food“ und wurden für ihr kreatives Engagement mit dem „Bayerischen Innovationspreis“ der Bayern Tourismus-Marketing-Gesellschaft ausgezeichnet.

Schmankerltipp

Zu den in Rotwein geschmorten Backen vom Wittelsbacher Weideoxen mit Pfifferlingen passt hervorragend ein gehaltvoller, öliger, geschmeidiger Cuvée aus Portugieser, Cabernet Sauvignon und Merlot vom Weingut Schneider in der Pfalz.

Wussten Sie schon,

.. dass der Ausdruck Böfflamott von dem französischen Begriff „Boeuf à la mode“, also Fleisch nach der neuesten Mode, abgeleitet wurde?

Spezialität

KATEGORIE
FLEISCH & WURSTWAREN

Geschmorte Backen

vom Wittelsbacher Weideox mit Pfifferlingen

Zutaten für 4 Personen

1,3 kg Oxenbacken ergeben ca. 900 g kochfertige Backen • 300 g Gemüsewürfel von Zwiebeln, Sellerie, Karotten und Lauch • 0,7 l Dornfelder • 0,1 l Portwein • 1 EL Tomatenmark • 3 Lorbeerblätter • 8 schwarze Pfefferkörner • 3 Wacholderbeeren • 1 Messerspitze Senf • 1 EL Speisestärke • Salz, Pfeffer

Zubereitung

Die Oxenbacken von allen Sehnen und Fettresten sorgfältig befreien. Die Backen in ca. 100-120 g schwere Stücke schneiden und mit Salz und Pfeffer aus der Mühle würzen. Das Fleisch in Sonnenblumenöl in einem schweren Topf von allen Seiten anbraten. Die Backen aus dem Topf nehmen, zur Seite stellen.
Das Mirepoix (Gemüsewürfel von Zwiebel, Sellerie, Karotten und Lauch) anbraten, bis es braun wird, das Tomatenmark dazugeben und mitrösten. Das Röstgemüse mit Dornfelder ablöschen, den Bodensatz abkratzen. Diesen Vorgang zweimal wiederholen. Dann den Rest des Dornfelders und das Wasser dazugeben.
Die Oxenbacken wieder in den Topf legen, sie sollen zu zwei Dritteln mit Flüssigkeit bedeckt sein. Die Gewürze Lorbeerblatt, Wacholder, Senf und Pfefferkörner dazugeben. Topf schließen. Im vorgeheizten Backrohr bei 140° C ca. 4-5 Stunden schmoren. Dabei die Backen im Topf viermal umdrehen. Sie sind gar, wenn sie durch einen Stich mit der Fleischgabel von selbiger wieder leicht herunterfallen. Die Backen aus der Soße nehmen, die Flüssigkeit durch ein Haarsieb in einen kleinen Topf passieren, etwas einreduzieren lassen, mit Salz und Portwein abschmecken. Die Speisestärke in kaltem Wasser glatt rühren, in die kochende Soße rühren, bis diese die gewünschte Konsistenz hat.
Die Backen mit den Pfifferlingen auf den vorgewärmten Tellern anrichten, mit der Soße überziehen.

Verzehrtipp: Alternativ passen auch hervorragend Schwarzwurzeln, Rosenkohl, Portweinschalotten oder grüne Bohnen sowie alle Arten von Knödeln, z. B. Semmelknödel, Breznknödel oder Serviettenknödel.

Karwendel-Werke Huber GmbH & Co. KG

Geschäftsführender Gesellschafter: Dr. Wilfried Huber

Region:	86807 Buchloe/Bayerisch-Schwaben
Gründungsjahr:	1909
Produkte:	Frischkäse, Frischkäse-Scheiben, Fruchtquark
Spezialität des Hauses:	Frischkäse

Die Karwendel-Werke mit Sitz in Buchloe im Allgäu sind eines der bedeutendsten privaten Molkereiunternehmen in Deutschland. Für seine Frischkäse-, Quark- und Käsespezialitäten verarbeitet Karwendel mit seinen rund 350 Mitarbeitern jährlich über 170 Millionen Liter Milch. Damit ist das Unternehmen einer der größten Arbeitgeber und Ausbildungsbetriebe in seiner Region.

Im Jahr 1909 übernahm Franz Xaver Huber im bayerischen Wessobrunn bei Weilheim eine kleine Molkereigenossenschaft und führte sie unter dem Namen F. X. Huber weiter. 1918 heiratete er Maria Neher und zog mit ihr und dem Unternehmen 1926 nach Buchloe im Ostallgäu um. Bis heute ist hier der Firmensitz des Unternehmens. Mit seinen Söhnen Artur und Helmut Huber übernahm 1948 bzw. 1950 die zweite Generation die Leitung des Betriebs. Die Brüder ersetzten den Markennamen „Karwendelspitze" durch das damals zeitgemäßere „Karwendel". Helmut Huber kreierte später auch den Markennamen

„Exquisa", unter dem das Unternehmen seit 1969 seine Frischkäsespezialitäten vermarktet.
Seit 1987 werden die Geschäfte des unabhängigen Familienunternehmens in dritter Generation von Dr. Wilfried Huber geführt. Die Produktpalette wurde über die Jahre kontinuierlich um neue Frischkäse- und Quarkspezialitäten erweitert. Fast jeder zweite 500-Gramm-Becher Fruchtquark in Deutschland kommt heute aus Buchloe. Insgesamt werden derzeit rund 75.000 Tonnen Frischkäse und Quark pro Jahr hergestellt. Produziert wird ausschließlich in Deutschland, etwa ein Viertel wird exportiert. Karwendel zählt damit zu den größten Arbeitgebern und Ausbildungsbetrieben im Ostallgäu. Das Unternehmen unterstützt regionale Projekte wie „Gesundes Frühstück" in Kindergärten und Schulen und ist als Sponsor für Radsportler, Turner, Fuß- und Volleyballer aktiv. 2010 erhielt Karwendel zum zwölften Mal in Folge den „PriMax" der DLG und wurde zum zweiten Mal mit dem „European Dairy Award" für die beste Gesamtleistung in allen DLG-Qualitätsprüfungen für Molkereiprodukte ausgezeichnet.

Geschichten

Was im Mai 2005 bei den Karwendel-Werken in Buchloe im Allgäu vom Band lief, kann man getrost als kleine Revolution in der Käsebranche bezeichnen: die ersten Exquisa-Scheiben aus Frischkäse, fix und fertig verpackt in der wieder verschließbaren Hartschale. Die cremigen Frischkäsescheiben haben eine besonders zarte Konsistenz, schmecken herrlich zu frischem Brot und eignen sich prima für die warme Küche.

Herstellung

Der Grundstoff für Frischkäse ist frische Milch. Sechs Liter werden für die Herstellung von einem Kilogramm Frischkäse der Doppelrahmstufe benötigt – während für die gleiche Menge Joghurt nur ein Liter Milch nötig ist. Bei Frischkäse bleiben jedoch rund 80 Prozent des in der Milch enthaltenen Eiweißes erhalten. Das macht Frischkäse noch wertvoller und gesünder als Joghurt.
Zu Beginn des Herstellungsprozesses wird die Milch in einem sogenannten Separator entrahmt und dann bei 74° C pasteurisiert. Nach der Pasteurisierung werden spezielle Milchsäurekulturen zugegeben. Die so gesäuerte Milch lagert man zur Dicklegung etwa 16 bis 20 Stunden lang in speziellen Tanks und trennt sie dann durch erneute Separation in Frischkäse und Molke.
Im Gegensatz zur Herstellung von Quark wird bei Frischkäse der Fettgehalt bereits vor der Dicklegung eingestellt, um die gewünschte streichfeste Konsistenz zu erreichen. Anschließend wird der Frischkäse gekühlt und durch Zugabe von Zutaten wie etwa Kräutern und Gewürzen zu seiner endgültigen Rezeptur vollendet. Anschließend erfolgt die Homogenisierung bei etwa 70 Grad Celsius – in diesem erhitzten Zustand wird der Frischkäse schließlich in Becher abgefüllt.
Als „Milchfrischerzeugnis" unterliegt Frischkäse keiner Reifung und muss nach Öffnung der Verpackung relativ rasch verzehrt werden. Der Frischkäse-Spezialist verarbeitet seinen Frischkäse sorgfältig und schonend – so bleiben die wertvollen Inhaltsstoffe und der volle Geschmack bestens erhalten.

Schmankerltipp

Sowohl bei „Ökotest“ als auch bei „Stiftung Warentest“ bekamen die sahnigen Frischkäse von Exquisa die Note „gut“. Neben den Sorten „Natur“ und „Kräuter“ ist auch Exquisa „Der Sahnige mit Meerrettich“ eine köstliche Variante dieser Doppelrahm-Frischkäse.

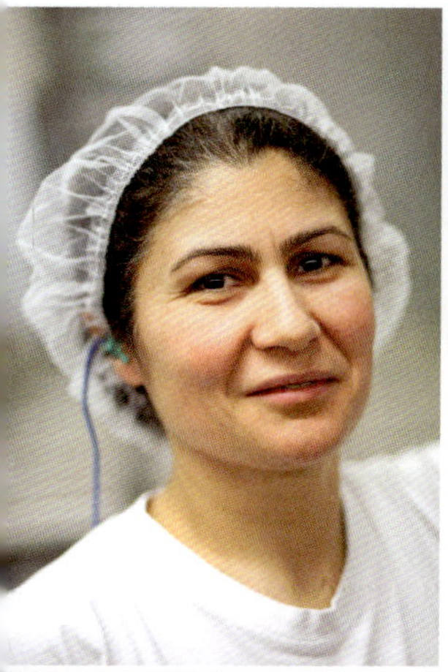

Wussten Sie schon,

... dass Buchloe bereits um 800 n. Chr. von den Welfen auf einem bewaldeten Höhenweg am östlichen Gennachtal gegründet wurde?
... dass Frischkäse eine wichtige Komponente des beliebten bayerischen Obazdn ist?
... dass Fett in der Trockenmasse, abgekürzt Fett i.Tr., die übliche Form ist, in welcher der Fettgehalt von Käse angegeben wird? Die Angabe bezieht sich auf den Fettanteil in der Käsemasse, nachdem ihr alle Wasseranteile entzogen wurden.

Frischkäse

Frischkäse wird ohne Reifung aus Frischmilch hergestellt. Laut deutscher Käseverordnung muss Frischkäse einen Wassergehalt von mindestens 73 Prozent in der fettfreien Käsemasse haben. Der Frischkäse von Exquisa weist in der Doppelrahmstufe einen absoluten Fettgehalt von 24 Prozent auf. Deshalb benötigt man bei einem Fettgehalt von vier Prozent in der Milch also etwa sechs Liter Milch für ein Kilogramm Frischkäse der Doppelrahmstufe.

Besonderheit

Als fettarme Zutat beim Kochen und Backen geschätzt, hat er auch in der bayerischen Küche seinen Siegeszug angetreten. Hergestellt wird Frischkäse in allen Fettstufen, naturbelassen oder auch mit Kräutern und Gewürzen verfeinert. Als Milchprodukt enthält Frischkäse lebenswichtige Nährstoffe und ist reich an Kalzium, Vitaminen und Mineralstoffen. Frischkäse ist darüber hinaus ein ausgezeichneter Proteinlieferant.

Verzehrtipp

Frischkäse schmeckt nicht nur pur auf Brot, Semmeln oder Kipferln richtig lecker, sondern ist auch ein idealer Begleiter von süßem oder deftigem Brotbelag. Für einen Belag mit frischen Früchten oder Gemüse bietet er eine leichte Alternative zur Butter.

Lagerung

Aufgrund des hohen Wassergehalts und der Nährstoffe wie Eiweiß und Lactose verdirbt Frischkäse relativ schnell und sollte daher nach dem Öffnen alsbald verzehrt werden.

Bezugsquellen

Die Frischkäseprodukte von Karwendel sind bayern- und deutschlandweit im Lebensmittel-Einzelhandel erhältlich.

Metzgerei Maischberger

Christian Maischberger

Region:	86807 Buchloe/Bayerisch-Schwaben
Gründungsjahr:	1966
Produkte:	Fleisch- und Wurstwaren
Spezialität des Hauses:	Allgäuer Kaminwurzn

„Tradition und Regionalität sind für meine Arbeit entscheidend. Wir kaufen regional ein und produzieren in kleinen Mengen. Wir wollen aber auch einen fairen Preis für unsere handwerklich hergestellten Spezialitäten bekommen. Der Verbraucher sollte sich selbst die Frage stellen, ob es mit rechten Dingen zugeht, wenn Tierfutter mehr kostet als Hackfleisch…"

Das Zitat ist gelebte Philosophie des Metzgermeisters. 1966 übernahm Helmut Maischberger gemeinsam mit Ehefrau Helga seinen ehemaligen Lehrbetrieb, die Metzgerei Blum in der Buchloer Angerstraße. 25 Jahre später legte sein Sohn Christian die Meisterprüfung an der Fleischerschule in Augsburg ab, nach seiner Gesellenzeit in verschiedenen Kollegenbetrieben und einem Auslandsaufenthalt, der ihn in eine Großmetzgerei im schweizerischen Bern führte. Anschließend absolvierte er 1992 noch die „Akademie des Handwerks" und kehrte sodann als Betriebswirt des Handwerks in den elterlichen Betrieb zurück.

Heute führt der Metzgermeister den Handwerksbetrieb mit insgesamt 29 Angestellten, darunter sechs Auszubildende. Bei den Qualitätsprüfungen der Deutschen Landwirtschaftsgesellschaft (DLG) erhielt die Metzgerei im Jahr 2010 zum 23. Mal den Preis der „Besten in Gold". Nur knapp 200 Betrieben in Europa wurde dieser höchste Betriebspreis verliehen. „Tradition und Regionalität sind für meine Arbeit entscheidend", sagt Christian Maischberger auf die Frage nach seinem Erfolgsrezept. „Nur von unseren Kunden gewünschte Spezialitäten, die aufgrund ihrer Herkunft geschützt sind, kaufen wir zu, wie original italienische Salami, Parma- oder Schwarzwälder Schinken." Rohwürste und naturgereifte Schinken werden in der Metzgerei überwiegend nach überlieferten Rezepturen hergestellt und in hauseigenen Klimakammern nach Handwerkstradition naturgereift. Es bleibt aber auch Platz für Abwandlungen traditioneller Produkte. So wurde vom klassischen „Maischberger Leberkäse" eine Variante mit zwei Dritteln weniger Fett entwickelt, die bei den Kunden sehr beliebt ist.

Geschichten

In bäuerlichen Familienbetrieben in der Umgebung von Buchloe wird das „Allgäuer Wohlfühlrind" geboren. In der Aufzuchtphase wird es mit Eigenmilch gefüttert und danach mit einer Mischung aus Gras-Silage, Mais und Getreidefutter stattlich gemästet. Stundenlange Transporte, Schlachtstress durch Massenauftrieb oder ungelernte Schlachthilfskräfte bleiben dem „Wohlfühlrind" erspart. Die Zerlegung erfolgt durch ausgebildete Fachkräfte, die ein „Händchen" für den richtigen Umgang mit den Tieren haben und wissen, wie respektvoll man im Hause Maischberger mit dem „kostbaren Rohstoff Fleisch" umgeht.

Herstellung

Die Metzgerei Maischberger bezieht ihre Schlachttiere aus einen Umkreis von etwa 20 Kilometern. Im Betrieb wird handwerklich geschlachtet, zerlegt und das Fleisch mit hoher Achtung vor dem Naturprodukt verarbeitet. „Es ist in Ordnung, dass der Mensch Tiere züchtet und tötet. Aber ein Kilo Gulasch für zwei Euro? Da stimmt 'was nicht! Daher lauten meine Fleischregeln: grundsätzlich kein Fleisch aus Massentierhaltung, immer auf Spitzenqualität achten und lieber nur einmal die Woche ein gutes Steak als täglich irgendein Fleisch, das weder besonders gut schmeckt noch ökologisch sinnvoll ist", schrieb der Chefredakteur des Magazins „Beef" dazu. Der Renner im Laden ist – neben dem preisgekrönten Leberkäs – die Allgäuer Kaminwurzn, die bereits der Vater von Christian Maischberger von Anfang an herstellte. Sie wird aus frischem Schweine- und Rindfleisch hergestellt, geräuchert und mit Kräutern und Gewürzen wie Pfeffer, Kardamom, Paprika und einem Hauch Knoblauch verfeinert. Die Allgäuer Kaminwurzn der Metzgerei Maischberger wurden 2008 mit dem Goldenen Preis der DLG ausgezeichnet und erhielten beim f-Qualitätsprüfzeichen, dem „Wurst-Grand-Prix" für handwerkliche Fleischereien, die Höchstpunktzahl. Aus Freude im Umgang mit dem Naturprodukt Fleisch wurde der „Buchloer Landschinken", eine nur mit Meersalz gepökelte und neun Monate in hauseigenen Klimakammern gereifte Schinkenspezialität entwickelt. Und 2004 kreierte der Meister die „Buchloer Stadtwürstel", ein mageres und würziges Würstel mit grober Schinkeneinlage, das heiß oder kalt schmeckt, aus der Pfanne oder vom Grill.

Schmankerltipp

Das Rezept für den luftgetrockneten Buchloer Landschinken, der nach einem aufwendigen Verfahren gepökelt und gereift ist, hat Christian Maischberger von seinem Arbeitsaufenthalt in der Schweiz mitgebracht. Grundlage für die „Königsklasse“ der Schinkenherstellung ist der sogenannte Spaltschinken von schweren Schweinen aus eigener Schlachtung. Was diese Spezialität ausschließlich benötigt, ist Meersalz und Zeit. Nach neun Monaten in den hauseigenen Reifekammern schmeckt der vielfach ausgezeichnete naturbelassene Schinken mild und würzig.

Wussten Sie schon,

.. dass in der Metzgerei Maischberger das Rindfleisch zum großen Teil traditionell trocken gereift ist und für einen Teil der edlen Kurzbratstücke sogar ein extra Fleischreife-Kühlschrank vorhanden ist?

.. dass der Name „Kaminwurz“ noch aus der Zeit stammt, als in vielen Bauernhäusern die Würste zum Räuchern in den Kaminabzug im Dachstuhl gehängt wurden?

Allgäuer Kaminwurzn

Die Kaminwurz stammt ursprünglich aus Tirol, ist aber seit jeher auch ein unkomplizierter, da gut haltbarer Proviant und ein Energiespender für die hart arbeitenden Hirten und Bauern auf den Allgäuer Bergwiesen. Die Kaminwurz wird kräftig geräuchert und ist daher auch ungekühlt lange haltbar. Den Namen hat sie von den früheren Räucherkammern im Dachstuhl und von ihrem knorrigen Aussehen.

Besonderheit

Die Allgäuer Kaminwurz wird seit 1966 in Buchloe hergestellt. Die aus Schweine- und Rindfleisch gefertigte Wurst hat eine dunkle, essbare Hülle und im Anschnitt eine dunkelrote Farbe. Die frische Wurst ist mittelfest im Biss, die abgehangene knackig fest. Ihre angenehme Gewürznote mit einem Hauch Knoblauch macht sie sowohl jung, frisch und weich als auch abgehangen und hart zu einer beliebten Brotzeitspezialität.

Verzehrtipp

Am besten schmeckt die Allgäuer Kaminwurz aus der Hand. Dazu passen ein frisches helles Allgäuer Bier oder ein kräftiger fränkischer Rotwein und eine Brezn.

Lagerung

Die Allgäuer Kaminwurz ist gekühlt bei 10° C mindestens sechs Wochen, luftgetrocknet fast unbegrenzt haltbar.

Bezugsquellen

Die Spezialitäten der Metzgerei bekommt man direkt im Fachgeschäft in Buchloe oder im Webshop – www.maischberger.net

Albert Herz GmbH

Geschäftsführer: Ludwig Sontheim

Region:	87452 Kimratshofen/Bayerisch-Schwaben
Gründungsjahr:	1839
Produkte:	Käseherstellung, Käsegroßhandel, Abpackbetrieb
Spezialität des Hauses:	Allgäuer Emmentaler

„Wer den Pfeil weit nach vorne tragen will, muss den Bogen auch zurück spannen können", so schreibt Ludwig Sontheim, der Geschäftsführer der Käserei Herz in der Einleitung der Unternehmensbroschüre. Weit zurück spannt sich der Bogen der Allgäuer Käsemanufaktur – bis ins Jahr 1839 –, also in die Zeit, als im Allgäu die Milch- und Käsewirtschaft begann.

Bereits im Jahre 1839 liefert Ottmar Herz von Sonthofen aus Käse nach Frankreich. 1878 gründet er zusammen mit seinen drei Söhnen eine offene Handelsgesellschaft. Schon damals wird hauptsächlich Emmentaler Käse produziert. In den langen Allgäuer Wintermonaten, wenn die Pachtsennereien weniger Milch liefern, wird auch Weichkäse, vor allem Limburger, hergestellt. Um die Jahrhundertwende entwickelt sich die Firma zu einer der führenden Käsegroßhandlungen im Allgäu. Das 1890 in Sonthofen erbaute „Herz-Schlössle" zeugt bis heute von der Bedeutung der Käse-Familiendynastie für die Region. Doch Kriegswirren und Inflation machen auch vor Lebensmittelspezialisten nicht halt: Liquidation, Zerstörung, Neuanfang – ein Schicksal, das viele Firmen in der ersten Hälfte des 20. Jahrhunderts erleben. Danach folgt das Wirtschaftswunder mit viel Wachstum und einem Wechsel in der Geschäftsführung.

1989 wird die Albert Herz GmbH gegründet. 2003 erfolgt dann der Umzug an den heutigen Standort in Kimratshofen, wo neben Verwaltung und Produktion auch Reifungs- und Verpackungsdienstleistungen für andere Käsereien angeboten werden. Am zweiten Standort, der Sennerei Schweineberg, einer der letzten traditionellen Allgäuer Sennereien, werden die hochwertigen Rohstoffe gewonnen. Trotz Expansion und ebenso rasanter wie erfolgreicher Entwicklung ist der Käse bei Herz auch tatsächlich eine Herzensangelegenheit geblieben. In Sonthofen bestellen die Allgäuer „ein Pfund Herz", wenn sie ein halbes Kilo Allgäuer Emmentaler erwerben möchten.

Geschichten

Die meisten Allgäuer Milchkühe sind heute eine Kreuzung des Allgäuer Braunviehs mit der amerikanischen Milchkuhrasse „Brown Swiss". Mitte der 1980er-Jahre drohte die alte, robuste Rasse, von der sowohl Milch als auch Fleisch genutzt werden können, auszusterben. Dabei leistete sie aufgrund der hervorragenden Käsereitauglichkeit ihrer Milch einen entscheidenden Beitrag zur ausgezeichneten Qualität der zahllosen Käsespezialitäten, für welche die Milchwirtschaft des Allgäus im In- und Ausland berühmt ist. Heute gibt es wieder ein paar Hundert Muttertiere des reinen Allgäuer Braunviehs, also ohne „Brown-Swiss"-Blutanteil. Die Vielfalt der Zuchtlinien ist sowohl im Tier- wie auch im Pflanzenbereich ein sehr wichtiger Beitrag im Kampf gegen Krankheit und Seuchen.

Herstellung

Die Herstellung von Käse benötigt neben Sorgfalt und Erfahrung auch Milch von hoher Qualität. Die besonders hochwertige und daher etwas teurere Allgäuer Milch bietet dabei beste Voraussetzungen für außergewöhnliche Endprodukte. Die silofreie Rohmilch, die sogenannte Heumilch, wird dazu traditionellerweise in einen Kupferkessel eingebracht und behutsam erwärmt, sodass sie langsam eindicken kann. Kupfer ist antibakteriell und beeinflusst die Reifung ganz entscheidend. Die Bakterien in der Rohmilch sind für den Geschmack des Allgäuer Käses verantwortlich. Nur spezielle Milchsäurebakterien, das Lab, das aus dem Magen von Kälbern gewonnen wird, und etwas Salz dürfen für die Herstellung verwendet werden. Die Enzyme des Kalbsmagenlab bringen die Milch zum Eindicken. Die eingedickte Milch wird später vom Senner mit der Käseharfe gleichmäßig zerteilt und gerührt. Dadurch trennt sich der Käsebruch von der Molke. Diese so entstandene dickliche Masse wird dann mit einem feinmaschigen Käsetuch aus dem Kessel gehoben und in runde Laibformen gepresst. Danach verbringen die Käselaibe bis vier Tage in einer 20-prozentigen Salzlake, welche die Rindenbildung unterstützt. Schließlich kommt der noch junge Käse für mindestens vier Wochen in den Gärkeller, in dem er wöchentlich gewendet wird. In dieser Zeit entstehen bei der Vergärung durch Bakterien auch die Löcher im Käse. Die Allgäuer Käsemeister prüfen dabei immer wieder mit einem kleinen Käsebohrer die reifenden Käselaibe um zu sehen, wie weit sich die Löcher schon entwickelt haben. Bis ein ganzer Laib mit etwa 80 Kilogramm zu einer echten Herz-Käsespezialität gereift ist, braucht es mindestens drei Monate.

Schmankerltipp

Gewürfelter Allgäuer Emmentaler mit frisch gemahlenem Pfeffer und Sauerteigbrot. Dazu schmeckt ein frisches Bier – natürlich am besten eines, das aus der Region kommt, wie beispielsweise das Allgäuer Weiss-Gold von Meckatzer.

Wusst.en Sie schon,

.. dass Schimmel nicht in den Teig des Hartkäses dringen kann, da dieser keinen Sauerstoff enthält? Schimmelbefall kann deshalb getrost einfach mit dem Messer entfernt werden.

.. dass bereits 120 Gramm Allgäuer Emmentaler so viel Kalzium enthalten wie ein Liter Milch? Ein Brot mit Allgäuer Emmentaler, ein Glas Milch und ein Becher Joghurt decken bereits den gesamten Tagesbedarf.

Allgäuer Emmentaler

Der Käse mit seinen typischen Löchern ist die Spezialität aus dem Allgäu. Dieser Hartkäse wird seit fast 200 Jahren zu 100 Prozent aus Allgäuer Rohmilch hergestellt. Das garantiert die hervorragende Qualität und die „geschützte Ursprungsbezeichnung".

Besonderheit

Der Allgäuer Emmentaler ist ein Hartkäse mit mindestens 62 Prozent Fett in der Trockenmasse. Er ist mattgelb mit einer goldgelben, glatten Rinde und sollte eine möglichst regelmäßig verteilte Lochung in Walnußgröße aufweisen. Sein Geschmack hat ein unverkennbar mildwürziges, leicht nussiges Aroma. Wie der Name sagt, hat der Allgäuer Emmentaler seinen Ursprung im „Emmental", einer hügeligen Landschaft im Schweizer Kanton Bern. Dort wird dieser Käse bereits seit dem 18. Jahrhundert produziert. Das „Schweizer Verfahren" wurde erstmals 1821 von Josef Aurel Stadler ins Allgäu gebracht.

Verzehrtipp

Ein frischer Apfel passt hervorragend zum Allgäuer Emmentaler und verstärkt dessen fein-würziges, nussiges Aroma.

Lagerung

Im Kühlschrank 8-10 Tage.

Bezugsquellen

Im gut sortierten Lebensmittel-Einzelhandel und direkt im Laden der Sennerei Schweineberg.

Arla Foods Käsereien GmbH

Geschäftsführer: Torben Ølsen

Region:	87527 Sonthofen/Bayerisch-Schwaben
Gründungsjahr:	1966
Produkte:	Milchprodukte
Spezialität des Hauses:	Weißlacker

In Bayern gibt es eine Vielzahl deftiger Bergkäse-Sorten sowie den herzhaften Limburger oder Romadur. Der König all dieser kräftigen Käsesorten aber ist zweifellos der Weißlacker. Er ist ein „echter Bayer“: raß, herzhaft und dabei substanziell, und er wird ausschließlich in Sonthofen im Oberallgäu hergestellt. Der in Wertach erfundene „Weißschmierer“ wurde in die „Arche des Geschmacks“ aufgenommen – einem Projekt von „Slow Food“, welches das Ziel hat, traditionelle Produkte zu erhalten.

Bereits anno 1874 wurde der Weißlacker von den Gebrüdern Josef und Anton Kramer erfunden. Vermutlich ging er aus dem Allgäuer Limburger hervor, indem dessen Fett- und Salzgehalt erhöht wurde. Ob dies aus schwäbischer Sparsamkeit (zur Erhöhung der Haltbarkeit) oder aus Verlegenheit geschah, ist nicht bekannt. Fest steht jedenfalls, dass der herzhaft-salzige Käse bei den Brotzeitfreunden in Bayern sehr gut ankam. So bekam er als erster Käse der Welt 1876 sogar ein 15 Jahre währendes königliches Patent. Seit 1980 wird er in der Oberallgäuer Molkerei in Sonthofen hergestellt, deren Gründung auf das Jahr 1966 zurückgeht. Durch den Beitritt der Allgäuer Bergbauern-Milch Sonthofen-Schönau eG konstituierte sich dann im Jahr 1991 die Allgäuland-Käsereien GmbH. Sie entwickelte mit der Produktreihe „Allgäuland Bergbauern“ innovative Spezialitäten und pflegt auch traditionelle Käsesorten

wie den Weißlacker. Seit Mai 2012 firmiert das Unternehmen als Arla Foods Käsereien GmbH und gehört heute zu einem globalen Molkereikonzern und -Genossenschaft, deren Eigentümer dänische, schwedische und deutsche Milcherzeuger sind.

Geschichten

Bis zur Übernahme der zuletzt firmierenden Allgäuland-Käsereien GmbH durch Arla Foods im Jahr 2011 wurde in vielen Produktionsstätten auch Milch, Joghurt und Butter erzeugt. Das führte zu Redundanzen und langfristig zu finanziellen Schwierigkeiten. Durch die Übernahme wurde die drohende Insolvenz abgewendet und die Milchbauern bekamen mit Arla Foods den weltweit größten Produzenten von Bio-Milch, der ihnen die Abnahme ihrer Milch auch garantiert. Die zur Verfügung stehenden Milchmengen werden heute auf die Betriebe verteilt, um dort hochwertige Käsespezialitäten effektiv herzustellen. „Wir sehen bei der Käseproduktion der Allgäuland-Käsereien ein großes Potenzial. Dabei geht es um hervorragende Spezialkäsesorten mit internationaler Reputation, die wir zukünftig unter der Marke ‚Castello‘ vermarkten“, so Konzerndirektor Tim Ørting Jørgensen. Damit bleiben regionale Verarbeitungsprozesse erhalten – und gleichzeitig werden internationale Türen geöffnet.

Herstellung

Weißlacker wird nur aus Milch, Milchsäurebakterien, Lab und Salz hergestellt. Die Milch kommt von Bauern, die auf artgerechte Tierhaltung achten und deren Höfe überwiegend in

Höhenlagen über 800 Meter liegen. Die Milch wird nach dem Pasteurisieren zum Einlaben wieder abgekühlt. Nach einer kurzen Standzeit wird der Käsebruch langsam und vorsichtig in etwa walnussgroße Stücke geschnitten. Nach einer Ruhezeit von einigen Stunden wird der Käse auf Spanntischen ausgeschöpft und nach dreimaligem Wenden für zwei Tage in ein Salzbad gelegt. Danach verbringt der Käse sechs Wochen in einem warmen Raum mit hoher Luftfeuchtigkeit, wo er drei bis sechs Wochen geschmiert und immer wieder mit Salz bestreut wird. Anschließend reift er bei niedriger Temperatur von knapp unter 10° C bei einer Feuchte von unter 95 Prozent in Folie gepackt ein Jahr lang in Holzkästen. In einem Vier-Pfund-Würfel Weißlacker befinden sich also neben rund 19 Litern guter Allgäuer Milch auch viel Ruhe, Zeit und Handarbeit. Jährlich werden derzeit in den Arla Foods Käsereien in Sonthofen, dem weltweit einzigen Weißlacker-Produzenten, etwa 50 bis 60 Tonnen dieser Spezialität hergestellt.

Schmankerltipp

Der Arla Bergbauern Obersdorfer Bergkäse trägt das von der EU verliehene Siegel „Geschützte Ursprungsbezeichnung". Es darf nur für Bergkäse verwendet werden, der im Allgäu mit silofreier Bergbauernmilch hergestellt worden ist. Die Bauern, die ihre 12 bis 15 Kühe den Sommer über auf den Allgäuer Bergwiesen grasen lassen, füttern auch im Winter das würzige Heu. Je nach Reifezeit von drei bis sechs Monaten entwickelt der Käse in den Kaltlagern seinen mild-würzigen Geschmack.

Wussten Sie schon,

... dass der Weißlacker wegen seines strengen Geruchs im Volksmund auch „Schtinkkäs" genannt wird?

... dass im vollklimatisierten Laden der Arla-Käserei in Sonthofen, in dem man ab Werk Käse kaufen kann, immer ein etwas erhöhter Rauminnendruck herrscht, damit beim Öffnen der automatischen Türen keine Keime oder Pollen zu den Käsetheken vordringen können?

Weißlacker

Der Weißlacker wurde anno 1874 von den Gebrüdern Josef und Anton Kramer, vermutlich aus einem Allgäuer Limburger, durch Erhöhung des Fett- und Salzgehalts erfunden. Die kräftig-salzige Käsespezialität wird aus pasteurisierter Kuhmilch hergestellt. Er ist halbfest, speckig – aber nicht klebrig – und besitzt keine Rinde.

Besonderheit

Der Weißlacker kommt in Würfeln von 500 g Gewicht in den Handel. Seine elfenbeinfarbene Oberfläche hat keine Rinde, ist jedoch mit einem dünnflüssigen und glänzenden weißen Überzug bedeckt, der aussieht wie Lack (Weißlack). Gleichmäßig gereift zeigt er an der Schnittfläche nur wenige Bruchlöcher. Der Fettgehalt beträgt 45 Prozent in der Trockenmasse, der Salzgehalt liegt bei fünf Prozent.

Verzehrtipp

Klassisch isst man den Weißlacker mit Brot, Zwiebel, Radieserl oder Rettich. Dazu passt sehr gut ein kräftiges, dunkles Bier oder Bockbier.

Lagerung

Ein guter Weg zur Lagerung des „duften" Käses sind Einkochgläser mit Gummidichtung und Schnappverschluss. Sie sind geschmacksneutral, halten dicht und lassen sich leicht reinigen.

Bezugsquellen

Weißlacker bekommt man im gut sortierten Fachhandel in Bayern.

Metzgerei Rehle

Bernhard und Christiane Rehle

Region:	87509 Immenstadt/Bayerisch-Schwaben
Gründungsjahr:	1958
Produkte:	Wurst- und Fleischwaren
Spezialität des Hauses:	Luftgetrocknete Allgäuer Haussalami

Triathlon ist ein Ausdauerwettkampf, der aus Schwimmen, Radfahren und Laufen besteht. Eine Sportart, die als Inbegriff der Vielseitigkeit, des Wachstums, der Gesundheit, des Jungbleibens und der Flexibilität gilt. Sie verkörpert alles, was ein aktives Leben in unserer heutigen Zeit ausmacht. Doch was hat dies mit der vielfach ausgezeichneten und weit über die Grenzen des Allgäus hinaus gelobten Arbeit einer Metzgerfamilie zu tun?

Beim Triathlon schöpfe ich Kraft, denn der körperlich anspruchsvolle Sport stellt in mir Ausgleich und Zufriedenheit her", so Metzgermeister Bernhard Rehle. Er ist Triathlet und zwar ein aktiver. „Der Sport ist pur und ehrlich. Das Gefühl, das Ziel erreicht und mich durch Kampf, Schmerzen und Zweifel gehangelt zu haben, stärkt mich und versetzt mich in die Lage, Grenzen zu überwinden und so die Erfahrung zu machen, dass ich zu weitaus mehr fähig bin. Dafür braucht es große Motivation, die im Sport wie bei der Arbeit ein Schlüssel ist. Viele dieser Anforderungen verlangt mir der Beruf des Metzgers ebenso ab. Die Balance, die ich dadurch erfahre, entfaltet meine Kreativität, ermöglicht mir, im rechten Augenblick zu tun oder zu lassen – mit einem wunderbaren ‚Nebeneffekt': der Qualität. Von diesem Lebensgefühl profitiere nicht nur ich, sondern alle mit mir wirkenden Menschen. Denn wie bei den Wettkämpfen, so soll auch während der Arbeit der Spaß am Tun das Motiv sein."

Geschichten

Es ist die „Stimmigkeit", die über diesem Betrieb liegt und Kunden wie Mitarbeiter gleichermaßen bezaubert. Die Waren werden mit dem selbstverständlichsten Qualitätsanspruch zubereitet und zum Verkauf angeboten. Im harmonisch gestalteten Ladengeschäft verkauft ein Dutzend flinker Frauen mit lebendigem Sachverstand das verführerische Warenangebot. Man spürt, die Kunden sind gern hier und wissen das außergewöhnliche Sortiment hier zu schätzen. Wie die Mutter von Bernhard Rehle ist auch seine Ehefrau Christiane eine souveräne und mit Leib und Seele agierende Fachverkäuferin und zugleich eine leidenschaftliche Ernährungsberaterin.
Insgesamt 50 Mitarbeiter, davon elf Metzger und zwei Meister, fühlen sich für die Qualität des Angebotes verantwortlich. Alle arbeiten hier gern und mit großer Motivation. Das gilt auch für die Auszubildenden, aus denen bisher mehrere Kammer- und Landessieger hervorgingen. Derzeit gibt es sechs Azubis, wenngleich es mehr sein könnten. Wie viele andere Handwerksbetriebe kämpft auch die Metzgerei Rehle mit dem Zeitgeist und vielerorts fehlt die Lobby für das traditionsreiche Handwerk. Als DLG-Sachverständiger, Sensoriker, Lehrlingswart und Prüfungsvorsitzender der Innung Kempten im Allgäu sieht sich Meister Rehle in der Vorbildfunktion. Der gemeinsame Sohn Michael, längst Metzgermeister und Lebensmitteltechniker, dreht im Betrieb als Kaufmann und Analytiker an vielen kleinen Stellschrauben, die den Workflow in einem Betrieb mit Tausenden von Arbeitsgängen pro Tag noch flüssiger machen sollen.

Herstellung

„Das beste Gewürz ist die Frische", so Bernhard Rehle, der Senior, der 1958 mit seiner Frau Elfriede die Metzgerei am Marienplatz 15 ½ eröffnet hat. Bis heute werden pro Woche etwa 40 Schweine, zwei Rinder und zwei Kälber geschlachtet, andere Tiere wie Lamm und Geflügel werden aus den umliegenden Schlachtbetrieben zugekauft. Aber Geschmack entsteht nicht von ungefähr. Ob ein Tier gut gefüttert wurde und sich frei bewegen konnte, ist dem Fleisch anzusehen: es ist leicht marmoriert und kernig und dabei etwas schwerer und fetter. Es ist daher deutliche saftiger und hat mehr Geschmack. Alle Schinken und Wurstspezialitäten beruhen auf viel Erfahrung und Rezepturen, die in unermüdlichen Versuchen entstanden sind und sich über Jahrzehnte hinweg bewährt haben.

Schmankerltipp

Griebenschmalz mit herzhaftem Bauernbrot für eine Allgäuer Almbrotzeit: 1 Kilogramm Rückenspeck, in Würfel geschnitten, längere Zeit erhitzen und auslassen, bis das Wasser verdampft ist – anbrennen darf er jedoch nicht! In dieser Zeit können schon zwei Teelöffel Salz zugegeben werden, da es sich jetzt noch gut auflösen lässt. Dann abkühlen lassen, 200 Gramm geraspelte Äpfel und 30–50 Gramm leicht angefeuchtete Röstzwiebeln untermengen. Erst wenn das Schmalz handwarm ist, etwas Pfeffer, Majoran und Schnittlauch zugeben.

Wussten Sie schon,

- *... dass Schweineschmalz genauso viel mehrfach ungesättigte Fettsäuren enthält wie Olivenöl? Der Anteil an einfach ungesättigten Fettsäuren ist ebenfalls nur etwa 30 Prozent geringer als beim Olivenöl.*
- *... dass für den pikanten Fleischsalat der Metzgerei Rehle eine spezielle Wurst eigens angefertigt wird?*
- *... dass der allererste Kunde, der 1958 bei der Eröffnung der Metzgerei eine Brotzeit einkaufte, heute noch kommt?*

Luftgetrocknete Allgäuer Haussalami

Die Haussalami basiert auf der ältesten Salamirezeptur aus dem Hause Rehle. Da im Allgäu nicht dieselben klimatischen Verhältnisse wie in Italien oder Ungarn herrschen, muss die Wurstspezialität in einer aufwendigen Prozedur gefertigt werden. Dank eines speziellen vierwöchigen Reifungsprozesses wird die Salami sehr mild und fein im Geschmack.

Besonderheit

Vier bis sechs Wochen muss die Haussalami lagern. Dabei verliert sie in den ersten 36 Stunden die meiste Feuchtigkeit. Der Außenrand darf dabei nicht zu schnell trocken werden, sonst kommt die Feuchtigkeit nicht mehr aus dem Inneren heraus. Eine Woche lang hängt sie im Reiferaum, wo die Anfangstemperatur bei 20–22° C liegt. Später wird die Temperatur dann heruntergefahren, bis die Salami am Ende bei 12° C den richtigen Reifegrad hat. Die Wurst wiegt dann rund 15–30 Prozent weniger als zuvor, während der Geschmack sehr viel charakteristischer geworden ist.

Verzehrtipp

Metzgermeister Rehle empfiehlt: „Hauchdünn aufgeschnitten, braucht man zu unserer Haussalami nicht einmal ein Brot.“ – „Ein guter Rotwein passt aber trotzdem dazu“, ergänzt seine Frau.

Lagerung

Geschnitten im Kühlschrank – oder am besten: im Stück aufgehängt in der kühlen Speisekammer.

Bezugsquellen

Fleisch- und Wurstwaren der Metzgerei sind nur im Ladengeschäft in der Innenstadt von Immenstadt erhältlich.

Privat-Brauerei Zötler

Herbert Zötler (links), Niklas Zötler

Region:	87549 Rettenberg/Bayerisch-Schwaben
Gründungsjahr:	1447
Produkte:	Bier, Bier-Brand und alkoholfreie Getränke
Spezialität des Hauses:	Korbinian Dunkel
Höhepunkte, Veranstaltungen:	11 Vollmondfeste (außer Karwoche), Festzelte bei Viehscheiden – Almabtrieb Ende September, Allgäuer Festwoche in Kempten (Festzelt)

Natürlich, sympathisch, frisch – so steht es unter dem Logo der ältesten Familienbrauerei Deutschlands, die auf eine über 560-jährige Geschichte zurückblicken kann. Sympathisch, weil – seit 1447 in Familienbesitz – der Handschlag eines Zötler wie eh und je gilt. Frisch, weil der Betrieb trotz der beeindruckenden Ahnenreihe modern in der Gegenwart steht. Natürlich, weil die Zötlers sich dem Land, den Menschen und dem Lebensmittel nachhaltig verpflichtet fühlen.

Unmittelbar am Fuße des Grünten, einem der bekanntesten Berge Bayerns, liegt die Familienbrauerei. Von jeher gelten die Allgäuer als freiheitsliebende Menschen, die in ihrer ruhigen, oft wortkargen Art bodenständig und heimatverbunden ihrem Tagwerk nachgehen. Wie beständig die Familie Zötler auf ihrem Grund und Boden wirkt, beweist 2004 eine Ranking-Liste des Wirtschafts-Magazins „EURO“, der zu entnehmen ist, dass die Privat-Brauerei Zötler weltweit an Position 10 der noch existierenden Familien-Unternehmen steht. Den „Adelstitel“ für Beständigkeit und Schaffensfreude in „ihrer“ Region verdanken sie wohl ihrem Dorfpfarrer Manfred Gohl, dem sie das Wissen um die schier unglaubliche Tradition zu verdanken haben. Der rührige Dorfpfarrer hat es sich zur Aufgabe gemacht, die Historie Rettenbergs und damit auch die Geschichte der Brauerei Zötler aus den noch lückenlos vorhandenen Aufzeichnungen der Pfarrbücher niederzuschreiben. Die Familie konnte nicht viel dazu beisteuern, denn ihre gesamten historischen Aufzeichnungen waren beim letzten großen Brand der Brauerei im Jahr 1917 komplett zerstört worden. So beginnen die Aufzeichnungen für die Gründung einer Brauerei in Rettenberg durch das Hochstift von Augsburg mit der Überlegung: „Soll man die Getränkesteuern ins ‚Ausland‘ (also nach Kempten) zahlen oder besser selbst behalten?“ Conrat Bach jedenfalls unterzeichnete am 25. Januar 1447 den Kaufvertrag und begründete damit die beeindruckende Geschichte einer Allgäuer Bräufamilie in Rettenberg.

Geschichten

Die alemannische Herkunft schlägt sich auch heute noch im Allgäu in vielen überlieferten Ritualen und Sitten nieder, wie dem Funkenfeuer zu Beginn des Frühjahrs oder dem Klausentreiben in der Vorweihnachtszeit. Ob es Aberglaube ist oder wirklich etwas Besonderes entsteht, wenn man bei Vollmond ein Bier einbraut, muss jeder selbst entscheiden. Jedenfalls versuchen die Zötler-Braumeister zu jeder Vollmondnacht die ganze Kraft und Magie des Vollmondes in einer Bierspezialität zu bündeln. Heraus kommt ein helles Spezialbier mit einer außergewöhnlich leuchtenden Bernsteinfarbe, dessen feine Malznote es zu einem besonders süffigen, schlanken Bier macht. „Es wirkt!“, sagt Herbert Zötler zu seinem „Luna-Sud“. „… nach ein paar Schlucken kommt das Kribbeln in die Lenden.“ Sicher ist, dass vor allem die Damenwelt dieses besonders milde, fein gehopfte Bier in der kleinen Bügelverschlussflasche schätzt …

Herstellung

17 Biere stellen die mehr als 60 Mitarbeiter tagtäglich her. Die Braumeister Markus Würz und Niklas Zötler haben dabei ein außerordentlich gutes „Händchen“. Ihnen liegen sowohl die alten Rezepturen – wie der Klassiker „Korbinian-Dunkel“ – als auch Innovationen – wie das erste alkoholfreie Weizenbier aus dem Allgäu. Das überzeugt als süffiges, isotonisches Getränk und begeistert selbst verwöhnte Weißbiertrinker durch eine verhaltene Süße mit eleganter Hopfennote. Das meistgetrunkene Bier der Brauerei ist jedoch das „Gold“. Ein traditionelles helles Exportbier, das im November 2007 beim „European Beer Star Award“ als einziges Bier in der Kategorie „Export-Biere“ mit der Goldmedaille ausgezeichnet wurde. Die Biere der Brauerei reifen grundsätzlich für mehrere Wochen in tiefen Kellern, wo sie neben ihrem spezifischen Charakter auch an Haltbarkeit gewinnen und ungeliebte Nebenalkohole verlieren. Das lebendige Wasser aus dem Allgäu ermöglicht neben der Herstellung der Biere auch die Produktion von sehr gutem Tafelwasser, zuckerfreien Light-Getränken, spritzigen Limonaden und fruchtigen Nektaren.

Schmankerltipp

Der Bier-Brand ist eine seltene Spirituose, die es fast nur in Deutschland gibt. Da der Zötler-Brand nur aus frischem Bockbier und gänzlich ohne Zuckercouleur gebrannt wird, gilt auch für ihn das Bayerische Reinheitsgebot. Seine dunkle Farbe und sein whiskytypisches Aroma erhält er durch die lange Lagerung in speziellen kanadischen Eichenholz-Fässern und durch zweimaliges Brennen. Das macht ihn zu einem reinen Fein- oder auch Doppelbrand.

Wussten Sie schon,

… dass das Allgäu erst 1806 „bayerisch" wurde?

… dass im November 1919 Herbert Zötler die einzige Tochter der damaligen Bräufamilie Müller heiratete, wodurch der heutige Name in die Brauerei einzog?

… dass es in der Brauerei Zötler immer an Vollmond ein Fest gibt? An diesem Tag kann man auch dem Braumeister im Sudhaus bei der Entstehung des Vollmondbieres über die Schulter schauen.

Korbinian Dunkel

Noch in den 1920er-Jahren war dunkles Bier im Allgäu, wie auch in weiten Teilen Bayerns, das meistgetrunkene Bier. Während es früher, bedingt durch Wasserhärte und Röstverfahren, oft eine regionale Notwendigkeit war, dunkles Bier zu brauen, ist es heute eine außergewöhnliche Spezialität.

Besonderheit

Das „Korbinian Dunkel" ist eines der malzigsten dunklen Biere in Bayern, ohne dass es jedoch die Süße von manchen Stark- oder gar Malzbieren hat. Es besitzt einen vollmundigen Körper und schmeckt nach Land und Getreide. Die dunkle, fast wie Kaffee anmutende Farbe mit einem cremigen, feinporigen Schaum erinnert noch an Zeiten, als die Frauen in Bayern das Bier brauten und sich zu Bierkränzen statt zum Cappuccino verabredeten. Grund dafür ist zum einen die Brauweise nach überlieferten und gut gehüteten Rezepturen aus dieser Zeit, nach denen dieses Bier seit über 500 Jahren gebraut wird, zum anderen die milde Röstung des Braumalzes und eine außergewöhnlich lange Kaltlagerung bei nur 0° C.

Verzehrtipp

Gut temperiert – also bei etwa 10° C – mit Genuss trinken. Dunkles Bier darf auch etwas wärmer sein, dann ist es noch bekömmlicher für empfindliche Mägen.

Lagerung

Obwohl dieses Bier neun Monate Mindesthaltbarkeit hat, gibt es keinen Grund, es zu „lagern". Es gehört frisch mit Verstand und Genuss getrunken.

Bezugsquellen

Geschenkpackungen mit jeweils sechs Flaschen, Bierfilzen und passendem Seidel bekommt man im Webshop der Brauerei unter www.zoetler.de. Außerdem findet sich dort auch ein Händlerverzeichnis für Deutschland und Tirol.

Hotel Steiger

Monika, Timo, Moritz und Maria Steiger

Region:	87645 Schwangau/Horn/Bayerisch-Schwaben
Gründungsjahr:	1977
Produkte:	Hotellerie/Gastronomie/Physiotherapie
Spezialität des Hauses:	Allgäuer Lechtalforelle
Höhepunkte, Veranstaltungen:	„Menü trifft Wein“ im Frühjahr und im Herbst

„Glänzende drei Sterne“, sagten die Prüfer bei der Abnahme der Hotel-Kategorie, da das begrenzte Raumangebot einen vierten Stern nicht ermöglichte. Das wiederum gestattet es Monika und Timo Steiger, in Qualität und Kreativität zu investieren. Es ist für sie genau das, was der Gast als das gewisse Etwas, als gut und echt spürt. Frische Kräuterküche, ein großer Wintergarten mit herrlichem Blick auf das Schloss des „Märchenkönigs“, vorzüglich ausgestattete Hotelzimmer und abwechslungsreiche Angebote von Physiotherapie bis Kneipp: All das gehört wie selbstverständlich zur Grundausstattung des Hotel Steiger — einer Perle der Gastlichkeit, nur einen Steinwurf von Schloss Neuschwanstein entfernt.

Dass das Hotel Steiger, mitten im Allgäuer „Königswinkel“, noch ein Geheimtipp ist, liegt wohl daran, dass es bis 2006 eine Frühstückspension war, die nur ihre Hausgäste bekochte. Mit dem Einstieg von Timo Steiger als Küchenchef und dem damit verbundenen Küchenumbau kam auch die Konzession zur öffentlichen Vollgastronomie hinzu. Seither erfreut sich der zum Allgäuer Wildkräuterführer ausgebildete Küchenmeister eines stetig wachsenden Gästezulaufs, da seine frische Küche und die hausgemachten Kuchen und Torten einfach jeden überzeugen. Seiner kreativen Koch- und Backfreude verdankt das Haus heute eine Zertifizierung zum „Allgäuer Kräuterhotel“. Dass Timo Steiger die naturgegebenen, regionalen Spezialitäten naheliegen, belegt eine Goldmedaille im Wettbewerb „Bayerische Küche“ aus dem Jahr 2010. Juniorchefin und Ehefrau Monika Steiger spezialisierte sich auf die Auswahl der passenden Weine und managt mit ihrer Mutter neben dem Hotel auch die Familie mit zwei Kindern.

Geschichten

Klaus Steiger, der Mitbegründer des Hotels und ein gelernter Physiotherapeut, war einer der Wellness-Pioniere im Allgäu. Bereits 1984 eröffnete er eine physikalische Praxis mit Bäderabteilung. Da die Grundstückgrenzen eine starke Erweiterung des 1977 eröffneten Hotels nur bedingt zuließen, unterkellerte die Familie 1987 mit großem Aufwand den Garten und gestaltete darin einen großzügigen Saunabereich. Der Masseur und medizinische Bademeister kann hier auch Anwendungen mit Natur-Moorschlammbädern durchführen. Auch Tochter Claudia ist als examinierte Physiotherapeutin in der heute fünfköpfigen Praxis tätig. Das erfahrene Personal arbeitet u.a. mit den naturheilkundlichen Methoden des ganzheitlich denkenden Priesters Sebastian Kneipp.

Herstellung

„Kochen ist mein Leben“, erzählt Timo Steiger. Und: „Wenn die Gäste sagen, dass es schmeckt, bin ich glücklich!“ Der passionierte Küchenmeister liebt es leicht, frisch und regional. „Sogar unsere Frühstückseier sind bio und werden von einer Mitarbeiterin des Hauses geliefert.“ Die Köche teilen die Begeisterung ihres Chefs, der wiederum seine Liebe zum Beruf auch gern in seine Auszubildenden investiert. „Alle sind sehr gut bei der Sache, einer von ihnen schloss seine Ausbildung 2009 sogar als Jahrgangsbester ab.“ Da viele der im Hotel verwendeten Grundzutaten im Hause hergestellt werden, haben die lernfreudigen Köche ein breites Betätigungsfeld. Das Spektrum ist durchaus anspruchsvoll: Vom Kräutersenf, der mit Petersilie, Salbei und Estragon aus dem eigenen Garten zubereitet wird, den hausgemachten Maultaschen, die geduldig per Hand „gestochen“ werden, oder den gefragten, nach Hausrezept erzeugten Osterschinken. Patisserie und Confiserie gehören für die Köche zum Tagesprogramm. Mit der Saison wechseln auch die Haustorten: Besonders beliebt im ganzen Jahr bleiben jedoch die Cappuccino-Aprikosen-Torte, die Apfelweintorte, der Allgäuer Käsekuchen oder der Bienenstich.

Spezialität

KATEGORIE

FISCH

Schmankerltipp

Natürlich sind schwäbische Spezialitäten das besondere Aushängeschild eines Allgäuer Hotels – allen voran die Schwäbischen Maultaschen, die seit 2009 von der EU in ihrer Herkunftsbezeichnung als geografische Angabe geschützt sind. Dies wiederum bedeutet, dass mindestens eine der Produktionsstufen – Erzeugung, Verarbeitung oder Herstellung – im Herkunftsgebiet stattfindet. Selbstverständlich wird die schwäbische Spezialität im Hotel Steiger von Hand gemacht und gehört zur Visitenkarte der bodenständigen Küche. Die Maultaschen werden natürlich mit viel frischen Kräutern und Salat angerichtet. Dazu empfiehlt die Chefin einen Weißwein oder Apfelmost.

Wussten Sie schon,

… dass die Maultaschen auch „Herrgottsbscheißerle" genannt werden, da die Zisterziensermönche des Klosters Maulbronn (daher vermutlich auch der Name) in der Fastenzeit das Fleisch in den Teigtaschen vor dem lieben Herrgott versteckt haben sollen?

… dass in Schwangau alljährlich ein Kulinarischer Nikolausmarkt die Freunde schwäbischer Gaumenfreuden verwöhnt?

… dass neben den Königsschlössern auch das Römerbad am Tegelberg aus dem 2. Jahrhundert n. Chr. eine der Sehenswürdigkeiten rund um Schwangau ist?

Lechtalforelle

1996 wurde von sieben regionalen Fischzüchtern und -veredlern die „Interessengemeinschaft Lechtalforelle" gegründet. Seither kommt die Forelle ausschließlich aus den Gewässern und Teichwirtschaften dieser Züchter und wird in frischer Qualität und gesicherter Herkunft als Regionalmarke angeboten.

Besonderheit

Die Lechtalforelle wird naturnah in klarem Quellwasser gehalten und nur mit kontrollierten Futtermitteln aufgezogen. Die Spezialität wird am besten frisch zubereitet oder kalt geräuchert verzehrt. Als Beilage eignen sich hervorragend verschiedene Kartoffelzubereitungen oder gartenfrischer Salat.

Verzehrtipp

Ein Rezept für „Lechtalforelle mit Kräuter-Senfkruste und Kartoffel-Paprika-Gemüse" von Timo Steiger finden Sie im Rezeptteil.

Lagerung

Fisch sollte so frisch wie möglich verarbeitet werden. Rohe Fischfilets sind bei Lagerung im Kühlschrank – je nach Lieferfrische – ein paar Tagen haltbar. Die Haltbarkeit von Fisch lässt sich durch Einfrieren, Räuchern oder Salzen verlängern.

Bezugsquellen

Frische Lechtalforellen bekommt man im gut sortierten Fischfachhandel oder direkt bei den Vereinsmitgliedern der IG-Lechtal-Forelle im Allgäu.

Sennereigenossenschaft Lehern eG

Käsemeister Tobias Kunert

Region:	87659 Hopferau/Bayerisch-Schwaben
Gründungsjahr:	1890
Produkte:	Allgäuer Bergkäse
Spezialität des Hauses:	Allgäuer Bergkäse Royal

Mitten im Allgäu, von einem herrlichen Bergpanorama, weitläufigen Wiesen, Wäldern und den Schlössern Neuschwanstein und Hohenschwangau umgeben, befindet sich die Sennerei Lehern. Neun Milchbauern aus dem nahen Umland liefern täglich ihre frische Allgäuer Rohmilch an die Sennerei. Hier wird noch nach alten Rezepten und allen Regeln der Kunst Käse hergestellt.

Schon 1840 gab es überall im oberen Allgäu Betriebe, die sich auf die Herstellung von Bergkäse spezialisiert hatten. Seit Januar 1997 ist „Allgäuer Bergkäse" eine EU-weit geschützte Ursprungsbezeichnung. Produziert werden darf er nur in den Allgäuer Alpen – im Landkreis Lindau, im Ober- und Unterallgäu, im Ostallgäu und am Bodensee sowie in den Städten Kaufbeuren, Kempten, Ravensburg und Memmingen. Auch die für die Herstellung benötigte Milch muss aus diesen Gegenden stammen.

Die Berkäse-Laibe sind kleiner und flacher als die des großen Allgäuer Emmentalers. Daher nennt man ihn auch den „kleinen Bruder" des Emmentalers. Er ist zwar der kleine, aber dennoch der ältere „Bruder". Und sein Geschmack ist weitaus intensiver und würziger. Die Lieferanten der Heumilch für die Sennereigenossenschaft Lehern sind gleichzeitig auch die Genossenschaftsmitglieder und damit Eigentümer der Sennerei. Ihre intensive Verwurzelung mit der Heimat und die daraus resultierende Nachhaltigkeit ihrer Arbeit beeinflusst die hohe Qualität der Produkte erheblich. Viele Mitglieder betreiben neben der Landwirtschaft auch Ferienwohnungen und ermöglichen ihren Gästen interessante Einblicke in die Herstellung der Käsespezialitäten. So können Interessierte mit dem Fahrrad auf dem „Emmentaler Radweg" vier Käsereien besuchen, die auf der Strecke liegen, oder sich auf einer kurzen Wanderung von der „KäseAlp" zum Mariahilfer Sudhaus auf Schautafeln über Themen wie Bier und Käse kundig machen.

Die originelle „KäseAlp" ist der Sennerei seit Mai 2005 angeschlossen. Hier lässt sich eine authentische regionale Küche mit herrlicher Aussicht auf die Allgäuer Bergwelt genießen. Im angegliederten „Informationszentrum für Allgäuer Milchwirtschaft und Käsehandwerk" werden die Besucher bei einer etwa einstündigen Besichtigung des Schaubetriebes über die traditionelle handwerkliche Herstellung der Produkte informiert. Dabei erlaubt der Käsemeister bei einem Rundgang auch einen Blick in den „Gläsernen Käse-Reifekeller".

Geschichten

Während manch traditionelle Technik modernen Verfahren weichen musste, bewähren sich andere bis heute. Ein ganz besonderer, nach einer früher üblichen Herstellungsmethode erzeugter Käse ist zum Beispiel der „Schlotfeger". Seine charakteristische Eigenschaft ist eine Ascheschicht, die beim Anschnitt zum Vorschein kommt. Diese entsteht, weil der aus der Morgenmilch der Kühe hergestellte Käse mit warmer Asche abgedeckt wird, damit er nicht so schnell auskühlt. Diese Asche wird zwar später abgewaschen und der frische Bruch der Abendmilch aufgeschichtet, dennoch entsteht in der achtwöchigen Reifezeit beim Affinieren durch die Restasche eine schwarze Schicht.

Herstellung

Für die Herstellung von einem Kilogramm Allgäuer Bergkäse werden zehn bis elf Liter Allgäuer Bergbauernmilch benötigt. Handwerkliches Können, langjährige Erfahrung und optimale Lagerung während der Reifezeit sind weitere Voraussetzungen für einen hochwertigen Bergkäse. In der Sennerei Lehern wird er in den Sorten mild, würzig und Royal produziert. Der milde reift vier Monate, er hat einen jungen Charakter und der Käseteig zergeht leicht und cremig auf der Zunge. Der aromatische Bergkäse hat nach neun Monaten mehr von dem typisch würzigen Geschmack entwickelt, ohne dabei scharf zu schmecken. Durch die lange Reifezeit von 15 Monaten hebt sich der Bergkäse „Royal" nochmals hinsichtlich seiner Geschmacksintensität ab. Mehrmals pro Woche wendet der Käsemeister die Laibe und wäscht sie mit Salzwasser ab. Dann dürfen sie im Reifekeller weiterreifen – insgesamt vier bis 18 Monate lang – und dabei ihre Aromen langsam ausbilden. Rohmilchkäse eignet sich besonders gut für lange Reifezeiten, aber auch der junge Allgäuer Bergkäse schmeckt bereits würzig und brilliert mit viel Aroma. Durch jeden weiteren Reifemonat gewinnt er bei guter Pflege an Geschmack und Charakter.

Schmankerltipp

Mit speziellen Geschmackskulturen erzeugt der Käsemeister einen milden, cremigen Schnittkäse mit 50 Prozent Fett i. Tr. Der Laib wurde während der Reifezeit von acht Wochen regelmäßig mit einer Kräutersulz eingerieben. Dadurch entsteht eine würzig duftende Oberfläche. Zum krönenden Abschluss legt der Affineur die fertigen Laibe noch für mehrere Tage auf ein Heukräuterblumenbett. Dadurch zieht ein angenehmer Geruch durch den Laib und die Oberfläche erhält ihr typisches Aussehen.

Wussten Sie schon,

… dass 100 g Bergkäse durchschnittlich 384 kcal, 28,9 g Eiweiß und 30,0 g Fett haben. Der Fettgehalt ist je nach Art variabel und reicht von 15-45 % Fett i. Tr.

… dass der „Weisslacker", ein deftig-scharfer Käse aus dem Allgäu, ursprünglich in Wertach erfunden und später in allen Sennereien der Region hergestellt wurde? Heute wird er nur noch in Sonthofen produziert und wurde bereits in die „Slow Food Arche des guten Geschmacks" aufgenommen, die sich als „Schutzraum für existenziell bedrohte Lebensmittel" versteht.

Allgäuer Bergkäse Royal

Der pikant-aromatische Bergkäse „Royal", der aus roher Kuhmilch hergestellt wird, hebt sich durch die 15-monatige Reife mit täglicher handwerklicher Pflege in der Geschmacksintensität deutlich von anderen Hartkäsesorten ab. Die Rinde ist dunkelgelb bis bräunlich und der geschmeidige, mattgelbe Teig weist vereinzelt erbsengroße Löcher auf.

Besonderheit

Wie der Name sagt, kommt der Käse ursprünglich von den Allgäuer Bergsennalmen. Mit der Verbreitung der Hauskäsereien um 1820 verlagerte sich die Käserei jedoch zunehmend von den Almen ins Tal. Den besonders würzigen Geschmack und seine Güte erhält der Bergkäse jedoch nach wie vor durch das saftige Gras und die zahlreichen Kräuter auf den Bergwiesen. „Allgäuer Bergkäse" ist eine EU-weit geschützte Ursprungsbezeichnung und darf somit nur in den Allgäuer Alpen hergestellt werden. Außerdem muss auch die gesamte, für die Herstellung benötigte Milch aus diesem Gebiet stammen.

Verzehrtipp

Die Kombination mit scharfem Feigensenf ist eine ungewöhnliche, aber äußerst schmackhafte Variante, den würzigen Käse zu probieren. Der Käse sollte circa eine halbe Stunde vor dem Verzehr aus dem Kühlschrank genommen werden, denn erst bei Raumtemperatur entfaltet er sein volles Aroma.

Lagerung

Die Mindesthaltbarkeit bei unversehrter Folie und kühler Lagerung beträgt sechs Wochen.

Bezugsquellen

An der Käsetheke im gut sortierten Lebensmittel-Einzelhandel, direkt in der „KäseAlp" oder im Webshop der Sennerei Lehern.

Romadur

Der Romadur wird ebenso wie sein „großer Bruder", der Limburger, aus Kuhmilch hergestellt, und zwar seit etwa 1830 in Deutschland hauptsächlich im Allgäu. Damals galt er für die sich neu orientierende Region als „Notwender". Er ist ein rindenloser, weichschnittiger Weichkäse mit Rotschmiere, matt glänzend, weiß bis hellgelb mit geringer Bruchlochung und bis zu 60 Prozent Fett i. Tr.

Besonderheit

Den Romadur gibt es in Stangenform mit einer Länge von acht Zentimetern und einer Höhe von drei Zentimetern. Er wiegt circa 100 Gramm und reift in etwa zwei bis vier Wochen. Der Geschmack ist leicht mild bis kräftig pikant und er duftet mehr oder weniger charaktervoll. Der Käseteig ist anfangs weiß, dunkelt aber während der Reifung von hellgelb nach rot-orange. Obwohl etwas milder als der Limburger, wird er oft als „Stinkerkäse" bezeichnet und ist auch eng verwandt mit dem Weißlacker. Doch gerade dieser aromatisch-würzige Geschmack wird von Liebhabern geschätzt.

Verzehrtipp

Als typischer Brotzeitkäse zum Bier spielt der Romadur im Bierland Bayern eine große Rolle. Der Käse schmeckt pur gut zu dunklen Brotsorten. Mit Essig, Öl und Zwiebeln angemacht, kann er mit sauren Gurken oder in pikanten Salaten serviert werden. In der warmen Küche findet er zum Gratinieren oder bei Kässpatzen Verwendung. Aufgrund des eher kräftigen Aromas harmoniert er nicht nur zu Bier, sondern auch zu kräftigen Rotweinen.

Lagerung

Käse sollte immer in atmenden Verpackungen bei etwa 10° C aufbewahrt werden, da er sonst verstickt. Dies gilt auch – und gerade – für „Stinker".

Bezugsquellen

Die Käsespezialitäten gibt es im ausgewählten Lebensmittel-Einzelhandel, in den Verkaufsläden in Ruderatshofen und Marktoberdorf, bei den mobilen Verkaufsstellen und im Internet unter www.kaeserei-stich.de

Käserei Stich

Region: 87674 Rudartshofen/ Bayerisch-Schwaben
Gründungsjahr: 1895
Produkte: Käse/Butter
Spezialität des Hauses: Romadur

Oliver Stich

Die Feinkäserei Stich ist ein mittelständisches Familienunternehmen mit einer über 100-jährigen Geschichte. In vierter Generation produzieren heute die Brüder Laurent und Oliver Stich aus Ruderatshofen mit Leidenschaft Käse. Mit dem Romadur fing alles an und er ist bis heute die Spezialität der Feinkäserei. Im Laufe der Jahrzehnte kamen auch Sorten wie Tilsiter, Weinkäse, verschiedene Weißschimmelspezialitäten und der Camembert hinzu. Dafür werden heute täglich 30.000 Liter Milch von umliegenden Milchbauern verarbeitet, mit denen seit Generationen Verträge bestehen. Auch Sauerrahmbutter vom Fass und kleine Mengen Weißlacker gehören zum Sortiment.

Geschichten

Die Verarbeitung der Milch erfordert viel Erfahrung und Fingerspitzengefühl. Für die Herstellung wird der Kesselmilch ein Säurewecker und Lab beigegeben. Der entstehende Bruch wird zu Haselnussgröße geschnitten und ohne Nachwärmen abgefüllt. Nach mehrmaligem Wenden kommt der Käse für 12 bis 16 Stunden in ein Salzbad, danach wird er bei 14° C und über 90 Prozent Luftfeuchte bis maximal drei Wochen zur Reifung gelagert und dabei täglich mit Rotschmierkulturen eingerieben. Dadurch erhält er eine würzige, orange bis rotbraune und elastische Oberfläche.

Schmankerltipp

Romadur eignet sich hervorragend zum Überbacken von Kässpatzen. Wer es besonders herzhaft mag, mischt auch noch etwas Weißlacker bei.

Wussten Sie schon,

… dass im Allgäu bereits 1830 von Carl Hirnbein (1807-1871), genannt der „Patriarch des Allgäus", erstmals Limburger hergestellt wurde?

… dass der Limburger der „große Bruder" des Romadur ist und sich nur durch die Größe und die damit verbundene längere Reifezeit unterscheidet?

Max Weiss Lebkuchenfabrik

89231 Neu-Ulm/Bayerisch-Schwaben
Gründungsjahr: 1925
Produkte:
Lebkuchen und Saisonspezialitäten, Süßwaren
Spezialität des Hauses:
Oblatenlebkuchen
Höhepunkte, Veranstaltungen:
Nürnberger Christkindlesmarkt

Inhaber: Dr. Hermann Bühlbecker

Bereits 1296 wurden in Ulm erstmals „Pfefferkuchen" erwähnt. Um zu verhindern, dass der Teig auf dem Backblech anklebt, setzte man die Teigmasse auf Hostien – die „hostia oblata". So entstand ein Backwerk, das schon bald zu den beliebtesten Spezialitäten Bayerns zählen sollte. Der Vorgang des Aufbringens des Lebkuchenteigs war jedoch eine mühselige Sache. Es dauerte bis zum Jahr 1965, bis Max Weiss einen „Streichautomaten" zur Herstellung dieser Spezialität erfand. Im selben Jahr übernahm er die Firma Wolf in Nürnberg und konnte von da an auch echte Nürnberger Lebkuchen herstellen.
Der Lebkuchenfabrikant hatte bereits 1925 in Neu-Ulm seine Lebkuchenfirma gegründet. Immenses Wachstum machte sie zu einem der größten und modernsten Produzenten. Seither steht der Name Weiss für hochwertige Schokoladen-, Oblaten- und Elisen-Lebkuchen, für feinwürziges Magenbrot und die bekannten „Ulmis" und „Ulmetten". Die Erfolgsgeschichte wurde auch nach der Übernahme im Jahr 1994 durch die traditionsreiche Lebkuchenfirma Lambertz fortgesetzt. Die Werke in Neu-Ulm und Nürnberg produzieren nach wie vor eine große Auswahl an Lebkuchen und Weihnachtsspezialitäten und sind im Bereich „Süddeutsche Lebkuchen" heute Marktführer.

Schmankerltipp

Ein traditionelles Lebkuchenrezept aus Neu-Ulm ist die Grundlage für die „Ulmi"-Lebkuchen. Diese sind mit Zartbitter-Schokolade überzogen und in Herzerl-, Brezn- oder Sternenform erhältlich. Auch die braunen, glasierten „Ulmetten" beruhen auf einem alten Ulmer Lebkuchenrezept.

Wussten Sie schon,

… dass der Patriziername Lebzelter, so hießen früher in Ulm die Pfefferkuchenhersteller, bereits im Jahre 1296 in der Nähe von Ulm belegt ist?
… dass sich der Lebkuchengenuss zur Weihnachtszeit erst im 19. Jahrhundert entwickelte, als das städtische Bürgertum das Christfest für sich und die Familie entdeckte?

Spezialität

KATEGORIE
SÜSSE BACKWAREN

Oblatenlebkuchen

Oblaten-Lebkuchen sind laut den Leitsätzen „Lebkuchen besonderer Art". Man verwendet für ihre Zubereitung Zutaten wie Haselnüsse, Walnüsse, Mandeln, Orangeat, Zitronat, Honig, Mehl, Zucker und Eier. Um ihren unverwechselbaren Geschmack, ihre hohe Qualität und ihre Naturreinheit zu wahren, unterziehen sich die „Lebküchner" einer freiwilligen, aber strengen Selbstkontrolle.

Besonderheit

Oblaten-Lebkuchen sind feine, weiche Lebkuchen, die auf einer dünnen Oblate gebacken werden. Es gibt sie rund oder rechteckig in den Sorten naturell, glasiert oder schokoliert. Darüber hinaus werden sie auch als Diät-Lebkuchen angeboten. Eine moderne Variante ist als Schoko-Kokos-Gebäck für Freunde des süßen Küchleins das ganze Jahr über erhältlich. Zugunsten gleichbleibend hoher Qualität halten sich die Lebküchner dabei an althergebrachte Normen, die die Zusammensetzung der verschiedenen Oblaten-Lebkuchen genau festlegen.

Verzehrtipp

Oblaten-Lebkuchen passen zu allen süßen, warmen Getränken, aber auch ein dunkles Bier oder ein kräftiger Gewürztraminer schmeckt zu den nussig-schokoladigen Lebzeltln.

Lagerung

Lebkuchen möglichst kühl und trocken lagern.

Bezugsquellen

Im Weissella-Lebkuchen-Outlet in Neu-Ulm, im Lebensmittelhandel und im Internet unter www.lambertz-shop.de.

Landgasthof Hubertus

Sabine, Thomas, Bettina, Julia, Alexandra, Markus, Michaela Petrich

Region: 87647 Apfeltrang/Bayerisch-Schwaben
Gründungsjahr: 1955
Produkte: Gastronomie/Hotellerie, Apfeltranger Bier, Bierlikör, Confiserie
Spezialität des Hauses: Allgäuer Hirschrückenmedaillons
Höhepunkte, Veranstaltungen: Apfeltranger Viehscheid – Almabtrieb im Oktober

Die herrliche Voralpenlandschaft, Gastfreundschaft und gute Küche locken seit Jahrhunderten Erholungssuchende in das Allgäu. Selbst der bayerische „Kini" ist einst dem Zauber dieser Region erlegen. Neben Milch, Kas und Spätzle sind auch die Bier- und Spirituosenspezialitäten über die Grenzen hinaus bekannt. Die reizvolle Allgäuer Gastlichkeit unter einem Dach zu vereinen, das ist der Familie Petrich in ihrem Landgasthof Hubertus vorzüglich gelungen. Die Küche ist ein wahres „Tischleindeckdich", das Bier braut der Hausherr selbst und der Gast fühlt sich in dem liebevoll gestalteten Gasthof wie ein König.

Wie aus dem Bilderbuch präsentiert sich der Landgasthof Hubertus in Apfeltrang. Dazu wird der Gast durch eine überdurchschnittliche Ausstattung und ein lebendiges Innenleben freundlich überrascht. Gaststuben, Stadl, Kegelbahnen, Tagungshotel, ein kleiner Wellness-Massage-Bereich und eine Patisserie, selbst gebraute Biere, dazu Personal mit Titeln wie „Allrounder", „der Zuverlässige", „die gute Fee", „unsere Sängerin" oder „TV-Koch".

Was heute ganz selbstverständlich ist, findet kurz nach dem Krieg seine Anfänge. Gründerehefrau Franziska Petrich meldet zu dieser Zeit parallel zur Schreinerei des Ehemannes eine Brotniederlassung und Bierhandlung an. Die Liebe zum Kochen veranlasste sie schließlich, das Geschäft 1955 zu einer kleinen Gaststätte zu erweitern. Der Schutzpatron der Jäger und das Hobby ihres Gatten gaben dem Lokal seinen Namen und Franziska Petrich die Anregung für das auch heute noch so beliebte Wildbret. Zehn Jahre später entstand der Anbau für eine Kegelbahn und Sohn Richard mit Ehefrau Roswitha wandelten schließlich die Räume der

Schreinerei zu Gasträumen und das Holzlager zu Gästezimmern um. Mit der Übergabe des Familienbetriebes 1997 an Sohn und Küchenmeister Thomas und Ehefrau Bettina, ebenfalls eine gelernte Köchin und Hotelbetriebswirtin, wurde das gesamte Haus im Landhausstil neu gestaltet. Passend zur individuellen Küche wollten die ambitionierten Gastronomen auch ihr eigenes Bier ausschenken. Im Jahr 2006 setzten sie kurz entschlossen die spontan entstandene Idee einer hauseigenen Brauerei in die Tat um.

Geschichten

Als Thomas Petrich, Mitglied im Prüfungsausschuss für Köche, im Rahmen eines Wettbewerbs „Kochen mit Bier" verschiedene Bierliköre verkostete, kam er auf die Idee, selbst einen zu kreieren. In langen Versuchsreihen am eigenen Herd entstand dann aus dem hausgebrauten Bockbier ein malzig-bitterer „Apierli", der nach wie vor am Herd in der Küche gekocht wird.

Herstellung

Seit dem Frühjahr 2006 werden im Landgasthof Hubertus drei Apfeltranger Biere nach dem bayerischen Reinheitsgebot gebraut. Diese Biere haben ihre ganz eigene Note und schmecken natürlich vor Ort in gepflegter Gastlichkeit am allerbesten. Dazu bietet Thomas Petrich Braukurse an, bei dem Interessierte den klassischen Brauprozess nach dem bayerischen Reinheitsgebot studieren können. Das Bierbrauen auf handwerkliche Art und Weise ist für alle ein bleibendes Erlebnis: einmaischen, Läutern, Anschwänzen und Kochen, bis das frische Bier ins Kühlschiff läuft. Gebraut wird ein naturtrübes helles, hefiges Land-Weizenbier mit malzigen Aromen, ein kräftiger, obergäriger Doppelbock und ein fein-bitteres, dunkles Land-Weizenbier. Für den kreativen Küchenmeister ist der hochprozentige Bock das perfekte Ausgangsmaterial für den Bockbierlikör „Apierli", der im Minimaßkrug mit einer Schaumkrone aus Sahne serviert wird.

Schmankerltipp

Das obergärige, bernsteinfarbene und naturtrübe helle Bier ist der Favorit unter den drei Apfeltranger Bieren. Es wird auch gerne in die originelle Flasche abgefüllt und mit nach Hause genommen. Das Bier ist angenehm leicht, malzig im Geruch, weich im Antrunk und präsentiert sich mit einer blumigen Note sowie einem malztypischen Charakter. Durch die feinaromatische Hopfenbittere erhält es seinen ausgewogenen, runden Charakter.

Wussten Sie schon,

... dass der Ortsname Apfeltrang auf den keltischen Namen Aphaltarwanc, übertragen bedeutet dies Apfelbaumebene, zurückgeht?

... dass das im nahen Kaufbeuren alljährlich Ende Juli stattfindende Tänzelfest das älteste historische Kinderfest Bayerns ist?

Allgäuer Hirschrücken-medaillons

in süßer Nusskruste überbacken, dazu in Honig glasierte Karotten, Maiswaffeln und Rahmwirsing

Nusskruste • 30 g Rosinen • 80 g gemahlene Haselnüsse • 100 g Butter • 120 g gemischte Nüsse • Salz • Pfeffer
Karotten • 2 mittelgroße Karotten • 20 g Honig • 50 ml Gemüsebrühe • 25 g Butter, Salz
Maiswaffeln • 450 g Maiskörner • 100 g Mehl • 3 Eier • Salz, Pfeffer und Muskatnuss
Rahmwirsing • ½ Wirsing • 200 ml Sahne • 1 Zwiebel • 25 g Speck • Salz, Pfeffer und Muskatnuss
Für Fleisch und Soße • 1 kg Hirschrücken ohne Knochen (oder Filet) • 100 ml trockener Rotwein • 1 Zwiebel • 100 ml Sahne • 50 g Preiselbeeren • Pfeffer, Salz und Wacholderbeeren

Zubereitung

Den Hirschrücken in zwölf gleich große Medaillons schneiden, leicht klopfen und mit Salz und Pfeffer würzen. Dann von beiden Seiten jeweils 2 Minuten anbraten. Das Fleisch aus der Pfanne nehmen und die gewürfelte Zwiebel hineingeben, kurz andünsten, mit Rotwein ablöschen und die zerstoßenen Wacholderbeeren zufügen. Sahne und Preiselbeeren hinzugeben und einkochen lassen, bei Bedarf abbinden. Zum Schluss die Soße durch ein Sieb passieren und abschmecken. Die Medaillons mit der Nusskruste bestreichen und im Backofen bei 200° C mit Oberhitze in etwa 7 Minuten fertig garen.

Die Zubereitung des gesamten Gerichtes siehe Rezeptteil.

Gebr. Baldauf GmbH & Co. KG

Geschäftsführer: Georg Baldauf und Anton Eß

Region:	88161 Lindenberg/Bayerisch-Schwaben
Gründungsjahr:	1862
Produkte:	Käse, Butter
Spezialität des Hauses:	Alpkäsle
Höhepunkte, Veranstaltungen:	Käse- und Gourmetfest in Lindenberg (Allgäu) am letzten Wochenende im August

Zunächst bestimmte der Geburtsort seinen Beruf: Martin Baldauf erblickte auf einem Bauernhof im Allgäu, in Geigersthal bei Goßholz das Licht der Welt. Das liegt in der Nähe von Lindenberg, wo traditionell die Hutmacherei beheimatet ist. Als Carl Hirnbein, damaliger Großbauer, Agrarreformer und Politiker, Mitte des 19. Jahrhunderts die Milch- und Käsewirtschaft im Allgäu einführte und das Land damit zum Blühen brachte, erkannte Martin Baldauf die Chance, die sich ihm bot. Der damals 37-Jährige handelte von da an mit Emmentaler Käse und begründete damit 1862 das Familienunternehmen.

Heute wird bereits in der fünften Generation nicht nur mit Käse gehandelt, sondern vor allem wird er selbst hergestellt. Das Unternehmen der Gebrüder Baldauf feiert 2012 sein 150-jähriges Bestehen und ist somit die älteste Käserei in Familienbesitz in Deutschland.

Es waren die Söhne des Gründers, Martin und Hans, die den Käsehandel zu einem Produktionsbetrieb ausbauten. Sie erzeugten Emmentaler, der nicht nur in ganz Deutschland, sondern bis nach Russland und Amerika verschickt wurde. Die Gebrüder gründeten bäuerliche Genossenschaften und schlossen mit bereits bestehenden Betrieben Milchkaufverträge ab, wie zum Beispiel 1903 mit der Sennereigenossenschaft Hopfen, mit der noch heute Exklusivverträge bestehen – ein Novum in der bayerischen Milchwirtschaft. Nach dem Tod der Brüder übernahm der Schwiegersohn, Josef Baldauf, die Leitung des Unternehmens, bis die Söhne der beiden Brüder, Martin und Robert, alt genug waren, um selbst mitzuarbeiten. Der Zweite Weltkrieg brachte schwere Belastungen für die Firma, doch konnte sie dank der umsichtigen Geschäftsführung überleben. 1972 jedoch war die Zeit des Emmentalers im Kleinbetrieb vorbei. Die kleinen Sennereien wurden nach und nach stillgelegt. Von 625 Käsereien blieben nur noch 17 übrig. Herbert Baldauf gab jedoch nicht auf. Er setzte seine Idee um, den Bergkäse, der bis dahin nur im Sommer auf den Hochalpen hergestellt wurde, während des ganzen Jahres in der Talkäserei zu erzeugen. Der Alpkäse war ein qualitativ hochwertiges Produkt und erwies sich als sehr erfolgreich. Als Herbert Baldauf 1994 starb, ging die Firma auf seine drei Kinder Markus, Georg und Martina Baldauf über. Sie setzten die Idee ihres Vaters fort und produzieren noch heute in den drei verbliebenen Dorfsennereien nach überlieferter Rezeptur und alter Handwerkskunst köstlichen Käse. Jährlich erzeugen 67 Mitarbeiter 800 Tonnen Käse. Die Milch dafür liefern rund 45 Bauern aus der Region.

Geschichten

Herbert Baldauf hat zwar keine Berge versetzt, aber die Alm gewissermaßen ins Tal geholt. Als in den 1970er-Jahren die Käse-Industrie die kleinen Käsereien finanziell schwer beutelte, erwiesen sich der Wechsel der Produktionsart und die Erweiterung auf eine andere hochwertige Käsesorte als die einzig mögliche Rettung für die Baldauf-Sennereien, die bis dahin vor allem Emmentaler herstellten. Ein befreundeter Käser aus dem Hochsavoyen vermittelte Herbert Baldauf die Herstellung eines französischen Bergkäses, eine Art Gruyère. Er begann 1972 den Käse, der bis dahin nur im Sommer auf den Hochalpen produziert wurde, ganzjährig in den Tal-Sennereien herzustellen. So entstand das „Baldauf Alpkäsle", das bis heute gefertigt wird.

Herstellung

Für nur einen Laib Baldauf Alpkäsle braucht man 300 Liter beste Rohmilch, die täglich von den Bauernhöfen abgeholt wird. Nicht entrahmt, wird sie sofort in Kupferkessel gefüllt, vorsichtig auf 31° C erwärmt, damit die wertvollen Vitamine erhalten bleiben, und langsam eingedickt. Für diesen Vorgang verwendet man das sogenannte Lab, ein Ferment des Kälbermagens, das die Milch zur „süßen Gerinnung" bringt, um anschließend daraus den Käseteig machen zu können.

Dieser wird dann mit der Käseharfe, dem traditionellen Werkzeug der Käser, in gleichmäßige Stücke zerteilt. So entsteht der Käsebruch, also die Masse, aus der die Käselaibe geformt werden. Der Käsebruch wird aus dem Kessel geholt und läuft durch den Abfüller in runde Laib-Formen.

Nun kommen die Laibe in ein Salzbad, das der Oberfläche des jungen Käses das Wasser entzieht und so den Grundstein für die Rindenbildung legt. Nach zwei Tagen kommen die Laibe dann in den Gärkeller und werden bei einer Temperatur von 16° C und einer Luftfeuchtigkeit von 94 Prozent wöchentlich mit Salzwasser abgerieben. So entwickeln sie ihren feinwürzigen Geschmack und eine goldgelbe Rinde entsteht. Nach drei bis vier Monaten sind sie fertig. Während dieser Reifezeit entstehen auch die Käselöcher: Milchsäurebakterien, die der Milch schon während des Eindickens im Kupferkessel beigegeben wurden, bauen den Milchzucker im Käse ab. Dabei entstehen Gase, welche zur Lochbildung führen.

Schmankerltipp

Die Allgäuer Kässpatzen sind eine würzige, original bayerische Hauptmahlzeit. Serviert werden die hausgemachten „Spatzen" auf Tellern oder im Pfanderl mit Bergkäse, Schnittlauch und kräftig gerösteten Zwiebeln.

Wussten Sie schon,

… das die Milch von Kühen, die Gras statt modernes Stallfutter fressen, eine höhere Konzentration an Omega-3-Fettsäuren enthält?

… dass die Baldauf-Käserei 8 Millionen Liter Milch im Jahr – und zwar ausschließlich silagefreie – verarbeitet? Das ist Milch von Kühen, die nicht mit Futter aus dem Silo, sondern mit frischem Gras oder Heu gefüttert werden, die sogenannte Heumilch.

Alpkäsle

Was aussieht wie eine große Schüssel mit Dampfnudeln, ist in Wirklichkeit ein in kleine Teile geschnittener Laib Käse. Aus der Käsemasse für einen 25 Kilogramm schweren Alpkäse fertigt Käsemeister Sigi Rist in der Baldauf-Sennerei Gestratz 28 kleine Alpkäsle. So entstehen insgesamt rund 50.000 Stück im Jahr.

Besonderheit

Jeder einzelne Laib Alpkäsle wird in liebevoller Handarbeit nach dem Schneiden in seine endgültige Käseform gebracht. Danach folgt der Produktionsablauf wie beim großen Alpkäse – Pressen, Salzbad und ab in den Reifekeller. Hier ruhen und reifen die kleinen Käselaibe aus bester, silagefreier und naturbelassener Rohmilch bei optimaler Pflege drei bis vier Monate und entfalten dabei ihr mild-würziges Aroma. 900 Gramm schwer, besonders lange haltbar, mit goldgelber Rinde und unverwechselbarem Geschmack kommt das Baldauf Alpkäsle nach dieser Reifezeit in den Handel.

Verzehrtipp

Vor dem Verzehr den Käse auf Zimmertemperatur bringen. Käse sollte man immer am Stück kaufen, so trocknet er nicht so schnell aus.

Lagerung

Im Kühlschrank lagert man den Käse am besten im Butter- oder Gemüsefach. Jedes Stück sollte einzeln eingepackt sein, um das Aroma zu bewahren.

Bezugsquellen

Baldauf Käse kann man in den betriebseigenen Fachgeschäften und -Sennereien im Allgäu kaufen. Deutschlandweit ist er im gut sortierten Käsefach- und Feinkosthandel, auf vielen Wochen- und Bauernmärkten, in Delikatessenläden und unter www.baldauf-kaese.de erhältlich.

Bäckerei Holderied

Markus Holderied

Region:	88161 Lindenberg/Bayerisch-Schwaben
Gründungsjahr:	1932
Produkte:	Herzhafte und süße Backwaren, Konditoreiprodukte
Spezialität des Hauses:	Allgäuer Birnenbrot

Vieles hat sich geändert in der Bergstadt Lindenberg, seit Alois Holderied und seine Frau Maria 1932 im Anwesen Nr. 85 eine Bäckerei gründeten. An die Vielfalt der heutigen Backwaren war damals noch nicht zu denken. So gab es nur an den Wochenenden und an Feiertagen zusätzlich Gebäck aus Hefeteig. Die prägenden Werte jedoch wie „Heimat, Handwerk und Herzlichkeit" haben die Jahrzehnte in der Bäckerei Holderied überdauert.

Die Ursprünglichkeit ihrer Backwaren zu erhalten, ist Prämisse von Markus und Isa Holderied seit ihrer Betriebsübernahme im Jahr 1996. Sie machten Nägel mit Köpfen und verpflichteten sich von Anfang an zu einer nachhaltigen Betriebsführung. Seither wird ihr Brot ausschließlich mit Mehl aus ökologischem Anbau gebacken, was den Betrieb heute zu einem bedeutenden Naturland-Verarbeiter im Allgäu macht.

So ist ‚natürlich' das Zauberwort, welches im Lindenberger Backhaus über allem steht. Natürlich wird der Natursauerteig selbst gezogen, natürlich wird ohne technische Enzyme und Emulgatoren gebacken. Natürlich verzichtet der Bäckermeister auf industriell gefertigte Teiglinge, Fertigmischungen oder sonstige Convenience-Produkte. „Wenn man das Zusammenwirken der oft wenigen Zutaten kennt, ihnen die nötige Zeit gibt, um sich zu entfalten, dann arbeitet die Natur für uns", erklärt der Bäckermeister. „Es ermöglicht mir, zu experimentieren und die Möglichkeiten meines Handwerks auszuschöpfen." Staatsehrenpreise des Bayerischen Landwirtschaftsministeriums aus den Jahren 2008 und 2011 würdigen diese dauerhaft herausragenden Ergebnisse des Handwerksbetriebs.

Geschichten

„Ich verstehe meinen Teig", so Holderied. „Für mich ist er nicht nur eine Masse, sondern sehr lebendig. Damit er sich entwickelt, muss es ihm gut gehen. Es ist nicht viel, was ein Teig braucht: Mehl mit besten Backeigenschaften, Wasser, Salz, etwas Hefe – mehr nicht. Die Mikroorganismen sind die Helferlein im Teig. Gibt man ihnen Zeit, sorgen sie für ein ausgeprägtes Aroma. Das „Opa Luis-Brot" z. B. entwickelt sich in drei Stufen, bei unterschiedlichen Temperaturen und Reifezeiten. Durch das traditionelle Backen bleiben die Backwaren länger frisch, da der Teig in der Reifezeit mehr Wasser binden kann und dadurch auch die Krume feuchter bleibt. Für mich besteht der Gewinn meiner Arbeit darin, dass meine Kunden bei Brot und Kuchen zuerst an uns denken."

Herstellung

„Der Geruch des Brotes ist der Duft aller Düfte. Es ist der Urduft unseres irdischen Lebens, der Duft der Harmonie, des Friedens und Heimat", schreibt der tschechische Literaturpreisträger Jaroslav Seifert. Und jeder, der am frühen Morgen an einer Backstube vorbeigeht, wird spüren was damit gemeint ist. Frisch duftend, mit knuspriger Kruste und saftiger Krume – so soll Brot sein und so wird es hier noch gebacken. Das Roggenmischbrot, liebevoll nach dem Begründer der Bäckerei „Opa Luis" benannt, wird wie früher aufwendig in einer Drei-Stufen-

Führung versäuert, dabei wird in jeder Stufe für die jeweiligen Mikroorganismen ein passendes Umfeld geschaffen und anschließend in sechs Pfund schweren Laiben zwei Stunden gut ausgebacken. Der Geschmack des Brotes entsteht beim Backen in der Kruste, von wo aus die Aromen dann beim Auskühlen in die Krume wandern. Eine gelungene Kruste schmeckt nicht nur sehr gut, sie verzögert das Austrocknen der Krume – somit bleibt das Brot länger frisch.

Dass eine Bäckerei viel Energie zum Backen benötigt, ist ganz normal. Die Bemühungen des Markus Holderied, in seinem Betrieb vollständig nachwachsende Rohstoffe – wie früher bei den Holzbacköfen üblich – einzusetzen, scheiterte bisher an der Verfügbarkeit von geeigneten Holzpellet-Brennsystemen für Backöfen. Trotzdem ist es der Familie gelungen, die CO_2-Emissionen durch ein modernes Energiekonzept um über 50 Prozent zu senken. Im Jahr 2004 hat die Bäckerei Holderied als erste Handwerksbäckerei in Schwaben dazu ein Umweltmanagementsystem nach dem Qualitätsverbund umweltorientierter Handwerksbetriebe installiert.

Schmankerltipp

Das ‚Lindenberger Pärle' ist keine Allgäuer Variante von Romeo und Julia, sondern zwei delikate Brötchen, die, eng aneinandergeschmiegt, fest zusammenhalten. Sie werden aus Mehl, Salz, Wasser, Malz und Hefe mit etwas Kümmel hergestellt. Den Teig ‚gehätschelt' und per Hand geformt, entwickeln sie eine resche Kruste. Jedes ‚Pärle' ist ein Unikat und die ideale Begleitung zum Allgäuer Emmentaler oder zu frischer Butter und Honig.

Wussten Sie schon,

... dass Brot und Mensch etwas gemeinsam haben? Laib und Leib unterscheidet nur ein Buchstabe.

... dass ‚sauer' nicht nur lustig, sondern auch Brot macht? Lange Zeit galt die geheimnisvolle Hochzeit der Stoffe im Brot als ungelöstes Rätsel. Ohne die treibende Kraft wird aus Mehl, Wasser und Salz nur ein glasig harter Getreideklumpen, an dem sich unsere Vorfahren die Zähne ausgebissen haben. Erst die Ägypter kultivierten die Fermentation (Gärung) der gesäuerten Brotteige mitsamt den dazugehörigen Öfen.

Allgäuer Birnenbrot

Das traditionelle Birnenbrot – im Allgäu auch Sinate oder bairisch Hutzelbrot genannt – ist ein Früchtebrot, in das man die einst sehr begrenzt lagerbaren Birnen verarbeiten konnte. Es ist verwandt mit dem Kletzenbrot (Kletzen = getrocknete Birnen), wird jedoch mit mehr Teig hergestellt und hat eine feine Rinde.

Besonderheit

Ursprünglich verwendete man gedörrte Zwetschgen und Birnen, Rosinen und feine Nüsse und gab auch Früchtetreber zu. Die Birnen wurden nach der Ernte getrocknet, später wieder weich gekocht und dann in Brotteig verbacken. In neuerer Zeit kamen dann Feigen, Datteln, Orangeat und Zitronat dazu, um den Geschmack zu verfeinern. Der Brotteig wird mit Zimt, Sternanis, Pfeffer und Muskat gewürzt und erhält seine Süße ausschließlich von den Früchten. Er wird aus Weizenmehl mit etwas Sauerteig, Salz und Hefe bereitet und etwa eine Stunde bei 200° C ausgebacken.

Verzehrtipp

Birnenbrot genießt man am besten mit Butter bestrichen, wer es gern süßer mag, mit Honig, dazu ein Glas Tee oder Punsch. Es ist auch ein idealer Begleiter zu einer Käseplatte und passt besonders gut zu Blauschimmelkäse.

Lagerung

Birnenbrot ist gut verpackt sehr lange haltbar und kann auch gut eingefroren werden. Es sollte aber nicht offen im Kühlschrank gelagert werden, da es dort schnell austrocknet.

Bezugsquellen

Das Birnenbrot ist bei vielen Allgäuer Bäckereien und Weihnachtsmärkten erhältlich. Als winterliche Köstlichkeit wird es hauptsächlich in der Vorweihnachtszeit hergestellt.

Meckatzer Löwenbräu Benedikt Weiß KG

Geschäftsführender Gesellschafter: Michael Weiß

Region:	88176 Heimenkirch/Bayerisch-Schwaben
Gründungsjahr:	1738
Produkte:	8 Biere und alkoholfreie Getränke
Spezialität des Hauses:	Meckatzer Weiss-Gold
Höhepunkte, Veranstaltungen:	Juni: Marktfest Heimenkirch, August: Weiss-Goldene Musiknacht, weitere Veranstaltungen im Kalender auf der Homepage

Als Lena Weiss, die Frau des Braumeisters Gebhardt Weiss im Jahre 1873 den frühen Tod ihres Mannes erleben musste, geriet die Existenz des 1738 gegründeten und von den Eheleuten Weiss 1853 erworbenen Brauerei in Gefahr. So sicherte sie nicht nur für sich und ihre Familie den Lebensunterhalt, sondern auch für viele weitere Familien in der kleinen Gemeinde Meckatz. Harmonie war ihr immer besonders wichtig, und ihre Erkenntnis, dass nur der wirklich reich ist, der die Gemeinschaft stärkt, hat auch die nachfolgenden Generationen tief geprägt.

Benedikt, der älteste Sohn der Lena Weiss, Visionär und seiner Zeit weit voraus, ließ 1905 das Meckatzer Weiss-Gold als erste Allgäuer Biermarke beim Kaiserlichen Patentamt in Berlin schützen. Er war es, der den Betrieb kompromisslos modernisierte und damit fit machte für das 20. Jahrhundert. Es war für ihn schon damals selbstverständlich, mit seinem Bier Markengarantie zu geben.

80 Jahre später übernimmt Michael Weiß in vierter Generation die Brauerei. Der Braumeister und Diplom-Kaufmann fühlt sich der Familientradition und seiner Region zutiefst verpflichtet. Unter seiner Leitung steigt die Jahres-Bierproduktion kontinuierlich. Damit wird die Brauerei Meckatzer zu einer der erfolgreichsten Privatbrauereien Bayerns, die sich sowohl durch qualitativ hochwertige Biere als auch durch eine konsequent gelebte Philosophie der regionalen Wertschöpfung auszeichnet. Das bedeutet, dass alle Beteiligten – vom Hopfen- und Gerstenbauern über die Mälzerei und den Handel bis zur Gastronomie – nachhaltig Erträge erwirtschaften, die für eine gesicherte Existenz notwendig sind. Das wiederum bedeutet aktiven Umweltschutz sowie regionales Engagement mit den Schwerpunkten Kultur, Sport und Soziales. Bereits 1994 hat die Brauerei – als eine der ersten in Deutschland – ein Umweltschutzhandbuch erarbeitet. Viele Zertifizierungen und Validierungen folgten und zeichnen den konsequenten Weg des Betriebes nach, der sich auch im innerbetrieblichen Engagement fortsetzt. So steht den Mitarbeitern unter anderem auch ein eigenes Fitnessstudio mit Gesundheitsprogramm und ein Physiotherapeut zur Verfügung. „Erfolgreich sind wir, wenn nicht jeder für sich, sondern alle miteinander arbeiten“, so beschreibt Michael Weiß das Wir-Gefühl. Gewinner dieser ganzheitlichen Firmenphilosophie ist immer die Qualität des Produktes.

Geschichten

Zwei Weltkriege zehrten durchaus an den soliden Grundfesten der Brauerei. Sie kämpfte sich durch Tischtuchverbot und Dünnbierverordnung, jonglierte mit knappen Rohstoffen und überhöhten Malzpreisen. Auch die Inflation zehrte an den Reserven. Das Talent zur Improvisation half der Familie, diese Jahre zu überstehen. Gerade zu dieser Zeit galt es, die Gemeinschaft zu stärken. So wurde z. B. eine Unterstützungskasse für ehemalige Mitarbeiter eingerichtet. 1945 war das Bräustüble für fünf Monate wegen der Einquartierung von Besatzungstruppen geschlossen. Doch ab dieser Zeit konnte wieder ohne Unterbrechung produziert werden.

Herstellung

Erst moderne Technik in Symbiose mit handwerklichem Können ermöglicht es, erstklassige Biere zu brauen und dabei Ökologie und Ökonomie zu verbinden. Bei den Meckatzern werden Innovation und Tradition allerdings immer mit dem Ziel verknüpft, mit größter Sorgfalt das Beste aus dem zu machen, was Hopfengärten, Gerstenfelder und das klare Grundwasser aus den Allgäuer Alpen schenken. So hat bei allem Fortschritt kein Braumeister je gewagt, das ererbte Braurezept auch nur geringfügig zu ändern oder kostenoptimierend irgendeinen Kompromiss zu machen. Denn alle modernen Analyse- und Kontrollverfahren haben gezeigt, dass man das Weiss-Gold nicht verbessern kann. Bis heute wird deshalb an dem von der Ahnfrau überlieferten, aufwendigen und teuren Verfahren festgehalten. Denn der Glücksfall, ein vollendetes Produkt zu haben, soll durch nichts gefährdet werden. Das über 100 Jahre alte Originalrezept fordert bis heute ein traditionelles Zweimaischverfahren, eine Heißwürzfiltration und die kalte Reifung, die mit modernen Kontrollen und Messungen überwacht werden. Auch die Qualitätsvorgaben für Hopfensorten, Hefen und Spezialmalze werden bedingungslos eingehalten, bei Rohstoffknappheit wird eben weniger gebraut. Diese Qualitätsansprüche gelten auch für die anderen Biersorten von Meckatzer.

Schmankerltipp

Schmankerltipp aus dem Meckatzer Bräustüble: Filet vom Allgäuer Milchkalb mit Kartoffelrösti und Pfifferling-Aprikosen-Gemüse im Käsekörbchen, dazu ein frisches Glas Meckatzer Weiss-Gold.

Wussten Sie schon,

... dass das Meckatzer Weiss-Gold von „Öko-Test" beim Vergleich mit 45 weiteren Bieren ganz nahe an der Maximalpunktzahl lag und das Gesamturteil „sehr gut" erhielt?

... dass das Meckatzer Weiss-Gold bereits 1905 beim Kaiserlichen Patentamt zu Berlin eingetragen wurde?

Spezialität

KATEGORIE

BIER

Meckatzer Weiss-Gold

Dieses Bier ist die älteste beim damaligen Kaiserlichen Patentamt eingetragene Allgäuer Biermarke. Durch seine perfekt ausgewogenen sensorischen Qualitäten ist das Meckatzer Weiss-Gold keiner bestimmten Sorte eindeutig zuzuordnen. Seine Harmonie ist außergewöhnlich, daher wird es auch als das „Allgäuer Sonntagsbier" bezeichnet.

Besonderheit

Das Metzacker Weiss-Gold entstand zwischen 1875 und 1880, also zu der Zeit, als Louis Pasteur den Einfluss der Hefe beim Brauprozess erkannte. Vielleicht war es auch dieses aktuelle Wissen, das die Ahnfrau Lena Weiss zur Komposition ihres harmonischen Bieres verhalf. Jedenfalls braut man nach dem alten Rezept seit über einem Jahrhundert dieses Bier. Die geschmackliche Vielfalt umfasst die sensorischen Vorzüge vieler Biersorten, jedoch keine von ihnen in störender Dominanz.

Verzehrtipp

Frisch gezapft ist das herzhaft-vollmundige Bier immer ein passender Begleiter – ob allein, in kleiner Runde oder großer Gesellschaft getrunken.

Lagerung

In der Flasche zu Hause kann es kühl und dunkel maximal 6 Monate aufbewahrt werden.

Bezugsquellen

Im Geschenkestadel im Brauereihof in Meckatz, in zahlreichen Getränkemärkten oder bei www.biershop-bayern.de

REGION

REGENSBURG

Historische Wurstkuchl vor dem Salzstadel.

„Regensburg. Eine dieser Städte, bei denen alles stimmt. Alte Mauern, junges Volk (Universität!), ein Fluss, immer eine gute Mischung. An der Flussstraße Antiquitätenläden, weinumkränzte Lokale wie das Sausen-Eck. Oha! Das haut den stärksten Ami vom Burger-King-Hocker."

Wolfgang Röhl, deutscher Journalist

Mit rund 150.000 Einwohnern ist Regensburg die fünftgrößte Stadt Bayerns. Sie gehört zu den besterhaltenen mittelalterlichen Großstädten Deutschlands und hat neben einer 2.000-jährigen Geschichte auch kulinarisch reichlich Tradition zu bieten. Die lebendige Universitätsstadt im Herzen von Bayern bietet entspanntes Flair mit barockem Lebensgefühl und gilt als Stadt mit der höchsten Gastronomiedichte in ganz Deutschland. Mari Schandri, berühmteste Vertreterin der bürgerlichen Kochkunst, ist die Urmutter der guten Regensburger Küche. Auf ihrem Wissen basiert die Küche ihrer heimatlichen Nachfolger in der Hauptstadt der Oberpfalz.

Würstl, Kraut und Karmelitengeist

In Regensburg gibt es in allen vier Himmelsrichtungen für die Nase etwas Anderes zu erschnuppern: Von Norden zieht der Würstldampf über die Stadt, von Westen duftet der süße Senf, der Südwind bringt die Prise Schnupftabak und der Ostwind die Düfte der Zuckerfabrik. „Tu klüglich deine Zeit bemessen, dann reicht sie auch für ein Bratwurstessen", sagt man hier. So steht denn auch die älteste Bratwurstküche der Welt am Ende der Steinernen Brücke. Ihre Erbauer nutzten sie bereits vor 850 Jahren als Kantine und ihr Würstlduft ist das Parfüm der Altstadt. Man bestellt 4, 6, 8, 12 bis unendlich viele Stück mit Kraut oder ohne Kraut, aber immer mit hausgemachtem Senf und Schwarzer Kipferln. Und die Damen vom Grill verkaufen die Würstl auch roh, falls man nicht satt geworden ist und zu Hause weiteressen will. Es kann gut sein, dass man dann einen Karmelitengeist braucht, den es seit 1721 direkt bei den Ordensbrüdern im Karmelitenkloster St. Josef am Alten Kornmarkt gibt. Übrigens: Die geheimen Ingredienzen des Wässerchens sollen sowohl innerlich als auch äußerlich angewendet helfen.

Bier und Wein

Zu jedem bayerischen Essen gehört natürlich ein gutes Bier. Dies kommt entweder aus einem der vier Regensburger Bräuhäuser – Bischofshof Bräu, dem Kneitinger, Thurn & Taxis oder der mit fast 800 Jahren ältesten Spital- und Stiftungsbrauerei der Welt, dem St. Katharinen-Spital. Zudem gibt es viele preisgekrönte und namhafte Brauereien im Umkreis von Regensburg, so zum Beispiel die Familienbrauerei Jacob in Bodenwöhr oder die Klosterbrauerei Weltenburg.
Interessant für Weinliebhaber ist der gute, sehr trinkbare trockene Landwein aus dem östlichen Landkreis von Regensburg, der entlang der Donau einer uralten Weinbautradition entstammt. Zwischen Regensburg und Wörth an der Donau erstreckt sich das mit rund 4 Hektar Weinbaufläche „kleinste Weinbaugebiet Deutschlands". Zu den Naturschönheiten der Oberpfalz gehört die Mündung des malerischen Flusses Regen, der in Regensburg in die Donau fließt. Seine Wasserqualität hat sich in den letzten Jahren entscheidend verbessert und selbst Flusskrebse fühlen sich wieder wohl. Hecht, Zander und Waller waren schon immer heimisch.
Für Verführung pur ganz anderer Art sorgt seit 1676 die heutige Confiserie Prinzess in Regensburg. Mit „Barbara-Küssen", „Regensburgerinnen" oder original „Donau- und Seemuscheln" erfindet die kreative Familie mit ihren hand- und hausgemachten Leckerbissen Schokolade immer wieder neu.

Märkte – Handelsplätze mit Flair

Jeder, der gern über schöne Märkte bummelt, kommt in Regensburg voll auf seine Kosten. Besonders zu erwähnen sind der Bauernmarkt mittwochs in Stadtamhof und der Donaumarkt am Parkplatz Donauufer an Samstagen. Da bekommt man auch den echten „Weichser Radi", den die Radifrauen am Morgen immer auf dem Krauterermarkt verkaufen. Auf dem Neuen Markt am Neupfarrplatz kann man täglich einkaufen oder bummeln. Auch gibt es hier natürlich zur Erdbeerzeit die guten Keilberger Erdbeeren. Eine Frühjahrs- und Herbst-Dult gehören zu den Standardfesten in Regensburg auf dem Dultplatz. Das gilt auch für den Christkindlmarkt auf dem Neupfarrplatz, der von einer unabhängigen Jury zu einem der schönsten Weihnachtsmärkte im gesamten deutschsprachigen Raum gekürt wurde. Traditionelles Handwerkstreiben dagegen findet in der Vorweihnachtszeit auf dem Hof des Schlosses Thurn und Taxis statt. Jahr für Jahr erliegen Tausende von Besuchern aus nah und fern dem einzigartigen Zauber des „Romantischen Weihnachtsmarktes". Absolute Authentizität ist und bleibt oberstes Gebot dieses Marktes.

Vergangenheit schafft Zukunft

Auch als Tagungsstadt hat Regensburg eine besondere Tradition. Schon Karl der Große empfing hier Gesandte aus ganz Europa. Von 1663 bis 1806 gab es den „Immerwährenden Reichstag", eine Art erste europäische Konferenz, die dann ständig im Alten Rathaus von Regensburg abgehalten wurde. Als die seit dem 13. Jahrhundert Freie Reichsstadt nach dem Ende des Immerwährenden Reichstages im Jahre 1810 zu Bayern kam, geriet sie jedoch fast anderthalb Jahrhunderte in Vergessenheit und wurde erst nach dem Zweiten Weltkrieg als historisches Kleinod neu entdeckt. Die überwiegend mittelalterliche Bausubstanz der Altstadt blieb innerhalb dieser Zeit nahezu unangetastet und auch im Zweiten Weltkrieg von Zerstörungen weitgehend verschont. Heute gilt Regensburg europaweit als einmaliges kulturgeschichtliches Denkmal. Im Juli 2006 ernannte die UNESCO die Altstadt Regensburgs mit Stadtamhof zum Weltkulturerbe.

Barbara-Küsse

Die Küsse der schönen Barbara

1545 weilte Kaiser Karl V. zum Reichstag für einige Wochen in Regensburg. Zur selben Zeit lernte er die schöne Regensburger Bürgerstochter Barbara Blomberg kennen und lieben. Diese gebar ihm nach einer Liebesnacht im Gasthof „Goldenes Kreuz" einen Sohn, den späteren Don Juan von Österreich.
Heute gibt es die „Barbara-Küsse" als original Regensburger Spezialität in der Café-Confiserie Prinzess direkt am Rathausplatz. Kenner sagen ihr eine köstliche Wirkung nach.
Robertus de Gravel, französischer Gesandter beim Reichstag zu Regensburg 1676, Zeitgenosse seines Landsmannes Marschall du Plessin Praline, brachte die von dessen Koch in der Mitte des 17. Jahrhunderts erfundene Süßigkeit erstmalig nach Regensburg. Hier nun fand dieses Petit-Konfekt bei den hochfürstlichen Herren, Kurfürsten, Fürsten und Gesandten beim „Immerwährenden Reichstag des Heiligen Römischen Reiches Deutscher Nation" einen solchen Anklang, dass der Regensburger Magistrat verpflichtet wurde, in den verschiedenen Beratungsräumen dauernd Konfekttischchen zu unterhalten. Dies war zugleich auch die Geburtsstunde der Regensburger Pralinenmacher.

Historische Wurstkuchl Regensburg

Brigitte Meier

Region:	93047 Regensburg/Oberpfalz
Gründungsjahr:	1500
Produkte:	Bratwurst, Sauerkraut, Senf
Spezialität des Hauses:	Regensburger Bratwurst

Wer am Regensburger Donauufer Richtung Steinerne Brücke entlang spaziert, nähert sich mit jedem Schritt dem verführerischen Duft von Holzkohle, Kraut und Bratwürsteln. Dort angelangt, liegt zu Füßen der Brücke die Historische Wurstkuchl und lädt zu einer ganz besonderen Rast ein.

Ein kleines, direkt an die Stadtmauer geschmiegtes Gebäude, das während der Entstehung der Steinernen Brücke von 1135 bis 1146 als Baubüro und später als Garküche für die Hafen- und Bauarbeiter diente, hat es zur ältesten Bratwurststube der Welt geschafft. Da die reichen Handelspatrizier der Freien Reichsstadt Regensburg den Hafen jahrhundertelang intensiv als Umschlagplatz für Waren aus aller Welt nutzten, gab es immer reichlich Hafenarbeiter. Viele hungrigen Bauarbeiter kamen im 12. Jahrhundert auch von der Baustelle des Regensburger Doms. Und ebenso wie die damals als achtes Weltwunder gefeierte Brücke gehört die kleine Bratwurstküche heute zusammen mit dem Dom zu den bedeutendsten Sehenswürdigkeiten Regensburgs. Kein Wunder, dass sich an diesem Ort internationale Touristen ebenso tummeln wie die Regensburger selbst, die ihrer Kuchl über Jahrhunderte

hinweg die Treue gehalten haben. Wie die bis auf Augenhöhe beeindruckend positionierten Hochwassermarken zeigen, ist die Lage direkt an der Donau jedoch nicht nur von Vorteil. Regelmäßig stand das Haus unter Wasser, die Regensburger können ein Lied davon singen. Wann das gesottene Fleisch der Garküche durch die feineren Bratwürste ersetzt wurde, lässt sich nicht genau bestimmen. Vermutlich wurden sie 1806 eingeführt, als die historische Wurstküche von der Stadtkämmerei an den Garkoch Wolfgang Schricker verkauft wurde. Mit ihm begann die Zeit der Familie Schricker, deren Nachkommen noch heute die Wurstküche führen. Heutiger Eigentümer ist die Familie Schricker-Meier.

Geschichten

Der ehemalige bayerische Ministerpräsident Franz Josef Strauß war ein großer Freund der regionalen Küche. So war es selbstverständlich, dass er sich einen Besuch der Regensburger Wurstkuchl nicht nehmen ließ. Da die damaligen Inhaber und Eltern des heutigen Besitzers, Andreas Maier, gerade in Urlaub waren, riefen die Mitarbeiter der Wurstkuchl den Junior an. Dieser raste mit seinem „Bonanza"-Radl zur Kuchl und übernahm, wohl ziemlich aufgeregt, die Begrüßung des Landesvaters. Nachdem dieser erfahren hatte, dass er es mit dem"Juniorchef" zu tun hat, brachte er sogleich Kritik an: „San denn in Regensburg alle magenkrank?", bemängelt er die Temperatur des Bieres. Da dieses damals noch mit Stangeneis gekühlt wurde, hatte es am Nachmittag wohl nicht mehr „die richtige Temperatur". Eine Episode, an die sich Andreas Meier, der heute selbstredend modernste Kühlverfahren

anwendet, noch immer gern erinnert. Wer hat schon einmal den Landesvater zu Besuch?

Herstellung

Gleich über der Straße, hinter der Wurstkuchl, befindet sich die Metzgerei der Familie Schricker. Hier werden die Spezialitäten produziert, die seit mehr als 100 Jahren Gäste aus aller Welt anziehen. Zur selbstgemachten Bratwurst nach Hausrezept reichen die Wurstkuchl-Inhaber selbstverständlich auch Sauerkraut aus eigener Produktion. Dafür reifen jedes Jahr über 60 Tonnen Weißkraut in Holzfässern zu würzigem Sauerkraut heran. Das Kraut für die traditionelle Beilage, dessen feiner Geschmack die Wurstkuchl-Gäste seit Jahrhunderten begeistert, liefert ein Bauer aus Regensburg-Winzer. Ohne Senf jedoch wäre selbst die beste Bratwurst mit dem delikatesten Kraut kein runder Genuss. Und weil in der Wurstkuchl alles perfekt zusammen passen soll, wird auch der Senf mit seiner ganz eigenen Note hier im Haus hergestellt. Das Rezept dafür stammt noch von Elsa Schricker, der Urgroßtante des heutigen Besitzers Andreas Meier. Verschiedene Sorten Senfmehl in unterschiedlichen Mahlgraden werden mit ausgewählten Zutaten zu einem besonderen Senf gemischt. Für die feinwürzige Note sorgt dann noch eine Prise Meerrettich.

Schmankerltipp

Seit über einem Jahrhundert liefert die Bäckerei Schwarzer ihre reschen Kipferl in die Wurstkuchl. Zusammen mit den Bratwürsten von Holzofengrill, einem Bier, hausgemachtem Kraut und Senf ergeben sie das original Wurstkuchl-Menü.

Wussten Sie schon,

... dass die Steinerne Brücke in Regensburg in elf Jahren, von 1135 bis 1146, erbaut wurde und Vorbild für viele Brücken dieser Zeit war?

... dass sie für mehr als 800 Jahre die einzige Donaubrücke in Regensburg war und auch in der Gegenwart, bis zum 31. Juli 2008, zum übrigen Verkehr noch über 300 Busse täglich trug?

Regensburger Bratwurst

Die Wurstkuchl-Bratwürste werden seit vielen Jahrhunderten ausschließlich aus purem Schweinehinterschinken nach einem Rezept hergestellt, welches nur den Familienmitgliedern und dem Metzgermeister der hauseigenen Metzgerei bekannt ist.

Besonderheit

Die Regensburger Wurstkuchl-Bratwurst erinnert in ihrer Form und Größe an die Nürnberger Rostbratwürstl. Sie ist circa 8-10 cm lang und hat einen Durchmesser von etwa 1,5 cm. Sie enthält jedoch nur Schweinehinterschinken und keinerlei Gewürze. Ihre Würze bezieht sie in erster Linie durch den Holzkohlegrill. Zur Regensburger Wurstkuchl-Bratwurst gehören traditionell ein süßer Senf und hausgemachtes Sauerkraut.

Verzehrtipp

Die Wurstkuchl-Bratwurst wird am besten frisch vom Holzkohlegrill mit hausgemachtem Sauerkraut und süßem Senf direkt vor Ort verzehrt.

Lagerung

In Dosen verarbeitet, haben die Bratwürste eine Haltbarkeit gemäß dem Haltbarkeitsdatum. Gleiches gilt auch für Kraut und Senf.

Bezugsquellen

Original direkt vom Holzkohlegrill der historischen Wurstkuchl oder als Konserve im Einzel- und Feinkosthandel der Region und im Online-Shop auf der Website.

Haidplatz Regensburg: In der ehemalige Kaiserherberge „Zum goldenen Kreuz“ wohnten Kaiser und Könige während der Reichstage. Hier wurde 1546 Don Juan d'Austria gezeugt.

Bäckerei Schwarzer

Region: 93047 Regensburg/Oberpfalz
Gründungsjahr: 1895
Produkte: Brot & Backwaren
Spezialität des Hauses:
Schwarzer-Kipferl

Inhaber: Rudolf Weber

Bereits 1895 wurde das Traditionsbackhaus von Johann Schwarzer in Cham gegründet. 22 Jahre später zog er 1917 in das gotische Albrecht-Altdorfer-Haus nach Regensburg um. Seitdem ist das Backhaus an der Ecke zur Augustinergasse untergebracht. Erwin Weber, der Vater des heutigen Inhabers Rudolf Weber, der seit 1956 im Betrieb arbeitete, übernahm im Jahre 1970 das Backhaus und übergab es 22 Jahre später an seinen Sohn, der den Betrieb mit seiner Backtradition und den beliebten „Schwarzer-Kipferl" bis heute führt.
Da der Gründer Johann Schwarzer als einer der Ersten die damals fortschrittliche Backofentechnik aus Österreich nutzte, bekam das Backhaus in der Oberen Bachgasse 7 auch den Namen „Erstes Wiener Backhaus". Dort bereitet man seither das liebste Weckerl der Regensburger, das nach seinem Erfinder „Schwarzer-Kipferl" benannt ist.

Schmankerltipp

Schwarzer-Kipferl passt vorzüglich zu herzhaften Speisen, wie Sauerkraut und frischen Bratwürsten. In der Wurstkuchl zu Regensburg ist diese Kombination ein Klassiker.

Wussten Sie schon,

… dass der Maler Albrecht Altdorfer neben Albrecht Dürer als wichtiger Vertreter der Nürnberger Kleinmeister gilt und politisch wichtige Positionen im Regensburger Rat innehatte?
… dass der Begriff „Kipferl" bereits in einer Urkunde des 12. Jahrhunderts Erwähnung findet?

Spezialität

KATEGORIE
HERZHAFTE BACKWAREN

Schwarzer-Kipferl

Diese Regensburger Spezialität isst man mit einer gewissen Andacht. Vor mehr als 100 Jahren erfunden, weckt es noch heute Gedanken daran, welche Bedeutung Brot für den Menschen hat. Ein Weckerl, das man nicht zu Wurst oder Bier isst, sondern eher umgekehrt.

Besonderheit

Bis zu 20.000 Kipferl werden Tag für Tag, einzeln von Hand geformt, gebacken, und ofenfrisch angeboten. Keines sieht aus wie das andere. Für die Qualität stehen Rohstoffe wie Roggen, Weizen, etwas Kümmel und – ein großes Geheimnis. Schwarzer-Kipferl haben Charakter, sie sind ungleich, aufgerissen – in der Hitze des Backofens gebrannte Teigskulpturen. Rösch, knusprig und frisch kracht die goldbraune Kruste, ehe der Gaumen den herzhaft-festen, aber doch zarten Teig schmeckt. Dieses Kipferl einfach nur als Brötchen zu bezeichnen, wäre eine Schande – allenfalls Weckla darf man sie noch nennen.

Verzehrtipp

Das Schwarzer-Kipferl passt am besten zu deftigen Würsten oder herzhaftem Käse.

Lagerung

Schwarzer-Kipferl sollten möglichst ofenfrisch verzehrt werden.

Bezugsquellen

Schwarzer-Kipferl gibt es in der Bäckerei Schwarzer in Regensburg und in einigen gut sortierten Lebensmittelgeschäften im nahen Umland.

Prinzess Café Confiserie

Oben: Claudius Giebelen, unten v. l. n. r.: Divina Giebelen-Reis, Charlotte Giebelen und Pia Giebelen-Walk

Region:	93047 Regensburg/Oberpfalz
Gründungsjahr:	1938
Produkte:	Pralinen, Konfitüren, Liköre
Spezialität des Hauses:	Barbara Küsse

Im Herzen der alten Freien Reichsstadt Regensburg, direkt gegenüber dem Alten Rathaus, eröffnete 1686 Deutschlands erstes Caféhaus. Französische Kaufleute brachten den Kaffee zum „Immerwährenden Reichstag" mit. Hier, wo sich einst Kurfürsten, Fürsten und Gesandte aus dem gesamten Heiligen Römischen Reich Deutscher Nation versammelten, pflegt man traditionellerweise eine kultivierte Geselligkeit. Bis heute bietet der Freisitz vor dem Café Prinzess einen direkten Blick auf das Alte Rathaus mit seinem historischen Reichssaal.

Der Immerwährende Reichstag tagte von 1663 bis 1806 permanent in Regensburg. In den Sälen des Rathauses berieten sich die höchsten Würdenträger des Reiches, auf spartanischen Holzbänken sitzend. Zur Stärkung reichten Diener das sogenannte Reichstagskonfekt auf „Konfekttischlein", ein für damalige Zeit recht kostenintensives „Catering", zu dem auch Wein und Gebäck gehörte. Als ein betrunkener Protokollführer eines Tages bei einer Sitzung laut zu Schnarchen begann, nahmen die Stadtväter dies dankbar zum Anlass, fortan die Tausende von Gulden für diese Konfekttischlein zu sparen.

Heute dürfen die Gäste der Stadt die köstlichen Pralinen im Café Prinzess selbst kaufen. Der Müller, Bäcker und Konditormeister Karl Giebelen, übernahm die Backstube im Jahre 1938. Mit großer Leidenschaft für die süße Kunst und stets eng verbunden mit dem Geist seiner Stadt, baute er das Café mit seiner jungen Frau Charlotte über viele Jahre zu einer namhaften Konditorei aus. Das Café erhielt durch Umbauten in den Jahren 1953 und 1985 sein heutiges Gesicht. Nach dem Tod des Gründers übernahmen seine Ehefrau und ihre drei Kinder die Regensburger Pralinenmacherei. Betritt man die Confiserie heute, eröffnet sich dem Besucher eine überwältigende Auswahl von handgeschöpften Pralinen, Gebäck, Kuchen und Torten aus eigener Produktion. Namen wie „Göttliches Duett", „Himmelsflüsterer", „Ratsherren-Schlücke" oder „Donaumuscheln" machen die Auswahl zu einem „schwierigen Unterfangen". Die traditionelle „Prinzess-Praline", die bereits den Gesandten des Reichstags so gut schmeckte und die der Confiserie ihren Namen gab, geht zurück auf die Anfänge der Pralinen-Herstellung in Deutschland.

Geschichten

1676 weilte Robertus de Gravel als französischer Gesandter beim Reichstag in Regensburg. In seinem Reisegepäck führte er auch jene Köstlichkeiten mit, die der Koch des als Feinschmecker bekannten Marschalls Duc du Plessis-Praliné erfunden hatte. Nach ihm erhielten die Köstlichkeiten den Namen „Praline". Der Regensburger Magistrat wurde verpflichtet, für sämtliche Beratungen Pralinen bereitzustellen. Auch Goethe, der auf dem Weg nach Italien einige Tage in Regensburg Halt machte, war vom Konfekt der Regensburger Konditoren so angetan, das er sie in „Wilhelm Meisters Lehrjahre" besonders erwähnte.

Herstellung

Sie sind Verführer, die Schokoladenmacher. Sie verstehen sich auf Genuss und haben ihn vielfach untersucht. Sie wissen um den Augenblick und zaubern ihn in die 15 Gramm hinein, die eine Praline im Durchschnitt wiegt. Die Zusammensetzung der Zutaten, die mit Schokolade harmonieren, sind nahezu unerschöpflich und lassen den Confiseur virtuos auf der Klaviatur seiner Möglichkeiten spielen.

Der Wahlspruch „optima optimorum" – aus einer Vielzahl von guten Rohstoffen das Feinste auswählen und wiederum das Beste daraus machen – hat die Generationen von Confiseuren des Café Prinzess tief mit ihrer Stadt verwoben. Die fantasievollen Ideen, mit den Pralinen auch Themen der Stadtgeschichte aufzunehmen, zeugen davon. So bekam nicht nur der bekannte „Weichser Radi" seine süße Entsprechung in Miniaturform. Als Praline, gefüllt mit Williamsgeist und feinem Mandelnougat, ist er zwar anders – aber keineswegs weniger delikat als sein großes Vorbild. Auch die „Regensburger Domspitzen", die „Regensburger Buam und Madl'n" und die „Donaumuscheln" bekamen ihre süßen Pendants. Zu Ehren ihrer Fürstin kreierten die Giebelens die „Kesse Gloria", ein flauschig-lockerer Rumtrüffel auf feinen Mandelkrokantplättchen und verziert mit einer Amarenakirsche. Der Papst, die Römer, die Ratsherren – alle sind in kleinen, feinen Kunstwerken für einen schmelzenden Moment verewigt. Lustvoll kreiert und üppig inszeniert, werden sie aus edelsten Kakaosorten mit außergewöhnlich reichen und zarten Schokoladenaromen sowie der gesunden Kakaobutter mit cholesterinfreien Fetten hergestellt.

Schmankerltipp

Ein besonderer Genuss ist die berühmte Haustorte „Barbara Blomberg", die bereits in den 1940er-Jahren viele Tortenliebhaber hatte. Als zweischichtige Sahnetorte, mit Williams Christbirne und Preiselbeerkonfitüre verfeinert, wurde sie zu Ehren von Barbara Blomberg kreiert, der 1527 in Regensburg geborenen Geliebten von Kaiser Karl V.

Barbara Küsse

Eine hochfeine Schokoladenschale, gefüllt mit edlem Kirschwasser und Williams Christbirne, mit Kräutern, Gewürzen und Honig verfeinert sowie in hellen oder dunklen Nougat (Gianduja) getaucht. Die Pralinenspezialität ist ausschließlich in Regensburg erhältlich und wird nach einem alten, bereits in den 1950er-Jahren patentierten Rezept hergestellt.

Besonderheit

1545 weilte Kaiser Karl V. zum Reichstag für einige Wochen in Regensburg und lernte hier die schöne Bürgerstochter Barbara Blomberg kennen und lieben. Die „Schöne Barbara" gebar ihm nach einer Liebesnacht im Gasthof „Goldenes Kreuz" einen Sohn, Don Juan de Austria (Ritter Johann von Österreich), der später in der legendären Schlacht von Lepanto die Türken besiegte. Ihr zu Ehren gibt es im Café Prinzess nicht nur die „Barbara Blomberg"-Torte, sondern auch die „Barbara Küsse" als original Regensburger Spezialität.

Verzehrtipp

„Barbara Küsse" gut temperiert bei Zimmertemperatur und geschlossenen Augen in den geöffneten Mund legen, dann langsam zerbeißen und im Mund zergehen lassen. Die fünf hochfeinen Schichten verbinden sich allmählich zu einem aufregenden Fest für die Sinne.

Lagerung

Am besten dunkel bei ca. 17° C lagern. Im Kühlschrank trocknen die Aromen der kleinen Meisterwerke zu schnell aus.

Bezugsquellen

In Regensburg direkt im Café Prinzess und im Webshop der Confiserie.

Wussten Sie schon,

… dass Gianduja eine aus dem Piemont stammende Mischung aus Nüssen, Zucker, Kuvertüre oder Kakaobutter ist und in Bayern meist als Nougat bezeichnet wird?

Luise Händlmaier Senffabrikation GmbH & Co KG

Geschäftsführer: Franz Wunderlich

Region:	93057 Regensburg/Oberpfalz
Gründungsjahr:	1964
Produkte:	Senf, Feinkost-Saucen, Meerrettich
Spezialität des Hauses:	Süßer Hausmachersenf
Höhepunkte, Veranstaltungen:	Senfladen in Regensburg täglich geöffnet.

Etwas ganz Besonderes sollten die Kunden zu den von der Metzgerei Händlmaier hergestellten Würsten bekommen. So erfand Johanna Händlmaier 1914 den süßen Hausmachersenf. Ihr Senf war unvergleichlich gut und die Kunden waren begeistert. Was damals in einem Kochtopf auf der Herdplatte der Metzgereiküche begann, legte den Grundstein zu einer der bekanntesten Senf produzierenden Unternehmen in Bayern.

Als der Metzgermeister Karl und seine Frau Johanna Händlmaier im Jahr 1910 in Regensburg ihre Metzgerei eröffneten, dachten sie wohl kaum daran, dass von ihrem süßen Hausmachersenf eines Tages täglich mehr als 100.000 Gläser über die Ladentheken in aller Welt gehen würden. Dieser Erfolg ist neben dem außergewöhnlichen Rezept auch dem Fleiß zweier Frauen zu verdanken. Johanna Händlmaier und ihre Schwiegertochter Luise waren Frauen mit Tatkraft und Unternehmergeist. Luise war es, die nach dem Tod von Josef, dem Sohn des Gründerehepaares, im Jahr 1955 die damals sechs Metzgereifilialen verkaufte und beschloss, ausschließlich Senf zu produzieren. 1964 begann sie in ihrer kleinen Senfmanufaktur mit anfangs zwei Stunden pro Woche. Die steigende Nachfrage forderte schnell die Ausweitung der Produktion. Bereits ein Jahr später belieferte sie etwa 400 Lebensmittelmärkte rund um Regensburg. Als Luise Händlmaier 1981 im Alter von 70 Jahren starb, übernahm ihre Tochter Christa Aumer, die bereits viele Jahre im Unternehmen mitwirkte, die Leitung der Firma. Sieben Jahre später, der Senf wurde noch immer in der Küche der früheren Metzgerei in der Gesandtenstraße produziert, übernahm ihr Sohn Franz Wunderlich die Firmenleitung.

Längst war der Senf kein Regensburger Geheimtipp mehr. Er war zu einem „Must have" für Weißwurst- und Leberkäsfreunde in Bayern geworden. Größere Produktionsräume und bessere Zufahrtsbedingungen wurden benötigt, um die steigende Nachfrage zu befriedigen. Nach einem Jahr Bauzeit wurden im Jahr 1992 die neuen Produktionsanlagen in Haslbach bei Regensburg in Betrieb genommen. Zum beliebten süßen Weißwurstsenf kamen jetzt auch neue Produkte hinzu. Wieder acht Jahre späterwurde eine weitere Produktionsstätte für die neuen Senf-Saucen eröffnet. Das Unternehmen erlebte eine Entwicklung mit großem Zuwachs. Nicht verändert aber hat sich die Beliebtheit des Senfes und das Bild der Luise auf den roten Etiketten.

Geschichten

Wenn man einen Senf eigens für eine Wurst kreiert, sollte man auch wissen, wie man diese beiden richtig verzehrt. Händlmaiers Anleitung dazu lautet folgendermaßen: Die Weißwurst isst man nicht mit den Fingern und erst recht nicht mitsamt der Haut, es sei denn, man möchte sich bei den Einheimischen lächerlich machen oder man liebt ein würgendes Gefühl. Die Haut ist sehr dünn und die Wurst bleibt gerne an der Haut hängen; wenn man jedoch seine Gastgeber und Tischnachbarn beeindrucken will, so sollte man folgende Regeln befolgen: Stechen Sie mit der Gabel in der Mitte in die Wurst und schneiden Sie sie in zwei Hälften. Stechen Sie nun mit der Gabel in die offene Seite. Schneiden Sie die Wursthaut auf, von der Öffnung zum Wurstzipfel. Halten Sie nun mit der Gabel die Haut ganz am Rand fest und schieben Sie das Messer zwischen Haut und Inhalt und schaben („rollen") dann den Wurstinhalt langsam von der Haut ab. Fertig. Essen Sie nun die erste Hälfte mit viel süßem Händlmaier-Senf, dann nehmen sie sich die zweite Hälfte vor. Echte Urbayern bevorzugen auch die Variante des „Auszuzelns", also die Wurst von einem Ende heraussaugen! Guten Appetit!

Herstellung

Seit nahezu 100 Jahren wird der süße Hausmachersenf nach dem Originalrezept von Johanna Händlmaier hergestellt. Das handgeschriebene Rezept ruht immer noch, sauber gerahmt, im Tresor. Dabei gibt es einige Geheimnisse. So wissen nur die engsten Mitarbeiter um die feine Gewürzmischung. Auch das spezielle Reife- und Lagerverfahren, das den Händlmaiersenf so einzigartig macht, ist geheim. Soviel ist klar: Gelbe und braune Senfkörner werden nach dem Reinigen gemahlen und entölt. Dem getrockneten Senfmehl werden dann Zucker und Gewürze beigegeben. Danach wird dieses Gemisch mit Wasser und Essig zu einer Senfmaische vermengt. Diesem Warmmaischverfahren folgen dann die geheimen Reife- und Lagerprozeduren. Während des ganzen Vorgangs werden immer wieder Laborproben genommen, um eine gleichbleibende Qualität zu gewährleisten. Auch die wichtigste Komponente, der Geschmack, wird stetig überprüft. Schließlich soll der Senf, für den früher viele Menschen eigens nach Regensburg gefahren sind, schmecken, wie man es seit Jahrzehnten gewohnt ist. Damit er auch im Glas bleibt und nicht seinen roten Deckel verliert, wird auch der Druck im Glas und die Viskosität des Senfes ständig überwacht.

Süßer Hausmachersenf

Im Jahre 1914 wurde der süße Hausmachersenf zum ersten Mal von Johanna Händlmaier in Regensburg gefertigt. Bis heute erfolgt seine Zubereitung nach diesem Rezept.

Besonderheit

Im Gegensatz zum scharfen oder mittelscharfen Senf wird der süße Senf mit Zucker oder Honig vermischt. Das nimmt dem Senfmehl etwas an Schärfe und lässt dem feinen Aroma des zum Senf gereichten Fleisches mehr Raum. Erstmals 1854 hergestellt, hat sich der süße Senf in Bayern als einzig legitime Zugabe zu Weißwurst oder Leberkäs etabliert. Menge und Qualität der verwendeten Öle und des Essigs bestimmen sowohl den Geschmack als auch die Konsistenz des fertigen Produkts.

Verzehrtipp

Am besten schmeckt der süße Hausmachersenf zu Weißwurst, Leberkäs oder Schinken. Zum Würzen von Soßen oder der Zubereitung von Vinaigrette ist er sehr gut zu verwenden.

Lagerung

Senf verliert, zu warm gelagert, sehr schnell seine Schärfe. Daher sollte man ihn nach dem Öffnen möglichst kühl stellen.

Bezugsquellen

Im Lebensmittel-Einzelhandel, vielen Metzgereien oder im Händlmaier-Geschäft in Regensburg, in der Unteren Bachgasse.

Schmankerltipp

Eine besondere Empfehlung von Christa Aumer, der Tochter von Luise Händlmaier, ist die gemischte Roulade mit süßem Senf. Eine besondere Kombination aus Rinderrouladen, Kalbs- und Schweineschnitzel sowie gekochtem Schinken (siehe Rezeptteil).

Wussten Sie schon,

- *… dass das erste überlieferte Rezept zur Senfzubereitung in Europa im 1. Jahrhundert n. Chr. von dem Römer Columella verfasst wurde?*
- *… dass es noch acht Jahrhunderte dauerte, bis der Senf nach Mitteleuropa kam?*
- *… dass es insgesamt über 40 verschiedene Senfarten gibt?*

REGION

OBERPFALZ

Chamer Redemptoristenkloster

Der Regensburger sagt Rogel, der Rosenheimer Stranize(l), der Tirschenreuther Guckern, der Friedberger Gstatl auf Hochdeutsch heißt es Tüte.

Johann Andreas Schmeller, geboren im oberpfälzischen Tirschenreuth. Bayerischer Sprachforscher und Autor des vierbändigen „Bayerischen Wörterbuches".

Der Bezirk Oberpfalz reicht von der Donau bis fast zum Fichtelgebirge, und vom Oberpfälzer Jura bis zur Grenze nach Tschechien. Glitzernde Seen zum Schwimmen oder Segeln, fischreiche Angelgewässer – einfach sagenhaft ist der Fischreichtum der Naab. Im Fischland Oberpfälzer Wald gibt es insgesamt etwa 3.800 Teiche, die zusammen rund zweieinhalb Mal so groß sind wie der Tegernsee. Die Dörfer und Gemeinden feiern das Abfischen im Herbst mit kulinarischen Festwochen. Eine herausragende Spezialität des Oberpfälzer Waldes ist der Karpfen. Schon seit etwa 800 Jahren züchten die bodenständigen Oberpfälzer den Süßwasserfisch; die dafür benötigten Teiche entstanden vorwiegend auf ertragsarmen, moorigen Böden. Der älteste bekannte Karpfenteich ist der ehemalige Untere Stadtweiher in Tirschenreuth, der um 1217 angelegt wurde. Ob geräuchert, paniert und gebacken oder „blau" – der meist etwa 35 cm lange Fisch wird von Einheimischen und Gästen sehr gerne verspeist. Und damit alle Karpfenliebhaber richtig schlemmen können, haben die Oberpfälzer in dem Kochbuch „Köstlich Karpfen" über 180 Rezepte zusammengetragen.

Von Wasser zum Bier – und die Sage von den Bierpantschern

Überhaupt spielt Wasser im dem Gebiet zwischen Labertal und Fichtelgebirge eine große Rolle. Nicht nur als Mineralwasser („Labertaler Quelle"), sondern auch als Bestandteil der vielen guten Biere – darunter dem Zoigl-Bier, einem untergärigen Bier, das von Kommunbrauhäusern oder Privatpersonen in der Oberpfalz gemeinschaftlich gebraut wird – bürgt es für erstklassigen Genuss. Unter dem Qualitätssiegel „Echter Zoigl vom Kommunbrauer" kommen Biere aus Eslam, Falkenberg, Mitterteich, Neuhaus und Windischeschenbach. Hinzu kommen Orte mit Privatbrauereien, die sogenanntes Brauerei-Zoigl herstellen. Als Zeichen dafür, dass in einem Haus „Zoigl" ausgeschenkt wird, dient der Zoiglstern – ein sechszackiger Stern, der die im Mittelalter bekannten Zutaten Wasser, Malz und Hopfen symbolisiert. Er wird an einer Stange befestigt und gut sichtbar an der Hauswand angebracht.

Dass die Begriffe „Bayern" und „Bier" in einer untrennbaren Verbindung miteinander stehen, ist mehr als nur ein Klischee. Aber dass der Vorgänger des Bayerischen Reinheitsgebots aus dem Jahr 1516, das am längsten gültige und angewandte Lebensmittelgesetz der Welt, schon im frühen 15. Jahrhundert einen Vorläufer in der Oberpfalz hatte, ist vielleicht weniger bekannt. Mitglieder des Regensburger Stadtrats tranken damals „böses und arges Bier". Durch einen Ehrenkodex wurde es Bierbrauern – bei Androhung hoher Geldstrafen – verboten, andere Zutaten als Wasser, Hopfen und Malz zur Herstellung ihrer Produkte zu verwenden. Bei Fischbach, hoch über dem Regental gelegen, steht die Burgruine Stockenfels. Hier büßen der Sage nach all diejenigen Bierbrauer auf ewig ihre Sünden, die sich des „drittschlimmsten Verbrechens" in Bayern schuldig gemacht haben: „Wasser ins Bier zu schütten", ein Vergehen, das gleich hinter Mord und Brandstiftung kam. Und so wird die geheimnisvolle Ruine oft auch „Bierpantscher-Walhalla" genannt.

Vom „Ende der Welt" mitten rein ins Zentrum Europas

Zu Zeiten des Eisernen Vorhangs noch „am Ende der Welt" gelegen, in unmittelbarer Nähe zur tschechischen Grenze, findet man Tirschenreuth heute genau in der geografischen Mitte Europas wieder. Schon Johann Wolfgang von Goethe vermerkte, als er 1786 auf dem Weg nach Italien hier durchreiste: „Das Tuchmacherstädtchen Tirschenreuth liegt gar schön". Die Stadt inmitten dem „Land der 1.000 Teiche" ist der ideale Ausgangspunkt für einen Anglerurlaub. Im Oberpfälzer Fischereimuseum kann man sich zudem eingehend über die Traditionen und sämtliche Künste des Fischfangs informieren.

Amberg, die zweitgrößte Stadt in der Oberpfalz und Teil der Metropolregion Nürnberg, zählt zu den besterhaltenen mittelalterlichen Stadtanlagen Europas. Im Mittelalter war hier ein bedeutender Umschlagplatz für Eisen und Eisenerz, wodurch die Stadt einen wirtschaftlichen Aufstieg erlebte. 1387 schloss Amberg mit dem benachbarten Sulzbach und unter Berücksichtigung der Nürnberger Hammerherren die „Große Hammereinung", eines der frühesten Kartelle der europäischen Wirtschaftsgeschichte.

Die nächstgrößere Stadt, Weiden in der Oberpfalz, liegt am Flüsschen Waldnaab, mitten im Herzen des Oberpfälzer Waldes. Die Bayerisch-Böhmischen Kulturtage, die Weidener Literaturtage, die Max-Reger-Tage, die Sommer Serenaden im Max-Reger-Park, das Fest im Park und vieles mehr bieten hier ein breites Spektrum an interessanten Kulturveranstaltungen.

Neumarkt, um 1130 als „Neuer Markt" zwischen Regensburg und Nürnberg gegründet, kam 1628 als bedeutende Marktstadt zum Kurfürstentum Bayern. Das Ensemble aus Rathaus und gotischer St. Johanneskirche, Residenzplatz mit Pfalzgrafenschloss, historischem Reitstadel und Hofkirche sind beeindruckende Zeugnisse der einstigen Bedeutung der Stadt. Im Juni verwandelt sich nahezu die gesamte Altstadt für drei Tage in ein Gesamtkunstwerk aus Musik, Kultur, Lebensfreude und Kulinarik. Städtischer, kultureller und kulinarischer Höhepunkt der Oberpfalz ist jedoch zweifelsohne Regensburg, dem wir ab Seite 300 ein eigenes Kapitel gewidmet haben. In Sinzing, unweit der Hauptstadt des Regierungsbezirks, hat übrigens die Firma Bernard ihren Sitz, die älteste, bereits 1733 (in Offenbach) gegründete Schnupftabakfabrik Deutschlands.

Die Oberpfälzer Küche zeigt Anklänge an die Küchen verschiedener – sowohl benachbarter als auch etwas weiter entfernt liegender – Regionen, wie Böhmen, Österreich, Norditalien und Schwaben. Hieraus erklärt sich auch der Schwerpunkt bei Mehlspeisen, die als Fastenessen geeignet und deshalb in katholischen Ländern fest verankert waren. Aber auch die köstlichen Rosswürst werden hier noch oft und gern verspeist. Wenn man dann Richtung Franken fährt, erhält man als besonderes Schmankerl Delikatessen vom Juralamm. Nur in der Stadt Cham hergestellt wird der Chamer Kampl, ein Honiglebkuchen in Form des Stadtwappens (ein fünfzackiger Kamm).

Wussten Sie schon,

... dass die Oberpfalz einen offenbar schier unerschöpflichen Fundus an Sagen, Märchen, Legenden, Schwänken und Sprichwörtern bietet? Einer der bedeutendsten Sammler von Brauchtum und Volksleben aus seiner Heimat war der Sprachforscher und Sagensammler Franz Xaver von Schönwerth (1810-1886), der – nach Veröffentlichung von drei Bänden von „Aus der Oberpfalz – Sitten und Sagen" (1857-1859) – in einem Brief an König Maximilian II. von Bayern andeutete, es läge ihm noch so viel Material vor, dass er mühelos zahlreiche weitere Bände füllen könnte.

... dass die Oberpfalz auch das „Ruhrgebiet des Mittelalters" genannt wird? Im Mittelalter wurden die hier und im angrenzenden Fichtelgebirge lagernden Erze, Zinn und Silber ausgebeutet, was der Region einen großen wirtschaftlichen Aufschwung brachte. Im Bergbau wurden damals schon Tiefen von 100 bis 200 Metern erreicht. Die Zentren der Erzgewinnung lagen in Amberg, Sulzbach, Auerbach und Umgebung.

Labertaler Heil- und Mineralquellen

Geschäftsführer: Lilo und Frank Sillner

Region:	84069 Schierling/Oberpfalz
Gründungsjahr:	1949
Produkte:	Mineralwasser, Erfrischungsgetränke und Säfte
Spezialität des Hauses:	Labertaler Mineralquellen

„Wie Wein kommt Mineralwasser aus einer bestimmten Gegend, wie Wein hat auch Mineralwasser Terroir."
(Unbekannt)

Den Grundstein für das in Schierling, in der Nähe von Regensburg gelegene Unternehmen legte das Ehepaar Hausler im Dezember 1949: Mit der Herstellung und dem Verkauf von Limonaden und Kohlen ging es zunächst los. 1964 kam mit dem Eintritt Adolf Schweigers in die Firma Hausler der Handel mit Bier und Wein hinzu. Die Eröffnung eines ersten Getränkefachmarktes in Landshut, erweiterte ab 1970 das Absatzgebiet. Kontinuierlich folgte der Aufbau weiterer Märkte – insgesamt entstanden in den vergangenen 40 Jahren über 100 Hausler-Getränkemärkte. Das Motto „Aus der Region für die Region" war dabei ein wichtiger Schlüssel für den Erfolg.
Am 1. März 1976 begann in einem Neubau im Schierlinger Gewerbegebiet die Produktion von alkoholfreien Erfrischungsgetränken. Neben dem Vertrieb der eigenen Produkte wurde auch der Verkauf von Fremdware ins Firmenportfolio aufgenommen. Mit der Firmierung der Getränke Hausler GmbH 1979 begann die Produktion der Eigenmarke „Hauli" (Limonaden und Fruchtsäfte), deren Erkennungsmerkmal bis heute der Seelöwe ist. Im Juni 1986 wurde dann unweit vom Schierlinger Firmensitz drei Brunnen mit Tiefen von 147, 405 und 503 Metern gebohrt. Alle drei Brunnen erwiesen sich als außerordentlich hochwertig und ergiebig. Mit der Anerkennung als „Natürliches Mineralwasser" konnte 1988 die Förderung und Vermarktung des natriumarmen Mineralwassers aus dem 147 Meter tiefen Stephanie-Brunnen begonnen werden. Dieser bildet bis heute den Grundstock für die Mineralbrunnen-Spezialitäten sowie für die gesamten „Hauli"-Getränke. Das Unternehmen eröffnete sich damit einen neuen Produktionszweig und nannte sich von nun an „Labertaler Mineralquellen Getränke Hausler GmbH".

Geschichten

Als Adolf Schweiger, der Schwiegersohn des Gründers, 1964 in die Firma Hausler eintrat, nutzte das Unternehmen bereits Mineralwasser aus eigenen Brunnen zur Herstellung ihrer Getränke. Als Tochter Lilo mit 16 Jahren ihren festen Willen bekundete, die Firma weiterführen zu wollen und sich darüber hinaus 1984 das Mineralwassergesetz änderte, entschied sich Adolf Schweiger zu investieren und neue, ertragreichere Mineralquellen zu erschließen. Bis er 1986 mit der Bohrung für die Brunnen beginnen konnte, gab es einige Schwierigkeiten zu bewältigen: Das Wasserwirtschaftsamt war der Meinung, das Schutzgebiet rund um die geplanten Brunnen sei zu klein. Es begannen zähe Verhandlungen und umständliche Tauschgeschäfte mit den anliegenden Landwirten. Als diese Schwierigkeiten aus dem Wege geschafft waren, blieb noch abzuwarten, bis die Ergebnisse aus der Flurbereinigung vorlagen. Nach vielen geologischen Untersuchungen und Investitionen in siebenstelliger Höhe konnte 1988 allen Zweiflern zum Trotz mit der Förderung und Vermarktung des natriumarmen Mineralwassers begonnen werden.

Herstellung

In Schierling, unweit der Abendsberger Spargelfelder und des größten Hopfenanbaugebietes der Welt gelegen, erblickt ein Wasser das Licht der Welt, das vor langer Zeit als Niederschlag tief ins Erdreich versickert ist. Das Mineral- und Heilwasser der Labertaler Brunnen ist mindestens 5.000 Jahre alt und kommt, frei von jeglichen modernen Umwelteinflüssen, aus bis zu 503 Metern Tiefe zutage.
Durch verschiedene Gesteinsschichten gereinigt und mit wertvollen Mineralien angereichert, fördern die Labertaler aus dem 147 Meter tiefen Stephanie-Brunnen mit dem Labertaler Heil- und Mineralwasser ein Naturprodukt, das als einziges deutsches Lebensmittel eine amtliche Anerkennung bedarf. Die Zulassung als „Mineralwasser" nach der „Mineral- und Tafelwasserverordnung" umfasst mehr als 200 Einzeluntersuchungen, mit deren Hilfe die Reinheit und Lebendigkeit eines Wasser gewährleistet wird. Die Abfüllung erfolgt direkt an der Quelle. Da die bioenergetische Qualität bei Vollmond optimaler als an anderen Tagen sein soll, gibt es sogar eine besondere Abfüllung: das Vollmond-Wasser.

Schmankerltipp

Die Labertaler Wellness-Getränke werden mit natürlichem Mineralwasser abgefüllt. Das Apfelerfrischungsgetränk mit Holunderblüten und Grüntee-Extrakt sowie Apfelessig mobilisieren die körpereigenen Abwehrkräfte. Apfelessig unterstützt dabei die Aufnahme lebenswichtiger Nährstoffe und Spurenelemente, hilft das Körpergewicht langfristig zu regulieren und fördert die Vitalität. Der Grüntee hat eine anregende Wirkung und ist durch seinen leicht herben Geschmack ein idealer Durstlöscher.

Wussten Sie schon,

... dass schon bei den Römern die Quellen in Bayern so hoch im Kurs standen, dass das Wasser in Tonkrügen über die Alpen transportiert wurde?

... dass um 1800 erstmals Glasflaschen zum Transport von Mineralwasser verwendet wurden?

... das bis 1984 Mineralwasser in Deutschland nur in der sogenannten „Zwiebelflasche" abgefüllt werden durfte?

Labertaler Mineralquellen

Aus dem 147 Meter tiefen Stephanie- und dem 503 Meter tiefen Sebastiani-Brunnen entspringt in Schierling im Labertal eine Mineral- und Heilwasserquelle. Das Wasser aus dem Sebastiani-Brunnen wurde vom Bundesgesundheitsamt in Berlin als Heilwasser zugelassen. Es unterliegt dem Arzneimittelgesetz und seine vorbeugende, lindernde oder heilende Wirkung muss anhand wissenschaftlicher Untersuchungen belegt werden.

Besonderheit

Mineralbrunnen sind regionale Kostbarkeiten der Natur. So befördern die Labertaler Heil- und Mineralquellen ein Wasser an die Erdoberfläche, das bereits vor Jahrtausenden durch die Gesteinsschichten gesickert ist oder dort eingeschlossen wurde. Den Schierlinger Quellen entspringt ein mindestens 5.000 Jahre altes Wasser, das frei von jeglichen modernen Umwelteinflüssen ist. Auf dem langen Weg des Wassers hat es Mineralien gelöst und ist deshalb stark durch sein regionales Terroir geprägt. Die Qualität der Labertaler Mineralquellen wird jährlich mit dem Prädikat Gold durch die DLG bestätigt und von der Stiftung Warentest mit „Sehr gut" bewertet.

Verzehrtipp

Da dieses Mineralwasser natrium- und kochsalzarm ist, ist es auch für die Zubereitung von Babynahrung empfehlenswert. Mieralwasser eignet sich hervorragend als Grundzutat für viele Cocktails und hat auch in der modernen und leichten Küche einen festen Platz.

Lagerung

Eigentlich ist Mineral- oder Heilwasser ungeöffnet fast unbegrenzt haltbar. Trotzdem sollte das Mindesthaltbarkeitsdatum beachtet werden.

Bezugsquellen

Im Umkreis von etwa 120 km um Schierling in der Gastronomie, im Lebensmittel-Einzelhandel und in Getränkemärkten erhältlich.

Winkler Bräu – Privatbrauerei & Gutshofhotel

Georg und Karin Böhm, Gabi und Hanns Konrad Winkler

Region:	92355 Lengenfeld/Oberpfalz
Gründungsjahr:	1428
Produkte:	Gastronomie, Hotellerie, Brauerei
Spezialität des Hauses:	Juradistl-Lamm
Höhepunkte, Veranstaltungen:	Lengenfelder Bierwochen in der Fastenzeit, Lengenfelder Wiesenfest auf dem Brauereigelände des Winkler Bräu: Jedes Jahr im Juni von Fronleichnam bis zum darauffolgenden Sonntag

Umgeben von den Wiesen im Talgrund der Schwarzen Laber mit ihrer faszinierenden Pflanzenvielfalt inmitten von Bayern liegt der traditionsreiche Gutshof Winkler Bräu. Schon seit 1428 pflegt man hier Gastlichkeit und gute Küche. Damals erbaut die Familie Yberle ein „Würthshaus und Prewhaus", welches viele Generationen später, im Jahr 1867, Joseph Yberle an seinen Stiefvater Franz Winkler übergab.

Ein Brand im Jahre 1903 führt auf dem Gutshof zu vielen Neuerungen. So muss die Brauerei wieder aufgebaut werden und erhält dabei einen großen, repräsentativen Mälzereiturm, der heute zwei Suiten mit einzigartigem Flair beherbergt. Als nach Ende des Zweiten Weltkriegs Hans Winkler, der Vater des heutigen Besitzers, den Betrieb übernimmt, bringt er Gutshof, Brauerei und Mälzerei auf den neuesten Stand und entwickelt den Besitz damit zu einem Vorzeigebetrieb für die ganze Region. Mit der Idee, ein Lengenfelder Wiesenfest auf der Brauereiwiese zu veranstalten, werden 1977 die ersten Gästezimmer eingerichtet. Das „Kupfer Spezial"-Bier wurde bereits 1975 zum ersten Mal ausgeschenkt – und vielleicht war es auch das süffige, kupferfarbene Bier, das verstärkt die Möglichkeit zur Übernachtung erforderlich machte …
1990 trifft Hanns Konrad Winkler die Entscheidung, die zum Gut gehörende Landwirtschaft zu verpachten und anstelle der Stallungen Gästezimmer, Hallenbad und Tagungsräume zu bauen. Da die Ehe von Gabi und Hanns Konrad Winkler kinderlos bleibt, holen die Besitzer 2003 das Ehepaar Karin und Georg Böhm, um das Fortbestehen ihres Traditionsbetriebs zu gewährleisten. Georg Böhm, Hotelbetriebswirt und Küchenmeister, erlernt bei Hanns Konrad Winkler das Bierbrauen und produziert 2008 als sein „Braumeisterstück" den ersten „Kupfer Bock". Ähnlich wie schon Generationen zuvor gelungen, wird die Familie Böhm, zu der auch drei Kinder gehören, die Privatbrauerei und das Gutshofhotel im Sinne aller Generationen des Gutshofes in liebevoller und anspruchsvoller Gastlichkeit weiterführen.

Geschichte

Die Idee für das Lengenfelder Wiesenfest stammt von Hanns Konrad Winkler. Bereits 1965 erwachte in ihm der Wunsch, auch zu Hause ein großes Fest zu veranstalten. Als er 1978 das 350-jährige Jubiläum der Brauerei vorbereitet, beschließt er, das schon früher von ihm veranstaltete „Waldbauernfest" mit den regionalen Trachtenvereinen jährlich durchzuführen. Das Wiesenfest in Lengenfeld gehört heute zum wichtigsten Fest der Heimatpflege in der Region. „Ich selbst war überrascht vom Erfolg meiner Idee", erinnert sich Hanns Konrad Winkler. Als Kind durfte er selten mit den anderen Dorfkindern spielen – und so erfüllt es ihn heute mit großer Freude, dass er nicht nur Brauchtum und Idealismus der Trachtenvereine, sondern auch das begeisterte Mitmachen der Kinder und Jugendlichen fördern kann.

Herstellung

Das 1975 von Hanns Konrad Winkler eingeführte „Kupfer Spezial" ist weit über die Region hinaus bekannt. Einen wesentlichen Beitrag dazu liefern die besten naturreinen Rohstoffe, auf die der Diplom-Braumeister besonderen Wert legt. Er weiß genau, was er verwendet, denn er bezieht die Braugerste von den verpachteten landwirtschaftlichen Flächen, die zum Gut gehören. Der feine Aromahopfen kommt aus den unweit gelegenen Anbaugebieten Hallertau und Spalt, das frische Brunnenwasser, das bis heute auch ohne aufwendige Aufbereitungs-

anlagen der Region als Trinkwasser dient, spendet der Oberpfälzer Jura. Lebensmittel von ausschließlich einheimischen Erzeugern sind auch die Grundlage für die kulinarischen Leckerbissen auf der Speisekarte. Dazu gehören neben dem Juradistel-Lamm und -Weiderind auch das Oberpfälzer Rotvieh aus Tännesberg. Das Wild wird direkt in den umliegenden Wäldern von den Waidmannsgenossen des Junior-Chefs Georg Böhm gejagt. Die Kräuter und Blumen, die Küche und Haus verzaubern, kommen aus dem eigenen Gutshofgarten.

Schmankerltipp

Zu den Bieren, die in der Privatbrauerei eingebraut werden, gehört das in traditioneller offener Gärung hergestellte „Kupfer Spezial". Das kupferfarbene, feinherb-malzige Bier begeistert durch seinen ländlich-rustikalen Charakter. Ausgeschenkt im original altdeutschen Humpen, wird es zu einem urbayerischen Gutshofschmankerl.

Wussten Sie schon,

- *... dass die König-Otto-Tropfsteinhöhle bei Velburg mit ihren bis zu 70 Meter hohen „Hallen" zu einer der schönsten Schauhöhlen Deutschlands zählt?*
- *... dass der nahe gelegene Golfplatz „Am Habsberg", der von der australischen Golflegende Graham Marsh angelegt wurde, zu den besten Plätzen Deutschlands zählt und in den erlesenen Kreis der „Leading Golf Courses of Germany" aufgenommen wurde?*

Juradistl-Lamm

Die Juradistl-Lämmer ziehen in ihrer Herde, begleitet von einem Schäfer, über die kräuterreichen Trockenrasen der Oberpfälzer Jurahänge. Es ist in der Region eine uralte Tradition, die tausende Jahre zurückreicht. Frisches Gras und reine Muttermilch sind die wesentliche Futterbasis. Das zarte Fleisch der höchstens sieben Monate alten Lämmer hat dadurch einen unverwechselbar aromatisch-milden Geschmack. Das Juradistl-Lamm ist eine regionale Spezialität, die nicht nur gut schmeckt, sondern auch das Gesicht dieser Kulturlandschaft prägt und erhält. Hier gewinnen beide: Die Schafe profitieren von der naturbelassenen Landschaft, die reich an Kräutern und Gräsern ist. Die Natur wiederum ist dringend auf die Schafe angewiesen, da sie ohne Beweidung verwachsen würde.

Besonderheit

Das Juradistl-Lamm ist eine Spezialität, das aus dem Naturschutz-Großprojekt im Rahmen der Bayerischen Biodiversitätsstrategie (Grundlage für lebenswichtige Güter und Leistungen der Ökosysteme) entstanden ist. Dieses wird von den Landschaftspflegeverbänden der Landkreise Amberg-Sulzbach, Regensburg, Neumarkt in der Oberpfalz und Schwandorf getragen und von der Regierung der Oberpfalz unterstützt. Das Ziel ist, gefährdete Tier- und Pflanzenarten im Oberpfälzer Jura durch eine entsprechende Beweidung und Bewirtschaftung des Lebensraums vieler Arten zu erhalten.

Verzehrtipp

Das Rezept für diese Spezialität von Küchenmeister Georg Böhm aus dem Winkler Bräu finden Sie im Rezeptteil.

Bezugsquellen

Die Juradistl-Lamm-Spezialität erhält man beim Winkler Bräu in Lengenfeld. Weitere Bezugsquellen unter www.juradistl.de. Die Winkler-Biere gibt es in der Gastronomie und Getränkemärkte der Oberpfalz oder unter www.winkler-braeu.de.

Familienbrauerei Jacob OHG

Marcus Jacob

Region:	92439 Bodenwöhr/Oberpfalz
Gründungsjahr:	1758
Produkte:	13 Biere und alkoholfreie Getränke
Spezialität des Hauses:	Jacob Weißbier
Höhepunkte, Veranstaltungen:	Brauereifest am 3. Wochenende im September
	Jacobator: Starkbieranstich am Freitag nach Aschermittwoch

Wenn ein Weißbier 17 Mal in Folge von der DLG mit einer Goldmedaille ausgezeichnet wird, ist das nicht nur etwas Besonderes, sondern ziemlich einmalig. Vielleicht ist es deshalb „das wahrscheinlich beste Weißbier der Welt". Sicher ist, dass sie es können, die Bodenwöhrer, denn seit über 250 Jahren wird im Herzen des Oberpfälzer Seenlandes Bier gebraut.

Bereits 1738 – 110 Jahre nachdem die Oberpfalz offiziell wieder zum bayerisch-wittelsbachischen Staatsverband gekommen war – baten die Arbeiter des Hüttenwerks Bodenwöhr ihren Kurfürsten Karl Albrecht darum, eine eigene Braustätte errichten zu dürfen. Das Bier aus den umliegenden Ortschaften traf wohl nicht ganz ihren Geschmack. Erst 20 Jahre später konnte der Braumeister Peter Still aus Fischbach im „Praunen Brauhaus" die ersten Biere herstellen und produzierte bald schon 800 Eimer Bier. Leider starb er noch im selben Jahr. Danach folgten viele unruhige Jahre im „Churfürstlichen Brauhaus", so dass sich das Kurfürstentum Bayern im Jahr 1804 zur Privatisierung entschloss. Nach vielen Besitzerwechseln erwarb 1884 Johann Baptist Jacob, der Urgroßvater des heutigen Inhabers Marcus Jacob, das Unternehmen. Mit ihm kehrte endlich Beständigkeit ein. Er führt das Haus mit großem persönlichen Einsatz in das nächste Jahrhundert. Die folgenden Generationen erbten seinen Pioniergeist und manövrierten die Brauerei auch durch die Widrigkeiten der Weltkriege – stets auf das Wohl der Mitarbeiter und die Qualität des Bieres bedacht.

So viel Mühe, Erfahrung und Liebe zum Produkt wird belohnt: Seit 1994 wird das Weißbier der Familienbrauerei Jacob ohne Unterbrechung mit dem Goldenen DLG-Preis prämiert. „Wir fühlen uns einer langen Tradition verpflichtet und wir lieben unsere Region, die Oberpfalz, mit all' den Menschen, die hier leben. Sie haben sich vor 250 Jahren ein gutes Bier für sich gewünscht und das dürfen sie auch heute noch erwarten", beschreibt Marcus Jacob sein Bestreben. Es ist bestimmt auch dieser herrliche Fleck Erde am acht Kilometer langen Hammersee im Naturpark „Vorderer Bayerischer Wald", der den diplomierten Braumeister so für seine Heimat schwärmen lässt. Mit dem Hotel und dem Brauereigasthof lässt die Familie ihre Gäste an der landschaftlich reizvollen Lage teilhaben. Zu den gepflegten Bieren gibt es altbayerische Schmankerl und in den umliegenden Wäldern Ruhe und Erholung. Hier kann man genießen, Kraft und Lebensfreude tanken – ein Anliegen, das vermutlich auch schon die Arbeiter im Jahre 1738 hatten, als sie hier ihr eigenes Bier gebraut haben wollten.

Geschichten

Sein erstes kleines Bier trank Marcus Jacob unbemerkt als 10-Jähriger in der Wurstkuchl in Regensburg. Der Hopfen tat schnell seine Wirkung und ganz entspannt schlief der Junge alsbald fest ein. Dieses offenbar prägende Erlebnis war der Beginn seiner große Liebe zur Wurstkuchl: der Duft der Holzkohle, die leckeren Bratwürste, das würzige Kraut, das Gemurmel der Gäste, herrliches Wetter und die vorbeifließende Donau. Noch immer ist Marcus Jacob begeisterter Gast, doch liefert er nunmehr schon viele Jahre „sein" Bier in die Wurstkuchl.

Herstellung

Hopfen, Malz und Wasser – so einfach ist das Rezept für gutes Bier. Die Kunst daraus etwas Besonderes zu machen, besteht aus der Sorgfalt, der Qualität der Zutaten, der Erfahrung des Braumeisters und der Geduld des Buchhalters. Denn wie alles Gute, braucht auch gutes Bier seine Zeit um zu reifen. Und welcher Platz wäre hierfür besser geeignet als ein verträumter See im Oberpfälzer Wald. Die Braugerste kommt von ausgewählten Landwirten aus der unmittelbaren Umgebung. Das reine und frische Brauwasser aus Bodenwöhrer Quellen und der Hopfen selbstverständlich aus der Hallertau. Die zur Gärung benötigte Hefe wird in einer eigenen Hefereinzucht ausschließlich für die Jacob-Biere hergestellt und nur ein Mal verwendet. Mit seinem bayerischen Braumeister Holger Becker und etwa 30 langjährigen Mitarbeitern setzt Marcus Jacob alles daran, dass aus den ausgewählten Zutaten ein hervorragendes Bier entsteht. Diese Philosophie macht sich nicht nur in der Qualität der Biere bemerkbar, sondern materialisiert auf nahezu alchemistische Weise auch Gold. So wurde das Export mit neun und das Altbayerisch Hell mit fünf Goldmedaillen der DLG prämiert. Dass auch das kräftige, aromatische Dunkel von besonderer Qualität ist, steht außer Zweifel. Das feinherbe Pils hat bereits den Namen „Edel-Pils" erhalten und das kleine Pils ist ein „Hammerpils", denn es heißt auch so.

Schmankerltipp

Zum Jacob Weißbier passt vorzüglich der Krustenbraten aus dem direkt am See gelegenen Hotel der Familie Jacob. Die Mutter des Bräus führt das Hotel und Restaurant mit herrlichem Ausblick auf den Hammersee.

Wussten Sie schon,

… dass früher die Maßeinheit für Bier „Eimer“ war und dies 64 Litern entsprach?
… dass Bier aus Weizen bereits vor Jahrtausenden in Babylon und Ägypten gebraut wurde?
… dass in Bayern vermutlich 1520 das erste Weizenbier von einem niederbayerischen Brauer hergestellt wurde? Knapp 30 Jahre später erhielt der Freiherr von Degenberg das Privileg zugesprochen, nördlich der Donau Weizenbier zu sieden.

Jacob Weißbier

Dieses original bayerische Weißbier enthält noch die „bananigen“ Noten, die ein Weißbier haben sollte. Spritzig und mit einem lebendigen Mundgefühl erfrischt es den Genießer. Die feste fein-porige Schaumkrone, die nach dem gekonnten Einschenken entsteht, lässt auch das Auge mittrinken.

Besonderheit

Das Jacob Weißbier wird seit 1994 lückenlos von der DLG mit Gold prämiert. Dies ist weltweit einmalig. Mit einer Stammwürze von 13,1 % und einem Alkoholgehalt von 5,3 Vol.-% entspricht es einem bayerischen Weißbier. Seine vielfältigen Geschmacksnoten, die viel von der feinen Hefe und dem kräftigen Korn vermitteln, sind jedoch außergewöhnlich.

Verzehrtipp

Ein Weißbier wird traditionell in besonders geformten, hohen und schlanken Gläsern ausgeschenkt. Das Weißbierglas fasst 0,5 Liter, den Inhalt einer Flasche. Die Form dieses Glases macht es möglich, dass die Kohlensäureperlen weit durch das Getränk nach oben steigen können und es damit lange frisch und spritzig halten. Dank des verstärkten Glasbodens wird mit dem Weißbierglas traditionell „unten“ angestoßen.

Lagerung

Die Biere der Familienbrauerei enthalten keinerlei Konservierungsstoffe und sind sechs Monate haltbar.

Bezugsquellen

Bei etwa 400 Restaurants und Getränkemärkten im Umkreis von 70 km um Bodenwöhr sind die Biere der Brauerei Jacob erhältlich, darüber hinaus auch in ganz Deutschland, Italien, Frankreich und im Internet unter www.brauerei-jacob.de sowie im „Biershop Bayern“.

Bernard Schnupftabak GmbH

„Schmalzlerfranzl“, eingetragenes Markenzeichen aus dem Jahre 1894

Region:	93161 Sinzing/Oberpfalz
Gründungsjahr:	1733
Produkte:	Schnupftabake, Schnupfpulver & Schnupferzubehör
Spezialität des Hauses:	Schmalzler

Seit über 275 Jahren ist die heutige Bernard Schnupftabak GmbH bekannt für ihre traditionsreiche Schnupftabakproduktion und damit die älteste Schnupftabakfabrik Deutschlands. Die Wurzeln reichen bis in das Manufakturwesen des 18. Jahrhunderts. Berühmt machte Bernard der „Schmalzler“. Er erfreute sich größter Beliebtheit und wird bis heute, trotz wachsender Technisierung nach wie vor in der althergebrachten Produktionsweise größtenteils in Handarbeit, hergestellt.

Die Firma Bernard wurde am 31. Januar des Jahres 1733 durch Johann Nikolaus Bernard in Offenbach am Main gegründet. Aufgrund der zugesagten Privilegien der Isenburger Landesherren bekam sein Geschäft den Namen „Fürstlich Isenburgische privilegierte Schnupftabakfabrik“. Sein Bruder Johann Heinrich, der wenig später als Teilhaber eingetreten war, wurde 1772 von Herzog Friedrich III. von Sachsen-Gotha mit der Einrichtung eines Tabakmonopols in seinen Ländern betraut. Als die Brüder im Jahre 1812 das erste Gebäude der Regensburger Schnupftabakfabrik erwarben, wurde Bernard bayerisch. Wegen des enormen Erfolgs des Schmalzlers musste bald das benachbarte Ingolstetter-Haus zugekauft werden. Bis heute ist das gesamte ehemalige Firmengebäude im Herzen der Altstadt einer der größten Komplexe der Regensburger Bürgerhausarchitektur des Mittelalters. Seine wechselvolle Nutzung vom vornehmen Wohn- und Repräsentationsbau reicher Kaufleute bis hin zur Schnupftabakfabrik — anschaulich dokumentiert in dem heute darin befindlichen Museum — spiegelt die Geschichte Regensburgs wider. Das Portal zum ehemaligen Eingang des Schnupftabakgeschäftes in der Gesandtenstraße wird bis heute von zwei Löwen aus dem 14. Jahrhundert bewacht. Das Emblem des „Schmalzlerfranzl“, eines der ältesten eingetragenen Markenzeichen aus dem Jahre 1894 und weit über die Grenzen unseres Landes bekannt, ziert nach wie vor die Schmalzlerdosen von Bernard. Sie werden heute in Sinzing, unweit von Regensburg gefertigt. Neben dem Schmalzler stellt die Bernard Schnupftabak GmbH noch eine ganze Reihe anderer Schnupftabaksorten nach alten Rezepturen in Handarbeit her. Dazu werden immer wieder neue Sorten entwickelt, viele davon ohne Tabak. Auch die aktuelle Debatte rund um das Rauchen macht den in Bayern traditionellen Schnupftabak wieder interessant.

Geschichten

Im Jahr 1560 stellte Jean Nicot, ein Abgesandter der Medici am königlichen Hof von Lissabon, die kopfschmerzbefreiende Wirkung des Tabak genannten Krautes an sich fest. Den gleichen Erfolg erzielte die Königin später bei ihrem Sohn. Das Wunderkraut trat seinen Siegeszug an, erst im französischen Adel und dann in ganz Europa. 1828 entdeckte man an der Universität Heidelberg bei Studien über das „eigentümliche wirksame Prinzip“ des Tabaks dann den dafür verantwortlichen Wirkstoff und gab ihm den Namen Nicotin. Und wie bei jedem Mittel, so gilt gerade bei diesem Stoff die alte Weisheit des Paracelsus: „All Ding' sind Gift und nichts ohn' Gift; allein die Dosis macht, das ein Ding kein Gift ist.“

Herstellung

Schnupftabak ist eine Mischung aus einer oder mehreren Sorten fein gemahlener Tabake. Im Gegensatz dazu wird Schnupfpulver ohne Tabak aus Traubenzucker und Aromen hergestellt. Beide werden durch „Schnupfen“, also durch Einsaugen durch die Nase eingenommen und sind ungefähr seit dem 17. Jahrhundert in Europa bekannt. In Bayern ist der Schmalzler der bekannteste Vertreter seiner Art, und „Engel Aloisius“ verlangte selbst im Himmel noch nach einem „Schmai“. Ziemlich sicher hat auch die Firma Bernard dazu beigetragen, dass der Schmai gerade in Altbayern genauso zum Stammtisch gehört wie das Bier. Aber woher kommt der Name? Nun, der Grund ist, dass hier dem Genussmittel Tabak, im Gegensatz zu trockenen Sorten, Schmalz beigemengt wird. Die Herstellung dieses besonderen Produkts ist sehr aufwendig und langwierig. Der Schmalzler wird bei Bernard nach wie vor traditionell, in der althergebrachten Produktionsweise von Hand hergestellt. Da die Schnupftabakherstellung dem deutschen Lebensmittelgesetz unterliegt, sind auch nur ganz wenige Konservierungsmittel zugelassen. Früher wurde Schnupftabak in Fässern verkauft, heute verpackt man fast alle Sorten in Kunststoffdosen mit praktischem Schiebesystem oder in kleine Glasflaschen. Wobei wohl jeder echte „Schnupfer“ mit Stolz sein persönliches „Doserl“ aus Hirschhorn oder Steingut besitzt.

Schmankerltipp

Für den tabakfreien Nasengenuss gibt es verschiedene Schnupfpulver aus Traubenzucker. So ist zum Beispiel der „Naseweis“ ein extra starkes Pulver, das auch bei starkem Schnupfen die Nase frei putzt.

Wussten Sie schon,

… dass die internationale Kommission für Krebsforschung IARC der WHO bestätigt, dass in zahlreichen von ihr durchgeführten Untersuchungen kein Zusammenhang zwischen dem Genuss von rauchfreien Tabaken, insbesondere auch Schnupftabaken, und der Entstehung von Krebserkrankungen nachgewiesen werden konnte?

Schmalzler

Schmalzler – bayerisch „Schmai“ – ist ein früher mit Schmalz und heute mit hochwertigem Paraffinöl versetzter, fein gemahlener Tabak zum Genuss durch die Nase. Gehört in Altbayern zur traditionellen Wirtschaftskultur wie Bier, Schnaps und Brotzeit.

Besonderheit

Schmalzler werden nach wie vor oft von Hand hergestellt. Dabei wird einer Mischung fein abgestimmter Tabaksorten der sogenannte Mangotes, zu Strängen gewickelte Tabakblätter, die in Zuckerrübensirup eingelegt sind, beigefügt und in einer speziellen Mühle zu feinem Pulver zermahlen. Danach wird dieses Tabakmehl mit hochwertigen Paraffinen versetzt. Diese haben den Vorteil, das der Schmai nicht wie früher ranzig werden kann. Der Schmai wird meist in kleinen Häufchen vom Handrücken in die Nase gezogen. Auch die feine französische Variante, zwischen Zeigefinger und Daumen ist legitim. Für die eher unerfahrenen Schnupfer sind auch halbautomatische Schnupfmaschinen erhältlich.

Verzehrtipp

Wie alle Genussmittel sollte auch dieses mit Bedacht verwendet werden. Oder wie Friedrich von Bodenstedt bemerkte: „Der ist nicht wert des Weines, der ihn wie Wasser trinkt.“

Lagerung

Schnupftabak ist sehr lange haltbar, verliert jedoch mit der Zeit an Frische und Aroma.

Bezugsquellen

In gut sortierten Tabakwarenfachgeschäften, im Internetshop und auf den Volksfesten.

Bayola Erzeugergemeinschaft

Bayola Erzeugergemeinschaft

Region:	93138 Lappersdorf/Oberpfalz
Gründungsjahr:	2000
Produkte:	Rapsöl
Spezialität des Hauses:	Bayola Rapsöl
Höhepunkte, Veranstaltungen:	Im Mai Rapsblütenfest

Die herrlich blühenden gelben Rapsfelder erfreuen im Frühjahr unser Auge und sind für Bienen eine erste wichtige Nahrungsquelle. Die winzigen Rapssamen enthalten so viel Öl, dass sie den höchsten Ertrag aller in Bayern angebauten Ölpflanzen erreichen. Um aus ihren gentechnikfreien Rapspflanzen – in einem transparenten Produktionsvorgang – ein Öl in optimaler Qualität zu gewinnen, haben sich sechs bäuerliche Familienbetriebe aus Franken und der Oberpfalz zu einer Erzeugergemeinschaft zusammengeschlossen.

Die Wertschöpfung in ihrer Region zu erhalten, ist für die sechs Landwirte ein besonderes Anliegen und entspricht auch der Aufgabenstellung der Agenda 21 – einem entwicklungs- und umweltpolitischen Aktionsprogramm der UNCED für das 21. Jahrhundert. Statt Palm-, Oliven- oder Sonnenblumenöl zu importieren, produzieren die Bauern aus ihren heimischen Ressourcen wertvolles, bekömmliches und gesundes Öl. Dazu verwendet die Erzeugergemeinschaft ausschließlich Pflanzen, die als geprüfte Qualität aus Bayern zertifiziert sind. Etwa 20.000 Liter werden derzeit pro Jahr in Schweighausen hergestellt – was etwa vier Kilogramm Rapskörnern pro Liter entspricht. Übrig bleiben nach der Kaltpressung etwa 65 Prozent Pressrückstände, die von den Landwirten in der Viehwirtschaft

als fett- und ballaststoffreiches Futter sehr geschätzt werden. In der Küche ist Rapsöl sehr sparsam im Gebrauch und, gerade weil es in der Region hergestellt wird, preiswert.

Geschichten

Eine ab 1994 in Frankreich durchgeführte Studie ergab, dass die Reinfarktrate bei Herzinfarktpatienten, die sich mit Rapsölprodukten ernährten, um 70 Prozent niedriger als in einer Vergleichsgruppe lag. Das Geheimnis dafür liegt im hohen Gehalt an Omega-3-Fettsäuren, mit denen Rapsöl die Entstehung von Thrombosen verhindern hilft und den Herzrhythmus stabilisiert. „Näher betrachtet, ist das Rapsöl sogar noch wertvoller als Olivenöl", stellte Ernährungswissenschaftler Dr. Nikolai Worm dazu fest, „man könnte es mit Olivenöl plus Fisch gleichsetzen." Besonders wertvoll gilt Rapsöl aus wissenschaftlicher Sicht auch, weil es praktisch frei von Cholesterin, dafür aber reich an einfach ungesättigten Fettsäuren ist. Auch besitzt es ein optimales Verhältnis von mehrfach ungesättigten Fettsäuren. Es enthält über elfmal mehr Omega-3 und doppelt so viel Omega-6 wie Olivenöl, und dabei nur halb so viel weniger gesunde gesättigte Fettsäuren.

Herstellung

Die Aussaat von Raps erfolgt im Herbst, im darauffolgenden Frühsommer wird geerntet. Nur die besten Partien werden zur Herstellung von Raps-Speiseöl verwendet. Das Öl selbst wird in der Ölmühle Bayola in Schwaighausen erzeugt. Durch die besonders schonende Kaltpressung bleiben die natürlichen Inhaltsstoffe voll erhal-

ten. Um ganze Körner in die Mühle zu bekommen, deren öliger Inhalt noch nicht oxidiert ist, muss möglichst schonend geerntet werden. Der optimale Zeitpunkt ist daher extrem entscheidend, denn die Schoten reifen nicht auf einmal, sondern am Stängel in Folge nach unten ab. Das erfordert beim Drusch und bei der Lagerung große Sorgfalt, damit möglichst wenig Körner beschädigt werden. Auch bei der Lagerung gilt: „Gute Qualität kann dem Silo nur entnommen werden, wenn auch gute Qualität eingelagert wurde." Die Berücksichtigung aller Qualitätsmaßnahmen ergibt ein Rapsöl mit mildem, nussig-feinen Geschmack, das ein idealer Begleiter für die leichte Küche ist – und überdies gesund. Es eignet sich zur Verfeinerung und Konservierung und hat hervorragende Back- und Brateigenschaften.

Schmankerltipp

Rapsöl eignet sich auch bestens zur Herstellung von Pesto (G'stampfts). Dafür kann man Kräuter aus dem Garten oder einem Kräutertopf verwenden; aber auch Wildkräuter wie Brennnessel oder Löwenzahn können verarbeitet und je nach Geschmack mit Hasel-, Walnüssen oder Pinienkernen verfeinert werden. Das Ganze wird mit würzigem bayerischen Bergkäse püriert und mit dem Rapsöl zu einer gut streichbaren Konsistenz vermischt. Gut gekühlt ist Pesto sehr lange haltbar.

Wussten Sie schon,

… *dass Raps schon seit Jahrhunderten wegen des hohen Ölgehaltes seiner Samenkörner kultiviert wird und bereits von den Römern als Speise- und vor allem als Lampenöl verwendet wurde?*

… *dass es in der EU bisher keine Zulassungen für den kommerziellen Anbau von gentechnisch verändertem Raps gibt und seit 2007 auch keine Freisetzungsversuche mehr durchgeführt wurden?*

Bayola Rapsöl

Raps (lat. Brassica napus) ist eine Pflanzenart aus der Familie der Kreuzblütengewächse und in Bayern eine der wichtigsten heimischen Ölpflanzen. Das Rapsöl wird aus den kleinen schwarzen Samenkörnern der Pflanze gewonnen. Die inhaltsstoffreichste und damit gesündeste Qualität erreicht man, wie bei allen Pflanzenölen, mit der ersten Pressung im Kaltpressverfahren.

Besonderheit

Kalt gepresste Rapsöle sind sehr aromatisch, sie haben einen feinen Nussgeschmack und eine kräftige, honiggelbe Farbe. Beim Einkauf ist die Verarbeitung leicht zu erkennen, da auf dem Etikett die Bezeichnungen „nativ" oder „kalt gepresst" angegeben ist. Aufgrund der sehr günstigen Fettsäurezusammensetzung zählt das Rapsöl heute aus ernährungswissenschaftlicher Sicht zu den wertvollsten Speiseölen.

Verzehrtipp

Das schonend gewonnene Öl eignet sich hervorragend für kalte Zubereitungen und verfeinert Dips, Marinaden, Mayonnaisen und Dressings. Auch zum Backen und Braten eignet sich Rapsöl bis 180° C hervorragend.

Lagerung

Wie alle Öle sollte auch Rapsöl kühl und dunkel aufbewahrt werden.

Bezugsquellen

Bayola wird vor allem in Bio- und Feinkostläden, bei Direktvermarktern, Regionaltheken sowie bei Edeka in Franken und der Oberpfalz angeboten. Außerdem kann das Öl unter www.bayola.de bestellt werden.

Schäfer's Backhaus

Inhaberin Kerstin Berg

Region:	93413 Cham/Oberpfalz
Gründungsjahr:	1949
Produkte:	Brot, Semmeln, Feinbäckerei, Lebküchnerei
Spezialität des Hauses:	Chamer Kampl

Ein silberner Kamm (bayerisch: Kampl) im Wappen des 17.000 Einwohner zählenden Cham in der Oberpfalz spielt lautmalerisch auf den Namen der Stadt an. Gleichzeitig ist dieser ein eindeutiger Hinweis darauf, dass „Cham" nicht wie „Scham" ausgesprochen wird. Als „Chamer Kampl" wird aber nicht nur das Wappensymbol, sondern auch eine in der Form eines Kamms gebackene Leckerei zum Neujahrstag bezeichnet. Der Honigkuchen hatte den Stadtoberen schon im Mittelalter als Gruß gedient. So sieht sich die Bäckermeisterin Kerstin Berg – Inhaberin von „Schäfer's Backhaus" in Cham – auch heute inspiriert, das Wahrzeichen ihrer Stadt in guter Tradition für offizielle und private Anlässe als Glücksbringer für das neue Jahr zu backen.

Gute Zutaten sieht man nicht, aber man schmeckt sie. Und was gebacken wird, muss schmecken", antwortet die Bäckermeisterin Kerstin Berg, nach ihrer Philosophie befragt. Regionale Rohstoffe, Granderwasser und Meersalz bestimmen die

Zutatenliste in Schäfer's Backhaus. Seit 2009 stellt die Bäckermeisterin in dritter Generation in der „Stadt am Regenbogen", wie sich Cham selbst nennt, neben Feingebäck, Roggenschuberl, Pfennigmuggerln, Mehrkorn- und Dinkelbroten auch den „Chamer Kampl" her.

1949 eröffnete der Kriegsheimkehrer Hermann Schäfer gemeinsam mit der Witwe Frieda Berg die Bäckerei Schäfer. Sein Leitspruch war: „Altes Brot ist nicht hart, kein Brot – das ist hart". Fast 30 Jahre später übernahm sein Stiefsohn Fritz Berg die Bäckerei. Die Zeiten waren mittlerweile sehr viel besser geworden und es wurden auch wieder „größere Brötchen" gebacken. Vor allem aber spezialisierte sich der leidenschaftliche Bäcker auf ein sechs Pfund schweres Brot, den „Regentaler Bauernlaib". Das urtypische Landbrot, bei einer besonderen Backtemperatur und in langer Backzeit aus einem hauseigenen Sauerteig hergestellt, wurde zum Markenzeichen der Bäckerei, die Fritz Berg im Andenken an seinen Ziehvater und Lehrmeister „Schäfer's Backhaus" nannte. Die Bäckerei wurde seitdem mit mehreren Goldmedaillen und dem „Stollen-Oskar 1998" ausgezeichnet.

Geschichten

Eine uralte Spezialität aus der Oberpfalz ist das „Schoarnbladl". Es galt früher als Arme-Leute-Essen, da es nur Weizen- und Roggenmehl, Wasser oder ein bisserl Bier enthielt. Mit gekochten Kartoffeln wurde es auch „Fuchsnfouda" genannt. Ausgebacken in der Nachhitze des Brotbackofens, hielt sich das schlichte Gebäck sehr lange. Bei Bedarf wurde es dann in Salzwasser eingebrockt und in einer Pfanne angeschmälzt. Etwas Ei und gekochte Kartoffeln dazu, Salz und Petersilie drauf: fertig war das sättigende Essen. Dazu trank man gestockte Kuhmilch, auch Setz- oder Stockmilch genannt. Noch heute ist

es in der Oberpfalz üblich, gebratene „Schoarnbladl" zuzubereiten. (siehe Rezeptteil).

Herstellung

Bis zum Ersten Weltkrieg war es in Cham Brauch, am Neujahrstag zum Lebzelter zu gehen, Met zu trinken und Honiggebäck in Form eines Kammes zu essen. Manch einer kaufte beim Bäcker mehrere Dutzend Lebkuchen, um sie als Neujahrsgruß zu verschenken. Für viele Jahrzehnte verlor sich der Brauch, bis dieser

1972 vom damaligen Chamer Bürgermeister Michael Zimmermann wiederbelebt wurde.

Kerstin Berg stellt heute zum Jahreswechsel den süßen „Chamer Kampl" wieder her. Das Rezept stammt wohl noch von den „Lebzeltern", wie die Lebkuchenbäcker früher genannt wurden. Roggen- und Weizenmehl, Lebkuchengewürz, Eier, Butter, Honig, Treibmittel und Zucker gehören hinein, der Teig wird ausgerollt und ausgestochen. Dafür verwendet Kerstin Berg drei uralte Kamplformen aus Eisen in verschiedenen Größen. Aus Puderzucker und Eischnee entsteht die Beschriftung, die je nach Anlass gewählt werden kann.

Schmankerltipp

Das Markenzeichen der Chamer Bäckerei ist das sechspfündige Bauernbrot, der „Regentaler Laib". Das krosse und herzhafte Brotvergnügen bringt die Meisterin gern auf den Punkt: „Einen Sechser im Lotto kann ich Ihnen nicht garantieren, aber einen Gewinn an Genuss mit meinem Sechser sicher." Auch der beliebte bayerische Kabarettist Gerhard Polt schätzt den Bauernlaib außerordentlich: Einmal sandte er eigens einen Fahrer nach Cham, um seinen Gästen den Sechspfünder auf einem Gartenfest am Tegernsee servieren zu können.

Wussten Sie schon,

... dass sich der Name der Stadt Cham vom Flüsschen Chamb ableitet? Er geht auf das keltische Wort „kambos" zurück, was soviel wie krumm oder gewunden heißt.

... dass der Honigkuchen als Urform unseres heutigen Süßgebäcks gelten kann?

... dass typische Lebkuchengewürze und Zutaten Ingwer, Zimt, Nelken, Anis, Hasel- und Walnüsse sind?

... dass es den „Chamer Kampl" auch in Form einer silbernen Anstecknadel gibt? Diese erhalten Chamer Bürger, die sich ehrenamtlich besonders um die Stadt verdient gemacht haben.

Chamer Kampl

Der „Chamer Kampl" ist ein Honiglebkuchen, der die Form des im Stadtwappen vorkommenden fünfzackigen Kamms mit rundem Bogen besitzt. Seine Bestandteile sind nach alter Lebzeltertradition Honig, Zucker, Roggen- und Weizenmehl, Gewürze, Eier, Butter und Treibmittel. Jeder „Kampl" ist ein Unikat. Der Teig wird etwa fingerdick ausgerollt, mit einem alten Formeisen ausgestochen, von Hand verziert und mit geschlagenem Eiweiß beschriftet. Viel Handarbeit und ein kleines Zertifikat machen aus dem Lebkuchen einen ganz persönlichen Gruß.

Besonderheit

Die älteste Darstellung des „Kampls" im Chamer Stadtwappen stammt bereits aus dem Jahr 1285. Der Sage nach spielte der Lebkuchen schon damals eine bedeutsame Rolle und verdankt seine Popularität den Lebzeltern und Wachsziehern.

Verzehrtipp

Frisch wird der „Chamer Kampl" als Gebäck zum Kaffee oder als Süßigkeit zum Naschen zwischendurch gegessen. Da er jedoch meistens als Neujahrsgruß oder Glücksbringer verschenkt oder gekauft wird, bewahrt man ihn wie Lebkuchenherzen gern lange auf.

Lagerung

Die „Chamer Kampl" besitzen wie alle Lebkuchen eine sehr lange Haltbarkeit. Verzehren kann man „alte" Lebkuchen dann aber nur noch eingeweicht.

Bezugsquellen

In Schäfer's Backhaus – auch unter www.schaefers-backhaus.de – sowie bei einigen Bäckereien in der Stadt Cham.

Hofmark Brauerei KG

Inhaber: Burkhart und Claudia Cording

Region:	93455 Cham//Oberpfalz
Gründungsjahr:	1590
Produkte:	9 Biere und alkoholfreie Getränke
Spezialität des Hauses:	Bio Pils
Höhepunkte, Veranstaltungen:	Maibockfest am Wochenende um den 1. Mai

„Habe die Ähre" – so begrüßt die oberpfälzische Traditionsbrauerei nicht nur ihre Gäste und Kunden. Die Inhaber Claudia und Burkhart Cording zollen damit auch der Gerste den Respekt, die für das Brauen eines guten Bieres so wichtig ist. Seit über 400 Jahren wird in Loifling, fünf Kilometer südlich von Cham, Bier gebraut und auch gern in anspruchsvoller und gepflegter Wirtshauskultur vor Ort getrunken.

Wie der Name bereits andeutet, liegt der Ursprung der Brauerei in der „Hofmark" von Loifling, einem alten Wasserschloss aus dem 12. Jahrhundert. Schon für die Zeit vor 1590 ist hier eine Brauerei sicher nachgewiesen, in der schwarzes (braunes) Bier und seit etwa 1600 auch Weißbier gebraut wird. Die alten Flurnamen „Hopfgarten" in Anger und „Kellergarten" in Thal deuten heute noch auf die lange örtliche Brauereitradition hin.

Viele Jahrhunderte Biergeschichte wurden hier geschrieben, bis im Jahr 2007 die Marke „Hofmark" behutsam neu gestaltet wurde. Die Eheleute Cording entschieden sich mit der Übernahme des Brauhauses zur konsequenten Erhaltung und Entwicklung des Familienunternehmens.

Die bereits in den 1970er-Jahren eingeführte Bügelflasche wird endgültig zum Markenzeichen und das Hofmark Bier seitdem nur noch in diesen Flaschen und in Fässer abgefüllt. Auch das historische Wirtshaus „Zum Hofmark-Bräu" wird 2008 wieder eröffnet und von der Brauerei selbst bewirtschaftet. Gleich nebenan, im alten Wasserschloss, befindet sich das Standesamt. Das ermöglicht Hochzeitspaaren und ihren Gästen, auf kurzem Wege in die wunderschöne, urgemütliche Wirtsstube mit Biergarten im Schloss-Innenhof zu kommen.

Zu den Bieren der Brauerei genießt man am besten „Küche mit Herz" aus der Oberpfalz. Die liebevoll auf das Traditionshaus abgestimmte Einrichtung repräsentiert anspruchsvolle bayerische Wirtshaustradition. Manch altes Stück bekam dabei wieder einen würdigen Platz, wie der alte Sudkessel, der sogar schon einige Jahre im Garten als Hühnerstall diente. Er verwandelte sich unter den Händen eines Schmieds zum Kaminofen und verbreitet heute im Gastraum behagliche Wärme.

Geschichten

„Harrods" in London, 1834 von Charles H. Harrod gegründet, ist das wohl berühmteste Kaufhaus der Welt. Besonders bekannt ist seine edle Lebensmittelabteilung mit den sogenannten, im Jugendstil eingerichteten „Food Halls". Für jeden Hersteller bedeutet es eine Art Ritterschlag, Lieferant in diese heiligen Hallen von Harrods zu sein. Vor etwa 20 Jahren beschloss das Kaufhaus, ein eigenes „Harrods"-Bier anzubieten. Die Wahl fiel auf die kleine, aber feine Hofmark Brauerei in Loifling. Seither braut Hofmark exklusiv für das Londoner Kaufhaus ein ganz spezielles Bier, das „Harrods Premium Lager 1849". Und auf jeder Flasche steht: „PRODUCED AND BOTTLED ESPECIALLY FOR HARRODS BY HOFMARK BRAUEREI D-CHAM", eine Information, die zu veröffentlichen „Harrods" nicht jedem Hersteller seiner Hausmarken gestattet.

Herstellung

Die drei Bio-Biere, der Maibock, das Weißbier und das Pils der Hofmark Brauerei sind Biere, welche die Qualitäten des Bayerischen Waldes harmonisch in sich vereinen. Die Perlen dieser waldreichen Region sind – neben den Menschen – die unverfälschte Natur, weiches Wasser, das Glas und Holz. Die Hofmarker konzentrieren sich ganz auf diese wertvollen Ressourcen. Dazu gibt der Wald den hier lebenden Menschen ein Gefühl für Zeit. Diese wiederum schenkt man dem Bier, damit es sich optimal entfalten kann.

Michael Cornelius Schroll, Brauer- und Mälzermeister sowie Biersommelier, ist mit seiner Liebe zum Brauen für die hohe Qualität der Biere aus Loifling verantwortlich. Für alle Sorten verwendet er heimische Rohstoffe, die von ausgewählten, durch lange Geschäftskontakte vertrauten Partnerunternehmen bezogen werden. Das weiche, durch das Granit – das Urgestein des Bayerischen Waldes – geführte Wasser leistet dazu ebenso einen vorzüglichen Beitrag wie die außergewöhnliche Glasflasche. Die von den Loiflingern entwickelte und in den 1970er-Jahren bereits eingeführte Relief-Bügelflasche ist nicht nur ein optischer Hingucker, sondern auch haptisch angenehm zu be-greifen. Das leise „Plopp" beim Öffnen und die leichte Wiederverschließbarkeit schützen den Inhalt z. B. vor Wespen.

Das Holz des Bayerischen Waldes findet sich in der gemütlichen Einrichtung des Bräustüberls wieder.

Bio Pils

Ein untergäriges Bier nach Pilsener Brauart, das aus bayerischem Hopfen und Gerstenmalz aus kontrolliert ökologischem Anbau mit Bio-Siegel sowie naturweichem Brauwasser aus einem Tiefbrunnen im Pfahlgebirge gebraut wird.

Besonderheit

Der „Pfahl", aus dem das Brauwasser für das Bio Pils stammt, ist eine geologische Besonderheit aus der frühen Erdgeschichte. Er durchzieht den Bayerischen Wald als ein 150 Kilometer langer Quarzgang und reicht bei einer Breite von nur 30 Metern bis 6 Kilometer tief ins Erdinnere. Das weiche Wasser verleiht dem Bio Pils der Hofmark Brauerei seine typische Frische. Seinen Geruch prägen grüne Noten, der dezente Duft nach Wiesenkräutern sowie würzige Hopfenaromen. Angenehm spritzig, entwickelt das Bio-Bier einen leicht vollmundigen Körper mit einer intensiven, harmonisch-feinherben Bittere. Gebraut wird es nach Pilsener Brauart, wie erstmals im Oktober 1842 im böhmischen Pilsen von dem bayerischen Braumeister Josef Groll aus Vilshofen. Seit 1900 wird die Kurzform „Pils" als Gattungsbezeichnung für helle, stark gehopfte Biere verwendet.

Verzehrtipp

Von wegen: Ein gut gezapftes Pils braucht sieben Minuten! Vielmehr gehört es zügig in zwei bis drei Minuten gezapft – oder man genießt es gleich frisch aus der Flasche.

Lagerung

Die Bio-Biere sind sechs Monate haltbar. Durch den wiederverschließbaren Bügelverschluss verlieren sie, einmal geöffnet, nicht so schnell an Spritzigkeit.

Bezugsquellen

Das Bio Pils der Hofmark Brauerei ist in vielen Getränkemärkten und Wirtshäusern im Bayerischen und Oberpfälzer Wald erhältlich sowie direkt im Bräustüberl oder unter www.hofmark-brauerei.de.

Schmankerltipp

Zu einem Zanderfilet in Senfsoße, Blattspinat und rösch gebratenen Erdäpfelspalten passt vorzüglich ein Hofmark Bio Pils.

Wussten Sie schon,

… dass zu alter Zeit ein früherer Besitzer der Brauerei den „Loiflinger Fünfer" zur Berühmtheit brachte? Ironie der Geschichte, der Materialwert der perfekten Fälschung überstieg den Wert der echten Münzen bei Weitem.

Rhanerbräu

Dr. Alois Plößl, Christine Plößl, Stefanie Plößl, Lilly Plößl

Region:	93488 Schönthal-Rhan/Oberpfalz
Gründungsjahr:	1283
Produkte:	Biere und alkoholfreie Getränke
Spezialität des Hauses:	Schwarzer Pandur
Höhepunkte, Veranstaltungen:	Veranstaltungen: Historische Brauereiführung „Die Zeitreise des Rhanerbräu" (jeden Donnerstag ab 14.00 Uhr), siehe auch den Fest'l-Kalender unter www.rhaner.de

Man schreibt das Jahr 1283: Das Bauerndorf Rhan ist „Edelsitz des ‚Heinrich der Preu' aus dem Geschlecht der Geiganter von Trausnitz". Zum Anwesen gehören das Brauhaus, der Hof und die Taferne. Durch diesen Vermerk in alten Kirchenbüchern gehört der Rhanerbräu zu den zehn ersten urkundlich erwähnten Brauereien der Welt.

Im Jahr 1283 war das Bierbrauen noch körperliche Schwerstarbeit. Es gab keine Rohrleitungen, Wasser musste auf Pferdewagen transportiert oder getragen werden, ebenso wie die Würze und das fertige Bier. 1776 ging das Brauhaus zu Rhan an Jakob Bruckmayer über, dem Stammvater der heutigen Familie. Er begründet damit die bis heute längste Familien-Brautradition aller Brauereien in Ostbayern, die mit einer stetigen Entwicklung verbunden war. Zur Zeit der technischen Revolution, Anfang des 20. Jahrhunderts, übernahm Josef Bruckmayer sen. die Brauerei und führte mit elektrischem Licht auch die neue Kühlmaschine von Linde ein, die das Zeitalter der Eiskeller in Rhan beendete.
1922 wurden die ersten Alu-Tanks installiert, was zeitgleich mit der Fassung erster Felsenquellen in einem Waldgebiet auf dem Rhaner Berg erfolgte. Seither braut Rhanerbräu seine Biere mit kristallklarem Felsquellwasser. In den 50er-Jahren brachte Josef Bruckmayer jun. den technologischen Fortschritt nach Rhan. Immer wieder wird seitdem in modernste Technik investiert. In den 90er-Jahren wuchs die Bedeutung des Umweltschutzes. Das Gütesiegel „Bayerwald Premium – Qualität und Natur" für Rhaner Bier und Quellwasser, dokumentieren die Verantwortung des Rhanerbräu in seiner Region.

Geschichten

Vor 175 Jahren griff Simon, einer der Söhne des Familienstammvaters Jakob Bruckmayer, so sehr ins Weltgeschehen ein, dass er es zu einer Notiz in der Weltliteratur brachte. Der Außenminister des französischen Schattenkabinetts und Dichter François René de Chateaubriand befand sich auf dem Weg nach Prag und ein böhmischer Zöllner ließ ihn mangels ordentlicher Papiere nicht passieren. Simon Bruckmayer beherbergte Chateaubriand daher vom 21. bis zum 23. Mai 1833 im „Hotel zur Post" in Waldmünchen und geleitete ihn später sicher über die Grenze. Chateaubriand verewigte diese Begebenheit in seinen Memoiren. Dass er länger als nötig in Waldmünchen verweilte, ist mit Sicherheit auch der Anziehungskraft des Rhaner Bieres zu verdanken … und wahrscheinlich der Anmut einer Waldmünchner Bürgerstochter!

Herstellung

Eigenhändig zelebrieren Alois und Stefanie Plößl innerhalb ihres „Bierkulinariums" bei einem exzellenten 5-Gänge-Menü nicht nur die Geschmacksunterschiede der Rhaner Biere,

sie führen ihre Gäste auch in einem charmanten Zwiegespräch – einer „Expedition ins Bierreich" – durch ihre über 725-jährige Biergeschichte. So erfährt der Interessierte auf unterhaltsame Weise aus der neueren Geschichte, dass die zauberhafte Studentin Stefanie bei ihrer ersten Verabredung mit dem Doktoranden Alois – nicht wissend, dass sie einem künftigen Bräu gegenübersaß – bemerkte: „Ich mag kein Bier, ich trinke lieber Wein!" Weil es ihr wirklich schmeckt, ist heute ihre erste Wahl – neben dem Bräu, versteht sich – in jedem Fall ein Rhaner Bier …
Das stets ausgebuchte Bierkulinarium findet auch im Rhaner Bräustüberl im Herzen von Cham statt. Das älteste und liebevoll restaurierte Jugendstil-Gasthaus der Stadt brilliert durch detailverliebte Innenarchitektur und überrascht mit innovativer, frischer bayrischer Küche des passionierten Gastronomen-Ehepaares Hierl.

Schmankerltipp

Eine Spezialität aus Rhan, der Lilly-Bock – benannt nach der Tochter der Familie – ist ein spritzig-blonder, naturtrüber und unfiltrierter Weißbierbock mit vollmundig-fruchtigem Aroma. Er wurde beim World Beer Cup 2012, dem weltweit renommiertesten Bierwettbewerb, unter fast 4000 Bieren mit dem dritten Platz ausgezeichnet. Ihr älterer „Bruder", der schon legendäre Maxi-Bock – selbstverständlich benannt nach dem Bruder der kleinen Lilly – ist ein dunkler untergäriger Bock von kräftiger Farbe.

Wussten Sie schon,

… dass 2011 der Preis „Goldene Bieridee" des Bayerischen Brauerbundes und der DEHOGA an Rhanerbräu ging?

… dass Rhanerbräu als eine der ersten Brauereien das EG-Öko-Audit erhielt und die Wärmeversorgung der gesamten Brauerei auf regenerative Energie umstellte?

… dass im „Rhaner Bierkist'l" (dem größten der Welt) eine Biomasse-Heizzentrale eingerichtet wurde?

Schwarzer Pandur

„Dunkel, wild, spritzig – und doch sanft in der Seele". So beschreibt Rhanerbräu seine dunkle Weißbierspezialität. Ob der Obrist Franz von der Trenck, der anno 1742 mit seinen gefürchteten Panduren an Rhan vorbei nach Waldmünchen zog, auch so sanft in der Seele war – wer weiß?

Besonderheit

Eines ist jedenfalls verbrieft: auch die Panduren um den Obristen Trenck wussten den süffigen Genuss des Rhaner Bieres zu schätzen. Vor allem das dunkle Weißbier – hefefruchtig und mit feiner Karamellnote durch dunkles Malz – hatte es ihnen angetan. Unfiltriert, nach uraltem Rezept in reiner Flaschengärung hergestellt, ist es das perfekte Gegenstück zur ebenfalls unfiltrierten, bernsteinfarbenen „Panduren Weiße". Der „Schwarze Pandur" ist übrigens das Bier zum jährlichen Festspiel „Trenck, der Pandur" in Waldmünchen. (www.trenckfestspiele.de)

Verzehrtipp

Besonders schmeckt der „Schwarze Pandur" zu Fischgerichten. Das Bier ist aber auch ein passender Begleiter für würzige Salate.

Lagerung

Die Biere aus Rhan sind nicht pasteurisiert. Kühl gelagert sind sie trotzdem mindestens 6 Monate haltbar.

Bezugsquellen

Direkt in der Brauerei, im brauereieigenen Webshop sowie in vielen Wirtshäusern und Getränkemärkten in der Oberpfalz und darüber hinaus.

REGION

NIEDERBAYERN

Die Skulptur der „Knödelwerferin“ basiert auf einer Sage, nach der im Jahre 1266 eine mutige Hausfrau einen Späher der Krieger von Ottokar von Böhmen mit einem beherzten Knödelwurf in den Stadtgraben beförderte. Dieser berichtete dann, dass es in der belagerten Stadt noch so viel Nahrung gebe, dass die Einwohner damit werfen könnten – woraufhin die Truppen aufgaben und abzogen …

„Gerade ein immer noch mit stillen Reizen bedachter Landstrich wie Niederbayern, ein von der Hektik noch einigermaßen verschontes Stück Erde, mit seinen wunderbaren Städten und Märkten, muss der Schönheit, der Poesie und der Lebensfreude eine Chance geben.“

Josef Deimer

Der Nordosten Altbayerns, von Landshut und Kelheim im Westen bis hin zum Inn im Osten und dem Bayerischen Wald im Norden, birgt eine abwechslungsreiche Landschaft, die wiederum zu sehr differenzierten Landwirtschaftsformen und Lebensweisen geführt hat. Während im Westen das größte zusammenhängende Hopfenanbaugebiet der Welt, die Hallertau liegt, befindet sich im Zentrum bei Straubing der Gäuboden, ein großes, fruchtbaren Lössgebiet, das oft auch als „Kornkammer Bayerns" bezeichnet wird. Der Osten mit seinem Bäderdreieck (Bad Füssing, Bad Griesbach und Bad Birnbach) wird hingegen wegen seiner sanften Hügel die „bayerische Toskana" genannt. Die Donau teilt Niederbayern in zwei sehr verschiedenartige Landschaften. So liegt nördlich der Donau der Bayerische Wald, der mit seinen Mittelgebirgen eine schon fast alpine Lebensart aufweist. Schon 1970 wurde ein Teil, direkt an der Grenze zu Tschechien, zum ersten deutschen Nationalpark erklärt. Da diese Region vor vielen Jahrhunderten von Südtiroler Mönchen erschlossen wurde, ist hier und da noch zu erahnen: Das legendäre niederbayerische G'selchte (Schwarzgeräuchertes) ist vermutlich ein Verwandter des Südtiroler Specks. Auch gibt es hier den sonst hauptsächlich in Südtirol bekannten Brauch der Totenbretteln – langen Holzbrettern, auf denen die Toten bis zu ihrem Begräbnis aufgebahrt waren; anschließlich stellte man sie, mit einer Widmung versehen, auf.

Wasser bringt Leben, Wohlstand und gutes Bier

Durch die vielen Flüsse – allen voran Donau, Isar und Inn – gab es in Niederbayern schon immer viele wassergetriebene Mühlen. Landshut nahm hierbei durch seine Lage zwischen Gäuboden, München und Salzburg eine besondere Stellung ein und besitzt noch heute die größte Mühle Bayerns. Legendär ist das Festgelage, das zur Landshuter Hochzeit – der aus machtpolitischen Gründen wichtigen Vermählung des bayerischen Herzogs Georg dem Reichen mit der polnischen Königstochter Hedwig Jagiellonica im Jahr 1475 – ausgerichtet wurde. Berichtet wird von zehntausend Gästen, die tranken, tanzten und sich bei Ritterturnieren vergnügten. Schon damals zeigte sich die Genussfreudigkeit der Niederbayern – und weil sie dies noch immer sind, wird die Hochzeit alle vier Jahre unter tatkräftiger Mitwirkung der Einheimischen gefeiert. In der Nähe von Landshut, in Geisenhausen, hat auch ein ganz besonderer Genussmittelbetrieb seinen Sitz: die Firma Pöschl Tabak, nach eigenen Angaben der weltweit größte Hersteller von Schnupftabak.

Die alte Stadt Straubing, im Zentrum des Gäubodens gelegen, kann mit einer überregional bedeutenden, alle vier Jahre stattfindenden Veranstaltung aufwarten: Das Herzogsschloss ist Spielort der Agnes-Bernauer-Festspiele, mit denen an das Schicksal der Geliebten und Ehefrau des späteren bayerischen Herzogs Albrecht III. im 15. Jahrhundert erinnert wird. Weil die Verbindung nicht standesgemäß war und aus ihr hervorgehende Kinder nicht erbberechtigt gewesen wären, ließ sein Vater, Herzog Ernst von Bayern-München, Agnes Bernauer wegen „Liebes- und Schadenszaubers" verurteilen und in der Donau ertränken.

Und schließlich, im äußersten Südosten Deutschlands – direkt an der Grenze zu Österreich: Passau. Die Dreiflüssestadt am Zusammenfluss von Donau, Inn und Ilz besitzt dank der italienischen Baumeister, die im 17. Jahrhundert nach einem Stadtbrand hier gearbeitet haben, viel südländisches Flair und wird daher oft als „Venedig Bayerns" bezeichnet. Aufgrund der Nähe zu Österreich werden in den vielen Restaurants, urigen Wirtshäusern und Biergärten Passaus Gerichte der bayerischen und österreichischen Küche gereicht. Überhaupt ist die niederbayerische Küche überraschend „polyglott": Das Land wurde im Lauf der Jahrhunderte offenkundig oft „von fremden Truppen besetzt und von fremden Einflüssen benetzt" (Christian Muggenthaler) – und dies macht sich bis heute auf dem Gaumen bemerkbar. So sind neben bayerischen Einflüssen auch sol che aus Österreich, Tschechien und sogar aus Frankreich zu spüren.

Getreide, Hopfen und Wasser – die Zutaten für bayerisches Bier sind in Niederbayern zu Hause. Es überrascht nicht, dass es hier eine Vielzahl guter Brauereien gibt, darunter einige, die zu den ältesten der Welt zählen. 2016 wird aus Anlass des 500-jährigen Bestehens des Bayerischen Reinheitsgebots im niederbayerischen Aldersbach eine große Landesausstellung zum Thema „Bier in Bayern" ausgerichtet. Durch die Nähe des Bayerischen Waldes zu Böhmen bzw. Tschechien findet man in der Grenzregion auch Biere, die es sonst so nirgends in Bayern gibt: Schwarzbier, schwarzes Pils oder Dampfbier sind solche kulinarischen Besonderheiten. Aber auch das Weißbier hat hier seinen Ursprung.

Überhaupt ist das Bier in Bayern eng mit dem Bayerischen Wald verknüpft – wird es doch meist aus Gläsern getrunken, die hier hergestellt wurden. Die Glasstraße, die vom Oberpfälzer bis zum Bayerischen Wald – und damit durch das größte zusammenhängende Waldgebiet Mitteleuropas verläuft – gibt Zeugnis von dieser jahrhundertealten Kunst.

Obst und Gurken aus Niederbayern

Zwischen Landshut und Deggendorf liegt das größte Anbaugebiet für Gewürzgurken in Europa. Etwas weiter östlich, im Rottal und im Lallinger Winkel, gibt es hingegen riesige Obstanbaugebiete, die traditionellerweise mit Streuobstwiesen bestückt sind. Bereits 1950 haben sich vorausschauende Obstbauern zur Rottaler Fruchtsaft eG zusammengeschlossen. Die Genossenschaft hat heute rund 2.500 Mitglieder, die eines verbindet: die Liebe zur Heimat und der Wunsch, den ganz besonderen Charme ihrer über Jahrhunderte behutsam kultivierten Landschaft zu bewahren. Als Dank für eine ertragreiche Ernte wird stets reichlich gefeiert: Veranstaltungen wie der Obst- und Bauernmarkt in Lalling und der Apfelmarkt in Hunding machen das ungespritzte Obst von den Streuobstwiesen noch populärer und ziehen zahlreiche Besucher von nah und fern an. Doch ein Besuch hier lohnt sich auch zu anderen Jahreszeiten: In der Ortschaft Panholling lädt ein Streuobsterlebnispfad dazu ein, sich über die Lokalgeschichte des Obstanbaus und die kulturhistorische und ökologische Bedeutung der Streuobstwiesen zu informieren. Nebenbei hat man hier einen herrlichen Blick über die „Obstschüssel des Bayerischen Waldes". Vom Pfad aus ist es nicht weit zu verschiedenen Selbstvermarktern sowie zur Schnapsbrennerei in Zueding.

Wussten Sie schon,

... dass Passau erst mit der Säkularisation 1803 an Bayern fiel? Seit 1217 war die Stadt, bereits seit dem 8. Jahrhundert Sitz eines Bischofs, Teil des Fürstbistums Passau gewesen. Der Fürstbischof war ein Bischof, der zugleich weltlicher Herrscher über ein bestimmtes Gebiet (das sogenannte Hochstift) war.

... dass sich die Niederbayern bei ihrem Schimpfwort „oide Schäsn" (alte Frau) eines französischen Lehnwortes bedienen? Eine „Schäs" (eigentlich: chaise) bedeutet schlicht „Stuhl". Im Deutschen wurde es zur Bezeichnung für eine Art Kutsche; mit dem Zusatz „oid" war ursprünglich also eine altes, klappriges Fahrzeug gemeint.

... dass der „Further Drachenstich" das älteste Volksschauspiel in Deutschland ist? Erste Hinweise darauf finden sich im Further Ratsbuch von 1590. Bei dem Schauspiel, das jährlich im Sommer aufgeführt wird und vom Kampf des Guten gegen das Böse handelt, tritt auch ein riesiger, feuerspeiender Drache in Erscheinung.

Rosenmühle GmbH

Matthias Schuh, Karl Dendorfer, Herbert Pritscher

Region:	84030 Ergolding/Niederbayern
Gründungsjahr:	1898
Produkte:	150 Produkte rund um das Mehl
Spezialität des Hauses:	Weizenmehl Type 405

„Nimm gutes Mehl, nimm besseres Mehl, am besten nimm gleich Rosenmehl." Seit Generationen ist diese Empfehlung bei den Verbrauchern lebendig. Ein anderes Sprichwort sagt: „Wenn Treue Spaß macht, ist es Liebe". Und auch darin verbirgt sich das Erfolgsgeheimnis um das Mehl mit der Rose.

Bevor der Handel mit Lebensmitteln begann, lebten im frühen Mittelalter die meisten Familien als Selbstversorger von ihrer Landwirtschaft. Im Jahr 1204 entschied sich Herzog Ludwig der Kelheimer dazu, wenige Kilometer isaraufwärts eine Stadt zu gründen und den Fluss zu überbrücken. Das niederbayerische Landshut war wie geschaffen für einen Handelsposten. Es lag zum einen an einer Gabelung der Isar, an der Flöße aus dem Oberland ihre Fracht leicht ausladen konnten und sich Handelswege kreuzten. Zum anderen lag es am Rande der Kornkammer Bayerns. So drehten sich im Landshuter Viertel „Zwischen den Brücken" bald die Mühlsteine, und in der Stadt wuchs ein fortschrittliches Mühlenwesen heran, dessen Tradition so alt ist wie die Geschichte Landshuts. Nach dem bayerischen Volksrecht waren Mühlen öffentliche Gebäude. Daher ist der Nachweis der Stamm-Mühlen, Vorläufer der Rosenmühle, aus dem Jahr 1536, gut belegt. 1898 wurden durch die Übernahme verschiedener kleiner Mühlen durch die Krämer-Moos-AG die Vereinigten Kunstmühlen gegründet. 1929 entstand durch die Fusion mit der Kunstmühle Rosenheim Bayerns damals größte Mühle. Nach dem Zweiten Weltkrieg machten betriebswirtschaftliche Überlegungen die Integration der Rosenheimer Mühlenkapazität in das Landshuter Werk notwendig. Da eine Erweiterung der Mühle auf der Hammerinsel in Landshut aus städtebaulichen und infrastrukturellen Gründen nicht möglich war, entschloss sich das Unternehmen 1975 zur Betriebsverlegung ins benachbarte Ergolding. Mitte 1977 begann die Produktion am neu erbauten Standort.

Heute ist die Landshuter Rosenmühle ein gesundes und innovatives bayerisches Unternehmen, das mit großem Engagement geführt und ständig weiterentwickelt wird. Sie zählt zu den führenden und modernsten Getreidemühlen weltweit und ist auf gehobenem Niveau zertifiziert nach International Food Standard. Das stabile Wachstum des Unternehmens verdankt es vor allem seinen Mitarbeitern, die schon seit Jahrzehnten mit ihrem Betrieb eng verbunden sind.

Geschichten

Viele Geschichten ranken sich um die Namensgebung des beliebten bayerischen Markenmehls. Die Rose – das Symbol für die Liebe – ist das Signet der Mühle. Die Rosenheimer Kunstmühle ist ein möglicher Namensgeber. Aber auch eine in alten Zeiten gepflegte Tradition der Müller wird gern erzählt. So wurden zu den Mehlsäcken gestickte Rosen verschenkt, die von den Bäckersfrauen für allerlei Handarbeiten verwendet wurden. Zahlreiche Briefe, Rezeptideen und Anekdoten, die bis heute auch noch handgeschrieben und reich illustriert das Landshuter Werk erreichen, bezeugen die tiefe Verbundenheit großer und kleiner Bäcker zu ihrem Rosenmehl.

Herstellung

Das Mahlen von Mehl ist eine Handwerkskunst, die viel Erfahrung und Sorgfalt erfordert. Gesundes Getreide ist dabei wichtigste Voraussetzung für hochwertige und gleichbleibende Qualitäten, die sich in einer Vielzahl von Mehlsorten mit unterschiedlichen Backeigenschaften widerspiegeln. So hat sich die oftmals generationenübergreifende Zusammenarbeit mit den Landwirten aus der Region bestens bewährt. Bevor das angelieferte Korn abgeladen werden darf, überprüft man zunächst sensorisch ein repräsentatives Muster streng nach vorgeschriebenen Untersuchungsmethoden, ob es frei von Geruch und Schädlingen ist und optisch dem vereinbarten Qualitätsstandard entspricht. Im hauseigenen Labor erfolgt dann die Qualitätsanalyse, indem die Musterkörner gemahlen und anschließend die wichtigsten Qualitätsparameter analysiert werden. So geben Feuchtkleberwert, Proteingehalt oder Fallzahl genaue Auskunft über die angelieferte Weizenqualität. Meldet das Labor keine Mängel, darf der Weizen abgeladen werden. Durch sorgfältigste Reinigung mit einer Vielzahl von hocheffizienten Spezialmaschinen werden eventuell vorhandene Umwelt- und Schadstoffbelastungen gründlich entfernt. Dann wird das Getreide benetzt und steht für circa acht bis zehn Stunden. Nun kann der Mahlvorgang beginnen. Gussstahlwalzen zerkleinern das Korn. Um das reine weiße Mehl zu gewinnen, wird das Gemisch mittels Saugpneumatik nach oben gesaugt. Dort landet es im Plansichter auf diversen Schüttelsieben. Mit jeder Zerkleinerungsstufe werden die Riffel an der Walzenoberfläche feiner. Das Ergebnis: weißes Mehl vermischt mit brauner Kleie. Dieser Vorgang wird so oft wiederholt, bis das ganze Mehl staubfein und die Kleie vollständig herausgetrennt ist. Luft und Mehl werden wieder voneinander getrennt. Bei laufender Mehlproduktion werden gezielt Stichproben automatisch entnommen. Auch Teigeigenschaften und -beschaffenheit werden z. B. durch das Messen des Dehnwiderstandes im Labor überprüft. Im Rosenmehl-Backstudio wird zusätzlich jede ermüllerte Mehlcharge vor Verlassen des Hauses probeweise verbacken. Nur wenn alle Kriterien den hohen Ansprüchen der Qualitätssicherung entsprechen, ist das Gelingen garantiert und das Mehl darf das Zeichen der Rose tragen.

Vereinigte Kunstmühlen Landshut A.G.

Rosenmehl
Rosenmehl
Rosenmehl
Rosenmehl

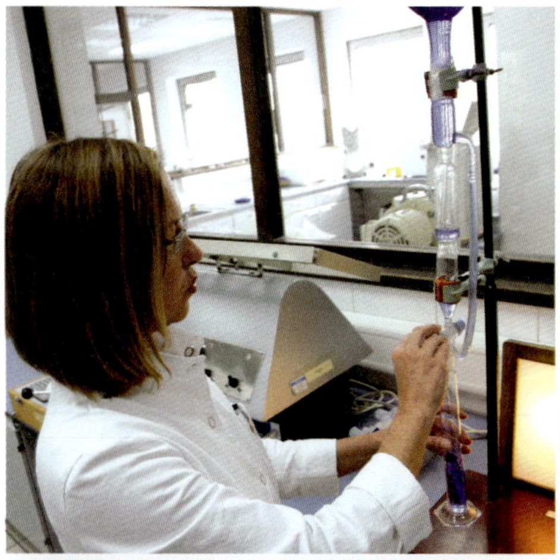

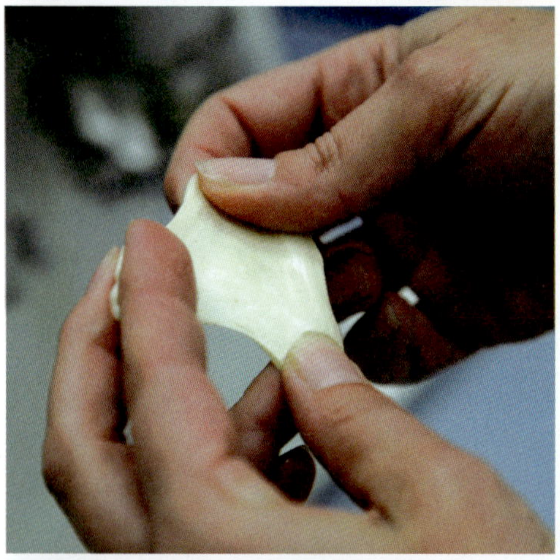

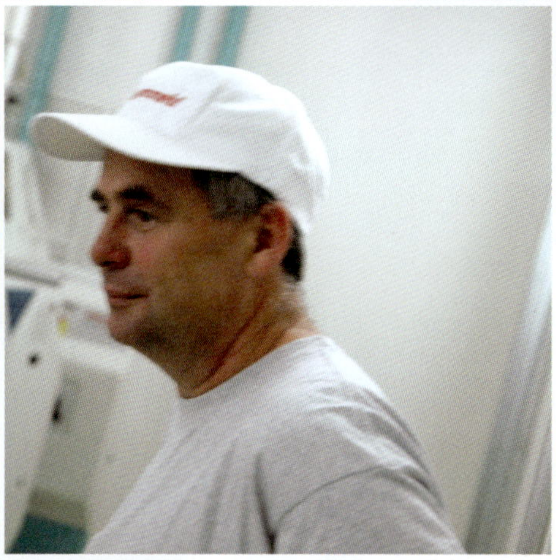

Wiener Griessler
doppelgriffiges Mehl
Eine
Rosenmehl
Spezialität

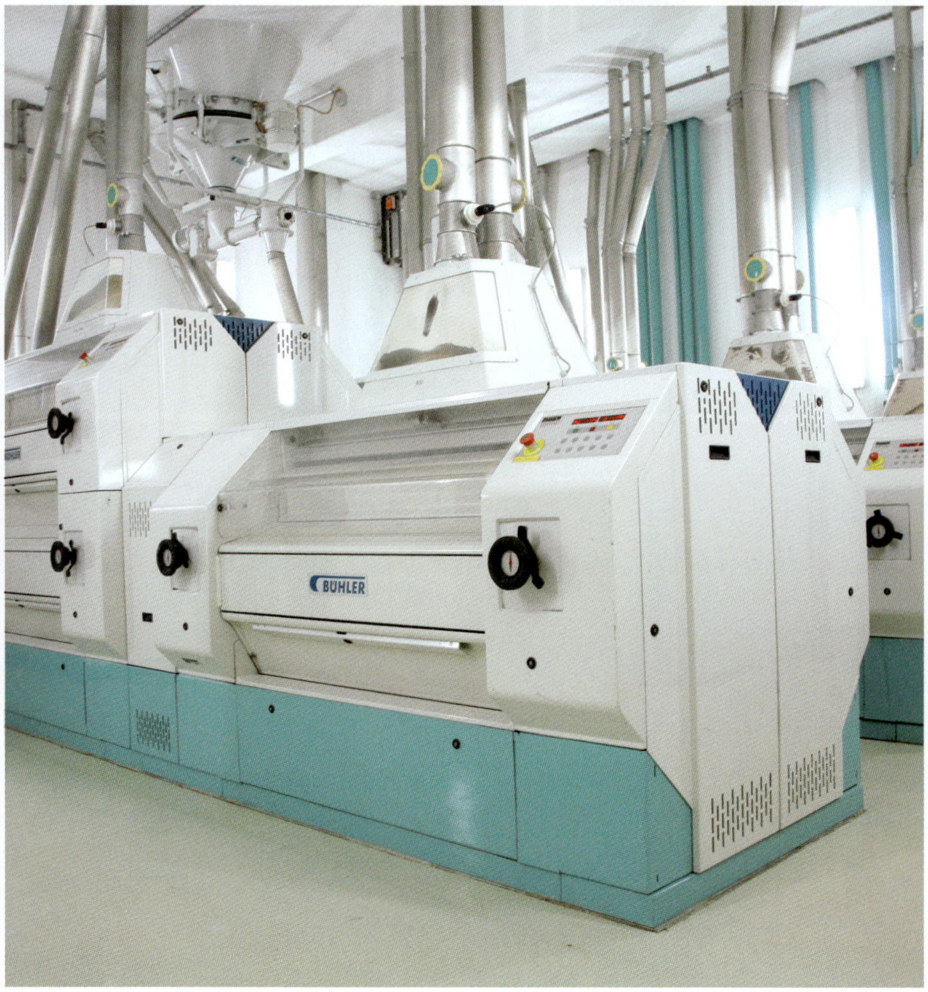
BÜHLER

Schmankerltipp

Weizenmehl Type 405 ist beim Verbraucher am beliebtesten, da es sich im Haushalt universell verwenden lässt. Kuchen- und Plätzchenteige sowie Süßspeisen gelingen mit ihm am besten.

Wussten Sie schon,

... dass Weizen das weltweit am häufigsten angebaute Getreide ist, zur Familie der Gräser gehört und von den Urgräsern Emmer und Einkorn abstammt?

... dass Weichweizengrieß zu den beliebtesten Grießsorten gehört und aus dem reinen Korn ohne Schalen besteht? Er eignet sich hervorragend für herzhafte Gerichte wie Knödel, Aufläufe oder bayerische Grießnockerl, aber auch für süße Speisen wie Grießbrei, Desserts und Kuchen.

Semmel

Das Wort „Semmel" stammt wahrscheinlich vom lateinischen „semula" ab, einem Weizengebäck, das in Süddeutschland zurückblieb, nachdem die Römer wieder abgezogen waren. Eine Semmel besteht aus normalem Weißbrotteig, der aus 405er- bzw. 550er-Weizenmehl hergestellt wird. Sie ist rund und weist auf der Oberseite ein spiral- oder kreuzförmiges Muster auf.

Besonderheit

Die Semmel wird aus Weizenmehl, Hefe, Wasser, Salz, Zucker und eventuell Backmargarine, Speiseöl oder Schweineschmalz hergestellt. Die Verwendung eines guten Mehls ist wichtig, um eine gelockerte Krume und gleichmäßige Porung zu erhalten. Damit wird die Semmel auch locker aber schnittfest, ist gut bestreichbar und bekommt ein ausgeprägtes Gebäckaroma, das jedoch nach einigen Stunden verfliegt. Durch ihr großes Volumen besitzt sie einen hohen Anteil an rescher Kruste. Die Oberfläche wurde ursprünglich durch aufwendiges Wirken des Teiges erzeugt, heute wird in der Regel ein Stempel auf das angegarte Teigstück gedrückt. Charakteristisch für die Münchner Mundsemmel ist die kreuzförmige Oberseite.

Verzehrtipp

Am besten passt die in der Früh gebackene Semmel zum Frühstück mit Butter und Honig oder Marmelade. Aber auch zur Brotzeit mit Wurst, Käse, Fisch oder Leberkäs ist die Semmel eine ideale Begleitung.

Lagerung

Die Kruste ist goldgelb und bei trockener Lagerung bleibt die Semmel vier bis sechs Stunden knusprig. Hart gewordene Semmeln können zu Knödelbrot verarbeitet werden und bilden die Basis für den bayerischen Semmelknödel.

Bezugsquellen

Alle Bäckereien in Bayern.

Hallertauer Hopfengold Liqueurmanufaktur

Ilse und Hans Peter Lutzenburger

Region:	84048 Mainburg/Niederbayern
Gründungsjahr:	1789
Produkte:	Spirituosen, Wein, Geschenkeservice
Spezialität des Hauses:	Hallertauer Hopfengold

Auf einer Anzeige aus dem Jahre 1891 in der Mainburger Zeitung kann man lesen: „Lutzenburger's Magenbitter: Diese Lebens-Essenz ist ein vorzügliches Hausmittel gegen Magenleiden, Unterleibsbeschwerden, Hämorrhoiden, allgemeines Uebelbefinden, Schwächezustände jeder Art. Sie reinigt das Blut, stellt die Harmonie des Körpers wieder her, reinigt die Säfte und verlängert das Leben bis zu seinem vollen Maße."

Seit 1789 ist die Familie Lutzenburger aus dem Städtchen Mainburg – im Herzen der Hallertau gelegen – für die Herstellung, Veredelung und den Verkauf von Branntwein, Likören, Essig und Limonaden bekannt. Zum Zeitpunkt der oben erwähnten Anzeige wird der Magenbitter also schon 60 Jahre lang in der Fabrik der Essig- und Liqueurfabrikanten Lutzenburger hergestellt. Für die Familie lag es nahe, das „Gold" der Region in einen herb-würzigen Likör zu verwandeln – damals wie heute in Handarbeit hergestellt, abgefüllt und etikettiert. Es wurde aber nicht nur Branntwein hergestellt: 1865 erweiterte man das Geschäft um eine „Concession zum Brauen", 1871 kamen dann „Wachs- und Zuckerbackwaren" hinzu. In den Jahrzehnten vor den beiden Weltkriegen lag der Schwerpunkt des Geschäfts in der Herstellung von Branntwein, Likör, Essig, Limonaden und Weißbier. Kluges Marketing war auch damals schon gefragt. Die Idee des Johann Lutzenburger, 1899 mit einem Hochrad von Mainburg nach Paris zu radeln, war für die Zeitungen in Europa eine echte Sensation. Genau 100 Jahre später wiederholte sein Urenkel Ralf Lutzenburger mit großer Begeisterung dieses Abenteuer. Heute werden in den renovierten Gewölben des Traditionsbetriebes Klassiker wie das Hopfengold angeboten aber auch Neuentwicklungen wie der Luzetto, ein milder Hopfen-Kräuter-Likör nach altem Rezept, hergestellt. Dazu gibt es eine große Auswahl an Weinen, Champagner und aus eigener Herstellung Schokoladen- und Pralinenspezialitäten. Ein beliebter Geschenkeservice rundet das Angebot ab.

Geschichten

Hans-Peter Lutzenburger ist Konditormeister mit Leib und Seele. In siebter Generation im Familienunternehmen tätig, stellt er als Confiseur neben dem Likör auch eigene handgefertigte Pralinen und Edelschokoladen her. Die Hallertau gleichsam im Blut, bringt er in seiner Konditorei Schokolade mit Hopfen zusammen. Viele Versuche waren notwendig, bis die Bierschokolade perfekt war. Vorher galt es, viele verschiedene Biersorten zu testen, um die beste Kombination ausfindig zu machen. Die Entscheidung fiel schließlich auf Vollmilchschokolade und Bockbier. Das wiederum kam aus der ältesten Privatbrauerei der Welt, aus Herrngiersdorf, nahe Mainburg. Der Doppelbock mit dem Namen „Sündenbock" war endlich die ideale Zutat für den feinen Gaumen des Konditormeisters.

Herstellung

Das Hallertauer Hopfengold, der „Hopfenschnaps", wie ihn die Einheimischen nennen, ist vom Herstellungsverfahren her ein Likör. Trotz eines Alkoholgehalts von 56 Vol.-% und dem bitteren Hopfen, ist er angenehm zu trinken. Obwohl es ihn auch in einer milden Variante mit nur 28 Vol.-% Alkohol gibt, ist dennoch der Hochprozentige weitaus beliebter. Nach wie vor wird das Hallertauer Hopfengold in Handarbeit angesetzt, abgefüllt, etikettiert und verpackt. Auch der Hopfen selbst ist eine pflegeintensive Pflanze, bei deren Anbau sehr viel „Handarbeit" nötig ist. Nur die Ernte, das sogenannte „Hopfazupfa", bei dem früher tausende von Erntehelfern in die Hallertau kamen, läuft heutzutage weitgehend automatisiert ab. Der Likör, der aus echtem Hallertauer Aromahopfen, verschiedenen Kräuterauszügen, reinem Trinkalkohol und Zucker besteht, wird nach den genauen Vorgaben des Familienrezepts bezüglich Menge, Zeit und Temperatur angesetzt und nach der Reifung gefiltert. Dem Likör werden dabei keine Konservierungs- und Farbstoffe beigegeben. Das genaue Rezept freilich ist seit mehr als 200 Jahren ein wohlgehütetes Geheimnis der Familie Lutzenburger. Sowohl der feinherbe Likör mit 56 Vol.-% Alkohol, wie auch der milde mit 28 Vol.-% wurden im Laufe der Jahre mehrfach ausgezeichnet, darunter auch zweimal durch die DLG. Beim Internationalen Spirituosen Wettbewerb 2005 erhielt das Hopfengold – wie könnte es anders sein – Gold.

Schmankerltipp

Der Luzetto ist ein Hopfen-Kräuter-Likör mit 32 Vol.-% Alkohol. Er ist eine harmonische Komposition aus mehr als 20 Kräutern, mit Hopfen der Sorte „Perle“ verfeinert und mit einer leicht fruchtigen Note aus Apfelsinen und Pomeranzen abgestimmt.

Wussten Sie schon,

… dass Hopfen auch in vielen alten Bibliotheken als Schutz vor Feuchtigkeit und Ungeziefer diente?
… dass der im Frühjahr nur für kurze Zeit erhältliche Hopfenspargel eine der teuersten, aber auch feinsten Gemüsesorten in Deutschland ist?
… dass der Echte Hopfen (lat. Humulus lupulus) im Jahre 2007 von der Universität Würzburg zur Arzneipflanze des Jahres gekürt wurde?
… dass der Hopfen aus der Hallertau in über 90 Länder der Welt exportiert wird?

Hallertauer Hopfengold

Die Farbe des klaren, goldgelben Kräuterlikörs mit echtem Hallertauer Aromahopfen erinnert an das Lupolin in den Hopfendolden. Es gibt ihn mit starken 56 Vol.-% oder milden 28 Vol.-% Alkohol. Beide Varianten sind angenehm mild im Geschmack.

Besonderheit

Seit 1789 wird Hallertauer Hopfengold nach einem über 200 Jahre alten und streng gehüteten Familienrezept hergestellt. Der Likör ist neben Bier eines der ganz wenigen alkoholischen Getränke, das Hopfen enthält. Neben Tausendgülden- und Wermutkraut machen viele weitere Kräuter das Hallertauer Hopfengold sehr bekömmlich. Seine bitter-süße Würze ist auch ein idealer Begleiter für Eiscreme, Dessert oder Mixgetränke.

Verzehrtipp

Das Hallertauer Hopfengold kann man auf vielerlei Arten genießen: Pur, leicht gekühlt, heiß im Tee oder kalt, „on the Rocks“, ist er – in Maßen genossen – eine Wohltat. Besonders beliebt an kalten Wintertagen auf Christkindlmärkten ist ein Schuss Hopfengold in heißer Trinkschokolade.

Lagerung

Durch seinen Alkoholgehalt von bis zu 56 Vol.-% ist das Hallertauer Hopfengold sehr lange haltbar.

Bezugsquellen

In vielen Getränkemärkten und Geschäften in der Hallertau und darüber hinaus erhältlich. Im Internet unter www.lutzenburger.de; hier kann man auch eine Händlerliste aufrufen.

Weiss-Mehl GmbH

Martin, Herbert, Martina, Liselotte, Herbert Willmerdinger

Region:	84387 Julbach/Niederbayern
Gründungsjahr:	12. Jahrhundert
Produkte:	Mehl, Getreide, Gries, Kleie, Schrote und Vollkornmehl
Spezialität des Hauses:	Mehl Type 550

Mühlen waren zu allen Zeiten besondere Orte. Dies gilt auch für die Julbacher Bruckmühle – herrlich gelegen am Türkenbach –, deren Existenz bis in das 12. Jahrhundert zurück belegt ist. Wie in Bayern üblich, trug auch die Bruckmühle den Hausnamen des Besitzes, „Mühle an der Brücke", der sich wie viele der alten Hausnamen beschreibend auf die natürlichen Kennzeichen des Grundstückes bezieht.

Die Familie der heutigen Besitzer erwarb die Mühle im Jahre 1874. Matthias Zehentner war ein äußerst fleißiger und geschäftstüchtiger Müller und Säger. Sein Sohn Matthias II. aber war es, der die Mühle – schon immer eine der größten der Region – um 1900 völlig umbaute und vergrößerte. Dazu brachte er das auf dem Grundstück befindliche Sägewerk in Schwung, baute die eigene Landwirtschaft weiter aus und eröffnete wenig später ein Gasthaus. Das Anwesen um die Mühle war nun fast zu einem kleinen Dorf geworden – sogar eine eigene Hauskapelle war entstanden. Matthias Zehentner hatte mit der Entwicklung der auf dem Grund befindlichen Liegenschaften den Grundstein für eine erfolgreiche Weiterentwicklung des Mühlenbetriebs gelegt.

Bruckmüllerin Rosa Weiß, die Enkeltochter des Stammvaters Matthias Zehentner, heiratete 1928 den Sohn der Weißmühle von Marienberg, Josef Weiß, der den Betrieb nicht nur fachgerecht weiterführte, sondern ihm auch seinen Namen gab. Er war es auch, der im Jahre 1964 ein neues Getreidesilo errichtete, das als Hochbau die übrigen Gebäude weit überragt und damit zum Wahrzeichen für Bruckmühl wurde. Anfang der 1970er-Jahre wurden Mühle und Säge im Einvernehmen mit der ganzen Familie auf seine beiden Töchter überschrieben und damit in zwei selbstständige Unternehmen aufgeteilt: Weiß-Mühle und Weiß-Holzwerk. 1972 baute Müllermeister Herbert Willmerdinger, Ehemann der einen Tochter, Liselotte, den Kern der Mühle neu auf und stattete sie mit modernster Technik aus.

Im Herbst 2012 wird unter Herbert Willmerdinger jun. eine komplett neue Mühle in Betrieb genommen. Aus vielen Gesprächen mit seinen Kunden weiß er, dass jeder Bäcker seine eigenen Ansprüche an Teigtoleranzen, Dehnbarkeit und Teigführung hat. „Mehl nach Maß" macht er sich daher zum Motto, um seinen Kunden noch individuellere Mehle mit verschiedenen Vermahlungsprofilen anbieten zu können. Mit den Getreidemischungen nach den Wünschen seiner Kunden kann Herbert Willmerdinger optimale Backergebnisse gewährleisten.

Geschichten

Für das Jahr 1573 sind für den „Pruckmüller in der Stammhammer Pfarr" jährliche, wörtlich folgende „Gült" in Abgaben aufgeführt: „Zwo Genns, sechs Hennen, ainhundert Ayr, Khäßgeld 1 fl 10 dl (= Käsgeld 1 Gulden und 10 Pfennig), Stüfft (= Stiftsgeld) 2 fl 6 Batzen, Natalis Dumini (am Tag des Herrn) 10 dl, Erung (= Ehrungsgeld) 2 dl, Stüfftviertel (= Stiftsviertelgeld) 21 dl." Diese Abgaben erscheinen heute angesichts unserer Steuerlast zwar als gering, aber der Pfennig hatte vor 400 Jahren bedeutend mehr Kaufkraft als unsere heutige Währung.

Herstellung

Das große Mehlsortiment wird unter Verwendung verschiedener Getreidesorten und Verarbeitungsprofile gemahlen. Dazu gehören Standardmehle und Schrote aus Weizen, Dinkel und Roggen, auch in Bio- und Vollkorn-Qualität, funktionelle Leistungsmehle, Getreidespezialitäten und Ökoprodukte, die ausschließlich an Bäckereien geliefert werden. Zum Produktspektrum zählen neben den Mehlen auch Weizenkleie, Grießkleie, Futtermehl, Weizen-Schalen- und Roggen-Grießmehl. Diese Spezialisierung und die fast ein Jahrtausend alte Mühlenerfahrung machen den Betrieb zu einer der führenden Mühlen in Südostbayern. Dabei garantiert der Direkteinkauf von heimischen Getreiden und eine großzügige Bevorratung gleichbleibend hochwertige Mehlqualitäten.

Schmankerltipp

G'wichste oder Roggenknödel
Aus Roggenmehl Type 00 und einer Prise Salz bestehen die mit lauwarmem Wasser verrührten, glatten Knödel. Davon kommt wohl auch ihr Name, da sie glänzen wie ein frisch gewichster Schuh. Die schlichten Knödel passen sehr gut zu recht kräftigen Speisen wie dem Schweine- oder Gänsebraten. Traditionell reicht man sie in Niederbayern auch zum G'selchten.

Wussten Sie schon,

… dass etwa jede vierte Mühle in Deutschland in Bayern steht?
… dass die bayerischen Mühlenbetriebe jährlich etwa 1,3 Millionen Tonnen Brotgetreide zu Mehl verarbeiten und der größte Teil davon aus heimischem Anbau stammt?

Mehl Type 550

Ein backstarkes Mehl, das als Vielzweckmehl für feinporige Teige verwendbar ist, den Teig sehr gut aufgehen lässt und damit für ein gutes Volumen sorgt. Es ist besonders für Hefe- und Schmalzgebäcke, Semmeln, Stollen, Strudel- oder Nudelteig und helle Brote geeignet. Es hat zudem einen höheren Mineralstoffgehalt als Type 405.

Besonderheit

Das Weizenmehl Type 550 ist bei den professionellen Bäckermeistern das bevorzugte Mehl. Durch den hohen Klebergehalt und der höheren Griffigkeit nimmt der aufgehende Teig die Flüssigkeit langsamer auf und bleibt stabiler. Es wird auch für Kleingebäck mit viel goldbrauner Kruste verwendet. Im Haushalt ist es ausgezeichnet für aufgehende, besonders lockere Teige und somit als Vielzweckmehl verwendbar.

Verzehrtipp

Weizenmehl Type 550 ist besonders für Semmel, Brezeln und helles Brot geeignet.

Lagerung

Mehl sollte innerhalb von einem halben Jahr verbraucht werden, um die optimalen Backeigenschaften zu erhalten.

Bezugsquellen

Siehe auch www.weissmehl.de.

Weisses Bräuhaus G. Schneider & Sohn

Georg Schneider VI.

Region:	93309 Kelheim/Niederbayern
Gründungsjahr:	1872
Produkte:	7 Weißbierspezialitäten
Spezialität des Hauses:	Schneider Weisse-Weißbiere
Höhepunkte, Veranstaltungen:	Juni: Internationales Schneider Weisse-Fanclubtreffen; Juni: Schneider Weisse-Weißbierfestival; und viele mehr im Fest- und Messekalender auf der Internetseite

Die Herstellung und der Vertrieb von Weißbier war über Jahrhunderte hinweg das alleinige Recht einer einzigen Adelsfamilie, nämlich der Degenberger aus Bogen. Durch Erbschaft fiel das „Weißbierregal" (das Recht, Weißbier zu brauen) an Herzog Maximilian I. Dieser erkannte das gewaltige finanzielle Potenzial von Weißbier und gründete im ganzen Land zahlreiche herzogliche Weißbierbrauereien, die erste im Jahre 1607 in Kelheim. Genau diese Brauerei ging 1928 in den Besitz der Familie Schneider über und wurde von 1946 an zur alleinigen Produktionsstätte von Schneider Weisse.

Die Geschichte des heute in Kelheim ansässigen Bräuhauses beginnt jedoch in München. Der Gründer, Georg Schneider I., ist dort ab 1855 fast 20 Jahre Pächter des Königlich Weissen Hofbräuhauses. Er kauft 1872 den Maderbräu in München, benennt ihn in „Weisses Bräuhaus" um und gründet mit seinem Sohn das Unternehmen „G. Schneider & Sohn", um sein eigenes Weißbier zu brauen. Er ist der erste Bürgerliche, der dazu von König Ludwig II. das Weißbierbraurecht erhielt. Nach dem frühen Tod der beiden Gründer im Jahr 1890 übernimmt Georg Schneider III. die Geschäfte bereits als 20-Jähriger. Er stärkt die Marke Schneider Weisse, indem er beim Münchner Patentamt die gekreuzten Ähren als weltweit erste Weißbiermarke eintragen lässt. Im Jahre 1905 verstirbt er im Alter von nur 35 Jahren. Sein Sohn Georg IV. ist gerade fünf Jahre alt. Mathilde Schneider, die Witwe von Georg III., übernimmt mit einem nahen Verwandten die Leitung der Brauerei für ihren Sohn Georg. Trotz der schwierigen Umstände kann sie zukunftsweisende Entscheidungen treffen, deren Auswirkungen erst viel später erkannt und gewürdigt werden können. 1928 kauft Georg IV. das Kelheimer Weisse Bräuhaus von der Familie Lang. Ein Glücksfall für die Familie. Denn er und sein Sohn, Georg V., erreichen nach dem Zweiten Weltkrieg und der Zerstörung des Münchner Brauhauses bei der amerikanischen Militärregierung die Erlaubnis, Vollbier brauen zu dürfen, um die Hefestämme und damit die ursprüngliche Form des Weißbieres weiterhin zu erhalten. Seitdem wird Schneider Weisse ausschließlich in Kelheim gebraut.

Geschichten

Heute leitet Georg Schneider VI. das unabhängige Familienunternehmen und führt die Geschichte weiter, die er so lebendig erfahren hat. Er sagt dazu: „Ich erinnere mich gut an die leuchtenden Augen meines Vaters, als er der Familie vom spektakulären Fund alter Akten und Rechnungsbücher erzählte." Er war im Malzboden der Brauerei darauf gestoßen. Unter einer losen Holzbodendiele kamen gut 250 handgeschriebene Bücher zum Vorschein, das älteste aus dem Jahr 1612. Mit Respekt für die Vergangenheit erkennt heute der innovative Braumeister Georg VI. den Geist seiner Zeit und den Wert von Freiheit. So schafft er – mit mutigen Entscheidungen und Durchhaltevermögen – Zukunft.

Herstellung

In Kelheim werden derzeit sieben verschiedene Weißbierspezialitäten gebraut. In ihren Ausprägungen unterscheiden sich die einzelnen Biere deutlich voneinander. Gemeinsam ist ihnen ihre bayerische Herkunft, das Bekenntnis zum Reinheitsgebot, das an Rohstoffen nur Wasser, Hopfen, Malz und Hefe zulässt, sowie die sorgfältige Handwerkskunst der Braumeister. Je nach Röstungsgrad des Malzes ist es als helles oder dunkles Weißbier und klar gefiltert, als Kristallweizen bekannt.

Das Malz, auch als die Seele des Bieres bezeichnet, bestimmt die Farbe, die Stärke und den Geschmack des Bieres. Für den Sud der Schneider Weisse werden 60 Prozent Weizen- und 40 Prozent Gerstenmalz aus überwiegend regionalem Anbau verwendet. Da Bier zu 90 Prozent aus Wasser besteht, ist dessen Qualität von entscheidender Bedeutung. Das Brauwasser in Kelheim entspringt aus dem Juragestein der umliegenden Berge. Der Hopfen gibt dem Bier seine würzige Bittere, macht das Bier haltbarer und den Schaum fester. Für die Schneider Weisse wird ausschließlich Hopfen aus neutral kontrolliertem Vertragsanbau in der Hallertau verwendet. Vor allem beim Weißbier sorgt die Hefe für das typische Aroma und die alkoholische Gärung. Je nach Gärverfahren wird Weizenbier damit als Voll- oder Starkbier gebraut. Sorgsam gehütete obergärige Hefen verhelfen dem Weißbier zu seinem charakteristischen Eigengeschmack. Im Gegensatz zu den meisten anderen Brauereien werden die aufsteigenden Hefezellen am Ende der Hauptgärung im Kelheimer Bräuhaus immer noch behutsam von Hand abgeschöpft.

Schmankerltipp

Der Doppelbock Aventinus, gebraut seit 1907, ist eine dunkelrubin-farbene, stark perlende Spezialität mit kräftigem Geschmack. Mit über 18 Prozent Stammwürze und einem Alkoholgehalt von 8,2 Vol.-% ist er das älteste bayerische Weizenstarkbier.

Schneider Weisse-Weißbiere

Die Spezialität sind sieben eigenständige Weißbierspezialitäten von leicht bis sehr stark, hell bis dunkel, vertrautem Geschmack bis völlig neuem Weißbiererlebnis. Gemeinsam ist ihnen ihre bayerische Heimat und das Bekenntnis zum Reinheitsgebot.

Besonderheit

„Freiheit, Fantasie, Fröhlichkeit" – das ist das Motto des amtierenden Firmenchefs und Braukünstlers Georg Schneider VI. Die Schneider Weisse-Spezialitäten tragen seine Handschrift. Und zwar im wahrsten Sinne des Wortes. Er hat sie persönlich benannt und so heißen die Weißbiere „TAP1 Mein Blondes", „TAP2 Mein Kristall", „TAP3 Mein Alkoholfreies", „TAP4 Mein Grünes", „TAP5 Meine Hopfenweisse", „TAP6 Unser Aventinus" und „TAP7 Unser Original". Auch die Gestaltung auf den Etiketten stammt vom Chef selbst. Die Motive sind konsequent vom Inhalt abgeleitet und bilden den dominierenden Geschmackseindruck ab.

Verzehrtipp

Um ein optimales, schaumgekröntes Weißbier zu erhalten, ist Folgendes zu beherzigen: Das Glas mit kaltem Wasser ausspülen, nicht trocknen, Flasche vorsichtig öffnen, damit die im Flaschenhals befindliche Kohlensäure langsam entweichen kann, das Glas schräg halten und das Weißbier behutsam über den Rand ins Weißbierglas laufen lassen.

Lagerung

Kühl und dunkel lagern.

Bezugsquellen

Die Schneider Weisse-Weißbiere gibt es in 32 Ländern auf allen Kontinenten und in den Weissen Bräuhäusern in München und Kelheim.

Wussten Sie schon,

… dass Schneider Weisse bis zum letzten Oktoberfest vor dem Weltkrieg mit einem eigenen Zelt vertreten war? Das verbrannte bei den Bombenangriffen der Alliierten auf München. Nach der Verlegung des Brauhauses nach Kelheim wurde die Brauerei nicht mehr für die Wiesn zugelassen, da hier nur Münchner Brauereien vertreten sind.

Spezialität

KATEGORIE
GEMÜSE, FRÜCHTE & GEWÜRZE

Radieserl

Das kleine Geschwisterchen des Radi (Rettich) ist das Radieserl. Die rote Knolle stammt aus der Familie der Kreuzblütengewächse (Brassicaceae). Der deutsche Name leitet sich vom lateinischen „Radix" (= Wurzel) ab. Ein Bund Radieserl, also etwa 80 Gramm, enthält nur 10 Kalorien.

Besonderheit

Radieserl sind reich an Vitamin C, Eisen, Kalzium und Magnesium. Durch ihre leichte Schärfe, die durch ein Senföl verursacht wird, bilden sie einen guten Kontrast zum Käse. Der Schärfegehalt ist größtenteils von der Bodenbeschaffenheit abhängig. In Europa hat sich das Radieschen erst im 16. Jahrhundert etabliert, seine Herkunft ist allerdings unklar. In Bayern ist das Radieserl Bestandteil vieler beliebter Biergartenschmankerln und darf gerade im Sommer bei keiner richtigen Brotzeit fehlen.

Verzehrtipp

Radieserl werden roh, in Scheiben geschnitten oder geraspelt verzehrt. Sie können Salaten beigemischt oder als Brotauflage verwendet werden. Salz mildert den etwas scharfen Geschmack. Die Blätter können roh als Salat gegessen oder gekocht werden – oder man bereitet sie ähnlich wie Spinat zu. Radieserl sind frisch zu verzehren, da sie schnell Wasser verlieren.

Lagerung

Radieserl halten sich, vom Grün befreit, gewaschen und geputzt im Gemüsefach des Kühlschranks mehrere Tage.

Bezugsquellen

Bio-Radieserl aus Bayern erhält man bei der Gärtnerei Pritscher in Neufahrn in Niederbayern.

Gärtnerei Pritscher

Region: 84088 Neufahrn/Niederbayern
Gründungsjahr: 1963
Produkte: Gemüse, Kräuter und Blumen
Spezialität des Hauses:
Radieserl
Höhepunkte, Veranstaltungen:
Rudi Radieserls Kunstfest
Übersicht über Seminare, Kurse und Workshops: www.radieserl.de

Coni und Rudi Pritscher

Der Familienbetrieb der Familie Pritscher in Neufahrn, eine Gärtnerei mit über 10.000 qm Anbaufläche, besteht schon seit 1963. Obwohl in Bayern das Radieserl zur jeder Brotzeit gehört, ist die Gärtnerei Pritscher eine der wenigen kommerziellen Radieserl-Zuchtbetriebe. Rudi „Radieserl", wie er liebevoll genannt wird, übernahm den Betrieb 1981 – und obwohl das kräftige Gemüse sein Favorit ist, bietet die Gärtnerei von der Primel über den Rollrasen bis hin zum blühenden Apfelbaum alles, was in den Garten gehört. Aus Bio-Anbau stammen die Kräuter, Gemüse-Jungpflanzen, über 30 verschiedene Tomatensorten, Zuckerrohrpflanzen, Erdmandeln und vieles mehr. Die Arbeit des Ehepaars Pritscher geschieht in tiefer Naturverbundenheit und in mühevoller Handarbeit, auf den Einsatz chemischer Zusätze wird vollständig verzichtet. So wächst gesundes, vitaminreiches und stets frisch geerntetes Gemüse heran. Auch Blumen für jede Gelegenheit, Grab- und Gartenpflege sowie Gartengestaltung übernimmt der fröhliche Gärtner. Als Teil eines gut funktionierenden Netzwerkes regional tätiger Handwerker und Künstler organisiert die Gärtnerei auch außergewöhnliche Dekorationen für Messen, Events oder Präsentationen. Auch „ins Gras beißen" kann man bei Rudi im wahrsten Sinn des Wortes: In einem der vielen Workshops in der Gärtnerei lernen Interessierte, die Möglichkeiten der „Unkrautküche" zu schätzen.

Schmankerltipp

Bio-Radieserlblätter sind ein herzhaftes Gemüse, das sich im Mixer zusammen mit Obst zu einem köstlichen und gesunden Smoothie verarbeiten lässt. Vom Radieserl mit verwelktem Grün sollte man übrigens prinzipiell die Finger lassen.

Wussten Sie schon,

… dass die Gemeinde Neufahrn in Niederbayern mit der Ehrenfahne des Europarates für hervorragende Leistungen bei der Förderung des europäischen Gedankens ausgezeichnet wurde?
… das Rudi Pritscher und seine Frau bereits Thema einer Fernsehsendung waren? Neben ihrer ursprünglichen und bunten Gärtnerei ist auch ihr neu gebautes Wohnhaus wie eine „Villa Kunterbunt" gestaltet.
… dass Rudi mit seinem Team die vier Meter hohe Richtfestkrone für den Münchner Flughafen gebaut hat?

Abensberger Spargel

Region: 93326 Abensberg/Niederbayern
Gründungsjahr: 1996
Produkte: Spargel
Spezialität des Hauses:
Abensberger Spargel
Höhepunkte, Veranstaltungen:
Spargelernte: Anfang März bis zum Johannitag am 24. Juni

Martin Neumeyer (MdL), 1. Vorsitzender, mit den Spargelhoheiten

„Weißes Gold", „Frühlingsluft in Stangen" oder „essbares Elfenbein" – so bezeichnet Martin Neumeyer, 1. Vorsitzender der Erzeugergemeinschaft Abensberger Qualitätsspargel, das wertvolle Gemüse aus 12 Gemeinden rund um Abensberg. Diese Gegend, der sogenannte Sandgürtel zwischen Siegenburg, Neustadt an der Donau, Abensberg und Langquaid, ist wegen der optimalen Boden- und Klimabedingungen hervorragend zum Spargelanbau geeignet. Es bedarf jedoch viel Arbeit, um das Königsgemüse in bester Qualität anbieten zu können. Der klassische weiße Spargel ist die beliebteste Sorte. Er wird in den typischen Erdwällen im „Spargelbifang" angebaut und von März bis zu Johanni in Handarbeit geerntet.

Herstellung

Spargel ist eine mehrjährige krautige Pflanze, bei der nur der etwa 35 Zentimeter tief unter der Erdoberfläche liegende Wurzelstock (Rhizom) überwintert. Jährlich im Frühjahr treibt dieser mehrere Stengelsprossen aus, die als Spargel in Handarbeit geerntet werden. In Deutschland wird der Spargel gestochen, sobald sich die Erdkruste leicht anhebt. Da die Sprossen bis zu dieser Zeit noch keinem Sonnenlicht ausgesetzt waren, ist der Spargel weiß. Erntet man den Spargel nur ein paar Stunden zu spät, setzt die Chlorophyllbildung ein, die Köpfe verfärben sich bläulich und werden noch später grün. Der geernte-te Spargel wird so schnell wie möglich schockgekühlt und bei entsprechender Luftfeuchte kühl und nicht im Wasser gelagert.

Schmankerltipp

Am besten schmeckt frischer Spargel mit Butter und Schinken. Man kann ihn aber auch hervorragend zur Herstellung von Aufläufen, Suppen oder Eintöpfen verwenden.

Wussten Sie schon,

… dass der violette Spargel ebenfalls ein weißer Spargel ist, im Geschmack aber etwas intensiver. Er wird erst gestochen, wenn er die Erdoberfläche schon leicht durchbrochen hat und durch die Lichteinwirkung etwas lila geworden ist. Der grüne Spargel ähnelt am meisten dem Wildspargel, ist aber eine andere Sorte. Er wird ohne Erdwall auf einer flachen Ebene angebaut und geerntet, wenn die Stangen etwa 25 Zentimeter aus dem Boden herausgewachsen sind. Der Vorteil des grünen Spargels ist, dass die Köche weniger schälen müssen.

Abensberger Spargel

Es gibt etwa 100 Arten in der Gattung Asparagus, etwa 15 davon kommen in Europa vor. In der Region um Abensberg werden hauptsächlich der weiße und der grüne Spargel angebaut.

Besonderheit

Abensberger Spargel ist eine traditionelle bayerische Spezialität, die seit 1996 die eingetragene Marke „Abensberger Qualitäts-Spargel" verwendet. Diese legt hohe Qualitätskriterien fest. So muss die Sortierung den gültigen Abensberger Sortierrichtlinien entsprechen, das heißt, es kommt kein „Spargelmix" in den Handel. Die Kriterien für Anbau, Düngung und Lagerung werden streng kontrolliert. Vermutlich wurde bereits im 18. Jahrhundert rund um Abensberg Spargel angebaut. Neben den Hopfengärten waren die Spargelanlagen schon damals ein wichtiger Bestandteil der Landeskultur. 1995 umfasste der Anbau eine Fläche von rund 100 Hektar. Damals wurde der Verein „Erzeugergemeinschaft Abensberger Qualitätsspargel e.V" gegründet. Ihm gehörten etwa 70 Spargelerzeuger sowie 30 fördernde Mitglieder an. Seither hat sich die Region sehr dynamisch entwickelt und die Erzeugungsfläche auf rund 210 Hektar mehr als verdoppelt.

Verzehrtipp

Kochen Sie frischen Spargel mit einer Prise Salz, Zucker und Butter etwa 15 bis 20 Minuten. Keinen Zitronensaft oder kräftige Gewürze verwenden, denn diese verderben das feine Spargelaroma.

Lagerung

Frischer Spargel kann sauber und zugedeckt und in ein feuchtes Tuch gewickelt an einem kühlen Ort für 2 bis 3 Tage aufbewahrt werden.

Bezugsquellen

Während der Spargelsaison in vielen Lebensmittelläden, an Marktständen oder direkt bei den Erzeugern.

Metzgerei Heindl GmbH

Inhaber: Hans Heindl und Tochter Carmen

Region:	94107 Untergriesbach/Niederbayern
Gründungsjahr:	1889
Produkte:	120 Fleisch- und Wurstwaren
Spezialität des Hauses:	Niederbayerischer Bauchspeck

„Von den Besten der Branche lernen", sagt Metzgermeister Hans Heindl zu seiner Philosophie. Dass dies wohl die richtige Einstellung ist, erkennt man daran, dass er bei den DLG-Prämierungen bereits 15 Mal zu den sechs besten Metzgereien in ganz Deutschland gehörte. So ist Hans Heindl heute selbst ein Vorbild, von dem man viel lernen kann.

Etwa 120 Produkte stellt der Metzger mit seinem Team im niederbayerischen Untergriesbach her. Die Tiere für die Fleischspezialitäten kennt er oft von klein an. Er holt sie selbst beim Bauern ab und hat sogar schon beim Kalben geholfen. Da seine Vorfahren selbst noch Landwirtschaft betrieben haben, sind ihm diese Arbeiten nicht fremd. Sein Uropa, Georg Heindl aus Würmühle, heiratete am 16.7.1889 die verwitwete Katharina Gabauer. Seit diesem Tag ist der Name Heindl am Marktplatz 18 in Untergriesbach ein Begriff für Tradition und Qualität. Diese Familiengeschichte ließ dem Niederbayern gar keine andere Möglichkeit, als ebenfalls Metzger zu werden – eine gute Entscheidung, wie er heute weiß.
1984 übernimmt Hans Heindl nach einer Ausbildung im Bayerischen Wald in 4. Generation die Metzgerei von seinem Vater. Bis 1994 betreibt die Familie auch noch eine Gaststätte, dann folgen Umbau und Modernisierung sowie die Konzentration auf die Metzgerei. Er kennt seine Lieferanten seit Jahren und kann auch mitreden, wenn es darum geht, die bestmöglichen Tiere für seine Produkte zu bekommen.

Und obwohl ihm nichts über Rindfleisch geht, hat er sich nach vielen Jahren des Widerstands auch für die Herstellung der in Niederbayern sehr beliebten Rosswürst entschieden. Er produzierte sie ganz nach seinem Gusto – und anders als in Niederbayern üblich – und war daher sehr erstaunt, dass seine Kunden die Rosswürst begeistert annahmen. Manchmal bringt Erfolg aber auch Herausforderungen mit sich. Nach einer Vorstellung seines Pfefferschinkens im Bayerischen Fernsehen erhielt er Bestellungen aus ganz Deutschland und die Metzger kamen mit der Produktion kaum noch nach. Jetzt sind alle gespannt, ob seine neueste Idee, eine Salami vom Schneider Aventinus Weizen-Eisbock, ebenso gern gekauft wird.

Geschichten

Metzgermeister Heindl lernte vor seinem Einstieg in den elterlichen Betrieb in einer Metzgerei im Bayerischen Wald. Da dort auch geschlachtet wurde, musste er immer wieder mal eine Färse, also ein weibliches Rind, zur Schlachtbank führen. Ein Tier verspürte vermutlich die Unerfahrenheit des jungen Metzgerstifts, riss sich vom Strick und wollte durch die Tür in den Laden der örtlichen Bäckerei flüchten. Durch den Klang der Glocke erschrak sie jedoch so, dass sie wieder zurück auf die Straße lief. Der junge Metzger, dem gewiss das Herz in die Hose gerutscht war, lernte daraus, die Zügel immer fest in der Hand zu halten.

Herstellung

Früher standen in Niederbayern vor allem einfache Gerichte mit Kartoffeln und Kraut auf

dem Speiseplan, nur sonntags oder zu festlichen Anlässen wurde ein richtiger Festtagsbraten aufgetischt. Da man in dieser Zeit noch keine Kühlmöglichkeiten hatte, schlachtete man vor allem zur Winterzeit. Um das Fleisch über den Winter hinaus haltbar zu machen, wurde es gepökelt, das heißt gesalzen und mit Gewürzen eingerieben, und später über Buchenholzsägemehl kalt geräuchert. Dieses Verfahren hat sich bis heute erhalten.
Nachdem der gut durchwachsene Bauchspeck vom Schwein mindestens drei Wochen in der Gewürz-Salzmischung gelegen hat, wird er eine Woche im Kaltrauch bei 28° C geräuchert. Dadurch erhält der Speck das spezielle Raucharoma. Durch diese Prozedur wird das Fleisch haltbar und erhält seine typische Farbe. Das Fleisch muss von größeren, gut genährten Schweinen stammen, damit es den richtigen Fettgehalt besitzt, der schließlich den guten Geschmack und die Saftigkeit ausmacht. Metzger Heindl verwendet hierfür ausschließlich Schweine aus benachbarten niederbayerischen Zuchten, die er selbst von den Höfen abholt. Geschlachtet wird im nahen Schlachthof in Passau. Das Geräucherte oder kurz „G'selchte" darf bei keiner niederbayerischen Brotzeit fehlen.

Schmankerltipp

Eine weitere, sehr feine und magere Spezialität der Untergriesbacher Metzgerei ist die naturgereifte Hirsch-Salami. Sie passt wunderbar zu einem fränkischen Rotwein mit einem herzhaften Bauernbrot. Auch die Pfefferbeisser aus Hirschfleisch waren letztes Jahr auf einem niederbayerischen Christkindlmarkt ein Publikumserfolg.

Wussten Sie schon,

… dass Untergriesbach auf den Höhenrücken des einzigartigen bayerisch-österreichischen Donautals zwischen Passau und Jochenstein und in der Nähe des Naturschutzgebiets Donauleiten liegt? Der staatlich anerkannte Erholungsort befindet sich damit im Dreiländereck zwischen Bayern, Österreich und Böhmen.

… dass in der Gegend um Untergriesbach von 1730 bis 1890 Kaolin (weiße Porzellanerde) abgebaut wurde? Sie wurde bis Tirol und in die Schweiz gehandelt.

Niederbayerischer Bauchspeck („G'selchts")

Ein gut durchwachsener Schweinebauch, der nach einer Trockensalzung von mindestens drei Wochen am besten über Buchenholz geräuchert wird. Er war früher ein typisches Winteressen und wurde durch dieses Verfahren lange haltbar.

Besonderheit

Früher war das G'selchte ein typisches niederbayerisches Wintergericht und ein Festtagsmahl, das man heiß mit Kartoffeln und Sauerkraut verspeiste. Durch das Pökeln, Räuchern und die Gewürze bekommt der Speck ein sehr schmackhaftes Aroma. Heutzutage gehört das G'selchte zu jeder ordentlichen bayerischen Brotzeit. Am besten schmeckt dieser geräucherte Speck roh mit bayerischem Kren und knusprigem Brot zu einem herzhaften Märzen oder einem Bockbier.

Verzehrtipp

Als Digestif nach dem G'selchten passt ein echter niederbayerischer Bärwurz (ein Klarer aus der Bärwurz-Pflanze) oder Blutwurz (ein hochprozentiger Kräuterlikör).

Lagerung

Trocken und gut gelüftet gelagert reift der Bauchspeck nach und hält lange.

Bezugsquellen

Den niederbayerischen Bauchspeck und alle anderen Produkte der Metzgerei Heindl bekommen Sie in den Ladengeschäften. Auch Bestellungen per Telefon und E-Mail werden von der Metzgerei entgegengenommen.

Privatbrauerei Falter

Familie Falter

Region:	94209 Regen/Niederbayern
Gründungsjahr:	1649
Produkte:	13 Biere und 14 alkoholfreie Getränke
Spezialität des Hauses:	Pichelsteiner Festbier, Pichelsteiner Eintopf
Höhepunkte, Veranstaltungen:	1. Freitag nach Jakobi 25. Juli: „Pichelsteiner-Fest“

Einstmals waren in Regen im Bayerischen Wald 13 Brauereien ansässig, nur eine konnte sich bis heute behaupten. 1649 als „Bürgerliches Brauhaus“ gegründet, wurde es 1928 von Johann Baptist Falter erworben. Mit hochgekrempelten Ärmeln, enormem Sachverstand und großer Hingabe zum Brauerberuf formten drei Generationen ein erfolgreiches mittelständisches Unternehmen, das der Tradition verpflichtet und der Moderne aufgeschlossen gegenübersteht.

Es ist wohl die Leidenschaft für den Beruf und die Liebe zur Region, ihren Menschen und Traditionen, die die Falters nun bereits in der dritten Generation beflügeln und sie zu erfolgreichen Unternehmern im Bayerischen Wald machen. Nachdem Firmengründer Johann Baptist Falter über 50 Jahre lang die mittelständische Brauerei durch Höhen und Tiefen der deutschen Geschichte manövriert hatte, führten sie Sohn Josef Falter und seine Frau Elisabeth erfolgreich ins 21. Jahrhundert. Nein, von einem Imperium will Seniorchefin Elisabeth Falter nichts hören, eher von einem gesunden mittelständischen Betrieb, den sie und ihr Mann Sepp bis zu dessen plötzlichem Tod weiter aufgebaut haben. Ein hoch motiviertes Team mit über 35 Spezialisten sorgt heute dafür, dass bei vielen Heimatfesten der Region und nicht zuletzt in mehr als einem Dutzend eigener Wirtshäuser der begehrte Gerstensaft nicht versiegt. Neben dem „Pichelsteiner-Fest“ ist natürlich der schmucke Brauereigasthof das Aushängeschild des Brauhauses, das seit 2010 gemeinsam von den Söhnen Josef jun. und Thomas geführt wird. Sie können sich dabei nicht nur auf die ererbte Schaffensfreude und ihr eigenes Durchsetzungsvermögen stützen, sondern vor allem auch auf eine vorgelebte soziale Einstellung und eine exzellente Ausbildung. Beiden Braumeistern eilt ein vorzüglicher Ruf voraus; Josef jun. wurde gar beim Nachwuchswettbewerb der Münchner Brauer 2000 der Titel „Bester Brauer Bayerns“ zugesprochen.

Geschichten

Woher das „Pichelstoana“ stammt, wann es zum ersten Mal gekocht wurde und aus welchem Anlass, das kann heute nicht mehr nachvollzogen werden. Auf jeden Fall wurde verbürgt überliefert, dass sich am Kirchweihmontag 1874 einige honorige Regener Bürger beim „Hofwirt“ am Marktplatz einfanden, um das Fest in gemütlicher Runde ausklingen zu lassen. Die Wirtin Augusta Winkler tischte den Herrschaften einen Eintopf auf und man verabredete sich, künftig jeden Kirchweihmontag auf dieselbe Weise zu begehen. Schon nach wenigen Jahren weitete sich die Veranstaltung zu einem eigenständigen Fest aus, dem „Pichelsteiner-Fest“. Heute kommen alljährlich zig tausend Besucher ins niederbayerische Regen, um gemeinsam dieses Traditionsfest zu feiern. Vor allem der „Pichelsteiner-Montag“ führt die Menschen zusammen, wenn mehr als 3000 Portionen des bekanntesten Eintopfs der Welt ausgegeben werden!

Herstellung

Die Regener sind stolz auf „ihre“ Brauerei. Man kennt sich, man mag sich. Herzlich ist der Umgangston und mit „Josef“ spricht man hier so und so niemanden an, man bleibt beim vertrauten „Sepp“. „Max“ und „Bubi“ gehören irgendwie auch zur Falter-Familie, denn neben der Liebe zur Braukunst haben die Falters schon immer einen „Narren“ an Pferden gefressen. Etliche schwere Percheron-Hengste nennen sie ihr Eigen; echte Hingucker, die vor allem beim „Pichelsteiner-Festzug“ für großes Aufsehen sorgen, wenn der Brauwagen mit den herrlich geschmückten Holzfässern zehnspännig zum Festplatz gefahren wird.

Die Palette der hergestellten Getränke ist reichhaltig und lässt keine Wünsche offen.
Neben den Klassikern „Export-Hell“ und „Privat-Hell“ ist das „Privat-Pils“ ein absoluter Renner. Liebevoll wird diesen in 0,33 l fassende knuffigbauchige Flaschen abgefüllte hopfige Getränk von Alt und Jung als „Budderl“ bezeichnet – Prädikat: Kultstatus!
Die ganze Leidenschaft von Braumeister Josef Falter jun. aber gehört den Weißbieren. Bierkenner sind vom „Weißbier Premium Gold“ begeistert. Mehrfach wurde es von der DLG sogar mit dem „Goldenen Preis“ prämiert und spielt damit geschmacklich mit ungleich berühmteren Bieren in einer Liga.

Schmankerltipp

Für das „Pichelsteiner-Fest“ wird natürlich ein spezielles Festbier eingebraut. Nach einer eigenen Rezeptur – einer geheimen, versteht sich! Und wenn dann die erste Mass gezapft wird, dann ist auch klar, warum: Würzig und charaktervoll, malzaromatisch und sanft gehopft schäumt das Festbier dann aus den Masskrügen und manch einer träumt davon, dass das „Pichelsteiner-Fest“ ein paar Wochen dauern möge …

Wussten Sie schon,

… dass sich vor dem „Brauereigasthof Falter“ ein „Pichelsteiner-Brunnen“ befindet, aus dem zu besonderen Anlässen Bier statt Wasser sprudelt?

… dass das Konterfei von Johann Baptist Falter, dem Gründer der Brauerei, die Etiketten der „Budderl“-Flaschen ziert? Ein einmaliges Denkmal für ein einmaliges Original!

… dass der von der Privatbrauerei J.B. Falter für die Starkbierzeit eingebraute dunkle Doppelbock 7,3 Prozent Alkohol aufweist und „Regenator“ heißt?

Pichelsteiner Eintopf

Am Kirchweihmontag 1874 servierte die Wirtin Augusta Winkler vom „Hofwirt“ am Marktplatz einigen honorigen Regener Bürgern einen köstlichen Eintopf. Man verabredete sich fortan, jeden Kirchweihmontag auf dieselbe Weise zu begehen.

Besonderheit

„Nimm dreyerley Fleisch vom Schwein, Rind u. Kalb, dazu Erdäpfel, gelbe Rüben, Petersill, Zwiebel u. Porri. Dieß schneidt in kleine Stückl, thu alles in ein Kastroll, Salz und Pfeffer dazu. Langsam dämpfen, wenn es vonnöthen ist ein bissel Brüh' nachgissen. So es marb ist, ergiebt dieß eine kräftige gar köstlich schmeckende Speiß“. So wurde das Rezept des „Pichelsteiner Eintopfes“ 1874 in einer eigens angelegten Chronik in Regen festgehalten. Heute taucht das Rezept in fast allen deutschsprachigen Rezeptsammlungen auf und wird zu den berühmtesten 100 Gerichten der Welt gezählt.

Verzehrtipp

Der „Pichelsteiner Eintopf“ wird frisch und heiß in einem Suppenteller serviert. Dazu schmecken ein Salzspitz, dunkles Bauernbrot oder eine Volksfestbreze – und natürlich Falters süffiges Pichelsteiner Festbier.

Lagerung

Der Eintopf ist, gekühlt im Kühlschrank, etwa 3 Tage haltbar. Eintöpfe schmecken erfahrungsgemäß auch (mehrfach) aufgewärmt hervorragend.

Bezugsquellen

Auf dem „Pichelsteiner-Fest“ (aktuelle Termine: www.pichelsteinerfest.com) oder das ganze Jahr über in den Regener Wirtschaften. Ein fertiges Rezept zum Nachkochen finden Sie im Rezeptteil.

1. Dampfbierbrauerei Zwiesel GmbH & Co. KG

Inhaber: Mark und Elisabeth Pfeffer

Region:	94227 Zwiesel/Niederbayern
Gründungsjahr:	1889
Produkte:	Bier und alkoholfreie Getränke
Spezialität des Hauses:	Dampfbier
Höhepunkte, Veranstaltungen:	Grenzlandfest: Mitte Juli; Hopfa Zupfa Fest: 1. Samstag im September

1889 gründete Wolfgang Pfeffer die „1. Dampfbierbrauerei" in Zwiesel. Seit dem 100-jährigen Jubiläum der Brauerei im Jahre 1989 wird das traditionelle Dampfbier wieder eingebraut und ist bei Bierfreunden, weit über die Grenzen Zwiesels hinaus, zu einem Begriff für ein charakteristisches, qualitativ hochwertiges Bier geworden. Das Familienunternehmen wird heute in 5. Generation von Mark Pfeffer und seiner Frau Elisabeth geleitet, die sowohl ober- wie auch untergäriges Biere brauen.

Der Bayerische Wald war eine arme Gegend und Hopfen ein sehr kostbarer und dementsprechend teurer Rohstoff. Obwohl die Pflanze in Zwiesel bis 1870 unter schwierigen klimatischen Bedingungen sogar angebaut wurde, ließ Brauereigründer Wolfgang Pfeffer edlen Hopfen aus der Hallertau kommen, um sein Bier herzustellen. Allerdings ging er sehr sparsam damit um. Und statt Weizenmalz verwendete er Gerstenmalz von leicht bräunlicher Farbe, wodurch das Bier einen malzig-samtigen Geschmack erhielt.

Da man bis weit ins 19. Jahrhundert hinein die Gärkeller nicht künstlich kühlen konnte, wurden damals vorwiegend obergärige Biere gebraut. Angesichts von Temperaturen um 20° C verlief die Gärung in den offenen Bottichen sehr rasch und es kam zu einer heftigen Kohlensäureentwicklung. Die großen Gasblasen zerplatzten an der Oberfläche, wodurch der Eindruck entstand, das Bier dampfe. Mit der Einführung der Kältemaschinen (ab 1873 von Carl Linde entwickelt) geriet das Dampfbier dann fast in Vergessenheit und untergärige Biere (z. B. Helles oder Pils) kamen „in Mode". Dies änderte sich zum 100-jährigen Jubiläum der 1. Dampfbierbrauerei Zwiesel im Jahr 1989. Extra zum Fest wurde nach den überlieferten Vorschriften aus dem 19. Jahrhundert wieder Dampfbier eingebraut. Das traditionelle Zwieseler Glas findet sich nicht nur in den Bierflaschen der Brauerei wieder. Das Portal der Brauerei ziert das Glaskunstwerk in Form einer Gerstenähre, und über dem Eingang des neuen Gärkeller begleitet das lateinische Brauereimotto „Omnia praeclara rara" („Alles Wertvolle ist selten") die Produktion eines einzigartigen Bieres. Das zeigte sich auch in der öffentlichen Betrachtung der hiesigen Bevölkerung, denn die Meinungen über dieses Bier gingen damals von Ablehnung bis hin zu heller Begeisterung. Sogar in der Presse kam es zu heftigen Reaktionen und großflächigen Gegenanzeigen, was der Bekanntheit des Bieres einen gewaltigen Schub gab. Da viele Menschen das Besondere lieben, fand das Bier jedoch schon bald eine Menge Freunde – und es bildeten sich leidenschaftliche Dampfbierclubs in Punschern, München und Köln.

Geschichten

Am 24.1.1925 schrieb der Sohn des Gründers in sein Tagebuch: „In Zwiesel am Galgenhügel, an der Regener Str. 239 steht heute eine Bierbrauerei, deren praktische Einrichtung, Größe und schöne Lage seines Gleichen im bayrischen Wald nicht gut wieder zu finden ist. Wer die Brauerei näher kennt und seine Entstehung und Entwicklung miterlebt hat, wundert sich, dass ein Unternehmen solche Rückschläge und Veruntreuungen hinnehmen imstande war. Es war ein göttliches Geschick, dass die Brauerei heute noch den Namen ‚Pfeffer' trägt. Das Hauptverdienst des Fortbestehens der Brauerei steht unbestritten und im hervorragendem Masse meinem Vater zu, der in seinem unerschütterlichen Bewusstsein ‚es muss gehen', mit seiner zähen Willenskraft, unermüdlicher Arbeit bei vorbildlicher Ehrlichkeit seinen Mitmenschen gegenüber an der Durchführung seiner Lebensaufgabe treu festhielt. Auch für meine Kinder schreibe ich dieses Heft." Seine Hoffnung ging in Erfüllung – und so befindet sich der Betrieb, nunmehr in 5. Generation, nach wie vor in Familienbesitz.

Herstellung

Bei der Herstellung werden nur beste Rohstoffe verwendet: Malz aus Niederbayern und der Oberpfalz, Hopfen aus der Hallertau und aus Tettnang, dazu Wasser aus eigenen Quellen. Außerdem wird durch den Einsatz modernster Technologie höchste Qualität garantiert. So verfügt der Gärkeller über eine automatische Reinigung und eine computergesteuerte Kühlung. Gleichzeitig wird auch das traditionelle Brauhandwerk gepflegt. So haben sich die Pfeffers beim Neubau des Gärkellers für eine offene Gärung entschieden. Das heißt, die Gärung verläuft im Gegensatz zu Verfahren bei Großbrauereien traditionell in offenen Gärtanks. Die Decke, das ist der Schaum an der Oberfläche, wird täglich per Hand abgehoben. Das Bier erhält dadurch eine feinere Bittere, denn in der Decke sammeln sich bestimmte Gerbstoffe, die durch das Abheben entfernt werden. Durch eine sanfte Filtration verbleiben Stoffe im Bier, die für den Geschmack und die Bekömmlichkeit wichtig sind.

Schmankerltipp

Ein besonderes Schmankerl sind die hausgemachten Brotaufstriche, die im gemütlichen Schalander zum Dampfbier dazubestellt werden können.

Wussten Sie schon,

… dass Zwiesel auch „die Glasstadt“ genannt wird? Namhafte Glashersteller wie Zwiesel Kristallglas AG und Theresienthal sowie die Glasfachschule sind hier, an der Glasstraße, ansässig.

… dass die Brauerei seit 1999 regelmäßig für Besucher geöffnet ist? Die Bereiche, die für Gäste zugänglich sind, wurden seitdem kontinuierlich erweitert und fanden mit der Einweihung der „Gläsernen Brauerei“ im Mai 2009 einen vorläufigen Höhepunkt.

Dampfbier

Das Dampfbier ist ein mildes, bernsteinfarbenes Bier mit einem eigenen, unverwechselbaren Geschmack, das seinen Namen der obergärigen Brauweise verdankt.

Besonderheit

Das Malz hatte früher beim Darren oft eine unterschiedliche, meist dunklere Farbe. Da für die Kühlung nur die natürliche Kälte der Braukeller zur Verfügung stand, schwankte die Temperatur bei der Gärung. Deshalb verwendete man für das Dampfbier eine obergärige Hefe, die auch bei höheren Temperaturen gut vergärt. Bei etwa 18-20° C kommt es jedoch zu einer sehr raschen Gärung mit einer intensiven Kohlensäureentwicklung. Die Decke über der Flüssigkeit wird sehr dick, so dass sich große Gasblasen bilden, die dann zerplatzen. Dadurch entsteht der Eindruck, dass das Bier dampfe. Es reift nach wie vor in Holzfässern in tiefen Felskellern und wird traditionell in der Bügelverschlussflasche abgefüllt und per Hand verschlossen.

Verzehrtipp

Am besten genießt man das Dampfbier in der Brauerstube, dem „Schalander“, in der Atmosphäre von 1923. Bei einem Rundgang durch die Brauerei und den historischen Hopfenboden lässt sich auch die Brauatmosphäre der Dampfbierzeit neu erleben.

Lagerung

Das Dampfbier ist in der Bügelflasche sechs und im Fass drei Monate lagerbar.

Bezugsquellen

Per Heimdienst, in Getränkemärkten und Lokalen im Raum Zwiesel sowie in verschiedenen Getränkemärkten in Deutschland (siehe Homepage).

Pferdemetzgerei Veit e.K.

Familie Veit

Region:	94469 Deggendorf/Niederbayern
Gründungsjahr:	1949
Produkte:	Pferdefleisch- und Wurstwaren
Spezialität des Hauses:	Deggendorfer Rosswurst

Obwohl die Rossmetzgerei zu den ältesten Handwerken in Deutschland gehört, gibt es heute nur noch etwa 20 Betriebe in Bayern. Die meisten sind kleinere Handwerksbetriebe mit langer Tradition. Eine von ihnen ist die Metzgerei Veit in Deggendorf. Nahe dem neuen Rathaus gelegen, verarbeitet der Familienbetrieb seit 1949 Pferde unter anderem zu bekömmlichen und fettarmen Knackern, Leberkäs, Rouladen, Weißwürsten oder Sauerbraten.

Was heute so manchem Fleischesser absonderlich erscheint, hat eine lange Tradition. Die Zubereitung von Pferdefleisch begann vor mehr als 5.000 Jahren. War es bis in die erste Hälfte des vergangenen Jahrhunderts ein billiges Nahrungsmittel und diente oft als Ersatz für Rindfleisch, so ist es heute als fettarme und schmackhafte Delikatesse geschätzt. Als der Seniorchef 1949 die Metzgerei in Hengersberg und Deggendorf gründete, war Pferdefleisch ein begehrtes und preiswertes Nahrungsmittel. Nach mehreren Umzügen innerhalb Deggendorfs bezogen die Eltern der heutigen Besitzer 1978 das jetzige Gebäude in der Graflinger Straße 43. Von hier aus beliefert der Familienbetrieb auch viele Wiederverkäufer. Besonders auf den niederbayerischen Märkten ist die Rosswurst eine bekannte und begehrte Spezialität. Das Frischfleisch wird vor allem zum Kurzbraten wegen seiner Zartheit geschätzt. Pferdefleischerzeugnisse sind wegen ihres hohen Nährwerts, dem geringen Fett- und Kaloriengehalt und der hervorragenden Qualität in den vergangenen Jahren wieder zunehmend beliebter geworden. Da es in Bayern keine Massentierhaltung der Pferde als Schlachtvieh gibt, erfährt die Branche auch keine Lebensmittel- oder Futtermittelskandale. Zudem schlachten die meisten Pferdemetzger – wie auch die Metzgerei Veit – selbst und beziehen ihre Tiere aus der unmittelbaren Umgebung, so dass lange Tiertransporte entfallen. Metzgermeister Heinrich Veit, seine Frau Hedwig, die Metzger-meisterin Nicole, Kauffrau Claudia und Heinrich, der Sohn der Familie und Auszubildender, lieben ihr Handwerk. Sie produzieren tagfrisch und sind am Abend fast immer ausverkauft. Sie schätzen den kulinarischen Wert der Pferde und veredeln das Fleisch nach Familienrezepturen äußerst fettarme und bekömmliche Spezialitäten.

Geschichten

Niemand, der ein Pferd besitzt, will gerne an das Ende seines vierbeinigen Gefährten denken, aber irgendwann kann jedes Pferd aus verschiedensten Gründen nicht mehr geritten werden. Der Gang zum Metzger kann ihm den qualvollen Transport ins Ausland ersparen. Jeder Pferdebesitzer sollte sich daher schon frühzeitig mit diesem Sachverhalt auseinandersetzen. Die Einführung des Equidenpasses (Pferdepass) hat erheblich zur Sicherheit aller Beteiligten beigetragen. Wird hier „Nicht zur Schlachtung vorgesehen" eingetragen, so ist die spätere Verwendung als Schlachtpferd unwiderruflich ausgeschlossen. Der Eintrag „Zur Schlachtung vorgesehen" lässt jedoch dem Pferdebesitzer immer noch alle Möglichkeiten offen. Der Pass ist auch gleichzeitig eine medizinische Akte über das Pferd. Hier werden alle Medikamente dokumentiert, die dem Pferd jemals verabreicht wurden. Der Tierarzt, der das Pferd für die Schlachtung zulassen muss, hat damit eine sichere Entscheidungsgrundlage.

Herstellung

Längst ist Pferdefleisch kein „Arme-Leute-Essen" mehr, sondern eine dem Wild ähnliche, wohlschmeckende Alternative zu Rind oder Schwein. Bei genauerer Betrachtung gibt es auch keinen ethischen Unterschied zwischen Rind, Schwein oder Pferd als Nahrungsmittel – im Gegenteil. Pferde werden, zumindest in Bayern, nicht in Massentierhaltung zur Nahrungsgewinnung gehalten und fressen während ihres Lebens garantiert keine Tiermehle oder sonstigen Zusatzstoffe. Daher wird das Fleisch auch von Allergikern im Allgemeinen gut vertragen. Da Pferde zudem meist gut an den Umgang mit Menschen gewöhnt sind, haben sie auch beim Weg in die Schlachthalle keinen Stress. Nicht nur aus diesem Grund schneidet es im Vergleich zu anderen Fleischarten so gut ab. Zudem fallen auch Fohlen an, die nicht weiter aufgezogen und so schonend wie möglich behandelt werden sollen. Pferdefleisch von älteren Tieren hat eine rote bis dunkelrote Farbe und ist von fester Konsistenz. Fleisch von jungen Pferden ist hellrot und im Geschmack vergleichbar mit Kalbfleisch. Daher werden die Pferde-Weißwürste – es gibt sie bei den Veits nur zur Adventszeit – aus Fohlenfleisch hergestellt.

Schmankerltipp

Aus Pferdefleisch lässt sich ein besonders magerer Leberkäs – 100 Gramm haben nur circa 9 Gramm Fett – zubereiten. Wahlweise serviert mit süßem oder mittelscharfem Senf und einer Breze, ist er eine vollwertige Brotzeit.

Wussten Sie schon,

… dass Pferde keine Galle, wohl aber Nieren haben?
… dass Pferdefleisch auch als hervorragende Tiernahrung für alle Fleischfresser, besonders für allergische Hunde und Katzen von Tierärzten empfohlen wird?
… dass Pferdefleisch sich sehr gut zum Grillen eignet? Es besitzt nur eine geringe Bindung, die sich beim Grillen vollständig auflöst. Dabei bleibt das Fleisch sehr zart.

Deggendorfer Rosswurst

Eine kleine Knackwurst, die hauptsächlich aus Pferdefleisch hergestellt wird. Sie hat eine Länge von etwa acht Zentimetern, ist etwa drei Zentimeter im Durchmesser und ungefähr 70 Gramm schwer. Sie wird hauptsächlich an Imbissständen in der Semmel mit Senf verzehrt.

Besonderheit

Geschmacklich liegt das Pferdefleisch zwischen Rind und Wild. Es enthält mehr Eiweiß, höhere Mengen an Eisen, Zink und Vitaminen als herkömmliche Fleischarten. Mit einem Fettgehalt von unter 4 Prozent hat es nur etwa ein Drittel soviel Fett wie Schwein (8-35 Prozent) und Rind (8-22 Prozent) – und damit sogar weniger als Kalb oder Geflügel. Trotz der notwendigen Zugabe von circa 14 Prozent Schweinespeck zum Binden gehört die Rosswurst zu den besonders mageren Würsten. Durch den hohen Eiweißgehalt lässt sie sich sehr gut verdauen und ist damit besonders bekömmlich.

Verzehrtipp

Die Rosswurst im Wasser erhitzen, nicht kochen lassen. Aus dem Topf nehmen und den Darm vor dem Verzehr seitlich längs einschneiden und entfernen. Dazu reicht man süßen oder auch mittelscharfen Senf und eine Breze.

Lagerung

Im Kühlschrank etwa eine Woche haltbar.

Bezugsquellen

Etwa 100 Kilometer im Umkreis von Deggendorf auf Wochenmärkten oder bei Wiederverkäufern.

Brauerei Aldersbach

G. Adam Frhr. von Aretin, Ferdinand Frhr. von Aretin

Region:	94501 Aldersbach/Niederbayern
Gründungsjahr:	1268
Produkte:	13 Biere und alkoholfreie Getränke
Spezialität des Hauses:	Kloster Dunkel
Höhepunkte, Veranstaltungen:	Frühlingsfest mit Kunst- und Handwerkermarkt im Mai. Weitere Termine im Veranstaltungskalender im Internet

1268 fand die Braustätte im Kloster Aldersbach erstmals in einem Schiedsbrief des Grafen Albert von Hals Erwähnung. Fast sechs Jahrhunderte später wurde das Kloster 1812 im Zuge der Säkularisation mit der Brauerei an die Familie des Freiherrn von Aretin verkauft. Heute produzieren die Aretins in der gut erhaltenen Klosterbrauerei 13 verschiedene Biersorten. Von weit her reisen die Gäste in das direkt auf dem Klostergelände gelegene Bräustüberl an, das mit seinen beachtlichen 700 Sitzplätzen weithin als Perle bayerischer Wirtshauskultur gilt.

Nirgendwo kann man Gemütlichkeit, Geselligkeit und niederbayerisches Gemüt besser erleben als im Bräustüberl der Brauerei Aldersbach. Die vollmundige Bräustüberl-Mass, gebraut nach alten Rezepten aus der Zeit der Zisterziensermönche, wird selbstverständlich im Steinkrug serviert. Die passende Brotzeit bringen sich die Gäste, wie in Bayern traditionell üblich, gern selbst mit. Dabei scheint an den großen Holztischen – im ehemaligen Auditorium der Zisterzienser – die Zeit etwas langsamer zu vergehen. In entspannter Atmosphäre genießen die Gäste ein besonderes Gemeinschaftsgefühl und fühlen sich ein wenig zurückversetzt in die intime Atmosphäre des Klosterbetriebs, als das Bier für den Eigenverbrauch hergestellt wurde. Nur die Turmuhr der schönen Asamkirche „Mariae Himmelfahrt“, erinnert daran, wieviel Zeit bereits vergangen ist. Zahlreiche restaurierte Säle stehen für Feiern und Tagungen in außergewöhnlicher Umgebung zur Verfügung. Ein Besuch des sehenswerten Ensembles aus „Barock und Bier“, „Kunst und Spiritualität“, „Brauchtum und Bildung“ lässt sich am besten im schönen Rosengarten abschließen, in dem man zwischen farbenprächtigen Blumen unter großen Sonnenschirmen sitzen und ein kühles Bier genießen kann.

Die Aretins verstehen sich als Hüter des ihnen anvertrauten Kulturgutes. Ihre Berufung leben sie in enger Verbundenheit mit der bayerischen Lebensart, dem Land und den hier lebenden Menschen. Damit liegt dem Familienbetrieb der dauerhafte Erhalt des Komplexes aus Kloster und Brauerei sehr am Herzen. Ihre Ambition erhält frische Impulse durch den Zuschlag zur Ausrichtung der Bayerischen Landesausstellung „Bier in Bayern – 500 Jahre Reinheitsgebot“ im Jahre 2016.

Geschichten

Während des Dreißigjährigen Krieges im 17. Jahrhundert war Kloster Aldersbach zeitweise von schwedischen Soldaten besetzt. Aus Furcht vor Übergriffen des Feindes flohen alle Klosterinsassen – nur einer blieb zurück. Es war Bruder Kastner, der für das Vieh, den Vorrat und die Getreidekästen (daher sein Name „Kastner“) verantwortlich war. Damit ihn die Schweden nicht erwischten, schlich er im Schutze der Nacht durch die Klosterräume, versorgte sein Vieh und sah auch sonst nach dem Rechten. Schnell erzählte man in der Bevölkerung, dass im Kloster nachts ein Geist umginge, und so war es schließlich auch den Schweden dort nicht mehr wohl. Man sagt, dass der „Kastner“ auch heute noch nach dem Rechten sieht, denn auch in jüngster Vergangenheit ist so mancher Gast, der das Bräustüberl des Nachts verließ, dem Bruder Kastner wohl begegnet.

Herstellung

Im Jahre 1812 erwarb die Familie des Freiherrn von Aretin das Kloster samt Brauerei. Die Gebäude des Brauhauses wurden um 1900 zum ersten Mal umfassend modernisiert. Ab 1907 passte man sich den neuen Bedürfnissen des Marktes an und füllte von nun an Bier auch in Flaschen ab. Weißbier wurde, entgegen seiner ursprünglich niederbayerischen Herkunft, erst ab 1928 produziert. Beste Rohstoffe aus der nächsten Umgebung und erstklassiges Brauwasser waren in Aldersbach schon immer eine selbstverständliche Voraussetzung für gute Biere. Die eigene Hefereinzuchtanlage ist die Basis für den unverwechselbaren Geschmack der ober- und untergärigen Aldersbacher Biere. Das Steinecker-Referenz-Sudhaus in Aldersbach wurde erstmalig komplett per 3-D-Computertechnik konstruiert. In den alten Gär- und Lagerkellern reifen die Biere je nach Sorte vier bis acht Wochen bei Temperaturen von minus 1° C und bekommen in dieser Zeit ihre endgültige Würze. Interessierte können während einer Führung Einiges mehr über die Geheimnisse der Braukunst erfahren. In jedem Fall bietet das älteste private Brauereimuseum Bayerns – direkt auf dem Klostergelände – Wissenswertes über die 740-jährige Brautradition in Aldersbach. Den Abschluss einer solchen Führung erleben die Gäste im Bräustüberl – eben so, wie der Freiherr es empfiehlt: In Aldersbach genießt man sein Bier in „Maßen“.

Schmankerltipp

Zur Brotzeit im Bräustüberl empfehlen sich Wurst- und Käsespezialitäten aus dem Rottal. So passt zum Kloster Dunkel sehr gut Bayerischer Rauchkäse oder ein würziger schwarzgeräucherter Bauernschinken mit Kren, Radieserln und Gurke.

Wusssten Sie schon,

… dass die zum Kloster gehörende Kirche „Mariae-Himmelfahrt" von den Gebrüdern Asam, dem Maler Cosmas Damian und dem Stuckateur Egid Quirin, gestaltet wurde?

… dass die Zisterzienserabtei Aldersbach gegen Ende des 18. Jahrhunderts zu einem der politisch, kulturell und wissenschaftlich führenden Klöstern in Bayern zählte?

Kloster Dunkel

Vollmundiges, malzaromatisches dunkles Bier, mit speziell gerösteten dunklen Malzen. Es wird nach altem Klosterrezept und dem Bayerischen Reinheitsgebot gebraut. Das Bier ist von dunkler Bernsteinfarbe, frisch, sehr vollmundig und malzig im Geschmack.

Besonderheit

Das dunkle Bier ist gerade für Bayern charakteristisch. Es bekommt durch die starke Darre des Malzes nicht nur seine dunkle Farbung, sondern auch eine sehr aromatische Süße. Dies ist auch der Grund, warum es früher fast nur dunkle Biere gab: Bei der zweiten Darre, die wichtig ist, um die Poren im Korn zu schließen, war es damals fast unmöglich, die Temperatur und Hinterlüftung so zu steuern, dass das Korn nicht zu dunkel wurde. Die höheren Temperaturen zerstören auch teilweise die für die Vergärung durch die Hefe wichtigen Enzyme. Daher wird weniger Zucker umgewandelt und das Bier behält mehr Süße. Heutige Dunkelbiere sind sehr würzig und passen hervorragend zu deftigen Gerichten, kräftigem Brot und herzhaftem Käse.

Verzehrtipp

Wie jedes Bier sollte auch das Kloster Dunkel möglichst frisch und kühl getrunken werden. Wobei ein „warmes Dunkles" in Bayern als Geheimrezept gegen so manches Wehwehchen gilt.

Lagerung

Aldersbacher Kloster Dunkel ist mindestens sechs Monate lagerfähig.

Bezugsquellen

In Getränkemärkten und Restaurants in Niederbayern. Spezialabfüllungen, Präsente und Krüge gibt es auch im Webshop unter www.aldersbacher.de.

REGION

FRANKEN

Das Alte Rathaus in Bamberg stammt aus dem 15. Jahrhundert und wurde mitten in der Regnitz errichtet.

„Die Neigung zum Niedlichen ist den Franken ebenso angeboren wie der Hang zur Eigenbrötelei."

Wolfgang Buhl

„Allem Großen gegenüber ist der Franke skeptisch. Sogar der Zwerg ist ihm nicht klein genug – er macht sofort ein Zwergla daraus."

Fitzgerald Kusz

Herrliche Fachwerkhäuser, verwinkelte Gassen und alte Stadtmauern mit Toren und Türmen aus dem Mittelalter bestimmen hier die Stadtbilder: gemütliche Gasthäuser und feine Restaurants, Winzerhöfe und Bräustüberl allenthalben. Herrliche Düfte von knusprig braun gebratenem „Schweinsschäufele", von auf aromatischen Kiefernzapfen gegrillter Coburger Bratwurst und frischem Holzofenbrot steigen einem in die Nase. Pfannkuchen, so groß wie Kopfkissen, und ein Schnapserl, gebrannt aus den Früchten des Obstbaumes von gegenüber, machen Appetit! Im Norden die Rhön und im Süden das Altmühltal, im Westen der Spessart und im Osten das Fichtelgebirge, durchzogen vom Main und verwöhnt vom milden Klima – das ist Franken. Hier kann man sich den kulinarischen Versuchungen hingeben und sich neben reichlich Natur auch zahllosen kulinarischen Verlockungen hingeben. Franken wird für seine vielfältigen Köstlichkeiten aus Küche und Keller geschätzt. Ob Bäcker, Brauer oder Winzer, es gibt immer ein paar mehr als im übrigen Bayern. Hinzu kommen zahlreiche Brennereien und viele Fischspezialitäten. Manchmal präsentieren sich die Genusswerkstätten sogar in rekordverdächtiger Dichte: immerhin fast zehn Prozent der europäischen Brauereien sitzen im Fränkischen.

Oberfranken

Oberfranken hat, bezogen auf die Einwohnerzahl, die meisten Bäckereien, Konditoreien, Metzgereien und Brauereien der Welt. Da diese Genussregion sehr kleinteilig strukturiert und ihre Geschichte sehr heterogen ist, hat nahezu jeder Landkreis seine eigenen Spezialitäten – die Bratwurst beispielsweise schmeckt in Bamberg anders als in Coburg und in Bayreuth anders als in Hof. Genauso ist es bei den Bäckereien: Da gibt es Seelnspitzn, Krätzaweckla, Blöcher, Polsterla, Plunderbreze oder Zwiebelplotz, dort Laabla oder Weckla und ganz woanders Kipfla. Oberfranken ist gleichsam das Herz von Bierfranken, und dass hier beinahe 1.000 verschiedene Biere gebraut werden, verwundert wohl nicht mehr. (Spezialitäten von A–Z, Rezepte und viele Informationen finden Sie unter http://genussregion-oberfranken.de.)

Unterfranken

Im Nordwesten, in Unterfranken, liegt das Fränkische Weinland. Hier produzieren große und kleine Winzer einzigartige Erzeugnisse in zumeist bauchigen Flaschen – den Bocksbeuteln. Das Urgestein und der Buntsandstein im Mainviereck und im Spessart, Lehm-, Löß- und Muschelkalkböden im Maindreieck bei Wertheim und Miltenberg sowie Keuperböden im Bereich Steigerwald geben dem Wein hier das besondere Terroir. Abhängig von der Bodenbeschaffenheit und begünstigt durch das milde Klima entstehen sehr mineralstoffhaltige Spitzenweine mit würzigem Geschmack, die bei internationalen Wettbewerben oft mit Preisen bedacht werden. Ein dichtes kulinarisch-kulturelles Festprogramm begleitet das Weinjahr. Viele Schlösser und Burgen, Weinberge und Winzerhöfe laden zu vielfältigsten Veranstaltungen ein. Auch guten Spargel gibt es hier und – wie könnte es anders sein – Bier!

Mittelfranken

Mittelfranken ist das „scharfe Eck" Frankens. Hier wird der Meerrettich angebaut und verarbeitet. Von hier kommen auch die Aischgründer und Dinkelsbühler Karpfen. Von Nürnberg aus werden die berühmten Lebkuchen in alle Welt verschickt und auf dem wohl weltweit bekanntesten Christkindlesmarkt der berühmte Glühwein ausgeschenkt. Es erübrigt sich, zu sagen, dass auch die hiesigen Bratwürst schon wieder ganz anders als die oben erwähnten sind: kurz, würzig und knackig. Die Nürnberger Rostbratwürst haben schon längst ganz Bayern erobert. „Die eine" fränkische Bratwurst gibt es eben nicht. Das „Volk ohne gemeinsame Zeitung, ohne gemeinsame Hauptstadt" (Max von Aufseß), das sich seit Kaiser Karl dem Großen auf keinen gemeinsamen Herrscher mehr festlegen wollte, ist – „wenn's um die Wurst geht" – gespalten.

Natürlich stammt aus Mittelfranken auch gutes Bier und edler Wein. Und sogar einer der wichtigsten Zutaten für das Bier, der Hopfen, kommt von hier: aus der Gegend um die Stadt Spalt, wo das Hanfgewächs bereits seit dem Mittelalter angebaut wird und das älteste Hopfensiegel der Welt seit 1538 für hohe Qualität bürgt. Mittelfranken gehört gemeinsam mit der Metropolregion Nürnberg–Fürth–Erlangen heute zu den wichtigsten Wirtschaftszentren Bayerns. Zugleich zählen Städte wie Ansbach und Rothenburg ob der Tauber zu den bei Touristen beliebtesten Orten im Freistaat. Das Fränkische Seenland, die Frankenalb und der Naturpark Altmühltal bieten vielseitige Möglichkeiten zu Unternehmungen in der Natur.

Frankenland – Weinland

Möglicherweise brachten bereits die Römer den Weinbau nach Franken – bewiesen ist dies aber nicht. Sicher ist er jedoch für das Jahr 777 durch eine Schenkung von Weinbergen an das Bistum Fulda urkundlich belegt. Begünstigt wurde die Kultivierung von Trauben durch das überwiegend kontinentale Klima mit seinen warmen, trockenen Sommern. Bis zu Beginn des 16. Jahrhunderts lag die Jahresdurchschnittstemperatur im Frankenland sogar etwas höher als heute. Anfangs waren es vor allem die Klöster, die Trauben kultivierten und Messwein daraus herstellten. Zur Blüte des Weinanbaus im Mittelalter war die Anbaufläche in Franken um ein Vielfaches größer als heute. Franken war damit das größte Anbaugebiet im Heiligen Römischen Reich nördlich der Alpen!

Heute werden auf über 6.000 Hektar Ertragsfläche von den ca. 7.000 Winzern um die 500.000 Hektoliter jährlich erwirtschaftet. Das sind etwa 6 Prozent des Ertrages aller 13 deutschen Weinanbaugebiete. 93,3 Prozent der Gesamtfläche werden für Weißweine und nur 6,7 Prozent für rote Traubensorten verwendet. 52 Rebsorten sind für Franken insgesamt nachgewiesen. Nahezu bei allen Frankenweinen ist der Inhalt der Weinflasche jedoch im Wesentlichen einer einzigen Sorte zugehörig, während ausländische Weine oft Verschnittweine aus mehreren Traubensorten sind. Unangefochtener Favorit ist der Müller-Thurgau mit über 43 Prozent Anteil, gefolgt von Silvaner, Bacchus, Kerner, Riesling und Blauem Spätburgunder. Der Anteil der „trockenen" Weine aus Franken liegt bei 40 Prozent. Fast die Hälfte der gesamten Weinmenge wird im sogenannten Bocksbeutel vermarktet. Die charakteristische bauchige Flasche ist seit 1989 in der EU geschützt und darf mit wenigen Ausnahmen nur noch für fränkische Weine verwendet werden. Üblicherweise wird qualitativ hochwertiger Wein in den Bocksbeutel abgefüllt: Seit 2009 müssen Weine, die so vermarktet werden sollen, bei der amtlichen Qualitätsweinprüfung eine Mindestpunktzahl von 2,0 erreicht haben.

Wussten Sie schon,

... dass die Franken (was „die Kühnen", später auch „die Freien" bedeutete) einer der germanischen Großstämme waren und unter dem Merowingerkönig Chlodwig I. das Fränkische Reich bildeten? Die heutige Region Franken ist freilich nur noch ein kleiner, der östliche Teil des historischen Königreichs.

... dass man unter „Bocksbeutelei" das Festhalten an veralteten Förmlichkeiten versteht? Der altertümliche Ausdruck soll von den niederdeutschen „Booksbüdeln" (Buchbeuteln) stammen, in denen die Ratsherren früher ihre Gesetze in das Rathaus trugen.

Familienbrauerei Georg Meinel GmbH

Giesela Meinel-Hansen, Hans-Joachim Hansel sowie die Töchter Gisi und Moni

Region:	95028 Hof/Oberfranken
Gründungsjahr:	1731
Produkte:	Bier, Spirituosen und alkoholfreie Getränke
Spezialität des Hauses:	Hofer Weizenbock
Höhepunkte, Veranstaltungen:	Starkbierfeste zu Beginn der Fastenzeit und Anfang Oktober

Im Bier-Eldorado Oberfranken liegt zwischen den grünen Wäldern des Frankenwaldes und dem Fichtelgebirge die idyllische Stadt Hof – Heimat des Meinel-Bräus. Bereits zwölf Generationen brauen seit 1731 in der Hofer Familienbrauerei Bier. „Was du ererbt von deinen Vätern hast, erwirb es, um es zu besitzen", ein Zitat aus Goethes „Faust", steht dazu passend auf der Webseite des Brauhauses, die einiges mit dem Dichterfürsten gemeinsam hat.

Nach dem Dreißigjährigen Krieg, genauer gesagt im Jahre 1688, ließ sich Johann Meinel der Ältere in der Hofer Vorstadt nieder. Mit ihm beginnt die Ahnenreihe der Brauerei Meinel ebenso wie die Geschichte der Brauereigaststätte „ Meinels Bas". 1731 im Steinbruch zu Hof gegründet, wurde das Bier, wie damals üblich, im eigenen Bräustüberl ausgeschenkt und im näheren Umkreis verkauft. Der Name „Meinels Bas" stammt von der wohl populärsten Wirtin der Schankwirtschaft: Kunigunda Barbara Herath, die 1861 Johann Georg Meinel ehelichte und ihr Wohnzimmer zum Gast- und Schankraum vergrößerte. Die Gäste sprachen bald nur noch von der „Bas" (Base = Cousine) und alsbald bezog sich der liebevoll gemeinte Name nicht nur auf die Person, sondern auf ganze die Schankwirtschaft.

Die Ururenkelin der „Bas", Gisela Meinel-Hansen, sanierte das Stammhaus 1991 bis 1992 von Grund auf. Ihr Mann Hans-Joachim Hansen, Braumeister und der „Kreative" bei den Meinels, entwickelte viele gelungene Bierspezialitäten und errichtete 1999 eine eigene Destillationsanlage, die Meinel´s Hof-Brennerei.
Mit viel Leidenschaft für ihr Tun ist der familiengeführten Brauerei der Schritt ins 21. Jahrhundert gelungen. Mittlerweile stehen die beiden Töchter des Ehepaares längst bereit. Moni, die jüngste Braumeisterin Deutschlands, erhielt 2009 ihren Meistertitel, und Gisi, ausgebildete Getränke-Betriebswirtin, bildet sich momentan ebenfalls zur Braumeisterin weiter. Heute führt das Hofer Bier das Europäische Kennzeichen „geografisch geschützte Angabe". Geschäftsführerin Gisela Meinel-Hansen sagt dazu kurz und treffend: „Keine Kompromisse bei der Qualität und naturbelassene Rohstoffe ausschließlich aus Bayern und der Region. Dafür stehen wir mit unserem Namen."

Geschichten

Goethe besuchte Hof 14 Mal, so oft wie kaum eine andere Stadt in Franken. Da er sich auch ausführlich mit Geologie beschäftigte, galt sein besonderes Interesse den zum Teil sehr seltenen Steinen des hiesigen Steinbruchs. Eine der vielen Zeichnungen des Universalgenies entstand hier am 26. Mai 1807: In seinem „Reise-, Zerstreuungs- und Trostbüchlein" von 1807 ist unter dem Titel „Marmorbruch bei Hof" ein Bild veröffentlicht. Genau an dieser Stelle wurde später die Brauerei Meinel gebaut!. Ein Freund der Brauerfamilie schrieb dem Dichterfürsten zu Ehren ein Rockmusical mit Originaltexten zu „Faust, der Tragödie erster Teil". Die Aufführung fand 2007 vor der Brauerei statt – begleitet von einem heftigen Gewitter, bei dem kein Tropfen Regen fiel… Übrigens: Da Goethe ein Weintrinker und großer Freund des „Würzburger Stein" war, entschlossen sich die Meinels, Fausts Gegenspieler Mephisto ein zart-rauchiges Vollbier zu widmen.

Herstellung

10 Sorten Bier werden derzeit in der Hofer Meinel-Bräu eingebraut. Darunter so exklusive Sorten wie das „Hunnenbier", das es nur auf dem Hofer Burgfest direkt vom Holzfass gibt, oder das „Mephisto" – ein teuflisch gutes, rauchig-zartes Bier. In der Fastenzeit gibt es den ersehnten „Absolvinator" und von Oktober bis Weihnachten den hellen Doppelbock. Überhaupt scheinen die Bockbiere die Stars des Hofer Brauhauses zu sein. Beim Bockbierfest im Oktober 2009 feierte der Weizenbock seine Premiere. Ein Jahr später überzeugte es eine internationale Runde von Bierexperten und wurde beim Wettbewerb „European Beer Star" in der Kategorie „South German Style Weizenbock hell", mit dem goldenen ersten Platz prämiert. Doch der Weizenbock punktete auch bei der Mehrheit der „normalen" Biertrinker. Auf der „Brau Beviale" 2010 in Nürnberg, einer der bedeutendsten Fachmessen der Brauwirtschaft, bekam er in einer Blindverkostung von 44 Siegerbieren des „European Beer Stars" den begehrten Publikumspreis „Consumers Favourite" in Silber.

Schmankerltipp

Seit dem Jahr 1999 wird in der Brauerei auch Schnaps gebrannt. Im Kessel der Destillationsapparatur stellt Braumeister Hans-Joachim Hansen Brände und Liköre her. Das Sortiment reicht vom Bierbrand, über Schlehengeist bis hin zu kräftigen Kräuterlikören. Die von Hand abgefüllten und etikettierten Schnaps-Spezialitäten sind im Brauereikontor und der örtlichen Gastronomie erhältlich.

Wussten Sie schon,

… dass sich die Internationalen Hofer Filmtage in den vier Jahrzehnten ihres Bestehens zu einem der renommiertesten deutschen Filmfestivals entwickelt haben?

… dass Hof mit einer Jahresdurchschnittstemperatur von 6,5° C den niedrigsten Wert der Städte mit mehr als 20.000 Einwohnern im deutschsprachigen Raum hat?

… das Hof etwa um 1080 als Bauernsiedlung Rekkenze, abgeleitet vom Flüsschen Regnitz, entstand?

Spezialität

KATEGORIE

BIER

Hofer Weizenbock

Der Weizenbock der Hofer Meinel-Bräu wurde 2010, ein Jahr nach seiner Premiere, beim „European Beer Star“ mit dem ersten Platz und damit mit Gold in der Kategorie „South German Style Weizenbock hell“ prämiert. Eingebraut für die kalte Winterzeit, bietet der Weizenbock mit seinem fruchtig-frischen Aroma und den mollig-süßlichen, durch starke Frucht- und Gewürznoten geprägten Nuancen überraschende Geschmacksmomente.

Besonderheit

Das Bierbrauen hat in Hof eine jahrhundertealte Tradition; mit der Verleihung der Stadtprivilegien ab 1319 existierte dafür auch eine rechtliche Grundlage. Heute gibt es in Hof zwei mittelständische Brauereien, die zum Teil noch auf diese Kommunbraurechte zurückgehen. Die Herkunftsbezeichnung „Hofer Bier“ ist heute EU-weit als sogenannte geschützte geografische Angabe (g.g.A.) eingetragen. Das heißt, dass ein Bier mit der Bezeichnung „Hofer Bier“ ausschließlich in dieser Stadt gebraut werden darf. Die besondere Bedeutung des Hofer Biers ist auf die überwiegende Verwendung regionaler Zutaten zurückzuführen

Verzehrtipp

Wie zu jedem Weißbier passt auch zum Hofer Weizenbock eine frische Breze. Zur Faschingszeit kann man in Hof dazu auch Anisbrezn genießen.

Lagerung

„Wenn Sie einen Kasten Bier nach Hause holen, gesund und munter sind und er nach zwei Wochen noch nicht leer ist – gehört er ihnen weggenommen“. Hans-Joachim Hansen, Geschäftsführer und Braumeister des Meinel Bräu.

Bezugsquellen

Meinel Bierspezialitäten gibt es in zahlreichen Getränkemärkten, in der Gastronomie im Hofer Land sowie im Bierpaket „Franken“ des Biershop-Bayern.de

M. MAX GmbH – Fleischerfachgeschäft

Geschäftsführung Birgit Max-Köhn, Thomas Köhn, Angelika Rädlein

Region:	95030 Hof/Oberfranken
Gründungsjahr:	1938
Produkte:	Fleisch und Wurstwaren
Spezialität des Hauses:	Hofer Rindfleischwurst
Höhepunkte, Veranstaltungen:	Lieferant des Münchner Oktoberfestes

„Jedem Anfang wohnt ein Zauber inne", heißt es in einem Gedicht von Hermann Hesse. Für das Gründerehepaar Georg und Emma Max jedoch ist der Zauber schnell vorbei, als ihnen 1943, fünf Jahre nachdem sie in Berlin ihre Metzgerei eröffnet haben, das Geschäft komplett ausgebombt wird. Ein Jahr später gelingt ihnen der Neustart im oberfränkischen Konradsreuth, unweit von Hof. Kurz darauf eröffnen sie ihr Geschäft direkt in Hof, wo sich bis heute der Hauptsitz eines sehr erfolgreichen Metzgereibetriebes befindet.

Im Jahre 1970 übernehmen die Eheleute Manfred und Christa Max die Metzgerei. Nur drei Jahre später wird Manfred Max zum Obermeister ernannt. Neue Filialen kommen hinzu und 1994 steigt mit Birgit Max-Köhn die dritte Generation in die Tochterfirma „Max Classic" ein. Gemeinsam mit ihrer Schwester Angelika Rädlein betreibt sie das Bistro und die Foyer-Verpflegung des Theater in Hof. 2002 übernehmen die beiden die Geschäftsführung der Metzgerei und bekommen im gleichen Jahr die EU-Zulassung. Heute sind über 70 Mitarbeiter in drei Filialen angestellt, 18 davon arbeiten in der Produktion. Etwa 40 Aushilfen ergänzen das Team im Partyservice-Bereich. Das Arbeitsklima ist dennoch familiär geblieben und zum Firmenleitbild gehört, dass die Chefs, zu denen auch Birgits Ehemann Thomas Köhn, Obermeister der Metzgerinnung und Geschäftsführer der M. Max GmbH, mit gutem Beispiel vorangehen. Über 400 Lehrlinge absolvierten hier in all den Jahren ihre Ausbildung im Betrieb und den Filialen, eine Visitenkarte, die in der Branche etwas gilt. Auch die drei in der Ausbildung befindlichen Urenkel der Gründerfamilie haben bereits klare Vorstellung von ihrem künftigen Wirken im Familienunternehmen. Unzählige nationale und internationale Medaillen bestätigen die – im wahrsten Sinne des Wortes – ausgezeichnete Qualität der oft außergewöhnlichen Produkte. Ob original handgebundene Hofer Knacker, Lammbratwurst mit frischem Rosmarin oder der schwarzgeräucherte Quetschenschinken – alle Delikatessen reihen sich in die lange Liste der Goldmedaillen-Gewinner ein. Der Rohschinken erhielt 2010 sogar den Titel „National Champion". Das Gourmetmagazin „Feinschmecker" kürte den Betrieb bereits 1996 als „Metzger des Jahres". Selbst der renommierte Feinkost Käfer in München schätzt die hervorragende Verarbeitung der oberfränkischen Metzgerwaren und lässt sich zur Wiesn-Zeit ein erhebliches Sortiment für die Brotzeiten im Käferzelt liefern.

Geschichten

Wenn man eine der Filialen in Hof zum ersten Mal betritt, erlebt man einen wirklichen Überraschungsmoment. Eine überwältigende Vielfalt von Delikatessen, appetitlich und frisch in Szene gesetzt, verführen die Kunden. Dass das Handwerk den hier Wirkenden Freude macht, ist sofort zu spüren. Die Kreativität der oberfränkischen Metzger scheint unerschöpflich. Allein 29 verschiedene Bratwürste mit teilweise exotischen Füllungen machen die Wahl zur „Qual". Insgesamt werden über 1.000 Fleisch- und Wurstwaren, Feinkostsalate und fertig zubereitete kalte und warme Schlemmergerichte hergestellt. Favoriten gibt es viele – aber eine sorgte für eine Krönung. Bei einer offiziellen Wurstprüfung der Fleischerinnung wurde Max Metzger unter vielen Beteiligten zum „Rindfleischwurstkönig" gekürt.

Herstellung

Die Metzgerei Max ist Mitglied im „Bund Naturschutz in Bayern e. V.". Die zu verarbeitenden Tiere bezieht sie von regionalen Erzeugern und lässt sie im genossenschaftlichen Schlachthof in unmittelbarer Nachbarschaft schlachten. Dabei achtet sie strengstens darauf, dass die Tiere in Mutterkuhhaltung gezogen werden und im Tierfutter keine Antibiotika enthalten sind. Der Betrieb ist transparent, jeder interessierte Kunde kann die Höfe besichtigen, auf denen die Tiere in Weidehaltung leben. Gerade bei der Hofer Rindfleischwurst, einer streichfähigen Rohwurst, ist die Verwendung von erstklassigem Fleisch die wichtigste Voraussetzung für eine optimale Qualität. Nur so erreicht man den fein-würzigen Eigengeschmack, der lediglich eine leichte Pfeffernote und – durch die Kalträucherung – ein angenehm mildes Raucharoma besitzt. Als Rohwurst, die fein zerkleinertes Rindfleisch von frisch geschlachteten Tieren enthält, ist sie nur etwa zwei bis drei Tage haltbar, zeichnet sich jedoch durch ein besonders frisches Fleischaroma – das Feinschmecker sonst nur vom Tatar her kennen – aus. Da zur Herstellung der Hofer Rindfleischwurst nur mageres Rindfleisch sowie maximal 25 Prozent Rückenspeck verwendet werden, liegt der Fettgehalt dieser Spezialität zwischen 25 und 30 Prozent.

Schmankerltipp

Eine besondere Spezialität der Metzgerei Max in Hof ist der schwarzgeräucherte Quetschenschinken. Dieser wird in den ersten vier Monaten sechs Mal mit verschiedenen anderen Gewürzen im Buchenholzrauch kalt geräuchert. Danach reift er weitere zehn Monate und hat bis zum Verkaufstag 55 Prozent seines ursprünglichen Gewichts verloren.

Wussten Sie schon,

… dass auch die Hofer eine eigene Bratwurst haben? Ihr Brät ist feiner und magerer, die Form länger und dünner als bei anderen Bratwürsten aus Bayern.

… dass der „Hofer Schwaaß" – gebackenes Blut – auch im Glas verkauft wird und hervorragend zu Bratkartoffeln schmeckt?

Spezialität

KATEGORIE

FLEISCH & WURSTWAREN

Hofer Rindfleischwurst

Eine streichfähige Rohwurst aus Rindfleisch mit fein-würzigem Eigengeschmack und leichter Pfeffernote. Durch die Kalträucherung über Buchenholz bekommt sie ein angenehmes Raucharoma. Sie hat eine längliche Form, ist 4-5 cm dick, bis zu 50 cm lang und wiegt zwischen 150 und 800 g.
Seit Februar 2011 ist „Hofer Rindfleischwurst" eine EU-weit geschützte geografische Angabe. Somit darf sie unter dieser Bezeichnung ausschließlich im Stadt- und Landkreis Hof von insgesamt 40 Metzgern und nur mit den angegebenen Rohstoffen nach der beschriebenen Zubereitungsart hergestellt werden.

Besonderheit

Die Hofer Rindfleischwurst wurde erstmals im Jahre 1959 vom Metzgermeister Hans Millitzer hergestellt. Sein ehemaliger Geselle Gottfried Rädlein setzte diese Tradition bis 1993 fort. Danach wurde die Wurstspezialität in die bundesdeutschen Leitsätze für Fleisch- und Wursterzeugnisse aufgenommen und von zahlreichen Metzgereien in der Stadt und im Landkreis Hof hergestellt. Die Rindfleischwurst von Max Metzger wurde beim Innungstest auf der Oberfrankenausstellung 2009 mit knappem Vorsprung zum Sieger erklärt.

Verzehrtipp

Ein herzhaftes fränkisches Holzofenbrot passt zum ähnlich wie Tatar gewürzten, feinen Geschmack der Rindfleischwurst. Echte Fans löffeln das feine Wursthäck direkt aus dem Kunstdarm.

Lagerung

Als Rohwurst ist sie ungekühlt zwei bis drei Tage haltbar. Vakuumverpackt kann sie bei Kühlschranktemperatur mindestens zehn Tage aufbewahrt werden.

Bezugsquellen

Direkt vor Ort in den 3 Filialen der Metzgerei Max und vielen Hofer Metzgerbetrieben.

Spezialität

KATEGORIE

FLEISCH & WURSTWAREN

Zwetschgenbaames

Ein luftgetrockneter roher Rinderschinken in Rollenform, der nur im Bamberger Land, der Fränkischen Schweiz und im Steigerwald hergestellt und verkauft wird. Grundlage dieser urfränkischen Spezialität ist ein mageres Stück aus der Rinderkeule. Dieses wird gesalzen und gewürzt, danach langsam geräuchert und getrocknet. Serviert wird der Zwetschgenbaames hauchfein aufgeschnitten.

Besonderheit

Die Verarbeitungszeit für den Zwetschgenbaames beträgt vier Wochen. Er wird mehrere Tage hintereinander immer wieder mit Nitritpökelsalz, Rohrohrzucker und einer Gewürzmischung aus Lorbeer, Wacholder, Zwiebel, Pfeffer und wenig Knoblauch eingerieben und in einem Steinguthaferl eingelegt. Dann wird er acht Tage bei etwa 40° C über Zwetschgenholz – daher sein Name – langsam geräuchert. Nach dem Räuchern darf der Schinken zwei Wochen an der Luft reifen. Dabei verliert er viel Wasser, etwa die Hälfte seines Gewichts und wird sehr hart. Sein Fettgehalt beträgt dann noch etwa 3 Prozent. Verpackt sollte er nochmals 8 Tage liegen. Die Färbung des Fleisches erinnert an den Stamm eines umgesägten Zwetschgenbaumes – außen dunkel, innen kräftig rot.

Verzehrtipp

Zwetschgenbaames schmeckt am besten hauchdünn aufgeschnitten zu einem herzhaften Stück fränkischen Holzofenbrot mit Butter, einem dunklen Bier, einem Pils oder einem Silvaner Kabinett trocken.

Lagerung

Dieser Rauchschinken ist gekühlt – bei ca. 10° C und gut verpackt – etwa ein Jahr haltbar.

Bezugsquellen

Zwetschgenbaames erhält man in der Metzgerei Kalb in Bamberg sowie in einigen Metzgereien und Gasthäusern in Oberfranken.

Metzgerei Kalb

Region: 96050 Bamberg/Oberfranken
Gründungsjahr: 1929
Produkte:
150 hausgemachte Fleisch- und Wurstwaren
Spezialität des Hauses:
Zwetschgenbaames
Höhepunkte, Veranstaltungen:
Bratwurstprozession, jährlich am Sonntag nach Fronleichnam

Michael und Angelika Kalb

Bezogen auf die Einwohnerzahl hat Oberfranken die höchste Metzger-, Bäcker- und Brauereidichte der Welt. Die Metzgereien zeichnen sich vor allem durch die große Vielfalt ihrer zumeist regionalen Produkten aus. Die Bamberger Metzgerei Kalb, die bereits 1929 von Michael Kalb gegründet wurde, hat über 150 handwerklich produzierte Fleisch- und Wurstwaren im Angebot. 1969 übernahm Gustav Kalb den Meisterbetrieb und eröffnete im Laufe der Jahre mehrere Filialen. Im Jahr 2006 wurde die Metzgerei als erster Betrieb in der Stadt mit dem regionalen Gütesiegel „Region Bamberg – weil's mich überzeugt!" ausgezeichnet. Dieses Gütesiegel erhalten nur teilnehmende Betriebe, die sich verpflichten, regionales Fleisch zu verarbeiten und Ausbildungsplätze bereitzustellen. Seit 2007 führt nun wieder ein Michael, nämlich der Enkel des Gründers, die beliebte Bamberger Metzgerei. Er konzentriert sich auf das Hauptgeschäft und den Partyservice. Hier kann der Kunde nicht nur Fleisch- und Wurstspezialitäten bestellen, sondern bei Bedarf auch gleich Geschirr und Zelte ausleihen. Obwohl vor dem Geschäft Parkplätze vorhanden sind, liefert der kreative und rührige Metzgermeister Brotzeiten an Firmen und Privatleute im gesamten Stadtgebiet aus.

Schmankerltipp

Eine besondere Spezialität ist der Leberkäs, der zu 50 Prozent aus Rindfleisch besteht. Er ist bissfester, fleischiger und würziger als mancher seiner Verwandten. Der Leberkäs ist nicht vorgebrüht und wird frisch gebacken.

Wussten Sie schon,

... dass es in Bamberg eine „Bratwurstprozession" gibt? Am Sonntag nach Fronleichnam ziehen die Bamberger und ihre Gäste durch die Gärtnerstadt, wo in vielen Hinterhöfen Brauereien und Metzgereien frisch gegrillte Bratwürste verzehrt werden können.

... dass die Metzgerei Kalb ausschließlich selbst produzierte Wurst- und Fleischwaren verkauft?

... dass die Metzgerei Kalb einen gekochten Schinken anbietet, der erst geräuchert und dann gegart wird?

Spezial Bräu

Region: 96052 Bamberg/Oberfranken
Gründungsjahr: 1536
Produkte:
Lagerbier, Märzen, Weissbier, Bockbier, Ungespundetes
Spezialität des Hauses:
Spezial Rauchbier

Braumeister Christian Merz und Wirtin Manuela Merz

Die fränkische Kleinbrauerei Spezial in Bamberg findet erstmals im Jahr 1536 urkundliche Erwähnung. Bereits seit dieser Zeit wird dort auch das bekannte „Bamberger Rauchbier" gebraut. Seit 1898 befindet sich die Brauerei mit zugehöriger Gastwirtschaft im Besitz der Familie Merz. Der Braumeister Christian Merz produziert in dem Traditionsunternehmen – heute in dritter Generation – einen Gesamtausstoß von etwa 6000 hl/Jahr. In der handwerklich arbeitenden Brauerei werden überwiegend die Rauchbiersorten „Lager" und „Märzen" hergestellt. Das für die Rauchbiere benötigte Rauchmalz wird in der eigenen Mälzerei nach jahrhundertealtem Verfahren hergestellt. Im gutbürgerlichen Gasthof, der von Ehefrau Manuela Merz geführt wird, sitzt man in historischen Gemäuern bei altfränkischer Gemütlichkeit direkt an der Quelle. Die Küche liefert dazu gute fränkische Hausmannskost und der kleine Übernachtungsbetrieb mit sieben Gästezimmern erlaubt auch einen längeren Aufenthalt in dem urgemütlichen fränkischen Brau- und Gasthaus.

Schmankerltipp

Zu den Bierspezialitäten der Brauerei Spezial empfiehlt sich je nach Gusto ein knuspriges, fränkisches Schäufela mit Wirsing und Kartoffelkloß, Knöchla mit Sauerkraut und Erbsenbrei, „Blaue Zipfel", fränkische Hausmacher-Bratwürste oder eine fränkische Brotzeit.

Wussten Sie schon,

... dass die kleine fränkische Brauerei am ehemaligen Steinweg liegt, der früher eine überregional bedeutende Handelsstraße war?
... dass es in Bamberg vor 200 Jahren noch mehr als 76 gewerbliche Braustätten gegeben hat?

Spezial Rauchbier

Bamberger Rauchbier ist eine Spezialität, die es nur in der alten Kaiser- und Bischofsstadt gibt. Es ist ein untergäriges Bier, das als Märzen und Lager produziert wird. Daneben gibt es Rauchbier auch als Bockbier und als obergäriges Weizen.

Besonderheit

Das Rauchmalz für die Rauchbiere der Brauerei Spezial wird in der hauseigenen Mälzerei nach jahrhundertealtem und besonders aufwendigem Verfahren, selbst hergestellt: Das Grünmalz, für das nur biologisch angebaute, oberfränkische Braugerste Verwendung findet, trocknet einige Stunden in der sogenannten Darre über dem offenen Buchenholzfeuer und erhält dadurch sein Aroma. Durch die kontinuierliche Zugabe von Buchenholz in der Feuerung werden die richtigen Bedingungen für ein gutes Rauchmalz geschaffen – gedarrt wird dabei nach wie vor von Hand. Durch diese Art der Malzherstellung wird ein milder, feiner Rauchgeschmack erzielt – typisch für die Biere aus der Brauerei Spezial.

Verzehrtipp

Das Spezial Rauchbier schmeckt frisch gezapft vor Ort in der Gaststube am besten. Dort kann man das Bier auch direkt kaufen.

Lagerung

Bamberger Rauchbier ist, da es nicht pasteurisiert ist und keine ohne Konservierungsstoffe enthält, nur maximal vier Monate haltbar.

Bezugsquellen

Das Bamberger Rauchbier der Brauerei Spezial schmeckt frisch ausgeschenkt vor Ort am besten.

Bamberger Wirsing (Spitzwirsing) ist eine lokale Spezialität. Er besticht durch die Zartheit seines Blattes und sein mild-würziges Aroma.

Bamberger Süßholz-Gesellschaft

Region: 96052 Bamberg/Oberfranken
Gründungsjahr: 2010
Spezialität des Hauses: Süßholz

Gertrud Leumer, Markus Schäfer (Bamberger Süßholz-Gesellschaft), Dr. Ulrike Laible, Diana Büttner (Zentrum Welterbe Bamberg), Yvonne Slanz (Bamberger Süßholz-Gesellschaft)

Die Süßholz-Pflanze hatte früher für die Stadt Bamberg eine so herausragende Bedeutung, dass sie im 17. Jahrhundert den ersten Bamberger Stadtplan zierte. Nachdem die krautige Pflanze in den vergangenen Jahren fast in Vergessenheit geraten ist, wurde 2010 die Bamberger Süßholz-Gesellschaft ins Leben gerufen. Ihr Ziel ist es, die lange Tradition des Süßholz-Anbaus in Bamberg wiederzubeleben. Mit Mitteln des Investitionsprogramms Nationale UNESCO-Welterbestätten führt die Stadt Bamberg, vertreten durch das Zentrum Welterbe Bamberg, im Rahmen des Projekts „Urbaner Gartenbau" verschiedene Maßnahmen zur Pflege und Erhaltung der Gärtnerstadt und der Gärtnerkultur durch. Um das wirtschaftliche Risiko für einzelne Gärtner möglichst gering zu halten, soll über den Verkauf von „Süßholz-Genussscheinen" zu je 100 Euro auch privates Kapital den Anbau und die Vermarktung von Süßholz gewährleisten. Mit dem Geld werden brachliegende Flächen gepachtet. Bamberger Gärtner setzen, pflegen und ernten das Süßholz und erhalten im Gegenzug eine Kostenerstattung für ihren Personal- und Maschineneinsatz. Nach vier Jahren kann das Süßholz geerntet werden. Die Wurzeln sollen weiterbearbeitet werden, um daraus marktfähige Produkte herzustellen.

Schmankerltipp

Geraspeltes Süßholz wurde früher zum Süßen von Speisen und Getränken verwendet. Heute dient es als geschmacksverbessernder Zusatz für Arzneien und Tees sowie für die Herstellung von Lakritze.

Wussten Sie schon,

... dass Süßholz dem Grab des Pharaos Tutanchamun beigegeben wurde?
... dass Alexander der Große sein Heer mit Süßholz ausgestattet hat, um auf den langen Feldzügen länger ohne Wasser auszukommen?
... dass nördlich der Alpen außer in Bamberg nur noch in Pontefract (England) Süßholz angebaut wird?
... dass Lakritze sich für die Nikotinentwöhnung eignet?
... dass ein regelmäßiger Verzehr von mehr als 100 Gramm Lakritze pro Tag jedoch zu Bluthochdruck und Herzrhythmusstörungen führen kann?

Spezialität

KATEGORIE
GEMÜSE, FRÜCHTE & GEWÜRZE

Süßholz

Süßholz (Glycyrrhiza glabra) hat einen hohen Stellenwert als Heil- und Nutzpflanze. Es gehört zur Unterfamilie der Schmetterlingsblütler innerhalb der Familie der Hülsenfrüchtler. Insgesamt gibt es etwa 20 bis 30 Arten Süßholz. In den älteren Wurzeln des weit verzweigten Wurzelstocks befindet sich das Glycyrrhizin, dessen Süßkraft 150 Mal stärker als Rohrzucker ist. Bis die Wurzeln verarbeitet werden können, wächst die Pflanze vier Jahre. Der ausgepresste Saft ist der Grundstoff für die Herstellung von Lakritze, die in Bayern oft auch als „Bärendreck" bezeichnet wird.

Besonderheit

Das Süßholz fand vermutlich im frühen Mittelalter seinen Weg über die Alpen. Die erste Erwähnung von Süßholz-Anbau in Bamberg stammt aus dem Jahre 1520, als Johannes Boemus voller Begeisterung über die Bamberger Gärtnerstadt schrieb. Die Süßholz-Pflanze hatte im 16. und 17. Jahrhundert für die Stadt eine so zentrale Bedeutung, dass sie den berühmten Stadtplan von Petrus Zweidler aus dem Jahre 1602 ziert. Der Süßholz-Anbau ist eine Bamberger Besonderheit, da die Pflanze nördlich der Alpen sonst nur noch in England kultiviert wird.

Verzehrtipp

Fein geraspeltes Süßholz kann man mit kochendem Wasser übergießen, nach 15 Minuten abseihen und als Tee trinken

Lagerung

Die Süßholz-Wurzel ist – auch in bereits geraspelter Form – fast unbegrenzt haltbar.

Bezugsquellen

Bamberger Süßholz ist voraussichtlich ab 2013 in Bamberg erhältlich. Weitere Informationen unter www.bamberger-suessholz.de.

Kulmbacher Brauerei Aktien-Gesellschaft

Vorstandsteam Markus Stodden, Dr. Peter Pöschl, Hans P. van Zon

Region:	95326 Kulmbach/Oberfranken
Gründungsjahr:	1846
Produkte:	mehr als 28 Bierspezialitäten
Spezialität des Hauses:	Kulmbacher Bier – Mönchshof naturtrübes Kellerbier
Höhepunkte, Veranstaltungen:	Kulmbacher Bierwoche, findet jährlich am letzten Wochenende im Juli bis zum ersten Wochenende im August statt

Liquida non frangunt ieunum – Flüssiges bricht das Fasten nicht. Das ist eines der Motive, aus denen sich Mönche schon seit jeher dem Bierbrauen gewidmet haben. In ihrem sonst so spartanischen Leben war Bier ein nahrhaftes und wohlschmeckendes Getränk zu der oft kargen Kost. Geduldig nahmen sich die Klosterbrüder viel Zeit zum Einbrauen, Gären und Reifen ihrer Biere, um am Ende in den wohlverdienten Genuss zu kommen.

Schon vor rund 3.500 Jahren wurde im Raum Kulmbach Bier gebraut. Dies belegt das älteste Relikt der deutschen Biergeschichte – eine Amphore aus der Zeit um 1400 v. Chr. – in der Brotreste und Eichenlaub nachgewiesen wurden, wie man sie zum Einmaischen und Haltbarmachen von Bier verwendete. Mit der Gründung eines Augustinerklosters im Jahr 1349 n. Chr. wird traditionell auch die Entstehung der Kulmbacher Braukunst verbunden. 50 Jahre später wird im Kulmbacher Landbuch ein Brauhaus für die Bewohner der Stadt

erwähnt: Im städtischen Bürgerbräu stellten die brauberechtigten Bürger Bier her und schenkten es gegen gutes Geld an ihre Mitbürger aus. Als Wiege der Kulmbacher Mönchshof-Brauerei prägt der Mönchshof auf den früheren Mönchswiesen im Stadtteil Blaich seit dem frühen 19. Jahrhundert eine reiche Brau- und Wirtshaustradition und begründet mit dem gleichnamigen Bier die älteste Biermarke der Stadt. Angesichts der Jahrhunderte zurückreichenden Geschichte überrascht es kaum, dass Kulmbach bis heute als heimliche Hauptstadt des Bieres gilt.

Seit 1996 sind die Brauereien Mönchshof, Reichelbräu, Sandlerbräu und EKU unter dem Dach der Kulmbacher Brauerei AG vereint; ihre traditionsreichen Biere werden jedoch bis heute sorgfältig und nach dem Bayerischen Reinheitsgebot gebraut. Zur Kulmbacher Gruppe mit rund 900 Mitarbeitern gehören auch die Brauereien Scherdel in Hof, die Würzburger Hofbräu, die sächsischen Traditionsbrauereien Sternquell in Plauen, Braustolz in Chemnitz sowie die Bad Brambacher Mineralquellen.

Geschichten

Einzigartig in Deutschland, trägt die Kulmbacher Brauerei AG das Stadtwappen im Firmenemblem. Bereits 1926 hatte der Stadtrat die Führung dieses Wappens im Firmenzeichen der damaligen Reichelbräu genehmigt. Eigentlich kein Wunder, denn seit jeher bestimmen die Darrhauben der Mälzereien, die Brauereigebäude und die Wirtschaften das Stadtbild. Das Bier prägt bis heute das Leben der Menschen in der Region. Ein Viertel aller bayerischen Malze, die aus Gerste oder Weizen hergestellt werden, kommen aus dem Raum Kulmbach. Jeder zweite Arbeitsplatz ist hier mittel- oder unmittelbar vom Bier abhängig. So fallen in Kulmbach zwei Dinge besonders auf: die Plassenburg, die sich imposant über die Stadt erhebt, und die Tatsache, dass sich in dem 30.000 Einwohner zählenden Städtchen fast alles ums Bier dreht. Selbstverständlich widmet man dem Bier ein eigenes Stadtfest, das 1939 begründet wurde. Das Zelt der ersten Kulmbacher Bierwoche fasste etwa 2.000 Plätze, die Maß kostete 80 Pfennige. Bei einem durchschnittlichen Stundenlohn von etwa 60 Pfennigen war das ein stolzer Preis. Bis heute stehen bei der Kulmbacher Bierwoche – anders als bei einem Volksfest mit Vergnügungspark – einzig und allein die Festbiere im Mittelpunkt. Zuletzt reisten zu diesem Fest jährlich weit mehr als 100.000 Gäste an.

Herstellung

Kulmbach bietet für die Herstellung eines hochwertigen Bieres optimale Bedingungen. Bedingt durch die jahrhundertealte Brauerfahrung nutzen die Kulmbacher vor allem die gegebenen Ressourcen ihrer Naturlandschaft. So wird die Braugerste rund um die Stadt angebaut. Die oberfränkischen Mittelgebirgslagen im Frankenwald sowie im Fichtelgebirge fördern mit ihrem kühl-gemäßigten Klima und ihren etwas höheren Niederschlägen den Wachstumsrhythmus der Sommergerste. Diese kann sich hier ausgewogen entwickeln und gut gefüllte Körner mit moderatem Eiweißgehalt ausbilden. Die gemäßigten Lagen des oberfränkischen Hügellandes ermöglichen einen etwas früheren Erntetermin, der für eine günstige Verteilung des Witterungs- und Qualitätsrisikos sorgt. Auch das Braumalz kommt zu 100 Prozent aus Oberfranken. Das milde und weiche Wasser, welches besonders geeignet für die hopfenaromatischen Biere der Kulmbacher Produktfamilie ist, fließt vom Fichtelgebirge und dem Frankenwald direkt in die Speicher unterhalb der Plassenburg.

Schmankerltipp

Für die Liebhaber bayerischer Bierkultur richtete man auf dem Gelände des Mönchshofes das Bayerische Brauereimuseum ein. Dort ist auf über 3.000 Quadratmetern alles Wissenswerte „rund um's Bier" zu erfahren. Besonders das gläserne Sudhaus ist ein Magnet für Bierliebhaber. Die Kessel aus Glas – anstelle des sonst üblichen Kupfers – ermöglichen es den Besuchern, den Brauprozess zu beobachten.

Wussten Sie schon,

… dass der Berg unter der Plassenburg fast komplett mit Kellergängen durchzogen ist, die früher auch als kühle Bierlager genutzt wurden?
… dass die Plassenburg das Deutsche Zinnfigurenmuseum mit der größten Zinnfigurensammlung der Welt beherbergt?
… dass Thomas Gottschalk in Kulmbach aufgewachsen und Ehrenbürger der Stadt ist?

Kulmbacher Bier Mönchshof naturtrübes Kellerbier

Die traditionsreichste Kreation im umfangreichen Sortiment der Kulmbacher Biere ist das „Mönchshof naturtrübes Kellerbier". Seine Renaissance ist der jahrhundertealten Brautradition von Mönchshof und der Liebe zum ursprünglichen Bierbrauen zu verdanken.

Besonderheit

Das „Mönchshof naturtrübes Kellerbier" ist eine naturbelassene Bierspezialität. Sein bernsteinfarbenes, naturtrübes Aussehen ist typisch für fränkische Keller- oder Zwickelbiere. Der unfiltrierte Sud behält mehr von den feinen Schwebstoffen aus Hopfen und Malz, weshalb das Endprodukt oftmals mehr Aroma als filtrierte Biere besitzt und sich durch ein aromatisch-vollmundiges Geschmacksbild auszeichnet. Es wird traditionell in Bügelflaschen abgefüllt, was den Spezialitätencharakter der Marke Mönchshof unterstreicht.
„Kulmbacher Bier" ist eine EU-weit geschützte geografische Angabe, die – mit dem RAL-Herkunfts-Gewähr-Zeichen versehen – Originalität garantiert.

Verzehrtipp

Kellerbier schmeckt am besten aus dem original Steingutkrügerl, wie er in den umliegenden Wirtschaften zum Einsatz kommt. Es mundet auch zu Hause, besonders wenn es aus der 5-Liter-Partydose gezapft wird.

Lagerung

Bei den meisten Mönchshof-Bieren wird eine Haltbarkeit von neun Monaten angegeben.

Bezugsquellen

In der Gastronomie sowie im Lebensmittelhandel in Bayern und vielen anderen Ländern.

Metzgerei Thein

Margit und Manfred Thein

Region: 96450 Coburg/Oberfranken
Gründungsjahr: 1936
Produkte: Mehr als 250 Fleisch- und Wurstwaren
Spezialität des Hauses: Coburger Bratwurst
Höhepunkte, Veranstaltungen: Thementage im Hauptgeschäft und in den drei Filialen in Coburg. Zwei original Bratwurststände mit Kiefernzapfen-Buchenholzfeuer in Coburg

Im März 2008 veranstaltete der Fernsehsender VOX einen Qualitätstest mit den bekanntesten Bratwürsten Deutschlands. Als Vertreter für die Coburger Bratwurst qualifizierte sich Metzgermeister Manfred Thein. Neben Geschmack und Verarbeitung wurde auch die Historie der Nürnberger, Thüringer und Coburger Bratwürste berücksichtigt. Am Ende des Tests stand für VOX fest: Die Coburger Bratwurst ist Deutschlands Beste.

Beste Zutaten, exzellenter Geschmack, spezielle Grill- und originelle Serviertechnik verhalfen der Coburger Bratwurst letztendlich zum Sieg. Aber auch mit langer Tradition punktete sie. Um das genaue Entstehungsjahr der Coburger Bratwurst wird zwar noch immer gestritten, sicher ist jedoch, dass es sie bereits im 15. Jahrhundert gab. Aus einem Speisezettel des Coburger Georgenspitals aus dem Jahr 1498 geht hervor, dass von den letzten Schweinen, die für Fastnacht geschlachtet wurden, jedem Coburger Kind und jedem Armen im Spital je zwei Bratwürste gegeben worden sind. Auch in Verbindung mit Martin Luther und dem kurfürstlichen Reisezug im Jahre 1530 ist sie erwähnt. Im Jahre 1623 erließ Herzog Casimir eine Taxordnung, nach der die Bratwurst nur 4 ½ Pfennige kosten durfte und vier Stück zusammen ein Pfund wiegen mussten. Zum 70-jährigen Jubiläum der Metzgerei Thein im Jahre 2006 gab es die Bratwürste dem Anlass entsprechend für 70 Cent. Der Preis pro Bratwurst mit Semmel beträgt heute etwa zwei Euro pro Stück.

Seit 1971 führt Manfred Thein mit seiner lebensfrohen und agilen Gattin Margit den Betrieb, den seine Eltern Wilhelm und Frieda Thein begründeten. Von Beginn an verwendet der Metzgermeister nur Tiere aus der Region Coburg für seine zahlreichen Spezialitäten. Über 100 Auszeichnungen und Medaillen aus dem In- und Ausland vergolden die außergewöhnlichen Metzgerwaren. Ob naturgereifte Salami, Landrauchwurst, Coburger Kernschinken oder Fettmettwurst – alles kommt aus handwerklicher Produktion. Über 250 verschiedene Wurst- und Fleischwaren werden nach alten Familienrezepten und neuen Ideen hergestellt, auch mit Hilfe von inzwischen 100 Lehrlingen, die bei den Theins während der vergangenen 40 Jahre ausgebildet wurden.

Geschichten

Bei einer Reise nach Südafrika stand das Metzgerehepaar Thein in einer langen Warteschlange zum Tafelberg nahe Kapstadt. Ein mitreisender Freund meinte in Anbetracht der vielen Menschen: „Hier müsste jetzt ein Bratwurststand stehen." Darauf bemerkte eine ihnen unbekannte deutsche Touristin: „Ja, aber nur mit Coburger Bratwürsten und die nur vom Thein." Mit fröhlichem Lachen antworteten die Freunde der Theins mit Fingerzeig auf das Metzgerehepaar: „Das sind die Theins, das nächste Mal bitte nur mit Bratwürsten!"

Herstellung

Die Coburger Bratwurst enthält mindestens 15 Prozent Kalb- oder Rindfleisch sowie grob entfettetes Schweinefleisch. Sie wird ausschließlich mit Salz, Pfeffer, Muskat und Zitrone gewürzt. Als einzige Wurst in Deutschland darf sie mit pasteurisierten rohen Eiern als Bindemittel hergestellt werden. Nur die Metzger in der Stadt und im Landkreis Coburg haben eine entsprechende Sondergenehmigung. Die Metzgerei Thein verwendet für die Coburger Bratwurst nur frisches Fleisch von Tieren aus der Region. Für den Kalbfleischanteil werden Färsen verwendet, geschlechtsreife weibliche Rinder, die noch kein Kalb geboren haben. Ihr Fleisch zeichnet sich durch besonderes Aroma aus. Die Zutaten werden ohne Zugabe von Eis oder Wasser erbsengroß gekörnt und in die Schweinebändel abgefüllt. Somit ist die original Coburger Bratwurst eine der hochwertigsten Bratwürste überhaupt. Sie ist mit einem Fettanteil von circa 25 bis 30 Prozent (vor dem Grillen) auch magerer als viele andere Wurstsorten. Sie wird traditionell über offenem Feuer gebraten, das mit Kiefernzapfen, den sogenannten „Kühla", „Butzkühen" oder „Möckerla", und Buchenholz befeuert wird. Diese Kiefernzapfenglut verwandelt die ursprünglich etwa 30 Zentimeter langen Würste je nach Grilldauer in mehr oder weniger kürzere Coburger Bratwürste. Auch für den Versand werden sie auf diesem speziellen Feuer gebraten und nach dem Auskühlen vakuumverpackt. Die Länge der Bratwurst wird traditionell durch das „Bratwurstmännla" auf dem Coburger Rathaus bestimmt. Dies hält einen Marschallstab in der Hand, dessen Länge jedoch erst 1982 von der Coburger Feuerwehr mit 31 Zentimetern genau ermittelt wurde.

Schmankerltipp

Eine weitere Delikatesse aus dem Hause Thein in Coburg ist die Landrauch-Rotwurst. Sie wird bei hoher Temperatur in einer Spezialräucherkammer geräuchert und ist nur in den vier Wintermonaten erhältlich.

Wussten Sie schon,

… dass täglich ungefähr eine Tonne Coburger Bratwürste hergestellt werden?

… dass es bei einigen Bäckern in Coburg auch Bratwürste im „Schlafrock“ gibt? Dafür werden Coburger Bratwürste in Semmelteig eingerollt und gebacken.

… dass der Gast, der in einer fränkischen Gaststätte zwei mit Kraut oder drei mit Kraut bestellt, ohne weitere Nachfrage die Bratwürste mit Sauerkraut, Brot oder Brötchen bekommt. Wer die zwei oder drei mit Salat bestellt, bekommt sie immer mit fränkischem Kartoffelsalat.

Coburger Bratwurst

Die Coburger Bratwurst wird nachweislich seit dem 16. Jahrhundert in Coburg hergestellt. Sie enthält mindestens 15 Prozent Kalb- oder Rindfleisch sowie grob entfettetes Schweinefleisch und wird ausschließlich mit Salz, weißem Pfeffer, Muskat und Zitrone gewürzt. Außerdem darf sie als einzige Wurst in Deutschland mit rohen Eiern als Bindemittel hergestellt werden.

Besonderheit

Eine Coburger Bratwurst wiegt 90 bis 110 Gramm und hat im Rohzustand eine Länge von etwa 30 Zentimetern. Sie wird über Kiefernzapfen auf dem Grillrost gebraten, was ihr zusätzliches Aroma verleiht. Das „Semmela“ für die Bratwurst wird nicht horizontal, sondern vertikal eingeschnitten. Eine weitere Besonderheit der Coburger Bratwurst ist der Darm. Der sogenannte Bändel (Oberhaut/Serosa des Schweinedünndarmes) oder Schleiß ist die Fettschicht des Schweinedünndarms. Der aufwendig zu gewinnende Darm lässt die Wurst über dem offenen Feuer nicht austrocknen.

Verzehrtipp

Die fränkische Bratwurst kann in verschiedenen Varianten gegessen werden. An erster Stelle kommt natürlich die Gebratene. Sie wird zumeist als „Zwickte“ in ein Brötchen (Semmel) gezwickt und kann damit auch gut unterwegs gegessen werden. Man kann sie aber auch „ausgezogen“ (nur das Brät) essen, und zwar in den Varianten geräuchert (normal oder schwarz, in manchen Gegenden als „Schlot-Engele“ bezeichnet), sauer (Blaue Zipfel) oder gesulzt (ebenfalls gebraten).

Lagerung

Wegen der Verwendung von frischem Brät und Ei sollte die Coburger Bratwurst möglichst tagfrisch verarbeitet werden. Gegrillte und vakuumverpackte Bratwürste sind länger haltbar.

Bezugsquellen

Die Coburger Bratwurst erhält man in den Filialen der Metzgerei Thein, vorgebraten im Internetshop und bei fast allen Mitgliedsbetrieben der Fleischerinnung von Coburg Stadt und Land.

Schlosshotel Hohenstein

Pächter: Tobias Dittrich

Region:	96482 Ahorn/Oberfranken
Gründungsjahr:	1306
Spezialität des Hauses:	Fränkisches Bio-Zicklein
Höhepunkte, Veranstaltungen:	Weihnachtsmarkt am 2. Wochenende im Dezember Hohensteiner Herbstfest mit dreitägigem Winzerfest

Vor den Toren Coburgs, umgeben von dichten Wäldern und einem romantischen Park, liegt das Schlosshotel Hohenstein. Seit dem 1. September 2010 ist Tobias Dittrich Pächter des Anwesens und lockt mit seinem „Gourmetrestaurant Dittrichs" anspruchsvolle Feinschmecker ins landschaftlich reizvolle Oberfranken. Im Jahre 1306 als Burg erstmals urkundlich erwähnt, zieht der imposante Bau jeden Besucher in seinen Bann.

Das Schloss Hohenstein steht, wie der Name schon sagt, auf einer Anhöhe. Mit seiner strahlenden Sandsteinfassade und der gepflegten Auffahrt heißt es seine Gäste mit aristokratischem Charme willkommen. Nach dem Durchschreiten des Tores begrüßen den Besucher Skulpturen auf dem Innenhof des Schlosses und sofort fällt der Blick auf den modernen Glasanbau des Gourmetrestaurants von Tobias Dittrich.
35 Gäste können in der intimen Atmosphäre des Schlosshofes die anspruchsvollen Arrangements des jungen Küchenchefs und seiner Crew genießen. Ob Sommer oder Winter, das Schloss überzeugt durch seine exponierte Lage, herausragende junge Küche, ein märchenhaftes Ambiente mit 13 romantischen Zimmern und zwei Apartments. Jeder Raum ist individuell gestaltet und neu möbliert. Die hochgelegenen Turmzimmer bieten einen fantastischen Blick auf die hügelige fränkische Landschaft; vor dem „Mammutbaum-Zimmer" ragt ein jahrhundertealtes Exemplar dieser Art in den Himmel. Sechs historische Veranstaltungsräume, darunter ein opulenter Spiegelsalon und ein Musikzimmer, verleihen Veranstaltungen, Tagungen und Hochzeitsgesellschaften einen würdigen Rahmen. Ein fünf Hektar großer Schlosspark mit Wandelgang, Rundtempel, zahlreichen Rokoko-Vasen, einer italienischen Terrasse sowie einem großen ehemaligen Taufbecken, das – mit Eis gefüllt – gern für Sektempfänge genutzt wird, lädt zu Spaziergängen ein, ob vor oder nach dem Essen. Insgesamt präsentiert sich Schloss Hohenstein heute mit dem umliegenden Park und den verschiedenen Wanderwegen in landschaftlich reizvoller Umgebung als ein ganz besonderer Ort für ebensolche Momente.

Geschichten

Im Jahre 1306 wurde Burg Hohenstein, damals im Besitz der Gräfin Jutta von Henneberg, erstmals urkundlich erwähnt. Von 1456 bis 1763 residierten die Herren von Lichtenstein hier oben. Im Bauernkrieg 1525 wurde die Burg Opfer eines zerstörerischen Angriffs aufständischer Bauern und brannte bis auf die Grundmauern nieder. Es erfolgte ein völliger Neubau im Stil eines Renaissance-Schlosses. 1763 erwarb Philipp Ernst Freiherr von Imhof das Schloss. Er und seine Nachfahren verliehen ihm sein heutiges Erscheinungsbild. Im Dritten Reich verkaufte die Familie das Schloss an die damalige Reichspost, die es als Erholungsheim nutzte und nach dem Zweiten Weltkrieg als Altenheim verpachtete. 1976 wurde es dann von Oskar Hacker aus München erworben, der es zu einem Schlosshotel mit Gastronomiebetrieb ausbaute. 2010 investierte der neue Pächter, Tobias Dittrich, noch einmal gut eine Viertelmillion Euro in die Neugestaltung der Zimmer und in den Gastronomiebereich des denkmalgeschützten Objekts.

Herstellung

Neue deutsche Gourmetküche ohne Effekthascherei – nach diesem Motto kocht Tobias Dittrich für seine Gäste im Restaurant des Schlosshotels Hohenstein bei Coburg. Mit dem „Gourmetrestaurant Dittrichs" hat sich der 28-jährige gebürtige Bamberger einen Traum erfüllt und sich nach zahlreichen Stationen bei verschiedenen deutschen Spitzenköchen in seiner fränkischen Heimat niedergelassen.
Dittrich legt größten Wert auf hochwertige regionale Produkte, die idealerweise nachhaltig produziert wurden. Für einige andere Produkte befindet sich Dittrich noch auf der Suche nach Bauern aus der Region, die ihm die gewünschte Qualität zuverlässig liefern können – beispielsweise Fleisch vom Eichelschwein, Bentheimer oder Mangalitza. Die Weinkarte führt eine Auswahl der besten Frankenweingüter, Spitzenweine aus ganz Deutschland und internationale Top-Winzer. Sowohl in der Wein- als auch in der Menükarte spiegelt sich Dittrichs Heimatverbundenheit wider. Der noch nicht einmal 30 Jahre alte Küchenchef hat klare Vorstellungen von seiner Arbeit für die Gäste. Er erfüllt das außergewöhnliche Schloss mit seinem ambitionierten Schaffen und ermöglicht seinen Besuchern viele reizvolle Momente.

Schmankerltipp

Ein ganz besonderes Schmankerl ist das handgeschnittene Tatar. Durch die sanfte Zubereitung ohne Fleischwolf bleiben die Geschmacksinhalte des Rinderfilets voll erhalten. Mit ein paar kleinen Geheimnissen verfeinert, passt es sehr gut zu einem fränkischen Riesling oder Silvaner.

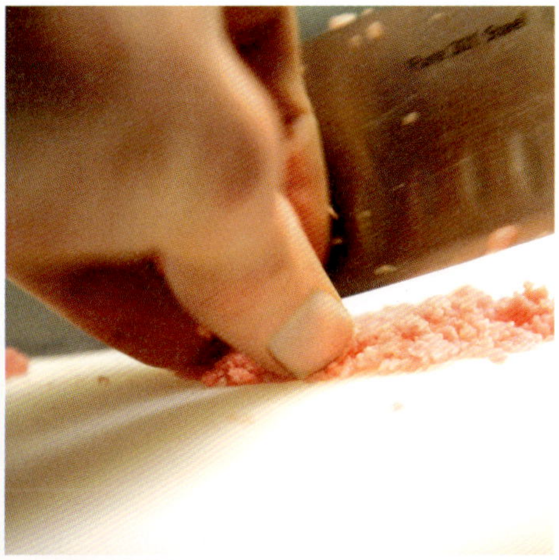

Wussten Sie schon,

… dass das Mangalitza-Schwein eine ungarische Schweinerasse ist, die wegen ihres ungewöhnlichen Haarkleides mit Unterwolle und lockigen Borsten in Deutschland auch „Wollschwein" genannt wird? Die Initiative „Nutztier-Arche" setzt sich dafür ein, das vom Aussterben bedrohte Wollschwein zu erhalten.

… dass der als gemeinnützig anerkannte Verein zur Erhaltung des Bunten Bentheimer Schweines e. V. die alte Landrasse aufgrund ihrer kulturhistorischen Bedeutung, als Genreserve und wegen der Anspruchslosigkeit der Tiere langfristig erhalten will?

Fränkisches Bio-Zicklein

mit glasiertem Erdgemüse, Gnocchi und weißem Pfefferschaum

Zutaten für 4 Personen

Milchzicklein: *900 g schieres Keulenfleisch • 100 ml Gewürzöl (siehe Rezept) • Knochen von der Keule • 250 g Mirepoix (geröstete Gemüsewürfel) • 1 Tomate • 500 ml Rotwein • 0,7 l Kalbsfond dunkel • Salz, Pfeffer, Thymian, Rosmarin, Knoblauch, Lorbeer*
Gewürzöl: *100 ml Olivenöl fruchtig • 1 Lorbeerblatt • 2 Thymianzweige • 1 Knoblauchzehe • ½ Rosmarinzweig*
Erdgemüse: *150 g Petersilienwurzel • 1 Kohlrabi • 2 große Karotten • 2 Zucchini • 1 große Rote Bete*
Gnocchi: *250 g mehligkochende Kartoffeln • 100-130 g Weizengrieß • 1 Eigelb • 35-40 g Parmesan • Salz, Pfeffer, Muskat*
Pfefferschaum: *1 Zwiebel • 4 Champignons • ½ Stange Lauch • 2 Zweige Thymian • 3 EL grüner Pfeffer in Lake • 0,5 l Geflügelfond • 0,2 l Weißwein • 0,3 l Sahne • 250 g Butter • Gewürzsalz, Pfeffer*

Zubereitung

Gewürzöl
Olivenöl mit Lorbeerblatt, Thymianzweigen, Knoblauchzehe, Rosmarinzweig auf ca. 60° C erhitzen, kurz ziehen lassen, nach ca. 10 min. fein passieren.

Milchzicklein
Zickleinfleisch zusammen mit dem Gewürzöl vakuumieren. Wenn kein Vakuumgerät zur Hand, bitten Sie Ihren Metzger um Hilfe. Das Fleisch im Wasserbad bei ca. 75° C ca. 12-14 Stunden garen, bis es bei Druck leicht nachgibt. Die Knochen rösten, anschließend Mirepoix und Tomaten hinzugeben, mit Rotwein aufgießen, einreduzieren. Kalbsfond und Gewürze ebenfalls hinzugeben und bei mittlerer Hitze einkochen lassen. Anschießend fein passieren, abschmecken und mit kalter Butter montieren. Tipp: Gelingt am besten im Ofen bei 90° C .

Das komplette Rezept für die Zubereitung lesen Sie bitte im Rezeptteil.

Buchauer Holzofenbrot

Inhaber: Andreas Eckert und Tochter Anette Schulte

Region:	91257 Pegnitz/Oberfranken
Gründungsjahr:	1985
Produkte:	Brot, Semmeln, Baguette, Gebäck
Spezialität des Hauses:	Fränkisches Holzofenbrot
Höhepunkte, Veranstaltungen:	Erntedankfest, alle zwei Jahre im Oktober

Im Jahre 1985 gründet Andreas Eckert die Buchauer Holzofenbäckerei mit dem Ziel, ursprüngliche fränkische Holzofenbrote in handwerklicher Spitzenqualität zu backen. Das Motto „gebacken wie früher" bedeutet für ihn nicht nur das Backen in holzbeheizten Steinbacköfen, sondern auch, dass auf Teigsäuerungs- und Backhilfsmittel verzichtet wird.

In Franken wurde früher in vielen Haushalten Holzofenbrot selbst gebacken. Der köstliche Geruch, den das frische Brot erzeugte, prägte den damals noch kleinen Andreas Eckert nachhaltig. Er wurde Bäcker und arbeitete zunächst viele Jahre lang als Bäckermeister in großen Bäckereibetrieben. Die Erinnerung aber an diesen ganz speziellen Geruch von Heimat und Geborgenheit ließ ihn nicht los. Im Alter von 45 Jahren wagte er den Schritt in die Selbstständigkeit. Seine Tochter Anette – Bäckerin, Betriebswirtin und Ernährungsberaterin im Bäckerhandwerk – führt heute die Tradition fort.

Auf fünf gemauerten Holzbacköfen backen täglich 10 Bäcker, davon fünf Bäckermeister, die schmackhaften Buchauer Holzofenbrote. Insgesamt sind heute über 30 Mitarbeiter täglich gut beschäftigt. Die speziellen Steinöfen ermöglichen einen schonenden Backverlauf, der ein besonderes Aroma und die knusprige Kruste hervorbringt. Etwa zehn Brotsorten, verschiedene Semmeln, Weißbrot, Baguette, aber auch besondere Spezialitäten, wie das Südtiroler Vinschgerl oder fränkische Küchla, werden jeden Tag gebacken. Bei allen Produkten verzichtet Bäckermeister Eckert konsequent auf den Einsatz von Backhilfsmitteln. Seit 1997 wird ausschließlich Getreide aus kontrolliertem, spritzmittelfreien Anbau verwendet, das für Vollkornbrote unmittelbar vor der Teigbereitung gemahlen und geschrotet wird. Dadurch besitzt das Mehl das volle Aroma des Korns und höchste ernährungsphysiologische Wertigkeit. Bereits ein Jahr nach der Eröffnung erhielt die Buchauer Holzofenbäckerei die erste DLG-Medaille. Seither wurde sie jährlich von der Deutschen Landwirtschafts-Gesellschaft prämiert und seit 2001 jedes Jahr mit dem „Preis der Besten" in Gold belohnt – eine Auszeichnung, die deutschlandweit nur zwei Prozent aller Bäckereien bekommen.

Geschichten

Andreas Eckert erlernte das Bäckerhandwerk Mitte der 50er-Jahre. Seine Gesellenjahre verbrachte er in verschiedenen Bäckereien in Mittelfranken und Bad Godesberg und ging nach seinem Wehrdienst auf die Walz. Stationen wie Konditoreien in Offenbach und Frankfurt am Main waren wichtige Lehrjahre, in denen er auch seinen Meisterbrief erwarb. Er kehrte nach Franken zurück und wirkte in Brotbackbetrieben und danach in einer Lebkuchenfabrik in Nürnberg. Seine Elisen-Lebkuchen, Stollen und Früchtebrote, die in der Vorweihnachtszeit entstehen, sind heute bei den Kunden legendär. Seine 15-jährige Dienstzeit als Produktionsleiter eines Backwarenherstellers in Lauf beendete er 1983 als Industriebackmeister. Seit Herbst 1984 träumt er nicht mehr, er lebt seinen Traum und gründet – mit tatkräftiger Unterstützung seiner Frau Paula und den drei Kindern – seine Holzofenbäckerei. Alles in seinem Betrieb ist echte, liebevolle und gelebte Handwerkskunst – was die Kunden, die sein Brotlädle betreten sofort am Duft erkennen können.

Herstellung

In Franken gehört das typische Holzofenbrot ganz selbstverständlich zu einer Brotzeit dazu. In der Buchauer Holzofenbäckerei werden diese Brote wie früher aus reinem Natursauerteig gebacken, alle unter Verwendung von Grander-Wasser, Steinsalz, Hefe und spritzmittelfrei angebautem Jurakorn-Qualitätsbrotgetreide, das von Bauern aus der Region stammt. Das Holzofenbrot „Hell" und „Dunkel", das Gewürzbrot sowie das Roggen- und Dinkelvollkornbrot werden nur mit Natursauerteig gebacken. Auch der Holzofen ist eine Besonderheit, ein gemauerter Steinofen, der nach althergebrachter Art direkt befeuert wird. Das Brot wird dabei auf der selben Fläche gebacken, auf der vorher das Holz abgebrannt ist. Nachdem der Ofen die Backtemperatur erreicht hat, wird die Holzglut sauber aus dem Ofen geräumt und die Teiglinge mit einem langen Buchenholzschieber eingeschoben. 1 ½ Ster unbehandeltes Holz werden dafür Tag für Tag benötigt. Der nachwachsende Energieträger beschert uns ganz nebenbei auch eine ausgeglichene CO_2-Bilanz. Die Buchauer Holzofenbäckerei ist seit 2006 Mitglied im „Umweltpakt Bayern" und zertifiziert im „Qualitätsverbund umweltbewusster Betriebe". Das vielfach ausgezeichnete Holzofenbrot soll gemäß der Philosophie des Bäckermeisters Andreas Eckert „ein besonderes Brot für alle Tage" bleiben.

Spezialität

KATEGORIE

HERZHAFTE BACKWAREN

Schmankerltipp

Ein besonderes Schmankerl ist das Vinschgerl aus dem Holzofen. Die Spezialität stammt ursprünglich aus dem Südtiroler Vinschgau und zeichnet sich durch die besondere Würze von Koriander, Fenchel und Brotklee aus. Dank des hohen Roggenanteils und der langen Teigführung bleiben die Vinschgerl mehrere Tage frisch und schmecken hervorragend zu Käse, Schinken, Bier und Wein.

Fränkisches Holzofenbrot

Ein außerordentlich aromatisches Roggenbrot mit besonders kräftiger Kruste. Meist ohne Weizenmehl aus reinem Natursauerteig hergestellt, wodurch es lange haltbar ist. Mit frisch vermahlenen fränkischen Brotgewürzen ist es zudem besonders würzig und bekömmlich.

Besonderheit

Holzofenbrot wird schon seit Hunderten von Jahren in Franken hergestellt. Früher wurde es vor allem auf größeren Bauernhöfen und in den abgelegenen Dörfern im Frankenjura gebacken. Zum Backen werden spezielle Holzöfen benötigt, welche nach oben hin leicht gewölbt und meist aus Schamottsteinen gebaut sind. Auf der Fläche, auf der zuvor das Holz verbrannt wurde, wird das Brot gebacken. Nach etwa zwei Stunden Backzeit kommt das herrlich duftende Brot mit röscher Kruste aus dem Ofen.

Verzehrtipp

Am besten schmeckt das fränkische Holzofenbrot mit guter Butter, Schinken und frischem Schnittlauch. Ein typisches Brotzeitbrot, aber auch mit süßem Aufstrich wie Honig oder Marmelade ein Genuss.

Lagerung

Es ist möglich, sich eine etwas größere Menge liefern zu lassen, denn Natursauerteigbrot bleibt nicht nur bis zu zwei Wochen lang frisch und schmackhaft – es eignet sich auch besonders gut zum Einfrieren.

Bezugsquellen

Direkt in der Buchauer Holzofenbäckerei, in den Filialen, auf Wochenmärkten in der Region oder aus den Verkaufsfahrzeugen. Natürlich kann man das Holzofenbrot auch direkt unter www.holzofenbrot.de bestellen.

Wussten Sie schon,

… dass die Temperatur zum Backen im Holzofen etwa 300° C beträgt?
… dass der Ursprung des Backens auf Stein vermutlich aus dem Alten Ägypten kommt?
… dass im Mittelalter fast jedes kleine Dorf einen eigenen Dorfbackofen hatte?
… dass Sauerteig das Brot haltbarer macht?

Gerstacker Weinkellerei GmbH

Stefanie Gerstacker und Ehemann Jörg Toller

Region:	90451 Nürrnberg/Mittelfranken
Gründungsjahr:	1945
Produkte:	Glühwein, Punsche, Bowlen, weinhaltige Cocktails, Cidre, Federweißer, Frucht- und Beerenweine
Spezialität des Hauses:	Nürnberger Christkindles Markt-Glühwein
Höhepunkte, Veranstaltungen:	Nürnberger Christkindlesmarkt

Wenn es draußen kalt ist und die Weihnachtsmärkte wieder ihre Pforten öffnen, ist der wärmende Glühwein mit seinem unverwechselbar-würzigen Duft das beliebteste Getränk. Er gehört selbstverständlich zur Adventszeit wie der hell erleuchtete Weihnachtsbaum, der Stollen oder die Lebkuchen. Der populärste unter den Gewürzweinen ist der Nürnberger Christkindles Markt-Glühwein. Er ist seit vielen Jahrzehnten ebenso bekannt wie der traditionsreiche Markt, der ihm seinen Namen gegeben hat.

Bereits im Jahre 1945 wurde das Familienunternehmen von Friedrich Gerstacker, dem Großvater der heutigen Inhaberin Stefanie Gerstacker, gegründet. Alles begann mit einem Weingroßhandel für Frankenweine und einer Schnapsbrennerei. Zum Renner wurde jedoch bald der Glühwein, den Gerstacker nach einer überlieferten Rezeptur

des bekannten Nürnberger Traditionsunternehmens „Lebkuchen-Schmidt" selbst herstellte und auf dem Fürther Weihnachtsmarkt verkaufte. Die wachsende Beliebtheit führte bald zur Abfüllung des Glühweins in Flaschen. Schon Friedrich Gerstackers Sohn Hans-Friedrich konzentrierte sich in den 70er-Jahren verstärkt auf die Produktion des Nürnberger Christkindles Markt-Glühweins. Ergänzend hierzu wurden weitere Saisonprodukte entwickelt: In den Sommermonaten erobern klassische Fruchtbowlen, exotische Cooler, das französische Nationalgetränk Cidre, Sangria, Beerenweine, weinhaltige Cocktails und Fun-Drinks in verschiedenen Geschmacksrichtungen immer größere Marktanteile. Im Herbst dominieren heute saisonale Spezialitäten wie Federweißer und sein Äquivalent aus roten Rebsorten, der Rote Sauser – Traubenmost also, dessen alkoholische Gärung gerade eingesetzt hat und der noch keiner Filtration unterzogen wurde. Die Hauptsaison in der Produktion ist und bleibt jedoch der Winter mit dem original Nürnberger Glühwein und verschiedenen köstlichen Punschsorten wie Kinder-, Schoko- oder Eierpunsch.
Insgesamt kommt das Nürnberger Unternehmen heute auf über 50 Millionen Füllungen im Jahr und zählt zu den größten Familienkellereien in Bayern. Dies alles benötigt Platz, weshalb Hans-Friedrich Gerstacker 1995 in Crossen/Thüringen ein modernes Zweigwerk errichten ließ. 2005 trat mit Stefanie Gerstacker, einer studierten Ökonomin, die dritte Generation in das Unternehmen ein. Sie initiierte den Bau des neuen Stammwerkes am Nürnberger Hafen, das 2007 eingeweiht wurde. Mit modernster Technik ausgestattet und für reibungslose Herstellungs- und Logistikabläufe optimiert, ist das Unternehmen damit für die anspruchsvollen Anforderungen – vor allem als Partner des Lebensmittelhandels – auch in Zukunft bestens aufgestellt. Bereits heute erfolgt der Export vieler Getränkesorten europa- und sogar weltweit.

Geschichten

Das „Christkindl" auf dem Nürnberger Christkindlesmarkt mit seinem weiß-goldenen Gewand, den langen blonden Locken und der goldenen Krone ist die Symbolfigur des Nürnberger Weihnachtsmarktes. Seit vielen Jahrzehnten ist es Tradition, dass das Christkind alle zwei Jahre aus dem Kreise der zwischen 16- und 19-jährigen Bewohnerinnen der Stadt gewählt wird. Mit seinem feierlichen Prolog eröffnet es alljährlich am Freitag vor dem 1. Advent von der Empore der Frauenkirche aus den weltberühmten Markt, der Millionen Besucher aus der ganzen Welt in seinen Bann zieht.

Herstellung

Der Nürnberger Christkindles Markt-Glühwein wird nach einer alten, traditionellen Rezeptur des bekannten Nürnberger Traditionsunternehmens „Lebkuchen-Schmidt" hergestellt. Dazu wird der Wein gemeinsam mit den feinen Gewürzen zunächst 24 Stunden mazeriert und dann bei 60° C in die exklusiv vom Hause Gerstacker entwickelte, formschöne Flasche abgefüllt. Bei dieser Temperatur bleiben sowohl die feinen Würzaromen als auch der Alkohol des Rotweines erhalten; gleichwohl ist ein keimfreies Abfüllen gewährleistet.

Schmankerltipp

Eine köstliche Punschvariante ist der Schokoladenpunsch. Bei seiner Herstellung werden Rotwein, feine Zartbitter-Schokolade, frische Sahne und ein paar streng geheime Zutaten zu einer geschmackvollen Spezialität vereinigt.

Wussten Sie schon,

… dass der Nürnberger Glühwein der meistverkaufte Glühwein der Welt ist?
… dass es den Nürnberger Christkindlesmarkt bereits seit 1628 gibt und er damit zu den ältesten der Welt gehört?
… dass bereits Karl der Große Gewürzwein mochte, ebenso wie der französische Sonnenkönig Ludwig XIV.? Wer den reichlich gewürzten Wein anbot, musste sehr wohlhabend sein – Gewürze waren zur damaligen Zeit sehr teuer – deshalb konnte man sich so als Mitglied einer gehobenen gesellschaftlichen Schicht darstellen.

Nürnberger Christkindles Markt-Glühwein

Die Spezialität aus dem Hause Gerstacker ist ein mit verschiedenen Lebkuchengewürzen verfeinerter kräftiger, dunkler Rebsorten-Rotwein. Er wird heiß und hauptsächlich in der Weihnachtszeit getrunken, sein Alkoholgehalt liegt bei 9-10 Vol.-%. Der original Nürnberger Glühwein darf nur innerhalb der Grenzen der Stadt hergestellt werden.

Besonderheit

Der Begriff „Nürnberger Glühwein" stammt aus den 1950er-Jahren. Neben Zimt, Macisblüten, Muskat, Nelken, Sternanis, Kardamom, Piment, Orangen- und Zitronenschalen werden dem Wein Heidelbeeren hinzugefügt, wodurch sich der Nürnberger Christkindles Markt-Glühwein von allen anderen bis dahin hergestellten Glühweinen deutlich unterscheidet. Seit vielen Jahrzehnten ist der Begriff „Glühwein" weinrechtlich geschützt: Das Erzeugnis darf nur aus Wein – sowohl Rot- als auch Weißwein – Zucker und Gewürzen hergestellt werden.

Verzehrtipp

Wie alle regionaltypischen Spezialitäten schmeckt auch der Nürnberger-Glühwein dort am besten, wo er zu Hause ist: auf dem weltberühmten Nürnberger Christkindlesmarkt.

Lagerung

Glühwein kann wie normaler Wein gelagert werden.

Bezugsquellen

Auf Christkindles- und Weihnachtsmärkten, im Lebensmittel-Einzelhandel und im Fachhandel national und international.

Metzgerei Freyberger KG

Reiner Freyberger (Mitte) mit den Söhnen Dirk und Sven

Region:	90461 Nürnberg/Mittelfranken
Gründungsjahr:	1958
Produkte:	Fleisch und Wurstwaren, Obst, Gemüse, Fisch
Spezialität des Hauses:	Nürnberger Stadtwurst
Höhepunkte, Veranstaltungen:	Messe-Catering, Tag der offenen Tür jährlich im Oktober

„Gute Wurst machen ist keine Kunst. Immer gute Wurst machen, das ist die Kunst!", so Metzgermeister Reiner Freyberger. Seit 1958 machen die Freybergers in Nürnberg Fleischwaren – und dies in ausgesprochen hoher Qualität. Der Firmeninhaber und seine Frau Marianne sind immer in Bewegung, denn Gutes benötigt schließlich viel Aufmerksamkeit. Mehr als 120 hausgemachte Sorten produziert der Betrieb. Kunden und Personal kennen sich, es wird flott bedient, gern empfohlen und herzlich miteinander gelacht.

Das Magazin „Feinschmecker" kürte den fränkischen Metzgereibetrieb in seiner Ausgabe 03/2010 zu einem der besten in ganz Deutschland. Dabei ist die Bezeichnung Metzgereibetrieb fast ein wenig untertrieben. Neben der höchst appetitlich präsentierten Vielfalt an Wurst- und Fleischwaren erhält man in dem blitzsauberen Ladengeschäft frischen Fisch, Geflügel und – für eine Metzgerei fast ein Novum – eine gut sortierte Auswahl an Obst- und Gemüsesorten. Der Kunde darf überrascht sein: Hier geht es bunt und frisch zu, denn gesunde Ernährung verstehen die Freybergers ganzheitlich. Die reichhaltige und überaus durchdachte Auswahl macht den Metzgereibetrieb zum Feinkost-Vollversorger: Weine aus ausgewählten Weingütern, ein exquisites Käsesortiment und köstliche Semmeln erleichtern den Kunden den Einkauf und werden saisonal durch spezielle Erzeugnisse wie beispielsweise Nürnberger Lebkuchen ergänzt.

Neben der Nürnberger Stadtwurst produziert der Betrieb mit großem Erfindungsreichtum Hausgemachtes wie den Adventschinken mit Lebkuchengewürz und Honig. Beliebteste Interpretation von Bratwursthäck ist der Häck-Igel, der liebevoll aus fränkischer Bratwurstmasse

modelliert und mit Wacholdernase, Pfefferaugen und Zwiebelstacheln versehen wird.

Die Metzgerei ist ein klassischer Familienbetrieb, nunmehr in dritter Generation. Die Enkel des Firmengründers absolvierten nach ihrem Abitur eine Metzgerlehre. Während der jüngere, Sven, jetzt ebenfalls im Hauptbetrieb tätig ist, betreibt der ältere, Dirk, seit 2007 eine weitere Filiale in der Katzwanger Hauptstraße. Das wöchentlich wechselnde große Angebot an Fleisch- und Wurstprodukten wird durch eine Auswahl täglich frisch zubereiteter Mittagsmenüs ergänzt. Die gute Logistik der Freybergers macht es möglich, dass dieses auch als „Essen auf Rädern" erhältlich ist.

Geschichte

Am 4. Februar 1952 gründen Fritz und Margarete Freyberger das Unternehmen in der Nürnberger Straße in Fürth. Sechs Jahre später ziehen sie in die Sperberstraße 99 nach Nürnberg und eröffnen eine Filiale in der Frankenstraße. Bereits 1963 erfolgt die erste Erweiterung der Verkaufsräume im Stammhaus Sperberstraße. 1969 beginnt Sohn Reiner seine Ausbildung zum Metzger, die er 1976 mit der Meisterprüfung abschließt. Nach dem Tod des Seniors schließt zur Jahrtausendwende die Filiale in der Frankenstraße. Gleichzeitig eröffnet die Familie jedoch den „Obstkorb", das Gemüsegeschäft direkt an der Metzgerei in der Sperberstraße; 2007 folgt eine weitere Filiale in der Katzwanger Hauptstraße.

Herstellung

Um Bratwurst, Stadtwurst und andere Wurstspezialitäten herzustellen, braucht der Metzgermeister ein Grundbrät. Dieses wird aus verschiedenen Fleischteilen, klein geschnittenem Fett, Salz und Gewürzen im sogenannten Kutter zerkleinert und vermischt. In diesem aufwendig in Handarbeit gefertigten Gerät, bei dem sorgsam auf Sauberkeit geachtet werden muss, rotieren acht scharfe Sichelmesser mit hoher Geschwindigkeit und zerschneiden das Gemisch zu einem zähen Brei. Dabei sollte die sich entwickelnde Temperatur gerade so hoch sein, dass die vorhandenen Proteine im zerkleinerten Fleisch gelöst werden. Diese sorgen später für die Verbindung von Fetten mit dem im Fleisch gebundenen Wasser. Wird die Temperatur zu hoch, können die Proteine gerinnen. Deshalb wird die Temperatur durch Kühlung und Zugabe von Eis zwischen 0° C und 4° C gehalten. Neben penibler Sauberkeit und bestem Rohmaterial sind natürlich die Gewürzmischungen von entscheidender Bedeutung. Diese sind auch bei Familie Freyberger ein gut gehütetes Geheimnis und machen den besonderen Geschmack der Wurstwaren aus. Die sorgfältige Füllung und Abbindung des Darms ist letztlich für das Aussehen und die Größe der Wurst verantwortlich. Aber auch das frisches Bratwurstgehäck ist gerade in Franken ein beliebter Brotaufstrich.

Schmankerltipp

Der rote Presssack ist von seiner Entstehung her eigentlich ein Nebenprodukt der Hausschlachtung und ist mittelalterlichen Ursprungs. Während früher das vorgekochte, klein geschnittene und mit Blut gebundene Schweinefleisch in die Saumägen gefüllt wurde, sind es heute größere, magere und nahezu sehnenfreie Fleischwürfel aus der Keule. Geschmacklich abgerundet wird der Presssack durch kleine Speckwürfel sowie durch die reichliche Zugabe von Gewürzen wie Pfeffer, Piment, Nelken, Muskat, Zimt und Majoran. Die fertige Masse wird warm in schlachtfrische Schweinemägen (Blunze) gefüllt und von Hand abgebunden. Gekocht und über Buchenholz geräuchert ist der rote Presssack eine echte Brotzeitdelikatesse.

Wussten Sie schon,

… dass die Metzgerei Freyberger Gründungsmitglied der Vereinigung QNM (Qualitätsverbund Nürnberger Metzger – www.wirwissen-fleisch.de) ist?

… dass die Metzgerei Freyberger von der Zeitschrift „Feinschmecker" im April 2012 zu den 500 besten Einkaufsadressen Deutschlands gekürt wurde?

Nürnberger Stadtwurst

Die Stadtwurst wird als „Ungeräucherte" in Weiß, als „Geräucherte", als „Grobe" oder fein gekörnt, als „Einfache Stadtwurst" angeboten.

Besonderheit

Die Nürnberger Stadtwurst besteht aus 60 Prozent Bauch und Backen, überwiegend vom Schwein. Die Fleischteile werden grob gewürfelt und leicht angefroren. Pökelsalz (rote Stadtwurst) oder Kochsalz (weiße Variante) sowie Gewürze werden vermengt und durch den Fleischwolf gedreht. Dann werden Gewürze wie Pfeffer, Kümmel, Majoran, Muskat, Senfmehl beigemischt und 40 Prozent Brühwurstbrät portionsweise untergemengt. In Kranzdärme gefüllt, werden die Würste heiß geräuchert oder bei 75° C bis mindestens 68° C Kerntemperatur gebrüht.

Verzehrtipp

Die Stadtwurst wird kalt oder warm, mit Kraut oder anderen Beilagen gegessen. Sie lässt sich aber auch zu Wurstsalat verarbeiten – falls man sie nicht zur Brotzeit mit Senf und Meerrettich, zum Warmessen mit Kartoffelsalat, als „Stadtwurst mit Musik" (Zwiebeln mit Essig und Öl, Pfeffer und Schnittlauchgarnitur) oder zum Sauerkraut mit dunklem Brot genießen möchte.

Lagerung

Die „Weiße" sollte innerhalb von 3 Tagen – bei Lagerung im Kühlschrank – verzehrt werden. Die geräucherte Variante hält sich länger.

Bezugsquellen

In den Filialen Sperberstraße 99 und Katzwanger Hauptstraße 40 in Nürnberg, aber auch in vielen Metzgereien in Franken und der Oberpfalz.

Spezialität

KATEGORIE

FLEISCH & WURSTWAREN

Nürnberger Bratwürste

Sie bestehen aus grob entfettetem Schweinebauch und Schulter und haben mit nur 23 Prozent einen für Grillwürste sehr niedrigen Fettgehalt. Mit feinen Zutaten und dem Metzger eigenen Geheimnissen gewürzt, eignen sie sich hervorragend zum Grillen und zur Zubereitung in der Pfanne.

Besonderheit

Für die Bratwürste wird das Fleisch gewolft, gekuttert, gewürzt, in Schafsaitling gefüllt und dann auf etwa 7-9 cm abgedreht. Auch das Brät allein, in Nürnberg als „Gehäck" verkauft, ist ein Hochgenuss. Man kann es mit Zwiebeln und Paprikapulver ähnlich wie Tatar zubereiten oder einfach in einer frischen Semmel oder auf würzigem Brot genießen.

Verzehrtipp

Optimal ist die Zubereitung auf dem Holzofengrill. Beim Braten in der Pfanne empfiehlt sich die Verwendung von frischem Schweineschmalz, um den typisch würzigen Geschmack zu verstärken.

Lagerung

Frische, ungebrühte Nürnberger Bratwürste haben auch einen sehr geringen Salzanteil und sind nicht geräuchert oder mit Konservierungsstoffen versetzt. Sie sind daher gekühlt höchsten ein bis zwei Tage haltbar. Zum späteren Verzehr bietet die Metzgerei Speckner die Würstel in kleinen Dosen mit originellen Aufschriften an.

Bezugsquellen

Nürnberger Bratwürste bekommt man in Obermeisterqualität frisch oder in Dosen (auch im Internet) bei der Metzgerei Speckner oder bei etwa 150 Metzgereien im Nürnberg.

Metzgerei Speckner

Region: 90429 Nürnberg/Mittelfranken
Gründungsjahr: 1958
Spezialität des Hauses:
Nürnberger Bratwürste

Inhaber: Manfred und Silvia Seitz

1958 wurde die Metzgerei von Barbara und Franz Speckner in der Wiesenstraße in Nürnberg gegründet. Bis heute ist sie ein handwerklicher Familienbetrieb ohne Filialen geblieben. Nach dem Umzug in die Fürther Straße im Jahr 1964 übernahmen Tochter Silvia und Schwiegersohn Manfred Seitz 1989 den Betrieb. Da Nürnberg keinen eigenen Schlachthof mehr besitzt und die Errichtung eines eigenen Schlachtbetriebs für kleine handwerkliche Metzgereien zu kostspielig ist, holt der Metzgermeister die Rohwaren für seine 100 Produkte aus den Schlachthöfen im nahen Erlangen und in Fürth-Burgfarrnbach. 2008 errang die Metzgerei bei einer Blindverkostung von handwerklich hergestellten Nürnberger Bratwürsten den ersten Platz. Ganz besonders stolz sind der Obermeister, seine Frau und die zwölf Mitarbeiter aber auf die Auszeichnung des „Feinschmeckers". Das Gourmet-Journal krönte den Betrieb bereits drei Mal hintereinander in die Runde der 400 besten Metzgereien Deutschlands. Darüber hinaus kann der Familienbetrieb auf 20 Jahre Erfahrungen in der Planung und Durchführung von Partys, Feiern und Empfängen zurückblicken.

Schmankerltipp

Eine der beliebtesten Würste von Obermeister Seitz ist die Nürnberger Stadtwurst, die ursprünglich nur für den Rat der Stadt hergestellt wurde. Es gibt sie als rote, geräucherte und rohe weiße Wurst. Das Brät wird mit Zwiebel verfeinert und mit Muskat und Majoran gewürzt. Sie hat einen Durchmesser von 38 mm und ist im Ring zu 300 bzw. 800 Gramm erhältlich.

Wussten Sie schon,

... dass die Metzgerei Speckner neben den Nürnberger Bratwürsten auch Fränkische Bratwürste, Schinkenrotwurst und die vielgeliebte Gelbwurst herstellt?
... dass es nach Recherchen eines Nürnberger Bratwurstherstellers 1.624 Wurstsorten in Franken geben soll?
... dass es in der Metzgerei Speckner auch verschiedene Sorten des Siegersdorfer Landbrotes aus Schnaittach in der Fränkischen Schweiz gibt?

Schutzverband Nürnberger Bratwürste e.V.

Region: 90489 Nürnberg/Mittelfranken
Gründungsjahr: 1313
Produkte: Wurstwaren
Spezialität des Hauses:
Nürnberger Bratwürste
Höhepunkte, Veranstaltungen:
Nürnberger Christkindlesmarkt,
im Juni Nürnberger Bratwurstdorf

M. Koczwara und Dr. H. Frommer

Gwieß nergeds in der Welt senn die Wörscht su klaa, su knuspret und su gout.

*(Helene v. Forster - Schriftstellerin aus Nürnberg * 1859 + 1923)*

Warum die Nürnberger Bratwurst so klein ist, darüber gibt es einige Spekulationen. Eine Geschichte besagt, dass so Gefangene im Nürnberger Lochgefängnis durch das Schlüsselloch von ihren Angehörigen mit Wurst versorgt werden konnten. Einer anderen Legende zufolge mussten die Würste ebenfalls durch das Schlüsselloch passen, um Reisende auch nach Beginn der Sperrstunde noch verköstigen zu können. Sicher ist, bereits 1497 wurde die erste Verordnung über Größe, Füllung und Preis der Würste verabschiedet. Dass „Pratwurst" allein von „Schweinenprät" gemacht wird, forderte der Rat von Nürnberg. Heute ist es ein Qualitätsmerkmal der Nürnberger Rostbratwürst, die ausschließlich aus gewolftem Fleisch bestehen.

Geschichten

Für die exakte Längenmessung wurde eigens eine Messgabel entwickelt. Dr. Hartmut Frommer, Vorstandsvorsitzender des Schutzverbandes Nürnberger Bratwürste e.V., ist berufener Hüter der Nürnberger Spezialität. Er nutzt die Gabel gern, um die Maßtreue der Bratwürste bei den Anbietern zu prüfen und zu demonstrieren. Die Bezeichnung „Original Nürnberger Rostbratwürste" ist als geografische Herkunftsbezeichnung von der EU als geschützt eingestuft. Das bedeutet, dass sie ausschließlich in der Stadt Nürnberg hergestellt werden dürfen.

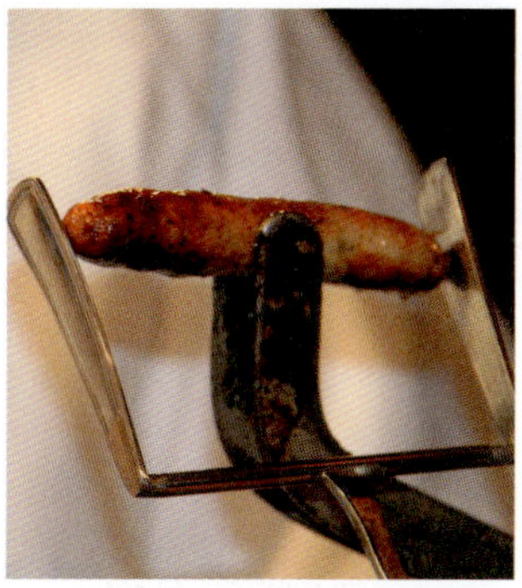

Schmankerltipp

Eine schmackhafte Weiterverarbeitung der Bratwürste findet man in den „Sauren Zipfeln". Dafür werden sie in Essig-Zwiebel-Sud eingelegt. Für ein G'häck-Weckla oder G'häck-Brot streicht man zwei rohe Bratwürste auf Brötchen oder Brot.

Wussten Sie schon,

... dass es einen eigenen „Bratwurstspaziergang-Führer" gibt, den man direkt beim Schutzverband Nürnberger Bratwürste e.V. bestellen kann?
... dass der Rat der Stadt Nürnberg auch heute auf die Qualität „seiner Bratwürste" achtet und die Rezeptur für die Nürnberger Bratwürste vorschreibt?

Spezialität

KATEGORIE
FLEISCH & WURSTWAREN

Nürnberger Bratwürste

Nürnberger Bratwürste, Werschdla, Wörschdla oder Broadwerschtla. Bereits 1313 erstmals urkundlich erwähnt, sind sie jeweils circa 25 Gramm schwer mit einem Durchmesser von rund eineinhalb Zentimetern und einer Länge von etwa acht Zentimetern.

Besonderheit

Der Name „Bratwurst" kommt nicht vom Braten, sondern vom „Brad". So heißt die Wurstmasse, die im Schafsaitling auf 7-9 cm abgedreht wird, auch Mett oder „Brät". Die Nürnberger Bratwurst wird ausschließlich aus Schweinefleisch ohne Sehnen und Schweinebauch ohne Schwarte hergestellt. Dadurch liegt der Fettanteil unter 35 Prozent. Besonders typisch für den Geschmack ist der Majoran. Dazu kommen Kochsalz, Pfeffer, Ingwer, Kardamom und Zitronenpulver.

Verzehrtipp

Am besten schmecken die Nürnberger Bratwürste in einer der urigen Nürnberger Bratwurstküchen, frisch vom Buchenholz- oder Holzkohlegrill, von allen Seiten knusprig gebräunt, mit fränkischem Kren (Meerrettich). Die Beigabe von Senf ist in Nürnberg nicht die erste Wahl für die Bratwurst. Üblich sind dabei folgende Bestellmengen: „Eine auf der Gabel", „Drei im Weckla" oder 6, 8, 10, 12 Stück mit klassischen Beilagen auf den traditionellen Zinntellern.

Lagerung

Frische Bratwürste müssen am Herstellungstag gebraten und verzehrt werden. Vorratshaltung ermöglichen vakuumverpackte oder eingedoste Würste.

Bezugsquellen

Etwa 150 Metzgereien im Nürnberger Stadtgebiet.

Haeberlein und Metzger

Inhaber: Dr. Hermann Bühlbecker

Region:	90425 Nürnberg/Mittelfranken
Gründungsjahr:	1920
Produkte:	Lebkuchen
Spezialität des Hauses:	Nürnberger Elisen-Lebkuchen
Höhepunkte, Veranstaltungen:	Nürnberger Christkindlesmarkt

Seit dem Jahre 1395 ist der Berufsstand der Lebküchner verbrieft. Sie handelten mit Honig und Bienenwachs, siedeten Met, gossen Kerzen und buken Lebkuchen. Auch in Nürnberg begann zu dieser Zeit die gewerbsmäßige Lebkuchenherstellung, denn die Stadt war ein wichtiger Schnittpunkt für Handelsrouten und deshalb auch gut mit exotischen Früchten und Gewürzen versorgt. Zudem befand sich im Nürnberger Reichswald eine große Honigproduktion. Damit standen reichhaltige Quellen für die wichtigsten Lebkuchenzutaten wie Honig, Mandeln und Gewürze zur Verfügung.

Die Geschichte der Nürnberger Lebkuchenbäckerei lässt sich bis in das Jahr 1492 zurückverfolgen. 1643 wurde in Nürnberg die unabhängige Zunft der Lebzelter gegründet. Nur zwölf Meistern war es seinerzeit erlaubt, in der Stadt Lebkuchen herzustellen. Aus Kirchenbüchern geht hervor, dass ein Lebküchner namens Junkmann in der Äußeren Laufer Gasse als erster nachweisbarer Vorgänger der späteren Firma Heinrich Haeberlein gelten muss. 1864 ging diese frühe Lebkuchenbäckerei an Heinrich Haeberlein, den Pionier der Nürnberger Lebkuchenfabrikation über. Die Linie „Metzger" fand erstmals 1586 Erwähnung, während ein Inserat aus dem Jahre 1816 das Bestehen der gleichnamigen Lebkuchenbäckerei dokumentiert. 1920 schlossen sich die Firmen zusammen und brachten nach überlieferten Rezepten „Feinste Haeberlein-Metzger Lebkuchen" auf den Markt. Im Jahre 1927 erkannte das Landgericht Berlin die Bezeichnung „Nürnberger Lebkuchen" als Herkunftsbezeichnung an. Seit 1996 steht er als „geschützte geografische Angabe" unter Markenschutz. Drei Jahre später wurde „Haeberlein-Metzger" von der Henry Lambertz GmbH aus Aachen übernommen und seither sehr erfolgreich ausgebaut und weitergeführt. Die Firmengeschichte der Aachener als Lebkuchenhersteller reicht ebenfalls weit zurück: bis in das Jahr 1688. Produziert werden die feinen Lebkuchen jedoch nach alter Tradition – und unverändert in ihrer hohen Qualität – in Nürnberg. Bis heute kommen die köstlichen Produkte auch in hübsch gestalteten Truhen und Schmuckdosen mit historischen Motiven in den Verkauf.

Geschichten

Honig war und ist eine wichtige Zutat bei der Lebkuchenerzeugung. Im Mittelalter war es das einzige Süßungsmittel, das in größeren Mengen zur Verfügung stand. Der Lorenzer Reichswald in Nürnberger lieferte damals mit seinem Heidekraut, mit Fichten, Haselstauden und Linden nicht nur viel Holz, sondern auch reichlich Honig. Man nannte ihn deshalb „Des Heiligen Römischen Reiches Bienengarten". Dieser Umstand trug entscheidend zum Ruf Nürnbergs als Lebkuchenstadt bei.

Herstellung

Die Elisen-Lebkuchen sind die Krönung der Lebkuchenbackkunst. Feinste Zutaten wie Nüsse, Eier, Gewürze und Honig werden, ohne die Zugabe von Mehl, nach überlieferten Rezepten zu einem Lebkuchenteig vermischt. Dieser wird durch Aufstreichen auf dünne Oblaten in die gewünschte Form gebracht. Obwohl es sie heute auch in Miniatur-Ausführung gibt, sind die „Elisen" traditionellerweise größer als einfache Lebkuchen. Anschließend kommen die runden oder rechteckigen Rohlinge in lange Backstraßen, in denen sie unter ständiger Kontrolle schonend gebacken werden. Nach dem Backvorgang werden sie mit Schokolade oder Zuckerglasur weiter veredelt. Abschließend verpackt man sie in Kartons, Tüten oder historische Blechschmuckdosen. In den liebevoll und aufwendig gestalteten Lebkuchentruhen und Spieluhrdosen werden die weltbekannten Elisen in jedem Winter zum Inhalt festlicher „Schatzkästchen".

Schmankerltipp

Neben den Lebkuchen sind die Vanille-Kipferl von Haeberlein-Metzger, ein feines Vanillegebäck mit einem Hauch von Puderzucker, ein besonderes Schmankerl zur Weihnachtszeit.

Wussten Sie schon,

... dass das älteste schriftlich festgehaltene Lebkuchen-Rezept aus dem 16. Jahrhundert stammt und im Germanischen Nationalmuseum in Nürnberg aufbewahrt wird?

... dass Nürnberg mit 500.000 Einwohnern die zweitgrößte Stadt in Bayern und fast 1.000 Jahre alt ist?

Elisen-Lebkuchen

Der Begriff „Nürnberger Lebkuchen" ist weltbekannt und seit 1927 als Herkunftsbezeichnung gesetzlich geschützt. Elisen-Lebkuchen gelten als die Krönung der Lebkuchenkunst. Sie werden aus erlesensten Zutaten hergestellt und zeichnen sich durch einen besonders hohen Nussanteil aus. Als Lebkuchen der Spitzenklasse und dürfen sie nur zehn Prozent Mehl enthalten. Die runden oder rechteckigen Elisen-Lebkuchen werden nach dem aufwendigen Backvorgang noch mit Schokolade veredelt oder mit Zuckerglasur überzogen.

Besonderheit

Elisen-Lebkuchen gelten als die Lebkuchenspezialität schlechthin. Ihre Entstehung geht auf eine Sage zurück: Als im Jahre 1720 die Tochter eines Lebküchners schwer erkrankte, mischte der verzweifelte Vater einen ganz besonderen Teig aus Haselnüssen, Bienenhonig und besten Gewürzen zusammen und buk ihn zu einem Lebkuchen. Nach dem Verzehr desselben wurde seine Tochter Elisabeth wieder gesund – und diese Lebkuchenart trug fortan ihren Namen.

Verzehrtipp

Am besten passt der Elisen-Lebkuchen wohl zum Nürnberger Glühwein, aber auch zu einer guten Tasse Kaffe oder zu Tee ist die „Winternahrung" ein wohlschmeckender Begleiter.

Lagerung

Elisen-Lebkuchen sollten kühl und trocken gelagert werden.

Bezugsquellen

Elisen-Lebkuchen von Haeberlein-Metzger sind während der Saison deutschlandweit im Handel erhältlich. Sie können auch über die Webshop auf www.lambertz-shop.de bestellt werden.

Dr. C. SOLDAN® GmbH

Perry Soldan

Region:	90427 Nürnberg/Mittelfranken
Gründungsjahr:	1899
Produkte:	Bonbonspezialitäten
Spezialität des Hauses:	Aecht Bayrischer Blockmalz

Bonbonkochen ist eine Kunst, denn ein Bonbon verzeiht nichts. Ein Fehler in der Herstellung und es klebt bereits im Beutel zusammen. Ein weiterer, und die Aromen entfalten sich nicht. Der Lehrberuf des Bonbonmachers ist rar, aber es gibt sie noch, die echten Bonbonmacher. Sie sind eingeweiht in die Geheimnisse ihres Handwerks und kennen jeden Schritt der Verwandlung von der Zuckermasse zum Bonbon mit vielfältigen Geschmacksrichtungen.

Über tausend selbst entwickelte Rezepturen sind gut gehüteter Schatz und Eigentum von Dr. C. SOLDAN. Das Familienunternehmen, in vierter Generation geführt von Perry Soldan, wurde bereits vor 111 Jahren gegründet. Sein Urgroßvater, Apotheker und Medizinalrat Dr. Carl Soldan, machte sich 1899 mit einer Medizinaldrogerie selbstständig. Schon damals überzeugte und überraschte er mit Innovationen wie Handschutzcreme, Tee und natürlich Bonbonspezialitäten. Seine erste Bonbonrezeptur ist heute ein Klassiker und gab der Gattung Bonbon einen Namen: Em-eukal – eine Mischung aus Eukalyptus und Menthol. Während seinerzeit die Ärzte das Em-eukal den Bergleuten gegen Bronchialbeschwerden verschrieben, genießt man heute die Bonbons in vielen verschiedenen Geschmacksrichtungen zu allen nur denkbaren Gelegenheiten:
Em-eukal® Klassisch, Zitrone, Salbei, Cool Mint, Holunderblüte, Roter Apfel, Sanddorn oder die berühmte Kindervariation Kinder Em-eukal Wildkirsche. Entscheidend für den guten Geschmack ist neben der Rezeptur auch die Qualität aller Zutaten, allen voran die der ätherischen Öle und Kräuterextrakte. So kennen die Bonbonmacher von Dr. C. SOLDAN seit Jahrzehnten ihre Lieferanten. Das Familienunternehmen, das derzeit jährlich rund 53 Millionen Euro Umsatz verzeichnet, produziert in zwei Jahren so viele Bonbons, dass diese aufgereiht den Äquator umspannen würden. Das ermöglichen neben 16 Bonbonmachern auch modernste Anlagen in der Produktionsstätte, die seit 1960 in Adelsdorf bei Nürnberg zu Hause ist.

Geschichten

Das Erkennungszeichen und der damit verbundene Slogan der Em-eukal-Produkte „Nur echt mit der Fahne" hat seine Geschichte: In den 1950er-Jahren haben Ärzte den Bergleuten im Ruhrgebiet die Bonbons gegen Bronchialbeschwerden verschrieben. Die weiß-rote Fahne, deren Enden aus der Bonbonverpackung herausragen, sicherte damals ein hygienisches Auswickeln. Ohne den Bonbon mit den von der Arbeit schmutzigen Händen berühren zu müssen, kamen die Bergleute zu ihrem wohltuenden Genuss. Noch heute besitzt Dr. C. SOLDAN die pharmazeutische Herstellungserlaubnis gemäß Arzneimittelgesetz. Sie hat EU-weite Gültigkeit. Außerdem ist Dr. C. SOLDAN seit 2004 BIO-zertifiziert.

Herstellung

Bonbonkochen ist eine Kunst, die alle Sinne beansprucht, und viel Gefühl, aber auch Kraft erfordert. Wie bei einem Parfumeur riecht die Nase des Bonbonmachers die Unterschiede der Ingredienzen in feinsten Nuancen. Bis heute wird der Aecht Bayrische Blockmalz nach einem Originalrezept von Dr. Carl Soldan hergestellt. Er enthält in seiner traditionellen Zusammensetzung Zucker und mindestens fünf Prozent Malzextrakt. Der später zum Medizinalrat ernannte Apotheker entwickelte Anfang des 20. Jahrhunderts den ersten Blockmalz als Mittel gegen Husten und Rachenentzündungen. Nicht nur wegen der wohltuenden Eigenschaften für Hals und Rachen, sondern auch wegen seiner geschmacklichen Vorzüge wurde dieses Bonbon schnell sehr beliebt. Der aus Getreide gewonnene Malzextrakt wird dafür mit den anderen Zutaten vermischt und zur Wasserreduktion über offenem Feuer eingekocht. Durch das sogenannte Feuerbrennen karamellisiert der Zucker in Staustufen und erhält seine typische dunkelbraune Farbe. Anschließend wird die Masse heruntergekühlt und mit einem Messer in mundgerechte Stücke zerhackt. Nach der endgültigen Abkühlung durchlaufen die fast fertigen Bonbons eine Bestäubungstrommel mit Staubzucker und werden danach in die weißblauen Tüten verpackt.

Schmankerltipp

Ein paar Stücke Aecht Bayrischer Blockmalz im Tee geben diesem ein ganz besonderes Aroma. Konsequenterweise kann er auch zum Süßen von Malzkaffee verwendet werden.

Wussten Sie schon,

... dass die Zentralfachschule der Deutschen Süßwarenwirtschaft in Solingen die einzige Berufsschule für Bonbonmacher in Deutschland ist?

... dass der Verlag Deutsche Standards EDITIONEN GmbH Em-eukal 2009 zur „Marke des Jahrhunderts" in der Rubrik „Hustenbonbons" kürte?

Aecht Bayrischer Blockmalz

Eine bayerische Bonbonspezialität von Dr. C. SOLDAN®, die damals wie heute traditionell über offenem Feuer gekocht und in Stücke zerschlagen wird.

Besonderheit

Die Bonbonspezialität „Aecht Bayrischer Blockmalz" aus dem Hause SOLDAN ist ein altbewährtes und dennoch zeitgemäßes Hausmittel. Ideal auch zum Süßen von Tee. Das aus Gerste gewonnene Malz schützt Rachenraum und Atemwege. Zuckerhaltig enthalten 100 Gramm 1.620 kJ (381 kcal) Brennwert, null Gramm Eiweiß, 95 Gramm Kohlenhydrate und null Gramm Fett. Aecht Bayrischer Blockmalz ist laktosefrei.

Verzehrtipp

In heißer Milch aufgelöster Blockmalz schmeckt sehr gut und wird auch als bewährtes Hausmittel gegen Husten und Heiserkeit eingenommen.

Lagerung

Bayrisch Blockmalz sollte kühl und trocken gelagert werden. Es gelten die Verfallsdaten auf den Verpackungen.

Bezugsquellen

Traditionsgemäß ist Dr. C. SOLDAN® Aecht Bayrischer Blockmalz in Apotheken und Drogeriemärkten erhältlich.

Schamel Meerrettich GmbH & Co. KG

Hanns-Thomas und Helmut Schamel

Region:	91083 Baiersdorf/Mittelfranken
Gründungsjahr:	1846
Produkte:	Meerrettich-Spezialitäten
Spezialität des Hauses:	Bayerischer Meerrettich
Höhepunkte, Veranstaltungen:	September: Baiersdorfer Krenmarkt; Oktober: „Scharfe Wochen in der Fränkischen Schweiz"; November: „Kren-aktiv" Köchewettbewerb

„Er muss in die Zunge beißen, wenn er dies nicht tut und der Zunge gelind und gut tut, so ist er nicht gut!" So zu lesen im schärfsten Museum der Welt – Schamels Meerrettich-Museum in Baiersdorf. Die vitamingewaltige Wurzel hat mehr Vitamin C als eine Zitrone und ihre hohe Konzentration an ätherischen Senfölen und antibakteriell wirkenden Inhaltsstoffen macht den Meerrettich seit Jahrhunderten zu einer weit verbreiteten Heil- und Gewürzpflanze.

Das Zentrum der europäischen Meerrettichproduktion liegt in Bayern. Genauer gesagt in Baiersdorf. Seit über 150 Jahren beschäftigt sich die Familie Schamel dort mit der scharfen Wurzel. 1846 gründete Johann Wilhelm Schamel eine Krengroßhandlung mit Stangenware. Sein Enkel Johann Jakob Schamel erkannte die Bedeutung des Meerrettichs für Küche und Gesundheit und hatte 1912 erstmals die Idee, reibfrischen Meerrettich genussfertig in Gläser abzufüllen. Die Brüder Hanns-Thomas und Hartmut Schamel führen heute in der 5. Generation fort, was der Urgroßvater begann. Am Grundprodukt hat sich in all den Jahren praktisch nichts verändert. Ebenso wenig am Geschmack der Verbraucher. Nach wie vor sind die Klassiker „Bayerischer Tafel- und Sahnemeerrettich" die unangefochtenen Favoriten im Sortiment. Mittlerweile genießen sie sogar den Schutz der EU als regionale Spezialität. Die konsequente Entwicklung hat dem Schamel Meerrettich einen Eintrag in die Königsklasse deutscher Produkte beschert. So wurde er 2007 als „Deutsche Standards – Marke des Jahrhunderts " eingetragen. Von diesem Engagement profitiert auch die fränkische Landwirtschaft, denn der überwiegende Teil des Rohprodukts wird im Vertragsanbau kultiviert. Das Unternehmen kauft jährlich nahezu die gesamte heimische Meerrettichernte auf und produziert ausschließlich direkt vor Ort in Baiersdorf. Mit mehrjährigen Anbauverträgen sichert Schamel die Existenz von über 100 fränkischen Krenbauern. Obwohl die scharfe Wurzel nie aus der Mode kam, profitiert sie immer wieder von neuen Kreationen. Geschmacksvarianten mit Preiselbeeren, Äpfeln und Orangen oder die Markenneuheit „Raspelstix" mit Krenraspeln bereichern heute das Angebot.

Geschichten

Auf Schloss Scharfeneck zu Baiersdorf hatten die Nürnberger Burg- und Markgrafen ihren Sommersitz. Der Sage nach soll Markgraf Johann im 15. Jahrhundert von einer seiner weiten Reisen diese Wunderwurzel nach Baiersdorf gebracht haben. Heute ist die Gegend rund um die Meerrettichstadt Baiersdorf – zwischen Nürnberg und Bamberg – das traditionsreichste Krenanbaugebiet der Welt. Die Verarbeitung der scharfen Wurzel war bis in das frühe 20. Jahrhundert eine wahre Tortur. So wurde früher bei Schamel der Kren in Handarbeit von „Krenweible-Kolonnen" geputzt. Wenn die Meerrettichstangen gekratzt oder gerieben wurden, setzten sich ätherische Öle und der Wirkstoff Sinigrin frei, der brennendes Beißen in den Augen verursachte. Das ließ sich im Winter nur, in dicke Kleidung eingemummt, dicht um den Ofen herum, bei gleichzeitig weit geöffnetem Fenster ertragen.

Herstellung

Meerrettich ist eine bis zu 1,20 Meter hoch wachsende Staude. Die Meerrettichwurzel, auch Meerrettichstange genannt, wird 30 bis 40 cm lang und vier bis sechs Zentimeter dick. Die Wurzel trägt am Ende Seitentriebe, die im folgenden Jahr den Bauern als Setzlinge dienen, da der Meerrettich in unseren Breitengraden keinen Samen entwickelt. Meerrettich ist ein frostresistentes Gemüse und wird in den Monaten Oktober bis November geerntet. Da der Kren sehr viele Nährstoffe aus dem Boden holt, soll er nur alle drei Jahre auf dem selben Feld angebaut werden.

Die Tradition des Meerrettichs geht weit zurück. Der sandig-lehmige Untergrund der fränkischen Äcker lieferte bereits vor 500 Jahren ordentliche Erträge der magischen Wurzel. Bevor Pfeffer die bayerische Küche eroberte, war Meerrettich neben dem Senf das einzige scharfe Gewürz. Die Wurzeln werden bei Schamel im Herbst in Klimakammern eingelagert und das ganze Jahr über täglich frisch gerieben und reibfrisch in Gläser, Tuben und Eimer abgefüllt. Durch die Verarbeitung im traditionellen Kaltverfahren bleiben das typische Aroma und die wertvollen Inhaltsstoffe erhalten.

Schmankerltipp

Eine besondere Note kann man seinem Schnitzel verleihen, wenn man es nach dem Klopfen nicht nur mit Salz und Pfeffer würzt, sondern auch mit Meerrettich bestreicht. Danach wird es wie gewohnt paniert und gebraten.

Wussten Sie schon,

… dass mit einer Scheibe Meerrettich im Geldbeutel dieser niemals leer werden soll?
… dass die scharfe Wurzel schon die Arbeitsleistung der ägyptischen Pyramidensklaven gesteigert haben soll?
… dass der tägliche Verzehr von einem Löffel Meerrettich mit Honig gemischt wirksam vor Erkältungen schützen soll?

Bayerischer Meerrettich

Die Rohware zur Herstellung von „Bayerischem Meerrettich" muss zu 100 Prozent aus Bayern stammen, da sie maßgeblich für die besondere Schärfe, den scharf-würzigen und erdig-nussigen Charakter ist. Bei der besonders schonenden Verarbeitung ist das Fertigprodukt von einwandfreier heller Farbe und hochviskoser Konsistenz. Seit 2007 ist die Bezeichnung „Bayerischer Meerrettich" von der EU als „geografische Angabe" geschützt und damit als regionaltypische Spezialität Bestandteil des Weltgenusserbes.

Besonderheit

Meerrettich, in Bayern auch Kren genannt, ist im rohen Zustand eine nahezu geruchlose Wurzel, duns beim Reiben oder Schneiden die Tränen in die Augen treibt, weil dabei die enthaltenen Senföle als Dämpfe freigesetzt werden. Seit jeher gilt Meerrettich als Heilpflanze, denn er ist reich an antibiotisch wirkenden, schwefelhaltigen Senfölen, Kohlenhydraten und Mineralien. Der Vitamin-C-Gehalt der frischen Pflanze ist mit 144 mg/100 g Frischgewicht doppelt so hoch wie bei Zitronen.

Verzehrtipp

Meerrettich passt hervorragend zu kalten Speisen wie Räucherfisch oder Brotzeitplatten. Zu Wild oder gebackenem Camembert empfiehlt sich Preiselbeer-Sahnemeerrettich.

Lagerung

Meerrettich kann im kühlen Keller, am besten in feuchtem Sand oder Erde eingehüllt, bis zum Frühjahr eingelagert werden. Verarbeitet in Glas oder Tube hält man ihn das ganze Jahr über frisch. Geöffnet ist er im Kühlschrank bis zu vier Wochen haltbar.

Bezugsquellen

Im gut sortierten Lebensmittel-Einzelhandel, in Metzgereien, Fisch- und Feinkostgeschäften.

Privater Brauereigasthof „Zum Löwenbräu“

Inhaber: Monika und Benno Wirth

Region:	91325 Adelsdorf-Neuhaus/Mittelfranken
Gründungsjahr:	1747
Produkte:	Hotellerie, Gastronomie, Brauerei, Brennerei, Felsenkeller
Spezialität des Hauses:	Gebackener Aischgründer Pfefferkarpfen
Höhepunkte, Veranstaltungen:	Biergartensaison „auf dem Felsenkeller“ ab 1. Mai (600 Plätze) siehe auch www.zum-loewenbraeu.de und FON 09195-7221

Es heißt, der Fisch will drei Mal schwimmen: Einmal im Teich, einmal im Schmalz und einmal im Bier. Ein guter Grund für Benno Wirth, einer Fischspezialität der Region ein eigenes Weißbier zu widmen. Das bernsteinfarbene Hefeweizen, die „Aischgründer Karpfen-Weisse“, die der Braumeister in seinem Brauerei-Gasthof herstellt, ist ein süffiges Landbier, das den Juroren des „European Beer Star“ in drei aufeinanderfolgenden Jahren nach einer Goldmedaille schmeckte.

Nur zwei Kilometer von der Autobahnausfahrt entfernt – eingebettet in die idyllische Weiherlandschaft des Aischgrundes – liegt der mittelfränkische Hotel- und Brauerei-Gasthof „Zum Löwenbräu“. Die Familie bewirtschaftet seit 1747, und damit seit neun Generationen, das Anwesen – heute mit Hotel, Gasthof, Brennerei und Brauhaus. Insgesamt 120 Plätze in vier urgemütlich eingerichteten Stuben und ein „Biergärtchen“ laden zum Genießen ein. Im Sommer treffen sich Jung und Alt auf dem „Löwenbräu-Felsenkeller“, der sich innerhalb eines alten, kultivierten Baumbestands befindet. Von weither kommen die Liebhaber fränkischer Gasthaus- und Biergartenkultur, auch wegen dem heiß begehrten Bratwurstsalat. Dazu serviert die begnadete Köchin Monika Wirth, die ein Dutzend Hände zu haben scheint, Malzschrotbrot aus dem Steinbackofen zum hausgebrauten Bier. Die Küche ist hier frisch, leicht und ausgezeichnet. Die Wirtin entwickelt aus dem, was ihr die Region bietet, saisonale Köstlichkeiten mit schier unerschöpflicher Kreativität. In ihrer „Schmankerlmanufaktur“ entwickelt sie zudem hausgemachten Bierlikör, Biergelee, Bierpralinen, Löwenzahnhonig, Fichtenspitzensirup, Lebkuchen und Plätzchen. Verkauft werden die Leckereien auch in einem Brauereilädchen, wo sich der Feinschmecker – bis hin zum frisch gebackenen Natursauerteigbrot – mit dem für die Heimreise eindecken kann, was ihm besonders geschmeckt hat.

Geschichten

Da auch der Klerus seinerzeit ab und an auf ein „Opfer verzichten wollte“, wird erzählt, dass die Züchtung der kräftigen Karpfenart „Cyprinus Carpio“ angeblich auf den frommen Wunsch eines Bamberger Bischofs zurückgeht, der nach möglichst tellerfüllendem Fisch begehrte. In der Fastenzeit war es allerdings verpönt, den Karpfen über den Tellerrand hängen zu lassen. Das weiß natürlich auch die Wirtin des Brauerei-Gasthofs „Zum Löwenbräu“. Ihr Karpfen hängt deshalb keineswegs über den Rand des Tellers, sondern neigt sich – frisch gebacken – nach oben, zum Gast hin, woran der Kenner zugleich auch dessen Frische erkennt.

Herstellung

Die 260-jährige Brauerfahrung in der familiengeführten Privatbrauerei und alte, überlieferte Rezepturen lassen Braumeister Benno Wirth

Biere brauen, die einfach schmecken. Die Biere passen wie ‚gemacht‘ zu den Gerichten aus der hauseigenen Küche. Neben der „Aischgründer Karpfen-Weissen“, einem „Fränkischen Urtrunk“ und einem hopfenbitteren „Edel-Pilsner“ gehört auch ein würziger, „Altfränkischer Kellertrunk“ aus dem Rezeptbuch des Großvaters zu den Lieblingsbieren der Gäste. Die Rohstoffe aus der Region des fränkischen Aischgrundes und das Wasser aus dem Hausbrunnen liefern dazu den Bieren die natürlichen Faktoren für ihren unverwechselbaren Geschmack.
1992 erwarb die Familie das gewerbliche Brennrecht. Das war wichtig, um einen eigenen Bierschnaps herstellen zu können. 1999 wurde mit dem Bau des neuen Sudhauses auch eine Brennerei installiert. Schon bald zeigte sich, dass auch die Brände von ausgezeichneter Qualität sind, und so wagte Braumeister Wirth die öffentliche Prüfung. Er reichte seinen „Benno’s Bier-Brannt“ zur Prämierung beim Fränkischen Klein- und Obstbrennerverband ein und gewann damit 1999 auf Anhieb Gold!

Schmankerltipp

Der optimale Begleiter zum gebackenen Aischgründer Spiegelkarpfen ist die „Aischgründer Karpfen-Weisse“. Von 2007 bis 2009 jeweils mit dem Gold Award beim „European Beer Star“ bewertet, mundet das bernsteinfarbene, vollmundige Weißbier mit seinem fruchtigen Aroma wunderbar stimmig mit dem ausgeprägten Eigengeschmack des Fisches.

Wussten Sie schon,

... dass der Brauerei-Gasthof auch ein Flair-Hotel mit 52 Betten ist (www.flairhotel.com) und zum Verband der „Privaten Braugasthöfe“ gehört? (www.braugasthoefe.de)

... dass es einen Grätenschneider für den Karpfen gibt? Er zerschneidet die im Filet verbleibenden Y-Gräten schnell und sicher in kleine Stückchen, so werden Sie dann beim Verzehr nicht mehr bemerkt.

Aischgründer Spiegelkarpfen

Seinen Namen erhielt der Karpfen aus dem im westlichen Mittelfranken liegenden Aischgrund – einer Naturlandschaft zwischen Nürnberg, Bamberg und Neustadt, die wegen ihres hohen Grundwasserpegels landwirtschaftlich nur schwer nutzbar, aber zur Teichwirtschaft gut geeignet war.

Besonderheit

Der Aischgründer Karpfen ist ein besonders hochrückiger und gering beschuppter Karpfen mit festem, mittelfetten Fleisch. Sein hoher Gehalt an Omega-3-Fettsäuren und sein wertvoller Eiweißgehalt zeichnen ihn als hochwertiges Nahrungsmittel aus. In den Monaten von September bis April werden allein in Mittelfranken rund 750 Tonnen Karpfen verzehrt – das entspricht etwa 1,2 Millionen Portionen.

Verzehrtipp

Aischgründer Karpfen schmeckt im Brauereigasthof blau oder gebacken, als Filetvariationen mit Biersenfsoße, asiatisch mit Wokgemüse oder unter der Malzschrotbrotkruste sowie als Karpfenchips oder -knusper.

Lagerung

In den Monaten ohne „r“ werden Karpfen in den regionalen Gasthöfen des Landkreises Erlangen-Höchstadt in der Regel nicht angeboten.

Bezugsquellen

Den Aischgründer Karpfen gibt es bei den etwa 30 Vollerwerbsteichwirten oder – variantenreich zubereitet – in zahlreichen Restaurants und Gasthöfen des Aischgrundes und natürlich im Gasthof www.zum-loewenbraeu.de.

Maintal Konfitüren GmbH

Geschäftsführung Anne Feulner und Klaus Hammelbacher (unten)

Region: 97437 Haßfurt/Unterfranken
Gründungsjahr: 1886
Produkte: Konfitüren, Fruchtaufstriche, Gelees
Spezialität des Hauses: Fränkisches Hiffenmark
Höhepunkte, Veranstaltungen: Betriebsführung für Gruppen nach Absprache

Im April 1886 gründete Josef Müller jun. einen Handel mit „Vegetabilien und Landesprodukten". Damals ahnte er sicher noch nicht, dass er damit eine Erfolgsgeschichte begründen würde, die nunmehr seit 125 Jahren währt. Heute ist Maintal ein modernes Unternehmen, das viel mehr herstellt als seinen Klassiker – das fränkische Hiffenmark.

„Hiffenmark ist das Nutella der Franken", so der hiesige Volksmund. Die Konfitüre fehlt hier auf keinem Frühstückstisch, und Krapfen ohne Hiffenmarkfüllung sind in Franken undenkbar. Den entscheidenden Beitrag für die Popularität dieser Spezialität leistete Maintal im vorletzten Jahrhundert. Dass ab 1889 Gelees und Marmeladen in den Emaillekesseln köchelten, ist einer Augenallergie zu verdanken. Der Staub, der beim Mahlen und Schneiden der getrockneten Kräuter entstand, setzte Josef Müller jun. so zu, dass ihm der Arzt ein schweres Augenleiden vorhersagte. Müller stieg notgedrungen auf Konserven um und begann Konfitüren und Säfte herzustellen. Damals war das Hiffenmark, wie die Hagebuttenkonfitüre im Fränkischen heißt, eine wichtige Ergänzung des Speiseplans. Eine Inventur aus der Gründerzeit belegt, dass im Haus Maintal bereits 1889 mit großem Aufwand Konfitüren hergestellt wurden. Die Hagebutten wuchsen damals sozusagen vor der Haustür, besitzen einen sehr hohen Vitamin-C-Gehalt und konnten auch noch im Winter geerntet werden. So spezialisierten sich die Maintaler auf die Hiffenmarkproduktion. Anne Feulner – eine von drei Schwestern in der vierten Generation, die als studierte Betriebswirtin die Geschäfte von Maintal Konfitüren führt, hat klare Vorstellungen für die Zukunft des Unternehmens. Gemeinsam mit ihrem Schwager Klaus Hammelbacher, einem Diplombiologen, folgt die Mutter von zwei Kindern konsequent ihrer Vision. Sie sagt dazu: „Wir wollen, dass Maintal ein Familienunternehmen bleibt, das eine nachhaltige Unternehmenskultur pflegt und im Einklang mit der Natur und Umwelt handelt. Wir fühlen uns unseren Mitarbeitern verpflichtet und dem organischen Wachstum, wie es auch für die Früchte, die wir verarbeiten, so notwendig ist. Nur so gelingen uns ‚Konfitüren, die verführen', vielmals ausgezeichnet und heute in ganz Deutschland, in den USA, Japan, Korea und Australien beliebt."

Geschichten

Der 1916 im fränkischen Schweinfurt geborene Arzt Karl Maria Herrligkoffer war als Expeditionsleiter ein Pionier bei der Besteigung von Achttausendern im Himalaya und Karakorum. 1978 leitete er eine Expedition zum Mount Everest, bei der sieben Bergsteiger den Gipfel erreichten. Zur Deckung des Vitamin-C-Bedarfs seiner Mannschaft ließ er sich von Maintal Hagebutten-Konfitüre in Dosen anfertigen. So konnte er seine Leute mit kleinen handlichen Portionen mit ausreichend Vitamin C versorgen.

Herstellung

Die tiefgefrorenen Hagebutten werden gemahlen und durch Einkochen und Pürieren von Kernen und Härchen befreit. Das gewonnene Hagebuttenmark wird unter Zusatz von Zucker, Pektin und Zitronensäure im schonenden Vakuumkochverfahren bei 60° C zur fertigen Konfitüre verarbeitet. Dank der niedrigen Kochtemperatur bleiben die wertvollen Inhaltsstoffe größtenteils erhalten. Diese sind besonders wichtig, denn aufgrund ihres hohen ORAC-Wertes, der die Gesamtmenge aller Antioxidantien angibt, gilt die Hagebutte auch als optimaler Radikalenfänger. Dies resultiert insbesondere aus dem hohen Vitamin-C- und Lycopin-Gehalt. Für die Herstellung von fränkischem Hiffenmark werden keine Farb- und Konservierungsstoffe beigefügt. Die Produkte von Maintal sind zudem vegan, gluten-, laktose-, soja- und hefefrei. Hohe Prozessstandards und optimales Qualitätsmanagement garantieren beste Qualität. Dies bestätigen auch immer wieder höchste Auszeichnungen der DLG in Gold und Silber.
Mit den Jahren kamen viele neue Produkte hinzu. Neben dem klassischen Hiffenmark gibt es auch eine „fränkische Serie" mit Spezialitäten von Apfelwein-Gelee bis Zwetschgenmus. Auch saisonale Konfitüren und exotische Fruchtkreationen wie Ingwer oder Cranberry laden zum Verkosten ein. Für den Lebensmittel-Einzelhandel stellt Maintal 15 Sorten Bio-Produkte her. Speziell für den Naturkost-Fachhandel steht die Produktlinie „Annes Feinste" mit 28 Sorten.

Fränkisches Hiffenmark

Hagebuttenkonfitüre, auf fränkisch Hiffenmark, wird aus den Früchten der Heckenrose, auch Wild- oder Hundsrose (Rosa canina) genannt, gewonnen. Diese sind reich an wertvollen Antioxidantien wie z. B. Vitamin C und Lycopin. Als Konfitüre, wie sie nachweislich seit 1887 in Franken hergestellt wird, besitzt Hiffenmark eine gute Haltbarkeit, gerade das Vitamin C bleibt länger erhalten als bei den meisten anderen Fruchtzubereitungen.

Besonderheit

Fränkisches Hiffenmark ist ein viel geliebter, gesunder Frühstücksaufstrich und unersetzlicher Bestandteil des Fränkischen Krapfens. Auch als Füllung in Hörnchen oder Croissants bietet die Konfitüre ein rundes Geschmackserlebnis.

Verzehrtipp

Die samtig-weiche Konfitüre schmeckt nicht nur als Fruchtaufstrich zum Frühstück, sondern auch als leckere Zutat in Fruchtshakes, als Topping von Müslis und Quark, als fruchtiges Finish von Saucen oder als i-Tüpfelchen bei Plätzchen, Kuchen und Torten.

Lagerung

Hagebuttenkonfitüre hat eine lange Haltbarkeit von mindestens zwei Jahren, angebrochene Gläser sollten jedoch im Kühlschrank aufbewahrt und schnell verzehrt werden.

Bezugsquellen

Maintal-Konfitüren sind erhältlich im Lebensmittel-Einzelhandel, Bio-Märkten und unter www.maintal-konfitueren.de. Im hauseigenen Fabrikverkauf in Haßfurt wird das komplette Sortiment zu attraktiven Preisen angeboten.

Schmankerltipp

Auch über die Faschingszeit hinaus ist der Krapfen mit Hiffenmarkfüllung in Franken sehr gefragt.

Wussten Sie schon,

… dass Hagebutten nachweislich zur Linderung von Arthrose beitragen?
… dass sich das Volkslied „Ein Männlein steht im Walde“ von Hoffmann von Fallersleben entgegen weit verbreiteter Meinung auf die Hagebutte und nicht auf den Fliegenpilz bezieht?

Weingut Stadt Klingenberg – Benedikt Baltes

Inhaber: Benedikt Baltes

Region:	63911 Klingenberg am Main/Unterfranken
Gründungsjahr:	1912
Produkte:	Spirituosen, Wein und Getränke
Spezialität des Hauses:	Klingenberger Spätburgunder
Höhepunkte, Veranstaltungen:	Klingenberger Weinfrühling und die große Jahrgangspräsentation

Mit dem Erwerb des alten Rentamts und einigen der besten Weinberge Klingenbergs gründet die Kommune 1912 das Weingut Stadt Klingenberg. Für die damalige Zeit schon visionär, werden die Weinberge ausschließlich mit Spätburgunder bepflanzt. Durch stetiges Qualitätsstreben und begünstigt durch die Terrassensteillagen in Klingenberg entwickelt sich das Weingut zu einem der führenden Betriebe in Deutschland.

Im Jahr 2010 wird das Weingut von Benedikt Baltes, einem ambitionierten Jungwinzer aus dem linksrheinisch gelegenen Rotweingebiet Ahr, erworben. Nach Projekten in Österreich, Ungarn und Portugal erfüllt sich der Winzer aus Mayschoß hier den Traum vom eigenen Weingut.

„Beim Wein ergibt Eins und Eins nicht Zwei. Die Qualität setzt sich aus unzähligen kleinen und großen Bausteinen zusammen, die jeden Wein einzigartig machen", so die Philosophie des Jungswinzers. Dankbar dafür, etwas so Faszinierendes weiterentwickeln zu können, besteht für Benedikt Baltes die Aufgabe nicht einfach darin, einen „Wein zu machen", sondern vielmehr jede Facette dessen, was die Weinberge Jahr für Jahr hervorbringen, zu erhalten und zu konservieren. Seit 2010 bestellt der Winzer nun das gut zwölf Hektar große Weingut. Angebaut wird, wie das auf den Terrassensteilhängen in der Gegend üblich ist, überwiegend Rotwein. Im durchweg sehr guten Sortiment ist vor allem der Spätburgunder außergewöhnlich – allen voran der „Klingenberger Schlossberg Großes Gewächs", der sich regelmäßig bei wichtigen Verkostungen auf den vordersten Plätzen findet. Bereits seit 1975 ist das Weingut Stadt Klingenberg Mitglied im Verband der Prädikatsweingüter (VDP), steht jedoch wegen des Eigentümerwechsels noch bis 2013 unter strenger Beobachtung. Die Weine der 200 Prädikatsweingüter sind ausgezeichnet mit dem Siegel feinster Weinkultur, dem Traubenadler.

Geschichten

Seit 2010 ist das Weingut in Privatbesitz und das Motto des jungen Winzers lautet: zurück zu den Wurzeln. Und das meint er im wahrsten Sinne des Wortes. Die alten Reben – wie das „Große Gewächs" aus den Terrassensteillagen des Klingenberger Schlossberges – sind seit jeher das Fundament der Spitzenweine. Sie treiben ihre Wurzeln bis zu zehn Meter tief in den Buntsandstein und erreichen so tiefere Bodenschichten, die das ganze Jahr über eine optimale Wasserversorgung gewährleisten. Damit werden mehr Mineralien in die Trauben transportiert, was dem Wein später wiederum mehr Komplexität verleiht. Bereits vor 500 Jahren genoss der Klingenberger Rotwein Weltruf und wurde unter anderem an König Gustav Adolf von Schweden verschifft. Die seit Jahrhunderten bestehende Weinlage belegt die Besonderheit des Standortes, die wiederum nur in Verbindung mit der richtigen Rebsorte zu großen Ergebnissen führt. Das Ziel von Benedikt Baltes ist: wie zu Gründungszeiten ausschließlich Spätburgunder zu keltern.

Herstellung

Jeder Wein ist einzigartig. Die Winzer sind bestrebt, die Weine nicht zu „machen", sondern jede Facette dessen, was die Weinberge in Kombination mit der Pflege Jahr für Jahr hervorbringen, zu erhalten und zu konservieren. Jeder Wein enthält ein Stück Einzigartigkeit, in der die Rebe ihre Herkunft, ihren Boden, die Mühen des Winzers, das Wetter und die Ereignisse eines ganzen Jahres dokumentiert. Sie treibt mit zunehmendem Alter ihre Wurzeln immer tiefer in den Boden und verstärkt somit jedes Jahr die Dokumentationskraft über ihren Terroir. Gerade alte Spätburgunder- und Rieslingreben zeigen oft deutlich und kompromisslos ihre Herkunft auf. In Kombination mit den überaus prägenden Buntsandsteinböden entstehen im Weingut Stadt Klingenberg unverwechselbare Weine. Um opimale Ergebnisse zu erzielen, werden die Weinstöcke sorgfältig und nachhaltig gepflegt, denn die Qualität entsteht maßgeblich im Weinberg. Ist der Wein erst einmal im Keller, konzentriert sich der Winzer ausschließlich auf die Erhaltung seiner Güte und darauf, während der Reife die Feinheiten eines Weines noch weiter herauszuarbeiten. Um die Authentizität der Weine noch besser zu unterstreichen, werden jegliche Pumpvorgänge, Filtrationen und äußere Einflüsse – beispielsweise durch Reinzuchthefe – vermieden. Im Weingut Stadt Klingenberg verwendet man zudem ausschließlich Fässer aus sorgfältig ausgesuchten Eichenarten der Region. Da die Deutsche Eiche langsamer gewachsen ist als beispielsweise die amerikanischen Arten, weist sie eine geringere Porenweite auf. Das wiederum führt zu einer langsameren und gleichmäßigeren Sauerstoffzufuhr während der Reife des Weins. Dies und eine dezente, zurückhaltende Aromatik machen diese Eichenfässer ideal für den Ausbau eleganter komplexer Spätburgunder Rotweine.

Weinempfehlung
Ein gereiftes Großes Gewächs wie der Spätburgunder passt hervorragend zu geschmortem Wild mit hausgemachten Spätzle und Pfifferlingen.

Klingenberger Spätburgunder

Das „Große Gewächs“ stammt von Reben, die zum Teil schon weit über 60 Jahre alt sind. Die dadurch stark verringerten Erträge und die wärmespendenden Buntsandsteinterrassen am Klingenberger Schlossberg machen diesen Wein so außergewöhnlich komplex und vielschichtig.

Besonderheit

Die Rotweine aus dem Weingut Stadt Klingenberg erhalten durch den Buntsandsteinboden auf den Terrassensteillagen und das milde Klima am Main ihren Körper und ihre Frucht. Ein ganz besonderer Geschmack zeichnet sie aus: sie sind dunkelrubinrot, samtig, vollmundig bis feurig. Das „Große Gewächs“ reift nach der Ernte 18 Monate in kleinen Eichenholzfässern, die aus heimischen Eichen rund um Klingenberg hergestellt sind. Die Lagen „Großheubach“ und „Rück“ sind ebenfalls Buntsandstein-Verwitterungsböden.

Verzehrtipp

Am besten schmecken die Weine in der originellen Weinstube direkt im Weingut oder im Gutsausschank in der Klingenberger Altstadt, Wilhelmstraße 13. Dort bekommt man zu den Weinen auch fränkische Häckerspezialitäten.

Lagerung

Der Spätburgunder hat eine Lagerempfehlung von mindestens zwei Jahren.

Bezugsquellen

Die Weine des Weinguts Stadt Klingenberg erhält man ausschließlich ab Hof, per Versand über www.weingut-klingenberg.de und bei ausgewählten Händlern.

Wussten Sie schon,

… dass man als „Großes Gewächs“ die höchste Klassifikationsstufe für Weine aus Weingütern bezeichnet, die Mitglied des Verbandes Deutscher Prädikats- und Qualitätsweingüter sind?

… dass mit der Dachmarke „Churfranken“ die Region rund um das Mainland Miltenberg gemeint ist? Die Region wird wegen des berühmten Spätburgunders auch „Rotweinregion Frankens“ genannt und erstreckt sich vom Spessart und Odenwald entlang des Mains von Wertheim bis Aschaffenburg.

Kelterei Stenger/Schlaraffenburger Streuobst

Michael Stenger, Alexander Vorbeck

Region:	63773 Goldbach/Unterfranken
Gründungsjahr:	1952
Produkte:	Obst- und Gemüsesäfte, Spirituosen, Apfelwein, Essig, Edelbranntweine
Spezialität des Hauses:	Schlaraffenburger Streuobstprojekt
Höhepunkte, Veranstaltungen:	Obsternte und Apfelmarkt am 2. Wochenende im Oktober in Aschaffenburg

Bunte Blumenwiesen, blühende Obstbäume, seltene Vogel- und Tierarten – das zeichnet die Streuobstwiesen rund um Aschaffenburg aus. Sie prägen die Kulturlandschaft am Untermain ganz entscheidend und bieten den Menschen ein stadtnahes Erholungsgebiet. Um die wertvollen Streuobstwiesen für künftige Generationen zu erhalten, riefen die Stadt Aschaffenburg, der Landesbund für Vogelschutz und mehrere Keltereien das Projekt „Streuobstwiesen in Aschaffenburg" ins Leben.

Ernte soll sich wieder lohnen" – so eines der Ziele des Projekts, das 2002 an den Start ging. Zur Erntezeit im Herbst ist Eile geboten. Die Verarbeitung des Obstes muss innerhalb von 6 bis 8 Wochen erfolgen. Dass die kooperierenden Keltereien vor Ort ansässig sind, ist dabei von großem Vorteil – sichert dies doch kurze Transportwege.

Einer der größten Verarbeiter des regionalen Obstes ist die Kelterei Stenger in Goldbach. Bereits im Jahr 1950 kelterte Firmengründer Hans Stenger die ersten Äpfel auf dem ehemaligen Brauereigelände seines Großvaters. Anfänglich wurde nur Apfelwein hergestellt und im Ort sowie in der eigenen Wirtschaft verkauft. Mit der Zeit wuchsen Firma und Sortiment, die Säfte und die ebenfalls selbst hergestellten Edelbrände wurden über die Ortsgrenze hinaus immer beliebter. Als 1988 Sohn Michael das Familienunternehmen übernahm, wurde aufgrund der wachsenden Nachfrage eine neue Pressanlage installiert, das Tanklager vergrößert und die Füllanlage modernisiert. Mit dem Erwerb der Kelterei Sailer im Jahr 2006 wurde ein weiterer leistungsfähiger Betrieb in das Familienunternehmen eingegliedert. 2012 kam auch die Kelterei Rothenbücher zum Unternehmen hinzu, die heute von Sohn Christian Stenger geführt wird.

Geschichten

Schon die alten Germanen kelterten nachweislich einen „Ephiltranc" genannten Obstwein. In Bayern gelten die Gegenden um Aschaffenburg und Würzburg als Produktionszentren für Apfelwein. Das erfrischende Getränk, das in der Regel 5 bis 7 % Alkohol enthält, gibt es heute in vielen verschiedenen Varianten. So ist der Schlaraffenburger Bio Bornhannes Apfelwein besonders dicht, kräftig und säurebetont. Sortenreine Apfelweine aus Boskop und Bohnapfel bringen ihre ganz eigenen Qualitäten mit. So besticht der Boskop mit seinen charakteristisch feinen Fruchtaromen und der milden, erfrischenden Säure, während der Bohnapfelwein durch seine angenehm trockene, typisch herb-säuerliche Note begeistert. Heute gibt es neben dem klassischen Apfelwein auch prickelnde Varianten, die nach dem traditionellen Flaschengärverfahren neun Monate auf der Champagnerhefe reifen und so zu Apfelsekt werden. Dieser wird von Hand gerüttelt und durch die Beigabe von feinem Quitten- und Birnensaft zu einem besonderen Sektvergnügen vollendet.

Herstellung

Apfelwein wird aus einer Mischung möglichst verschiedener säurehaltiger Äpfel gekeltert und vergoren. Die Artenvielfalt der unterfränkischen Streuobstwiesen bietet dazu beste Voraussetzungen. Apfelwein ist ein reines Naturprodukt und

enthält durch die schonende Zubereitung viele wertvolle Vitamine und Mineralstoffe.

Neben der Kelterei und der Herstellung von Apfelwein hat in der Kelterei Stenger auch das Brennen eine lange Tradition. Die Verwendung vollreifer Rohware von bestmöglicher Güte trägt, zusammen mit der Erfahrung aus drei Generationen, zur hohen Qualität der Edelbrände und Geiste bei. Dabei werden neben dem traditionellen Obstler und dem beliebten Zwetschgenwasser auch Brände aus Kernobst, wie Williams Christ Birne und Steinobst, zum Beispiel Mirabellenbrand, angeboten. Auch Schlehen, Haselnüsse, Himbeeren und Kirschen werden zu geistreichen Tropfen gebrannt. Als Besonderheiten stehen ein sortenreiner Goldparmänen-Apfelbrand mit Biosiegel und ein im Holzfass gelagerter Apfelbrand im Programm.

Schmankerltipp

Ein ganz besonderes Schmankerl ist der Schlaraffenburger Bio Goldparmänen-Apfelbrand. Er wird ausschließlich aus der „Goldparmäne" hergestellt – einer alten Apfelsorte, die in Frankreich nicht umsonst „Reine des Reinettes" (Königin der Prinzessinnen) genannt wird.

Wussten Sie schon,

… dass bereits die alten Germanen einen „Ephiltranc" – also „Apfeltrank" – kelterten?

… dass der Konsum der Schlaraffenburger Streuobstprodukte nicht nur zum Fortbestand der alten Apfelsorten beiträgt, sondern auch zum Erhalt und Ausbau der ökologisch wichtigen Streuobstwiesen in Unterfranken?

… dass die Erntemengen der Streuobstwiesen in den letzten Jahren bei fast gleichem Baumbestand zwischen 60 und 600 Tonnen Obst schwanken?

Schlaraffenburger Streuobstprojekt

Das Schlaraffenburger Streuobstprojekt ist ein Gemeinschaftsprojekt des Landesbundes für Vogelschutz (LBV) sowie der Stadt und des Landkreises Aschaffenburg.

Besonderheit

Die Streuobstwiesen am bayerischen Untermain sind traditioneller Bestandteil dieser faszinierenden Kulturlandschaft. Ziel des Schlaraffenburger Streuobstprojektes ist es, die wertvollen Streuobstwiesen durch eine rentable, wirtschaftliche und nachhaltige Nutzung für künftige Generationen zu erhalten. Ihr Erhalt ist von großer ökologischer Bedeutung, denn er schafft und erhält wertvollen Lebensraum für eine Vielzahl seltener Tier- und Pflanzenarten. Zahlreiche alte Apfelsorten werden auf den Streuobstwiesen ohne die Nachteile von Monokulturen gehegt und ermöglichen damit die Rekultivierung natürlicher Lebens- und Wachstumskreisläufe, bei denen auf Dünge- und Spritzmittel vollständig verzichtet werden kann. Über 500 verschiedene Bioland-Apfelsorten tragen zu einer gesunden Anbauform bei, die Gefahren durch Pilz- oder Schädlingsbefall reduziert.

Verzehrtipp

Da sich die Geschmacksrichtungen des Apfelsafts von Jahr zu Jahr unterscheiden, empfiehlt es sich durchaus, einen kleinen Vorrat anzulegen, wenn einem ein bestimmter Jahrgang besonders mundet.

Bezugsquellen

Die Kelterei Stenger beliefert den Getränkefachgroßhandel, Brauereien und die Gastronomie im Raum Aschaffenburg, Miltenberg und Frankfurt. Aktuelle Verkaufsstellen findet man im Internet unter www.schlaraffenburger.de und www.kelterei-stenger.de.

Leupoldt Soßenkuchen

Dieser Soßenkuchen – eigentlich ein Lebkuchen – hat bereits eine über 100-jährige Tradition. Er ist eine echte fränkische Spezialität und als solche aus der Küche der Region nicht mehr wegzudenken. „Leupoldt Soßenkuchen" ist ein eingetragenes Markenzeichen und wird in Mengeneinheiten von 60 Gramm produziert und verkauft.

Besonderheit

Soßenkuchen dient zur Verfeinerung von Soßen – vor allem für den Fränkischen Sauerbraten. Seine feine Würze verleiht den Soßen einen besonderen Geschmack und eine sämige Konsistenz. Soßenkuchen sind vor allem in der Fränkischen, Oberpfälzer, Thüringischen und Böhmischen Küche bekannt. Sie finden hauptsächlich zu Sauerbraten und Wildgerichten Verwendung, lassen sich aber auch für Rotkohl und andere Gerichte verwenden. In Franken kommt seit fast 100 Jahren hauptsächlich Leupoldts Soßenkuchen zum Einsatz. Dieser fein gewürzte Lebkuchen wird bis heute nach einem gut gehüteten Familienrezept hergestellt.

Verzehrtipp

Es gibt von Sauerbraten, über den Zwiebelkuchen bis zur fränkischen „Zieh mich hoch" viele Leckereien, die man mit dem Soßenkuchen herstellen kann. Ein kleines Rezeptbüchlein findet man auf der Webseite www.pema.de.

Lagerung

Durch die besondere Verpackung hat der Soßenkuchen auch ohne Konservierungsstoffe ein Haltbarkeit von mindestens 6 Monaten.

Bezugsquellen

Die weltweit geschätzten Spezialitäten von Leupoldt und PEMA sind in vielen Handelsgeschäften in Deutschland sowie in 80 weiteren Ländern und im Webshop erhältlich.

PEMA Heinrich Leupoldt KG

Region: 95163 Weissenstadt/Oberfranken
Gründungsjahr: 1905
Produkte:
Vollkornbrote, Pumpernickel, Lebkuchen-Spezialitäten
Spezialität des Hauses:
Leupoldt Soßenkuchen

Dr. Laura und Franz H. Leupoldt

Was dem Altbayern sei Broadsuppn, ist dem Franken sei Suppenbrot, oder besser gesagt: Suppenkuchen. Denn seit über einem Jahrhundert gehört der Leupoldt Soßenkuchen in die fränkische Küche und vor allem in den Sauerbraten. Eigentlich ist er ein Lebkuchen, aber speziell in Franken wird er dazu verwendet, die Soße des Sauerbratens zu würzen und sämig zu machen. Die Geschichte der Leupoldt Lebkuchen-Manufaktur ist auf das Engste mit der Geschichte der Familie verbunden. Diese begann 1905 in Weißenstadt im Naturpark Fichtelgebirge mit Adam und Elise, ging weiter mit Heinrich und Alma zu den heutigen Unternehmern Laura und Franz H. Leupoldt. Dieser wollte – noch bevor er das Wort Lebkuchen aussprechen konnte – wissen, wie sie gebacken werden. Das Geheimnis dieses außergewöhnlichen Lebkuchens ist gut gehütet und wird von Generation zu Generation weitergegeben. Heute produzieren über 100 Mitarbeiter täglich neben dem Soßenkuchen etwa 40 Tonnen Vollkornbrot, darunter auch das Fränkische Vollkornbrot und den klassischen Pumpernickel.

Schmankerltipp

Das Fränkische Vollkornbrot ist ein herzhaft-kerniges Roggen-Vollkornbrot, dessen Hauptzutat ein Getreide mit hohem Mineralstoffgehalt ist. Es wird ebenso wie der Pumpernickel oder die Bio-Brote ohne jegliche Zusatzstoffe gebacken und erreicht seine lange Haltbarkeit ausschließlich durch das besondere Verpackungs- und Pasteurisierungsverfahren.

Wussten Sie schon,

... dass Pumpernickel über 20 Stunden lang gebacken wird und ursprünglich aus der westfälischen Küche stammt?
... dass im „Kleinen Museum – Kultur auf der Peunt" in Weißenstadt nicht nur die Historie der Leupoldt Lebkuchen-Manufaktur und der PEMA dargestellt wird, sondern auch ständig wechselnde Kunstausstellungen stattfinden?
... dass Roggen reichlich Eisen, Kalium, Phosphor, Fluor, Kieselsäure sowie Vitamine der B-Gruppe enthält.

Weingut Markus Meier

Region: 91478 Ulsenheim/Mittelfranken
Gründungsjahr: 1990
Produkte:
Wein
Spezialität des Hauses:
Riesling
Höhepunkte, Veranstaltungen:
Kulinarische Weinproben, südländisches Weinfest am 2. Sonntag im September

Markus Meier

„Jeder Wein ist nur so gut, wie der Winzer, der ihn erzeugt", so Markus Meier. Die Messlatte des jungen Winzers liegt hoch, denn der Wein verzeiht nichts. Stimmen alle Faktoren, entstehen elegante, komplexe und sinnliche Weine: Werte, die bereits „tragen". In „Wein+Markt", dem Wirtschaftsmagazin für Handel und Erzeuger, belegte er bei der Verkostung „Talente aus Franken" den Spitzenplatz. Sieben Gold- und vier Silbermedaillen bei der fränkischen Weinprämierung 2010 folgten. Empfehlungen im „Feinschmecker" und „Gault Millau" 2011 bestätigen die gute Qualität. Inmitten der Mittelfränkischen Bocksbeutelstraße begannen die Eltern des jungen Winzers 1990, die Vorteile der Region für ihre Weine zu nutzen. Die typischen Gipskeuperböden verleihen diesen Weinen eine ausladende Fruchtigkeit, Komplexität und Fülle. Die Begeisterung der Eltern erreichte sehr früh auch Markus Meier und 2003 absolvierte er selbstverständlich eine Winzerausbildung. Heute baut er im südlichen Steigerwald auf acht Hektar Rebfläche unverwechselbare Weine aus. Möglich ist das durch optimale Lagen und seinem Respekt vor der Natur. 2005 baute er eine neue Produktionshalle mit geplantem Anschluss einer Vinothek, um seine Qualitätsorientierung für die Kunden greifbar zu machen und sie mit Leidenschaft zu begeistern.

Schmankerltipp

Zum fränkischen Riesling passt sehr gut ein Aischgrunder Karpfen aus der Region. Rieslingweine lassen sich hervorragend mit Speisen kombinieren. Mit seiner angenehmen Leichte und seiner Fruchtigkeit ist der Riesling ein idealer Essensbegleiter.

Wussten Sie schon,

... dass Rieslingweine bevorzugt auf steilen Lagen gedeihen? So wachsen viele der Reben des Weinguts Meier an Hängen mit bis zu 65 Prozent Neigung.

Fränkischer Riesling

Der Riesling ist eine der besten weißen Rebsorten und hat zweifellos zum guten Ruf deutscher Weine beigetragen. Bereits die alten Germanen haben die Kreuzung aus einer autochthonen Rebe vom Rhein und dem römischen Traminer geschätzt. Obwohl er als König der Weißweine gilt, nimmt er mit nur 4,1 Prozent Anteil eine besondere Stellung bei den fränkischen Weinen ein.

Besonderheit

„Riesling ist mehr als Wein – Riesling ist eine Passion", heißt es. Kaum ein Wein spiegelt sein Terroir mehr wider als dieser. Dabei überzeugt er durch ein vornehm-pikantes, pfirsichfruchtiges Bukett und durch Eleganz. Seine Eigenschaften wie Spritzigkeit und Rasse passen vorzüglich zum jungen Wein. Seine Stärke ist die gut ausbalancierte Säure im Einklang mit der Mineralität. Die Abfüllungen begeistern hingegen durch Süße-Säure-Harmonie. Bei der Beerenauslese krönt die üppige Fruchtkomplexität mit vollendeter Süße und Säure das Geschmackserlebnis.

Verzehrtipp

Riesling-Weine trinkt man am besten mit einer Temperatur von etwa 10 bis 14 Grad mit offener Nase und geschlossenen Augen aus einem gut gewählten Glas.

Lagerung

Bei Verwendung von guten Verschlüssen (z. B. Glaskorken) sind Rieslingweine bei entsprechender Lagerung über ein Jahrzehnt hinaus lagerbar.

Bezugsquellen

Die Rieslingweine vom Weingut Meier erhalten Sie direkt in Ulsenheim oder in seinem Webshop unter www.weingutmeier.de.

Sektkellerei J. Oppmann AG

Geschäftsführer: Albert Friedrich

Region:	97072 Würzburg/Unterfranken
Gründungsjahr:	1865
Produkte:	15 Sekt-Spezialitäten, Secco's, Sektcocktails, Schaumweine
Spezialität des Hauses:	Sekt
Höhepunkte, Veranstaltungen:	Tag der offenen Tür, jeweils Freitag und Samstag vor dem Muttertag; Mai/Juni: Mozartfest in der Würzburger Residenz

So überraschend es für viele klingen mag: Eines der frühen Zentren des Schaumweins befand sich im Bierland Bayern, allerdings im weinfrohen Teil des Landes – in Franken. Ende des 19. Jahrhunderts gab es fünf große Kellereien, die zusammen bereits mehr als 100.000 Flaschen produzierten. Unter ihnen war auch Josef Oppmann.

In der Champagne gelernt, in Bayern veredelt: J. Oppmann hatte die Kunst der Schaumweinherstellung in den Kellereien der Champagne erlernt. Erst 23 Jahre alt, gründete er 1865 seine eigene Sektkellerei, die bis heute als Einzige der großen Sektpioniere in Franken noch besteht. Die Herstellung des Schaumweines war alles andere als einfach. Die notwendigen Gerätschaften für die Produktion mussten im Ausland beschafft werden und eine besondere Herausforderung war die Versorgung mit geeigneten Flaschen. Anfangs zerbarst über die Hälfte unter dem hohen Druck, der bei der Gärung entsteht. Als man dieses Problem gelöst hatte, wurde die Kellerei binnen kurzer Zeit zu einer der ersten Adressen in Deutschland und Hoflieferant. Dieser Titel zählte seinerzeit wohl mehr als die Medaillen, die der Sekt des Hauses auf Weltausstellungen in Paris, Wien, Philadelphia und Sydney errang.

Der stete Aufstieg der Firma wurde 1945 jäh unterbrochen. In der verheerenden Würzburger Bombennacht – die Gewölbekeller dienten im Krieg der Bevölkerung als Schutzräume – wurden die Hauptgebäude der Kellerei komplett zerstört. Da die für die Sektproduktion unentbehrlichen unterirdischen Anlagen jedoch unversehrt blieben, konnte die Produktion bereits im Jahr 1947 wieder aufgenommen werden.
Seit 1993 leitet Albert Friedrich die Geschicke der Spezialitätenkellerei. Neun Mitarbeiter in Keller und Technik, allen voran Kellermeister Josef Sauer, stehen für hochwertige Sektspezialitäten. Mit ihm ordert Albert Friedrich jedes Jahr die Grundweine auf den fränkischen Weingütern. Circa 1,5 Millionen Flaschen Sekt verlassen derzeit jährlich die Kellerei.

Geschichten

Im Grunde haben wir den Begriff „Sekt" einem Missverständnis zu verdanken. Der Schauspieler Ludwig Devrient, der 1825 in den Berliner Weinstuben Lutter & Wegner regelmäßig Champagner trank, bestellte das prickelnde Getränk mit den poetischen Worten des Falstaff: „Gib mir Sekt, Schurke!" Einmal aufgeschnappt, plapperte es die Gesellschaft nach – ohne freilich zu wissen, dass der trinkfreudige Ritter eigentlich Sherry meinte. Dieser wird im Englischen „sack" genannt und wurde von den Übersetzern Schlegel und Tieck als „Sekt" eingedeutscht. Der französische Schaumwein erhielt so von einem deutschen Theatergenie den englischen Namen eines spanischen Likörweines.

Herstellung

Um aus Wein Sekt zu bereiten, bedarf es einer zweiten Gärung. Hierzu wird der Wein unter Zugabe von Zucker und Reinzuchthefe in drucksicheren Flaschen oder Fässern noch einmal zur Gärung gebracht. Dabei entstehen ein höherer Alkoholgehalt und die prickelnde Kohlensäure. Nach dem Reifeprozess entfernt man die Hefe aus dem Sekt und gibt die Versanddosage zu, die dem Sekt die gewünschte endgültige Geschmacksrichtung verleiht. Bei diesem Verfahren versetzt man den Rohschaumwein mit in Wein gelöstem Zucker. Die Süße kann so je nach Konsumentenwunsch eingestellt werden. Die Flaschen werden danach sofort mit einem Sektkorken verschlossen und mit einem Drahtbügel, der Agraffe oder französisch auch Muselet genannt, gesichert. Sekt ist äußerst feinperlig. Jede Flasche ist ein Unikat, denn sie weist die charakteristischen Eigenarten der Cuvée auf, besitzt jedoch auch individuelle, feine Nuancen, da sich die Hefe in jeder Flasche etwas anders verhält.

Schmankerltipp

Der Kir Royal, ein erfrischendes Getränk mit der leicht fruchtigen Süße der Johannisbeere. Er ist eine Erfindung des ehemaligen Bürgermeisters von Dijon, Félix Adrien Kir, der ihn bei Empfängen servieren ließ.
Seine Herstellung ist einfach, man mischt 1 cl Crème de Cassis mit 9 cl eisgekühltem Champagner. Die Sektkellerei J. Oppmann bietet unter dem Namen „Cassisco" eine Variante dieses Klassikers an.

Wussten Sie schon,

... dass ein Viertel der Sektproduktion weltweit aus Deutschland kommt?

... dass schnell gekühlter Sekt frappiert wird? Dazu gibt man die Flasche in einen Kühler voll klein gehacktem Eis und einer Handvoll Salz. Dann dreht man sie am Flaschenhals 10 Minuten zwischen den Händen hin und her.

... dass auch Diabetiker nicht auf Sekt verzichten müssen? Für sie stehen entsprechend hergestellte und gekennzeichnete Produkte zur Verfügung.

Sekt

Sekt (von lateinisch „siccus", was trocken bedeutet) ist vor allem in Deutschland eine gängige Bezeichnung für Qualitäts-Schaumwein. Er ist ein alkoholisches Getränk mit Kohlensäure und einem Alkoholgehalt von mindestens zehn Volumenprozent. Der Grundwein und die Dosage müssen aus dem gleichen Anbaugebiet stammen.

Besonderheit

In Kellergewölben gelagert, entstehen unter Einhaltung der optimalen Reifezeit in aufwendiger Flaschengärung edle Sekt-Variationen. Entscheidend für die Güte des Sektes ist die Auswahl der geeigneten Weine. Der Kellermeister braucht große Erfahrung, Umsicht und ein Gespür für die Harmonie der verschiedenen Grundweine. Ihm obliegt es, aus ihnen die Cuvée zusammenzustellen, die den Sekt prägt. Besondere Spezialitäten entstehen aus Weinen bestimmter Anbaugebiete oder aus den Weinen eines Jahrganges (Jahrgangssekt).

Verzehrtipp

Genießen sollte man Sekt bei einer Temperatur von 5-7° C, also Kühlschranktemperatur. Bei Tisch kühlt man ihn am besten in einem Sektkühler mit Eis und Wasser. Das Sektglas sollte farblos sein und die Glasqualität den edlen Charakter dieser Gaumenfreude unterstreichen. Die richtige Glasform trägt zur Entwicklung des Mousseux bei, der durch Perlen und Schäumen das Bukett des Sektes zur Geltung bringt.

Lagerung

Wenn Sekt die Kellerei verlässt, ist er bereits genussfertig. Bei längerer Aufbewahrung sollte man ihn dunkel, kühl und stehend lagern. Direkte Sonneneinstrahlung ist zu vermeiden. Die normale Lagerzeit beträgt dann 12 -18 Monate.

Bezugsquellen

In der Sektkellerei, im Webshop unter www.oppmann.de sowie im Fachhandel.

Steigerwälder Bauernschwein GbR

Vorstände Ludwig Weber, Jürgen Dierauff und Geschäftsleiter Helmut Schmidt

Region:	97340 Martinsheim/Unterfranken
Gründungsjahr:	2002
Produkte:	Bauernschwein
Spezialität des Hauses:	Steigerwälder Bauernschwein

Bis vor wenigen Jahren gab es in Franken viele Metzger, die ihre Schweine beim Bauern abholten und selbst schlachteten. Durch die hohen EU-Standards ist das heute jedoch oft für kleinere Betriebe nicht mehr möglich. Viele betreiben deshalb Filialen in Supermärkten und kaufen Schweinehälften und Teilstücke zu. Um trotzdem weiterhin Qualität, Regionalität und Herkunftsnachweis zu gewährleisten und zugleich die Wirtschaftlichkeit für Landwirte und Metzger zu steigern, schlossen sich 40 Landwirte aus Mittel- und Unterfranken 2002 zusammen, um ihre ca. 80.000 Qualitätsschweine gemeinsam zu vermarkten.

Respekt vor dem Lebewesen, optimales Futter, beste Haltungsbedingungen, kurze Transportwege und ein geringer Verwaltungsaufwand waren für die Landwirte die entscheidenden Kriterien zur Gründung des Unternehmens. Zur Planung, Durchführung und Überwachung aller qualitätsrelevanten Tätigkeiten wurde ein Qualitätsmanagement-System nach DIN EN ISO 9001:2008 eingeführt, das in allen Mitgliedsbetrieben praktiziert wird. Jedes Jahr werden die Betriebe von einem externen, autorisierten Fachmann kontrolliert und von einem unabhängigen Fachberater betreut. Die Landwirte können sich so auf Aufzucht und Mast konzentrieren und ihren Metzgern ein regional unter strengen Qualitätsvorgaben erzeugtes Qualitätsschwein anbieten. Sehr gute Aus- und Weiterbildung der Betriebsleiter und ein hoher Standard der persönlichen Fürsorge und Pflege ihrer Tiere stehen für dieses Qualitätsfleischprogramm. Die für die Aufzucht verwendete Sorgfalt gilt gleichermaßen für das Futter, das überwiegend auf den Höfen selbst erzeugt wird und dessen Herkunft damit ebenfalls garantiert werden kann. Beim Transport der Tiere werden modernste Fahrzeuge eingesetzt und auf kurze Lieferwege geachtet, wodurch eine artgerechte und schonende Fahrt gewährleistet werden kann. Seit vielen Jahren wird das Markenfleischprogramm „Staufenfleisch" der MEGA eG in Stuttgart exklusiv mit Schweinen beliefert. Dieses Programm wurde von der MEGA eG, die einen eigenen EU-Schlachthof in Göppingen betreibt, nach der BSE-Krise im Jahr 2000 mit dem Anspruch geschaffen, ausschließlich Fleisch von höchster Qualität und nachvollziehbarer Herkunft zu erzeugen. Die Steigerwälder Landschweine können jedoch auch in jeden anderen Schlachtbetrieb geliefert werden.

Geschichten

Unlängst haben die Steigerwälder die äußerst kritische Predigt eines Stadtpfarrers über „Fleischkonsum, Tierschutz und landwirtschaftliche Nutztierhaltung" zum Anlass genommen, das Pfarrkapitel des ganzen Dekanats in den Stall eines Ferkelerzeugerbetriebs einzuladen. Dort wurde „Landwirtschaft live" gezeigt und angeregt diskutiert. Das Ergebnis fassten sie so zusammen: „Einen fundamentalistisch angehauchten Tierschützer konnten wir nicht davon überzeugen, mit Genuss ein Schnitzel zu essen. Aber das war nur einer von 25 Teilnehmern. Die anderen waren jedoch sehr beeindruckt von der Arbeit und dem Fleiß der Landwirtsfamilie und gewannen überaus positive Erkenntnisse."

Herstellung

Um den Kunden langfristig gleichbleibend gute Fleischqualität gewährleisten zu können, muss natürlich auch das Futter der Tiere höchsten Standards genügen. Deshalb erhalten die Steigerwälder Bauernschweine überwiegend Getreide aus eigener Erzeugung und von Landwirten der Umgebung. Um den Veredlern und Kunden die optimale Qualität zu liefern, selektiert ein Berater des LKV Bayern die Schlachttiere bereits im Stall nach den Qualitätsvorgaben der Kunden. Dies ist ein in Deutschland einmaliges und über Jahre professionalisiertes System, das garantiert, dass ein Schlachtbetrieb immer das für die Verwendung passende Fleisch geliefert bekommt.

Um den Forderungen nach einer lückenlosen Rückverfolgbarkeit gerecht zu werden, wurde im Rahmen eines Forschungsprojekts ein weltweit einmaliges Identifikations- und Informationssystem entwickelt. Dieses macht es theoretisch möglich, ein einzelnes Stück Fleisch einem bestimmten Tier und seiner Herkunft eindeutig zuzuordnen. Machbar wird das durch die Aufzeichnung aller biologischen Daten der Tiere im Ferkelerzeugerbetrieb und durch einen DNA-Fingerabdruck aller Elterntiere. Die lückenlose Herkunftsexpertise – auch „genetischer Fingerabdruck" genannt – würde jedoch ungefähr 1,5 Cent pro Kilogramm Fleisch kosten. Dazu sagt Projektleiter Helmut Schmidt: „Bis heute haben wir leider niemanden gefunden, der dazu bereit wäre, einen solchen Betrag prophylaktisch in eine „Herkunftsgarantie" zu investieren. Wohl ist aber in Krisenzeiten (z. B. Dioxinskandal) für einige Wochen plötzlich ein Medieninteresse an einem solchen System spürbar."

Schmankerltipp

Seit Kurzem zählt zu den besonderen Spezialitäten des Unternehmens ein Gourmetschwein. Es ist das Resultat der Kreuzung zweier wertvoller Rassen: dem Deutschen Landschwein und dem spanischen Ibérico-Schwein, aus dem der bekannte Schinken Jamón Ibérico de Bellota gewonnen wird. Das Fleisch, das unter dem geschützten Markennamen „Stauferico" vertrieben wird, zeichnet sich durch einen besonders intensiven und feinen Geschmack sowie hervorragende Saftigkeit und Zartheit aus und ist in der gehobenen Gastronomie besonders begehrt.

Wussten Sie schon,

... dass die Besiedlung des im Herzen von Franken gelegenen Steigerwaldes bis in die Altsteinzeit vor 80.000 Jahren zurückreicht?

... dass alle drei fränkischen Bezirke an der Naturlandschaft Steigerwald Anteil haben und er ein einmalig schöner und vielfältiger Naturpark mit 1.280 Quadratkilometern Fläche ist?

Steigerwälder Bauernschwein

Die Steigerwälder Bauernschweine wachsen unter der persönlichen Fürsorge und Pflege mittel- und unterfränkischer Landwirte in modernen und gepflegten Stallungen auf. Das Fleisch zeichnet sich durch einen hervorragenden, unverwechselbaren Geschmack aus, ist zart, saftig und wohlschmeckend.

Besonderheit

Eine ausgewogene Ernährung der Schweine durch eigens von den Landwirten in der Region erzeugtes Getreide, ergänzt mit Vitaminen und Mineralstoffen, garantiert qualitätvolles Schweinefleisch, das höchsten Ansprüchen genügt. Hinzu kommt eine verantwortungsbewusste Haltung der Tiere in modernen Stallungen sowie die Beachtung aller geltenden gesetzlichen Bestimmungen im Hinblick auf Tierschutz und Hygiene. Die Produktion erfolgt gemäß den Anforderungen der Qualitätsmanagement-Norm DIN EN ISO 9001:2008 (unter Einbeziehung aller Forderungen des von der Wirtschaft ins Leben gerufenen QS-Systems).

Verzehrtipp

Schweinefleisch kann auf vielfältige Weise „veredelt" und zu Würsten, Braten, Schinken und vielem mehr verarbeitet werden.

Lagerung

Die Qualität der Tiere und letztendlich auch des Fleisches, das beim Konsumenten ankommt, kann nach dem Verlassen des Stalls nicht mehr gesteigert – sehr wohl aber total kaputt gemacht werden. Damit dies nicht passiert, müssen die Tiertransporte und auch der Schlachthof einer hohen Verantwortung gerecht werden. Der Steigerwälder Bauernschwein GbR ist es ein großes Anliegen, dass die Fahrer ihrer Speditionen mit den Tieren sorgsam umgehen.

Bezugsquellen

Lebende Steigerwälder Bauernschweine können an jeden Schlachter geliefert werden. Über die MEGA eG in Stuttgart ist auch der Bezug von Hälften oder Teilstücken möglich.

Bäuerliche EZG Schwäbisch Hall

Rudolf Bühler

Region:	74549 Wolpertshausen/Hohenlohe-Franken
Gründungsjahr:	1988
Produkte:	Regionalprodukte aller Art
Spezialität des Hauses:	Schwäbisch-Hällisches Qualitätsschweinefleisch g.g.A.
Höhepunkte, Veranstaltungen:	Siehe auch www.besh.de/Veranstaltungen

„Das hällische Land ist das Land der Schweine, denn nirgends versteht man sich auf die Schweinemast und Schweinezucht so gut wie im Hällischen" – so zu lesen im „Landwirtschaftlichen Correspondenzblatt" des Jahres 1844. Hier, im westlichen Teil von Franken, an der Grenze zum Nachbarland Baden-Württemberg, begann Mitte der 1980er-Jahre die Rettung einer der ältesten Schweinerassen Deutschlands, des Schwäbisch-Hällischen Landschweins, das zu dieser Zeit amtlich als ausgestorben galt.

In vielen Hohenloher Bauernhöfen überlebten jedoch kleinere Mengen dieser traditionsreichen Landrasse; deren Zahl ließ sich mit dem Aufstieg des Hybrid-Industrieschweines zu Beginn der 1980er-Jahre statistisch aber fast nicht mehr feststellen. Im Jahr 1983 trafen sich dann erstmals Bauern um den Landwirt Rudolf Bühler im Gasthaus „Zur Sonne" – dem heutigen Sonnenhof in Wolpertshausen – um zu beraten, wie aus den Restbeständen der robusten, gutmütigen und fruchtbaren Tiere – mit dem bekanntermaßen schmackhaften Fleisch – wieder ein kräftiger Bestand gezüchtet werden kann. Die Bauern beschlossen, die verbliebenen Bestände einer Körkommission vorzustellen, die die wertvollsten reinrassigen Sauen für ein neu zu eröffnendes Zuchtbuch vorschlagen sollten. Insgesamt sieben Zuchtsauen konnten für das angestammte Zuchtgebiet bestimmt werden – eine davon bei Rudolf Bühler, der sehr bald auch zum Vorsitzenden eines neu gegründeten Zuchtverbandes gewählt wurde, der sich mit dem erbitterten Widerstand etablierter Schweinezüchter gegen das Wiederaufleben der alten Rasse konfrontiert sah.

Geschichten

Der Sonnenhof, der in seinen Ursprüngen auf das 14. Jahrhundert zurückgeht, ist heute eine der bedeutendsten Schaltstellen einer Bewegung geworden, deren erklärtes Ziel es ist, der industriellen Fertigung von Lebensmitteln und den damit verbundenen Risiken und Schäden für Mensch und Umwelt entgegenzutreten. Auf diese Weise soll die genetische Vielfalt in der bäuerlichen Landwirtschaft erhalten werden.
Im Jahr 1988 begann man hier, im Bewusstsein der Verantwortung für Natur und Tier und zum Wohl der heimischen Verbraucher, gesunde Lebensmittel zu erzeugen. Zu diesem Zweck wurde die Bäuerliche Erzeugergemeinschaft Schwäbisch Hall gegründet, ein Zusammenschluss von Bauernhöfen aus der Region Hohenlohe und dem angrenzenden Landkreis Ansbach. Was heute eine Vielzahl von regionalen Produkten umfasst, begann mit einer einfachen Vision. Rudolf Bühler las nach seiner Rückkehr aus Afrika und Asien, wo er an Entwicklungshilfeprojekten mitgewirkt hatte, und der Übernahme des heimischen Hofs in einem Zeitungsartikel, dass das Schwäbisch-Hällische Landschwein als ausgestorben galt. Dies verwunderte den Agraringenieur sehr, hatte er doch selbst noch vier Schweine dieser Rasse auf seinem Hof. Zutreffend war hingegen die Feststellung, dass von ehedem 15 Schweinerassen in Deutschland nur noch drei übrig waren. Und die einstmals bedeutendste von ihnen war diejenige, die bei Rudolf Bühler noch im Stall stand – und die sollte weiterleben.

Herstellung

Richtlinien für die Haltung und Zucht des Schwäbisch-Hällischen Landschweins regeln den respektvollen Umgang mit diesem Tier. Alle Zuchtbetriebe unterziehen sich dafür freiwillig einer neutralen Kontrolle durch das Lebensmittelinstitut Lacon aus Offenburg, die sich auf die gesamte Erzeugung von der Zucht bis zur Schlachtung erstreckt und deren Kontrollstufen in den gemeinsamen Erzeugerrichtlinien festgeschrieben sind. Die Schweine werden artgerecht in hellen, luftigen Ställen mit Stroheinstreu gehalten und haben in vielen Betrieben freien Auslauf. Selbstverständlich bekommen die Schweine nur bestes Futter. Medikamente, Wachstumsförderer, Tiermehl und andere bedenkliche Stoffe sind hingegen verboten. Wenn die Tiere ausgemästet sind, werden sie von den Bauern selbst zum eigenen Erzeugerschlachthof nach Schwäbisch Hall gebracht und unter Aufsicht von Tierärzten tierschutzgerecht geschlachtet und verarbeitet. Anschließend wird die Fleischqualität geprüft, und nur, wenn sie allen vereinbarten Kriterien gerecht wird, erhält das Fleisch den Kontrollstempel der Bäuerlichen Erzeugergemeinschaft Schwäbisch Hall.

Schmankerltipp

Fast ein wenig vergessen scheint das Schweinekotelett am Knochen – in Bayern auch „Ripperl" genannt. Das Rippenstück befindet sich beiderseits der Wirbelsäule und reicht beim Schwein bis zur Hinterkeule. Die vorderen Koteletts werden wegen der anliegenden Rippenknochen Stiel- oder Rippenkotelett genannt, die hinteren Ripperl können auch noch Teile des Filets enthalten. Ein Kotelett ist schnell zubereitet, schmeckt vorzüglich mit frischem Fasskraut oder ist – kalt mit Kren serviert – ein besonderes Brotzeitschmankerl.

Wussten Sie schon,

... dass der zu Württemberg gehörende Landkreis Schwäbisch Hall 1521 zum neu gebildeten Schwäbischen Reichskreis kam, obwohl die meisten umliegenden Herrschaftsgebiete dem Fränkischen Reichskreis angehörten?

... dass der Regionalmarkt Hohenlohe das kulinarische Tor zu Hohenlohe, an der BAB 6, Ausfahrt Wolpertshausen ist?

... dass die Münzbezeichnung „Heller" auf die Stadt Hall am Kocher (heute Schwäbisch Hall) und die dort ab dem Mittelalter gültige Währung zurückgeht?

Schwäbisch-Hällisches Qualitätsschweinefleisch

Das Schwäbisch-Hällische Landschwein – auch „Mohrenköpfle" genannt – ist eine alte Schweinerasse, die unter König Wilhelm I. von Württemberg um 1820 als Kreuzung chinesischer Maskenschweine mit einheimischen Rassen entstanden ist. In den 1980er-Jahren galt das robuste und wohlschmeckende Tier als ausgestorben. Heute ist es dank artgerechter Tierhaltung und Fütterung wieder Lieferant für qualitativ hochwertiges und schmackhaftes Fleisch.

Besonderheit

Schwäbisch-Hällisches Qualitätsschweinefleisch darf nur in den Landkreisen Ansbach (Bayern) und Schwäbisch Hall, im Hohenlohekreis, Ostalbkreis, in Tauberbischofsheim und im Rems-Murr-Kreis (BW) erzeugt werden. Es ist seit dem Jahr 1998 als geschützte geografische Angabe (g.g.A.) bei der EU eingetragen. Das Fleisch dieser bunten Schweinerasse ist fest, etwas dunkler und bleibt aufgrund seiner gesunden Zellstruktur auch beim Braten sehr saftig. Der Geschmack ist durch die artgerechte Ernährung charakteristisch und kräftig.

Verzehrtipp

Ein sehr ursprünglicher Genuss des Schwäbisch-Hällischen Landschweines ist direkt aus dem brodelnden Schlachtkessel. Dazu schmeckt Wein vom Fass oder frisch gepresster Apfelsaft.

Lagerung

Schwäbisch-Hällisches Qualitätsschweinefleisch kann im Gegensatz zu anderem Schweinefleisch bei etwa 5° C bis zu sieben Tage reifen.

Bezugsquellen

Abrufbar unter www.besh.de

Bäckerei
Balletshofer
Die Bäckermeister

REGISTER

1. Dampfbierbrauerei Zwiesel – W. Pfeffer GmbH & Co. KG
Regenerstr. 9
94227 Zwiesel 386
Tel. 09922 / 8466-0
www.dampfbier.de

Abensberger Qualitätsspargel e.V.
Richtstättstraße 5
93326 Abensberg 38-1
Tel. 09443 / 1282
www.qualitaetsspargel.de

Adelholzener Alpenquellen GmbH
St.-Primus-Straße 1-5
83313 Siegsdorf 234
Tel. 08662 / 62-0
www.adelholzener.de

Albert Herz GmbH
Landstr. 45
87452 Kimratshofen 3-18
Tel. 08373 / 987964
www.herz-kaese.de

Alpenhain Käsespezialitäten-Werk GmbH & Co. KG
Lehen 24
83539 Lehen/Pfaffing 256
Tel. 08039 / 402-0
www.alpenhain.de

Andechser Molkerei Scheitz GmbH
Biomilchstraße 1
82346 Andechs 204
Tel. 08152 / 379-0
www.andechser-natur.de

Arla Foods GmbH
Wahler Str. 2
40472 Düsseldorf 320
Tel. 0211 / 47231-0
www.arlafoods.de

Bäckerei – Konditorei Balletshofer GmbH
Kurzes Geländ 18 a
86156 Augsburg 3-10
Tel. 0821 / 465855
www.balletshofer.de

Bäckerei Bergmeister e.K.
Max-Josefs-Platz 15
83022 Rosenheim 2-16
Tel. 08031 / 3017-0
www.baeckerei-bergmeister.de

Bäckerei Konditorei Brücklmaier Betriebs GmbH
Neubiberger Str. 11
81737 München -194
Tel. 089 / 677606
www.bruecklmaier.de

Bäckerei Holderied
Hauptstraße 97
88161 Lindenberg 336
Tel. 08381 / 1521
www.baeckerei-holderied.de

Bäckerei & Konditorei Ludwig Riedmair GmbH
Dieselstraße 17
85748 Garching bei München 300
Tel. 089 / 520358-0
www.riedmair.de

Bäckerei Schwarzer Erstes Wiener Backhaus
Obere Bachgasse 7
93047 Regensburg 345
Tel. 0941 / 57557
www.schwarzer-kipferl.de

Bäckerei Traublinger GmbH
Weißenfelder Straße 8
85551 Heimstetten 294
Tel. 089 / 900491-0
www.traublinger.de

Bamberger Süßholz-Gesellschaft
Luitpoldstr. 25
96052 Bamberg 40-1
Tel. 0951 / 70043880
www.bamberger-suessholz.de

Bäuerliche Erzeugergemeinschaft Schwäbisch Hall AG
Haller Straße 20
74549 Wolpertshausen 436
Tel. 07904 / 9797-0
www.besh.de

Bayerischer Brauerbund e.V.
Oskar-von-Miller-Ring 1
80333 München -176
Tel. 089 / 286604-0
www.bayerisch-bier.de

Bayerisches Staatsministerium für Ernährung, Landwirtschaft und Forsten
Ludwigstraße 2
80539 München -16
Tel. 089 / 2182-0
www.spezialitaetenland-bayern.de

Bayola Erzeugergemeinschaft GmbH
Aignhof 1
93188 Aignhof/Pielenhofen 360
Tel. 09409 / 86001
www.bayola.de

Bergader Privatkäserei GmbH
Weixlerstraße 16
83329 Waging a. See 236
Tel. 08681 / 404-0
www.bergader.de

Bernard Schnupftabak GmbH
Laberstraße 7
93161 Sinzing 358
Tel. 0941 / 3078830
www.schmalzlerfranzl.de

Bio-Hofkäserei Stroblberg
Stroblberg 1
85625 Baiern 296
Tel. 08093 / 1015
www.stroblberg.de

Brauerei Aldersbach Freiherr von Aretin GmbH & Co. KG
Freiherr-von-Aretin-Platz 1
94501 Aldersbach 390
Tel. 08543 / 9604-0
www.aldersbacher.de

Brauerei Aying
Münchner Straße 21
85653 Aying 298
Tel. 08095 / 88-0
www.ayinger.de

Brauerei Spezial – Rauchbierbrauerei
Obere Königstr. 10
96052 Bamberg 399
Tel. 0951 / 24304
www.brauerei-spezial.de

Brauerei S. Riegele Inh. Riegele KG
Fröhlichstraße 26
86150 Augsburg 308
Tel. 0821 / 3209-0
www.riegele.de

Breitsamer + Ulrich GmbH & Co. KG
Berger-Kreuz-Straße 28
81735 München 192
Tel. 089 / 450562-0
www.breitsamer.de

Brennerei Destillerie – Josef Hoermann
Seestraße 5a
83727 Schliersee 284
Tel. 08026 / 6539
www.feine-destillate.de

Buchauer Holzofenbäckerei
Lehm 6
91257 Pegnitz 408
Tel. 09241 / 8121
www.holzofenbrot.de

Burkhof Kaffee GmbH
Rudolf-Diesel-Ring 21
82054 Sauerlach 202
Tel. 08104 / 805-0
www.eilles.de

Café „Die Schranne“
Marienplatz 2
83512 Wasserburg am Inn 266
Tel. 08071 / 921070

Camba Bavaria GmbH
1. Privatbrauerei Truchtlaching
Mühlweg 2
83376 Truchtlaching 242
Tel. 08667 / 809466
www.cambabavaria.de

Confiserie Dengel
Am Eckfeld 18
83543 Rott am Inn 258
Tel. 08039 / 901506-0
www.confiserie-dengel.de

Confiserie Hagn
Seestr. 80
83700 Rottach-Egern 276
Tel. 08022 / 673137
www.confiserie-hagn.de

Confiserie Rottenhöfer – Cafe HAG – Max Eichele GmbH
Residenzstraße 25
80333 München 174
Tel. 089 / 222915
www.rottenhoefer.de

Dr. C. Soldan® GmbH
Herderstr. 5-9
90427 Nürnberg 418
Tel. 0911 / 327801
www.soldan.com

Drax-Mühle GmbH
Hochhaus 5
83562 Rechtmehring 260
Tel. 08072 / 8276
www.drax-muehle.de

Elly Seidl GmbH
Seeholzenstraße 6 a
82166 Gräfelfing 188
Tel. 089 / 832703
www.ellyseidl.com

Ettaler Klosterbetrieb GmbH
Kaiser-Ludwig-Platz 1
82448 Ettal 2-10
Tel. 08822 / 74-0
www.kloster-ettal.de

Familienbrauerei Georg Meinel GmbH
Alte Plauener Straße 24
95028 Hof 394
Tel. 09281 / 3514
www.meinel-braeu.de

Familienbräuerei Jacob OHG
Ludwigsheide 2
92439 Bodenwöhr 356
Tel. 09434 / 9410-0
www.brauerei-jacob.de

Fischereigenossenschaft Chiemsee
Haus 31
83256 Frauenchiemsee 230
Tel. 08054 / 603
www.chiemseefischerei.de

Fleischwaren Holnburger GmbH
Wendelsteinstr. 25
83714 Miesbach 280/282
Tel. 08025 / 28070
www.holnburger.de

Flötzinger Brauerei – Privatbrauerei Franz Steegmüller KG
Herzog Heinrich Str. 7
83022 Rosenheim 2-12
Tel. 08031 / 3663-0
www.floetzinger-braeu.de

Forschungsbrauerei Jakob KG
Unterhachinger Straße 78
81737 München -196
Tel. 089 / 6701169
www.forschungsbrauerei.de

Gärtnerei Pritscher
Reutstraße 3
84088 Neufahrn 380
Tel. 08773 / 910123
www.radieserl.de

Gasthof Fischerstüberl
Attel-Elend 1
83512 Wasserburg am Inn 250
Tel. 08071 / 2598
www.fischerstueberl-attel.de

Gebr. Baldauf GmbH & Co. KG
Goßholz 5
88161 Lindenberg 334
Tel. 08381 / 8902-0
www.baldauf-kaese.de

Gerstacker Weinkellerei GmbH
Mainstraße 9
90451 Nürnberg 4-10
Tel. 0911 / 32459-0
www.gerstacker.info

Gut Kerschlach GmbH & Co. KG
Gut Kerschlach 1
82396 Pähl 208
Tel. 08808 / 9211-0
www.gut-kerschlach.de

Haeberlein und Metzger
Kilianstr. 96
90425 Nürnberg 4-16
Tel. 0911 / 93529-50
www.haeberleinmetzger.de

Hallertauer Hopfengold – Lutzenburger GmbH
Scharfstr. 1
84048 Mainburg 374
Tel. 08751 / 1027
www.hopfengold.de

Helmut Ratschiller Spezialbrote GmbH
Gewerbering 14 b
83607 Holzkirchen 262
Tel. 08024 / 4749-0
www.ratschillers.de

Herzogliches Bräustüberl Tegernsee – Peter Hubert GmbH & Co. KG
Schlossplatz 1
83684 Tegernsee 272
Tel. 08022 / 4141
www.braustuberl.de

Hirschkuss
Tölzer Straße 12
83674 Geißbach 268
Tel. 08041 / 7950550
www.hirschkuss.de

Historische Wurstkuchl Regensburg
Thundorferstr. 3
93047 Regensburg 342
Tel. 0941 / 46621-0
www.wurstkuchl.de

Hofmark Brauerei KG
Hofmarkstraße 15
93455 Loifling 364
Tel. 09971 / 3301
www.hofmark-brauerei.de

Hofmetzgerei Franz Ottillinger
Am Erlenschlag 1
86554 Pöttmes 3-12
Tel. 08253 / 312
www.ottillinger.de

Hotel Ortnerhof – Stegmeier GmbH
Ort 6
83324 Ruhpolding 233
Tel. 08663 / 8823-0
www.ortnerhof.de

Hotel Seehof Herrsching
Seestr. 58
82211 Herrsching 205
Tel. 08152 / 9350
www.seehof-ammersee.de

Hotel Steiger
Frauenbergstrasse 52 b
87645 Schwangau/Horn 326
Tel. 08362 / 81067
www.hotelsteiger.de

Hotel Zur Post Gerold Tandler GmbH
Kapellplatz 2
84503 Altötting 248
Tel. 08671 / 5040
www.hotelpostaltoetting.de

Kaffeerösterei Klaus Rechenauer
Am Eschengrund 2
83135 Schechen 224
Tel. 08039 / 9018-0
www.wasserburger-kaffee.de

Karwendel-Werke Huber GmbH & Co. KG
Karwendelstraße 6-16
86807 Buchloe 3-14
Tel. 08241 / 502-0
www.karwendel.de

Kelterei Stenger GmbH
Hauptstraße 7
63773 Goldbach 428
Tel. 06021 / 51756
www.kelterei-stenger.de

Klaus Rottenwallner GmbH
Schießstattstr. 4 ½
83646 Bad Tölz 264
Tel. 08041 / 6061
www.rottenwallner.eu

Klosterbrauerei Andechs
Bergstr. 2
82346 Andechs 206
Tel. 08152 / 376-0
www.andechs.de

Klosterbrauerei Baumburg GmbH & Co. KG
Baumburg 20
83352 Altenmarkt 238
Tel. 08621 / 9826-0
www.baumburger.de

Klosterbrauerei Scheyern – Benediktinerabtei zum Hl. Kreuz
Schyrenplatz 1
85298 Scheyern 292
Tel. 08441 / 752-0
www.klosterbrauerei-scheyern.de

Klosterbräustüberl Reutberg GmbH
Am Reutberg 2
83679 Sachsenkam 270
Tel. 08021 / 8686
www.klosterbraeustueberl-reutberg.de

König Ludwig GmbH & Co. KG
Schloss Straße 8
82269 Kaltenberg 306
Tel. 08193 / 9907030
www.koenig-ludwig.de

Kulmbacher Brauerei AG
Lichtenfelser Straße 9
95326 Kulmbach 402
Tel. 09221 / 705-0
www.kulmbacher.de

LABERTALER Heil- und Mineralquellen Getränke Hausler GmbH
Sebastian-Hausler-Straße
84069 Schierling 352
Tel. 09451 / 910-0
www.labertaler.de

Landesvereinigung der Bayerischen Milchwirtschaft
Kaiser-Ludwig-Platz 2
80336 München 180
Tel. 089 / 544255-0
www.milchland-bayern.de

Landgasthof Hubertus
Wenglinger Straße 2
87674 Apfeltrang 332
Tel. 08341 / 81976
www.hubertus-apfeltrang.de

LandWirtschaft im Gut Staudham
Münchner Str. 30
83512 Wasserburg am Inn 226
Tel. 08071 / 9044590
www.landwirtschaft-staudham.de

Ludwig Hagn und Stephanie Spendler Gaststätten-Betriebs oHG
Einsteinstraße 42
81675 München 190
Tel. 089 / 477677
www.unionsbraeu.de

Ludwig Schelkopf GmbH & Co. KG
Schmied-Kochl-Straße 18
81371 München 186
Tel. 089 / 776641
www.metzgerei-schelkopf.de

Luise Händlmaier GmbH & Co. KG
Eschenbacher Straße 2
93057 Regensburg 348
Tel. 0941 / 69554-0
www.haendlmaier.de

M. MAX GmbH · Fleischerfachgeschäft
Quetschenweg 32
95030 Hof 396
Tel. 09281 / 7090-0
www.max-metzger.de

Maintal Konfitüren GmbH
Industriestraße 11
97437 Haßfurt 424
Tel. 09521 / 9495-0
www.maintal-konfitueren.de

Mari-Senf – Jürgen Kiefhaber
Schönauer-Ring 6
82269 Kaltenberg 304
Tel. 08193 / 9372090
www.mari-senf.de

Max Rischart's Backhaus KG
Marienplatz 18
80331 München 170
Tel. 089 / 231700-0
www.rischart.de

Max Weiss Lebkuchenfabrik Neu-Ulm GmbH
Junkersstraße 4-6
89231 Neu-Ulm 331
Tel. 0731 / 7291-0
www.weiss-lebkuchen.de

Meckatzer Löwenbräu Benedikt Weiß KG
Meckatz 10
88176 Heimkirch 338
Tel. 08381 / 504-0
www.meckatzer.de

Metzgerei Freyberger KG
Sperberstraße 99
90461 Nürnberg 412
Tel. 0911 / 442709
www.metzgerei-freyberger.de

Metzgerei Heindl GmbH
Marktplatz 18
94107 Untergriesbach 382
Tel. 08593 / 237
www.metzgerei-heindl.de

Metzgerei Kalb
Theuerstadt 5
96050 Bamberg 398
Tel. 0951 / 23764
www.metzgerei-kalb.de

Metzgerei Magg GmbH & Co. KG
Hagenau 15
83308 Trostberg 232
Tel. 08621 / 9834-0
www.metzgerei-magg.de

Metzgerei Magnus Bauch
Thalkirchner Straße 61-63
80337 München 182
Tel. 089 / 7258098
www.mbwassonst.de

Metzgerei Maischberger GmbH
Angerstraße 1
86807 Buchloe 316
Tel. 08241 / 4523
www.maischberger.net

Metzgerei Rehle
Marienplatz 15 ½
87509 Immenstadt 322
Tel. 08323 / 6303

Metzgerei Speckner
Fürther Str. 196
90429 Nürnberg 414
Tel. 0911 / 312989
www.metzgerei-speckner.de

Metzgerei Thein
Kasernenstr. 9
96450 Coburg 404
Tel. 09561 / 92260
www.frischemetzger.de

Molkerei Meggle Wasserburg GmbH & Co. KG
Megglestraße 6-12
83512 Wasserburg am Inn 252
Tel. 08071 / 73-0
www.meggle.de

MRT – L. Leidmann GmbH
Zenettistr. 10
80337 München 184
Tel. 089 / 775968

Münchner Haupt'
Zielstattstraße 6
81379 München-Sendling 189
Tel. 089 / 78694-0
www.muenchnerhaupt.de

Naturkäserei Tegernseer Land eG
Reißenbichlweg 1
83700 Rottach-Egern 274
Tel. 08022 / 188352-0
www.naturkaeserei.de

Obermeier-Lohner GbR
Penning 1
84494 Niederbergkirchen 286/289
Tel. 08635 / 214
www.obermeier-frischeier.de

Obermooser Bio-Hofkäserei
Obermoos 1
83737 Irschenberg 283
Tel. 08025 / 7962
www.grundbacher.de

Odl – Josef Stein e.K.
Forellenweg 8
83123 Amerang 222
Tel. 08075 / 211
www.chiemgauer-schmankerl.de

ORO Obstverwertung eG
Urbanstr. 1-5
83101 Rohrdorf 220
Tel. 08032 / 988303-0
www.oro-saft.de

PEMA Vollkorn Spezialitäten – Heinrich Leupoldt KG
Goethestraße 23
95163 Weissenstadt 430
Tel. 09253 / 89-0
www.pema.de

Pferdemetzgerei Heinrich Veit e.K.
Graflinger Str. 43
94469 Deggendorf 388
Tel. 0991 / 371380
www.pferdemetzgerei-veit.de

Priener Freilandeier
Elperting 4
83209 Prien/Anzing 229
Tel. 08051 / 1813
www.priener-freilandeier.de

Prinzess – Café Confiserie
Rathausplatz 2
93047 Regensburg 346
Tel. 0941 / 595310
www.cafe-prinzess.de

Privatbrauerei J.B. Falter Regen KG
Am Sand 15
94209 Regen 384
Tel. 09921 / 88 23-0
www.jb-falter.de

Private Alpenbrauerei Bürgerbräu Bad Reichenhall
Waaggasse 1-3
83435 Bad Reichenhall 244
Tel. 08651 / 608-0
www.buergerbraeu.com

Privater Brauerei-Gasthof „Zum Löwenbräu"
Neuhauser Hauptstraße 3
91325 Adelsdorf/Neuhaus 422
Tel. 09195 / 7221
www.zum-loewenbraeu.de

Privatbrauerei und Gutshofhotel Winkler Bräustüberl GmbH
St.-Martin-Straße 6
92355 Lengenfeld 354
Tel. 09182 / 17-0
www.winkler-braeu.de

Privat-Brauerei Zötler GmbH
Grüntenstr. 2
87549 Rettenberg 324
Tel. 08327 / 921-0
www.zoetler.de

Paul Reber GmbH + Co. KG
Ludwigstraße 10
83435 Bad Reichenhall
Tel. 08651 / 6003-0
www.reber-spezialitaeten.de

Region aktiv Vermarktungs-genossenschaft e.G.
Penning 1
84494 Niederbergkirchen
Tel. 08631 / 987765
www.region-aktiv-18.de

Rhaner Bräu GmbH & Co. KG
Rhan 9
93488 Schönthal/Rhan
Tel. 09978 / 8011-0
www.rhaner.de

Rosenmühle GmbH
Meisenstr. 32
84030 Ergolding
Tel. 0871 / 7809-0
www.rosenmehl.de

Schäfer's Backhaus
Katzbacher Str. 6
93413 Cham
Tel. 09971 / 7555
www.schaefers-backhaus.de

Schamel Meerrettich GmbH & Co. KG
Johann-Jakob-Schamel-Platz 1
91083 Baiersdorf
Tel. 09133 / 7760-0
www.schamel.de

Schlossbrauerei Stein Wiskott GmbH & Co. KG
Schlosshof 2
83371 Stein an der Traun
Tel. 08621 / 9832-0
www.steiner-bier.de

Schlosshotel Hohenstein
Hohenstein 1
96482 Ahorn
Tel. 09565 / 54295-60
www.schlosshotel-hohenstein.de

Schneiderhof
Brucker Straße 90
85221 Dachau/Mitterndorf
Tel. 08131 / 83568
www.schneiderhof-mitterndorf.de

Schutzverband Nürnberger Bratwürste e.V.
Sulzbacher Straße 9
90489 Nürnberg
Tel. 0911 / 9373877
www.nuernberger-bratwuerste.de

Sektkellerei J. Oppmann AG
Martin-Luther-Straße 7
97072 Würzburg
Tel. 0931 / 35574-0
www.oppmann.de

Sennereigenossenschaft Lehern eG
Lehern 158
87659 Hopferau
Tel. 08362 / 7512
www.sennerei-lehern.de

Staatliches Hofbräuhaus in München
Hofbräuallee 1
81829 München
Tel. 089 / 92105-0
www.hofbraeu-muenchen.de

Steigerwälder Bauernschwein GbR
Gnötzheim 51
97340 Martinsheim
Tel. 09339 / 9892945
www.steigerwaelder-bauernschwein.de

Stich Feinkäserei GmbH
Hauptstr. 2
87674 Rudartshofen
Tel. 08343 / 9239 0
www.kaeserei-stich.de

Tavernwirt
Tränkstraße 6
86551 Aichach/Sulzbach
Tel. 08251 / 7154
www.tavernwirt.de

UNERTL Weißbier GmbH
Lerchenberger Straße 6
83527 Haag in Oberbayern
Tel. 08072 / 8297
www.unertl.de

Verein Münchener Brauereien e.V.
Oskar-von-Miller-Ring 1
80333 München
Tel. 089 / 24418477-0
www.muenchner-bier.de

Wagenstaller Mühle
Obermühl 49
83083 Riedering
Tel. 08036 / 7720
www.wagenstallermuehle.de

Weingut Markus Meier
Ulsenheim 13
91478 Ulsenheim
Tel. 09842 / 2479
www.weingutmeier.de

Weingut Stadt Klingenberg
Wilhelmstraße 107
63911 Klingenberg am Main
Tel. 09372 / 2438
www.weingut-klingenberg.de

Weiss-Mehl GmbH
Bruckmühl 1
84387 Julbach
Tel. 08678 / 549
www.weissmehl.de

Weißbierbrauerei Hopf GmbH
Schützenstraße 8+10
83714 Miesbach
Tel. 08025 / 2959-0
www.hopfweisse.de

Weisses Bräuhaus G. Schneider & Sohn GmbH
Emil-Ott-Straße 1-5
93309 Kelheim
Tel. 09441 / 705-0
www.schneider-weisse.de

Weisses Bräuhaus München
Tal 7
80331 München
Tel. 089 / 290138-0
www.weisses-brauhaus.de

Wirtshaus zum Starnbräu
Marktstraße 4
83646 Bad Tölz
Tel. 08041 / 4400030
www.starnbraeu.de

IMPRESSUM

Verlag, Projektleitung und Redaktion
KirRoyal-GENIESSERVERLAG e.Kfr.
Enzianweg 1 B
D-83043 Bad Aibling
Tel. 08061 / 39 27 88
info@kirroyal-geniesserverlag.de
www.kirroyal-geniesserverlag.de

Lektorat
Dr. Ilka Backmeister-Collacott
kultur&kontext, München

Umschlag, Satz und Bearbeitung 2. Auflage
Buch-Werkstatt GmbH, Bad Aibling
www.buch-werkstatt.de

Gestaltung und Satz 1. Auflage
brunner und gamböck | büro für visuelle kommunikation, Landshut

PASSAVIA Druckservice GmbH & Co. KG Passau
www.passavia.de

ISBN 2., erweiterte Auflage 2012
DRUCK: 978-3-942523-04-2
PDF: 978-3-942523-06-6
EPUB: 978-3-942523-05-9

Wir bedanken uns:

Beim Bayerischen Staatsministerium für Ernährung, Landwirtschaft und Forsten für die Verwendung der Datenbank.
Bei folgenden Unternehmen für die Bereitstellung von Geschirr und Porzellan zur Gestaltung von Fotos in diesem Buch:

Arzberg Porzellan GmbH
Fabrikweg 41
D-95706 Schirnding
Tel.: +49-9233 / 403 -0
www.arzberg-porzellan.de

Porzellanfabriken Christian Seltmann GmbH
Chr.-Seltmann-Straße 59-67
92637 Weiden
Telefon: +49-961 / 204 -0
www.seltmann-weiden.de

Für die Genehmigung zur Verwendung des Bildes auf der Titelseite:
Königliche Porzellan-Manufaktur
Nymphenburg GmbH & Co. KG
Nördliches Schlossrondell 8
80638 München
Tel: +49-89 / 179 197 -0
www.nymphenburg.com

Bildnachweis

Peter Weilacher:
S. 3; S. 10; S. 35 oben; S. 39 oben; S. 59; S. 63 oben; S. 66 oben links und unten rechts; S. 74; S. 75; S. 76; S. 77; S. 81 rechts; S. 82; S. 83; S. 84; S. 86; S. 87; S. 88; S. 92; S. 95; S. 97; S. 103; S. 106; S. 110; S. 115; S. 121; S. 124 links; S. 126; S. 128 rechts; S. 132; S. 133; S. 134; S. 134 rechts; S. 136/137; S. 141-146; S. 148 links; S. 149; S. 150; S. 151 rechts; S. 152-154; S. 157; S. 158; S. 161; S. 170/171; S. 174/175; S. 176 links unten; S. 188/189; S. 196/197; S. 200; S. 205 unten rechts und rechts; S. 210/211; S. 214 rechts und unten; S. 215 unten; S. 216 links unten; S. 217 links oben; S. 220/221; S. 226/227; S. 228-235; S. 236 unten; S. 237 Mitte links und Mitte rechts; S. 239 Mitte rechts; S. 242/243; S. 246-250; S. 254/255; S. 258/259; S. 264-267; S. 272/273; S. 277 Mitte rechts; S. 283; S. 286-291; S. 296/297; S. 300/301; S. 302; S. 307 unten; S. 308/310; S. 320-327; S. 330 oben rechts; S. 331; S. 332 unten rechts 333 oben rechts; S. 335 oben; S. 336 unten; S. 337 oben und Mitte links; S. 350; S. 354/355; S. 360-363; S. 366/367; S. 368; S. 376/377; S. 380; S. 385 oben rechts; S. 402/403; S. 410-417; S. 422/423; S. 428/429; S. 440-448.

Weitere Bilder:
S. 11: BMELV – Bildschön; S. 85 und 338/339: Meckatzer Löwenbräu; S. 93: Andreas Geitl; S. 100/101, 182: Metzgerei Magnus Bauch; S. 113: Molkerei Meggle; S. 122: www.allgaeu-picknick.de; S. 125 links: www.milchland-bayern.de; S. 128 links: Arla Foods GmbH; S. 151 rechts: Rosenmehl; S. 285, S. 316, S. 422/423: Schamel Meerrettich; S. 171 Mitte links und unten: Rischart's Backhaus; S. 172 unten, S. 173 unten und rechts, S. 114 links: Weisses Bräuhaus; S. 176/177: Bayerischer Brauerbund; S. 178/179: Verein Münchener Brauereien; S. 179 Mitte: istockphoto.com; S. 180 und S. 181 oben, unten, rechts: LV der Bayerischen Milchwirtschaft; S. 184 oben: MRT Leidmann; S. 193 Mitte rechts und Mitte links: Breitsamer und Ulrich GmbH & Co. KG; S. 198/199: Staatliches Hofbräuhaus in München; S. 202 oben: Burkhof Kaffee GmbH; S. 204 oben rechts: Andechser Molkerei Scheitz GmbH; S. 207 unten: Klosterbrauerei Andechs; S. 212 links oben: Brauerei Flötzinger; S. 219 oben: Wagenstallermühle; S. 223 Mitte rechts, Mitte links und unten: Sepp Stein; S. 231 oben: Institut für Fischerei Starnberg; S. 89 und S. 129, S. 236 oben, S. 237 oben, unten und rechts: Bergader Privatkäserei; S. 240 oben: Schlossbrauerei Stein; S. 244 unten und S. 245 unten: Private Alpenbrauerei Bürgerbräu Bad Reichenhall; S. 252 oben und S. 253 oben, Mitte rechts und unten: Molkerei Meggle; S. 256 oben und 257 links: Alpenhain; S. 258 rechts; Confiserie Dengel; S. 266 oben und 267 Mitte: Café Schranne; S. 270 und S. 271 Mitte rechts und unten: Klosterstüberl Reutberg; S. 284 unten und S. 285 oben: Brennerei-Destillerie Hoermann; S. 290/291: Schneiderhof; S. 296 oben: Bio-Hofkäserei Stroblberg; S. 300 unten, Seite 298/299 rechts: Brauerei Aying; S. 313 unten links: Tavernwirt; S. 320 oben: Arla Foods GmbH; S. 328 unten: Sennereigenossenschaft Lehern; S. 330 unten links und unten rechts: Käserei Stich; S. 331 oben: Max Weiss Lebkuchenfabrik, S. 332/333: Landgasthof Hubertus & mp moving-pictures gmbh; S. 336/337: Bäckerei Holderied; S. 345 oben: Bäckerei Schwarzer; S. 346 oben: Prinzess Café Confiserie; S. 348 oben: Luise Händlmaier Senffabrikation; S. 360 Mitte rechts und oben: Bayola; S. 371 oben, S. 373 links oben und unten: Rosenmühle; S. 378 oben und S. 379 oben links: Weisses Bräuhaus G. Schneider & Sohn; S. 381 oben: Abensberger Qualitätsspargel; S. 384/385: Privatbrauerei Falter; S. 388 oben: Pferdemetzgerei Veit; S. 394 oben und S. 395 oben, Mitte rechts und unten: Familienbrauerei Georg Meinel; S. 401: Bamberger Süßholz-Gesellschaft; S. 402 oben: Kulmbacher Brau AG; S. 405 rechts: Metzgerei Thein; S. 416 links unten S. 417 Mitte: Haeberlein und Metzger; S. 420/421: Schamel Meerrettich; S. 424 unten: Maintal Konfitüren; S. 430 oben: PEMA – Leupoldt; S. 436 Bäuerliche Erzeugergemeinschaft Schwäbisch Hall.

Alle weiteren Bilder: Ralf Gamböck

Quellennachweis

Hanns-Seidel-Stiftung e.V., München; Bayerisches Staatsministerium für Wissenschaft, Forschung und Kunst; Haus der Bayerischen Geschichte; Bayerisches Landesamt für Statistik und Datenverarbeitung; Bayerischer Bauernverband; www.wikipedia.de

Website zum Buch: www.culinaria-bavarica.de

Adelholzener
HEILWASSER
SEIT MEHR ALS 1700 JAHREN
SECHS RICHT
SENF
Ayinger
Spezial
Rauchbier
Mönchshof
Schamel
Cham
Cham
Cham